华丽转身

叶永烈 著

天地出版社 | TIANDI PRESS

图书在版编目（CIP）数据

华丽转身 / 叶永烈著 . —成都：天地出版社，2017.8（2021.9 重印）
ISBN 978-7-5455-2988-3

Ⅰ . ①华… Ⅱ . ①叶… Ⅲ . ①叶永烈—自传 Ⅳ . ① K825.6

中国版本图书馆 CIP 数据核字（2017）第 166181 号

华丽转身

出品人	杨　政
作　　者	叶永烈
责任编辑	杨永龙　李晓娟
装帧设计	蒋宏工作室
责任印制	葛红梅
出版发行	天地出版社 （成都市槐树街2号　邮政编码：610014）
网　　址	http: //www.tiandiph.com http: //www.天地出版社.com
电子邮箱	tiandicbs@vip.163.com
经　　销	新华文轩出版传媒股份有限公司
印　　刷	廊坊市印艺阁数字科技有限公司
版　　次	2017年10月第1版
印　　次	2021年9月第2次印刷
成品尺寸	170mm × 240mm 1/16
印　　张	45.5
字　　数	764千字
定　　价	118.00元
书　　号	ISBN 978-7-5455-2988-3

咨询电话：（028）87734639（总编室）
购书热线：（010）67693207（市场部）

本版图书凡印刷、装订错误，可及时向我社发行部调换

目 录

第二章 文学幼苗

第三章 北大岁月

第四章 **电影春秋**

第六章 华丽转身

第七章 畅销并盗版着

第八章　**三度空间**

第九章　**亲历“癌病房”**

华丽转身

小　引

怎样“估价”自己？

我的一位朋友曾经开玩笑说：“如果跟谁过不去，就叫谁把《叶永烈文集》抄一遍！”因为如果每天抄5000字的话，抄3000万字也得6000天——无假日、无双休日，整整抄16年！

这句玩笑之中，其实包含着我60年劳作的无限艰辛……

日日著作无虚度。写了那么多的作品，也算是个“坐家”了。常常有人问我，怎样“估价”自己？

我记起1993年在美国匹兹堡，曾与挚友童恩正教授彻夜长谈。

我曾问童恩正，你作为一个中国作家，到了美国之后，感觉如何？

他的回答给我极深的印象。他说，在中国的时候，总以为自己写过一些作品，也获得过全国优秀短篇小说奖，是个作家，多少有点自命不凡的感觉。到了美国之后，这种感觉就完全没有了。在美国谁都不知道他写过什么作品。就连鲁迅、巴金，美国人也很少知道。在美国人的眼中，中国作家协会主席的地位，大约相当于广西壮族自治区作家协会主席在中国人眼中的地位。中国作家协会主席尚是如此，何况你我？

童恩正讲的是真话。

我对自己的“估价”，也就包含在童恩正的话中。

我曾经给别人写过许多长篇传记，而这本书则是我的长篇自传。

序

60年写作的艰辛

（说明:《60年写作的艰辛》是应香港《开放》月刊之约而作，发表于2009年10期香港《开放》月刊，收入本书作为序时，文字稍有修改。）

前30年远避政治

从1949年至2009年这60年间，其“中点”是1979年。1978年底召开的中共十一届三中全会是中国共产党的转捩点，邓小平成为中国共产党第二代领袖，中国共产党从前30年的封闭锁国、“以阶级斗争为纲”，走向后30年的改革开放。

作为生活在中国内地的作家，作为体制内的作家，我对1949年以来的前30年与后30年的作家生存环境，有着不同的体验。

1951年，11岁的我正在读小学五年级，偶然心血来潮，写了一首题为《短歌》的小诗，掷进报社门口的投稿箱。一个多星期之后，我的小诗就见报了，从此我爱上了文学。

对于写作的热爱，促使我在1957年高中毕业时要报考北京大学中文系新闻专业。然而，我得到消息，那一年北京大学中文系新闻专业只招50名，其中的一半是“调干生”（即报社干部经组织推荐可以不经考试被录取），剩下的名额每个省连一名都摊不到，看来很难考取。我却坚持非进北大不可。于是只得退而求其次，弃文学理，报考化学系。正在遭受“反右派斗争”之苦的父亲，原本就不赞成我考新闻专业，以为政治风险太大，不如念化学实在。他说：“学化学好呀，将来可以做做雪花膏、做做肥皂，总会有碗饭吃。”

父亲说的是大实话，所幸我选择了化学系。我一踏进北京大学，铺天盖地的就是“批判右派分子”的大字报，那些“右派分子”大都是中文系的。从1957年之后，“阶级斗争”的弦越绷越紧。我最初的那些作品，远离“阶级斗争”，只是用文学的笔调去描写科学，无关政治。1959年，我写出平生第一本书——科学小品集，于翌年出版，成为出版的第一本书。1960年，20岁的我成为《十万个为什么》的主要作者。1961年，写出《小灵通漫游未来》……我的写作当时一帆风顺，就在于作品远离“阶级斗争”，我顶多只在“又红又专”运动中被视为“白专”罢了。

北京大学理科当时实行六年制。1963年，当我完成毕业论文，即将拿到毕业证书的时刻，我遭到一场突如其来的政治霹雳的袭击。根据毛泽东的批示，当时在应届大学毕业生中紧急开展“抓反动学生”的运动。睡在我的双层铺上面的同学由于对当时“批判现代修正主义”说了一些不满的话，被打成“反动学生”，不发给毕业证书，不分配工作，送去劳动教养，从此苦难了一辈子。我当时发表了那么多的文章、出版许多著作，原本很容易被圈定为“阶级斗争”的“靶子”。还好，我的作品不涉及政治，我本人早出晚归，在图书馆里埋头做功课或者写作，几乎不在宿舍，寡言少语，得以避免株连——尽管我对他被“揪出”感到震惊和同情。包括他在内，年级里总共有四位同学当时被打成“反动学生”。

经历了这些触目惊心的政治运动，我越发小心，只写儿童读物、科普作品。然而，在那大灾大难的“文化大革命”中，没有“安全地带”。就连《十万个为什么》这样的书，也遭到上百家造反派组织组成的“工农兵大批判联络站”的“批判”，被定为“大毒草”。那种“批判”在今日看来简直是天下奇闻。例如“太阳为什么有黑子？”，被说成是恶毒攻击“心中最红最红的红太阳”毛泽东；“喝盐卤为什么会死人？”，是从电影《白毛女》中杨白劳喝盐卤自杀说起，谁知在“文化大革命”中《白毛女》经过“改编”，杨白劳不再喝盐卤自杀，而是成了“反抗的杨白劳”，于是《十万个为什么》就难逃“污蔑贫下中农”的大帽子……我成了“大毒草”作者，不仅遭到批斗，遭到抄家，还被送往杭州湾畔的“上海电影系统五七干校”接受改造、劳动整整三年。

在“文化大革命”后期，我总算能够重新出书，从1973年至1976年10月，我出版了10本著作，全是与政治无关的童话以及科普读物。按照当时“铲除资产阶级法权”的规定，出书没有稿费，只送50册样书。令人忍俊不禁的“故事”发生在1976年初：我的童话《来历不明的病人》交由上海人民出版社出版，这部童话写一条菜青虫混进益虫医院，最后被识破真面目。在印刷厂排印时，工人贴出大字报，指斥《来历不明的病人》违反“江青同志关于‘三突出’的创作原则”。所谓“三突出”，是指“在所有人物中突出正面人物；在正面人物中突出英雄人物；在英雄人物中突出主要英雄人物”。在《来历不明的病人》中居然让大坏蛋菜青虫成为“第一号人物”，怎么行呢？这本书差一点流产，经过编辑反复说明这是童话，不是“革命样板戏”，这才终于在1976年6月印出，于1978年由上海美术电影制片厂拍成电影《奇怪的病号》。

后30年专写政治

在粉碎“四人帮”之后，我的创作进入了“爆发期”。我在“文化大革命”中除了得以出版的10本书之外，还有一批书稿已经完成，“躺”在抽斗里，一下子都得以出版。我在1978年、1979年差不多月出一书，如同喷泉一般。这些书的发行量都很大，有三部书的发行量超过100万册，其中《小灵通漫游未来》印了300万册。那时候恢复了稿费制——只是字数稿酬而已，然而比起“文化大革命”期间分文全无已经好多了。当时我还只是一个业余作者，我的正业是电影导演，我的影片也获得了“百花奖”。走出“文化大革命”，我确实有着“翻身感”。我一下子“红”了起来，《人民日报》《光明日报》《文汇报》等都刊登关于我的长篇报道。许多头衔朝我“飞”来。组织上有意栽培我入党、当官，我却以为“官场一时红，文章千古在”，仍然坚守写作。我转向纯文学小说的创作。我在《人民文学》杂志上发表的短篇小说《腐蚀》，差一点获得1981年度全国优秀短篇小说奖。

1983年末的“清除精神污染”运动，迎头给我浇了一盆冷水，使我的头脑顿时清醒。我接连遭到报刊点名批判，那感觉仿佛是“文化大革命”卷土重来。我在《羊城晚报》连载的长篇小说《黑影》，珠江电影制片厂正准备改编为电影，却成了“清污”重点。1983 年 11 月 3 日《中国青年报》在头版刊登“批判”文章《思想上的黑影》，宣称《黑影》“违背四项基本政治原则”（《黑影》在 1999 年由人民日报出版社重新出版）。“清污”运动使我意识到，“左”毒不除，中国不宁。过去对政治躲之不及的我，此时却勇敢地在政治领域冲锋陷阵。我放弃了小说创作，选择了中国当代重大政治题材纪实文学，作为我创作的主攻方向。我放弃了电影导演工作，成为上海作家协会专业作家。我从中国科幻小说创作的“主力舰”，转为中国纪实文学主将。

画家笔下的叶永烈

从此我奔走于北京高干住宅区，也走访全国各地的政治人物。我的采访差旅费差不多都是自费（除了某些报刊定题约写的报告文学之外），因此我的写作自由度就很高——倘若要向作家协会“报销”的话，写作计划必须事先立项并获得批准。我庆幸在 20 世纪 80、90 年代访问了中国政坛诸多重要当事人，为中国当代口述历史留下上千盘珍贵录音磁带。

我在内地出书，必须过作品的审查关。中国内地的图书审查制度在 20 世纪 80 年代就已经开始，到了 1992 年形成严密的制度，而且越来越严格。我当然可以像有的作家那样把作品拿到香港出版，但是我始终以为必须为千千万万的内地读者服务。为此，我成了“报审专业户”。审查虽严，我的作品大都能够通过，在中国内地公开发行。其中的原因有三：

一是我坚持“用事实说话”，我的纪实作品没有虚构成分，追求史实100%准确。凡是毛泽东的话，均注明出处。凡是采访所得，均注明采访人物、时间、地点。这样审查时无懈可击。

二是“只述不论”，寓见解于史实之中。很多作家喜欢在作品中大发议论，其实在内地此乃大忌，导致作品往往在审查时搁浅。

三是准确把握中国内地的政策分寸，认真研究中共中央相关的决议，作品中敏感的政治问题擦边而不越红线，就连审查者也称我“把握政治敏感问题详略得当”。

正因为这样，我的作品在审查之后几乎无大修改就能出版。我先后15次出席全国书市，为当年的新作签名售书。特别2009年是中华人民共和国60周年大庆，图书审查更加严格，恰恰就在这一年，我的182万字的《“四人帮”兴亡》经中共中央党史研究室审查通过、由人民日报出版社出版，150万字新版“红色三部曲”也经中共中央文献研究室审查通过，在全国公开发行。

我的作品也曾经遭到“麻烦”。例如在2008年初，我的《真实的朝鲜》一书被出版社删去三分之一，终于得以在内地出版。这本真实地写出朝鲜国情和百姓生活的书，在中国极受欢迎。中国内地新浪、搜狐、腾讯三大网站转载了《真实的朝鲜》部分章节，在网上引起很大反响。光是新浪网上转载的《真实的朝鲜》，三天之内的点击率达到80多万。搜狐网的点击率冲高到300万。众网友在留言中就《真实的朝鲜》展开热烈的议论，光是新浪网的留言就近5000条之多！北京人民广播电台全文连播了《真实的朝鲜》。广大中国读者关注《真实的朝鲜》，其实是因为朝鲜作为一个“热点国家”，朝鲜真实国情太鲜为人知。这本书出版之后引起朝鲜当局的注意。由于朝鲜大使馆的“照会”，《真实的朝鲜》遭禁，盗版本满天飞，网络上更是到处转载，甚至还出现MP3版本的《真实的朝鲜》，下载之后可以分18段收听《真实的朝鲜》一书。我在香港出版了该书30万字全文版《解密朝鲜》，算是充分享受“一国两制”的“优越性”。

中国毕竟在进步。就作家的生存环境而言，前30年与后30年最大不同是，在前30年倘若作品遭“批判”，第一遭殃是作家本人，或戴帽，或劳改，甚至入狱；在后30年，则并不追究作家的责任。正因为这样，虽然我的纪实作品大都是写中国当代重大政治题材，我一直安然无恙。

我不属于那种因一部作品一炮而红的作家，这样的作家如同一堆干草，点燃时火势很猛，四座皆惊，但是很快就熄灭了。我属于“煤球炉”式的作家，点火之后火力慢慢上扬，持续很长很长的时间。我从 11 岁点起文学之火，一直持续燃烧到 60 年后的今日。

《开放》主编在“60 年大节日将至”之时，约我“写一篇回忆文章，略述两个时代（前 30 年后 30 年）写作的艰辛”，我遵嘱写了以上的“命题作文”，算是对这 60 年创作艰辛的回顾。

考虑到这篇在香港发表的文章便于读者了解我的 60 年创作生涯的梗概，也就用作本书序言。

第一章　温州小娃

我出生在温州一个殷实的家庭。我的父母都是温州人。不过，严格地说，父亲是温州市乐清县人，母亲则是温州市瑞安县人（如今瑞安县改成瑞安市）。

我的故乡温州

我是温州小娃。温州是我的故乡。在17岁之前，我一直生活在温州。

温州是有山有水的好地方。瓯江是温州的母亲河，江中有小岛江心屿，市区有松台山、郭公山、积谷山等小山。

温州这个地方，如今在中国享有很高的知名度。这是因为在改革开放的年月，“温州模式”名震全国。

其实，在我的童年时代，温州只是中国东南沿海一座相当闭塞的小城而已。

温州，也就是“温暖之州”的意思。据说，在唐高宗的时候，取名“温州”，就是由于这里“虽隆冬恒燠”。

温州位于东海之滨，瓯江之畔，所以温州最早叫“瓯越”。

后来，这里设县，叫永嘉，“水长而美”之意。南宋的时候，以叶适为代表的“永嘉学派”，当时与朱熹理学、陆九渊心学呈鼎足之势，曾经产生广泛的影响。所以，温州文脉久远。

温州有个别名叫“鹿城”。据说是在建城的时候，有一只白鹿衔花从城中穿过，被视为瑞兆。

在我出生的时候，只有永嘉县建制，没有温州市。所以准确地讲，我的原籍是浙江省永嘉县人。温州市是在新中国成立后设立的——把永嘉县的瓯江以南的地方划出去，作为温州市。温州是浙江的省辖市。如今，永嘉县则是温州市所辖的一个县。只是现在说惯了温州，本书中写及新中国成立前的内容时，也就称温州。2016年我去台湾时，台湾当局所发的入台证上，把我的出生地写成“浙江省温州县”，显然这是错误的。即便在国民党统治时期，温州也从未被称为“浙江省温州县”——要么写成“浙江省永嘉县”，要么写成“浙江省温州市”。

温州人给外地人的特殊印象，就是那难懂难听的温州话。

我到一位资深的军界人士那里采访，他得知我是温州人，便说起关于温州兵的“秘闻”：当年，我军进行边境保卫战时，特地选用了一批温州兵作为通讯兵。在前线，温州兵们用温州话通话，保密性极强。因为即便被敌军窃听，他们也弄不清楚是哪国“外语”，无法破译!

确实，对于外地人来说，温州话极为难懂。我的一位朋友形容温州话听上去像鸟叫。我则接过他的话茬说，我们温州人讲话，是“空山鸟语”!

据一位语言学家告诉我，大凡平原地区，大凡交通方便之处，语言的通用范围就广。

比如，东北三省的话，就相差不大。至于温州话之所以成了“空山鸟语”，则是因为在历史上温州交通不便，附近多山，也就形成通用范围不大、特殊的方言。

温州话是一种“地方粮票”。也正因为温州话通用的范围不大，所以就成了通讯兵们保密性很强的语言。

温州方言的特殊性，成了温州人的特性。一听讲温州话，马上可以断定是温州人。

长期生活在温州，耳际天天听着温州话，听惯了，也就不当一回事。可是，对于生活在外地的温州人来说，却极为敏感。我不论是在马路上，在商店，在车站，在机场，只要耳边飘来一句温州话，马上就会循声望去，马上就可以作出准确的判断——那个讲温州话的人，是我的同乡。如果我用温州话跟同乡打招呼，我们之间的距离就会迅速缩短，彼此都会感到非常亲切。

温州方言的特殊性，有一种无形的凝聚力。对于生活在外地的温州人来说，温州话成了“乡亲帮乡亲”的凝聚剂。特别是在国外，温州同乡比起别的同乡来说，更为团结。我在美国纽约参加温州同乡的聚会。在欧洲，我来到温州人开的餐馆。在那样遥远的异国他乡，一听到温州话，那种亲切感是从未有过的。同乡们借助温州话唧哩咕噜交谈，温州人形成了一个团结的群体。

有利往往也有弊，温州话有很大的局限性。温州话这种“地方粮票”，只能用于温州。这对于从事写作的我来说，在创作上颇受限制。作家应是最善于运用语言的人，我从小生长在温州，温州话是我的母语。可是，我却不能把温州方言写在作品里。我不能不羡慕北京作家，老舍的作品充满“京味”，通行全国，这是他生长在北京所带来的语言优势。

殷实的叶家

我出生在温州一个殷实的家庭。

我的父母都是温州人。不过，严格地说，父亲是温州市乐清县人，母亲则是温州市瑞安县人（如今瑞安县改成瑞安市）。尽管乐清县和瑞安县说的都是温州话，但是一开口，就能断定是乐清人或者是瑞安人——两县的话，口音明显不同。我出生在温州市区，会讲一口“正宗”的温州话，也能讲几句乐清话或瑞安话。

我的父亲字志超，号鹏飞，讳正辉，乳名正宣，温州乐清县人氏。清光绪二十一年乙未十月二十二日巳时生，亦即生于 1895 年 12 月 8 日。他殁于“文化大革命”，1968 年 2 月 23 日心肌梗塞，终年 73 岁。

我家照温州乐清人的习惯，我呼父亲为“阿大”，而呼母亲为“阿妈”。

按照叶家辈分，我的父亲属“正”字辈：“礼乐尚秉正，邦家光大全。”照理，我属“邦”字辈。我的堂兄弟便叫“邦新”“邦希”等。我不知什么原因，我的父亲以“永”字给我和我的兄弟命名。

清朝有个败将，同名同姓，也叫叶志超。记得在上高中历史课时，一提到清将叶志超，课堂里便发出哄堂大笑。起初，历史老师莫名其妙，还以为自己讲错了呢。后来，当老师明白是怎么一回事，他也笑了。当然，家长的名字，同学未必知道，只是由于我的父亲在当地颇为知名，所以同班许多同学都知道，才会发出哄堂大笑。

父亲是乐清县慎江镇七里乡项浦埭人，世代务农。到了祖父手里，置屋置地，成了地主。

据父亲说，我的祖父叫叶石亭，生于清同治二年癸亥元月初二（即 1863 年 2 月 19 日），甲子年四月初五（1924 年 5 月 8 日）死于高血压，终年 61 岁。

祖母叶陈氏，生于清同治七年戊辰十二月十四日（1869 年 1 月 26 日），也是乐清项浦埭人。戊寅三月十七（1938 年 4 月 17 日）死于体弱，终年 69 岁。

父亲三兄弟、两姐妹。长兄叶平争，二兄叶铁夫，他排行第三。

父亲先是入浙江讲武堂，后来进保定军官学校，一度成为军人。1919 年起任少尉连附、团副（即副团长）、少校副官。

后来经商，1927 年任温州咸孚钱庄经理、永嘉县银行行长、永嘉县钱业公会理事长。

1935 年起，兼任温州瓯海医院[1]院长。

父亲家里世代务农。一个农家子弟，怎么会跻身于温州企业家行列，成为温州金融界的首脑人物，执当地金融界之牛耳呢？

我的哥哥毕竟是家中长子，他年长我 10 岁，知道许多家事。2005 年 4 月，我到浙江丽水看望病中的哥哥，他跟我说起关于父亲的非常有趣的故事：

父亲在保定军官学校学习时，数学很好，所以在那里念炮兵专业。未毕业，就到国民革命军炮兵营，1919 年起任少尉连附，后来升为营长，少校副官。

那时候，他的炮兵营配备德国生产的大炮，算是很先进的武器。为了能够熟练地使用德国大炮，炮兵营聘请了德国军事顾问。作为营长，父亲跟德国军事顾问成了很好的朋友。

那时候，正值德国马克大贬值。德国军事顾问手头的许多马克纸币，一下子成了一堆废纸，打算扔掉。见到父亲喜欢收藏，德国军事顾问就把那些马克送给了他。

父亲手下的很多士兵是共产党员，他并不清楚。

1927 年，蒋介石发动“四·一二”政变，抓捕了大批共产党员。父亲的营里很多共产党员被捕、被杀。父亲见了，不愿再在军队里干下去，就决心离开军队回温州老家。

父亲收拾行李时，把那些马克顺手放进藤篮。在回温州途中，遭遇大雨，把藤篮里的马克也淋湿了。

父亲回到温州乡下——乐清老家，天放晴了，他把马克拿到太阳底下晒。

没想到，这下子惊动了家乡的朋友。他们以为父亲一定是在外面发了大财，居然有那么多外国钞票！

正巧，老家的朋友们正在集资建钱庄，便邀父亲入股。父亲无法推托，因为那些朋友说他发了大财——他有口难辩。就这样，他也入了股。

在股东会议上，股东们说我的父亲在外面见过大世面，再加上他当过营长，

---

[1] 今温州医科大学附属第一医院。

富有组织能力，就公推他担任总经理。这家钱庄叫“咸孚钱庄”。

咸孚，出典于清朝嘉庆十三年（1808年）嘉庆皇帝手书对联：“刚柔相济政胥协，藏显咸孚治允宜。”这副对联悬于承德离宫的“四知书屋”。

在股东们的推举下，父亲成为咸孚钱庄的总经理——从咸孚钱庄开业直至关闭，父亲一直担任总经理。

当时，咸孚钱庄开设在温州市中心铁井栏29号，那座大楼称咸孚大楼。

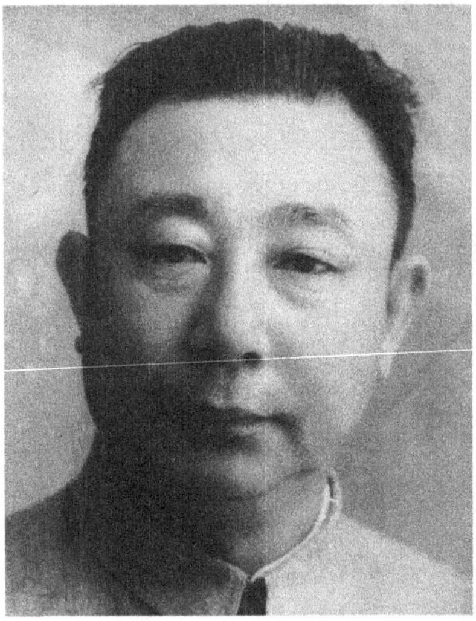

叶永烈的父亲叶志超先生

由于他经营有方，咸孚钱庄迅速成为温州实力雄厚的民营钱庄。父亲成为地方绅士，被同行推选为永嘉县钱业公会理事长。不久，他又被任命为公营的永嘉县银行行长。永嘉县银行行长相当于今日的温州中国银行行长。这样，他在当地金融界成为举足轻重的人物。

永嘉县银行大楼紧挨着咸孚钱庄大楼。这两幢大楼是当时温州市中心最好的楼房。日军占领温州时，司令部就设在永嘉县银行大楼。

基于父亲在温州工商界的声望，新中国成立后，他先后担任温州市第一、二、三届人大代表，温州市政协常委，浙江省政协委员，还曾担任温州市市政建设委员会副主任。

新中国成立之初，咸孚钱庄和永康、裕丰、益昌、惠大等四家钱庄合并为“永和钱庄”，父亲仍任总经理。当时私营钱庄受中国人民银行领导。当时的中国人民银行温州分行行长叫“任一人”。我记得，父亲说这行长的名字真有气派！

2015年4月，我回老家温州时，从弟弟家取得一批父亲的档案。内中有一份1951年7月30日《中国人民银行温州中心支行验资证明书影本》。所谓“影本”，是因为那时候还没有复印机，重要的资料依靠照相翻拍留存。在这份“影本”中，表明当时依据中国人民银行温州中心支行验资，永和钱庄拥有资本为“现金人民币贰亿柒仟肆佰叁拾肆万叁仟肆佰柒拾贰元”。此外还拥有房产三座，“胜利折实公债”等，总计财产为“伍亿肆仟万”。当时用的是人民币旧币，1 万元人民币旧币相当于现在人民币 1 元。也就是说，折合成人民币新币，永和钱庄拥有 54000 元人民币资本，在 1951 年算是很不错的了。

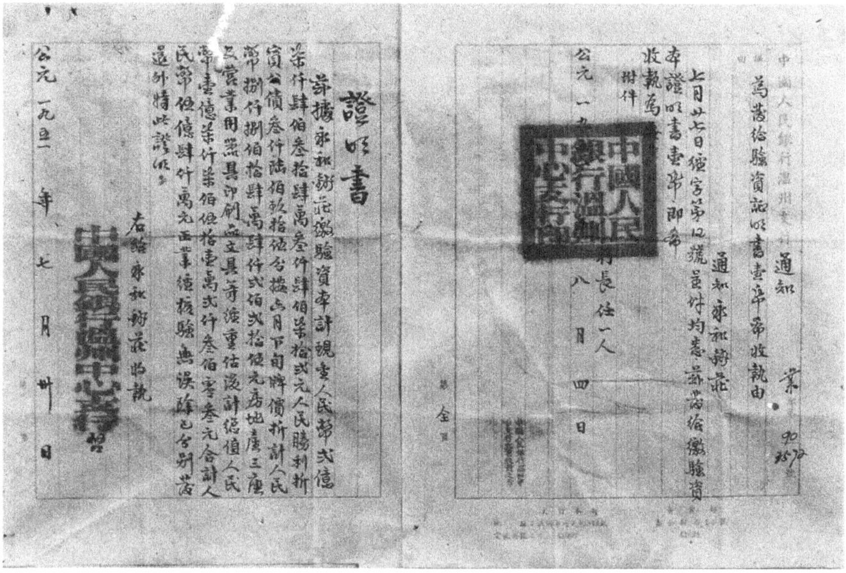
證明書

右給永和錢莊收執

公元一九五一年七月卅日

通知

公元一九五一年八月四日

1951 年 7 月 30 日《中国人民银行温州中心支行验资证明书影本》

后来，在“公私合营”时，永和钱庄并入温州企业公司。

“阿桃的儿子”

我的父亲先是娶叶谢氏为妻。叶谢氏无出。婚后不久，病故。大母叶谢氏去世甚早，我不知她的身世，只是在回乡扫墓的时候在乐清县七里项浦埭山上见到她的墓。

我弟弟在 1999 年 3 月 22 日《温州日报》“瓯越名士”专栏中，见到有一篇文章介绍叶谢氏家世，即传真给我。现把这篇文章转录于下：

> 乐成赵秋士先生，少名鹤龄，后更名秋白，负纵横捭阖之才，沉酣思酒，大有狂名。
>
> 父讳秉乾，毕业浙江讲武堂，供职军界，盛年遽逝。母谢氏孀居，抚育

双雏。

谢氏有姐二，一适黄公仲箎，为古香楼后人，一适叶公志超，名噪吾瓯，即当代著名作家叶永烈之尊人。姐妹花开竟二，俱得如意郎君，里人多称美之。

先生早露圭角，启撰书斋联语：

诗爱定庵文鲁迅，
狂来说剑怨吹箫。

其方风华正茂，恰遇艳质佳人，欲施弱腕扶将，直剖爱心盟誓，常倚梅溪诉情，花底照人清癯。讵堪人事多违，枉自深情如许，终幸金石坚固，己酉空遗前尘影事。时作《金溪曲》，缠绵悱恻，早已散佚。然情之所结，拳拳怀人，赋有二绝，当作续曲：

暗香跳影忆梅溪，花下月明手自携。
历历星辰如昨夜，可怜劳燕各东西。

暗香疏影忆梅溪，心许梅花是逸妻。
多少离愁多少梦，晓莺残月石桥西。

及其暮年，辗转旋梓，故地重游，对景低徊，寒骨凄神，怅然命笔，堪作《金溪曲》续篇：

不见当年石板桥，春风细雨可怜宵。
梅溪溪涸梅花香，欲吊芳魂何处招？

其毕生遭际，梗飘萍转，睥睨轩冕，弥见风骨。一度沪上，修习新闻，后抵台岛，曾主笔政。真赏复谁？独企想家乡，恨不能附翼飞归，聊借长歌怀之。况白云亲舍，尚存头白高堂，奉养无日，郁伊难解。梦魂牵系，题有《思母》一诗：

一身兼父职，矢志守寒门。
笑貌成追忆，辛酸孰与伦？
卅年书断绝，片纸泪潺湲。
我亦垂老矣，还乡梦更繁。

至1985年，其母亲九一高龄仙逝。先生获悉，号恸欲绝，自有纪哀，不堪卒读。后终掉首还乡。乃胞姐、老母俱已作古，难偿骨肉团圆，实是衔恨无穷。继回台岛，愀然不乐，老病侵寻，奈于90年代初殂谢，年逾七旬，天厄斯文，能不一叹！

我的母亲沈素文的生日，户口簿上写着“1911年1月5日”。

我知道，这“1月5日”是她的阴历生日，写作“1911年1月5日”当然是弄错了。她常常说，自己的生日在阴历正月初五，很不“合算”——因为春节里本来就大鱼大肉，所以在春节里过生日，吃腻了，胃口早就没了。

母亲说她属犬——她从来不说自己属狗。按照生肖推算，显然，她出生于已酉年正月初五，亦即公元1910年2月14日。

后来，我在老家找到父母的结婚证书，终于最后确认了母亲的出生年月。

父亲是在1930年与我母亲结婚的。

父母的结婚证书很大，比通常的日报的半个版都大。上面写着：

叶志超、沈素文结婚证书

叶志超　民国纪元前十六年十月二十二日巳时生
　　　　浙江省乐清县人
沈素文　民国纪元前二年正月初五巳时生
　　　　浙江省瑞安县人

今由

黄志鸿
蒋松林　两先生介绍谨詹于中华民国十九年五月十一日下午二时在永嘉四荣堂巷本宅举行婚礼恭请

张成谦
寿家骏
两先生证婚看此日桃花灼灼宜室宜家卜他年瓜瓞绵绵尔昌尔炽谨以白头之约书向鸿笺好将红叶之盟载明鸳谱

此证

订婚人 叶志超 沈素文

证婚人 张成谦 寿家骏

介绍人 黄志鸿 蒋松林

主婚人 叶造舟 沈凤锵

中华民国十九年五月十一日订

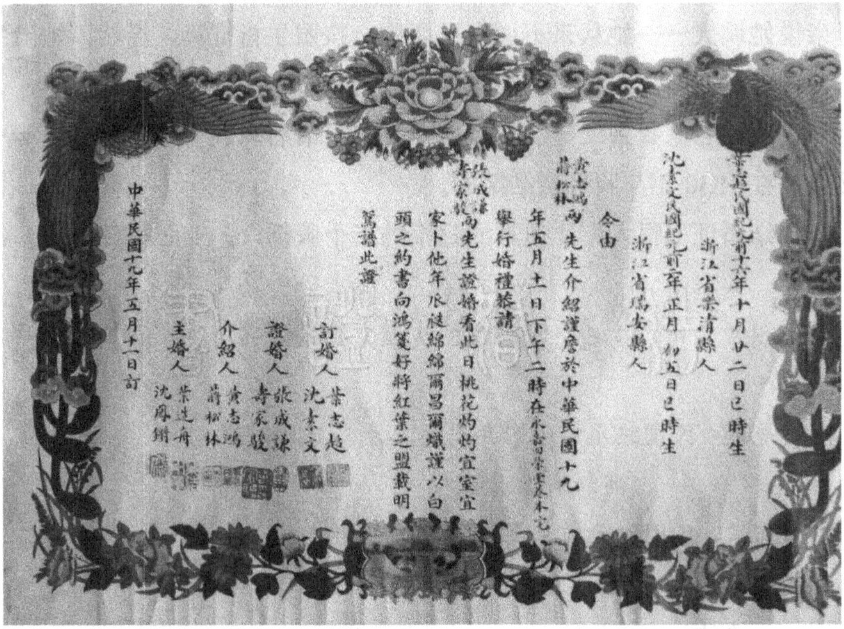
葉志超民國紀元前十六年十月廿二日巳時生
浙江省樂清縣人
沈素文民國紀元前二年正月初五日巳時生
浙江省瑞安縣人
今由
黃志鴻 蔣松林 兩先生介紹謹詹於中華民國十九
年五月十一日下午二時在[illegible]
舉行婚禮恭請
張成謙 壽家駿 兩先生證婚看此日桃花灼灼宜室宜
家卜他年瓜瓞綿綿爾昌爾熾謹以白
頭之約書向鴻箋好將紅葉之盟載明
鴛譜此證
訂婚人 葉志超 沈素文
證婚人 張成謙 壽家駿
介紹人 黃志鴻 蔣松林
主婚人 葉造舟 沈鳳鏘
中華民國十九年五月十一日訂

叶永烈父母的结婚证书

结婚证书所写的“沈素文，民国纪元前二年正月初五巳时生”，应当说是最为准确的了。民国纪元前二年，正是清宣统二年，亦即己酉元月初五。

我的外祖父沈义轩，生于清光绪二年丙子四月二十六日（1876年5月19日），浙江瑞安棋盘坦人。在我母亲出生不久，当年——清宣统二年庚戌九月初五（1910年10月7日），死于肺病，年仅34岁。

外祖母沈潘氏，也是瑞安莘塍九里人，出生于清光绪九年癸未九月初六（1883年10月6日）。己巳年七月十一日（1929年8月15日），死于中风，46岁。

主婚人沈凤锵（沈桐轩）为我母亲的二伯父。

我的外祖父和外祖母都不长寿，而我的母亲历经坎坷仍享寿90岁。1999年2月20日（正月初五），我和妻特地从上海赶回温州，我的哥哥、嫂嫂、姐姐、姐夫、弟弟、妹妹、妹夫等30多亲友同聚一堂，为她庆贺90大寿（虚龄90）。2000年11月27日母亲病逝。

我在1997年12月回温州的时候，曾与妻一起到瑞安寻访母亲的故居。当年的“棋盘坦”，如今改名叫“劳动巷”。她的故居很容易打听，一问“沈宅”，当地人都知道。这是因为沈家当年是瑞安的大家。沈宅大院总共三进，现仍保持原貌，但是所住的大都不是沈家人了——有的房子成了公房，分配给其他居民居住。

进了大院，面对那么多间房子，我不知道母亲当年住在哪里。我向住户打听，谁都不知道沈素文其人。

正巧遇见一位长者，我上前问候，方知乃瑞安中学前校长。我自我介绍说是沈素文之子，他倒马上知道我是叶永烈。他对我说，沈素文是你母亲上学时候用的大名，知道的人不多，她的小名彩桃，奶名便叫“阿桃”，你如果向人打听“阿桃”，知道的人就多了。

在长者的指点下，我一下子就找到母亲当年所住的房子。问起那里的老住户，果真都知道“阿桃”。于是，我便自称是“阿桃的儿子”。

母亲住的是第二进的厢房。老住户告诉我，那厢房隔壁，当年便住着我的表姐沈佩瑜。沈佩瑜的丈夫——我的表姐夫施振声，曾是我高中时的数学老师。

出生在温州英国教会医院

我出生于温州的英国基督教教会医院——“白累德医院”（Blyth Hospital wenchow）。

叶永烈出生地——温州的英国教会医院白累德医院

现在的温州有两家大医院，即温州市第一人民医院和温州市第二人民医院。

白累德医院，是当年浙南一带最著名的医院，现为温州市第二人民医院。

温州市第一人民医院的前身是温州瓯海医院。我的父亲曾任瓯海医院院长。

白累德医院的前身是定理医院，始建于1897年（清光绪二十三年），由英国基督教传教士苏慧廉聘请英国建筑师约翰·定理来温州杨柳巷建造，便以建筑师的名字命名这家医院。首任院长为英国医师霍厚福。

1904年（清光绪三十年），霍厚福离任，英国包莅茂医师接任院长。这时医院业务发展甚快，原有院舍不够用。曾经在宁波创立华美医院的英国基督教徒亨利·白累德（Henry Blyth）决定在温州大简巷投资建造新楼。

1906年（清光绪三十二年）1月30日，定理医院新建的院舍在温州大简巷落成，主楼是一幢三层大楼。亨利·白累德的资金占总投资的三分之二，为了纪念他，定理医院改名为白累德医院。白累德医院是浙南地区最早的西医院，又因为医院建在大简巷，温州人叫它“简巷医院”。

白累德医院仍由英国医生包莅茂任院长。此后，换过两任院长。自1917年（民国六年）起，由英国医生施德福（T.A.Stedeford）担任院长。施德福担任白累德医院院长之职达32年之久。倘若不是1949年5月7日红旗在温州城头飘扬，施德福恐怕还会继续担任院长。

关于施德福，白累德医院是这样介绍的：

施德福（T.A.Stedeford，1885—？），英国人。毕业于爱丁堡医科大学，1917年，由循道公会差会派遣，来温州任白累德医院院长。业余进修热带病学，考取博士学位。经常使用高倍望远镜观测天象，试图探索月球运转和地球气温变化与热带病关系。1925年，和宁波斐迪中学英籍女教师梅甫硕士结婚。1929 年夏，创办温州第一所护士职业学校。1934 年，又开办助产士职业学校。外科操刀准确度可在一叠纸上随意裁到指定一层。医德高尚，出诊为产妇剖腹，病榻脏臭，烟熏满屋，毫无嫌忌。教课不厌其详，学生百问不厌，实验一丝不苟，严以律己，乐于助人，态度和蔼，作风端厚，赢得医院内外普遍尊敬。抗日战争期间，温州数度沦陷，白累德医院避迁永嘉枫林，外汇断绝，经费困难，加上连年战祸，疫病流行，救死扶伤，任务艰巨。施氏自开门诊，收费悉数归公，登报呼吁，恳请各界解囊资助，得以渡过难关。解放战争时期，浙南游击队受伤人员秘密住院，均得悉心诊治。

1950 年，年迈回国，任院长 32 年，温州医师公会和各界人士盛会欢送，摄影留别。邑人名其宅旁巷弄为施公里，并立坊纪念，“文化大革命”时毁。

我父亲由于是温州瓯海医院院长，跟施德福院长有过许多交往。父亲深知白累德医院医疗条件优越，尤其是妇产科——该院从 1934 年起创办“私立白累德助产职业学校”，培养了大批妇产科人才。

据母亲回忆，未到预产期，她就住进了白累德医院。但是，等了好多天，没有临产预兆，又回到家中。直至怀胎十二个月，我才出生。我体质不错，据说与此有关。

与我相反，我的哥哥小时候多病。这可能由于哥哥是父母的第一个孩子，缺乏养育的经验。

母亲所说的“怀胎十二个月”，可能是预产期计算有误，但是我超过“怀胎十月”才出生，却是确切的。母亲曾回忆说，在预产期快到的时候，就住进白累德医院。可是过了预产期却一直未有“动静”。母亲住厌了，回家了。可是父亲不放心，还是把母亲送进白累德医院。如此反复几次，才终于在白累德医院生下我。

母亲说，给我接生的是英国人菲护士和薛护士。

在我出生的时候，温州（永嘉）就有英国教会医院，有那么多英国医生和护士，而温州（永嘉）当时只是中国东南沿海的一座小城，足见英国人何等深入中国各地。

其实，那时候不光中国许多地方有英国人的踪影，而且在全世界各国都活跃着各种各样的英国人。在美国之前，英国是世界上最强大的资本主义国家。

我上高中的时候，学校的主建筑就是当年的一座英国大教堂。我每天进出于那座教堂，虽说并不是为了做礼拜，但是英国的教堂给我留下抹不去的记忆，以至一想起高中的生活，就记起那幢高大的英国教堂。

关于我的生日，有两种不同的“说法”：

在种种的“作者简介”中，通常写作“出生于 1940 年 8 月 30 日”；

然而，在户口簿、身份证、护照上，却是写作“出生于1940年7月27日”。

我怎么会有两个不同的生日呢？

就连我的儿子都感到不解，问我：“到底该在哪一天给你寄生日贺卡？”

其实，我出生于农历庚辰年七月二十七日，属龙。据母亲说，我出生辰年辰月辰时，有着“三个辰”，算是很吉利的。

小时候，父母总是在阴历七月二十七日给我过生日。

自从有了户籍制，我父母也就给我填上出生日期为：“1940 年 7 月 27 日”。

考入北京大学时，要填写履历表格。我当然也就把出生日期写成：“1940 年 7 月 27 日”。

1958 年冬，我在“大炼钢铁”运动中，来到湖南邵阳。当地正在征兵。我在征兵站里见到一本公历、阴历对照表，一查，这才第一次知道，我的生日“翻译”成公历，是“1940 年 8 月 30 日”。

毕业的时候，又要填履历表，我想把出生年月改成“1940 年 8 月 30 日”，但是校方说必须与最初填写的表格“保持一致”，于是我仍写成“出生于 1940 年 7 月 27 日”。

从此，为了“保持一致”，我在各种表格上，一直写作“出生于 1940 年 7 月 27 日”。

在实行身份证制度的时候，由于出生年月日要编入身份证号码之中，派出所郑重其事发来表格，进行确认。这时候，我提出把我的出生年月日进行“更正”。然而，派出所不同意，说改出生年月日的手续很麻烦，而且又无关紧要，所以仍然照旧。这样，我的身份证号码中便有“19400727”这样的数字。

我的护照上所写的出生年月日，是依照身份证、户口簿而来的，当然照样写成出生于“1940 年 7 月 27 日”。

如此这般，也就如同陆游那首《钗头凤》中所写：“错，错，错。”

我兄弟姐妹各一，而且正好是按照“哥哥、姐姐、弟弟、妹妹”的顺序排列，我居中：

兄：叶永济，现名叶鹰，又名叶英，1932年6月18日（壬申年五月十五日）出生；

姐：叶芙芬，乳名苏苏、菻菻，1935年11月25日（乙亥年十月三十日）出生；

本人：叶永烈，1940年8月30日（庚辰年七月二十七日）出生；

弟：叶永武，1946年2月8日（丙戌年正月初七）出生；

妹：叶茜茜，1953年1月19日（壬辰年十二月初五）出生。

其实，据我母亲回忆，她一共生过8胎：

第一胎是儿子，一出生就死了，对于初为人母的母亲打击极大。

第三胎也是儿子，比我的哥哥叶永济小两岁，取名叶永杰，出生后四个月夭折。

在弟弟和妹妹之间，曾有一次小产。

我的名字

我的名字叫“叶永烈”，曾有人“考证”，说是取义于叶挺将军的诗“在烈火中永生”。这“考证”还颇有几分“依据”：叶挺之“叶”，永生之“永”，烈火之“烈”。

其实，我出生的时候，还没有叶挺将军的这首《囚歌》：“我渴望自由，但我深深地知道——人的身躯怎能从狗洞子里爬出！我希望有一天，地下的烈火，将我连这活棺材一齐烧掉，我应该在烈火与热血中得到永生！”

我的名字实际上很普通，其中“永”字为辈分。据父亲说，他给我取名“永烈”，是“永远轰轰烈烈”之意。如此而已，并无更深的含义。

我不由得记起在采访数学家苏步青的时候，曾经问他，“苏步青”的谐音是“数不清”，据传他的父亲为他取这个名字，是为了期望他长大后成为数学家。

苏步青大笑："我的名字，取义于'平步青云'，父亲希望我将来出人头地，如此而已，跟'数学家'毫无关系！"

另外，据父亲说，"永"字有"水"，"烈"字有"火"，"永烈"这名字也就"水火平衡"了。

前已述及，在我之前，有一位4个月夭折的哥哥，父亲为他取名叶永杰。"永杰""永烈"的意思差不多，而且也"水火平衡"。

我对父亲给我取的名字，最感满意的一点是迄今尚未发现一个与我姓名完全相同的人。这在网络时代尤为重要，搜索"叶永烈"，得到的全是关于我的信息，没有同名同姓的人从中"干扰"。虽说在我出生的时候，距离网络时代还很遥远，何况"叶""永""烈"这三个字都是常用字，不是冷僻的难字，能够在13亿人口的国家中没有同名同姓者，真不容易。然而如果搜索"叶永杰"，则同名同姓一大片。

不过，我的名字倒有一点小小的"应验"。小时候，每到冬天，我常常手脚皲裂，我的同学们便取笑说："怪不得叫'叶永裂'！"

顺便提一句，我用过10多个笔名。这些笔名是我自己取的，与父亲无关：

阿烈——我是浙江温州人。"阿×"是昵称，或对十分熟悉的人的称呼。我在家中，被称为"阿烈"。

勇烈——勇，永的谐音。

萧勇——"小永"的谐音。

叶青——叶子青青之意。

久远——"永烈"含义的延伸。

叶舟——取义于宋朝范仲淹名句："君看一叶舟，出没风波里。"

叶艇——叶舟的含义，又是"叶挺"的谐音。

叶杨——我的妻子姓杨。

杨青——杨柳青青之意。

铁井——我的童年是在温州市铁井栏度过的。

艾学化——爱学习化学之意。

叶惠——"惠"取自妻子的名字。

柯影——我曾在科教电影厂工作。

叶烈——去掉了“永”字。

咏页——“永叶”的谐音。

度过童年的咸孚大楼

前文已经叙及，我曾用过“铁井”作为笔名，因为我的童年是在温州市铁井栏度过。

铁井栏是一条长二三百米的街，位于温州闹市中心，离温州的“南京路”——五马街只一箭之遥。街面上铺着长条石板。

铁井栏的一头连着温州的主干道——我小时候叫“大街”，新中国成立之后叫“解放南路”。路口，是一家“梦生”文具店；另一端则是一条小河，上有石板桥，那里叫作洞桥头。桥旁是一棵巨伞般的大榕树，夏日常有人在树下乘凉（如今随着小河被填平，石板桥、大榕树都没有了）。

铁井栏是因为一口大井而得名。这口大井并不在铁井栏主街上，而是在一条内弄里，所以通常走过铁井栏的人，并不知道那口大井。如果说铁井栏主街是“P”的直线，那内弄就是“P”弯曲的部分，那内弄的出口、入口都在铁井栏主街。我家的大楼正门在铁井栏主街，而后门恰恰正对内弄的那口大井，所以我对那口大井非常熟悉。

这口大井历史悠久，如今已经被列为浙江省文物保护单位，也成为温州旅游景点之一。相传铁井栏水井是晋朝郭璞设计、城内开凿的28口水井之一。据记载，井栏内壁铁铸，外甃青石，鼓腹、弧肩、翻唇、平沿，井口如环，外径187厘米，内径169厘米。内壁铸上下两圈，高约60厘米。井腹似瓮，井深5.6米。外壁用15块弧形青石板圈成、垒彻。上圈铸于1091年（北宋元祐六年），下圈铸于1198年（南宋庆元四年）。环形井唇为清咸丰元年（1851年）用扇形青石板平铺成，弧形青石板上镌有“咸丰元年岁次辛亥孟夏吉立，铁井栏兴文坊阖里信士重建”和“民国七年戊午（1918年）夏立，合地重建”。这口大井水质清冽，常年不枯，迄今仍在使用。

关于这口铁栏井，在温州有过这样的传奇故事：北宋泉州知府蔡襄在泉州造洛阳桥，屡不得其法，于是循梦所指引，派人来温州找“三人一目仙”。手下人在温州遇到三个奇怪老头，一个瞎了一只眼睛，另两人皆盲，刚好是“三人一目”。手下人非常开心，邀请三人一同前往泉州为修桥指点迷津，只见三人遁入一口井，随即就到了泉州——这井据说就是铁栏井。

叶永烈回到温州，故居已经拆除，盖了高楼，但是铁井仍在（2006年10月25日）

2013年2月6日《温州商报》所载《铁井栏，城市里的褪色记忆》一文写及：

“楼台俯舟楫，水巷小桥多”。伴随着铁井栏一起老去的人们一定知道，在河网密布的温州，铁井栏曾是怎样的风姿绰约。

铁井栏作为当时老城的核心地段，集聚了尘世生活中最美好的人间烟火——井水很纯，甘甜，邻里相聚此处，井沿打水、浆洗衣物、淘米洗菜，有时候，哪个小孩被井水溅了一身，哇哇大叫起来……井边一年四季是湿漉漉的，又泛着光，周边默默爬上了一些青苔，澄净的井口映出一方天空，周边的小孩后来在这天空中就像风筝一样越飞越远。

作家叶永烈就在铁井栏29号成长，或许他和许多铁井栏小孩一样，曾在周边的巷弄里跟小伙伴按过“山羊背”，捉过迷藏……

铁栏井是公用井，在温州没有自来水的年月，四周居民都到铁栏井取水。我家院子里有一口小井，水泥井台上有父亲所题“饮水思源”四个字。家里通常用这口小井。不过，厨房在后门处，厨师喜欢就近从铁栏井取水。

我家所住的铁井栏的那幢大楼，建筑面积大约有1000多平方米。这幢大楼是当年温州最好的建筑之一。大楼是戴绥先先生投资建造的。刚造好，父亲租了下来，开咸孚钱庄，几年后钱庄买下大楼的产权，从此称咸孚大楼。

大约在我6岁的时候，父亲请温州照相馆的摄影师来拍摄咸孚大楼。正好我在家，便招呼我跟他一起站在咸孚大楼门口拍摄照片。由于是摄影师拍摄的，照片清晰度很高，可以看见大门右侧咸孚钱庄招牌。我记得，那招牌是搪瓷的，橘红色底，黑色大字，那字是父亲的手笔。

叶永烈小时候与父亲合影于温州咸孚大楼门口（温州铁井栏29号）

铁井栏是温州当年的“华尔街”。咸孚钱庄大楼与永嘉县银行大楼比邻。父亲还曾兼任永嘉县银行行长。此外，这条短短的铁井栏还有实业银行、敦大钱庄，成为温州金融中心。

我记得，永嘉县银行大楼对面，是乐园饭店。咸孚钱庄对面，是敦大钱庄。咸孚钱庄的另一侧，是一幢两层青砖楼房，底楼是颜料店，大都是德国货，楼上住家。颜料店的老板跟我父亲很熟，常有来往。颜料店的隔壁，则是东南旅馆。

咸孚大楼的底楼大堂，是咸孚钱庄店堂，中间是一个院子，院子后面则是厨房以及勤工、保姆们的住屋。

大楼最初两层，楼上住着两家，即总经理——我父亲一家和副经理——戈鲁阳一家。

戈鲁阳也是乐清人。他的长子叫戈悟觉。戈悟觉后来考上北京大学中文系，也成为作家。他曾担任宁夏文联副主席，一级作家。所以温州人说，铁井栏这座大楼里，出了两个国家一级作家。不过，由于戈鲁阳师事于我父亲，称我父亲为“先生”（也就是老师之意），我称戈鲁阳为“汉哥”（他号忠汉）。这样，我就比戈悟觉大了一辈，算是他的“小叔”，尽管他比我大3岁。

叶永烈与作家戈悟觉在温州故居后门的水井

在我七八岁的时候，大楼加盖了一层。我们家住到三楼。戈家在温州百里坊自建了住宅，取名“任园”，搬了出去。这样，二层成为父亲的办公室以及会见客人的客厅。

在我父亲手下的员工之中，瘦长的金伯龙是“跑街”，总是穿一身长衫，来去匆匆。我成为作家之后，曾经去拜访他，请他回忆咸孚钱庄往事。郭仲光是会计，他则总是一身藏青中山装，衣冠楚楚，双袖则戴着黑色袖套。还有许多年轻的员工，我至今不依据任何资料，光凭记忆，还能写出他们的名字，即周立铎、吴国敏、诸葛清、金则魁，等等。

其中给我印象最深的是朱大钧先生。他知道我喜欢集邮，就把店里来往信封送我剪存邮票。有一段时间，他在上班时，总是把办公桌中间的大抽屉拉开，在低头做什么。我细细一看，原来他在用铁刀雕石膏像。哦，他在给我父亲雕侧面浮雕像。对于他的作品，几乎所有的员工都说很像，唯独我父亲皱着眉头说："这是我吗？"其实，每一个人往往只熟悉自己正面的形象，却不熟悉自己的侧脸。

几十年后，我到温州签名售书，他来看我，送我许多绘画作品。原来，他是美术业余爱好者，能够画很不错的钢笔画，所以在1949年5月能够为我父亲作浮雕像。他说起对我的印象，说我小学放学回家之后，必定到店堂里找当天的报纸仔仔细细地看。他当时就觉得，这个孩子也许喜欢写作，没有想到，长大了，成了作家。说罢，他哈哈大笑起来。

叶永烈父亲叶志超先生雕像（朱大钧作）

我的童年就在这座咸孚大楼里度过。正因为这样，对于这座大楼我有着浓厚的怀旧情绪。每当回到温州，我总是要去看看这座大楼。

后来，大楼里住着十六七户人家。每当我走进去时，从底楼一间间屋子一直看到三楼一间间屋子，我是那么的熟门熟路。那里的住户笑问"客从何处来"，我答曰："我本来住这里。"他们马上就知道我就是叶永烈，把我围住了。

我指着底楼的楼梯说道："这下面有个地下室。"

住户们显得很惊奇，因为他们虽然在这里住，却从来不知道这个地下室。

我告诉他们，地下室是用厚厚的水泥浇成，有一扇二三十厘米厚的铁门，铁门上装着号码锁。这地下室原本是钱庄放钱、银圆、金条的金库。如今不用了，当然谁也不知道这个地下室。

在厨房上面，原本是一个五六十平方米的水泥晒台，后来被盖上房子。小时候，我就住在晒台旁的一个房间里。我最爱去的地方，就是这个晒台，上面放着一盆盆兰花和茉莉花。入夜，躺在藤椅上，闻着沁人心脾的花香，仰望繁星闪烁的天穹……

我出生在抗日战争那烽火连天的岁月。出生不久，温州就沦落于日军之手。

我家的大楼和相邻的永嘉县银行大楼，是温州当年最好的大楼，被日军看中，占作司令部。父母带着三个孩子（我是老三）逃难。全家包了两艘两头尖的“蚱蜢船”，沿着楠溪江逃往山区亲友家。

正值暑天，又是在水上行舟，蚊子成群结队朝我这个“嫩娃娃”袭来。母亲舍不得把我放在甲板上，便一直把我抱在怀里，不断用手驱赶蚊子。整整七天七夜，母亲抱着我，盘腿坐在窄小的船舱里。在到达目的地的时候，母亲的双腿僵直，不能动弹，无法下船。父亲背着她，这才勉强下了船……

父亲生前曾不止一次向我讲述这个七天七夜的故事。我明白，父亲是让我记住母亲那伟大的母爱。正因为这样，我一直非常崇敬我的母亲。

我也深深怀念度过童年的咸孚大楼。然而，2004年我回到温州，发现咸孚大楼被拆了！我非常痛心。不久，在那里矗立起一幢20多层的商品房高楼，名叫“兴文里大厦”，门牌改为铁井栏23号。

兴文里大厦所在的位置，就是原咸孚大楼和永嘉银行大楼。我绕到兴文里大厦后门，发现那口铁栏井尚在——因为被列为浙江省文物保护单位而得以保存。我坐在铁栏井的井台上，感慨万千。

铁井栏面目全非，开设了童装商店、小商品市场，早已经不是温州“华尔街”了。

差一点断了舌头

儿时最快乐的日子，当然是过年。

早就扳着手指头，盘算着“年”还有几天。喝过腊八粥，吃过祭灶神的关东糖，过了掸灰洗尘的扫房日，“年”就在眼前了。

最忙碌的要算是父亲。他写得一手好字，亲友邻居都央求他写春联。我总是充当磨墨的角色。记得，那写春联的红纸上杂有星星点点的金箔，在阳光下泛着金光。父亲手持巨笔，在那一片红光、金光中，写下一个个遒劲的黑字：“爆竹一声除旧，桃符万户更新。”“江山千古秀，天地一家春。”“春至花如锦，风来竹自吟。”

春联可以“自制”，年画则要到市场上购买。门神画，年年要买。大门上贴了两张剑拔弩张的钟馗像，一左一右，保卫着家门。一边贴门神画，小伙伴们一边唱起来：

家家户户贴门神，
门神门神舞大刀，
门神门神骑红马，
大鬼小鬼见了就害怕，
咳，见了就害怕！

如今时兴挂历，那年头挂的是月份牌。月份牌也是年画。月份牌仿佛是美人仕女的世袭天地，年年如此，只是有的梳高髻，有的烫头发，有的穿旗袍，有的打花伞。

正儿八经的年画，大都来自江苏苏州桃花坞，也有来自河北天津杨柳青的。年画通常贴在客厅两壁。在我的记忆中，年画上唱主角的是胖娃娃、大鲤鱼跳龙门，也有梁山伯和祝英台，大红大绿，喜庆色彩。

我家客厅正中，挂的是巨幅国画，画的是关羽秉烛阅兵书，一手持书，一手抚长髯，周仓、关平侍立左右。父亲喜欢国画，曾购置数百幅之多，别的画挂一二个月要更换，唯有这幅关羽长年挂着。

除夕夜，分配给我的任务是摆弄红萝卜。我把红萝卜横切成一段一段，中心插上牙签，再在牙签上插红蜡烛，红萝卜成了灯座。这样的从上到下一色全红的灯，要做二三十个。除夕夜，我把蜡烛一一点燃，放遍每一间屋子的四角。听大人们说，这叫岁灯，用以驱邪，因为鬼魂害怕灯光。还记得在床前放过七个小盏，盛着菜油，插入红色棉纱或染成红色的灯草（据云白色不吉利）。点燃起来，叫“七星灯”，也是驱邪之用。

我还用小刀把一支红萝卜按纵向切出一道道三角形的槽，再用刀横切成一片一片，每一片都成了“齿轮”，看上去像一朵红花。红萝卜那黄芯，此时成了黄色的花蕊一般。然后，我把这一朵朵“红花”，撒在年夜饭的每一道菜上。据父母亲说，“红花”象征喜爱，给年夜饭添彩。

另外，还在茶碟搭里撒上红色的桂花，把水仙花扎上红缎带，也为的是增添喜庆气氛。

过年时最不痛快的是穿新衣、新裤、新鞋，在放爆竹、烟花时，我不得不小心翼翼，生怕弄脏了新衣裳……

每年春节的序幕是从祭灶神开始的。祭灶神，要么在农历十二月廿三，要么在廿四。那时流行“军三民四”。父亲毕业于保定军官学校，当过军人，按照“军三”的规矩，在腊月廿三祭灶神。

我家人口众多，忙坏了家中的厨师金则魁师傅。宽敞的厨房里砌着乒乓桌那般大的三眼灶。烧饭时柴爿在灶里燃烧，金黄色的火舌舐着黑色的锅底。三口大铁锅冒着热气。

在一片火光、水汽和黑烟之中，灶神爷（温州话叫“镬灶佛”）端坐在三眼灶上方，一年到头板着面孔，一派威严的神色。尤其是那双逼视前方的眼睛，不论你从厨房的哪个地方朝他一瞧，他仿佛正盯着你哩。不分昼夜，他的双眼一直像桂圆般睁着。据说，不管是谁，在厨房里的一举一动，都逃不过灶神的眼睛。

掌勺的金则魁伯伯有时从锅里夹起一块热乎乎的红烧肉塞进我的小嘴巴，总是用身体遮住我，以挡住灶神雪亮的目光……如此这般，我从小便对灶神望而生畏。

祭灶神那天，厨房里热闹非凡。宽大的水泥灶台上，摆着 12 个发亮的金漆木盆，盆里盛满花生糖、芝麻糖、瓯柑、荸荠、糖糕、元宝形年糕等，我见了直流口水。爸爸、妈妈说：“要让灶神爷吃个够，你才可以吃剩下的东西。”据说，灶神爷要在这天“归天”，向玉皇大帝“汇报”。摆出那么多好吃的东西“宴请”神，是遵照“吃人家的嘴软”这一人世间的“规矩”，向神“行贿”。内中多糖食，为的是糖富有黏性，能够封住嘴巴。怪不得大人们在上香时，口中念念有词：“好话多说，坏话少说。”

也正因为这样，贴在灶神两侧的对联是：

上天言好事，
回来降吉祥。

祭灶神毕，那些金漆木盆里的糖果糕点便成了我们这些“馋老板”争夺的对象。这时，再也用不着金伯伯遮遮挡挡，欢乐的春节就拉开了帷幕……

据母亲告知，我 3 岁那年，站在一张方凳上，从灶上的金漆木盆里抓荸荠吃。一群孩子也正忙于吃。连我的父亲居然同样津津有味地忙于吃。我忽地从方凳上摔下来，跌在水泥地上，满口鲜血！

父亲急急抱起我，喊来车夫，用黄包车直送白累德医院院长、父亲的好友施德福先生寓中。施德福大夫挖清我口中的荸荠，查明我的舌头左侧中部在摔倒时被牙齿咬断，马上给我缝了三针。

做完手术，施德福大夫说，这孩子将来是否能正常讲话，难以预料。他的话，使我的父母分外担心。

那年的春节，我只能靠喝牛奶过日子。

正月初三，施德福大夫为我的舌头拆线。

正月初五，厨房里红烛耀目，鞭炮阵阵，据说是为了迎接灶神从天宫归来，叫作“接神”。那天，灶上又摆满种种供品，我只能望望而已……

从此，我的舌头中部左侧留下一条长长的横向疤痕，直至现在。所幸手术很成功。我长大后到处“饶舌”（也就是“讲话”），口齿清楚，很感谢英国医生施德福妙手回春。

父亲出任瓯海医院院长

温州瓯海医院院史办公室打来电话，说是1999年秋，乃瓯海医院成立80周年纪念，要我为该院提供史料——因为我父亲曾任瓯海医院院长。

父亲军人出身，后来经商，怎么会担任瓯海医院院长呢？

记得小时候，每年春节，我都要随父母前往温州谢池巷的一座精致的小院拜

先父叶志超与瓯海医院

□叶永烈

父亲叶志超先生早年是军人，后来经商，没有学过医，然而在1933年起兼任温州瓯海医院院长前后一年多时间。瓯海医院是今日温州医学院附属第一医院的前身。

父亲字志超，号鹏飞，讳正辉，乳名正宜。清光绪二十一年乙未十月二十二日巳时生（1893年11月29日），他殁于"文革"，1968年2月23日因心肌梗塞去世，终年七十五岁。

父亲是乐清县镇江镇七里乡项浦垟人，世代务农。到了祖父手里，置屋置地，成了地主。

父亲先是入浙江讲武堂，一度成为军人。1919年起任少尉连附、少校副官。

后来经商，1927年任温州咸孚钱庄总经理、永嘉县银行行长、永嘉县钱业公会理事长。

当时，我家住在温州市中心铁井栏29号。这幢大楼是当年温州最好的建筑之一。大楼最初两层，后来加盖成三层。楼下是我父亲开的"咸孚钱庄"，楼上住家。大楼隔壁，就是永嘉县银行的大楼。日本占领温州时，司令部就设在永嘉县银行大楼。

父亲怎么会担任瓯海医院院长呢？

记得，小时候，我每年春节，都要随父母前往温州谢池巷的一座精致的小院拜年。后来，即使在我离开家乡之后，每一次回到温州，也总要去那里拜望。

每一回推开雕花的铁栅栏大门之后，走进院子，便闻来一股来苏儿的气味。步上台阶，便进入一幢别墅式的两层小楼。楼下是诊所与药房，楼上则是卧室。

这座私人诊所的主人，说话声略微有点沙哑，叫杨玉生（1890.11.18-1965.6.5。有关杨玉生先生生平，参考杨学锵1990年所作《杨玉生传记》），是我父亲几十年的挚友，我称之为"杨伯伯"。我家有谁生病，差不多都请杨玉生先生诊治。

杨玉生又名杨晌，温州市平阳人。杨玉生先生就学于杭州广济医学堂（浙江医科大学附属二院的前身）。考虑到温州医院缺乏，1919年秋，他筹款四千银元（其中他自己出一千银元），在温州创办了瓯海医院，并担任首任院长。

就在瓯海医院刚刚开诊之际，正遇温州霍乱大流行。医院敞开大门，救助病人，药到病除，名声大噪。

在杨玉生先生的领导之下，瓯海医院迅速发展为温州的大医院——解放后先改名为浙江省立温州医院，后又成为温州医学院附属医院。

院长工作极度劳累，尤其是在创办之初。四年之后，由于他不慎染上肺结核，而且过分辛劳，不得不离职休养。1926年，他在谢池巷自办诊所——"玉生医院"。

我父亲与杨玉生先生早就认识，但是在事业上合作，是在1933年。那年，瓯海医院遭遇经济危机，几近倒闭。虽然当时杨玉生先生已经离开瓯海医院，但他毕竟是这所医院的创办人。在紧急之中，他找我父亲以及吴百亨先生。吴百亨是温州著名实业家，曾在温州先后创办百好炼乳厂、西山窑厂和西山造纸厂。父亲当时是温州慈善机构协济善堂的负责人之一。他和吴百亨先生决定给予经济支持，瓯海医院改由温州慈善机构协济善堂管理。父亲出任瓯海医院院长。

父亲受命于危难之际。他与杨玉生先生、吴百亨先生等共同努力，终于使瓯海医院渡过难关。

父亲出任瓯海医院院长，不拿院长工资，只领车马费而已。他每天清早坐黄包车去医院，料理院务毕，然后回到咸孚钱庄和永嘉县银行，办理公务。他对医院的管理十分严格。

当时，瓯海医院副院长顾耕海，会计张鹤子、张筠非等，协助我父亲管理瓯海医院。

（作者系叶志超先生之子，现年64岁，上海作家协会一级作家、教授、报告文学家。）

叶永烈应温州瓯海医院（今温州第一医院）所写的文章《先父叶志超与瓯海医院》

年。后来，即使在我离开家乡之后，每一次回到温州，也总要去那里拜望。

每一回推开雕花的铁栅栏大门之后，走进院子，便飘来一股来苏水的气味。步上台阶，便进入一幢别墅式的两层小楼。楼下是诊所与药房，楼上则是卧室。

这座私人诊所的主人，说话声略微有点沙哑，叫杨玉生（1890.11.18—1965.6.5）[1]，是我父亲几十年的挚友，我称之为“杨伯伯”。

杨玉生又名杨畴，温州市平阳人。后来才知道，他与我的妻子杨蕙芬有着远房亲戚关系。当然，这只是“后来”的事。

其实，我虽然出生在温州白累德医院，我的舌头也是白累德医院院长施德福博士为我接好的，但是我家有谁生病，大都是请杨玉生先生诊治。

杨玉生先生就学于杭州广济医学堂（浙江医科大学附属二院的前身）。考虑到温州医院缺乏，1919年秋，他筹款四千银元（其中他自己出一千银元），在温州创办了瓯海医院，并担任首任院长。

就在瓯海医院刚刚开诊之际，正遇温州霍乱大流行。医院敞开大门，救助病人，药到病除，名声大振。

在杨玉生先生的领导之下，瓯海医院迅速发展为温州的大医院——新中国成立后改名为温州医学院附属医院。

院长工作极度劳累，尤其是在创办之初。四年之后，由于他不慎染上肺结核，而且过分辛劳，不得不离职休养。1926年，他在谢池巷自办诊所——“玉生医院”。

我父亲与杨玉生先生早就认识，但是在事业上合作，是在1933年。那年，瓯海医院遭遇经济危机，几近倒闭。虽然当时杨玉生先生已经离开瓯海医院，但他毕竟是这所医院的创办人。在紧急之中，他找我父亲以及吴百亨先生。吴百亨是温州著名实业家，曾在温州先后创办百好炼乳厂、西山窑厂和西山造纸厂。父亲当时是温州慈善机构协济善堂的负责人。他和吴百亨先生决定给予经济支持，瓯海医院改由温州慈善机构协济善堂管理，父亲出任瓯海医院院长。

父亲受命于危难之际。他与杨玉生先生、吴百亨先生等共同努力，终于使瓯海医院渡过难关。

父亲出任瓯海医院院长，前后达十年之久。他不拿院长工资，只领车马费

[1] 有关杨玉生生平，参考杨学德1990年所作《杨玉生传记》。

而已。他每天清早坐黄包车去医院，料理院务毕，然后回到咸孚钱庄和永嘉县银行，办理公务——他一个人要主管三个单位，相当辛苦。即便这样忙碌，他对瓯海医院的管理仍十分严格。

当时，瓯海医院副院长顾耕梅，会计张畴子、张劲非等，协助我父亲管理瓯海医院。

父亲与杨玉生先生结下深谊，家中老小，不论谁生病，杨玉生医生总是倾力医治。

前已述及，家兄幼时多病。全靠杨玉生医生精心医治，他才一次次脱离难关。有一回，在日军占领温州的时候，全家逃难，家兄被臭虫叮螫之后，肋骨化脓，终日高烧，瘘管处脓血不止。所幸杨玉生先生为他多次动手术，才得以治愈。

我虽然不像家兄那么多病，但是也曾有过两次患病，被父亲送往谢池巷杨玉生诊所：

一次是连续高烧持续不退，噩梦连连，杨伯伯守在我的身边，为我打针退烧；

还有一次是腋下长一大脓疮，疼痛不已。杨伯伯为我开刀，当时脓血喷涌而出……至今，这一疤痕犹在。

杨玉生先生在 1965 年端午节那天，因求医者过多，过分疲劳，血压骤升，脑溢血而离世。

1997 年 10 月，我收到杨玉生先生次子杨学德的来信，并寄来他写的《杨玉生传记》。杨学德先生曾任温州市科协副主席、温州市人大常委，是教授级高级工程师。

他的来信，引起我对他父亲的诸多回忆……

我家珍藏的《申江战焰图》

2016 年 8 月 2 日，我随上海淞沪抗战纪念馆的专车从上海驶往温州，为的是到温州弟弟家，把家藏多年的《申江战焰图》捐赠给上海淞沪抗战纪念馆。《申江战焰图》是我父亲的收藏品。父母都已经过世，而兄弟姐妹 5 人之中，兄妹也已经离世。姐姐、弟弟与我经过商议，决定把这幅与上海淞沪抗战历史紧密相关的珍贵的画，献给上海淞沪抗战纪念馆永久保存。

这幅画曾经给我留下深刻的印象。每当我回首童年的时候，我总记起家中的客厅里，横悬着一幅一米三宽、半米高的水墨画。画面苍凉，一片断墙残壁，几棵枯树，一道铁丝网，十分萧索，给人一种恐怖感。此画名曰《申江战焰图》。

叶永烈家中收藏的《申江战焰图》

父亲擅书法，喜欢字画，身为银行行长、钱庄经理的他，手头也宽裕，那时买了不少名人字画。家里好看的画很多，我真不知道父亲为什么老是把这样一幅使人压抑的画，长挂在客厅最显眼的墙上。

父亲在“文化大革命”中被折磨而死。家中那众多的名人字画也在“文化大革命”中被红卫兵扫荡一空。这幅《申江战焰图》是画在绢上的，弟弟把它卷起来，带到插队落户的温州乡下，使这幅画幸免于难。

2004年，日本共同社上海分社支局长中川洁先生和助理陈明先生前来采访我的创作情况时，我顺便提起温州老家的那幅画——因为我记得是一位日本军官画的。中川洁先生当即颇感兴趣。不久，他来电话，希望一睹这幅现代“古画”。于是，我即请弟弟把《申江战焰图》拍照寄来。这时候，我已不是童年的我，已“懂事”了。我细细欣赏这幅画，捉摸题记并查阅有关史料，我终于明白，这是非同寻常的画！

此画的左下方，竖写着一行中文：“陆军工兵大佐高桥胜马”，并盖着印章。

这表明，画的作者是高桥胜马。

高桥胜马是日军工兵大佐。大佐是日本的一种军衔。日军军官在第二次世界大战时采取三级九等制，即将、佐、尉三级，又各分大、中、少三等。其中大佐相当于或高于上校。

画的左上方则写着："昭和八年秋于庙行镇写之"。这表明，此画并非虚构的写意之作，乃是写实之作，所画的是1933年（即昭和八年）秋的庙行镇的景象。庙行镇，即今日上海市宝山区庙行镇。该镇位于上海市北郊，离彭浦新村不远。

画的右侧竖写着一行篆字："申江战焰图"。申，上海的简称；申江，亦即黄浦江。战焰，战火也。这就是说，此画所描绘的是上海在日本侵华战争中的惨象。

正因为这样，此画的气氛是令人窒息的。

不过，此画原本似乎无题，这《申江战焰图》五字是后加的，用一小条纸贴上的。题字者落款为叶曼济（1913—1987年），原名叶徵干，为温州地方绅士、画家，曾任温州市文联副主席、温州市剧协主席。叶曼济的题字旁边还标明了年月日："三四、一二、二五"。"三四"，显然是指民国34年，亦即1945年12月25日。这是在日本投降后补题的图名。叶曼济的题字，表明他比先父先见到此画。

在《申江战焰图》画面左侧，在断墙之间，露出一翼然之庙。

我向上海宝山地方志办公室请教庙行的历史。据告，庙行在抗日战争中，有过激烈的战斗。我根据上海宝山地方志办公室提供的线索，查阅了有关史著，弄清这次战斗的情形：

在1932年1月28日，即著名的"一·二八"事变，日军突然袭击上海。驻沪的国民党第十九路军在蒋光鼐、蔡廷锴将军及第五军在张治中将军率领下，奋起抵抗。一时间，离庙行不远的吴淞，成了日本陆海军集中攻击的目标。2月22日，日军三万人在总司令植田谦吉的指挥下，由吴淞进逼庙行，十九路军坚决抵抗，歼灭日军三千余人，史称"庙行大捷"，全国军民为之振奋。战斗空前惨烈。庙行被打得断垣残壁，那座庙虽然没有倒坍，但也千疮百孔。

那翼然之庙，是什么庙？经查证，那是庙行的地标性建筑——泗漕庙，又名泗潮庙，因沪语中"泗""水"音近，还有人称之为水漕庙。泗漕庙建于元朝至正年间（1341—1368年），祭祀西汉丞相、曲逆献侯陈平（？－前178年）。陈平乃河南人氏，与上海并无渊源，缘何为他建庙？上海《宝山县续志》的记载，解开了这个谜："本邑地滨江海，未建石塘之时，潮灾间岁有之，俗谓之'霸王潮'，故里社间建立庙宇，多奉祀汉初功臣，以行压制。父老传闻如此，当不诬也。"原来西楚霸王项羽败于汉王刘邦，所以建汉臣陈平之庙，可以镇住汹涌澎湃的吴淞江大潮——"霸王潮"。正因为这样，吴淞江沿岸建立的汉朝功臣庙宇祠堂就达72座之多，诸如上海彭浦镇的彭王庙（祭祀汉梁王彭越），宝山境内的广福曹王庙（祭祀汉平阳侯曹参），等等。

泗漕庙位于宝山之河鹅艨浦旁。泗漕庙前后共三进，中间的正殿飞檐翘角，从现存的泗漕庙照片可以看出，《申江战焰图》画面左侧所绘翼然之庙，正是泗漕庙的正殿。泗漕庙有30多尊菩萨雕像，香火颇盛。泗漕庙之侧，有100户人家的小村，进出村庄的巷子便叫“庙巷”。1932年“一・二八”淞沪会战，十九路军六十一师驻守庙巷，进行浴血抗战，阻击日军进攻，战地记者将此役称为“庙行大捷”（沪语中巷与行同音，庙巷被误为庙行），从此庙行之名沿用至今。

据称，中国军队在庙行激战中牺牲的人数达一个团之多。为了纪念在庙行牺牲的国军将士，“无名英雄墓创建委员会”于1932年12月9日发表“创建无名英雄墓募捐启”，内中这样记述庙行之役：“本年一・二八之变，我军苦战三十余日。其间抵抗最久，炮火最烈，伤亡最多者实为庙行一村落耳。居民仅百余户，属宝山县，以旧有泗漕庙得名。西南距大场镇，东南距江湾镇，各七八里。敌攻闸北，久不能下，乃续调大军，改设主攻点于此。既不惜重大牺牲，进占东南隅之金穆宅、竹园墩、三百亩等村落，复竭全力扑庙行。我军因屋为营，掘壕死守，在炮火机弹狂轰猛射之下，村屋全毁，士卒死亡山积。然于我军总退却前，敌未能越雷池一步。呜呼，此非我民族精神之表现耶！”

《申江战焰图》所绘，正是那个“抵抗最久，炮火最烈，伤亡最多”的“庙行一村落”。高桥胜马于翌秋来到那里，还是一片凄凉。连这位日本军官也被这战争的惨景所感叹，于是动笔绘下了那幅战祸写生图。

泗漕庙在庙行之役中受到严重损坏，仅存6尊菩萨。1966年“文革”开始，红卫兵把庙中残存的菩萨全部烧毁。据村民回忆，“由樟木雕成的菩萨佛像在熊熊燃烧的大火中散发的浓烈香味，数日不散”。从此泗漕庙不复存在。泗漕庙原址，位于今日上海庙行通河七村锦辉绿园物业管理公司及泗塘七村第二居委会办公楼所在地。

《申江战焰图》的左上方，是先父的墨迹。他为此画题写了两首七绝：

十载干戈旧战场，
春申江浦感荒凉。
画图一样经行处，

废垒黄蒿賸夕阳。

一片降幡出海东，
始知黩武总成空。
天骄也有黍离恨，
应悔当时用火攻。

其中的賸，为剩的古字。

在两首七绝之间，父亲加了一行小字注释：

余此次自杭州道经沪上所过之处与图相似。

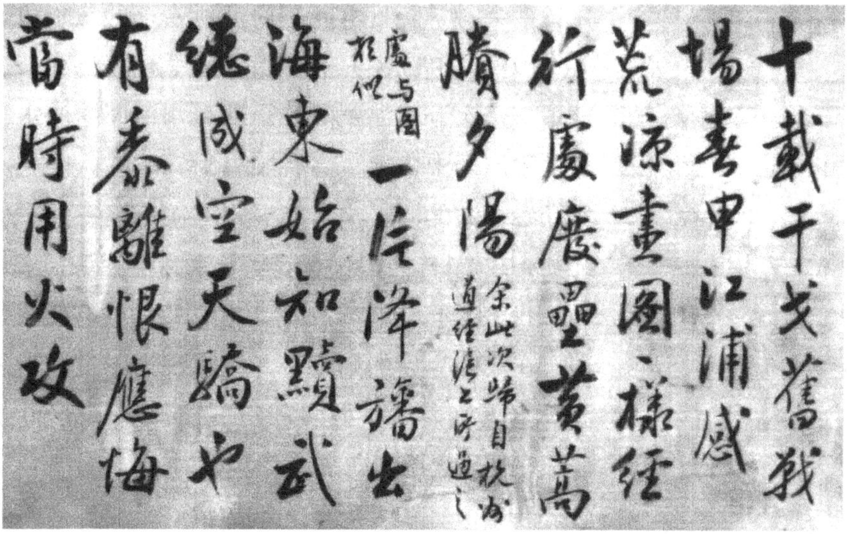

叶永烈父亲叶志超在《申江战焰图》上题诗两首手迹

此次，即指先父1946年初杭、沪之行。迄今我仍记得父亲旅行时所带的皮箱，外面套了一个蓝色的布套，布套上缝了父亲英文名字的开头字母。那时，我从未见过这等模样的箱子，所以也就留下了很深的印象。

读了父亲的诗，我才明白，他正是有感于“黩武总成空”，才对这幅记录日军侵华惨象的画产生兴趣，在画上题诗。

那十年离乱，使千千万万中国生灵涂炭，华夏大地一片“废垒黄蒿”。我们家也备受离乱之苦。我们家原本住在温州市中心铁井栏29号咸孚大楼，过着舒畅的生活。可是日军在1941年1月、1942年7月、1944年9月，三次攻陷温州。父亲不得不带着全家逃难，过着颠沛流离的生活。

据家母回忆，我家在逃难时，由她亲手收拾细软，装入72只箱子。这些箱子运至乡下，藏在一家地主的密室内，外面用砻糠堆没密室之门。即便如此保密，这72只箱子竟在一夜之间不翼而飞，内中包括父亲所购众多的古代名字画。父亲称那次的损失为家庭所遭遇的浩劫！

据父亲生前所写的《温州三次沦陷记略》一文载，温州第二次被日军攻陷时，那位高桥胜马是日军指挥官之一。日军进城后，把永嘉银行大楼与我家的咸孚大楼打通，作为司令部所在地——父亲当时担任永嘉银行行长（当时温州称永嘉）兼咸孚钱庄总经理。

1944年叶永烈4岁时与母亲合影

我查阅了日本政府防卫厅防卫研究所战史室和吉林省社会科学院日本问题研究所合著的《昭和十七八年（1942、1943年）的中国派遣军》（上册）。据载，日军第二次进攻温州时，是从温州西面的丽水、青田出发的。内中提及，高桥胜马为辎重联队队长。又据柯逢春等人的回忆文章《温州三次沦陷有关军事情况纪实》载，“传闻，日军旅团长系高桥胜马”。

我出生于1940年8月，在襁褓中便饱尝战争的苦难。在我降生后的第三个月，离我家不过一街之隔，遭日本飞机轰炸，20多间房屋被炸坍，死20余人。母亲在哺乳之中，备受惊恐。

翌年，日军进逼，父亲带我们坐船逃离温州，母亲抱着我盘坐于小小的船舱内，坐了七天七夜。

又有一回，我已4岁了，在山区避难。顽皮的我爬上山岩，摔了下去，幸亏落在泥地里，而离我咫尺之遥便是一块巨岩……

后来母亲向我诉说这些故事时，还心有余悸。

我们全家逃难之际，家中大楼变得空空荡荡，无人照料。我家有一名姓徐的老保姆，我小时候就是她带的。当时，她自告奋勇，留下看家。日军来了之后，由于隔壁的银行大楼已成了司令部，我家也住进日军，而且两座大楼被打通。老保姆被日军逐出，只得借住于亲戚家。不过，她每日仍来大楼看望。

据老保姆说，一位日本军官，颇为斯文而且看上去像是官衔最大的，对她很和蔼。他通过翻译问她：你天天来看看房子，你是不是这里的主人？老保姆照实回答：我不是主人，但是我为我的主人看房子，所以我有责任天天来看一下。

那位日本军官动了恻隐之心，居然让老保姆进楼看看。老保姆在灶间拾起一根遗忘在那里的她的旱烟筒。日本军官见了，甚至把灶间旁的小屋让她居住。

老保姆回忆，一天清早，天还一片漆黑，忽闻有人敲门。她起来隔门一听，听出是那位日本军官的声音，便开了门。那位军官向她挥挥手，脸上露出一片歉意。也就在这天清早，日军撤退了。

我们全家结束了流浪生涯，回到那座温馨的大楼。老保姆向先父讲述着那位斯文的日本军官的故事。父亲表彰老保姆一片忠心看守房子，为她改名为“徐忠心”。

高桥胜马那时就住在我家隔壁的银行大楼。他会绘画，显然不完全是一介武夫；从他的画中可以看出，他对于侵华战争给中国人民带来的灾难透露出隐隐约约的同情。他会不会就是那位给老保姆以照顾的日本军官？可惜，老保姆并不知道那位日本军官的姓名。

叶永烈一家劫后余生（摄于 1945 年 9 月 9 日，前中为叶永烈）

我还记得，抗日战争胜利后，父亲带着全家到照相馆拍了一帧全家福。他特地在照片上方题了“劫后余生”四个字。这张照片和《申江战焰图》一样，总是放在客厅里。

除了父亲所题的两首七绝之外，画上还有先父友人池苏翁（池源瀚）题的两首七绝。池苏翁先生乃温州儒医、学者、诗人。他应家严之邀，题诗如下：

无端战旤烈芦沟
苍茫江天烽火愁
见说春申黄歇浦
故垣斜日不胜秋

黩武穷兵年复年
降幡终出海东天
邱山白骨知何罪
令我披阅一怅然

志超仁兄以申江战焰图索题，爰赋截句二章以应，并请雅正。

池苏翁

池苏翁诗中的“旤”，即“祸”的古字，也念祸。

父亲常说：“前事不忘，后事之师。”他长挂《申江战焰图》，长挂“劫后余生”照片，为的是永远不忘战争的苦难，为的是永远不再吃二遍苦——这是如今的我，“懂事”了的我，才明白父亲的用意。

高桥胜马的画，怎么会到了先父手中的呢？

父亲在题诗之侧，还写下了一段小记，记述了这幅画的来历：

“余在永嘉（注：温州旧称）神州画苑购得绢本横卷一帧，乃日本陆军工兵大佐所写，系摹上海庙行民居市廛炸毁及敌戒区所布铁丝网，状极荒凉，萧瑟之极。今倭寇屈降，海宁康平，沪市重光，披览斯图，不胜怃然。即题二绝句志感慨，并以为黩武穷兵者戒。丙戌暮春雁荡志超氏识于东嘉寓庐。”

志超，即先父叶志超。丙戌，即1946年。

读了这段小记，可以弄清这幅画是怎样到我父亲手中的：

作者高桥胜马于 1933 年秋在上海庙行写生，绘制了这幅绢画。作者又负责日军在温州的军事行动，所以这幅画也就随他带到了温州。1945 年 8 月，日军投降后，这幅画就落到中国人手中——是否落到叶曼济手中，不得而知。

1946 年春，先父在温州神州画苑见到此画，以为这是日军侵华的史画，从中可以汲取历史的教训，于是买下此画，并在披阅之余，有感而发，写下了两首七绝及小记。神州画苑在温州五马街，据温籍著名画家林曦明回忆，1946 年 20 岁的他便在神州画苑举办画展。书法家陈步宣则于 1942 年他 21 岁时在神州画苑举办书法展。

这幅由日本高级军官亲笔所绘的日军侵沪所造成的惨象，其意义已远远超过一般的山水风景画。这幅画记录了一段特殊的历史。以史鉴今，这幅画对于今日中日两国人民都有着深远的内涵——莫忘“黩武总是空”！

日本共同社上海分社支局长中川洁先生和助理陈明先生在回到日本之后，曾经查找高桥胜马及其亲属，无所获。

2014 年 8 月 18 日，据外电报道，倒是美国之音记者在日本发现了高桥胜马的踪迹：

> 美国之音特约记者歌篮日前在东京发现了二战期间日本陆军随军画家高桥胜马描绘的中国战场“支那事变战迹画谱”。
>
> 美国之音记者在协助整理一名孤独去世的日本老太太遗物时，从一堆落满尘埃的古书报堆中发现了这批画谱。画谱看来至少有六辑，从同时发现的第一辑和第六辑封套来看，每辑都应含 3 幅画，不过总共只发现了 10 幅水彩画，画面都是 30.5 公分宽、23 公分高，比现代办公室常用的 A4 型纸张略大。画谱描绘中国各地景象和人物，地点分别是厦门鼓浪屿、上海郊外罗店镇、北京郊区的居庸关、满苏国境、彰德（现河南省安阳市）、山西大同、河北石家庄、山西太原、南京蒋介石本营、南京天文台，估计其余还有 8 幅画和 4 个封套欠缺。
>
> 图辑封套上都有 3 幅图的说明，记者找到的两个封套虽破旧，但大部分图画仍色彩鲜艳，保存良好。其中最早期的昭和八年（1933 年）厦门鼓浪屿与最晚的昭和十三年（1938 年）南京天文台和蒋介石本营的写生，反映

了前后5年日军侵华战况前后期的景象。

该画谱是记者在以往看到中日展示的日本侵华图像、照片外，首次目睹当时日本人在中国记录的现场图，也是记者曾在中国网络上目睹过日本随军画家描绘的苏联俘虏营后，又一次看到二战日本随军画家的作品。

二战期间，日本为了仿效一战期间法国随军画家描绘拿破仑等宣传画刺激“战意高扬”的效果，也派遣随军画家。当时日军随军画家分作“海军嘱托画家”和“陆军嘱托画家”，1938年4月日本举办“支那事变海军从军画家写生展”，同年6月日本陆军省成立了“大日本从军画家协会”，正式向战地派遣随军画家。

一些战地画谱作成后，作为报告战地实况向东京军部献纳，一般当作“非卖品”不公开贩卖，收藏画谱的日本老太太生前是古书商，与侵华战争毫无连接点，记者发现这些画谱时也是在一摞她写着“非卖品”的分类书报箱里，从画谱颜色依旧鲜艳来看，可能70多年几乎没见光。

二战期间日本国内艺术、美术活动依旧，但是题目都由过去的风花雪月变成战争。1939年陆军美术协会成立，同年7月《朝日新闻》主办了“第一届圣战美术展”，由此日本画家们不遗余力地支援战争美术潮流，此后每年都有一两个大型战争美术展，1945年4月举办的“战争记录画展”标榜各战场作战记录画，更创下以往10倍以上的入场者人数纪录，被称为“二战中战争画全盛期”。

1946年占领日本的美军把没收的153幅战争记录画运送到美国，1970年作为“无限期借贷”的形式交给日本，目前存放在东京国立近代美术馆，作为战争历史教训展出，每次轮换几幅。

随军画家中，著名的有鹤田五郎、小矶良平、藤田嗣治等。美国之音这次发现的水彩画的作者高桥胜马知名度不高，记者在日本查找高桥胜马的记载时，也只找到一战后的大正八年（1919年）在东京郊外埼玉县“所泽飞行场”，作为日本陆军航空操纵班班长、当时是工兵少佐（相当于少尉）的高侨参加了在东京饭田桥欢迎法国航空教育团访日教育日本航空技术的仪式。此外日本美术年史index上也记载昭和十三年（1938年）日本陆军嘱托画家的名单中有工兵大佐（相当于上尉）高桥胜马，隶属日本陆军北、中支部的记录。

从高桥早期描绘的“厦门鼓浪屿”，到后期描绘的“南京蒋介石本营”来看，他其实在中国各战场的画期倒是比其他随军画家长很多，但因不出名，他的作品看来并未入选过二战期间的大型画展。

我查对了一下《支那事变战迹画谱》的相关图片，外电所报道的高桥胜马《支那事变战迹画谱》应当不是原作，而是印刷品。昭和十三年（1938 年），日本出版了署名“高桥工兵大佐”绘、佐佐木泰文解说的《支那事变战绩画谱》（1—6 辑），印成 A4 纸那么大小。美国之音特约记者歌篮在日本老太太家所发现的，就是 1938 年出版的《支那事变战绩画谱》。

《支那事变战绩画谱》的绘画风格与《申江战焰图》相似。我注意到，在《支那事变战绩画谱》中，也有一幅“罗店镇白壁家”。

我家所藏的《申江战焰图》是原作，所以宽达一米三、高半米。

另外，近年来还在中国发现高桥胜马的原作《万里长城图》，画上写着“昭和八年秋于热河省古北口，陆军工兵大佐”。昭和八年，即 1933 年。

2016 年 12 月 12 日，上海淞沪抗战纪念馆举行了《申江战焰图》接收仪式，我发表了捐赠讲话。

2016 年 12 月 12 日，叶永烈出席在上海吴淞抗战纪念馆举行的《申江战焰图》捐赠仪式

《申江战焰图》作为日军军官亲笔所绘日军进攻上海庙行所造成的悲惨景象，是日本军国主义侵华的罪证。正因为这样，我与姐姐、弟弟决定把这幅珍贵的画捐赠给上海淞沪抗战纪念馆，以求永记“黩武总是空”的历史教训。

父亲给我文学启蒙

父亲在《申江战焰图》上所题的两首七绝，表明他有着颇深的古文根底。

记得我小时候，常见每天清早，在二楼会议室，父亲召集全体职工，人手一套《古文观止》，由他主讲。那情形，真有点像“文化大革命”中的“天天读”，只不过读的不是《毛主席语录》，而是《古文观止》。这种“儒商”风气，在当年的温州金融界独一无二。

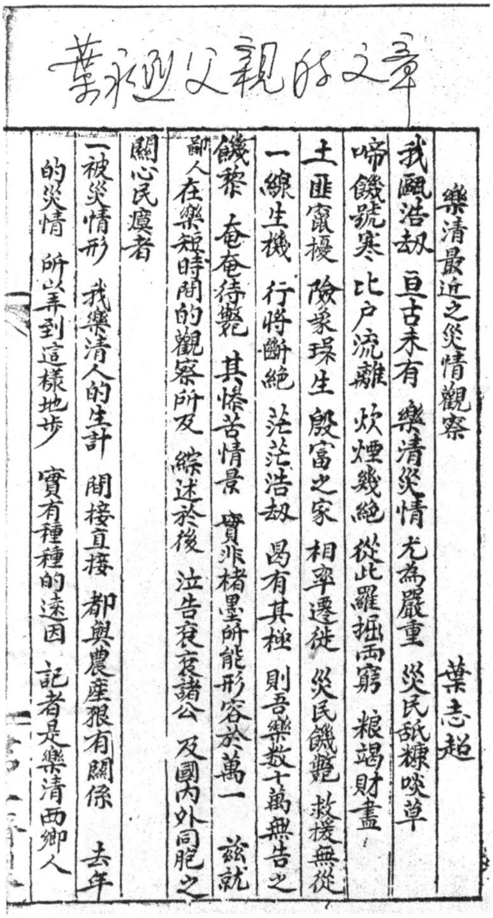
葉永烈父親的文章

樂清最近之災情觀察　葉志超

我甌浩劫　亘古未有　樂清災情　尤為嚴重　災民舐糠啖草　啼饑號寒　比戶流離　炊煙幾絕　從此羅掘兩窮　粮竭財盡　土匪竄擾　險象環生　殷富之家　相率遷徙　災民饑斃　救援無從　一線生機　行將斷絕　茫茫浩劫　曷有其極　則吾樂數十萬無告之饑黎　奄奄待斃　其慘苦情景　實非楮墨所能形容於萬一　茲就鄙人在樂短時間的觀察所及　綜述於後　泣告衣食諸公　及國內外同胞之關心民瘼者

一被災情形　我樂清人的生計　間接直接　都與農產很有關係　去年的災情　所以弄到這樣地步　實有種種的遠因　記者是樂清西鄉人

叶永烈父亲叶志超文章《乐清最近之灾情观察》

照理，钱庄、银行跟《古文观止》没有什么关系，父亲却以为文学基础是根本，任何人都必须具备。

至今，我的书架上，仍放着父亲当年用过的那套《古文观止》——灰色的封面上，印着紫红色的孔夫子画像。

父亲生前写过许多诗文，可惜大都轶散。我手头只有弟弟找到的一篇《乐清最近之灾情观察》。这篇文章不是用铅字排印的，而是竖行刻字，只见中缝上有“第一斋制”字样。此文未署写作年月，但是从所写的乐清大旱灾可以推定是父亲在1930年所写文稿。乐清大旱灾发生在1929年。从文中所说“现在已过了立春，清明快要到了”，1930年立春为2月4日，清明为4月5日，可以推定文章写于1930年春，即2月至4月之间。

《乐清最近之灾情观察》是父亲1930年回到乐清老家料理家务的所记见闻。当时，乐清正逢大旱灾，“灾民舐糠啖草，啼饿号寒，比户流离，炊烟几绝”。目击惨象，父亲写下了“数十万无告之饥黎，奄奄待毙”的痛苦。

他为“灾民请命”，“泣告衮衮诸公”，吁请“诸大善士”“广募粮款，源源接济，俾深堕苦海之灾民，以达彼岸”。

这篇遗稿痛切感人，反映了父亲为民请命、热心公益事业的一片赤诚，如同他在危急之际接任瓯海医院院长一样。

兹将全文照录于下：

我瓯（注：瓯，指瓯江流域，温州的代称）浩劫，亘古未有。乐清灾情，尤为严重。灾民舐糠啖草，啼饿号寒，比户流离，炊烟几绝，从此罗掘两穷，粮竭财尽，土匪窜扰，险象环生。殷富之家，相率迁徙。灾民饥毙，救援无从。一线生机，行将断绝。茫茫浩劫，曷有其极。则吾乐（注：指乐清县）数十万无告之饥黎，奄奄待毙。其惨苦情景，实非楮墨所能形容于万一。兹就鄙人在乐短时间的观察所及，综述于后。泣告衮衮诸公，及国内外同胞之关心民瘼者。

一、被灾情形

我乐清人的生计，间接直接，都与农产很有关系。去年的灾情，所以弄到这样地步，实有种种的原因。记者（注：叶永烈父亲自称）是乐清西乡人，就西乡而论，从民十（注：即民国十年，1921年）以来，在这八九年间，水旱风虫等灾，纷至沓来，并没有一年的间断。在这八九年来所以还能够勉强支持的，因为还有数年前陈谷，可以平粜。就是没有食米的人，还有银钱在手可以购买。没有银钱的人，还有田地变卖。故能勉勉强强，支撑过去。今年可不然了，灾区这样广大，彼此不能瞻顾，且以连年歉收之后，既无陈谷，又无余钱。到现在竟是雀穷鼠尽，来日方长。实为吾乐的灾民抱无限的隐忧。素来乐清人，是很顾廉耻的。他们以为乞食是一件很可耻的事，所以大多数的灾民，只得株守家园，坐以待毙。但是身非木石，那能堪此。

二、灾情惨象

鄙人此次赴乐（注：指乐清），料理家务。一抵乐境，觉得凄惨阴森。一片死气。二麦因为去年受大雪威的压迫，大半枯槁。道路上扶老携幼，迁徙逃走者，络绎不绝。妇孺之被卖出境者，日有所闻。接我眼帘者，无非是鸠形鹄面的灾黎；触我耳鼓者，大都是啼饥号寒的灾声。十室九空，鸡犬不闻。我在乐逗留不过五天，我村内灾民因为吾是久客他乡的，所以都来告诉我，那种惨苦的状况。

一个老人对吾说："我有一个亲眷，他家有男女八口，在三年前，也曾有些余资，买过几亩田的。三个儿子，都很勤俭。所以，他的家庭，也觉宽裕的很。恰巧碰到去年这样的奇灾，早晚两季谷一些没有。你看他这样一个大家庭，怎样能维持下去呢？无奈何，将田地很低廉商卖殷户，但殷户亦受奇灾的影响，无力收受。他说有田没人买，真是无法支持。沿门乞食，又是一件很丢脸的事。真求生不得，不如转去求死。竟是于去年废历的除夕，家长投河而尽。他的儿子和媳妇因此亦都要自杀。弄得一家人，都向死的一条路上去走。先生近年来侨居鹿城（注：即温州），也晓得本邑的灾民这样的颠连困苦了么。"

言至此，只见他满眶的泪珠儿滚滚的不住流下来，把他干瘪的脸上披满了，连话也不能继续说下去了。

三、今后的危险

乐清经济的来源，完全是靠赖农业。但是近十年来丰稔少而荒歉多，出产所入不足抵消费之所出。去年（注：指1929年大旱灾）早晚两禾，惨遭灾害。我们西乡，沿江一带自磐石至七里、项浦埭一直到了黄华翁垟地团（段），竟是颗粒无收。其余各地也不过一二成光景。二三百亩田的小财主，平时每年可得租谷千余构的（原注：一构约三十余斤），去年（注：指1929年，下同）呢，有千亩殷户，也仅收到几千构。实供不得一家数月粮食。至于佃户自耕农民，啼饿号寒。困苦的情形，更不堪言。所以去年年底，吾乐的金融，弄得异常紧迫。素称殷户人家，因告贷无门，也是当田卖地。这种情形真是梦想不到。照这样看来，此后吾乐的危机，实有不堪设想。

鄙人调查乐清上年输出的谷类，在丰年的时候，约值三百万元之谱，去年因受灾歉，不但没有输出，反是还向外地运粮接济。只要在半年计算，最低的限度，也要一百万元。一出一入，损失竟达到四百万元之巨。将借何法以弥补么？就目前而论，还有两样最危险的事。

第一种，就是没有种子。因为去年受了奇灾，就全县调查，颗粒无收的，已十居七八。其余有几个地方，收得一二成的亦已告罄。现在已过了立春，清明快要到了。我乐向来在清明前后下种。大家想想，在这最短的时间，以朝不保夕的灾民，还能办到种子否？

第二种，就是逃荒未归。因为吾乐善良的灾民，不敢铤而走险。所以去年各村均有难民团的组织，少者有一二百人，多者有四五百人。纷纷出境乞食。后来政府禁止，不许组织难民同时出境。只得一家三四人，或五六人分班出外。查西乡各地的灾民出境者，自去年9月起，到了现在没有一天是没有的。听说沿江各地的义渡，每日向瓯城开驶，天天载满灾民，完全变了是灾民的专船。每船最少人数，也有五六十人。照这样看来，出境的灾民，到了现在计其人数，实在是骇人听闻。但是乐清出境的灾民，调查其职业，农民居其十分之八。常年乐清过了废历元宵以后，农民都向田亩里去努力工作。今年除几个耐饥的农民日夜渴望二麦收成，拼命地工作外，其余的荒田，完全不见一人去整理它。遍野荒芜，万一无人耕种，还望今年早晚两禾的收成，岂非在梦里想么？

乐清的人士，热心公益，真如凤毛麟角。从前每巨灾，异乡的人尚能替吾乐奔走呼号，不辞劳瘁。而我乐人，处兹满目疮痍之中，目击乡人濒于绝境，反而漠然不顾。就在吾乐去年的灾情，总算是十二分的重大，除旅外几个同乡奔走呼号外，而就地士绅，未见有几人热心筹账，那就可以窥破我乐很少公益的人了。所以在这个缺乏热心社会事业者的乐清，适碰着亘古未有之奇灾。转瞬青黄不接，如不竭力筹账拯救，势必灾情愈趋愈烈。孑遗之民，宁有噍类。务恳，大宏仁慈，力代呼吁，为我乐灾民请命。广募粮款，源源接济，俾深堕苦海之灾民，以达彼岸，则吾乐灾民，此后之余生，皆诸大善士之所赐也。

户绝炊断，路鲜行人。

在这篇文章之后，还附有父亲的《上海米贵之考证》一文。他强调，“民为邦本，食为民天”。可惜残缺，只剩开头几句：

上海米价之贵，至今而极矣。今日一石之价，若合为制钱实在在六千外，若折为银亦在十六七两。民为邦本，食为民天，故在昔日米价贵贱史册之上，无不大书深刻。余查上海官私志，乘斑斑可考，上自六朝萧梁，下迄前清……

父亲会写诗，写文章，书法也不错。在我家院子里，有口水井，井台上刻着“饮水思源”四个字，便是父亲手笔。那时候上小学，有“劳作课”，父亲曾经写了“自力更生”四个字，让我的姐姐刻在竹片上，算是姐姐的“劳作”，这竹片至今仍在。正是在父亲这种潜移默化的文学熏陶之下，我从小爱上了文学。

如今，我也很注意教孙女、孙子背诵唐诗宋词，写毛笔字。

父亲的古董书桌

时光会冲淡记忆。经过久久的冲刷，仍然清晰地保留在记忆屏幕上的，往往是印象最为深刻的。

每当我忆及童年，记起我悄悄走进父亲书房的时候，他那与众不同的书桌，引起我极大的好奇心，以至深深地烙在我的脑海之中。如今，种种“老板桌”，都是平面的，无非追求桌面的宽大，木质的贵重，油漆的考究，以显示气派。父亲的书桌，却是立体的，看上去像一架巨大的钢琴，有着一个圆弧形的盖子。书桌是用漆成黄褐蜂蜜色的实木做的，所以那盖子很沉重，小时候我即使用双手抓住盖板下方的圆形把手使劲往上推，也推不动。好在父亲很少把盖板盖上，除非他写作重要文稿，写了一半离开，这才盖上。

桌面是一块巨大的木板，上面铺了一层深褐色的薄薄的牛皮，平常只露出一半。当父亲用毛笔写对联之类大字时，他把桌沿的两个黄铜圆环勾起，拉出整块桌板，起码有三分之二个乒乓球桌那么大。桌板上方，是一个倒“凹”形的木架，上面有十几个大小不一的格子，可以放置各种各样的文具，诸如订书机、印泥、墨水瓶、便笺、糨糊以及回形针、大头针之类。还有一个我最喜欢玩的铜按铃，摁一下就发出清脆的叮当声，只是平常父亲不让我玩，因为铃声一响，父亲的助理就会前来听候吩咐。

父亲不在书房的时候，我喜欢坐在书桌前那宽大的椅子上，这时候书桌仿佛成了轮船的驾驶台一般展现在面前。桌板左侧，放着一盏台灯。长弧形的灯罩外绿内白，垂着一根铜珠链，一拉灯就亮，我小时候喜欢拉着玩。桌板右侧，笔筒里插着毛笔、红蓝铅笔，旁边放着一个铁丝文件筐，父亲用来放置尚未处理的信件、文件。桌板之下，两侧各有三个又大又重的抽屉。

当父亲的书桌亮着灯，他在书房写作、批阅公文或者看书的时候，我不敢去打扰。例外的是，当我写好几张毛笔字，我就敢走进父亲的书房。父亲会拿起红笔，在写得好的字旁画个红圈。画的红圈越多，表明我练字进步越大。

渐渐的，当我长大，我发现只有我们家才有那样钢琴式的大书桌，别人家的书房里只有普通的“办公桌”而已。父亲这时候告诉我大书桌的来历：这书桌，来自万里之外的英国！

我的家乡温州，位于东海之滨，曾经有过许多英国医生、英国护士以及英国牧师。我便出生在温州的英国教会医院。一位英国牧师在温州传教多年，从英伦老家远道运来整套英式家具，其中便包括这张书桌——英国维多利亚时期的古董书桌。

当英国牧师年迈离开温州回国时，再把那些英式家具运回老家无疑是旅途的累赘，何况运费足够在当地买一套新的英式家具。于是他托温州的旧货店卖掉这些英式家具。父亲路过旧货店时，目光一下子就被那张造型奇特的英式古董书桌所吸引。他没有买别的英式家具，唯独买下钢琴式书桌。

从旧货店用两辆板车（当年温州运货的人力平板车）“浩浩荡荡”运回家时，把钢琴式书桌拆开，一辆装圆弧形盖子以及倒“凹”形架子，另一辆装大桌板以及左右两侧的大抽屉及抽屉基架。

当时父亲的书房在二楼。所幸家里的楼梯很宽，这张硕大的书桌才得以安放在父亲的书房里。

虽然家中有客厅，但是父亲喜欢在书房接待熟悉的朋友。这张稀世书桌，引起诸多客人的兴趣。差不多每一位客人都要对这张书桌观赏一番，有的甚至要把圆弧形盖子掀开又合上，啧啧称奇。一位内行人端详一番之后，告诉我的父亲，这书桌是用英国胡桃木做的，圆弧形盖板是用胡桃瘿木做的。

父亲一直钟爱这古董书桌。随着后来处境越来越差，父亲几度搬迁，房子越搬越小，可是这英式古董书桌始终伴他左右。妻（那时候是女友）第一次到我家的时候，就对古董书桌发生浓厚兴趣，说从来没有见过这么奇特而豪华的书桌。父亲曾对她说，在几个子女之中，只有阿烈整天写作，最需要好的书桌，将来这张宽大的古董书桌留给他。

万万没有想到，在“大革文化命”的日子里，我从上海回温州探亲，不见了英式古董书桌。我问父亲，书桌卖了？父亲长叹，一脸苦楚。从母亲那里得知，英式古董书桌被红卫兵、造反派指斥为“封、资、修”的“资”，连同被指斥为“封”的家中诸多书画一起，竟然被付之一炬！

我闻之唏嘘不已，为之扼腕。不过，在那“横扫一切”的年月，父母能够保住一命，已算万幸。此后不久，父亲受不住煎熬，撒手人寰。

从此，那张造型别致、用料考究、做工精良、富有历史文化价值的英国书桌，永远只留存于我的记忆之中。

此后，随着国门的打开，我终于有机会飞往万里之外的米字旗下的国度。我踯躅于英格兰西南部海港布里斯托尔，见到一幢幢英国都铎时代的老房子。这种老房子屋脊陡峭，泥石瓦覆顶，最明显的特点是外观能见的很粗的木梁框架，而且漆成黑色。框架间砌砖石，涂白石灰，跟木梁框架黑白分明，看上去如同“黑体字”。偶然透过一扇敞开的房门，我瞥见熟悉的“老朋友”——一张钢琴般的英式古董书桌。顿时，我的脑海中闪过父亲的书房，闪过父亲的华丽而古老的书桌。

如今，每当我走进自己的书房时，我常常会记起父亲的书桌。如果父亲的那张书桌没有毁于一炬，我一定会运来，安放在我的书房之中，作为“镇家之宝”，作为永久的纪念。

细心是永远需要的

2004年春节，表兄曾衍霖教授来访前，在电话中说要送给我一件“最珍贵的礼物”。至于这礼物是什么，他“卖关子”，没说。

他来了，坐定之后，小心翼翼地从衣袋里取出一帧发黄的二寸照片。照片上的小男孩理着小分头，穿短袖白衬衫，居然系着一根小小的领带。他蹲在那里，跟前是一辆玩具轿车。背景是一个地球，上面写着“吾友摄影”。显然，这是在一家名叫“吾友”的照相馆里拍摄的。虽说照片年代久远，可是却很清晰。

这老照片上的小男孩是谁？连我也不认识。然而，看了照片背面用毛笔写的说明词，我一下子明白了。这是我熟悉的父亲的笔迹。他写道：“永烈周岁纪念”。

原来，是我周岁时拍的照片！在这之前，我收藏的自己最早的照片，是 4 岁时的照片。这一回，能够得到自己周岁时的照片，当然是“最珍贵的礼物”。

表兄说，前些日子在家中整理旧照片，发现此照。

表兄的母亲是我母亲的姐姐，这照片显然是我的父母当时送给我的姨娘、姨爹的。

表兄又说，倘若不是姨爹（也就是我的父亲）在照片背后写上“永烈周岁纪念”，他认不出这小男孩是谁。

我细看照片背面，见到上面还写着“三〇、农七、二六”，这“三〇”是指民国三十年，亦即 1941 年。“农七、二六”是指农历七月二十六日，我的生日是农历七月二十七日，父亲选择“农七、二六”给我拍周岁照，真是连一天都不差！

叶永烈一周岁照片

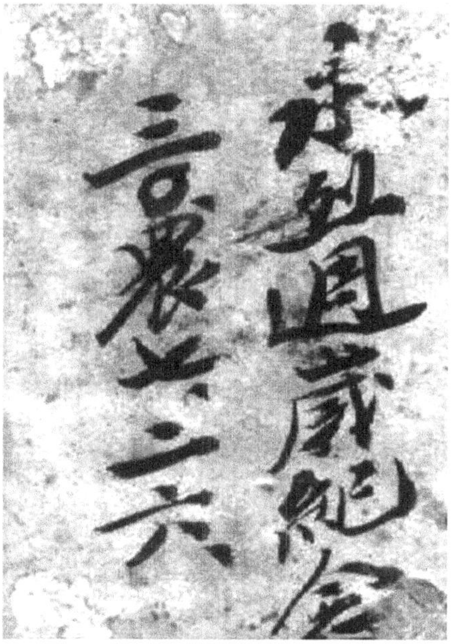

叶永烈一周岁照片后的父亲题字

我在感谢表兄之余，非常佩服父亲的细心。

我能够拿出我将近半个世纪前的小学一年级的成绩报告单，得益于父亲的细心。父亲居然把我从小学一年级到高中毕业的成绩报告单，全部保存起来。今日独生子女的父母，也未必能够把孩子成绩报告单全部保存，何况我的父亲有着五个子女。

如今在我的书橱里，用一个文件夹，依照顺序存放着我的全部成绩报告单。内中，就连期中考试的成绩单也在。阅读这些成绩单，仿佛在检阅我的成长历程：我的级任（也就是班主任）评语，往往是说我“天资聪颖，惜懒肯用功”，所以成绩总是不稳定，时好时坏。进入高中，我的成绩稳定而优秀，特别是进入高三……

我 11 岁时投稿，收到平生的第一封信，信封上写着“叶永烈小朋友收”。这封编辑部给我的信，也是父亲替我保存着；当时发表我的作品的报纸，同样是父亲为我保存。如今，我能够把文学道路上的原始档案印在书上，多亏有一位细心的父亲。

父亲这细心的品格，“遗传”给了我。我也还算细心。正因为这样，我的儿子、儿媳从国外回来，第一件事就是把护照以及重要的证件交给我保管。在他们看来，交到我手中，如同放进了保险箱。

其实，我的细心还是有限的。前些日子，我也整理旧照片，就发现诸多疏漏。比如，照片的拍摄日期至关重要。然而，早年的相机上没有“日期戳”，必须在照片背面写上拍摄日期。还算细心的我，在不少照片背面写上了拍摄日期，然而也遗漏了不少——主要是缺乏耐心，在每张照片背后都这么写，未免有点烦。然而事隔多年，在整理旧照时，必须花费一番“考证”功夫，这才能够大致确定老照片的拍摄日期。同样，照片的拍摄地点、合影人的名字等，在整理时也往往需要“考证”。其实，当时如果细心一点，随手在照片背面写上一笔，就省去了日后的诸多“考证”功夫。

细心是永远需要的。不光是日常生活中需要细心，干任何事业都需要细心。

细心往往与耐心相随。有足够耐心的人，不怕烦的人，办事也就细心。

“少将”照片吓走国民党特务

抗日战争开始之后，国民党政府在各地组织国民自卫队（相当于现在的民兵）。

从1938年起，父亲历任浙江省第八区国民抗敌自卫队中校大队长、温台（注：指温州和相邻的台州）防守司令部上校参议、浙江省保安司令部少将参议。

这“国民抗敌自卫队”，实际上就是“国民抗日自卫队”，是国民党统治区抗日民兵组织。所谓“少将参议”，只是他在“国民抗敌自卫队”兼职的虚衔罢了。当时的温台防守司令叫黄权，知道我父亲过去曾经是军人，当过炮兵营长，后来又成了温州地方贤达，便给了他“少将参议”的头衔。

温州曾经三度被日本攻陷，父亲带领全家逃难。我出生于抗日烽火之中的1940年。出生不久就随父亲逃难，过着颠沛流离的生活。

抗日战争结束之后，又开始国共内战。国民党政府在各地进行“戡乱”，即镇压当地的共产党。父亲作为温州的社会名流，又被国民党政府委为“戡乱委员”。

2005年3月1日，哥哥告诉我，在1948年12月，父亲曾经在温州的《浙瓯日报》《进步日报》发表启事，公开辞去国民党“戡乱委员会委员”，当时在温州引起颇大震动。当时哥哥已经是十八九岁的进步青年，而且参加了共产党外围组织，所以记得这件事。

哥哥说，父亲当时能够做出这样的决定，《新华日报》起了很大的作用。《新华日报》是中国共产党在重庆办的报纸。父亲当时在温州订阅了《新华日报》——《新华日报》通过邮寄寄给他。在温州，几乎没有人订阅《新华日报》。父亲订阅《新华日报》，理所当然引起了温州的国民党特务组织的注意。

哥哥说，有一天来了一群不速之客，进门之后就说要找叶志超。当时正值父亲外出，哥哥向他们做了解释。这些人就在客厅坐等。等了许久，父亲还没有回来，只得悻悻而去，说是还要再来。

父亲回来之后，得知此事，心中明白。他从柜子里拿出一个相框，醒目地放在自己的办公桌上。哥哥说，他还是头一回见到父亲这张照片：穿一身国民党将军服，肩章上有一颗金色五角星，领章上有一颗三角星，表明他是国民党少将！

过了一会儿，那些人又来了。父亲在办公室接待他们。他们一见到办公桌上那张少将照片，马上就溜走了。

其实，他这少将是“空头司令”，手下并无一兵一卒。不过，倒是这张少将照片，在国民党特务面前，帮了他的忙。

不过，在“文化大革命”中，那徒有虚名的“国民党少将”又使父亲吃了不少苦头。按照《公安六条》，他成了“历史反革命”。父亲在“文化大革命”中受尽折磨，终于驾鹤西去。

打入我家的中共地下党员

2009 年 6 月，全国人大常委会委员、刘英的儿子刘锡荣出差温州，前去看望他父亲的战友、94 岁的张迈君。

刘锡荣曾任中共中央纪委副书记、中共温州市委书记、温州市市长。

刘锡荣的父亲刘英（1905—1942 年），曾任中国工农红军挺进师政委，与粟裕等率部在浙江南部开辟游击根据地。1938 年 5 月，中共浙江临时省委成立，刘英任省委书记。1942 年因叛徒出卖而牺牲。

刘锡荣所看望的张迈君，是温州资深的中共党员。

1994 年 6 月 2 日，我在温州采访了她，她向我透露，当年她曾“潜伏”于我家多年，从事地下工作，使我惊诧不已——虽说那已是半个世纪前的事情了……

平日，只在电影、小说或者回忆录中，读到中国共产党地下党员打入敌人营垒的传奇故事。1994 年 5 月，我陪母亲回故乡温州，母亲说起她的老同学张迈君，于是我打听张迈君的住址，前去拜访。

温州，是中国共产党十分活跃的地方。不过，我小时候只知道“三五支队”，不知道中国共产党。

当时，新四军在浙南的游击队叫“三五支队”，后来改称中国人民解放军浙南游击纵队。

我第一次听说“三五支队”，是我家的勤工阿源告诉我的。我家后门有一口很大的水井，井旁有一铁圈栏，叫“铁栏井”。我家所住的那条街叫“铁井栏”，那名字就来自这口井。井的对面，原本是一座小庙，就叫“铁井栏宫”。后来从庙里不时传出恐怖的皮鞭声和哭叫声。

原来，那“铁井栏宫”被国民党警察局的侦缉队看中，作为施刑的场所。他们运来了“老虎凳”。施刑时，灌辣椒水，用皮鞭拷打。

我听见那撕心裂肺的哭喊声，非常害怕。我问勤工阿源，那里为什么要打人？阿源轻声地说：“那些被打的人，是‘三五支队’！”

我小小年纪，头一回听说“三五支队”——虽然我并不明白“三五支队”是怎么回事。

我在温州上小学二年级的时候，又一次听说“三五支队”。

记得那时候一个和善的女教师姓徐，教我们班级。她一头短发，总是穿一件阴丹士林蓝旗袍。徐老师很受学生们敬重。可是忽然有一天她头戴白花，离开了学校，从此再也没有给我们上课。

我听同学说，徐老师的丈夫死了。一位同学悄然告诉我，徐老师的丈夫是“三五支队”！

在我幼小的心灵中，“三五支队”是非常神秘的。我万万没有想到，“三五支队”居然打进了我家，就在我身边！

天天在我身边的“三五支队”，竟然就是她——张迈君！

我曾不止一次听母亲说起她，因为她是母亲少年时代的朋友，和母亲过从甚密，可以说是“闺蜜”。她是当年我家的座上客。可是在新中国成立后，她“忽然”出任温州市卫生局党委书记，使母亲深为震惊，这才知道她原来是中国共产党党员！

由于众所周知的原因，新中国成立后，她和我家几乎断绝了来往。1994年，我陪母亲从上海回到温州，母亲已是85岁高龄，又一次说起她。母亲说，不知她还健在否？

我这一次回温州，偶然听表姐沈佩瑜说起，她还健在。前些日子，表姐跟她在街上相遇，她居然说，最近在看“阿烈”写的《江青传》。

在温州，亲友们都习惯地叫我“阿烈”。我很奇怪，她怎么还记得我？因为她作为中国共产党地下党员打入我家时，我不过是个毛头小娃娃罢了。

我忽地动了采访她的念头，便向表姐打听她的地址，才知她如今的名字叫张迈君，而我母亲只知道她的本名张润锦。

我带着照相机、录音机，去拜访她。当时她年已80，瘦瘦的个子，直梳短发，戴一副老式的深紫色塑料边框眼镜。母亲说，小时候按张润锦的温州方言谐音，给她取了个绰号叫“长头颈”，我细细一看，她的头颈真的有点长呢。她的衣着很朴素，看上去是个普通老太婆。她当然认不出我来，但我一说是“阿烈”，她马上紧紧地拉住我的手，问起了我的母亲。

她知道我现在的工作情形，面对着我的录音机，原原本本地道出当年的真实情况，才使我明白她的不平常的身世。

她出生于1915年，浙江瑞安小沙巷人。她原在温州上中学时，就受中国共产党地下组织影响，参加学生抗日运动。那时，她就结识了中国共产党温州地下党负责人之一胡景瑊。胡景瑊曾任中共浙南地委宣传部长、浙南游击纵队政治部主任（新中国成立后任中共浙江省委宣传部长）。

在胡景瑊帮助下，她进入中国共产党领导的“浙闽抗日救亡干校”，学习了三个月。这所学校是刘英创办的。

在那里，她加入了中国共产党，那是1938年，她只有23岁。她说，是刘英对她作入党谈话的。

刘英在温州具有很高的知名度。他是江西瑞金人，1929年加入中国共产党，曾任红十军团政治部主任。后来，他奉命到浙南开辟根据地，任中国共产党闽浙边临时省委书记及新四军参谋长。

她最初在新四军后方留守处工作。她原本叫张润锦，这时改名张迈君。这名字是她自已取的，那个“迈”字是大步向前迈进的意思。

她加入了“三五支队”。她说，那时“白天不走夜里走，晴天不走下雨走”，放着大路不走，专拣没有人走过的山野走。她常常“坐滑梯”——打滑，一下子从山上滑了下去。所幸在危险的山路边缘，总有老战士在那里站着，把“坐滑梯”的新战士拉住。那些年月，她习惯于和衣而睡，一听说“有情况”，打个滚就出发。冬天，没有被子，只能盖稻草御寒，整夜不敢翻身，因为一翻身那稻草“被子”就散掉了。吃的是长虫、发霉的山芋丝……

她说，那时，她对革命工作极为热忱，就连父亲病逝，她都没有回家去。

后来，她奉命进入温州从事地下工作，她看中了我家作为“根据地”。她选中我家，是因为她跟我母亲乃总角之交。她俩都是浙南瑞安县人。她10多岁时，因家贫去挑花局挑花。所谓挑花，就是按照布的经纬线绣上图案，做成桌布、床单、手绢之类。我母亲出自衰落了的大户人家，那时也不得不去挑花，跟她成为亲密的少年朋友。

在她的印象中，我母亲当时梳一根乌亮的大辫子，穿大襟圆角上衣，人很清秀。虽说家庭状况不佳，衣着却总是整整齐齐，干干净净，依然是大家闺秀的风度。

母亲从瑞安出嫁温州。我父亲是温州企业家，地方绅士。父亲喜欢社会活动，跟温州政界、军界要人有许多交往。在张迈君看来，我家是非常合适的“根据地”。

张迈君跟我母亲有着深厚的交情，所以她很容易就打入我家。那时，我家在温州市中心一幢三层大楼。她常来，有时就住在我家。用她的话来说，那时一到我家，坐下来就吃饭，就像到自己家中一样随便。

为了便于开展地下工作，她到我父亲主办的瓯海医院当护士。这样，她有了职业掩护，更容易在温州立足。她在我的父母面前，从未说起“那边”的情况，所以我的父母做梦也未曾想到这位“长头颈”是中国共产党地下党员。

那时，温州笼罩着白色恐怖。前已述及，那时候我家后门的那座铁井栏宫，就是国民党警察局侦缉队施刑的场所。被捕的中共地下党员的一阵阵惨叫声，不时传入我的耳朵。她就在这样的环境中，安然地做着地下工作。她仿佛成了我家的一个成员似的，自由自在地进进出出。谁都未曾想到，她是中国共产党地下党员。

她甚至在我家的对门，办起了“永嘉助产所”。母亲不知她的真实身份，把家中的圆桌、椅子、床等家具借给她，母亲还拿出钱资助她。

日军进攻温州，温州三度沦陷。在逃难之时，她以我家的私人护士的身份，跟随我家一起转涉于浙南各地。她仍做着地下工作，与“三五支队”保持着联系。

她在复杂环境中从事地下工作，和组织保持单线联系。她曾一度和组织失去联系。所幸她后来遇上胡景瑊。胡景瑊证明了她的中国共产党地下党员身份，这才使她又和组织取得联系。

在刘英牺牲前，她曾经在狱中见到刘英。据温州的报纸报道：

1942 年初，刘英正准备把省委机关迁到闽浙赣三省交界的福建浦城，召开特委书记会议布置今后工作的时间。由于叛徒出卖，2 月 8 日晚上，刘英在“恒丰盐店”（今温富大厦附近）被国民党特务逮捕。此时，刘英身上还带有文件，在过一座小桥时，他趁特务们不注意，将藏在衣袋里的文件扔进了河里。

刘英被捕后被关在市区永嘉看守所（现在广场路小学内）。张迈君（时任浙南游击纵队卫生处副处长）曾在狱中见过刘英，她也接受了记者的采访。

当时张迈君被党组织安排在瓯海医院（现温医附一医）当助产士。张迈君说：“时任浙江省委秘书的周义群和他怀孕的妻子也关在看守所里，由于周义群的妻子身体不舒服，叫我去看病，所以那次我在看守所里看到了刘英，我们相视一会儿，他见我眼圈红了，怕我的情绪被敌人发现，就马上转过了头。后来我把刘英关押的具体位置告诉了组织，但因敌人看守严密，最终营救未能成功。”

2 月底，刘英被解到永康方岩，在监狱中，刘英还利用一切机会为党工作，看守任根荣还拜刘英为先生。

1942 年 5 月 17 日，蒋介石自重庆发来密电，要求处决刘英。18 日清晨，国民党特务将刘英押解到方岩马头山麓，刘英英勇就义。

这里提到的“张迈君被党组织安排在瓯海医院当助产士”，我父亲曾任瓯海医院院长。

据称，1942 年 5 月 17 日，蒋介石自重庆发出的密电是：“饬速处决刘英。”毛泽东早在 1929 年就认识刘英，得知刘英牺牲之后，毛泽东深情地说：“刘英为人民而牺牲，人民就会永远纪念他。”

在日军三次占领温州期间，张迈君随我父母一起逃难。1944 年那次逃难时，父母收拾家中细软，装入 72 只箱子。这些箱子运至乡下一户地主家中藏于密室，外面用砻糠堆没密室的门。忽然在一夜之间，这些箱子不翼而飞，张迈君也从此不见了……

后来才知道，她离开我家之后，出任中共浙江省临海县委组织部长。

父亲、母亲曾经多次跟我讲起这 72 只箱子的离奇丢失，也说及张迈君同时不知去向。

据1999年10月23日我在温州采访我父亲的副手戈鲁阳先生，他回忆说，其中有40匹蓝布。他还说，后来，1949年5月7日浙南游击纵队开进温州城，许多战士穿的蓝布军装就是用这批蓝布做的。

新中国成立后，张迈君在温州公开露面了，她担任浙南卫生处副处长，温州市妇联办事处负责人，后来，又出任温州市卫生局党委书记。

她与我家不再来往。我的父母得知她的真实身份之后，曾怀疑那72只箱子的失去与她有关。

这一回，她见到我，倒是主动跟我说起那72只箱子之事。她说，那件事跟她无关，只是很巧，那天她奉上级命令到新的工作岗位去，所以不辞而别离开了我家……

其实，我哪里会去追究那些早已逝去的往事；她当然也知道我不会去计较那些陈谷烂芝麻。不过，这件事却成了她和我母亲之间的芥蒂所在。我知道，她向我表白，为的是希望我向母亲做些解释……

我问起她后来的经历。

她说起曾两度蒙受“左”祸：

一次是在20世纪50年代初的“三反”运动中，她曾被作为“贪污”嫌疑整了一下。她自己都不知道她怎么会跟“贪污”联系在一起，无法“交代”，被视为“不老实”。一直到了运动后期，所查“贪污”案情对嫌疑人公开，她这才恍然大悟：原来，她曾领了一些鱼肝油，被怀疑为“贪污”。其实，那是她为一些老干部们领的。直至龙跃（1912.10.21—1995.02.01，曾任浙南游击纵队司令员兼政委，新中国成立后曾任温州地委书记、上海汽轮机厂党委书记、上海政协副主席）等老干部们为她证明，这才了结；还有，她曾领了一只秒表，被视为“贪污”公物。其实，她领来是交给一个护士为病人量脉搏用。经那个护士证明，也总算“结案”。这两件芝麻绿豆之类的“检举”，使她第一回蒙受了挨整的痛苦。

第二回，则是在“文化大革命”中，她蒙受的灾难更深。她作为中共地下党员，曾一度失去和组织的联系，于是被打成“假党员”。那挨整的滋味可想而知……

“文化大革命”之后，她作为“三八式”的老干部，颇受照顾。当我去找她时，我步入宿舍区，不论问谁，都很热情地指点她住哪里。到她家，她不在，邻居马上替我四处寻找，终于把她找回来。看得出，她处处受人尊敬，群众关系很不错。

不过，由于她早在1975年就退休了，靠退休工资生活，并不宽裕。她对我戏言道："现在老革命不如新革命，新革命不如不革命，不革命不如反革命。"我不知她所说的"反革命"指什么。她解释道："当年参加国民党跑到台湾去的人，现在回来观光，回来投资，被待为上宾，比我'风光'得多！"说罢，她大笑起来。笑罢，又沉默良久。

我记得曾听说，在新中国成立前，常常往来于我家的，还有一位国民党的连长，据透露也是中国共产党地下党员。我问她，是否知道此人？她摇头。她说，那时做地下工作，往往是单线联系，所以她不知道别的地下党员的活动情况。

另外，父亲手下的职员戈信谦也加入了"三五支队"，父亲不知道。

她说自己如今上了年纪，躺下来睡不着，坐在那里偏偏要睡着。爱吃的东西咬不动，咬得动的东西不爱吃。她每天在练气功。她练的是"天钟功"。这种功是气功师陈乐天发明的，我曾访问过陈乐天。所以，和她一谈起"天钟功"，一下子就滔滔不绝……

我回到妹妹家，很详细地向母亲说起了张迈君。母亲很仔细地听，不时说起少年时代"长头颈"的往事。母亲很想一见老朋友，但是彼此几十年间隔着一道鸿沟，不知张迈君肯不肯跟她见上一面？

两天后，我从妹妹家下楼外出。妹妹家住在五楼。我刚出门，见到一个清瘦的老太太轻步上楼，步子好快，手里还拎着一包什么东西。她喊了声"阿烈"，我认出原来是张阿姨！

她一口气上了五楼，居然大气不喘，仿佛仍保持着当年打游击时爬山的那股劲头。

我领着她去见母亲。两人相见，久久地双手相握，眼眶里都滚动着热泪……我赶紧拿出照相机，拍下这难忘的镜头。

这是张迈君1944年突然"蒸发"之后，过了整整半个世纪跟我母亲再度见面。母亲跟张迈君一起回首往事，仿佛又重回少年时光。母亲总是称她"润锦"。

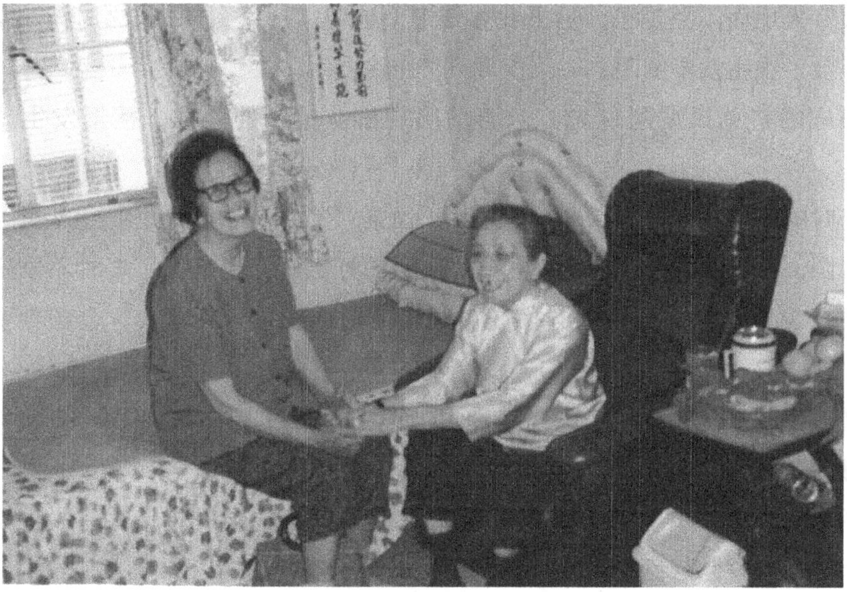

叶永烈的母亲（右）会晤阔别多年的童年朋友张迈君（1994 年 6 月 4 日，叶永烈摄于温州）

红旗在温州城头飘扬

街头随处可见银元相互碰击的叮当声。每当我放学，从瓦市殿巷的小学回家的时候，走过大街，我便见到小摊上用金圆券纸币换银元。物价飞涨，金圆券急剧贬值，所以人们急于以金圆券换取银元……

在我念到小学二三年级的时候，温州出现了紧张的气氛。记得，我家所在的铁井栏，忽然在大街两端安装了巨大的木栅门。木栅门的每一根木头，都比臂膀还粗。据说，一旦发现可疑的人，马上把大街两端的木栅门关紧，这样可疑的人就无处可逃。不光是铁井栏如此，温州许多街道上都安装了木栅门。

时局越来越不稳定。一天，我放学回家，看到家门口挤满了人，不知出了什么事。当时，我家是三层大楼，底楼是咸孚钱庄的店堂，二楼是客厅，三楼是家。我走进店堂，方知众多的客户突然集中前来提取现金。父亲很着急，因为如果现金不够，不能全部兑现，客户就会闹事。当时父亲紧急派员工到别的银行、钱庄调来一麻袋、一麻袋现金。客户一看有那么多的现金，也就不挤了，不吵了，很多人反而不兑现了。后来我才知道，这叫“挤兑”。如果当时无法拿出那么多现金，钱庄就要倒闭。

钱庄的挤兑风波刚过去，米店前出现排队买米的人群，甚至发生了抢米风潮。

当时的国民党政府货币——金圆券，大幅度贬值。人们急着把手头的金圆券换成银圆。温州街头“大头”“小头”银元的叮当声，也表明了一种不安定的气氛。父亲也急着把大批金圆券换成银圆。他说，如果不赶紧换，金圆券要成废纸了。

又过了些日子，温州街头出现许多国民党的伤兵，叫作“荣军”。这些伤兵常常打骂老百姓。

1949 年 5 月 7 日清早，满街可见臂上裹着白布的国民党士兵。紧接着，出现一队队穿灰色、蓝色军装、头戴八角帽、荷枪实弹的军人。

温州城头红旗飘扬。街头贴出了五颜六色的标语：“中国共产党万岁！”“中国人民解放军万岁！”“毛主席万岁！”

原来，那臂上裹着白布的国民党士兵，不战而降；那戴灰色八角帽的部队，则是浙南游击纵队。

自 1947 年 4 月起，温州属国民党“浙江省第五区行政督察专员公署兼保安司令部”管辖。

1949 年元旦，新任“浙江省第五区行政督察专员公署专员兼保安司令部司令”的，是二〇〇师师长叶芳将军。叶芳将军原本是国民党第五军军长邱清泉手下的骑兵团长。1948 年秋，奉邱清泉之命，到温州招募新兵。于是，叶芳便落脚温州。

1948 年 11 月 5 日，经中共闽浙赣省委批准，中国人民解放军浙南游击纵队成立，龙跃任司令员兼政委（后由胡景瑊、邱清华任副政委），郑丹甫任副司令员，胡景瑊任政治部主任，张金发任参谋处主任（后由程美兴任参谋长）。

1949 年 4 月，浙南游击纵队派出密使拜访温州国民党守军二〇〇师师长叶芳、副师长夏雷，进行策反。叶芳、夏雷表达了起义的意愿。

1949 年 5 月 1 日，秘密谈判在当时国统区与根据地交界处的景德寺旁一处废弃的私家别墅里进行。景德寺在郭溪镇，在温州城区西南 5.8 公里处。景德寺相当幽静。据记载，弘一法师曾于 1927 年在景德寺住了一年左右。

经过两次谈判，双方签订了《关于叶芳将军率部反正起义协定》以及浙南游击纵队5月6日进驻温州城的有关协议。叶芳的谈判代表之一，是我父亲的朋友、国民党陆军第二〇〇师政治部主任王思本，他的女儿则是我的同学。

浙南游击纵队在5月6日晚挺进温州，叶芳将军的部队放下了武器。

正因为这样，温州不是由中国人民解放军正规军攻下，而是由浙南游击纵队刀不刃血，一举占领。

那时，温州的中国共产党党员为4万人，武装部队为1万人，足见中国共产党在温州何等活跃，中国共产党地下工作何等活跃。

直至整整20天之后——5月27日，中国人民解放军第三野战军攻克上海。

虽说那时我只9岁，我仍清楚记得，当时叶芳部队放下武器之后，浙南游击纵队井然有序进入温州。

从此，温州红旗飘扬，响起了腰鼓声，秧歌声……

记得父亲从地下室的保险箱取出一麻袋的金圆券，这时果真都成了废纸，只能供我折成纸飞机玩。所幸父亲把大部分金圆券换成了银圆。

就在这时候，令我震惊的一件事发生了：

有一回，我的哥哥来到我的卧室，轻声地对我说："这把枪，放在你这里，你别乱动！"

接着，他把一支驳壳枪，放进我的床头柜。

后来，我才知道，他这位"大少爷"，深受中国共产党的影响，在温州尚未插上红旗的时候，就参加地下工作……

新中国成立之后，父亲参加了国民党革命委员会，即"民革"，而"民革"温州市委员会主委便是王思本。

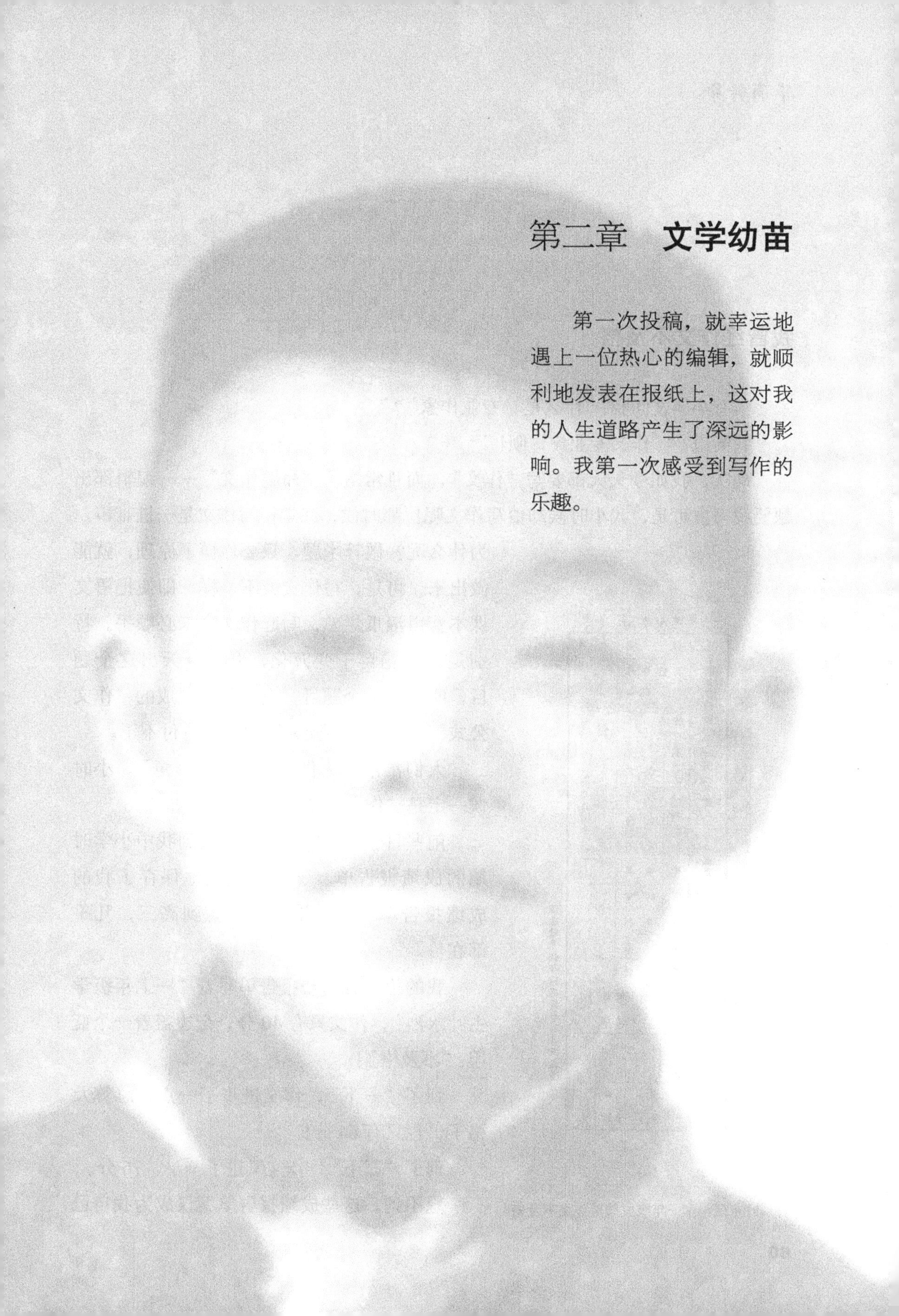

第二章　文学幼苗

第一次投稿，就幸运地遇上一位热心的编辑，就顺利地发表在报纸上，这对我的人生道路产生了深远的影响。我第一次感受到写作的乐趣。

我曾经作文不及格

常有小朋友问我："什么是'专业作家'？"

我笑道："'作文专业户'呗！"

确实，我如今天天都要写"作文"，而且常常写"命题作文"——编辑部出题要我写。可是，我小时候却怕写作文呢！那时候，我觉得写作文是一桩难事。为什么呢？做算术题，只要你懂了原理，就能做出来。可是，写作文就不一样，即使把语文课本背得滚瓜烂熟，写起作文来未必顺手。特别是作文题目千变万化，老师今天出这个题目，明天出那个题目，没有什么现成的"作文公式"可以套用，光靠死记硬背对付不了。

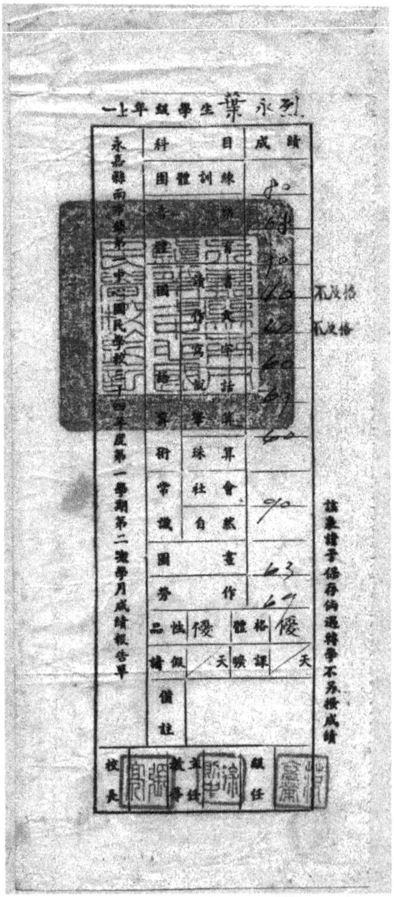

叶永烈小学一年级成绩单作文不及格

人们常常以为作家大约是"神童"，小时候一定是"作文尖子"。其实未必如此。

前些日子，我整理旧物，找到我中小学时期的成绩报告单。父亲很仔细地保存了我的成绩报告单，从小学一年级直到高三，几乎都在！

我的第一张成绩报告单写着"一上年级学生叶永烈"，作文只有40分，旁边盖着一个蓝印："不及格"！

到了"一下"，作文进步了一点，总算及格了，也只有64分！

到了"三下"，作文又进了一步，76分。

想不到，这些成绩报告单不仅成为我自己

1946年叶永烈6岁，上小学一年级

成长史的重要见证，而且还成为学校的重要档案。我每次从上海回故乡温州，在浓浓的怀旧之情驱使下，我总爱到那所度过六年小学时光的母校走一走，重温童年的欢愉。学校还在原址，不过除了两棵百年老樟树能够唤起我的记忆之外，一幢幢新楼和年轻的教师们对于我来说完全是陌生的。

我是在6岁的时候开始上小学的。这所小学的全称是“永嘉县南市镇第一中心国民学校”——我迄今保存着当年的成绩报告单，所以能够如此准确地写出学校的全称。如前所述，当时尚未设立温州市，叫永嘉县。

这所小学曾叫康乐小学——因为在这所小学旁边有条街叫“康乐坊”，所以用“康乐”来命名。在新中国成立后，这所小学改名为“温州市立第九小学”。现在名为“温州瓦市小学”，因为学校坐落在瓦市殿巷。

从铁井栏家中，大约步行十来分钟，便到达这所小学。

一进这所小学，便是一个院子。院子里有滑梯，有水池。正面是一幢教室大楼。大楼底层正中，是大礼堂。穿过教室大楼，后面是大操场。

当时的校长叫张亮，教导主任徐则中。

前些年，我在温州见到三十出头的杨校长，她知道我仍保存着半个世纪前的成绩报告单，非常高兴，因为连学校的档案室里都没有。我把复印件送给了她。

在成绩报告单上，盖着“级任”的图章。年轻的女校长不知道“级任”是什么，我解释说，就是现在的班主任。我很想见一见一年级时的“级任”范克荣老师。杨校长茫然，因为她从未听说学校里有这么一位男教师。我告诉她，范老师是一位能歌善舞的女教师，她哈哈大笑起来。

杨校长是一位有心人。在我走后，她跟党支部书记章老师查阅本校退休教师名单，没有见到范克荣的名字。问了许多老教师，也不知道范老师，有人甚至说可能早就过世了。很偶然，章老师在温州教育界的一次聚会上，从另一所学校的老师那里得知范老师还健在，欣喜万分。范老师在我的母校工作时间不长，后来调到别的小学而且退休多年，所以杨校长颇费周折才找到她。

2006年金秋时节，我又一次从上海回到温州，终于见到了范老师。

2006年10月27日，叶永烈在温州瓦市小学见到小学一年级班主任范克荣老师

60年前，5岁的我刚刚迈进小学校门，一位年轻漂亮的女老师领着我来到底楼第一间教室。她便是范克荣老师。

在范老师给我们上第一课的时候，我闹了笑话：上完第一课，同学们都出去玩了，唯独我仍端坐在座位上！因为父亲关照我上课要仔细听，过分“认真”的我连下课了都不敢离开座位。

她当时20岁，教“唱游”课（即音乐课），常常在礼堂里上课。她一边弹风琴，一边唱歌，我们全班则以她为中心围成一个圆圈，在琴声中唱着、跳着。上范老师的课是最愉快的，所以我一直记得这位生性活泼的老师。她留给我的形象是美丽的。

然而，如今出现在我眼前的范老师的形象是“颠覆”性的，年已八旬的她明显地驼背，步履蹒跚。原本细挑个子，现在矮我一头。她还记得我这个调皮的学生。她说，“三岁看到老”这句话未必对，你当年作文、语文都不及格，后来却成了作家，所以对孩子要多给些鼓励。

她告诉我，她小时候，家附近是英国基督教会办的白累德医院，院长施德福是英国医生，他的太太弹得一手好钢琴。她跟施德福夫人学钢琴，18岁开始当小学音乐教师。就这样，当了一辈子的小学教师。退休之后，还教孩子们弹钢琴。她的女儿现在也是教师。

记得在长长的走廊，我见到上方横挂着一块木牌，画着一只正在结网的蜘蛛，旁边写着一句文绉绉的话：“有恒为成功之本。”

小小年纪，我连“恒”字都不认识，当然不明白“有恒为成功之本”是什么意思。

后来，听了范老师的解释，总算朦朦胧胧懂得这句话的含义：蜘蛛织成八卦网，“单捉飞来将”。一阵风吹来，把蜘蛛网吹破了，蜘蛛马上过来把网补好。补了又破，破了再补，蜘蛛不知疲倦，有一颗可贵的恒心。

我天天从这木牌下面走过，“有恒为成功之本”这句话深深印在我的脑海之中。

渐渐地，我体会到“恒”字的魅力：“恒”的艰难，“恒”的喜悦。

“恒”，其实就是坚持到底的毅力。绳锯木断，水滴石穿，就在于“恒”。“只要功夫深，铁杵磨成针”，也在于“恒”。愚公移山，同样在于“恒”。“三天打鱼，两天晒网”，则是缺乏恒心的形象写照。

写作、做学问离不了“恒”，做任何事情都离不了“恒”。在科学道路上登攀，需要做一次又一次实验，需要记录一个又一个数据；在商场上奋搏，从“小生意”到“大生意”，从“小本经营”到“大富豪”，同样要有“恒”心，同样要像蜘蛛那样，失败了再干，再失败再努力。

“有恒为成功之本”，使我受益终身。直到今日，我才明白这句话的深刻内涵。

我记得，那时候我写作文，出过不少“洋相”。有一次，老师出了《我的志愿》这样的作文题目。我信笔而写，说自己长大了想当将军。为什么呢？因为我很喜欢下陆军棋！

老师在课堂上念了我的作文，惹得全班同学哄堂大笑。

老师指出，我的志愿是可嘉许的，但是，当将军是为了保卫祖国，光是“喜欢下陆军棋”不行。

我这才明白，什么叫作“思想性”。

从我的成绩报告单上可以看出，作文、语文的成绩后来慢慢进步了，到了三年级下学期，“级任”的评语是“发表能力特长”。老师的眼光不错。

最初的兴趣是绘画和演戏

上小学的时候，我最初的兴趣在于画画。

叶永烈在上中学时所画马克思

戈悟觉的弟弟戈觉特是我童年挚友。我们在同一座大楼里一起长大。他比我年长一岁，却和我同班——从小学一年级直至六年级，一直同班。相对来说，我跟戈悟觉的交往不及跟他弟弟交往多，因为戈悟觉毕竟比我大 3 岁。

我跟戈觉特曾“主编”过一个“画刊”，叫作“特烈画刊”——从我俩的名字中各抽出一个字来命名。

这个“特烈画刊”，张贴在我的卧室的墙上。

我俩既是“画刊”的作者，也是“画刊”的编者和读者。

小学五年级上学期的时候，学校里举行绘画比赛，题目是《我的母亲》。

叶永烈与好友戈觉特上小学时的合影

我参加了比赛。1950 年 6 月 1 日，我得了奖。这奖品，我至今保存着。那是一本粉红色封面的拍纸簿，上面盖着“永嘉县南市镇中心学校教导处”红色方章和一个“奖”字，还写着：“五上，叶永烈”。这大约是我平生第一次获得的奖品。

知道我喜欢画画，父亲曾带我到他的朋友、国画家王知毫先生那里学习绘画。

王知毫先生家离我家很近，就在与铁井栏相邻的一条街——“县前头”。

王知毫先生是工笔画家，擅长绘松鼠。一只松鼠身上，不知有多少根毛，他一笔一笔地画着。画完松鼠，还要画松针。那密密麻麻的松针，也要一笔一笔地画。

王知毫先生送我一幅松鼠工笔画，我至今仍保存着。

我跟王知毫先生学了一阵子。对于工笔画，我缺乏耐心，没有学下去。

我家附近，有一家东南戏院。那里经常演出越剧。我对那里熟门熟路，知道从后门可以来到后台，从后台可以站在边幕那里看戏。虽然我听不懂越剧文绉绉的唱词，但是我对戏剧产生了兴趣。

在念小学的时候，我也演过戏。

记得在黑长裤之侧，贴上两条白纸，就算是扮演“王子”的服装。剧情很简单：年老的国王快要死了，把儿子们召集在一起。国王拿出一把筷子，分成一根根交给王子们，王子们不费吹灰之力，就把一根根筷子折断了。接着，国王把整把的筷子交给王子们，王子们谁也折不断。国王含笑离开了这个世界。

另外，我还在安徒生的童话《卖火柴的小女孩》中跑“龙套”，扮演街头的行人，而主角是班上的一位女同学蒋玉蓉，她用近乎颤抖的声音唱着一首歌。我不知道这首歌是何人作词、何人谱曲，但是我至今仍会唱这首歌：

可怜我从早卖到晚，
还没有吃过半碗饭。
妈妈在家里生着病，
小女孩在街头受苦难。
哎咳哟，哎咳哟，
哎咳哟，哎咳哟。

爱因斯坦说：“兴趣是最好的老师。”我在11岁时发表了一首小诗，使我从此对写作产生浓厚的兴趣……

小诗的发表影响我的一生

1951年，11岁的我正在温州上小学五年级。偶然心血来潮，向当地的《浙南日报》（今为《温州日报》）投寄了一首小诗。那是我平生第一次投稿。

离我家不远处，是《浙南日报》社。报社门口，有一只大木箱高挂着，上面写着“投稿箱”三个大字。我常常从那里经过。我不知道这“投稿箱”是什么意

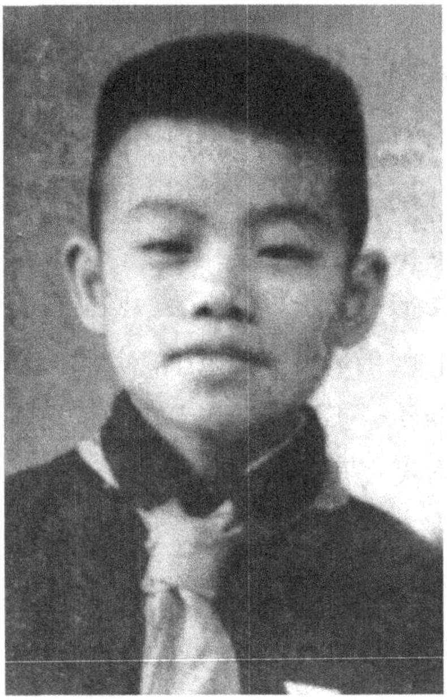

叶永烈 11 岁时的照片

思。听别人说，只要把稿子投进箱子，如果写得好，报纸就会登出来。我不由得心动了。每当我走过那只投稿箱时，那箱子仿佛在向我招手。

正在念小学五年级的我，有一天忽地心血来潮，写了一首小诗。写好以后，我踮起脚，把稿子悄悄地投入那只在我看来颇为神秘的箱子里。

过了几天，我收到平生第一封信。信封上印着“浙南日报”四个红色大字，写着“铁井栏 29 号叶永烈小朋友收”。我至今珍藏着这封信的信封和信笺。

《浙南日报》编辑部的信全文如下：

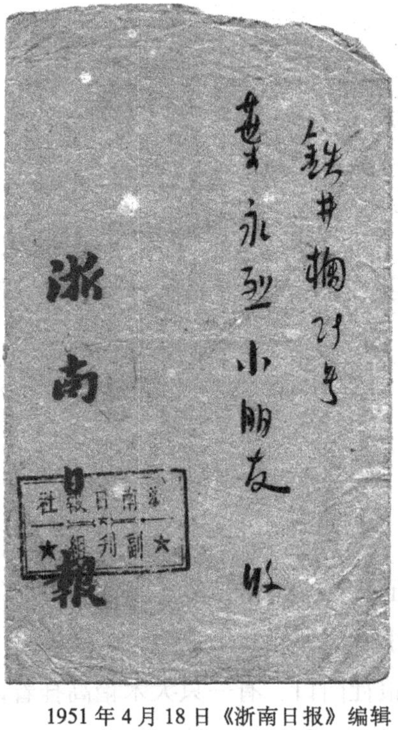

1951 年 4 月 18 日《浙南日报》编辑写给叶永烈的信封

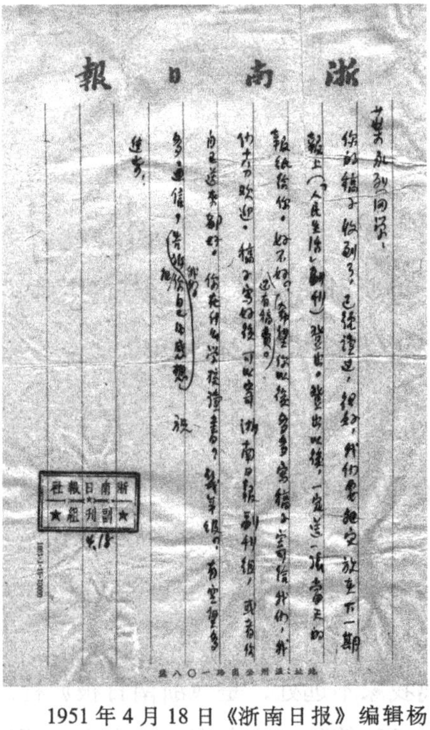

1951 年 4 月 18 日《浙南日报》编辑杨奔写给叶永烈的信

叶永烈同学：

你的稿子收到了，已经读过，很好，我们要把它放在下一期报上（《人民生活》副刊）登出。登出以后，一定送一张当天的报纸给你，好不好？还有稿费。希望你以后多多写稿子寄给我们，我们十分欢迎。稿子写好后可以寄浙南日报副刊组，或者你自己送来都好。你在什么学校读书？几年级？有空望多多通信，把你自己的感想告诉我们。祝

进步！

浙南日报社副刊组

4.18

我看完这封信，心怦怦跳着。我真想去见见给我写信的人，可是，我年纪小，胆子小，不敢去，也不知道给我写信的，究竟是编辑叔叔、伯伯，还是编辑阿姨。我只看见信末盖着长方形的蓝色公章。我写了一封回信，回答了信中的问题。信，还是扔进那只神秘的大木箱。

十来天之后，1951 年 4 月 28 日，我放学回家，父亲笑容可掬地叫唤我：“阿烈，快来看报纸。”

啊，见报了！这首小诗总共只有 70 个字，今天读来，就像见到自己小时候嘴里含着手指的照片一样。与其说是诗，不如说是顺口溜，而且充满着当时的“反对美帝国主义”的强烈的政治气息。但这毕竟是我创作生涯的起点，也就不揣拙劣，照录于下：

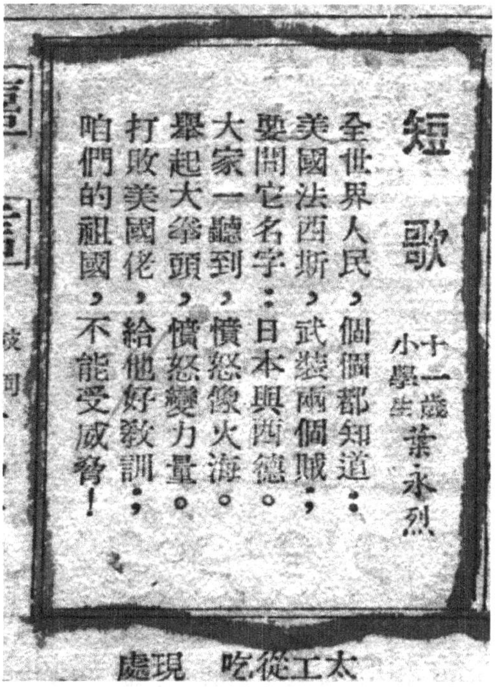
短歌

十一歲小學生 葉永烈

全世界人民，個個都知道：
美國法西斯，武裝兩個賊；
要問它名字：日本與西德。
大家一聽到，憤怒像火海。
舉起大拳頭，憤怒變力量。
打敗美國佬，給他好教訓；
咱們的祖國，不能受威脅！

1951 年 4 月 28 日《浙南日报》发表叶永烈第一篇作品

短　歌

十一岁小学生 叶永烈

全世界人民，个个都知道：
美国法西斯，武装两个贼；

要问它名字：日本与西德。
大家一听到，愤怒像火海。
举起大拳头，愤怒变力量。
打败美国佬，给他好教训；
咱们的祖国，不能受威胁！

这首小诗，成了我的“处女作”。后来，我加入中国作家协会时，那入会表格上有一栏“何时开始发表作品”，我就写上“1951年4月28日”。这首小诗的发表，成为我一生创作的起点。

不久，我收到了9000元人民币稿费。这是我平生的第一笔稿费。

需要说明一句的是，当时用的是人民币旧币。1万元人民币旧币，相当于如今的1元人民币。9000元人民币旧币，也就相当于今日的9角钱！

第一次投稿，就幸运地遇上一位热心的编辑，就顺利地发表在报纸上，这对我的人生道路产生了深远的影响。

我第一次感受到写作的乐趣。经过自己的构思、创作，终于成为作品，终于发表。尽管只是一首小诗，尽管在今天看来是那么幼稚。《浙南日报》编辑在刊发小诗时，注明“十一岁小学生”，这可能有两层意思：一是鼓励创作；二是请读者不要苛求，这毕竟是一个孩子写的诗啊！

叶永烈11岁时把一首小诗放进《浙南日报》（今《温州日报》）的投稿箱，得以发表。1994年6月1日叶永烈特地在这投稿箱前留念

由于我的小诗的发表，我在学校里成了“新闻人物”。老师、同学都知道我喜欢写作，于是，少先队办壁报、黑板报、油印小报之类的事，都落到我的头上。这对我是极好的锻炼。

我是在1951年夏天加入少先队的。当我第一次戴上红领巾的时候，我蹦蹦跳跳，乐得合不拢嘴巴。我回家以后，脱去白衬衫，却舍不得摘下红领巾，居然穿着汗背心、戴着红领巾，惹得爸爸、妈妈都笑了。

随着小诗的发表，我居然“连升三级”——从一个普通的少先队员，一下子升为大队宣传委员，佩上“三道杠”臂章。

就在我发表了第一篇作品后不久，我居然收到了《浙南日报》的约稿信。那是在“六一”国际儿童节快要到来的时候，又一封印着“浙南日报”红字的信，寄到了我手中。

信是用毛笔写的，字迹跟第一封信一样。这封信全文如下：

叶永烈同学：

前次给你的稿费收到了没有？“六一”儿童节到了，请你写写自己的感想寄给我们，好不好。

致

礼

《浙南日报》副刊组

稿子寄《浙南日报》副刊组收

我应约写了《纪念“六一”》一文，于1951年6月1日发表于《浙南日报》。这是我的第二篇见诸报纸的文章，全文如下：

纪念“六一”

市立九小 叶永烈

六一是我们少年儿童自己的节日，这个伟大的节日，我们应该怎样来纪念它呢？我说：

一、努力学习。学好本领锻炼身体，成为建设祖国的有用人材。

二、参加游行、宣传工作，订出爱国公约，响应政府号召。

我们要想一想：这样快乐的日子谁带来的呢？就是中国共产党、人民解放军和英明的人民领袖毛主席给我们的，如果我们不努力学习，就对不起共产党、解放军、毛主席。

这篇短文如今看来同样非常幼稚，口号式，可毕竟是一个11岁孩子当时的心声。

虽然我知道，在离我家不远的《浙南日报》社，有一位热忱的编辑老师在关心着我，扶植我。可是，我却不敢上那里去。

我曾这么说：“我不敢去见见那位编辑老师。我，一个在少先队小队会议上发言都会脸红的孩子，怎敢跨进报社的大门？何况我又不知道给我写信的人姓什么，万一传达室问我找谁，我怎么答得出来？”

那个年代，报社编辑给作者写信，在信末盖上个公章。我深深怀念着那位热心的、不知名的编辑。我精心收藏着那些信件和那些用铅字印出来的最初的作品。后来，我不论考上北京大学，还是由北京到上海工作，一直带着这些“珍品”，直至在“文化大革命”中被抄家抄走。

启蒙恩师杨奔

冬去春来，年复一年。直到1980年，发还一大包抄家物资，我惊喜地发现，那些“珍品”居然完好无损！

我重新细阅那些珍贵的信件，抚今忆昔，不胜感慨。我始终感激那位我从未谋面的热心的编辑。

不久，正巧《温州日报》派记者许岳云来上海采访我。我说起《温州日报》当年对我的培养，怀念那位恩师，便将那封信复印，让《温州日报》的记者带回去，请编辑们辨认是谁的笔迹，帮助我寻师。

事隔将近30年，报社里人员变动很多，“人事有代谢，往来成古今”。干部的更新，一茬又一茬，报社许多人不认识那位老编辑的笔迹。

复印件到了《温州日报》党委书记兼总编辑林白手里。林白先生是浙江仙居人，1929年生，1948年参加括苍山游击支队。新中国成立后，历任中共温州地委秘书、温州人民广播电台台长，此后调《温州日报》社。他在报社工作时间很长，认出了那笔迹。他说：“这是杨奔的字！”

杨奔，当年《浙南日报》的副刊正是由他一人编辑。

从编辑部的来信中，我知道了关于他的大概情况：他从小家贫如洗，只读完小学，曾跟人学过雕刻，塑过菩萨，能写也能画。从 16 岁起，他当小学、中学教员，发表过 100 多篇散文。他是 20 世纪 40 年代的中国共产党党员。他在《浙南日报》只工作了一年，由于政治上的冤屈，被调离报社，到一所中学去当语文教员。退休之后，住在温州远郊的苍南县。他先后发表过几十万字的小说、散文和诗歌。

后来，1998 年百花文艺出版社出版杨奔著《霜红居夜话》一书，书上的“作者简介”则更为详尽地勾勒出他的一生：

杨奔，（1923.3—）原名杨丕衡，笔名南璎、辛夷，浙江苍南人。曾任中共瑞安县委宣传部干事，《浙南日报》编辑，中学教师。现为浙江省作家协会会员，温州作协顾问，中华诗词学会会员，温州诗词学会理事，《苍南县志》副主编。曾参加编写《汉语大词典》和市、县民间文学集。个人历年著述有《描在青空》（诗文集，1947）、《南雁荡山》（方志，1984）、《外国小品精选》（1984）及其续集（1986）、《苍南历史人物》（传记，1986）、《深红的野莓》（散文集）、《苍南方言名物考》（考证，1992）、《披肝草》（旧诗词，1995）、《娑婆片》（小品集）。其中《深红的野莓》曾获浙江省 1991 年新时期优秀散文奖。传略辑入《中国当代文艺家辞典》《中国当代方志学者辞典》等。

根据报社提供的杨奔先生的通讯地址，我于 1981 年 3 月 10 日，向他致函问候，感谢他在 30 年前曾向一个 11 岁的孩子伸出温暖的手。信的全文如下：

杨奔老师：

您好！

不久前，《浙南日报》编辑部许岳云同志来我家采访，谈起三十年前我第一次给《浙南日报》写稿的情况。我托他代为打听当年那位热心帮助一位十一岁小朋友写稿的编辑。在此之前，我当年的中学语文老师金江老师来访，我也曾托他打听过。

上月，我把我三十年前收到的编辑来信，复印寄许岳云同志。他来信说，经《浙南日报》社副总编林白、吴崇澜几位老同志辨认，是你的手笔。

我深为此而高兴——终于找到了我的启蒙老师！

你在1951年4月18日给我的信，现已发表于《儿童时代》今年第一期及《书林》杂志今年第一期，这是一封十分珍贵的信。正是这封信，引导我走上了创作道路。也正是这封信，生动地反映了你和当年《浙南日报》编辑部对小作者、新作者的热情扶植、培养。我，只是许许多多《浙南日报》的作者中的一个。对一个十一岁小学生如此热情，可见当年《浙南日报》编辑部对于广大作者何等关切，对来稿是何等认真处理。

这封信的命运也颇为有趣：当时，我年幼无知，父亲代我收藏。我考上大学，他把信交我自己保存。在十年动乱之中，我被打成“文艺黑线干将”，遭到抄家，此信被抄走。直到去年我出席中国科协二大归来，厂里才还给我一包抄家物资。很幸运，从中找出了这封信以及当年的登有我的习作的《浙南日报》。

我非常感谢《浙南日报》编辑部和你的帮助和鼓励。我曾在《我的第一篇作品》一文中写道：“如果不是在十一岁时受到那位编辑的帮助，如果没有发表那篇不像样的东西，也许我不会跟笔杆子打一辈子交道。大树都是幼苗成长起来的，幼苗的成长离不开园丁的辛勤培养。”这段话正是反映了我对《浙南日报》编辑部和你的深切感谢之情。

现在，《浙南日报》辟了“新苗”专栏，像当年那样重视培养小作者、新作者，说明当年的好传统正在继续发扬。这是很可贵的。

便中请来信谈谈你的近况。如回故乡，一定登门拜访，当面致谢！

学生叶永烈

1981年3月10日于上海

杨奔先生在收到我来信后，心潮起伏，当晚填词《小重山令·收作家叶君书》：

上纸书来四座惊。
忽疑身是梦，
忆三生。

起看落月半笼明。
春寒重，
接叶暗藏莺。

少日若峥嵘，
挥毫倾肝胆，
照人清。
滋兰九畹望敷荣。
萧艾甚，
独秀有灵茎。[1]

词中有喜悦，亦有慨叹。大意是：接到叶永烈的来信，喜出望外，四座皆惊。忽然感到仿佛置身梦境，从过去想到现在、未来。祖国迎来黎明，可惜一度春寒料峭。办报纸中包含培育人才。我年轻时苦于做点不平凡的事，写作和改稿中反映了自己的内心，照亮别人。盼大地芬芳的花朵开花结果，可惜多蒿草，然而杰出人才一枝独秀。

不久，我收到了杨奔先生的来信。笔迹是那么熟悉，与30年前给我的信上的字一模一样。

出人意料的是，他对30年前的往事，看得很平淡。他自称不过是个“文学理发匠”罢了，对于发表我的小诗，只是“无心插柳柳成荫”而已！

杨奔先生感慨万千，在信中这么写道：

永烈同志：

谢谢你的来信，在我这样平凡潦倒的书生生涯中，这是多大的慰藉啊！十年离乱中，多少文化精华被毁弃于一旦，我自己平生的藏书和积稿也都被抄没、毁弃。不料这封区区无足轻重的信却承你珍藏到现在，而且失而复得，实在有些奥妙的因缘了。

我是在1950年底到浙南报编副刊的。我是农家出身，小学毕业后便失

[1] 杨奔：《披肝草》，第72页，苍南县诗词学会编，1995年版。

学，靠自学从16岁起便做了小、中学教师，弄过文学。解放初期做过一段新闻工作，到1953年便要求回老岗位做中学语文教师。前些年更受尽迫害。“四人帮”粉碎后才回到温州，参加全国性的《汉语大词典》编写工作，在温师专兼了点课。去年已办了退休（因为患了冠心病、高血压，动脉硬化），现在不过是借用。

给您回信的事，经来信提起，回想犹历历在心。我是温州平阳人，对东瓯乡土颇多眷恋，编副刊时，原想在温州能发掘些写作人才，培养出一支文艺新军。可是事与愿违，来稿寥寥，使我感到十分寂寞。收到你诗稿是一种意外的惊喜；同时又因为自己也在这年龄时有两篇文章被上海某书局（春明？）收入范文集子，结果不但没有收到原书和稿费，而且连一封信也没有。这很伤了我的心。所以在自己干这工作时，就发愿不使自己愧仄，不使作者生气，对来稿只要略有可取之处，都立即给作者写了回信，让他安心并得到鼓舞。何况你当时这样年轻和“勇敢”（！）。这做法也不是浙南报的传统，特别是复刊后的《浙南报》，对来稿不但任意删削，而且发表后也不给剪报或通知，这种官样的冷淡态度正是十年浩劫的后遗症，恐怕很难清除。话拉得太远了，不过我只说，对照这一点，回忆过去，我还可心安。可是，当时对你也并非具有慧眼发现你的才华。你现在所取得的成就，当然由于本身的天赋和主观努力，这封信或许是个小小的契机，至于过高估计它的影响是不必要的，也使我不安。世上常有“有意栽花花不开，无心插柳柳成荫”的巧事。鲁迅写了《藤野先生》，于是这一生默默无闻的乡下医生一下子被列入“经传”，其实类似这样的人在世上何止千千万万，只不过没有碰上鲁迅这样的学生而已。

几年来从报刊上陆续读到你的作品，很高兴，为温州出人才而欣幸，而且前途正未可限量。所以应该是我作为人民一分子向你致敬，而不是你向我道谢。真的！

金江是我的老友，可是1951年我在温州时还未认识他，所以他不会想到那发信的是我。

这个词典工作最早也要1983年才能结束，我已待了三年，近来因受到些不愉快的干扰，决计在暑假时回家过晚年了。如果你在暑假前有回温的便，见一次面，那也是很高兴的事。

要说的很多，恐怕太冒昧了，就此打住。

祝

撰安！

杨奔

1981 年 3 月 13 日

从此，鱼雁往返，我和杨奔老师之间一直保持着通信联系。

我真想见一见这位心仪已久的老师。

1987 年春节前夕，我和妻子、长子一起回到故乡温州，赶到苍南县龙港镇。我终于见到了杨奔老师。这是老编辑和当年的小作者见面，喜悦异常。

我对杨奔先生说的第一句话是："哦，我们神交三十六载，今日第一次见面。"

叶永烈与杨奔老师1987年在温州龙港第一次见面（林勇摄）

杨奔先生已经白发苍苍，虽已退休，仍笔耕不辍，出版新著《外国小品精选》《苍南历史人物》，发表了 100 多篇散文。

《温州日报》在 1987 年春节初一，报道了我与杨奔老师会面的消息……

十年之后——1997 年 4 月，我又一次和妻子一起，从上海前往妻子的老家温州平阳张家堡探望，然后前去苍南看望杨奔先生。杨奔先生由于夫人故世，已从龙港镇搬到灵溪镇女儿家居住。这一回和杨奔先生见面，竟然“挖”出了一段令人惊叹的“缘”：

叶永烈拜见杨奔老师（林勇摄）

我的妻子姓杨，乃温州平阳县张家堡人氏，而杨奔先生也出生在这个村子里。我从妻子的祖屋后门沿河走了100多米，村里人告诉我，那里就是杨奔先生的旧居！

我的岳父杨悌，曾留学日本中央大学，家中藏书甚丰。杨奔先生年轻时，常到我岳父的书房里小坐，并且向我岳父借书。我走访村里的杨氏宗祠，从杨氏家谱中查出，杨奔与我妻子家还是亲戚呢。按照家谱排辈，我应是杨奔先生的叔叔！

然而，在我11岁的时候，这一切都无从说起！

当我见了杨奔先生，说起我们之间的这段奇特的缘分时，他哈哈大笑起来。

县志里要收入我岳父的小传，这小传由杨奔先生撰稿……

我11岁时发生的这段故事，“系我一生心”：不仅决定了我这一辈子将以写作为业，而且竟为11年后我的婚姻带来奇特的缘分！

2003年12月1日早上，文友林勇从温州苍南打来电话，告知不幸的消息：

杨奔老师在凌晨4时病逝。我当即写下了这样的挽联，悼念杨奔老师：“亲手扶我踏上文学路，甘露润苗永记启蒙情。”写毕，又找出杨奔老师在1951年4月18日写给我的第一封信，连同那个印着“浙南日报”四个大字、写着“铁井栏29号叶永烈小朋友收”的信封，与挽联一起传真给杨奔老师亲属。

几乎很少有人以这样的方式表示对于逝者的怀念之情：把逝者52年前写的一封亲笔信以及信封传真给逝者的家属。

就在杨奔先生去世的十几天前，我应温州图书馆之邀，从上海回到温州作讲座。吉林卫视的摄制组闻讯，随同我一起回温州，跟踪拍摄《回家》节目。理所当然，他们要去《温州日报》社采访当年如何发表“叶永烈小朋友”的第一篇作品。11月17日，《回家》摄制组和我来到《温州日报》大楼，在那里拨通了苍南杨奔老师家的电话。当时，重病在身的杨奔老师，尚能亲自接电话。在电话中，他告诉我，已经从医院回到家中，目前正在家中休养。《回家》摄制组拍摄了通话的全过程，由于用免提通话，所以他们录下了杨奔老师的话音——没想到，这成为杨奔老师留下的最后的声音……

九山湖畔八角亭

1952年春节刚过，12岁的我左肩背着书包，右手提着蓝色的圆形搪瓷饭盒，从温州市中心的铁井栏，穿过长长的打锣桥、蛟翔巷，步行半个多钟头，终于见到“八角亭”，终于来到了瓯海中学。

我从温州第九小学毕业，成了瓯海中学的新生。我那一届是春季班，共招了甲、乙、丙、丁、戊五班，是按考试成绩分班的。我分在甲班。于是，我的“符号”上写着“瓯

畢業證書

學生葉永烈係浙江省溫州市人現年十三歲在本校高級段修業期滿成績及格准予畢業

此證

校長謝安鏐

叶永烈小学毕业证书

海中学，春一甲班，叶永烈”。分到“符号”，回家后缝上“软片”（赛璐珞），很神气地用别针别在胸前。

当时的瓯海中学，是私立学校（如今为温州市第四中学）。它的前身，是瓯海公学，是谷寅侯先生在1925年创办的。最初以温州九山仁济庙为校舍，后来才逐步扩大。1926年，学校大门口建造了一座八角亭，寓意为“八面迎风”，又为“八角峥嵘”。

一进瓯海中学，老师便教唱谷寅侯校长作词、谢印心作曲的校歌：

抱落霞，拱松台，
气爽景明水山隈。
士多材，四方来，
朝夕问难广厦开。
教权曾旁落，
一旦得收回。
艰矣，快哉！
光阴速，莫徘徊，
为国致用学博该。

在当时的温州，首屈一指的中学是温州中学（如今为温州第一中学）。瓯海中学算不上是第一流的学校，而且离我家又远。凭我的成绩，完全可以考取公立的温州中学，而我却非要考瓯海中学不可。内中的原因，是我的好朋友戈觉特要考瓯海中学——这所中学离他家近。那时候戈家已经迁出铁井栏咸孚大楼，迁入温州百里坊。我家则在“三反”“五反”运动之后也迁出咸孚大楼，搬到大楼对面的一个院子里居住（我与戈觉特的友谊一直保持到现在，常保持微信联系。1999年我在春节回到温州时，还参加了他女儿的婚礼，而他则参加我母亲90大寿庆典）。

从此，我每天穿着黑色的“学生装”，前往瓯海中学上学。中午，来到那间堆满锯末的厨房，从热气腾腾的蒸笼里取出饭盒……

一到瓯中，我就认识了谷寅侯校长。矮矮胖胖的他，光头，喜欢手持一把紫砂小茶壶，笑眯眯地看着我们。见到他，我总是毕恭毕敬地向他鞠躬，口呼“谷校长”。教导主任是陈永然老师。他前额宽广，态度很和蔼，讲话很有条理。

瓯中地处温州郊区（如今早已是市区），在农田的包围之中。我从市中心来到这里，感到非常新鲜。在九山湖畔钓鱼摸虾，到橘园那管橘人的小屋里跟他们聊天，在农田里抓小蝌蚪（那时我还不知道应该保护蝌蚪，保护青蛙）……

我入学不久，曾发生“蝌蚪事件”。那是我给农田里游动的小蝌蚪迷住了，吃过中饭，便拎着空饭盒到田里抓蝌蚪。当我抓了一饭盒的蝌蚪回到学校，发现校园里静悄悄，我才知道大事不妙——已经上课了！我不得不红着脸走进课堂……

这件事很快传进班主任的耳朵。班主任陈老师，有着典雅的书卷味名字——乐书。在我的印象中，他的脸色总是那么苍白，似乎身体很不好。他找我谈话，说话慢条斯理。他批评了我，说我“缺乏组织纪律性”……后来，在我的成绩报告单的“评语”中，他也写上“纪律需要加强”之类的话。于是，我开始明白什么叫“纪律”。

学校里也组织我们种菜。记得在校门的左侧，一条小河旁，原是一片杂草丛生的荒地，老师领着我们开垦。当绿油油的菜苗破土而出，当幼苗长成硕大的卷心菜，我们都非常兴奋，我这才知道卷心菜本来并不是卷心的……

在瓯中上学，生活在大自然的摇篮中，使我对生物产生了兴趣。我格外认真地听生物学课。教我生物学的是黄李诚老师——他复姓“黄李”，用一口乐清腔上课。有一回，我闹了个大笑话：黄李老师问我们有什么问题时，我站了起来，问：“妈妈常对我说，吃了甜的东西，再吃咸的，会生蛔虫，真的吗？”话音刚落，同学们哄堂大笑。黄李老师瞪了我一眼，以为我故意在扰乱课堂。其实，我是真的不明白。因为我常常刚吃了糖果，又吃饭，母亲就用这话吓唬我。黄李老师见我自己一点也不笑，一本正经，知道我并非有意捣乱，也就讲述了蛔虫的生活史，使我明白了科学道理。

受学校的影响，我在家中的花盆里，也种起了扁豆、丝瓜；我还养了上百条金鱼。

一进瓯中，我被提名担任班主席，我谢绝了，但是对于编墙报之类却很热心。

我很喜欢语文课。老师教的作文方法，使我颇受进益。尤其是瓯中四周，一年四季的物候变化明显，春的斑斓，夏的浓绿，秋的金黄，冬的萧索，使我下笔状景时，胸有成竹。离瓯中不远的籀园（温州图书馆的前身），那丰富的藏书，也使我从小得以汲取丰富的文学滋养。

湖光荡漾，垂柳依依，瓯中是我美丽的母校。我在瓯中读了两年半——当时春季班要改秋季班，在1954年夏提前毕业，升入温州第二中学高中部。大约由于我5岁上学，而在初中时又“跳”了一个学期，所以我在高中、大学的同班同学之中，总是年纪最小的一个。

每当我有机会回到故乡温州，我总是要来到九山湖畔，来到八角亭前。我漫步在母校瓯中，那一幅幅原本已经模糊的消逝的画面，又渐渐地变得清晰起来。

瓯海中学也一直记得我这个校友，如今在墙上砌着我的浮雕像。

金鱼情缘

如今，我家无猫也无狗。阳台上倒是挂着一只鹦鹉，会学嘴，却不必喂食——那是我从美国洛杉矶带回来的电子鹦鹉。

这倒不是我不喜欢养宠物，只是一直处于高度的忙碌之中，没有工夫领略那份闲情逸致。

不过，在花鸟虫鱼之中，我曾经偏爱过那文静优雅的金鱼。

在我上初中的时候，我家迁往一座小院。院子里有一幢小楼，两层、三开间，我家与徐先生两家居住，每家一半。小楼前有个30多平方米的小院，小院里有一口水井。最使我着迷的是，小院里有七八口大缸，缸里养着上百条金鱼！

小时候，我在玻璃缸里养过金鱼。玻璃缸太小，没多久，金鱼都呜呼哀哉了。然而这个小院的这些大缸，每口的直径有一米左右，对于金鱼来说是非常宽敞的“豪宅”。缸壁长满厚厚的青苔。金红色的“朝天眼”，五颜六色的“珍珠鱼”，浑身花斑的“球鱼”，轻轻甩着尾巴，悠然自得地在缸中遨游。我不由得看着入神了。

这些金鱼是徐先生的宠物。正巧，徐先生要调到温州的郊县瑞安工作，他只有两个女儿，名叫蓝田、红叶，都不会养金鱼。徐先生正愁爱物无人照料。见到我如此喜欢金鱼，竟然慷慨地把所有的金鱼连同鱼缸都送给了我！

我喜出望外。

从此，在放学之后，我便多了一项“工作”，那就是照料金鱼。

最经常性的“工作”，是捞鱼虫。我自己动手，把旧的长统袜缝在铁丝框上，再把铁丝框安装在竹竿顶端，便做好了捞鱼虫的工具。

如今在温州市区，很少见到河。那些河全给填了，变成柏油马路。那时候离我家不足百米，就有一条很长的河。河上架着石板桥，桥头是一棵百年老榕树。夏日，浓荫之下，河风徐徐，桥头是人们纳凉的最佳去处。

河面上，常常麕集着一团团红棕色的鱼虫。万千鱼虫攒动，在阳光下闪闪发亮。我手中的竹竿伸向这些咖啡色的“云朵”，来回扫荡。没多久，那长统袜底部就挤满了成团的鱼虫。

我忒好心，生怕饿了金鱼。我把成团的鱼虫扔进金鱼缸。密密麻麻，鱼缸里到处是鱼虫。看到金鱼不住地张口吞噬鱼虫，我开心极了。

第二天早上，一条条可爱的金鱼直挺挺地肚皮朝天，漂在水面，使我大吃一惊!

通过这次“血”的教训，我才明白，金鱼是“馋老板”，从不“节制饮食”，直到撑死为止。

我赶紧把一口鱼缸里的鱼虫捞净，把尚未死去的金鱼集中到那里，让它们饿上几天。

从此，我给金鱼喂养鱼虫，总是适可而止。

在阳光下，鱼缸四壁的青苔不住地冒着小气泡。自从上了生物课，我明白那是青苔在进行光合作用，一个个小气泡就是青苔“吐”出氧气。这些氧气溶解在水里，可以供给金鱼呼吸。

夏日，常常看到金鱼浮在水面，不住地“喘气”。这表明水中的氧气不够了。于是，我给鱼缸换新水。

换水，是一项“大工程”。要把一个个鱼缸里的陈水舀出去，然后从水井里提起一桶桶新水，倒进鱼缸。好在那时候家里的用水，是我每天从水井里提上来，倒进水桶，再挑到厨房，倒进大缸。有了这样的“锻炼”，所以给七八个鱼缸换水，虽然吃力，也还吃得消。

换上新水之后，见到金鱼在“快乐”地游来游去，我也分享到无限的快乐。

到了冬日，金鱼通常静卧缸底，一动不动。如果不是鱼鳃在扇动，鱼儿们如同死去一般。我喜欢轻轻敲敲鱼缸，金鱼马上闻声起舞。

虽然温州乃“温暖之州”，但是严冬时偶尔也会遇上鱼缸表面结上一层薄冰。我赶紧把薄冰敲碎，生怕金鱼闷死。

养金鱼最有兴味的季节是春夏之交。这时，雄鱼追逐着雌鱼。雌鱼像天女散花似的，从尾部撒出透明的一粒粒鱼卵。鱼卵粘在缸壁的青苔上。不过，如果晚来一步，这些鱼卵就会被金鱼吃得精光。所以，在金鱼产卵的季节，我必须时常巡视鱼缸。一旦发现金鱼产卵，等到产卵结束，就把公鱼、婆鱼都迁移到别的鱼缸，以保护鱼卵。

此后每日观看鱼卵的变化：小小的透明的鱼卵里，出现黑点。黑点渐渐变大。最后，黑点钻出鱼卵，一条针尖细小的黑色小金鱼就游了出来。

在鱼卵孵化的过程中，据说最怕声响。所以我来到鱼缸旁边观察，总是蹑手蹑脚，更不敢大声说话。

然而，天公不作美。春夏之交偏偏多惊雷。雷声响过之后，看到粘在青苔上的鱼卵变白了，就叹息连连——因为鱼卵被雷声“吓”死了。

直到后来发现没有响雷，鱼卵也成片变白，方知不是雷声“吓”死鱼卵。

刚刚孵化的小金鱼，脑袋是三角形的，拖着一根急速摆动的小尾巴。渐渐的，两只眼睛闪着金光，凸现在三角脑袋的两侧。

这时候的小金鱼，还不能吃鱼虫，因为鱼虫比它的嘴巴还大。我请母亲煮个鸡蛋，我吃蛋白，而蛋黄则用来喂小金鱼——把蛋黄用纱布裹起来，放在鱼缸里慢慢地捏，细细的蛋黄粉末从纱布空隙里捏出来，在水中飘荡。

小金鱼吃着蛋末，吃着青苔，一天一个样，迅速长大。到了夏日能够吃鱼虫的时候，更是日长夜大。

小金鱼最初全是黑色。渐渐地褪去黑色，有的变红，有的变白，有的变花，也有的一直保持黑色。

鱼缸里变得异常热闹。一对金鱼能够产下几百条小鱼，顿时“人丁兴旺”。只是小鱼的死亡率很高，能够成长为大鱼的并不多。

金鱼一旦生病，鱼鳞就竖了起来。我赶紧把生病的鱼隔离起来，放进“隔离病房”——小缸。在小缸的水中，放进一点点食盐。在盐水中“静养”数日，金鱼的鳞渐渐平服，表明已经日渐康复了。

那时候，我在温州瓯海中学上初中。学校离家颇远，中午不回家，我总是提着圆形的饭盒到学校，放在厨房里蒸热之后吃中饭。一天下午，我在下课之后到学校附近的一家理发店理发。那天理发的人多，我在等待的时候，信步走到理发店的后院，一下子就被院子里的众多金鱼迷住了。知道理发店主养金鱼是为了出售，我就用理发的钱买了两条浑身黑色的“乌龙”——这是我家没有的金鱼。我把金鱼装在空饭盒里，喜冲冲地拎回家中。当然，那天我没有理发，因为理发的钱用来买金鱼了。母亲见了，批评我用饭盒装金鱼，弄脏了饭盒。我却毫不在意，因为这两条新鱼太招人喜欢了。

金鱼的“风波”不断。

有一回，我发现一条心爱的“珍珠鱼”忽然不见了。紧接着，又有好几条鱼不见了。

是谁偷鱼？母亲说，小院的门通常关着，不大有闲人进来。再说，偷鱼的人究竟不多。

可是，鱼缸里的鱼，还是日见稀少。我哭了！哭也不顶用，金鱼照样越来越少。

这一“疑案”直到一个星期日，才真相大白：我见到一只乌鸦歇在院墙上，双眼贼溜溜地盯着鱼缸。当金鱼游到水面，乌鸦以迅雷不及掩耳之势扑了下来，一下子就叼走了金鱼！

自从发现“元凶”之后，我加强了鱼缸的戒备，给每个鱼缸都配备了铁丝罩。从此，乌鸦只能站在院墙上干着急。连续几天叼不着美食，乌鸦也就垂头丧气地飞走了。

在平安中度过了一年。随着金鱼不断产卵，我的金鱼家族“人口”迅速膨胀。鱼缸里鱼满为患。我把水井当成了“殖民地”，把一些单尾巴的或者有着残疾的金鱼养到水井里。

那时候，我母亲担任居委会干部，负责水井的定期消毒——往水井里倒进漂白粉。

一天放学回家，看到水井里的金鱼全军覆没，我痛心极了。我责问母亲，明明知道水井里有金鱼，为什么还要往里倒漂白粉？母亲耐心地向我解释，这水井是公用水井，井水不消毒，会影响大家的健康。再说，在公用的水井里养金鱼，也使井水变得不卫生……

我明白了其中的道理，也就不再在水井里养金鱼了。

在瓯海中学毕业之后，我考入温州第二中学高中。

上高中的时候，我的兴趣转移到读书上。我读了大量的课外书。这时，虽然我仍养金鱼，但只保持“少而精”，把大部分金鱼都送人了。

无巧不成书。1957年，我高中毕业，参加高考。记得高考的作文题目是《我的母亲》。一看这作文题目，我觉得很好写，因为天天跟妈妈在一起，写《我的母亲》太容易了。可是，一着手，却又觉得难写，因为母亲可以写的事情实在太多，我不得不花时间去沙里淘金……我终于从众多的事例中，选择了一个典型事例，那就是养金鱼的故事。

我记得，我的高考作文是这样写的：

> 我很喜欢养金鱼，不仅用大缸养，小缸养，而且在水井里也养了金鱼。我很爱金鱼。有一回，放学回家，发现缸里的金鱼被喜鹊叼走了，我就大哭起来……

在做了以上铺垫之后，我写及为了养金鱼，跟妈妈发生“冲突”：

> 有一回，我发现，我养在水井里的金鱼，突然全都死了！一打听，原来是妈妈往水井里放了漂白粉，使金鱼死了。于是，我在妈妈面前大吵大闹。妈妈耐心地向我做了解释，水井是公用的，政府号召大家要讲卫生，要大家定期往水井里倒漂白粉，进行消毒。金鱼死了是小事，讲卫生是大事。妈妈是居委会的干部，要带头做好井水的消毒工作。妈妈知道我在金鱼死了以后会心疼，已经向邻居要了几条金鱼，送给我。我一听，破涕为笑，称赞妈妈是“好妈妈”……

这样，通过这一典型事例，我写了母亲既注意公共利益，响应政府号召，又写了她细心体贴儿子的感情。这篇作文前有铺垫，中间有“大吵大闹”为高潮，最后以“破涕为笑”收尾，写得有波澜，有起伏。

我在温州以第一志愿考入北京大学，也就告别了金鱼。

如今，我手头保存着母亲担任居委会干部时的聘请书：“兹聘请沈素文同志为本居民委员会财粮工作委员会委员之职。温州市人民委员会公园街道办事处县学前居民委员会启。1956年9月24日。”

我也保存母亲担任居委会干部时的许多奖状，其中有：

1957年4月12日温州市人民委员会公园街道办事处、中国人民保险公司温州中心支公司所颁“奖给县学前居委会1957年度保险工作者积极分子，受奖人沈素文”；

1958年3月温州市人民委员会五马街道办事处所颁“沈素文同志在除七害讲卫生运动中成绩显著，被评为五马辖区除七害讲卫生积极分子，特给此状，以资鼓励”；

1958年3月23日温州市公安局所颁“奖给温州市火险改革一级突击手沈素文同志”；

1958年7月10日温州市市长所颁“沈素文同志在1957年度粮食统销工作中表现积极，经评为贰级粮食先进工作者，特给此状，以资鼓励”；

1959年2月温州市税务局所颁“奖给沈素文，评为1958年度房地产税贰等协税先进工作者，特此发给奖状以资鼓励”；

1959年3月26日温州市爱国卫生运动委员会关于“完成八万人采血任务”的感谢信；

1959年5月温州市人民法院所颁“沈素文同志在私房社会主义改造及清理债务工作中，表现显著，成绩优良，被评为积极分子，特给此状，以资鼓励”；

1960年1月14日温州市五马街道办事处所颁“奖给1959年爱国储蓄优秀协储员沈素文同志”。

从以上五花八门的奖状，可以看出居委会干部的工作无所不包。母亲只是尽义务而已，没有一分钱工资和奖金，唯有这一堆奖状罢了。她却乐此不疲，尽心尽力去做。

集邮的乐趣

我从小喜欢集邮。

我迷上邮票，是受了哥哥的“感染”。小时候，我家所住的咸孚大楼后门，是铁井栏宫，而在铁井栏宫旁边却是一座很小的基督教堂。哥哥那时跟教堂一位外国牧师学英语，牧师有许多外国邮票，常送给他。于是，他开始集邮，而我则是他的集册的热心鉴赏者。他走上工作岗位后，便把厚厚的集邮册“移交”给我，这使我喜出望外。

在上小学四年级的时候，学校里办起“学生邮局”。给同学写信，把信投进“学生邮局”的邮筒，“邮差”（也就是邮递员）就会把信送到收信人的班级，每个班级又都有“邮差”，把信交到收信人手中。记得当时“学生邮局”发行的邮票上印着一艘帆船（其实是刻成一枚“邮票图章”，用红色印泥盖在信封上）。“学生邮局”使我对集邮发生了浓厚的兴趣。

我不断从父母、从亲友、从小伙伴那里收集邮票，使集邮册里的“居民”不断增加。

小时候，我家底楼是咸孚钱庄店堂。店堂里围着一圈高高的柜台，圈子里安放着十几张办公桌。在员工们下班之后，我最喜欢做的是逐一“搜查”办公桌下的废纸篓。因为员工们在拆看信件之后，往往随手把信封丢进废纸篓。这些信封上的邮票，吸引着我。我用剪刀小心翼翼地剪下邮票，用冷水浸透，慢慢揭下来，用草纸吸干水分，放在桌上晾干，再夹在书中使它平整。然后，每张邮票都用玻璃纸包起来，邮票背面衬着硬纸片，再用胶带粘在一本账册上（那时候街上还没有出售现成的集邮册），每张邮票之间的距离都差不多，贴得整整齐齐。我记得，那些孔子邮票、孙中山邮票……使我入迷。

有的邮戳正好盖在邮票画面正中，常使我觉得遗憾。我想，要是让我来盖邮戳，一定盖在角上。

我把外国邮票按国家分贴，每个国家的邮票贴一页，页角上用外文标明这个国家的名字。我常常拿着世界地图，对照这些国家在什么地方。我不明白印度尼西亚为什么叫“荷属东印度”，不明白为什么好多国家的邮票上印着英国女王的头像……我请教老师，才知道什么叫殖民地。外国邮票上的异国风光，人物的发型、装束、服饰也曾成为我的“研究课题”。集邮，使我在潜移默化之中，长了许多外语、地理、历史知识，提高了我的艺术欣赏水平。

集邮，培养了我的“收集欲”。为了收集邮票，我向张三收集，向李四收集。我在课余，还常常跟同学们交换邮票。当换到一张自己没有的邮票时，我便兴高采烈地把它贴到集邮册上去。有时候，小伙伴手中有好邮票，可是不肯交换，我就跟他“磨”。邮票，真有一股无形的吸引力。如今，我明白了，在科学上，也需要有“收集欲”。我采访过我国的“跳蚤专家”“苍蝇专家”“蜻蜓专家”，他们花费了毕生的精力，采集各种跳蚤、苍蝇、蜻蜓，制成标本。走进他们的标本室，我不由得联想起集邮册。从这个意义上说，集邮培养人的“收集欲”，对于走上科学之路是不无益处的。

集邮，还培养了我的“条理化”工作习惯。集邮册中的“居民”，要有条理地“各就各位”，绝不允许乱贴乱放。集邮时认认真真，我总是把手洗干净了才去整理邮票。拿邮票时要用镊子，轻拿轻放……

后来我从事创作，相关的资料、书籍、剪报、手稿，总要有条有理地放在规定的地方，需要时得心应手。这种“条理化”的习惯，也可以说最初得益于集邮。

我在1957年考上北京大学时，就把集邮册“移交”给了弟弟。

很遗憾，在那“文化大革命”浩劫的年月，弟弟来信告诉我，在老家，那本“宝贝”——集邮册也遭劫了！唉，那是哥哥传给我、我传给弟弟的“传家宝”呀！居然也被“扫四旧”的“铁扫帚”扫进了“历史垃圾堆”。如今，东风化雨，春暖人间，但是失去了的“宝贝”已无从追寻，不知去向！

我仍对集邮保持浓厚兴趣。不过，我们家里的集邮者已不是我，而是我的儿子了。他像我当年那样，酷爱着花花绿绿的邮票。当然，现在的集邮条件比当年好多了。我每天都收到来自天南海北的许多信件。信件多，邮票自然也就多。我拆信时，总是顺便把纪念邮票剪下来。放进儿子的抽屉里。我的国外信件颇多，有的来自美国、日本、英国，也有的来自瑞典、瑞士、德国、法国、奥地利、澳大利亚、斯里兰卡、荷兰……有一次，一位日本人给我寄来一包书，上面贴了十几张漂亮的纪念邮票，我收到这些邮票，比收到那些书还高兴。

记是有一次，我坐飞机到达北京。在首都机场，我看到有整册整册的邮票在出售，每册35元，全部是崭新的未用过的邮票，整整齐齐夹在集邮册上，又都是成套成套的。我打算买，心想，回去之后，送一册给儿子，他们一定会高兴得跳起来。可是，细细一想，这样做，使孩子“坐享其成”，对他们的成长并没有好处。我，终于没有买。

我的小家庭的成员们都爱邮票。空暇时，全家坐在一起欣赏集邮册，既是美的享受，又是愉快的休息。

集邮，趣味盎然，其乐无穷。

“影戏”和音乐使我入迷

在我小时候，温州人把电影称为“影戏”。细细想来，这“影戏”一词倒是十分传神——放电影的时候，那不是一个个“影”子在银幕上演“戏”吗?

我的父亲则称电影为“过眼浮云”，也含有“影戏”之意。

电影人人爱看。

小时候，那还是新中国成立前，父亲常常带我去看“影戏”，使我从小就爱上电影。

当时，温州最著名的电影院——中央大戏院，坐落在市中心五马街口，离我家不过一箭之遥。中央大戏院在1932年建成，最初如同它的名字“戏院”，是演戏的地方，上演越剧、京剧。从1935年开始放映电影，有时候也演戏。到了1950年，中央大戏院改名为大众电影院，直至今日。

我在中央大戏院最初看的，是卓别林的电影，无声黑白片。圆礼帽，鼻子下一撮小胡子，手持黑拐杖，走路外八字脚，摇摇晃晃的卓别林非常有趣，观众席上爆发出一阵阵笑声。他在暴风雪之中煮皮鞋充饥，给我留下深刻的印象。

另一部叫作《贼老爷》的黑白故事片，也非常有趣。记得那是讲一个县官，白天坐堂，一副青天大老爷的神态，可是在夜里却干盗贼勾当。终于有一个夜里，他在偷东西的时候，头被一颗石子击中。第二天，他只好头扎白布去县衙坐堂，人们方知他是“贼老爷”。看这部电影的时候，我只有八九岁，至今仍能讲述大概情节，足见那“贼老爷”可笑的两面人形象给我的印象是多么难忘。

我还看过故事片《13号凶宅》。这部电影后来曾经重拍，但是我看的是最初的黑白片。影片很恐怖。在夜深人静的时候，一把摇椅忽然摇了起来，鬼魂现身……看了《13号凶宅》，吓得我不敢一个人走夜路。后来我写儿童小说，不写那些恐怖的情节，因为我知道，那样的作品不利于小读者的健康成长。

我看的第一部彩色电影叫《苏联之光》，那是一部纪录片，我头一回领略莫斯科红场阅兵的壮阔雄伟场面，知道了斯大林。

上中学的时候，不必再跟着父亲去看电影，自己会买票看电影。为了看白桦编剧的《山间铃响马帮来》，耽误了功课，挨了老师的批评。没有想到的是，多年之后我成为上海作家协会专业作家，跟白桦成了同事，曾经跟白桦一起出差香港，出席那里的文学研讨会。

我上高中的时候，喜欢看根据巴金小说改编的电影《春》《秋》。电影的音乐很特殊，用的是二胡演奏的《病中吟》。我也看了许多苏联电影，诸如《列宁在十月》《斯大林格勒大血战》《攻克柏林》，使我知道第二次世界大战中的著名战役。

进入北京大学之后，周末在大膳厅前常有露天电影。花5分钱买张票，坐在小板凳上一看就是两三部电影。有时候人多，只能坐在银幕背面看，居然也看得津津有味。这时候，除了看苏联电影如《伟大的公民》等，也看了其他国家的电影。我很喜欢印度电影《流浪者》，至今仍会唱这部电影的主题曲《流浪者之歌》。在我看来，根据美国著名小说家马克·吐温的同名小说改编的电影《百万英镑》，构思别具一格，用一张无法找兑的百万英镑，引出一系列有趣的故事。与之匹敌的是俄罗斯著名作家果戈里的极具讽刺色彩的《钦差大臣》。我也很爱看意大利电影《警察与小偷》，英国电影《雾都孤儿》……每看一部电影，都是一次难得的艺术盛宴，使我的文学水平得到提高。

没有想到的是，大学毕业之后，我来到电影制片厂工作，从影迷变成了电影导演。我还根据我在电影厂多年工作的见闻，为小读者们写了《电影的秘密》一书（1978年少年儿童出版社出版）。

我也爱看戏。东南大戏院离我家也很近。上小学的时候，一位同学带我从东南大戏院的后门进入后台，站在幕布的一角看“绍兴戏”——温州人对越剧的叫法。自从知道这一“秘密通道”之后，我多次从后门进入后台看戏。不过，越剧的节奏很慢，我并不喜欢，但是我对演员化妆倒是颇有兴趣。我还看到演员从前台下来之后，匆匆吃一碗小馄饨，以补充体力，可见演戏是很吃力的。

正儿八经买票看戏，是我在上高中的时候，学校包场，在温州剧院观看上海话剧团演出的曹禺的《雷雨》。这是一出悲剧。我感到非常震撼。不论是周公馆的大少爷周朴园，还有蘩漪、侍萍、鲁大海、四凤，个个人物性格鲜明。看完之后，心情久久没有平静下来。后来我才知道，这就是艺术的魅力。我还得知，写这部名作时，曹禺还只是一个大学生，使我对他十分敬佩。

除了喜欢电影之外，我小时候还很喜欢音乐。

在整理旧物时，找到一本我中学时的手稿，封面上写着“曲选”两个字。翻开之后，扉页上写着“曲不离口，琴不离手”。

这“不离手”的“琴”，不是钢琴。那时候，钢琴在温州是“稀有元素”。

这“不离手”的“琴”，是二胡。我喜欢二胡琴声的抑扬顿挫，喜欢二胡琴声的如泣如诉。

我用自己的零花钱买了一把二胡。

那时候，在温州新华书店买不到二胡曲谱，我就从图书馆里借，然后手抄。那本“曲选”，就是我手抄的二胡乐曲，其中有《病中吟》《良宵》《二泉映月》《汉宫秋月》《金蛇狂舞》《梅花三弄》《三潭印月》……这些整整齐齐抄录的乐谱，足见我对二胡的痴迷。其中，我最喜欢的是低沉的《病中吟》。

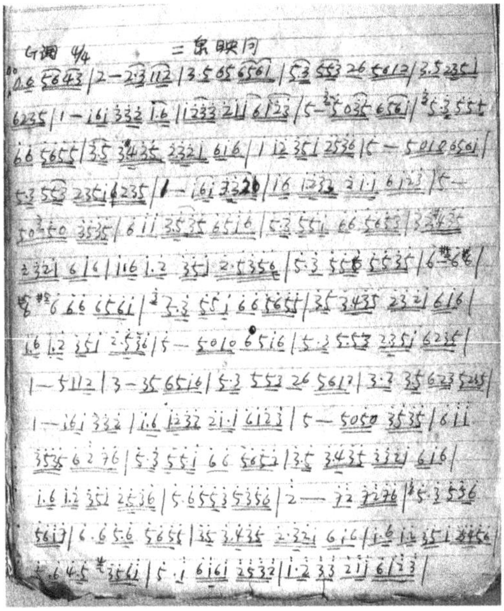

叶永烈在上中学时喜欢二胡、笛子，这是手抄的《二泉映月》乐谱

我也喜欢吹笛。笛子声音清脆，显得活泼。我喜欢吹《百鸟朝凤》《金蛇狂舞》。

箫笛同源。箫的指法跟笛子一样，只是一竖一横而已。我也买了箫。箫声悠扬、抒情。

我还学会了吹口琴。我喜欢用口琴吹奏节奏明快的乐曲，尤爱吹奏《骑兵进行曲》《中国人民解放军进行曲》。

没有想到，小时候对于音乐的爱好，后来促使我采访了众多的音乐名家，写了一系列报告文学和传记，诸如著名音乐家贺绿汀、傅聪、马思聪、刘诗昆。我也采访了心仪已久的“笛子大王”陆春龄。当陆春龄为我吹奏《百鸟朝凤》时，我完全陶醉于他的悠扬的笛声之中。

在年轻的时候，不经意之中，在心灵撒下音乐的种子。音乐的潜移默化，会陶冶你的性情，提高你的修养。

历史和文学的召唤

1999年2月，我忽然收到一本寄自温州的新书，书名为《张璁年谱及其同时代的人和事》，香港天马图书有限公司出版。

张璁（1475—1539年）是温州永嘉县人，是温州知名度很高的历史人物。他是明朝内阁首辅，人称“张阁老”。这本关于张璁的史著，反映了中国15世纪后期至16世纪前半期的历史变迁。

这本历史专著的作者，是我非常熟悉的冯坚先生。

书上的作者简介，是这么介绍他的：

> 冯坚，1921年生于温州市，1947年浙江大学史地系毕业。中学高级教师，全国历史教学研究会名誉会长，民盟温州市顾问委员，编有《温州城区近百年纪事》《温州城区历代人物录》两书，发表论文50余篇，其中《周易的中行学说》一文，曾被台湾《中华易学》杂志所采用。

收到冯坚先生的史著，我不由得记起40多年前的往事：

在温州第二中学上高中的时候，每逢上历史课，我就要忙碌起来。早早地来到历史教研室，取来历史地图，在教室的黑板上挂好。再用黑板擦把黑板擦得干干净净。

上课的铃声响了，个子不高的冯坚老师戴着一副金丝眼镜，威严地站到了讲台上。

我在1954年秋考入温州第二中学，分在高一甲班，便担任历史课代表。这一偶然的契机，竟使我对历史产生莫大的兴趣。

历史是一面镜子。“以史为鉴，可以知兴替”。我如今从事文学性史著的写作，不能不说，这萌芽始于当年的历史课代表，得益于历史课老师冯坚先生的循循善诱，是历史的“历史渊源”。

说来也怪，我考高中，依然没有去报考温州第一中学。我喜欢温州二中，纯属偶然：那是在报考之前，曾去温州二中参观。那时候，温州二中刚刚迁至海坦山下，所有校舍都是新盖的，比“古老”的温州一中漂亮多了。于是，我就报考温州二中。

温州二中创办于 1931 年 2 月，曾经叫过“永中”——“永嘉县立中学”。

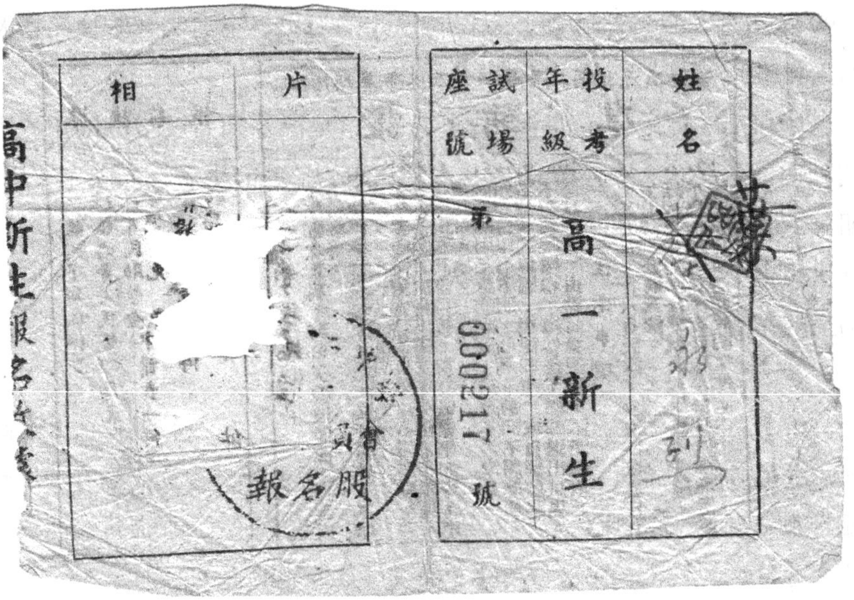
姓名
投考年級 高一新生
試場座號 第 000217 號
相片
報名股

叶永烈考高中的准考证（1）

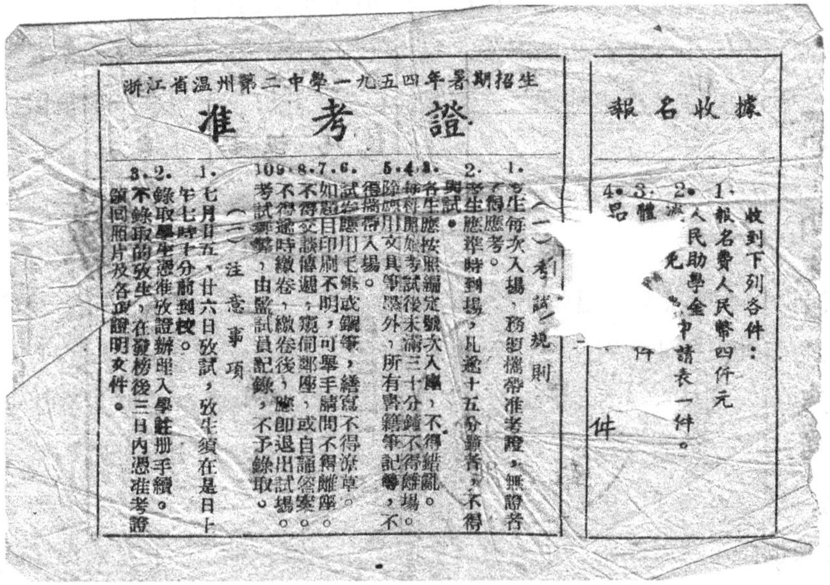
浙江省溫州第二中學一九五四年暑期招生
准考證

（一）考試規則
1. 考生每次入場，務須攜帶准考證，無證者不得應考。
2. 考生應準時到場，凡逾十五分鐘者，不得與試。
3. 各生應按照編定號次入座，不得錯亂。
4. 每科開始考試後未滿三十分鐘，不得離場。
5. 除文具外，所有書籍筆記等，不得攜帶入場。
6. 試卷應用毛筆或鋼筆，繕寫不得潦草。
7. 如題目印刷不明，可舉手請問，不得離座。
8. 不得交談傳遞，窺伺鄰座，或自誦答案。
9. 不得逾時繳卷，繳卷後應即退出試場。
10. 考試舞弊，由監試員記錄，不予錄取。

（二）注意事項
1. 七月廿五、廿六日考試，考生須在是日上午七時十分前到校。
2. 錄取學生憑准考證辦理入學註冊手續。
3. 不錄取的考生，在發榜後三日內憑准考證領回照片及各項證明文件。

報名收據
收到下列各件：
1. 報名費人民幣四仟元
2. 減免人民助學金申請表一件。
3. 體
4. 呂

叶永烈考高中的准考证（2）

解放初叫“市中”——“温州市立中学”。随着温州中学的增加，“温中”——“浙江省立温州中学”改名为“温州第一中学”，“市中”也就改名为“温州第二中学”。

一进温州二中，老师就教我唱校歌。校歌的歌词是语文教学研究组写的，王公望先生作曲：

从新时代的火焰里，
在瓯海的滨岸上，
跃起了我们的学校，
开展啊！
我们崭新的工作，
开展啊！
我们崭新的学习，
我们要做新社会的基石，
师生团结，
发扬优良的传统，
在灿烂的阳光下，
举起毛泽东的旗帜。

就名声而言，温州二中逊于温州一中。其实，温州二中的师资力量也很强，冯坚先生便是一例。他从浙江大学史地系毕业，来教我们的历史课，当然是很不错的。

语文课也深深吸引着我。

中学的语文课本，可以说是短篇优秀文学作品荟萃。从初一到高三，12 册语文课本，汇成了一条文学长廊。从《诗经》到《孔雀东南飞》，从《多收了三五斗》到《小二黑结婚》，从《伊索寓言》到《海燕之歌》，我“结识”李白、杜甫、施耐庵、屈原，我“结识”鲁迅、郭沫若、叶圣陶、赵树理，我“结识”高尔基、安徒生、契诃夫，最初就在语文课上。领我步入文学殿堂的，就是语文老师。我的文学启蒙，就是语文课。

新学期伊始，每当领到散发着油墨香味的新课本，刚刚用画报纸包好封皮，我就贪婪地打开语文课本，从第一课一直看到最后一课。我读得津津有味，只是时时遇上“拦路虎”，特别是那些古文、古诗词。终于盼来语文课，老师解疑释惑，讲得头头是道，使我战胜了“拦路虎”，读懂了，读通了。

老师常常要我们背课文。少年时，脑子似海绵，最容易吸收知识的滋养。一课一课地背诵，把一篇又一篇文学名著，刀刻钢铸一般，深深印在脑海中。如今我在写作时，好诗妙词常常会在脑海里不知不觉地蹦出来，从笔端流出来。细细一查究，这些贮存在记忆仓库里的文学“地址码”，有不少是当年背语文课文时“输入”的。

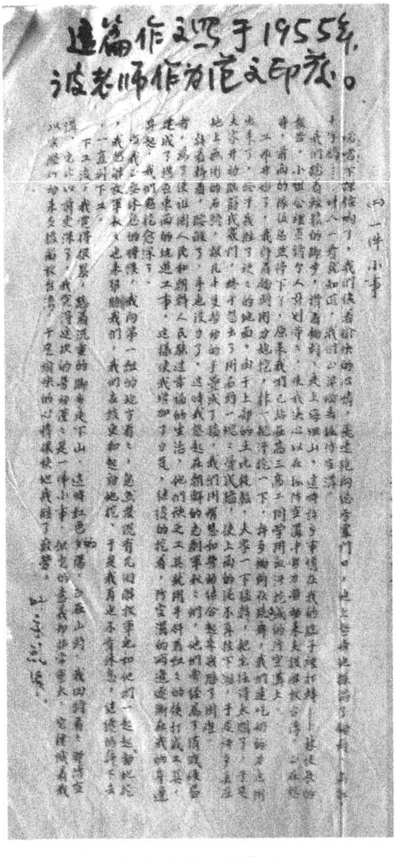
这篇作文写于1955年，被老师作为范文印发。

叶永烈高中被油印的作文

上高二的时候，教我语文的是资深的游止水老师。每当游止水老师弓着腰，出现在讲台上，我便聚精会神地听他讲课。

我记得，有一回上语文课时，老师忽地发下一篇油印的作文，题目是《一件小事》，而作者竟是我。那是我记述在海坦山上挖防空洞的作文，竟被老师看中，印发全班，给了我莫大的鼓舞。我至今仍保存着这篇用蓝色油墨油印的作文：

当！当！下课钟响了，我们怀着愉快的心情，飞速跑向总务处门口，地上整齐地摆满了锄头，扁担，十字镐……叫人一看就知道，我们正准备去掘防空壕。

我们踏着轻松的脚步，背着锄头，走上海坦山。这时许多事情在我的脑子里打转——林校长的报告，小组会里宣读个人计划等等，使我决心以在掘防空沟中努力劳动来表示自己的实际行动。心在想时，前面的队伍忽然停下了，原来我们已站在高三高二同学用血汗挖成的防空沟上。

工作开始了，我拿着锄头用力地挖，抹一把汗挖一下，许多锄头在跳舞，我们连吃奶的力也用出来了，终于战胜了硬硬的地面。由于上部的土比较松，大家一下猛干，把它掘得太阔了。于是大家开始动脑筋找窍门，终于想出了用石头一块块垒成墙，使上面的泥不再往下溜，于是许多丢在地上无用的石头，被几十双劳动的手垒成了墙，我们用智慧和劳动结合起来战胜了困难。

干着，干着，腰酸了，手也没力了。这时我想起在朝鲜的志愿军叔叔们，他们曾经为了消灭侵略者，为了使祖国人民和朝鲜人民能过幸福的生活，他们缺乏工具就用手拿着红红的铁打成工具，建成了横亘东西的坑道工事。这样，我增加了力气，继续挖着，空沟的两边逐渐在我的身边升起，我们越挖越深了。

当我正要休息的时候，我向第一组的地方看看，忽然发现有几个解放军也和他们一起起劲地挖，我想解放军叔叔也来帮助我们，我们应该更加起劲地挖。于是我再也不肯休息，继续干下去，一直到下工。

下工后，我觉得很累，踏着沉重的脚步走下山，这时红色的夕阳，正在山头，我回头看着那防空沟，它比以前更深了，我觉得这次的劳动仅仅是一件小事，但它的意义却非常重大……

文学的种子，最初就这样悄然撒进我的心田。

那时，金江老师教丙班的语文，没有直接教我。不过，我常在报纸上读到他的寓言作品。我的同班同学林冠夫、陈继达、唐德光，受他影响，也写寓言，在报上发表。我同样受到感染，模仿他，写了一本寓言集，开始在文学殿堂的大门前探头探脑。

我的班主任是瘦削而热情奔放的苏权老师。也真巧，他姓苏，教的是苏联的俄语。在他的倡导下，我们班跟苏联的奥列格学校取得联系，我们班也就命名为“奥列格班”。每当我们穿着奥列格班的紫红色背心，听着苏老师念着来自苏联的用紫色墨水写的信，我们大大提高了学习外语的兴趣。

在所有的老师之中，我最为毕恭毕敬的要算是施振声老师了。这倒并不因为他是工会主席、副校长，而是因为他跟我有点亲戚关系——表姐夫。所以，我听他的代数课，格外认真。记得我的代数成绩，除了有一回 99 分之外，全是 100 分。这倒并不意味着我喜爱数学，却是生怕在表姐夫面前丢了“面子”。不过，这么一来，使喜爱文史的我，在高中时也打下很扎实的理科基础。

在我的同班同学之中，像林冠夫、陈继达，在当时便显露出文学才华，都曾在《温州日报》上发表作品。

林冠夫后来考上上海复旦大学中文系，成为“红学专家”，曾经担任红楼梦研究所所长。

陈继达是班上的语文课代表。后来，他在温州楠溪江动人山水的熏陶下，写了200多首诗和数十篇散文。他把这些作品结成集子《山水·人生》一书，在他“年满花甲”之际印行。他请我为他写序。我开玩笑地说，这是历史课代表为语文课代表写序！

平生第一次采访

我平生的第一次采访，是在1955年9月，刚刚从高一升到高二的时候。

记得有一天，父亲的皮鞋坏了，请人来修。我正好已经放学回家，就端了一张板凳，坐在院子里看修鞋。

我发现，那修鞋的人竟一边修鞋，一边吃饼干。我感到奇怪，就跟修鞋的人聊了起来，这才知道那人生过胃病。

那人很健谈，一边修鞋，一边跟我说起了自己的身世。

那时候，我还不懂什么叫采访。这一次，我跟修皮鞋的人的交谈，可以说是我平生进行的第一次采访。那修皮鞋的人所讲的身世，曲折动人，深深吸引了我。

不久，我写出了作文《修皮鞋的人》，受到老师的称赞，说文章“真实感人”。

我从这次“采访”中体会到，“多听、多看”，留心生活中发生的种种事情，就会使作文“真实感人”。

这篇作文《修皮鞋的人》的原稿，我迄今仍保存着。下面便是原文：

温州医院手术室里，灯光照得像白天一样明亮。大夫和护士们忙碌地来来往往，准备给修皮鞋的工人周阿兴动手术。

在手术台上，阿兴安静地躺着。可是，心却在扑通扑通地跳着。他很发愁：胃病已经有八年多了。这次开刀，不知道会不会医好？假使刀开不好，血淌出来止不了，那怎么办呢……

这时，护士给他注射麻醉针，他渐渐失去了知觉……

清晨，旭日东升，阳光穿过云朵把红色的光芒照在白色病床上。周阿兴清醒了。他睁开眼一看，不知道什么时候抬回了病房。他立即想到了肚子，用手去摸。但身体软绵绵，四肢无力，又昏过去了。

他忽然被一阵谈话的声音惊醒，他一听就知道是他的妻子黄永妹来看他。她是一个身体坚实、个子不高的农村妇女。在新中国成立前，他们住在温州郊区的水心村，家里很穷，租了二亩地种，永妹整天忙于农事和家务，阿兴到城里替别人修皮鞋。虽然夫妻每天早起晚睡，勤恳地劳动，但只能够勉强地一家糊口，养活两个孩子。阿兴吃完早饭就挑起担子到城里去，很迟才回家。他自己带了小锅子，中午，架起火，买些黄瓜加些盐当菜吃。后来，阿兴生了胃病，三天两头病，饭吃不进，时常吐清水，人瘦得像一条篾（注：这是温州土话，篾是用来编竹器的细竹条，形容瘦），担子挑不动，不能修皮鞋。因此，家里更加困难，弄得日无逗鸡之米，夜无鼠耗之粮，一天只能吃两顿稀饭。两个孩子常常扯着妈妈的衣角，吵着要饭吃。阿兴心里像火烧一样难过，双眉紧锁，只得硬撑着去修皮鞋，走起路来摇摇摆摆，没有一点力气，只希望胃病早些自己好起来。他瘦嶙嶙的，有时跪在那些阔人们的面前擦着皮鞋，皮鞋擦得发亮了，他的眼睛里也冒出了金星！他没有钱去医病，只得一个人长吁短叹，有时跟隔壁张大伯谈天解闷。

苦难的日子终于过去了。在 1949 年 5 月，一队穿着蓝色制服、戴着浅灰色帽子的浙南游击纵队开进了村，解放了他的家乡。阿兴从床上挣起（注：“挣起”是温州土话，撑起的意思），伏在紧闭着的门的后面，从门缝里看到了这些从来没有见过的军队。可是，他不敢开门。等队伍走了之后，这才提心吊胆地来到隔壁张大伯家里打听消息。张大伯告诉他，这些军队待人很和气，很有礼貌。他听了虽然还很不放心，但比以前好得多了。

土改时，他家分到二亩地，不要缴租，生活比以前好得多了。可是，他的胃病却时常发作，而且比以前更加厉害了。永妹在村里工作很积极，时常不在家，家里时常乱七八糟，他自己病倒在床上，煮饭（注：温州话称烧饭为“煮饭”）要靠永妹。她时常不在家，在外面白跑腿，他可不喜欢。

不久，他的胃病发作得更加厉害了，饭吃不进，人又黄又瘦。永妹到温州医院打听了一下，要医好阿兴的病要用一百多万元（注：旧人民币，即现在的一百多元，下同），这叫他家怎么办到呢？永妹就去和村长商量，村长叫她写申请书到区里。结果，区里认为永妹工作很积极，而且阿兴病也很重，假使不马上医治，可能有生命危险。因此区里决定拨出一百万元给阿兴治病。阿兴自己拿出了十六万元，就送到温州医院治了……

这时，护士和永妹把他扶起来，背靠着枕头，他看见肚子上缠着雪白的绷带，上面还隐隐约约渗着紫红色的血。大夫走进来了，看见他已经清醒，便对他说："有一件事你能吃得消吗？我们把你倒挂在床上，这样，肌肉拉直，创口就容易愈合。不过，这是一件很难受的事情。"阿兴听到能够治好病，就点点头。

倒挂已经有三天了。在这三天中，时间好像有三年长一样。水米未沾牙，倒挂这苦头真够受，头眩晕，脑胀，口水流到鼻孔里，脚被缚得很酸痛。永妹整天坐在旁边守着，真替他难受。阿兴一心想把病医好，心一横，咬咬牙，也就熬过去了。

在第三天下午，大夫和护士把他放在床上。那时阿兴轻松极了。好像关在笼里的鸟儿放出来飞向自由的天空。他长长地吸了口气，脸上泛起了笑容。大夫检查了一下，告诉他，创口已经初步愈合，再住院二十多天，就可以出院。阿兴心里的千斤重担放下来了，轻松得好像要随风飘起来似的。

在出院的那天，永妹很早就来了，帮他收拾东西。大夫、护士们也都为他高兴。在临走时，阿兴拉着大夫的手不肯放，是他们把他从死中救活。他想，在新中国成立前，不要说住医院，就是吃草药也吃不起。现在，修皮鞋的穷人，也能够住在大医院中，医生、护士为他治好病。这在旧社会中简直是幻想，可是在新社会中成了现实。

从此，阿兴再也不怨永妹参加工作，自己身体也很强壮。

永妹工作得更积极。阿兴每天修皮鞋回来，有空就到田里。两个孩子也穿上了新衣裳。阿兴和永妹决定积累些钱买公债，支援国家建设。他们参加了互助组，从心里永远感激救命的恩人——共产党。

这篇《修皮鞋的人》，后来被收入中国国际广播出版社1992年出版的《中外中学生作文写作鉴赏辞典》。编者为这篇作文写了这样一段评语：

《修皮鞋的人》是当代作家叶永烈中学时的作文，写得很朴素生动。

一个修皮鞋的人，在温州解放初期，得到区政府一百万元的补助，得入温州医院开刀医治，使他患了八年之久的胃病得以痊愈，他和他一家人都非常感激共产党的救命之恩。作者清晰、从容地记述了这故事的全部过程，老修鞋工人周阿兴的老老实实的个性，写得很真实，没有一点夸张。

语言也带着乡土方言的特色。形容病人，说“瘦得像一条篾”！形容家境贫穷，说“日无逗鸡之米，夜无鼠耗之粮”。

又如：“他瘦嶙嶙的，有时跪在那些阔人们的面前擦着皮鞋，皮鞋擦得发亮了，他的眼睛也冒出了金星。”不仅笔下充满同情，而且以富于联想和对照之笔，使阔人皮鞋“发亮”的光和擦皮鞋人眼里冒出的“金星”之光，互相撞击在一起！

在故事的叙述上，作者以周阿兴住院开刀疗养的过程作主要的框架，而把他新中国成立前的劳苦贫病，新中国成立后对游击队的不放心，对妻子参加村里工作的埋怨情绪，以及后来区里拨款为他治病等情节都作为倒叙，插叙，先后穿插在住院的过程中，用笔很简练经济。

以上一切，出之于一个中学生的笔下，应该说是很不平凡的，很有写作才能的。

我手头还保存着高中一年级时写的另一篇作文——那是在暑假里，学校组织我们去温州附近的雁荡山旅游。那飞流而下的大泷湫瀑布，给我极深的印象，于是写下了《游泷湫》。如果说《修皮鞋的人》是我最早的纪实文学的话，那么这篇《游泷湫》则是最早的散文之一。

《游泷湫》全文如下：

晨曦未散，我们迎着朝霞，离开了北斗洞，走向令人向往已久的大泷湫。

一路上，只见崇山峻岭，陡岗峭壁，青山绿水，奇峰林立。我们如入山阴道上，目不暇给。如金鸡岩，犀牛望月，朝天鲤鱼，猿猴哭灵……胜景不胜枚举。

路程在悄悄地缩短，我们终于到达了大泷湫。我们仰首一望：只见一道瀑布宛如一条飞龙，从那高高的悬岩上直泻下来，势如万马奔腾，冲向下方一个浅绿色的潭子，激起了一团团浪花。起初汹涌澎湃，浪花渐渐扩大、减弱成细波回旋，而到了潭边悠然而逝。

我不竟看呆了，在潭边站了许久，深深地被这大自然之美，被祖国的锦绣河山所吸引。

直到时间老人不允许了，我们才依依不舍地告别了可爱的大泷湫。当我以后忆起它时不竟联想到这句名诗：

“欲写泷湫难下笔，不游雁荡是虚生。”

其实，我的作文也并不是篇篇都好。我也出过许多“洋相”。

有一次，老师出了《我的志愿》这样的作文题目。我信笔而写，说自己长大了想当将军。为什么呢？因为我很喜欢下陆军棋。老师在课堂上念了我的作文，惹得全班同学哄堂大笑。老师指出，我的志愿是可嘉许的，但是，当将军是为了保卫祖国，光是“喜欢下陆军棋”不行。我这才明白，什么叫做“思想性”。

还有一次，游止水老师出的题目是《书评》。当时，我刚读完苏联作家波列伏依的长篇小说《真正的人》，便写了《评〈真正的人〉》。那篇作文特别长，足足有四五千字。交上去后，我很得意，心想，这一回准会得到老师夸奖。出乎意外，我挨了老师的批评，说我作文哪里是“书评”，而是“抄书”！通篇只不过复述了《真正的人》的故事，没有“评”书。老师的指点，使我明白书评应该怎么写，应当如何“评”书。

好书伴我成长

上海东方电视台“青春波”节目摄制组曾到我家拍摄专访，话题是“成长之路”。

摄制组对我家几件“老古董”发生兴趣，拍了不少“特写”镜头。这些“老古董”倒颇有“来历”：我在“文化大革命”中，曾因“大毒草作者”而被抄家。1980年，组织上把一大包“抄家物资”发还给我。很偶然，里面竟然还夹着我中学时代的几个借书证——“温州市图书馆读者证”“温州市文化馆图书室借书证”“少年之家出入证”。其中，那张“温州市文化馆图书室借书证”上有借书记录，从1956年7月31日至8月29日暑假期间，我共去该馆借书15次，差不多两天去借一次!

我从小喜欢文学，喜欢读书，是个“小书虫”，是图书陪伴我成长。

我最早阅读的是两本图画书，一本是《人猿泰山》，一本是《鲁滨孙漂流记》。

这两本图画书，是我从父亲的书柜里找到的。父亲有好几个书柜，放着各种各样的书。这两本图画书浅显又有着有趣的图画，《人猿泰山》所描述的非洲森林，《鲁滨孙漂流记》所描述的荒岛生活，都是我闻所未闻，所以引起我强烈的阅读兴趣。

童年时期喜欢读《白雪公主》《卖火柴的小女孩》那样的童话。

我先是看家里的书。父亲有几书橱的书，让我看光了。我便到学校图书室、少年之家去借。后来，又向市图书馆等申请借书证。于是，我手中有好几个借书证。那时，温州市文化馆图书室在中山公园里，还不算远。从我家到九山湖畔的市图书馆，路上来回要走一小时。然而那里的书却像磁石一样吸引着我，使我不住地往那里跑，借回心爱的书。

那时，我最爱看小说。像《三国演义》《水浒》《西游记》，看了好几遍。我最喜欢《西游记》，作者那丰富的幻想力使我深为佩服。这样的古典名著，多读几遍是很有好处的：我第一次读的时候，被书里的故事情节吸引住了，读得很快，一口气看完，像走马观花，浮光掠影；第二次、第三次读的时候，所关心的不再是故事情节了，细细品尝，下马观花，这才真正读懂这些书。正因为这样，前几年我接到创作神话故事片《大闹天宫》剧本的任务，由于平日对《西游记》已经看得很熟，所以在很短的时间内就能完成剧本。

那时，我还爱看《把一切献给党》《普通一兵》《团的儿子》《表》《卓娅和舒拉的故事》《钢铁是怎样炼成的》……我很崇拜书中的英雄人物。有一次，我读《真正的人》，被“无脚飞将军”的英雄业绩深深感动，我写了一篇几千字的读后感，交给语文教师。不过，《真正的人》开头，用了很长的篇幅单纯描写森林里的景象，我看不下去，“跳”了过去——我喜欢读故事性强的作品。至今，我喜欢写故事性强、节奏快、富有悬念、可读性强的作品，这可能是小时候爱读这类作品的缘故吧。

那时，我也很爱读科普书籍。苏联科学文艺作家伊林写的许多科普作品，深深地吸引了我。

有一次，我借到一本翻得很旧的《科学家奋斗史话》，一口气把它看完，接着又看了一遍。我懂得了科学家不是天生的，而是“奋斗”出来的。我还读过《趣味物理学》《趣味几何学》。至今，我仍记得其中一些内容。比如，一个飞行员在驾驶飞机时，忽然感到脖子痒痒的，顺手一抓，抓住的竟是一颗子弹！这是因为敌人射来的子弹的方向、速度跟飞机差不多。这个有趣的故事使我明白什么叫“相对运动”。同样，读了“西瓜穿钢板”，我明白了西瓜能够穿过迎面飞驶而来的坦克的钢板，也是“相对运动”的缘故……我特别喜欢这些用文艺笔调写成的富有趣味的科普读物。

书，成为我永恒的朋友。迄今，我家有着几万册书，我坐拥书城，每日读书。我曾写下一篇题为《书的品格》的短文：

一辈子读书、写书，跟书是老朋友，熟知书的品格。

书略显矜持。书自恃是学问的宝库，如果你不去叩响门扉，书不理你。只有你主动前往拜访，书这才接待你。

书也有脾气。如果你对书三心两意，浅尝辄止，翻了几页就走，书就对你翻脸，什么也不愿告诉你。

书其实是热水瓶，外冷内热。一旦你跟书交上朋友，书会滔滔不绝向你讲述各种各样的故事，讲述五花八门的知识。

书也很挑剔。书喜欢那些青灯黄卷、潜心苦读的人，愿意与你长厮守，永相伴。书不喜欢那些内心浮躁、急功近利的人，称他们是“一夜情”“杯水主义”，做不得朋友。

书很真诚。只要你对书一片真心，书会对你倾其所知，毫无保留。

书是金子。不过这金子埋在沙中，无法一蹴而得。“千淘万漉虽辛苦，吹尽黄沙始到金。”书总是拿这句诗，奉劝每一位读者。

书不势利。不论你是在“苔痕上阶绿，草色入帘青”的刘禹锡的陋室，还是在“门虽设而常关”的陶渊明的田园，甚至是在“八月秋高风怒号，卷我屋上三重茅”的杜甫草庐，书都安贫若素，心情愉悦。

书最恨虚伪。在金碧辉煌的豪宅那红木书橱里，成排的烫金封面的书过着无人过问的清闲日子，虽然一尘不染，但是形同废纸。书再三声言，我不是装饰品，“绣花枕头稻草芯”，学问是“装”不出来的。

书也不喜欢盲从。书从来不以为书上写的“句句是真理”。书最不愿读者成为“书奴”。书希望读者从书中得到启示，超越前人，写出更新更好的书。在书看来，只有“后浪超前浪”，书才能进步，人类才能进步。

我爱书。我爱书的品格。日坐书城，读万卷书，成为我的最爱。书使我清醒，书使我明志，书使我博学，书使我睿智。掩卷沉思，在我的书房“沉思斋”里，写下这篇为书画像的短文《书的品格》。

不动笔墨不看书

我家的另一件“老古董”——我中学时代的读书笔记，这一回也被东方电视台逐页拍了不少“特写”镜头。这笔记本上，密密麻麻写满各种成语、歇后语、名诗、名句，光是成语就有上千条。那是因为我看书时，有个习惯，读到精彩处，就随手记在笔记本上。这对于提高我的写作水平，很有帮助。

我在上中学时，开始用小本本。我有许多小本本，除了记生活素材外，还有一个本本专门用来摘记名句、成语、歇后语、形容词，等等。我在课余读书时，把书中认为精彩的语句摘下来，日积月累，渐渐越积越多。一天，我得到一本精美的布面烫银的日记本，我忽发宏愿，要自己编一本名言俗语的摘抄本，将丰富的词汇、诗句集中起来，经常翻翻，对今后作文大有好处，这本笔记本便专门辑录。给它取个什么名字呢？想了好一会，取名“小辞源”。《辞源》词汇丰富，冠上一个“小”字，含涓涓细流的意思。

这本《小辞源》，其实也就是我自己编辑的《景物描写辞典》一类的书。那时候，买不到《景物描写辞典》那样的书，不过，通过自己的摘抄，印象更深。至今，我手头仍保存着这本《小辞源》，有时还要拿出来翻翻。

在这本《小辞源》的扉页上，我写道：“平字见奇，常字见险，陈字见新，朴字见色。”这四句话，道出了我自编《小辞源》的目的。

这本《小辞源》的目录如下：

一、名言，名诗，名词；

二、写景；

三、人物。

我摘录了成语1900多条，还抄录了谚语700多条，歇后语200多条。

我在《人物·性格》一类中，作了如下记录：

端方　沉静　颖慧　卑恭　粗戆　迂腐　率直　狂荡　谨慎

孤僻　虚伪　性灵警而严于举止　倨傲鲜腆　刚愎自用

洁身自好　博爱容众　老奸巨猾　仪度娴雅　气宇轩昂

英伟磊落　孤高超远　稳重和平　天真纯朴　趋炎附势

……

在《诗汇》中作如下摘录：

白蒙蒙的森林　五月蓝色之夜　簇叶瑟瑟　春风淡荡

涛声噌宏　激石哮吼　玉色鲜洁　娉婷招展

草长成茵　麦秀成浪　江水哀怨　白云舒卷

踯躅彷徨　云雀高歌　翠色可餐　烟雨莽苍

潸然泪下　一缕温馨　湖水澹澹……

在《名诗·名词》中，我摘录：

李白："一枝红艳露凝香，云雨巫山枉断肠。借问汉宫谁得似？可怜飞燕倚新妆。"

高适："旅馆寒灯独不眠，客心何事转凄然。故乡今夜思千里，霜鬓明朝又一年。"

王安石："春日春风有时好，春日春风有时恶。不得春风花不开，花开又被风吹落。"

项羽："力拔山兮气盖世，时不利兮骓不逝；骓不逝兮可奈何！虞兮虞

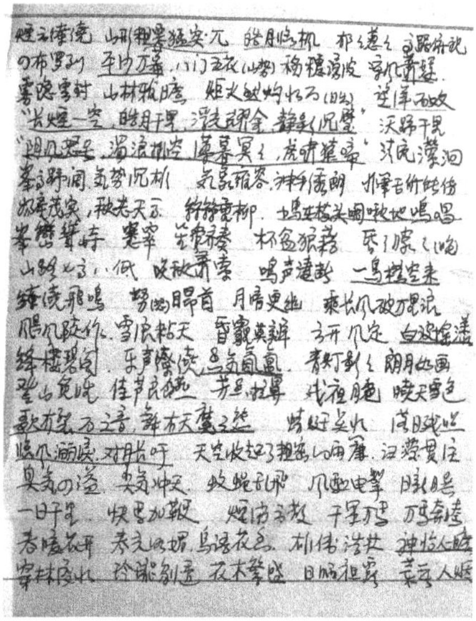

叶永烈中学时抄录的成语

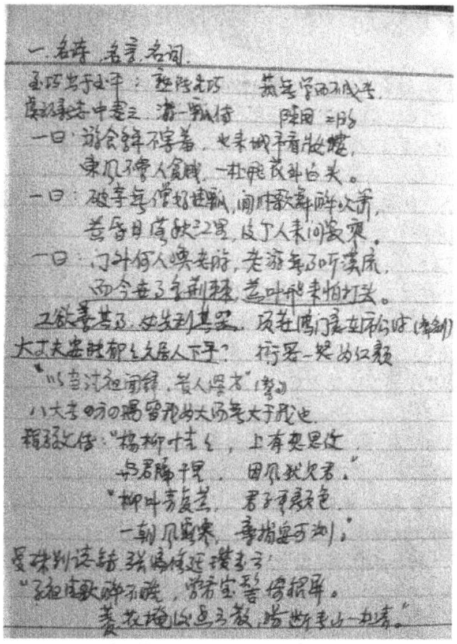

叶永烈中学时抄录的诗词

兮奈若何！”

无名氏：“春游芳草地，夏赏绿荷池，秋饮黄花酒，冬吟白雪诗。”

石天基：“忍耐好，忍耐好，忍耐二字真奇宝。一朝之忿不能忍，斗胜逞强祸不小。身家由此破，生命多难保。休逞财势结冤仇，后来要了不得了。让人一步有何妨，量大福大无烦恼。”

民歌：“阿哥有心妹有心，铁尺磨成绣花针。莫学灯笼千百眼，要学花烛一条心。”

民歌：“石上种竹石下阴，海底种松万丈深。八仙桌上放灯盏，只有添油不换心。”

……

我还抄摘了孔子、老子、孟子、庄子的许多名句，韩愈、苏东坡的文论，《红楼梦》中的警句及“好了歌”，等等。

我“寻章摘句”，在这本《小辞源》中，记下五六万字的名言、佳句、成语、口头禅。

我的《小辞源》还详尽地记叙了诗的韵律，五言律诗、七言律诗，五绝和七绝的格式，以及各种词牌的格式。

我居然对“然”字发生兴趣，研究起“然”的词意。这样，我在看书时，见到“然”的词汇，都摘了下来，记了100多条：

忽然，突然，毅然，决然，怅然，油然，陡然，了然，猛然，奄然，怆然，矍然，泫然，轩然，忝然，秩然，尽然，澹然，惴惴然，潸然，翩然，岿然，凝然，罕然，冷然，洽然，郁然，纯然，蔼然，灿然，呼呼然，橐然，良然，砉然，憬然，愦然，穆然，嗒然，皎然，怃然，陶然，静然，靡然……

我也喜爱数、理、化

上高中的时候，我除了对文学、历史有着浓厚的兴趣之外，我也喜欢数、理、化以及生物学。

我的数学成绩很好。其中的原因倒不是我特别喜欢数学，而是教我高中代数课的施振声老师，乃我的表姐夫。所以我不敢懈怠，数学成绩在班上名列前茅，以免在表姐夫面前丢脸。何况表姐夫家离我家不远，他跟我的表姐沈佩瑜老师常来看望我的母亲，我不能不“努力”学好代数。曾经有一次，施振声老师对我母亲说，他在课堂里出了一道代数题，“阿烈”举手，在黑板上演算，用的方法出乎意料的简捷，连他都没有想到。这话传到父亲耳里，他表扬了我一番。

其实，早在上初中的时候，我就对数学中的“鸡兔同笼”（鸡兔同笼，共有30个头，88只脚。求笼中鸡兔各有多少只？）、“和尚分馒头”（100个和尚分100个馒头，大和尚1人分3个，小和尚3人分1个，正好分完。问大、小和尚各多少人？），极有兴趣。父亲见我喜爱数学，曾经请数学老教师陈大受先生在暑假里专门教我数学。

高中时的物理老师，是我同桌同学的姐夫，隔了一层。不过，我对于从比萨斜塔同时落下的木球、铁球哪个先着地之类的问题，也很感兴趣。尤其是我读了《趣味物理学》之后，更增加对于物理的兴趣。

不过，我最有兴味的是化学。教化学的管嗣康老师，每堂课差不多都表演化学实验，红色鲜花在神秘的液体里浸一下子，忽然变成蓝色的；一块金属片放进无色透明的酸液里，像炸油条似的气泡翻滚……在我看来，像变戏法似的。不过，戏法是假的，而化学变化却是真的。

我甚至自己动手玩起“化学变化”。

我用毛笔蘸了稀粥，在白纸上写了字。干了之后，我让小伙伴们看清楚，上面什么都没有。接着，我在家中喷DDT（滴滴涕，双对氯苯基三氯乙烷）的喷筒（那时候用DDT打蚊子）里，装了水，而在水里掺了碘酒。往白纸上一喷，纸上竟然出现蓝色的字！这就是我自己动手做的化学实验。

我接着做的化学实验，要复杂一些，那就是“晒蓝图”。

那时候，高中设有制图课。我从制图教科书里，看到如何自己制作蓝图的资料。那时候，还没有复印机，要复制建筑工程图纸，就要依靠“晒蓝图”来复制图纸。如今虽然“晒蓝图”早就成为历史，但是蓝图一词仍在使用，诸如人们常说的“未来的蓝图”，这蓝图就来自当年的“晒蓝图”。

我按照制图教科书上的配方，到化学用品公司买了柠檬酸铁铵和铁氰化钾。到了晚上，我把卧室的电灯泡用红领巾蒙上，按照重量1比5配成两种水溶液，分别装在两个棕色的玻璃瓶里。接着，我取出等量的柠檬酸铁铵溶液和铁氰化钾溶液在一个小杯子里混合，然后把这混合液用洗干净的毛笔均匀地涂在白纸上，晾干，裁成小方块，放入密闭的铁盒子（家中多余的空饼干盒子）里。

等到出太阳的日子，我悄然在卧室里打开铁盒，取出一张纸头，在涂药水的一面放上照相底片，上下用玻璃夹好，再用铁夹夹紧，放在阳光下晒10分钟左右。我回到卧室，把白纸放在清水里漂洗，这时白纸上就出现蓝色的照片！

其实，所谓“晒蓝图”，就是在半透明的纸上用墨汁画了建筑图，下面放着涂了柠檬酸铁铵和铁氰化钾的白纸，经过日晒（“晒蓝图”的晒就是这么来的），再用清水漂洗，就制成了蓝底白线的建筑图——蓝图。

我只是把“晒蓝图”改成晒照片而已。

我把自己晒制的蓝图给同学们看，同学们对我用“土办法”印制照片，非常惊讶。他们纷纷从家中拿来照相底片，要我帮助晒制蓝色的照片。我一口答应，免费为同学们晒制了许多照片。我甚至还用毛笔在玻璃上写字或者画上图案，把同学们的照片做成书签。

我迄今仍保存着当年晒制的蓝色照片。经过半个多世纪，蓝色照片依然非常清晰。

我后来还买了盐酸，往里放进旧电池的外壳（那时候电池的外壳是锌片），自己动手试制氢气……

通过自己动手一次次做化学实验，使我深爱化学。

17岁考取北京大学

1996年12月20日，我在北京京西宾馆出席中国作家协会第五次全国代表大会。代表中有不少是北京大学毕业的。校友们应母校之邀，回到了未名湖畔。

在校友座谈会上，大家一定要我发言，因为我属“稀有元素”——除了我之外，所有的代表都出自北京大学文科，唯我从北京大学理科“离经叛道”……

自从我成为专业作家之后，常常有人问我：“你当年为什么会考北京大学化学系？”

其实，按照我当时的意愿，我必定是考北京大学中文系的——尽管我当时理科的成绩也不错。

北京大学的大名，对于我来说，早已是如雷贯耳。不过，我却不敢奢望考入这座中国的最高学府。这是因为在我们温州这座海滨小城，很少有人能够考入北京大学。

给我以报考北京大学的勇气的，是我小时候下陆军棋的朋友——戈悟觉。他比我年长，1955年高中毕业，居然考取了北京大学中文系新闻专业！

这种“身边的榜样”，最富有蛊惑力。

因为我和戈悟觉是在同一座大楼里长大。他能够考上，难道我就不能考上？！

于是，我也决心报考北京大学中文系新闻专业。那时，“无冕之王”——记者，是我最向往的职业。

在我进入高三、进入高考的“冲刺”阶段时，忽然从戈悟觉那里传来“内幕”消息：北京大学中文系新闻专业今年只招50名新生，其中一半为从各报社来的调干生，所以名额极少，几乎是一个省只招一名！

我倒是有“自知之明”，自忖很难考上北京大学中文系新闻专业，但是我仍念念不忘报考北京大学。

由于我的姐姐是学化学的，她劝我报考化学系。好在我理科的成绩也不错，也就以第一志愿报考北京大学化学系！

我做出这样的决定，还有另一个原因：在我当时十分崇敬的作家之中，伊林是其中之一。

伊林是苏联著名的科学文艺作家。他写的《十万个为什么》《在你身边的事物》《五年计划的故事》等，曾经深深地吸引了我。我知道，他也是学化学的，大学毕业后他曾经担任化学工程师，但是他自幼喜爱文学，他把文学与科学结合起来，创作了大批科学文艺作品。

伊林成了我的榜样——报考化学系，也可以“曲线救国”，成为作家！

就这样，我竟一下子由文改理，改考北京大学化学系。我得益于在温州二中文理并重的教育，居然以第一志愿考上了北京大学化学系。

父亲听说我不考北京大学新闻专业，改考化学系，很高兴。他一直以为，当新闻记者政治风险很大，倒不如念化学好。父亲说了一句令我难忘的话：“念化学，将来做做雪花膏，做做肥皂，总有一碗饭吃！”

就大学考试而言，1957年是20世纪50年代最难考的一届。因为1957年招生名额少而当年考生多。我当时所在的班级中，有一半同学未能考取大学。相比而言，处于“大跃进”之中的1958年的高考，就比1957年好考得多。

记得在1957年夏日炎热的中午，我总眼巴巴在家门口等候绿衣人的到来。我心急似火，因为报考上海、杭州、南京等地大学的同学已经一个个接到录取通知书，而我望眼欲穿，却仍未盼到那姗姗来迟的信。倒是老师富有经验，说这是“吉兆”。他知道我第一志愿报考北京大学，便告诉我：“北京离温州远，北京大学的录取通知书，总是最晚才到的。你到现在还没有收到录取通知书，表明你被录取了！”

终于听见绿衣人一声：“中‘状元’啦！”我惊喜交集，从他手中接到了印着蓝色“北京大学”四个字的信封！

至今，我仍珍藏着那个信封。信封上印着“报名号175517”。信封上的“考生详细通讯地址”和“考生姓名”，都是我自己在报考时写上去的。

我的同班“诗友”唐德光名落孙山。我很为他的落第而痛惜，曾经写过一首诗安慰他。那首诗是随手写成的，给唐德光之后，我自己并未留有底稿，如今已经无法追寻。倒是唐德光回复我一首诗《答叶兄》，我一直保存着：

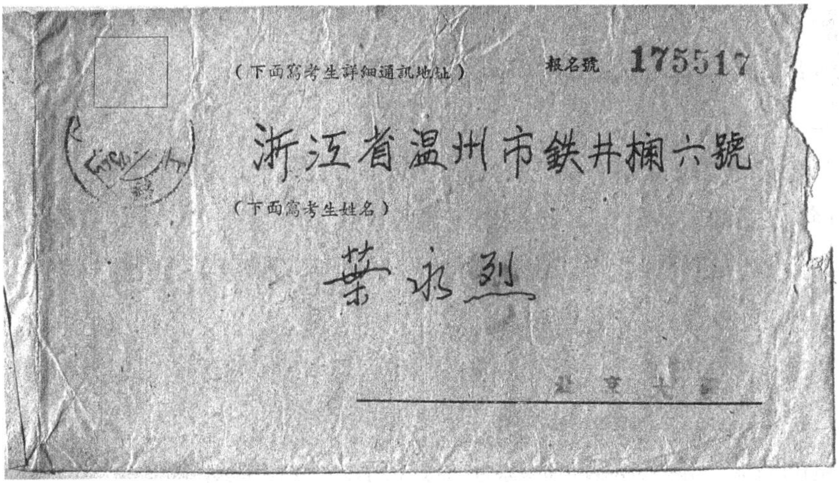

叶永烈在 1957 年收到的北京大学录取通知书的信封

谢叶兄

唐僧还是取经回来，
加仑布还是绕球一周回来，
蜀道虽难，栈道虽险，
仍然是可容行走！

遗憾的是世界上自古至今，
有多少个李白和杜甫，
有多少个普希金和莎士比亚，
有多少个高尔基和鲁迅……

有形的路好走，
有终的地好到，
唯独这创作之路，
茫茫无际，缥缈神怡……

叫这样而说：

我是在自卑，我是在自叹……
不，不……我的心吗？
心坚能把石咬烂。

啊，永烈，我的朋友！
在此际，当我在沉默的时候，
你能不吝惜给我火把，
这叫我永生难忘。

我不像眼红的尼姑，
恨漂亮的女郎有一头青云；
我不像晦气的狐狸，
硬说吃不到的葡萄是苦的。

有了失败才有成功，
我不信哪个天生注定就是作家。
天才就是勤奋，
百折百绕乃是我的决心。

你美好的理想，我深敬佩，
愿中国的伊林早日出现。
当我发表了第一篇作品时，
我总不会忘了通知你。

您的朋友 唐德光
拜首回上

作为少年好友，唐德光知道我当时的志向：即使没有考中文系，而是考化学系，也要从事写作。他知道我非常推崇伊林，要走伊林的道路，所以他的诗中有一句“愿中国的伊林早日出现”。2012 年 6 月，我飞往宁夏银川出席第 22 届全国书博会，在那里见到久别的高中同学唐德光。他当年没有考上大学，到宁夏银川工作了一辈子。

果真，我在北京大学化学系念了六年化学（当时实行六年制）之后，又毅然弃理从文，回归少年时代的最初爱好，把写作作为毕生的职业。我曾致力于科学文艺创作，努力成为“中国的伊林”。后来又转向纯文学写作，以至成为上海作家协会的专业作家。这充分表明，人生的初衷是何等的“顽强”！

第三章　**北大岁月**

北大六年，成为我一生中奋飞的起点。北大的图书馆，给了我丰富的知识滋养，也是我最初的“书房”。饮水思源，“源”在母校北大，“源”在北大的图书馆。

“阶级斗争”第一课

在接到北京大学入学通知书后的20多天，父母亲送我踏上了旅途。

17岁的我，平生第一次出远门，从温州前往北京。那时，唯一的通道是从温州坐长途汽车，前往金华，然后从金华乘火车到北京。

叶永烈（后左一）1957年考上北京大学时全家合影

那时候，温州的长途汽车是烧煤的。汽车“背”着一个炉子。在炉子里，煤变成煤气，煤气开动汽车。这种“老爷车”，常在半途出事，开不动。乘客们只得下车，看着司机用手摇杆摇着，好久好久才听见发动机一声轰鸣，大家欢呼着上车……从温州到金华，要开十几个小时。

本来，从温州是可以坐海轮到上海的。只是由于当年海峡两岸剑拔弩张，海路不安全，也就不通海轮。

当我背着沉重的行李从汽车站刚刚来到金华火车站前，猛然听见“呜”的一声尖叫，我竟扔下行李，奔到铁栅栏跟前，好奇地看着那乌黑、喘着气儿的铁家伙——我从未见过火车哪！

到了北京之后，却找不到自己托运的行李！过了好多天，我才接到通知，我的行李被误送到北京地质学院去了！

到了北京大学之后，我收到父亲写给我的第一封信。我至今保存着这封信。信封上写着：

北京市

北京大学第三十斋第三一二室

戈悟觉同学转

叶永烈同学亲启

浙江省温州市铁井栏第八号叶志超寄

1957 年 9 月 20 日发

父亲写的信封，把收信人、寄信人的地址，都写得清清楚楚，连发信的日期也写上。凡是地址上的数字前，总要加一个“第”，非常仔细。当时，我刚到北京大学，住址未定，所以信是寄到戈悟觉那里转的。

父亲在信中写道：

“烈儿：自你离温后，你在金华、在上海、在济南寄来的明信片均已收阅。九月十九日上午接你于九月十四日夜写的信，藉悉你沿途一切都好并安抵北京，业已晋校，家中大小欣喜若狂……”

父亲在信中提醒我：

“你今后写信封，必须将受信人及寄信人的地址、姓名详详细细写出，切勿如这次信封仅有‘北京大学十一斋叶寄’，今后必须写‘北京市北京大学OO斋OO室叶永烈’，这样写邮局拣信快万一寄不到，也可退回寄信人也，希留意。”

从那以后，我写信封，都注意把“受信人及寄信人的地址、姓名详详细细写出”。写信时，在信末也养成署年、月、日的习惯——后来，我才明白写明年份非常重要，不然过了好多年之后，就弄不明白那封信是什么时候写的。

父亲极为细心。载有我 11 岁发表那首小诗的报纸以及当时编辑写给我的信，是父亲替我保存，在我考上北京大学时，亲手交给我，嘱我好好保存。那篇报纸以及编辑给我的信，迄今我仍保存着。后来我能够找到恩师杨奔，就是靠那封保存多年的编辑写给我的信，根据笔迹查出是杨奔老师写的。

我也珍惜父亲写给我的信，迄今仍保存着，而且装订成册，以作永久的纪念。

受父亲的影响，我养成这种细心的习惯，使我终生受益无穷，特别是我从事写作，尤其是纪实文学创作，资料的保存是极为重要的。1999 年 8 月，我在出席少年儿童出版社《十万个为什么》新世纪版开机仪式时，我告诉少年儿童出版社编辑，我手头存有近 40 年前《十万个为什么》首次出版时种种报道的剪报资料，使他们大为惊讶——因为就连他们出版社也没有这些资料！

在北京大学学习时的叶永烈

我憧憬中的北京大学，像童话世界般纯真，如神话世界般奇丽，那是“国之花”，那是精英大本营。然而，我打开那企盼已久的信封，发现除了入学通知书之外，还有共青团北京大学委员会和北京大学学生会共同致新生的一封信。

信是这么写的：

亲爱的叶永烈同志：

热诚地祝贺你考取了北京大学，衷心地欢迎你加入我们的战斗行列！让我们为北大这一拥有一万多名师生员工融乐的大家庭来到了新的弟妹而高兴，让我们为祖国增加了又一批未来的红色科学工作者和光荣的人民教师而欢呼吧！

战友们、弟妹们：当你报考北京大学的时候，首先你一定想到，北大在中国的历史上已走过了五十九年的光荣途程，北大与“五四”运动，与李大钊、毛泽东等伟大的名字有着血肉的联系。你的亲友和同志们更多地了解北大的人，也许还向你描绘过北大未名湖的湖光塔影，垂柳依依，向你介绍过北大图书馆的藏书一百八十万册，占据全国第二位。

意想不到，这信在“但是”之后，充满了火药味！

信继续这么写道：

但是，我们也要告诉你，北大紧张的学习和某些物质条件的缺乏有待你本着新中国主人翁的精神去克服困难。我们更要请你牢牢记住！你是在我们祖国第一个五年计划即将胜利完成、第二个五年计划即将开始的时刻，是在我国政治上思想上的社会主义革命高潮中进入北大的。祖国的社会主义建设需要成千上万具有高度政治觉悟的德才兼备的干部，社会主义革命要求我们有坚定的工人阶级立场和全心全意为人民服务的决心。

这次反右派的斗争更向我们敲起警钟，社会主义革命的大风浪将无情地冲走一切经不住考验的人，人民的社会主义大学绝不培养只图个人名利、不管祖国命运的个人主义者和只钻业务不问政治的蛀书虫。这一切你们也一定会有同样体会的。

关于北大的反右派斗争的情况，想你一定知道不少了。在北大，这一斗争是尖锐的、复杂的，过去三个月的变化比以往三年还大。尽管少数右派分子——北大的败类曾一度盗用过“五四”争取民主自由、争取思想解放的旗帜，妄想给北大光辉的校誉蒙上一层灰暗的阴影……

说实在的，幼稚单纯的17岁的我，之前正全力以赴忙于高考，并不知道北京大学“反右派斗争”的“盛况”。所以，这封信中的“火药味”，我全然无法体会。

一进北大校门，第一课便是“阶级斗争课”——斗争“右派分子”！

于是，我们这些天真烂漫的新生，参加了斗争物理系“右派分子”谭天荣的大会，参加了斗争中文系“右派分子”沈泽宜的大会……

过了好多年我才明白“1957年下半年”——也就是我进入北大的时候，意味着什么。1988年6月22日，邓小平在会见埃塞俄比亚总统门格斯图时说：

“‘文化大革命’十年浩劫，中国吃了苦头。中国吃了苦头不只这十年，这以前，从1957年下半年开始，我们就犯了‘左’的错误。”[1]

[1]《邓小平文选》第三卷，第269页。

入学时，北大化学系是五年制。后来，国务院副总理陆定一提倡造就“金字塔”型人才，即增大“底座”，加强基础知识，要求北大理科、清华工科延长一年，改为六年制。所以，在邓小平所说“犯了‘左’的错误”的时候，我在北大度过了六年，经历了一系列政治运动：从1957年的“反右派运动”，到1958年的“大跃进运动”“大炼钢铁运动”，接着1959年又开始“反右倾运动”和反对“白专道路”的“拔白旗”运动，然后经历了“三年自然灾害”，又经历了“反对现代修正主义运动”。在毕业的时候，还突然发生了在毕业生中“揪反动学生”的事件，同班的几位同学被送去劳动教养……

我在北京大学所上的第一课——“反右派斗争”，这堂“阶级斗争”课给我留下深刻的印象，促使我在30多年后写下了70万字的纪实长篇《反右派始末》……

傅鹰领我步入化学之门

在北京大学的同年级同学之中，我是年纪最小的一个。这是由于我5岁就上小学，初中又跳级，所以在17岁考入北京大学。我的同学之中，大都比我大两岁、一岁，也有大七八岁以至十几岁。年纪偏大的同学，大都是没有经过考试的调干生（即工作了一段时间被组织保送入学的干部，大多数是中共党员，但是往往成绩较差）；也有的是留苏预备生，因中苏关系恶化无法去苏联留学，这些同学之中很多是中共党员，而且学业也不错。

傅鹰教授

记得在1957年，我刚入北京大学化学系，一年级的普通化学课程便是傅鹰先生亲自讲授。上第一堂课时，铃声响了，教室里鸦雀无声。这时一个中等身材、微胖、戴着眼镜的老人，踱着八字方步走上讲台。他一声不响，拿起粉笔，在黑板上写了这么几个字：“绪论——化学的重要性”。

写完他回过头来，这才用北京口音说道："关于化学的重要性，就不讲了。因为在座的诸位，都是以第一志愿报考北京大学化学系的，都是深知化学的重要性才来到这儿的，所以用不着我多讲。下面，我就开始讲第一章……"

傅鹰先生就是这样，在教学上很注意抓重点，抓难点，详略分明。凡是学生容易懂的或已经懂的，一笔带过，叫学生自己去看看讲义就行了；凡是学生不容易懂的概念、公式、定律，他就反复讲、详细讲。他老是爱讲这句话："学化学，不能胡子眉毛一把抓，要记住牵牛要牵牛鼻子，抓住关键。"

傅鹰先生讲话饶有趣味，学生爱听，课堂上常常爆发出一阵阵笑声。记得有一次上课之前，傅鹰先生在黑板上写了"爱死鸡，不义儿"六个大字。同学们见了，议论纷纷，不知道傅鹰先生今天要讲什么。后来，经傅鹰先生一讲，这才明白过来：在最近的考试中，他发现好多同学写外国科学家的名字时很随便，爱怎么译就怎么译，以为只要音近就可以了。傅鹰先生说到这里，指着黑板上的六个字，问大家知道不知道。原来，他仿照同学们乱译人名，把我国著名哲学家艾思奇说成"爱死鸡"，把英国著名化学家波义耳译为"不义儿"。直到这时，同学们才恍然大悟，笑个不停。从此，我们都深刻地懂得了乱译人名的坏处，记住人名的标准译法，并且遵照傅鹰先生的意见，一定要同时记住外国科学家名字的原文。

傅鹰先生讲课时，概念讲得非常清楚，善于用非常形象、浅显、明了的语言，讲明抽象的科学概念。比如，他讲什么是物质时，是这么说的："化学既然是物质的科学，第一个问题当然是：什么是物质？这个问题似乎很简单，实际上却非常复杂。物质的定义几乎和女子的服装一样，可以有多种多样的。我们没有工夫去叙述这个概念的历史。化学是一种实验的科学，因此我们从实验的观点给物质下一个定义：凡是有重量的东西就是物质。根据这个定义，思想、道德、感情等等全不是物质，而钢铁、石油、馒头、肥料等才是物质。"正因为傅鹰先生讲课条理清晰，深入浅出，所以使我们得益不少。

普通化学是一门基础课。傅鹰先生讲课时，除了讲述基础知识之外，还常常讲在这门科学中，哪些问题现在还没搞清楚，需要进一步研究。他讲完了这些科学的"X"之后，就用目光扫了一下课堂，然后语重心长地说："解决这些难题的重担，落在你们这一代的肩上了。"他在讲义中，也多处写道："这些难题，有待于新中国的青年化学家们努力呵！"后来，傅鹰先生对青年一代的这些热切期望，竟被说成是“腐蚀青年”“鼓动青年成名成家”，真是颠倒黑白！其实，像他这样国内知名的教授、中国科学院学部委员（即今日的院士），愿亲自给大学一年级的学生上基础课，正是体现出他对青年一代的殷切期望。

傅鹰先生除了上大课之外，有时还亲自上习题课，或到实验室里观看同学们做实验。有一次，我在做实验时，把坩埚钳头朝下放在桌上，傅鹰先生走过来，一句话也不讲，把钳子啪的一声翻过来，钳头朝上，然后只问我三个字：“为什么？”我想了一下，说道：“钳头朝下，放在桌面上，容易沾上脏东西。再且坩埚钳夹坩埚时，脏东西就容易落进坩埚，影响实验。”他点点头，笑了，走开了。虽然这次他只问我三个字，却给我留下深刻的印象。从此，我不论做什么实验，总是养成把坩埚、坩埚盖之类朝上放在桌上的习惯。后来，我就连烧菜的时候，取下锅盖，也总是朝上放在桌子上。

还有一次，我闹了个笑话：那时我刚进校不久，听别人喊傅鹰为“傅教授”，误以为他是“副教授”。这个笑话传到傅鹰先生耳中，他毫不介意，笑着说：“我姓傅，永远是副教授、副校长，转不了正！”

整整一年，傅鹰先生给我们教普通化学。作为一级教授、中国科学院学部委员，由他执教普通化学，小菜一碟而已，可是他竟常常备课到夜深。那时，他住在中关村。他的夫人张锦教授也是我们的教师。有一次劳动，分配我给傅先生家送煤，我来到他家。在我的想象中，教授之家一定富丽堂皇，而傅先生的家却那样的朴素。

傅鹰先生除了那直爽、敢言、刚正、乐观、谦逊的精神值得我们学习之外，从教育学的角度来看，他的教学方法也有许多值得学习、探讨的。傅鹰先生不仅科学造诣很深，而且文学修养很好。他那别具一格的教学方法，正是他知识渊博、工作勤恳的体现。

傅先生心直口快，在1957年便差一点成为“右派”。毛泽东亲口御批傅鹰是“中间偏右”的典型，总算使他免于苦难。1958年“拔白旗”时，傅鹰再度成为批判的对象。北大校刊上登载批判傅鹰的文章，那标题我迄今还记得：《白旗晃动，贻害无穷》！……

1979年11月，当我去北京出席第四届文代会时，全国政协严昭[1]知道我是

[1] 严昭是陆定一副总理夫人严慰冰的胞妹。

傅鹰先生的学生，约我为两个月前刚刚去世的傅鹰先生写报告文学。我拿着全国政协的介绍信来到母校，却没有用过那张介绍信，因为所采访的张青莲教授、唐有琪教授、黄子卿教授等，都是我的老师，用不着“介绍”。他们异口同声称赞傅先生的最大特点：敢说真话！

傅鹰的正直，连毛泽东主席都十分赞赏，称他的讲话“尖锐”而又是“善意”的。

可是，也正因为他敢说真话，在北大成为历次政治运动冲击的对象，尤其是“文化大革命”。他被斗得死去活来，依然直言不讳。在周恩来总理去世时，“上头”派人了解傅鹰的动向。傅先生对来人说：“总理的逝世，损失不亚于斯大林。我担心总理死后，会天下大乱！”傅先生的话，被飞快地汇报上去。“上头”问：“傅鹰所讲‘天下大乱’是什么意思？”那人又跑到傅鹰先生家里，傅鹰先生直截了当答曰：“天下大乱，这还不明白？邓小平旁边有了张春桥，张是要闯乱子的！”……

我怀着对傅鹰先生的崇敬之情，写了报告文学《敢说真话的人》，1980 年第 5 期《新华文摘》当即全文转载，因为傅鹰先生的直道而行的品格，确实感人至深。

化学系是“动手派”

在北京大学的那些日子里，只要看一下我的裤脚管，就知道是化学系的学生，因为那时候我几乎没有一条长裤的裤脚管上不是布满小洞的。化学是一门实验性科学，化学系的学生们成天泡在实验室里，跟酸呀、碱呀打交道，一不小心，酸液、碱液就在我的裤脚管上留下“印章”——一个个小洞孔。

如今，很多人都以为我是北京大学中文系的毕业生，而我却一直难忘在那座充满各种怪味的化学楼里度过的日日夜夜。

我在采访我的同乡、著名数学家苏步青教授的时候，曾经问及，为什么温州出了那么多的数学家——世界上有 20 多个大学的数学系系主任是温州人。苏老回答说：“学物理、化学，离不开实验室，而学数学只需要一支笔，一张纸。那时候温州太穷，所以我们只能选择学习数学。”

叶永烈在北京大学做化学实验

确实，实验室是化学的阵地。一进化学系，老师就教我做化学实验的技巧。比如，用煤气喷灯烧弯玻璃管而保持弯角的圆滑，用空心钻在厚厚的橡皮塞上打出又平又直的圆孔，诸如此类都是化学系学生的基本功。后来，我在五年级进入光谱分析专业，必须用车床在碳电极上车出平整的圆坑，要在暗房里熟练地把谱片进行显影、定影。可以说，化学系的学生必须是"动手派"。

大约是受到化学系这种"动手派"训练的影响，我的"动手"能力从此大为提高。不久前，朋友见到我拿着电钻在墙上钻孔，看到家中的三个水斗以及自来水管之类都是我自己安装时，脸上露出惊讶神色，我说："我是化学系毕业的呀。"至于电脑的修理、自己安装电脑的操作系统之类，同样是"动手派"的成果。

化学实验室里辟有专门的天平室。所有的天平都安装在坚实的大理石桌面上，即便汽车从化学楼附近驶过也不致使天平抖动。每架天平都安放在一个玻璃柜里，使用时只拉开一扇玻璃。我总是屏着呼吸秤样品，以免吸气、呼气使天平晃动。1958 年"大炼钢铁"的时候，各地急需一批化验员，以分析铁矿石的含铁量、煤的含硫量。化学系师生奉命前往各地举办化验员训练班。才念二年级的我被派到湖南去。在山区、在农村，哪里买得起高精度天平？"动手派"出奇招，想出巧办法，用一根钢丝就解决了问题：先在钢丝的一端挂了一块砝码，弯曲到一定的程度，画好记号。然后把样品挂上去，同样弯到那个记号，就表明样品的重量跟砝码的重量相等。如此低廉简易的工具，精确度并不低于化学楼里那些昂贵的天平。

北大注重给学生打下扎实的学业基础。按照当时的化学系学制，前三年学化学基础课，四至五年级学专业课，六年级做毕业论文。

化学基础课有微分学，积分学，解析几何，概率论，普通物理，普通化学，分析化学，有机化学，物理化学，结晶化学，物质结构，高分子化学，化学工艺学，无线电基础，放射化学。

四年级时，我分在分析化学专业。分析化学专业课有电容量分析，极谱分析，稀有元素分析，有机试剂，光度分析，仪器技术，化学分析法。

另外，还有公共基础课——俄语，英语，中共党史，自然辩证法，政治经济学。

总共30门课程，我全部考试及格。

上了两年专业课之后，在六年级那一年做毕业论文。

尽管毕业之后我"背叛"了化学，但是严格的科学训练使我在文学创作中受益匪浅。我的采访、对于种种史料的查证、辨伪功夫以及对于众多资料的井井有条的管理，便得益于北京大学化学系的科学训练。

尽管此后我的创作转向小说、散文和当代重大政治题材的长篇纪实文学，化学仍给我以启示，以帮助。

当代文学是与现代科学紧密相关的。六年的化学熏陶，使我在文学创作中遭遇科学问题的时候迎刃而解。

在美国硅谷采访的时候，有人问起港台为什么称之为"矽谷"？我作了关于"硅"与"矽"的"化学说明"：

> 硅是一种化学元素的名称，即"Si"。在化学上，凡是金属元素都写成"金"字旁（例外的是汞），而硅写成"石"字旁，表明是非金属元素。硅在地壳中的含量，仅次于氧，占地壳总重量的26%。我们脚下的大地的重要成分便是硅的化合物——二氧化硅。石英，就是很纯净的二氧化硅。从二氧化硅中可以提取纯硅。纯硅是钢灰色的八面晶体。纯硅晶体切成薄片，便称"硅片"。如今各种集成电路，其实就是用硅片做成的。正因为这样，硅成为高科技的"主角"。
>
> 硅的中文名字，原本命名为矽。1953年，中国科学院决定把"矽"改称为"硅"，原因是"矽"与另一化学元素"锡"同音。这一改称，应当说是很正确的。这么一来，在上化学课上，老师原本说到"二氧化矽"，跟"二氧化锡"分不清楚，必须在黑板上写一下，学生才明白。改称之后，"二氧化硅""二氧化锡"不同音，也就没有那样的麻烦了。
>
> 然而，台湾不改，尽管他们也知道把"矽"改称为"硅"是正确的——这诚如简体字比繁体字书写要方便得多，中国大陆采用简体字，台湾仍沿用

繁体字。那时候的香港，沿袭台湾的习惯，所以在香港也仍称“矽”。

“硅谷”与“矽谷”的差异，也就是这么来的。

倘若不是毕业于北京大学化学系，我也就不会讲出这么一番“化学道理”。

在北京自来水公司采访时，参观那里的水质化验室。我一进门，就认出眼前的一台仪器是极谱仪，使接待方感到吃惊。他们知道我是“化学出身”，于是在谈论自来水杂质的含量“PPM”（即百万分之一，亦即10的负6次方）之类的时候，就用不着向我作解释了。

同样，近年来的种种新闻，诸如关于红心鸭蛋的“苏丹红”，导致俄罗斯间谍利特维年科之死的“钋”，美国查出中国多种牙膏的“二甘醇”过量，还有什么“硒含量”“锌含量”“铝含量”等，我一下子就能明白。我非常关注俄罗斯间谍利特维年科之死，酝酿着以这一扑朔迷离的事件在“钋”的背景中展开，写一部长篇小说。不言而喻，倘若我不是出身化学，也许就不会着手这样充满化学氛围的间谍小说的创作。

当然，我也有不明白的时候：理发店张贴的“负离子烫发”“游离子烫发”之类，令我百思不解。在我看来，那只是挟化学之“高深”来“蒙”顾客的一种商业手段而已。

写诗“发烧友”

阴差阳错，酷爱文学的我，进入那幢空气中弥漫着酸味、酒精味、乙醚味、硫化氢臭味以及种种怪味儿的化学楼。

我“身在曹营心在汉”。手持试管的我，向往对过那座文史楼。

刚刚进入北京大学两三个月，我就在1957年12月22日《北大校刊》上，发表了一首小诗《踏雪飞奔》，标明“化一（四）叶永烈”：

透过玻璃，穿过晨雾，
我看见在白茫茫的雪地里，
一个黑点在移动，

时而擦过我的窗前。

我揉了揉蒙眬的双眼，
一骨碌翻身下地，
一看窗上的冰花，
迟疑地倒退了一步，
再一看冰花上移动着的黑点，
一股力量在心上跳动。

活动了一下身体，
毅然地冲出暖热的寝室，
迎着凛冽的朔风，
呼呼地踏雪飞奔……

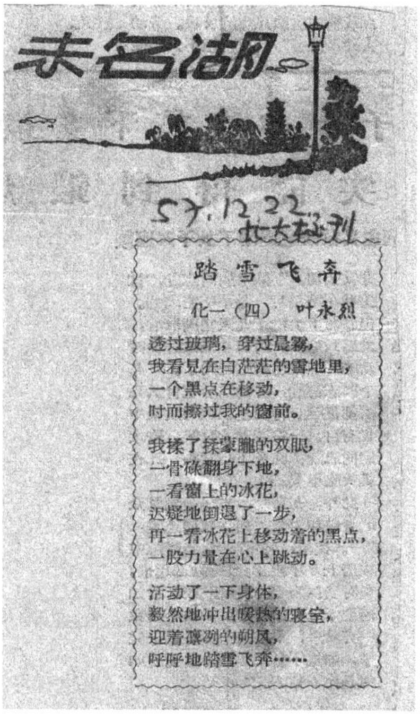
未名湖

57.12.22 北大校刊

踏雪飞奔

化一（四） 叶永烈

透过玻璃，穿过晨雾，
我看见在白茫茫的雪地里，
一个黑点在移动，
时而擦过我的窗前。

我揉了揉蒙眬的双眼，
一骨碌翻身下地，
一看窗上的冰花，
迟疑地倒退了一步，
再一看冰花上移动着的黑点，
一股力量在心上跳动。

活动了一下身体，
毅然地冲出暖热的寝室，
迎着凛冽的朔风，
呼呼地踏雪飞奔……

1957年12月22日《北大校刊》，叶永烈，《踏雪飞奔》

这首小诗，表明了我对于诗的着迷。

当时的我是“无头苍蝇”，喜欢写诗，到处投稿。居然还加入北京大学中文系的“红楼诗社”，居然在《北京日报》和当时中共北京市委主办的《前线》杂志发表小诗。

我对诗的酷爱，几乎到了“发烧”的地步。

我的衣袋里，总是放着小本本。不论是走在路上，还是躺在床上，一有“灵感”，就赶紧掏出小本本，记了下来。看见飞鸟，看见小草，看见日出，看见落叶，都会激起我的诗情。

我在笔记本上写下近千首小诗。

1958年，我参加了修建北京十三陵水库的劳动。沸腾的工地，引发了我的诗情。

我很想写写工地上宏伟的劳动场面，久久无从下笔。偶然，我找到了以小见大的角度，写出了《好样的“保姆”》一诗，先在工地广播站广播，不久在5月7日《北京日报》发表。

这首小诗如下：

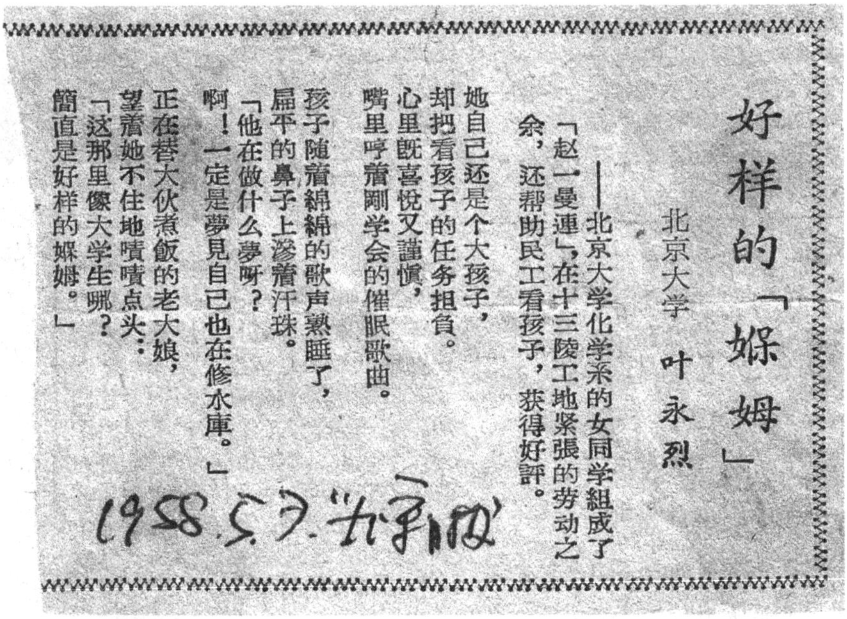
好样的「媬姆」

北京大学 叶永烈

——北京大学化学系的女同学組成了「赵一曼連」，在十三陵工地紧張的劳动之余，还帮助民工看孩子，获得好評。

她自己还是个大孩子，
却把看孩子的任务担負。
心里既喜悦又謹慎，
嘴里哼着剛学会的催眠歌曲。
孩子随着綿綿的歌声熟睡了，
扁平的鼻子上滲着汗珠。
「他在做什么夢呀？
啊！一定是夢見自己也在修水庫。」
正在替大伙煮飯的老大娘，
望着她不住地嘖嘖点头：
「这那里像大学生哪？
簡直是好样的媬姆。」

1958.5.7.北京日报

1958 年 5 月 7 日《北京日报》登载叶永烈的《好样的“保姆”》

——北京大学化学系的女同学组成了“赵一曼连”，在十三陵工地紧张的劳动之余，还帮助民工看孩子，获得好评。

她自己还是个大孩子，
却把看孩子的任务担负。
心里既喜悦又谨慎，
嘴里哼着刚学会的催眠歌曲。

孩子随着绵绵的歌声熟睡了，
扁平的鼻子上渗着汗珠。
“他在做什么梦呀？
啊！一定是梦见自己也在修水库。”

正在替大伙煮饭的老大娘，
望着她不住地啧啧点头：
“这那里像大学生哪？

简直是好样的保姆。”

当我得知北京大学中文系成立“红楼诗社”，我也去参加，成为这个诗社的成员。所谓“红楼”，与《红楼梦》无关，而是为了纪念“五四运动”的发祥地——北京大学沙滩红楼。

父亲蒙尘

我在采写傅雷次子傅敏的报告文学的时候，深为彼此命运的相似而感叹！

我在报告文学《傅敏坎途》中，这么写及“反右派运动”对他的深刻影响：

傅敏决心做一个像父亲那样的文学翻译家。高中毕业的时候，他心目中的第一志愿是复旦大学外国文学系。

然而，组织上格外看重他，要保送他到北京外交学院——培养他成为新中国的年轻外交家！

组织上的眼光是不错的：第一，他的父亲傅雷是上海市政协委员、中国作家协会上海分会书记处书记，哥哥傅聪于1955年荣获第五届肖邦钢琴比赛第三名。家庭有着良好的政治背景。挑选未来的外交家，显然是很注意这一点的。第二，傅敏成绩优异，特别是英语，在父亲的长期熏陶之下，已是同学中公认的佼佼者。第三，外交家需要广博的知识。傅敏出自书香门第，终日在书海中遨游，在书山上拾级，这一点更毋庸置疑。

顺顺当当，轻轻松松，在同学们羡慕的目光之中，傅敏步入北京外交学院大门。未来，像闪光的彩盘，在傅敏眼前不停地旋转着。

气温，突然从春风般温暖，剧降到朔风般酷寒。

永远难忘的日子：

1958年4月30日，父亲傅雷被错划为“右派”；

八个月后，傅聪由于误听种种传闻，出于一时的冲动，突然从波兰出走，前往英国。

傅敏，同样是傅敏。然而，在他的身后，他的家庭背景的色调，一下子出现强烈的反差：父亲，从著名的民主人士一下子变成“反党反社会主义”的“右派分子”；兄长，从著名的青年钢琴家一下子变成了……

在“反右”那阵子，傅敏成了重点的“批判对象”。

用不着加任何注释：1959年秋天，北京外交学院忽然把傅敏作为“代培生”，调入北京外国语学院，插入英语系三年级学习。外交家之梦，从此彻底破灭了。

傅敏强忍着内心的隐痛，在冷漠的目光之中，终于在1962年暑假毕业。

他等待国家统一分配。他，等得心焦，度日如年。他的同班同学一个一个接到了分配通知书，到大学，到出版社，到研究所……唯有他，望眼欲穿，还是不见分配通知书。

总算传来消息，他可能分配到北京市教育局——这，意味着他会去当中学教员。

然而，通知书，通知书，怎么如此姗姗来迟？

幕后的事，一直到“文化大革命”，从大字报上，傅敏才知道：他，一个有着“可怕的”家庭背景的大学毕业生，竟然没有一个单位敢要他！

我几乎是傅敏的“拷贝”！

我也是次子。同样由于父兄在“反右派运动”中蒙尘，遭到了沉重的打击！

自从考上北京大学之后，每隔十来天，我总能收到一封父亲的亲笔信。

我迄今保存着父亲写给我的许多亲笔信中，他总是提到当时的“反右派运动”。

父亲在1957年9月20日写给我的第一封信中，就这么写及：

“我最近每日上午都在民革参加反右派学习，下午除对右派进行面对面斗争外，即在厂工作。”

由此可见，当时在温州，“反右派运动”也相当紧张，而且在那时候父亲还算“安全”。

父亲在1957年12月24日给我的信中写道：

“我近日仍在继续参加反右派斗争，身体尚好，家内大小平安勿念。阿觉近来身体如何，便希一并告知。”

他信中提到的“阿觉”，即戈悟觉。

父亲在1958年1月18日给我的信中，则写及：

“我参加民革整风，近日很忙。”

父亲在1958年1月27日给我的信，很长，满满两页。内中写道：

“我近来继续参加温州市民革大辩论，弄得终日没有片刻空暇。”

1958年3月26日夜，父亲给我写信：

“我明日要参加温州市各民主党派社会主义自我改造大跃进大会，民革要我发言，今晚尚需准备发言稿。”

1958年5月24日，父亲给我的信中，很详细谈到他在忙于“交心”。当时，全国上下正掀起“向党交心运动”，他积极投入了这一运动。他写道：

“我在民革交心，已交出280条。现在已进入大辩论阶段。大约6月底，整风可告一段落。但交心之后要写（出来），复写四份。除一份留底外，三份要送上级核阅。但我年老眼花，平时又没有练习过复写，你又不在家，只好自写。但条数多，写得实在困难，恐不能如期完成。幸得宗汉（注：即戈忠汉，戈悟觉的父亲。据戈鲁阳告诉我，由于咸孚钱庄有一职员叫潘宗舜，“忠”“宗”音近，我父亲总是把“忠汉”写作“宗汉”）来替我复写。看来两三夜可能完成，使我放下了一个大包袱。我写这封信时，宗汉尚在我们家赶写中……”

父亲的“思想检查”，过去我在家的时候，曾经帮助他复写。如今我不在家，只能由汉哥——我叫戈忠汉为“汉哥”——代劳。

父亲压根儿没有想到，他的多达280条的“交心”材料，竟然成了他蒙冤受屈的“罪证”！

此后，忽然好多天没有收到父亲的信。

我以为父亲病了，接连给父亲写了好几封信。

久久的期待，仍然不见父亲的回信。

终于，我收到一封笔迹不熟悉、寄自浙江温州的信。拆开一看，知道是汉哥写来的。戈家与我家过从甚密。正因为这样，这封重要的家信，是由汉哥写的。

汉哥告诉我，我的父亲最近在“学习”，很忙，没有空给我写信，托他代笔云云。

我又给父亲写了几封信。可是，父亲似乎一直很忙，没有给我回信。这是从未有过的。

本来，家中每月给我寄生活费。这时候，生活费也没有寄来。

过了许久，我又收到汉哥的一封信。他遵照我母亲的意见，把真实情况告诉了我：父亲被划为“右派分子”！信中还说，由于我的父亲被降职降薪，家中已经无法再给我寄生活费，希望我考虑能否放弃在北京大学的学习，回家挑起家庭的重担……

父亲一下子从市人民代表、省政协委员，跌为“右派分子”，这对于我的打击实在太大了！

后来，我才明白父亲的遭遇：

父亲在温州，算是“民主人士”中的“头面人物”。在“大鸣大放”的日子里，成为“动员鸣放”的对象。他不得不在温州市政协一届二次全会上“鸣放”。他的发言记录稿，以《乱点鸳鸯谱》为题，发表在1957年6月14日《温州日报》上。

1957年6月8日，《人民日报》发表社论《这是为什么?》，拉开了“反右派斗争”大幕。正因为这样，父亲在政协“鸣放”，格外小心。父亲曾经跟我说起，那篇《乱点鸳鸯谱》毫无“反党”色彩，但是竟然因此被打成“右派分子”。

我一直没有机会读到《乱点鸳鸯谱》原文。2015年4月，我从上海回到故乡温州时，弟弟说他保存的父亲遗物中，有《乱点鸳鸯谱》剪报。弟弟找出之后，把剪报交给我，我这才第一次读到这篇《乱点鸳鸯谱》。现照原文收录于下：

人事安排　乱点鸳鸯谱
官僚主义　研究再研究

——叶志超在大会上发言

（1957年6月14日《温州日报》）

本报消息：对政府安排私方人员不当，叶志超在大会发言时向领导部门提出了批评。

叶志超说：“领导上和人事部门过去在安排人事时，对私方人员的情况没有深入了解，又不和私方人员协商，乱点鸳鸯谱，任意调派，造成部门私方人员的苦闷。”

叶志超在发言中举出了许多事实：如我们公司里有个私方人员叫叶浪

芳，本来是一个纸伞学徒出身，经营纸伞有二十多年的经验，对于纸伞的产销情况非常熟悉，尤其是对检验纸伞有一定的鉴别力，论才应该把他安排到纸伞工厂或纸伞运销公司，或者把他安排到土产出口公司担任检验纸伞工作，这是十分相宜的，而竟把他安排到温州铁工厂里去；又如一个私方人员叫薛秉钧，他出身鱼行，经营水产有三十多年的经验，对玉环、洞头的渔区生产情况和季节性的销路有相当把握，论才应该把他安排到水产公司里去，而竟把他安排到西山瓷厂里去了；还有一个私方人员叫黄必华，他不但具有屠宰的技能，并且有近二十年收购毛猪的经验，他到农村里去收购毛猪，毛猪出栏他就能够估出其重量，同时，他能够鉴别毛猪的体格是否健康，对预防瘟猪也有相当的经验，论才应该把他安排到食品公司里去，当时食品公司也很需要这样的人，而人事部门安排他到温州剧院舞台上去拉幕。还有一个私方人员叫陈鸣，经营南货也有二十多年经验，竟把他安排到玻璃厂里去。这种对企业里私方人员安排不合理的例子，不胜枚举。有人说："企业私方人员接到通知，明知这个工作与自己的技术和能力不相适应，为什么不及时反映？"因为私方人员一经反映，就会给你扣上一顶不服从调配或抗拒改造的帽子。所以不合理安排的私方人员，只得闷声不响，走上不安心的岗位上去，也有个别私方对不合理安排向有关部门鸣过，有的单位说研究研究，有的单位说考虑考虑，有的单位说联系后再答复，有的单位说请示后再回音，因之明天还有明天，下月还有翌月，经过一个月两个月，甚至三个月，如石沉大海，消息毫无。为什么会造成这样不合理的现象？叶志超说，主要是领导上和人事部门的同志不了解各个私方人员的真实情况，任意安排，这就是官僚主义和主观主义的具体表现。

所谓"乱点鸳鸯谱"，无非是批评在使用人才方面没有量才录用，分配工作学非所用，如此而已。即便在当时，按照划分"右派分子"的"标准"来衡量，也够不上是"右派分子"。

汉哥来信说我的父亲被划为"右派分子"，从此我一直以为父亲是"右派分子"。父亲生前，我又不便向他询问令他痛心的经历。

父亲在"文化大革命"中含冤去世。后来，在 1979 年 12 月 24 日中共温州市委发出市委 [79（949 号）] 文件《关于叶志超在整风反右期间被错作反革命论处予以改正的批复》，我才明白，父亲在“整风反右期间”，并没有被划为“右派分子”，而是“被错作反革命论处”。

据说，当时确实要把父亲划为“右派分子”。但是根据那篇《乱点鸳鸯谱》，难以“上纲”为“反党反社会主义”。

当时，流行翻“老账”。父亲在“交心运动”中，写了280条的“交心”材料，内中交代自己曾任浙江省第八区国民抗敌自卫队中校大队长，温台防守司令部上校参议，浙江省保安司令部少将参议。

然而，主动“交心”，反而蒙冤。这“少将参议”，被说成是“国民党少将”，也就属于“历史反革命”范围。于是，划不上“右派分子”，居然就以“反革命论处”！真可谓欲加之罪，何患无辞！

尽管这一冤案在父亲去世之后得以“改正”，但是我家为此冤案付出了沉重的代价。不仅父亲本人受尽折磨，而且波及子女。

当时，父亲是全家的“支柱”，他每月170元的工资是全家的主要经济来源。从1958年下半年开始，父亲被作为“历史反革命论处”，工资没有了，全家陷入困境。

兄长蒙冤

祸不单行。就在这个时候，我的哥哥被错划为“右派分子”！

叶永烈与兄长叶永济

哥哥参加过地下工作，1949年7月加入共青团，1955年加入中国共产党。1958年2月，被错划为“右派分子”。同年5月，他被撤职降薪。

哥哥当时在浙江省庆元县人民委员会办公室任秘书。他被错划为“右派分子”的“依据”，是“反对以党代政”。

在1957年“鸣放期间”，

根据上级党委的部署，各县召开的人民代表大会都印行《快报》。哥哥所在的庆元县，在 1957 年 5 月召开县人民代表大会，他担任《快报》编辑。《快报》刊发人民代表的“鸣放”发言。其中，有一位人民代表的发言，谈的是不能以党代政。哥哥把这篇发言，加了《反对以党代政》的标题，经过当时的县长及县委宣传部长审阅同意，在《快报》上刊出。

后来，在“反右派运动”中，把“反对以党代政”当成哥哥的“右派言论”加以“批判”，并以此将其定为“右派分子”！

为什么“反对以党代政”在浙江省会成为“反右派运动”的“重中之重”呢？其中的政治背景，我直到 1996 年 1 月在上海华东医院采访了 89 岁高龄的“右派分子”陈修良，这才弄清楚。

陈修良是当时浙江省省长、中共浙江省委常委沙文汉的夫人。陈修良当时任中共浙江省委宣传部常务副部长。

陈修良被打成“右派分子”，是由于她在 1956 年 7 月召开的中共浙江省第二次代表大会上发言，反对“以党代政”。陈修良举了一个很生动的例子：浙江农村开路条，也要盖上乡党支部的圆印子。那时，乡政府用的是方印子。所以，老百姓都说“方印子不如圆印子”。她以为，“党”与“政”应该分开，该用“方印子”的地方，不该用“圆印子”。

陈修良告诉我，把她打成“右派分子”，是为了打沙文汉的“外围”。

终于，浙江省“反右派运动”的火力集中到沙文汉身上。

对于沙文汉的批判，最初也从批判他 1956 年在中共浙江省第二次代表大会上的发言开始。陈修良把中共浙江省第二次代表大会秘书处在 1956 年 7 月 23 日印发的《沙文汉同志的发言》交给笔者。她说，这份发言是沙文汉被打成“右派分子”的主要“依据”。

作为浙江省的省长，沙文汉在发言中强调了不能以党代政。沙文汉说：

> 现在我们的做法，由党委来包揽政府机关许多的行政事务和把大大小小政府机关的工作都拿到党内来决定的做法，显然已落后于形势的发展，既妨碍了党在重大问题上的研究与领导，也使我们的政权机关的实际内容机械、空虚，不能适应人民日益提高的要求。

沙文汉建议：

统一党内对政权机关职能、工作的认识，包括政权机关有独立的形式和自己平衡统一领导组织，是否就是闹独立闹分散，妨碍党委工作等等在内，进行认真的研究和讨论。

沙文汉认为：

政府机关怎样在党委统一领导下担负起它所应该担负的责任，哪些工作应党委做，哪些工作应政府办，尤其是党委的部门如何监督政府的同种工作部门，二者之间关系如何摆法，并使之少重复，少扯皮，而各能尽其职责，发挥它的作用。在这方面我们还都没有经验，我觉得我们大家都应该积极来摸索研究一下，以便经过相当时期后，召开会议来解决这个问题，或者把这个问题列到体制会议中作为一个专门的重大问题来解决也可以的。因为政府工作问题中，除了前述这些问题之外，也还有上级集中过多，下级权力太少，条条规定得太死，块块没有机动余地等问题存在。

沙文汉是当时全国最大的“党内右派分子”，而“反对以党代政”则是沙文汉以及他的妻子陈修良最具代表性的“右派言论”。

浙江省上上下下“批判”“反对以党代政”，谁沾了一点边，谁就得挨整。1958年2月，浙江省掀起“在政权系统肃清沙文汉流毒”的高潮，重点就是批判“反对以党代政”。尽管我哥哥只是为别人的发言稿加了个“反对以党代政”的标题，而且是经过领导审阅同意后发表，居然也被“带”了进去！

这样，哥哥在1958年2月被错划为“右派分子”。然而同年4月，庆元县整风办公室的总结报告上写着：“经过复查，如人委叶英，只有一些错误言论，不够右派条件。”

虽然连县整风办公室都认为我哥哥“不够右派条件”，但是那时宁“左”勿右，仍然坚持把我哥哥错划为“右派分子”，在5月做出撤职降薪的决定。

从此，哥哥从县委机关“扫地出门”，到农场劳动。直到1962年初被摘去“右派分子”帽子——此后仍过着“摘帽右派”的苦难生活。

在中共十一届三中全会之后，当我哥哥的冤案终于平反的时候，又闹了一场令人忍俊不禁的政治笑话：

县委发下平反文件，说我哥哥在1957年虽然在《快报》上加了“反对以党代政”的错误标题，但是他身为编辑，是根据别人的发言稿加标题，并非他自己的本意，何况又经过领导审阅同意发表，所以划他为“右派分子”是错误的……

平反文件发出不久，县委又连忙收回！

为什么呢？

1980年8月18日，邓小平在中共中央政治局作了题为《党和国家领导制度的改革》的讲话，强调党政分工，反对以党代政！

邓小平在论述党和国家领导制度的改革时，谈了四个问题。其中第三个问题就是解决以党代政。邓小平指出：“三是着手解决党政不分，以党代政的问题。中央一部分主要领导同志不兼任政府职务，可以集中精力管党，管路线、方针、政策。这样做，有利于加强和改善中央的统一领导，有利于建立各级政府自上而下的强有力的工作系统，管好政府职权范围的工作。”[1]

这么一来，“反对以党代政”本身就是正确的！

在1957年，“反对以党代政”被视为“反对党的领导”，视为“反党言论”；

如今，邓小平说“不能以党代政”，于是“反对以党代政”就成了“革命言论”了！

于是，中共庆元县委重新下达平反文件，称我哥哥在1957年所加的标题“反对以党代政”是完全正确的。这样，他被划为“右派分子”是完完全全的冤案！

在全国50多万“右派分子”获得平反的时候，像我哥哥这样发过两次平反文件的恐怕绝无仅有。

值得提到的是，我进入北京大学之后，同班有一位个子高高的女同学，叫沙尚之。她沉默寡言，脸上几乎看不到笑容，而成绩却很优秀。后来我才知道，她便是沙文汉和陈修良的女儿。

她算是不幸中有幸：她在报考北京大学时，父母都还没有出事。倘若晚一两个月，她成了“右派子女”，那恐怕就和北京大学无缘了！

我跟沙尚之一样：报考北京大学的时候，我的父亲是市人民代表、省政协委

[1]《邓小平文选》第二卷，第281页。

员，哥哥是中共党员，家庭的政治背景算是不错的；进入北京大学之后半年多，先是哥哥成了“右派分子”，然后父亲又被打成“历史反革命”。倘若我晚一年出生，或者我不是在5岁就上小学，那么就会在1958年报考北京大学，那就会被拒之门外！

父兄蒙尘之际，我才18岁！

我18岁遭到了“阶级斗争”的真正洗礼，蒙受了沉重的打击。

这一打击，深刻地影响了我的心路历程，影响了我的一生。从此，我总是同情弱者，尤其是对蒙冤受屈者倾注了我的无限悲悯与无限关心。

我立下这样的誓言：“清清白白做人，踏踏实实工作。”

我不靠天，不靠地，靠着才智和毅力，走自己的路。

从1958年下半年起，我背上了沉重的家庭政治包袱，也陷入了经济困境。父兄收入锐减，而母亲是家庭妇女，我的弟弟、妹妹又正在上中学、上小学。唯有姐姐已经从中专毕业。姐姐和姐夫工资不高，而且他们刚生了长子，但是他们省吃俭用，支援家中。

我面临着失学。所幸班上的同学对我十分同情，动员我申请助学金。我获得了甲级助学金，每月十四元五角。另外，姐姐每月寄我五元或者十元，使我总算能够继续在北京大学上学。

沉重的家庭政治包袱，使我变得沉默寡言、小心谨慎。

经济困境促使我自力更生。我开始“打工”——给报刊写稿。过去，我写作仅仅出于兴趣；现在，写作成了我摆脱经济困境的唯一途径。

在1959年，我接连发表了56篇文章。那时，一篇文章的稿费，少则两元，多则十元，一般是五元。我基本上能够自己维持自己的生活，不用姐姐给我寄钱。

特别是在1959年底，我收到我的第一本书《碳的一家》的预付稿费120元人民币。这在当时是一笔很大的收入。我反过来给父母寄钱。

此后，随着《十万个为什么》的出版，我把稿费源源不断寄给父母，解救家中燃眉之急……

在“大炼钢铁”的日子里

在北京大学，我勤于写诗，也勤于写日记。在湖南“为钢而战”的一百天，我感到非常新鲜。在1959年第一期《北大青年》杂志上，我发表了《写在炉旁的几页日记》。这可以说是我最早的纪实作品。

虽然今日看来，“大炼钢铁”已成为历史陈迹，但这些日记毕竟真实地记录了那个时代。

以下是在《北大青年》杂志上发表的《写在炉旁的几页日记》原文：

1958年叶永烈（前左一）在湖南参加“大炼钢铁”

1958年9月19日　周总理来了

听到了我们要到毛主席的故乡——湖南去支援钢铁生产的消息，乐得合不拢嘴。

早晨9点多，几辆小轿车停在学校门口。从车里出来了周总理和彭真市长。

“周总理，您好。”我们喊着，鼓着掌欢迎总理的到来。

总理和蔼地向我们点头致意并给我们作了重要指示：到工厂或农村后，要入劳动人民之伍，与工人农民同吃同住同劳动，过好劳动关、生活关与技术关。

总理的话鼓舞了我们，大家齐喊道：“大干特干，为钢而战。一〇七〇，少一不行！”

9月24日 “全民盖土炉，神仙数不清”

坐了两天一夜的火车，我们到了长沙。早上，匆匆地告别了长沙，换乘汽车，到邵阳去。

公路上，来来往往尽是挑煤挑矿石的人。有几辆漂亮的公共汽车从我们身旁掠过，抬头一看，皮椅子上“坐”的不是人，而是一堆堆生铁。

一切都在为钢而战。

路边，土炉林立，炉火映红半边天。在一个炼铁厂门口，写着这样一首诗：

天上多少星？
小孩数不清。
全民盖土炉，
神仙数不清。

10月4日 称料员

我与老潘、老陈、老孙与小杨来到邵阳县下塘云铁厂已好几天了。

药品与仪器还没运到，化验工作不能进行。我们暂时改了“行”，参加了土炉的冶炼工作。

对于炼铁，我一窍不通，甚至还是第一次看到。唐师傅就耐心地指点我们怎样看火候，怎样使用搅棍。

我先从容易的工作学起，担任了称料员——把矿石、煤、石灰石等称好，挑到炉顶倒进土炉。我以为这件事很简单，但是称好第一筐请唐师傅一看，他说：“怎么这样多？”

我仔细地检查了一下，原来把公斤当成市斤了，怪不得多称了一倍。

称料工作很忙，刚上完一号炉，三号炉的“肚子”又“饿”了，于是连忙又把矿石挑上三号炉。

我干得浑身是汗，煤粉炉灰一扬起来就粘上皮肤，我变成黑人了。虽然彻夜不眠，但却越干劲越大。望着通红的炉火，我写了一首诗：

守炉餐，伴炉眠，

整天整夜把铁炼。
越看土炉越可爱，
越干心里越香甜。

10月7日 木匠·医生·编辑

药品与仪器还没来，我们除了参加土炉冶炼外，又当了木匠与泥水匠，自己动手做化验用的试管架、滴定管架等。更有意思的是，我们砌了个炉子，弄得满身是黄泥浆。老潘风趣地说："我们的衣服比黄金缎还美。"

从外面看，炉子像个垃圾箱。但用起来倒不错，上面的小烟囱突突地在冒白烟，把我们乐坏了。

我们还当了医生：有一次，唐师傅的脚给铁花烫伤了，肿了起来。正好我们的背包里有些纱布与药品，就给他敷洗，包扎起来。不料，倒因此出了"名"。厂里的工人病了，就找我们医。而我们呢？能医的，一次也没有推却。

有些不知道我们是来搞化验的工人说："这几个从北京来的医生真好，不管你的脚多脏，他总仔细地给你擦干净，上药。"

我们还成了厂报、黑板报的编辑。有一次，刻蜡纸时找不到铁笔，我们就用铁钉刻，结果反而更清楚了。

10月22日 仪器药品到了

盼望已久的仪器与药品，今天总算运到了。

化验室里马上忙碌起来。一天，就化验了五六十种矿石。

厂党委周书记很高兴地对我说："你们没来以前，厂里要化验一块矿石，就得专门派人坐了汽车，到几百里外的涟源，请他们化验。有时他们忙不过来，就得等上一二个礼拜。化验一块矿石总得花七八十元钱。你们来得真好，有力地支援了钢铁生产。"

在学校里做实验，老师替我们把什么都准备好，反而做不好。现在，一切都得从头做起，许多东西都不会。但是五个人一起商量，就攻破了技术关。老孙说："三个臭皮匠，顶个诸葛亮。我们五个人，赛过诸葛亮。"

11月15日　找矿的一天

近冬了，但在湖南，青山依旧。

早上，晨雾未消，我与几位地质勘探队的同志便出发了，准备攀登500公尺高的五峰山。

在山脚，我们找到了几块赤铁矿，大家就乐了，兴奋地往山冲。山很陡，路难行，但我们抓树根，攀草藤，一股劲儿爬到了山顶。一瞧，山上全是赤铁矿。我们高兴极了，小杨乐得抱起一块赤铁矿，嘴里哼着“蓬嚓嚓，蓬嚓嚓……”跳起青年舞来，不料，一不小心手一滑，矿石滚下了山坡，脸盆大的铁矿石变成碗口大小，一蹦一蹦地直往下滚，变得像粒黄豆，最后消失在云雾中。

大家看了，都毛骨悚然。

11月21日　编印讲义

邵阳县科学工作委员会与工业局联合开办了一个化验员训练班，昨晚打电话请我与老陈去当老师。

我心里又高兴又发愁。清早就同老陈动身到50里外的工业局。

时间很紧，后天就要开课了。我与老陈就开始突击，编写讲义桌子上堆满了参考书。

我们把讲义编出来，然后自己刻，自己印，自己装订，直到夜深，虽然眼红了，双手、衣服满是油墨，但一看到那雪白的讲义，心中有说不出的愉快。

11月25日　当了老师

虽然，昨夜很晚还在备课。但是，我早上很早就起来了。匆匆地吃了饭，就跑到教室里去。

学员们还一个也没来，教室里空空的。我扫了地，排好桌椅，又倒了痰盂。教室变得很干净，但心里是忐忑不安的：我从来没讲过课，就连在大会上也很少讲过话，而今天呢？一口气要讲六个钟头，实在有点慌。

钟敲了8下，30个学员也都到齐了，我便开始讲我生平的第一课。

起初的10分钟，我有点慌。后来，心也就定下来了。到后几个钟头，就更老练了：一边讲，一边在黑板上写写画画，又做手势，又打比方。有时，还做几个实验，生怕他们听不懂。

晚上，我来到了学员宿舍。一进门，第一句话便是："今天的课你们听懂了吗？"

"懂了。"他们回答说。

我心中的千斤重担顿时落地，开始给他们个别辅导与提问。

学员们的年纪都比我大，但他们都叫我"叶老师"，我真有点不好意思。

"叫我小叶好了，别叫我叶老师。"

虽然讲了，但他们总爱叫我"叶老师"。

12 月 28 日　列车上的联欢会

接到学校的电报，叫我们回北京。我们洒泪告别了同志们和湖南——我的第二故乡。一上火车，我们就为旅客们服务：擦地板，倒开水，送饭送饼，倒痰盂……

"谢谢，谢谢。""真是共产主义的大学生。"啧啧的称赞声从四面八方飞来。

我们干完了，回到自己的座位上，一件意外的事发生了：

原来，我们干热了时，便把棉衣脱下扔在椅子上。这些棉衣曾随着我们在钢铁前线度过多少不眠之夜，有的被铁花钢花烫了，有的被腐蚀性的化验药水蚀烂了，布满了许多小洞洞。可是，这些洞洞忽然都没有了，而代之以平整的布块。

这是谁干的？

答案马上找到了：看，窗前的那几位海军不是正在补着棉衣吗？大家立刻一拥而上，抢着要自己来补。

争着，抢着，双方都不肯让，结果是大家一起补。一件棉衣，周围围着四五个人补。

边补边谈着，从谈话中，我们得知：他们是海军某部的业余文工团，这次从遥远的海南岛到北京参加会演。

没一会儿，衣服补完了。小伙子们拉起手风琴，一个不平凡的联欢会便在这飞驰着的火车上开始了。

节目越演越多，一下子演了二十几个精彩的节目。

车轮声和着年轻人欢乐的歌声。大家都说："这个联欢会是一堂生动的共产主义教育课。"

12月29日 敲起铜锣去党委献上万颗赤诚心

今天，终于来到了久别的北京城。屈指一算，恰恰是离京100天——为钢而战的100天。

大家抬着喜报，敲着锣鼓去党委报喜。面对着这欢腾的钢铁队伍，我激动地写出了这么几句：

千个铜锣一个音，
钢铁战士一条心。
敲起铜锣去党委，
献上万颗赤诚心。

"战斗在硫酸塔下"

刚从湖南"大炼钢铁"回校，又投入到"勤工俭学"活动之中。

北京大学化学系在校园内办起了硫酸厂。我在硫酸厂的劳动中，又写下了许多日记。1979年第七期《北大青年》杂志，发表了我的日记《战斗在硫酸塔下》。

以下是当时发表的原文：

1959年4月3日 喜事

在清早，小组长老崔拉了拉我的耳朵，把我弄醒了。

我揉了揉蒙眬的双眼，见他满脸笑嘻嘻的，心想：一定有什么喜事来了。果然如此，他轻轻地告诉我，从大后天起，我们将要参加生产劳动去，干一个星期。我真高兴，墙上的那条标语："坚决贯彻党的教育与生产劳动相结合的方针"，似乎每个字都射出了灿烂的金光。

我连忙大声地把好消息告诉别人。全寝室的人都醒了。个个笑逐颜开，赶忙下床。

我们来到团支书的房间，里面早挤满人，床上还放着许多决心书。大家都明白：为了分配工作，这儿将展开一场争论。

原来，我们将要到两个地方去劳动：硫酸厂与分析站。去硫酸厂，尽是体力劳动，条件也比较艰苦，去分析站虽也是劳动，化验肥料啦，水泥啦，但体力劳动很少，总不及去硫酸厂干得痛快。

很显然，没有一个不想力争到硫酸厂去的，可是分析站也需要人，工作也同样重要。

矛盾发生了。

同学们个个向团支书摆优越条件：有的说自己是体育代表队员，身体棒；有的说自己到过湖南，参加过炼钢运动……

这下子闹纷纷的，团支书忙得不可开交，顾了东顾不了西。他说：“无论哪儿都一样，只要有自觉革命的愿望，都能改造思想。大家先回去，下午听组织决定。”

下午，我在硫酸厂工人名单里，找到了自己的名字。这下子可乐啦，真是“裁衣要从衣襟裁，写诗要从心里来”。我仿佛成了个诗人，掏出红皮的日记本儿，一口气便呵成了这么几句：

硫酸塔向我大声呼号：
来吧！小伙子，
用自己的双手，把硫酸制造。
我满肚子高兴，无比自豪。
从前不知笑过多少次，
但没有今天笑得好。

是啊！硫酸厂，这是多么令我向往的地方。

我明白，硫酸是很厉害的，它看上去像水一样，挺斯文的，但一碰上衣服，衣服就会烂穿；一碰上皮肉，皮肉就要烧烂。然而，我更明白：硫酸是化学工业之母，是国家很需要的东西。我能为酸而战，这是莫大的光荣。

一回到宿舍，忽然发现床上放着一沓衣服。我正猜疑着，老崔笑着告诉我:“这是上分析站的同志送给你的礼物。说你在硫酸厂工作，衣服腐蚀得特别快，他们故意献出自己的衣服，来支援你们。”

我暗暗对自己说:“只有好好地干，才能对得起同志们的关怀呀。”

4月6日 夺酸之战

下午，我们十几个小伙子与姑娘们，来到了硫酸厂。

厂门口，贴着这么一对红底黑字的对联:

人夺酸之战红心虎胆

数风流人物还看今朝

我穿上了橡皮的工作服，戴上橡皮手套，穿上长筒皮靴，头上还来了顶黄帽子。人，完全变了样。

有的说我像登山运动员，有的说像潜水员。不管它什么“员”，我最爱的称呼还是“硫酸厂工人”。

我一步一步爬上了高高的硫酸塔，开始了第一次工作:夺酸之战。

刚上去，真有点不习惯。一股浓烈的硫磺气侵袭着我，呛得我直咳嗽，甚至连眼睛也睁不开了。可是，一看刘师傅，他伏在塔顶修管子。那里不仅有更浓的硫磺气，还有极难闻的二氧化氮。而刘师傅却若无其事地专心修着。

我镇定下来，伸手提酸罐，往酸缸里倒酸。刘师傅一看，连忙放下手中的活，从塔顶爬过来。他细心地教我:倒酸时，头要往缸外偃，这样能防止酸溅到脸上。

过了一会儿，我渐渐地熟悉了工作。这工作虽然很简单，但很快我就累了，腰也酸了，咬咬牙坚持下去。心想:什么劳动都不是轻易的。

我是近视眼，汗水、浓烟在眼镜上形成一层雾，使我看不清楚东西。手里戴着手套，工作又紧张，根本来不及擦，这却马上给拉酸的老王看见了。他摘下我的眼镜，捞起衣角，擦得干干净净。同志的爱，使我又能自如看清周围的一切。

夜幕悄悄地罩笼大地，四周万籁俱静，只听见提酸工人的喊声:“么号

（一号），拐号（七号）……”

稍微有点空，刘师傅马上就说：“你们上外边透透空气吧！”可是，他却一直守在塔顶，像战士守卫着哨岗。

忽然，酸塔漏了。一股浓硫酸从塔内流出。硫酸，这对于硫酸厂工人，像血液一样宝贵。在塔下工作的小萧慌了，连忙想用手去堵。马上给刘师傅叫住了：“不能用手，这太危险了！”

刘师傅拿来石棉粉与水玻璃，我和小萧一起帮他堵。下边的，刘师傅一会儿就修好了。而上边的，刚堵上，又给酸冲掉了。刘师傅接过我手中的水玻璃，一边做，一边教。

在书本上，我也曾念到过水玻璃，但毕竟没有亲手使用过，所以，书本上的依然还是书本的。

的确，劳动过的手像燕子，没劳动过的手像笨象，只有通过劳动、实践，才能变得轻巧。

4月7日　到最艰苦的地方去

翻翻这几天的日记，写的真不少。劳动丰富了生活，提高了思想。

今天吃晚饭时，发生了一件有意义的事，值得一记：

在硫酸厂里，最艰苦的工作要数管虹吸这活了。老何从来到硫酸厂后，一直干这活，不愿意人家换他。

当老何去吃晚饭时，“打杂”工人小林却悄悄地套上老何的手套，站在硫磺气、二氧化氮最浓的第一塔顶，干起虹吸工作来。

老何一回来，就要小林“缴械”。小林不肯。他们俩都希望能让别人干轻一点的活。

小林说：“老何这几天太累了。”

老何说：“我熟悉业务，身体又棒。”

两人相持不下。

最后，班长决定道：“小林身体一向不好，还是让老何干吧。”

这下小林没二话可说。

老何带着胜利的微笑走向第一塔。微风卷起他那没有两袖的衣服——给硫酸腐蚀掉的。

有人提起了他的衣袖，他总是风趣地说：“我这两袖‘清风’却换来硫酸万桶。”

听，这就是硫酸厂工人的风格。

没一会儿，小林也忽地不见了。好久，才从浓烟弥漫的烧炉房里，听见他的咳嗽声。

我们愿意人类的生活越来越幸福，越来越美满。但是，为了这崇高的目的，我们愿意到最艰苦的地方去。

硫酸，它洗去了我们思想上的脏东西。硫酸厂，成了我们红专的课堂。

我深深地爱上了硫酸厂，让我再写一首小诗吧：

烟儿再浓，
酸咬再疼，
心儿更红，
干得更猛。

4月10日　出酸了

我们，已是熟练的硫酸厂工人了。

马达，均匀地响着。生产，在正常进行。忽然，咔嚓一声，鼓风机坏了。

这时，刘师傅不在。怎么办呢？自己干！我在高中时学过点“电学”，但仅是点皮毛，顶不了啥用。幸好，在去年勤工俭学时，我与鼓风机打过交道，知道点它的脾气，想不到在这紧要关头倒用上了。

我熟练地拧开外壳，用手电筒检查内部。同学们都围了上来，焦急地问：

“是保险丝断了吗？”

“是开关坏了吗？”

鼓风机，是工厂的心脏。它坏了，怎能叫人不着急？

“别慌。”班长喊着，他像指挥官一样，非常沉着，“同志们还是各就各位，这儿只用三四个人就够了。”

我终于找到了鼓风机坏了的原因：电线断了。

当再按上电闸，鼓风机又响了。工人们都放下心了。但是，由于鼓风机停得过久，好几个塔的生产都不正常。硫磺气四下冲撞，到处弥漫，一片咳嗽声。刚放下的心，不由得又紧张起来。大家都担心，只怕出不了酸。如果硫酸浓度低于76%，那么，就要重新返塔。

这时，刘师傅闻讯从家里赶来了。他一会儿在塔上，一会儿在塔下，与大家商量着干。

在分析站工作的同学们也赶来了，他们来不及换衣服，就帮着干起来。他们还带来了许多烧饼，可是这时候谁也咽不下。

过了一个多钟头，渐渐地转为正常了，出了好些酸。

绰号叫“院士”的小姜拿着量筒比重计，便上前去分析产品。全厂人的眼睛，都骨溜溜地注视着他的每一个动作。

“院士”很沉着，按部就班地进行化验。最后，他提起了比重计，庄严地、字字分明地宣布：“硫酸浓度为76.5%，产品合格。”

整个车间立刻沸腾起来，人们相互传递着烧饼，相互庆贺。

车间里，到处响着：“出酸了，出酸了……”

邵阳是我科普创作的起点

1985年12月16日，湖南的《邵阳日报》发表了我的《邵阳——我的科普创作的起点》一文，全文如下：

《邵阳日报》“科学宫”编辑同志给我写来了热情的信，约我写文章，使我回忆起二十七年前的往事……

只要查一查1958年12月23日《邵阳报》，就可以看到一篇题为《两种矿物肥料介绍》的科普文章，署名为“县化验室叶永烈”。这便是我平生的第一篇科普文章。我的科普创作，如果追根溯源，可以说开始于邵阳。

我的名字之前，怎么会冠以“县化验室”呢？其实，当时我是北京大学化学系二年级的学生。1958年9月，北京大学派出数百名地质系、化学系师生来到湖南，地质系帮助勘查铁矿、煤矿，化学系则担负化验任务。我被分配到邵阳县工作。最初，在该县下塘云铁厂。后来，为了给全县培养化验员，我被调到县化验室，在培训班讲授矿石化验知识。

我本是一个喜欢文学的青年，从11岁起开始发表文学作品。到了邵阳以后，曾在《邵阳报》《资江报》发表过一些短诗、通讯之类。但是，我毕竟考入了化学系，慢慢懂得一些科学知识。正因为这样，我尝试着为《邵阳报》写了那篇介绍矿物肥料的科普文章。

1958年底，我回到了北京，对科普写作的兴趣渐浓。1959年，我发表了50多篇科学小品。1960年，我的第一本科普读物由上海少年儿童出版社出版。从此，我走上了把科学与文学结合起来的创作道路，迄今发表了近千万字的科学文艺作品。

我觉得，科学应当与文学结盟。特别是在当前，第三次浪潮潮声如沸，现代科学把触角伸进了每一个领域。用文学笔调娓娓动听地向广大读者讲述现代科学知识，迅速提高人民群众的科学文化水平，是一项十分重要的任务。作为科普作者，光懂科学不行，必须具备一定的文学修养。只有善于把科学和文学融为一体，才能写出引人入胜的科普文章。

对邵阳我一直怀着深厚的感情。谨以这篇短文，向曾经给予我莫大帮助的邵阳人民致谢。

叶永烈

1985年11月23日 上海

我在《邵阳日报》上发表这篇文章，最初是由《邵阳日报》读者萧树钦“查证”我当年在邵阳发表的第一篇科普文章引起的。

《邵阳日报》曾发表陈楚山的《答读者》：

萧树钦同志：

《科普小报》编辑部转来你的信已阅。关于叶永烈第一篇科普作品《两种矿物肥料介绍》发表的时间及署名问题，谨答复如下：

今年7月间，我在上海拜访叶永烈时，他和我谈到，他的第一篇科普作品《两种矿物肥料介绍》，发表在1958年12月23日《邵阳报》上，署名是“县化验室叶永烈”。我返湘后，为写《叶永烈和他的第一篇科普作品》

一文，我曾到省图书馆查阅了该馆收藏的《邵阳报》，与本人介绍相符（详见影印）。

此复。

顺致

敬礼！

陈楚山

我在湖南邵阳写了《两种矿物肥料介绍》这篇科普文章，是因为当时正在推广使用这两种矿物肥料，而我是学化学的，知道有关这两种矿物肥料的知识，所以在 1958 年 12 月 23 日《邵阳报》作了介绍。

意想不到的是，《两种矿物肥料介绍》成为我一生从事科普创作的起点。

从湖南回到北京之后，1959 年 3 月 1 日，我在《北京农民报》发表了这篇《两种矿物肥料介绍》。紧接着，4 月 1 日，在北京《科学小报》上发表了第二篇科普文章《度量衡的换算》。

如果说《两种矿物肥料介绍》和《度量衡的换算》只能算是一般的科普文章的话，那么 1959 年 5 月 2 日在《科学小报》上发表的关于焰火的《夺目的夜明珠》，文学色彩浓厚得多，可以算是我的第一篇科学小品。

从此，我开始转向科学小品的写作，在 1959 年发表了 50 多篇科学小品。

虽说我在邵阳写《两种矿物肥料介绍》一文，带有一定的偶然性，但是我从文学创作转向科学小品创作，可以说具有必然性：

一是我在北京大学化学系，接受了正统的化学教育。一位又一位名教授，亲自为我们开课，成为我的老师——傅鹰、张锡瑜、邢其毅、唐有琪、黄子卿、严仁荫、高小霞……他们之中好多位是中国科学院学部委员（亦即现今的院士）。我头脑中的化学知识渐渐增多。

二是我本来就具备一定的文学基础。就纯文学创作而言，我不如别人，然而把文学与科学结合起来，创作科学小品，创作科学文艺作品，则胜人一筹。我写诗，写小说，十篇之中能够发表其一，算是很不错了。然而写作科学小品，写作科学文艺作品，则百发百中，几乎没有退稿。

就这样，我从 1959 年起，转向科普创作。

19 岁是不成熟的年龄，又是富有幻想、敢闯敢干的年龄。在 1959 年，我除了写短篇的科学小品之外，居然开始写书。

认真点讲，我平生的第一本书是《湖南民歌选》。

那是1958年，我在“大炼钢铁运动”中，跟随地质队在湖南跋山涉水。一路走，一路写，100天内我写了46首诗，其中一些诗作发表在当时湖南报刊和《湖南文学》上。

当地的一位青年爱唱山歌。他唱，我记，收集了许多湖南民歌。迄今，我还能唱出湖南山歌：

> 今哎年，
> 我将一十七啷呵，
> 收拾打扮去看戏，
> 做一点小生意啷呵，
> 情郎我的哥，
> 做一点小生意啷呵……

我不知天高地厚，竟斗胆把我收集到的湖南民歌和自己写的许多小诗，编成一本诗集，1959年初寄到湖南人民出版社。退稿是必然的。但是，编辑在回信中写了许多鼓励的话，算是对我的安慰和鼓励……

我迄今仍珍藏着这第一本书的手稿。

接着，在1959年，我写出了《科学珍闻三百条》一书。这本书，严格地说，我只是编写而已。当时，我看了许多科学杂志，对诸多科学珍闻发生兴趣，内中不少是当时科学的最新成就，加以摘写，编写成了这本《科学珍闻三百条》。

《科学珍闻三百条》包括自动的世界、生物界的奇闻、小与大、少有的战斗、奇怪的地方、新颖的建筑、最新的交通工具等章节。

我把《科学珍闻三百条》投寄给河北人民出版社，又遭到退稿。

不过，编写《科学珍闻三百条》如同“无心插柳”，倒是为我在1961年创作科幻小说《小灵通奇遇记》（即《小灵通漫游未来》的初稿）做了准备，这是后话。

凡事有三：

第一本书《湖南民歌选》，我只是收集，只是编（也有一部分是自己创作的），被退稿；

第二本书《科学珍闻三百条》，我也只是收集，只是编写，被退稿；

吸取了前两本书失败的教训，在1959年，我写出了第三本书《碳的一家》。这本书不是编，也不是编写，而是我创作的作品，所写的又正是我自己的化学专业。这本书成功了，顺利得以出版，成为我平生出版的第一本书——实现了“0的突破”。

我在19岁的时候，“敢”于写书，其实是受了北京大学学生写书的热潮影响。

“始作俑者”是北京大学中文系的学生。他们在1958年“大跃进”中，“敢想敢干”，集体编写《中国文学史》，得以出版，在北京大学校园里产生很大的震动。

于是，化学系的学生们也不甘示弱，组织编写《稀有元素化学》一书。我也参加了编写，写的是关于稀有元素钍的一章。尽管这本学生们所写的《稀有元素化学》一书由于质量太差，未能出版，但是毕竟使我经受了一次写作锻炼。

另外，当时我还参加北京大学俄语教研室的《俄汉化学简明辞典》的一部分工作，即把查俄文化学文献时常遇到的俄文化学名词提供给俄语老师，他们把使用频繁的俄文化学名词编入了《俄汉化学简明辞典》。那本辞典以16开的袖珍版本出版之后，北京大学化学系师生几乎人手一册。

第一本书的诞生

1996年12月13日，《羊城晚报》发表了读者詹祥林先生的《真想叶永烈重操旧业》一文。他在文章中说：

> 与许多爱读书的人不一样，我很早的时候——从初中开始，就不大读小说而对科普书籍感兴趣了。
>
> 我读小学时，正是书荒年代，使我开始喜欢上科普读物，是一本脱了封面烂了边角发了黄的薄书。这本书说，金刚石是由软绵绵的石墨变来的，这真是太神奇太令人不可思议了！但书中讲的道理又由不得你不相信。它说，

金刚石、石墨、煤炭都是由碳原子组成的，也就是说无论高贵至尊的金刚石，还是廉价低贱的石墨煤炭，它们的“血统”都一样，其基本成分是一样的。为什么性质不同，是因为它们的晶体结构不相同。比方，金刚石的碳原子是正四面体结构，这些正四面体结构向空间发展，构成了一种坚实的、彼此联结的空间网状晶体。而石墨的晶体是层状结构，在每一层内，碳原子排列成六边形，一个个六边形排列成平面的网状结构，因片层之间容易滑动，故石墨质软。经过一定的高温高压，普通的碳便能变成珍贵的金刚石。

这本书不仅诱发了我对科普读物的兴趣，而且还影响了我以后的爱好。读高中时化学一直是我最喜欢的课，甚至还确定了我的人生道路：大学时学化学，工作时教化学，直至一生。

后来这本书被人借走并弄丢了，我感到很惋惜很心痛，因为我还不知道这本书的名字和它的作者。

1976年，我在一个小县城的新华书店买书，看到了一本紫色封面的书，上面写着《碳的一家》，我顿感亲切和激动，拿出来一看，果然是那本朝思暮想的书！从此，我不但知道了书名，而且知道了它的作者叫叶永烈，并知道叶先生于北京大学化学系毕业，居上海，是专门从事科普创作的名家，是继高士其之后中国有名的科普高手，60年代就驰名中国。总之，叶先生成了我的偶像、我的崇拜者和指路人。

但进入80年代后，叶先生鲜有科普作品发表，多见的是他写的人物传记和纪实作品。叶先生已改行了！我很遗憾，中国并不缺写家，然而极缺既具有深厚专业功底又会写作的科普作家。去年中国科协开大会时发出呼吁，要科学家们拿起笔来写科普作品，教育和影响青少年们爱科学、学科学。这是时代的呼唤呀！我真想叶先生重操旧业。

詹祥林先生在文章中提及的《碳的一家》，是我平生出版的第一本书。这本书是我在1959年写的，当时我19岁。

当今，已经发现的化学元素多达100多种。在这100多种化学元素之中，碳是最特殊的元素。除了碳之外的那么多化学元素所形成的化合物，均为无机化合物。唯有碳的化合物，为有机化合物（除少数碳的化合物如二氧化碳等属于无机化合物之外）。我在100多种化学元素之中，抓住了“碳”，应当说是相当有预见的。“碳”如今是受到高度重视的化学元素，所谓“碳排放”，所谓“减碳”，都是围绕“碳”在做文章。

《碳的一家》的初版本，在1960年2月由少年儿童出版社出版，只有4万字，是一本小册子。丁深、刘开申等绘图，张之凡装帧，责任编辑为曹燕芳。初版印了两万册。詹祥林先生最初读到的“一本脱了封面烂了边角发了黄的薄书”，“这本书说，金刚石是由软绵绵的石墨变来的，这真是太神奇太令人不可思议了！”，这本“薄书”就是《碳的一家》1960年的初版本。

在“文化大革命”中，少年儿童出版社并入上海人民出版社。1976年11月，由上海人民出版社印行第二版，字数增加到9万。第二版印了20万册。詹祥林先生“1976年，在一个小县城的新华书店买书，看到了一本紫色封面的书，上面写着《碳的一家》”，便是《碳的一家》的第二版本。

1979年，内蒙古人民出版社出版了《碳的一家》蒙文版，译者为那木拉、巴达玛苏荣。

《碳的一家》不同版本

在1987年9月，由少年儿童出版社印行第三版，字数增加到13万。

这本小书居然“诱发”了詹先生“对科普读物的兴趣”，而且“甚至还确定了”他的“人生道路：大学时学化学，工作时教化学，直至一生”。一本小书，能够产生这样大的作用，完全出乎我的意料。

这本书写于 1959 年暑假。当时，我在北京大学化学系刚念完二年级，即将升入三年级。

离家愈久，思念愈切。平日，学业很忙，从早到晚，时间表上塞得满满的。最怕是放寒暑假。同学们一个个走了，宿舍里变得空荡荡的。只有我留下来了，留在那空无一人的宿舍。我的家远离北京，由于父兄蒙冤，原本很宽裕的家庭经济变得异常拮据，我靠着助学金能够念大学已经很不错了，而回家简直是幻想和奢望——虽说学生那时只用买半价票，可是我连半价票都买不起！

空荡荡的宿舍，空荡荡的心。“思归若汾水，无日不悠悠。”唐朝大诗人李白《太原早秋》中的诗句，成了当时的我的写照。我终于找到了一种心灵的寄托，排遣那作为异乡异客的可怕的孤独感和空虚感：我埋头于写作！

我没有成为诗人。不过，对于诗的“发烧”，终于诱发了我对“学余创作”的酷爱。1959 年，19 岁的我在暑假里，在北京大学 28 斋 234 室宿舍写出了 50 多篇科学小品。

记得在开学那天——9 月 1 日，我逛北京大学附近的海淀区新华书店，见到上海的少年儿童出版社出版的一本薄薄的小书——《塑料的一家》，也就买了下来。这本小书给了我莫大的启示。因为我在暑假中所写的许多化学小品，大都是关于有机化学的，而有机化学的“主角”是碳元素。于是，我忽然有了“灵感”：何不把那十几篇化学小品，编成一本《碳的故事》？

就这样，我从暑假中所写的科学小品中选出 14 篇与“碳”有关的，作修改和补充。

我从 9 月 1 日开始重写那些化学小品，花了半个来月时间完成，投寄给上海的少年儿童出版社。

这本书的初稿，是写在活页横格纸上的。至今，我仍保存着。写好初稿后，誊在方格稿纸上，于 1959 年 9 月中旬寄给上海少年儿童出版社，原名《碳的故事》。

迄今，我仍保存着少年儿童出版社写给我的第一封信。那是铅印的《收稿通知》。上面写着：

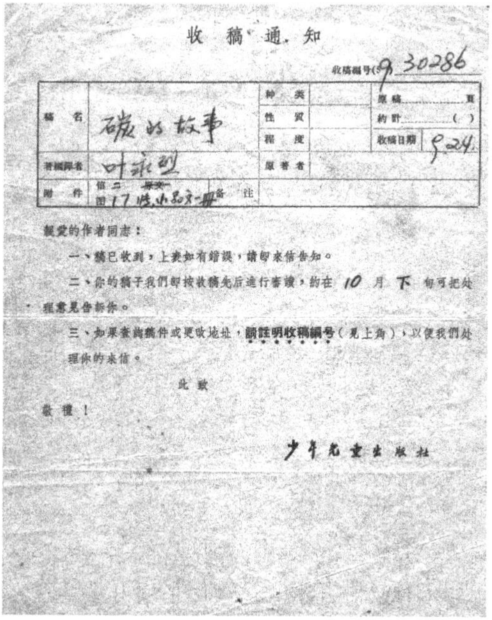
收 稿 通 知

收稿編号(59) 30286

稿名	碳的故事	种类		原稿……頁	
		性質		約計……( )	
		程度		收稿日期	9.24
著編譯者	叶永烈	原著者			
附件	信二 图17张，小品文一册	备注			

親愛的作者同志：

一、稿已收到，上表如有錯誤，請即來信告知。

二、你的稿子我們即按收稿先后進行審讀，約在 10 月 下 旬可把处理意見告訴你。

三、如果查詢稿件或更改地址，請註明收稿編号（見上角），以便我們处理你的來信。

此致

敬禮！

少年兒童出版社

叶永烈在 1959 年向少年儿童出版社邮寄了《碳的一家》（初名《碳的故事》），第一次收到少年儿童出版社的回复

收稿通知

收稿编号：(59) 30286

稿名：碳的故事

收稿日期：9，24

著编译者：叶永烈

附件：信二，图十七张，小品文一册

亲爱的作者同志：

一、稿已收到，上表如有错误，请即来信告知。

二、你的稿子我们即按收稿先后进行审读，约在 10 月下旬可把处理意见告诉你。

三、如果查询稿件或更改地址，请注明收稿编号（见上角），以便我们处理你的来信。

此致

敬礼！

少年儿童出版社

1959 年 9 月 25 日

就这样，我跟少年儿童出版社有了联系。

后来，我才知道，我的幼稚的第一本书，落在青年编辑曹燕芳手中。她是武汉人，出生于 1926 年，1949 年毕业于四川大学物理系。她热情地首肯了我的书稿，提出修改意见。这样，我在 10 月 13 日就收到少年儿童出版社的审稿意见，在 10 月 14 日至 20 日，对全书作了修改、增补，书名也从《碳的故事》改为《碳的一家》。

此后，我与曹燕芳有了诸多联系，得到她的许多帮助。曹燕芳成为我的第二位恩师。直到曹燕芳退休，尽管年逾古稀，我有空总去看望她。2016 年春节前她病故，我出席她的追悼会，送她最后一程。

叶永烈与《碳的一家》编辑曹燕芳

1960 年 2 月，我平生出版的第一本书《碳的一家》，由少年儿童出版社出版。茅盾在《1960 年的儿童文学》一文中，曾提及这本《碳的一家》，称之为“一本科学小品集”。

如今，我回忆这多年前的往事时，觉得有几点十分可贵的地方：

一是编辑热心扶植新作者——写《碳的一家》时，我只不过是一个 19 岁的大学生，既没有什么“头衔”，也没有很深的“资历”。现在我重读原稿，发现有不少不合标准的简体字，如“气”写作“気”，“样”写作“杠”，“数”写作“敀”，“兴”写作“共”……还有许多错别字，如“年轻”写作“年青”，等等。像这样幼稚的作品，受到少年儿童出版社领导以及该书责任编辑曹燕芳的热情肯定，居然决定采用。

曹燕芳写来很长的信，提出中肯的意见，指点我如何修改。我于 1959 年 10 月中旬重写了一稿。如果没有少年儿童出版社的鼓励和支持，这本书很难得以出版。

二是审稿迅速——少年儿童出版社的“收稿通知”是 1959 年 9 月 25 日寄出。也就是收到稿件的第二天，就发信给作者了。信中说，“约在 10 月下旬可把处理意见告诉你”。实际上，他们把审稿意见提前告诉了我。这使我不由得想起现在不少杂志这样公开声明:“因人手少，本刊概不退稿，三个月内未收到刊用通知，作者可另行处理。”也有的出版社，作者把书稿寄去，一年半载不见回音。这与当年少年儿童出版社的作风相比，相差十万八千里!

三是出版周期短——这本书是在10月中旬才完成修改稿，然而翌年2月就出版了。也就是说，从审稿、画插图、封面、排字、校对（包括寄作者校对）、付印到出书，只四个多月！那时候，依靠铅字排版，许多书从定稿到出书要一年甚至两三年。特别应当说明的是，当时2月出版，作者在2月就收到了样书，而不像现在许多书标明2月出版，实际上到6月、7月才印出。

自从《碳的一家》出版以后，少年儿童出版社就不断约我写书。在1960年至1961年，我参加编写了《科学技术新成就》《农业科学技术新成就》《揭开科学之谜》等书。

千里迢迢回故乡

我领到《碳的一家》一书的稿费，总共240元人民币。在当时，对于“赤贫”的我，算是很可观的收入了。我马上给父母寄去120元。父母如同久旱得甘霖。父亲的牙齿早就该动手术了，收到我寄去的钱，马上换了一口新的假牙。

我终于有钱买火车票了，终于在假期里不再独自留在空荡荡的宿舍，可以回到遥远南方的家中。

我又见到那呼哧呼哧喘气的蒸汽机车，又踏上千里迢迢的旅途。我不论坐火车还是乘长途汽车，双手总是捧着一只带蒸屉的铝锅，不离膝盖——那年月，铝制品是“紧俏物资”，家中没有蒸锅。可是，铝锅怕磕磕碰碰，我不得不抱在怀中，不敢放在行李架上。

我已经整整三年没有见到父母。他们从我手中接过那只铝锅时，热泪盈眶，我也双眼湿润了……

我尽力在经济上支援处于困境之中的父母。

当时我尚在北京大学学习，并无工资收入。我不仅用“学余写作”的稿费维持自己的生活，而且不断给父母汇款。特别是暑假回家，总是给父母一笔钱。

在“文化大革命”后发还的“抄家物资”中，发现1962年我从邮局给父母汇款的收据。这些收据不全：

1962.1.5	汇 50 元
1962.2.8	汇 10 元
1962.3.16	汇 15 元
1962.3.27	汇 15 元
1962.4.6	汇 20 元
1962.5.25	汇 15 元
1962.5.28	汇 5 元
1962.6.5	汇 10 元
1962.6.6	汇 25 元
1962.6.20	电汇 100 元
1962.6.23	电汇 100 元
1962.6.24	电汇 100 元
1962.7.7	汇 50 元
1962.9.12	汇 60 元
1962.9.15	汇 50 元
	共 640 元

其实，这不包括当年暑假回家的时候当面交给父母的钱。其中在 6 月 20 日至 24 日，三次给父母电汇各一百元，是因为父母来信，说："蒋介石反攻大陆，温州形势紧张，家中可能要疏散，急需用钱。"

每年寒暑假回家，是我最感欣慰的日子——我沉浸在父母的亲情之中，沉浸在故乡的亲情之中。

喜欢写作的我，曾写下暑假旅途见闻《在"民主十八号"上》一文，发表在 1961 年 9 月 24 日的《温州日报》上：

我向往海洋，然而，从来也没有到过海洋。

很幸运，1961 年的一天，我坐上了"民主十八号"轮船从故乡——温州，经过东海，开往上海。

在微明的晨曦中，船在瓯江上破浪前进。没多久，便驶入我向往已久的海洋。水，也渐渐由黄变蓝。后来，全都是蓝的了，只有岸边才是黄色的，仿佛是镶着一条黄色的带子。

我到船舱里躺了一会儿。睡在我对面的是一位六十来岁的老大爷。虽说我们以前并不认识，但是，没多久，我们不仅熟识了，而且谈得很热烈，像两个老朋友似的。

老大爷是住在乐清，这次，到上海去探望儿子。他谈起了过去的海洋。他说："在新中国成立前，这么大的轮船，别说没'福'坐，连看都没看过呢！那时，我到上海去是坐机帆船，又小又吵，浪一大，颠簸得像个鸡蛋壳。在海上，不光是怕风怕浪，最怕的还是土匪。经过大陈岛一带，旅客简直都是把心提在手里的！"

中午，当我坐在漂亮的餐厅里吃中饭时，广播响了："同志们，现在我们轮船的左侧，是一江山岛，船的右侧是大陈岛……"我吃完饭，赶紧到甲板上去看，果然在船的左边有一个险峻的小岛，右边有一片黑压压的岛群。我一边欣赏着，一边专心地听着广播里在讲的解放一江山岛的故事。现在，这儿再也没有土匪。有的是劳动的歌声，有的是丰收的笑声。

"民主十八号"轮船在海洋上急驶，两舷的海面，满是雪白的浪花。

第二天黎明，当我迎着清凉的晨风，跑到甲板上时，我看到的不是岛屿与无际的海洋，而是一片还在闪烁着灯光的高楼大厦了。船已接近航行的终点，进入黄浦江啦。从温州到上海，仅仅航行了25小时。

我提着行李下船。在楼梯转弯处，我看见船壁的正中央，挂着一块浅灰色的塑料板，上头端端正正地写着："上海沪东造船厂，1960年出品"。

啊，这不是一块简简单单的出厂标志，它在庄严地告诉人们：这是中国人民智慧的结晶！

《十万个为什么》成了"成名作"

如今，《新编十万个为什么》《社会科学十万个为什么》《一千万个为什么》……各种各样的版本，充满书店。

其实，各种各样的《十万个为什么》版本繁多，究其源头，是由上海的少年儿童出版社在1961年首次出版了一套五卷本《十万个为什么》。这五卷本就是

《十万个为什么》第一版

由物理、化学、天文气象、农业、生理卫生五部分册构成的套书。

2013年8月，在上海书展，我作为《十万个为什么》的“开国元勋”之一，应少年儿童出版社之邀，出席了第六版《十万个为什么》首发式。这表明，《十万个为什么》走过漫长的、半个多世纪曲折之路，在21世纪仍然是中国少年儿童喜爱的读物。

这套书在1961年“六一”国际儿童节一推出，便立即成了抢手的畅销书。当时的《人民日报》用“不胫而走”四个字来形容《十万个为什么》的热销。

到了1962年，少年儿童出版社又增出了三卷，即地质矿物、动物和数学。这样，《十万个为什么》的初版本增至八卷。

初版本在短短的两三年间，竟然印行了580万册！《十万个为什么》产生了广泛的影响。

此后，在1965年、在“文化大革命”中的1970年、在“文化大革命”后的1980年，《十万个为什么》又进行了三次大修订。1965年的第二版《十万个为什么》分14册，1970年的第三版为21册，1980年的第四版为24册。

此后，在1999年推出《十万个为什么》新世纪版，12册；2013年出版的《十万个为什么》第六版，18册。

如今，《十万个为什么》的总印数，已超过1亿册，已成为家喻户晓的一套书。

我很荣幸，由于少年儿童出版社的帮助和“重用”，我成为《十万个为什么》的主要作者。我占了三个“最”：

我是初版本写得最多的一个作者——初版本最初出五卷，共947个“为什么”，我写了326个，占全书的三分之一左右；

我也是初版本最年轻的一个作者——写这套书时我只20岁，出书时我只21岁；

我还是《十万个为什么》最“老资格”的作者——唯一从1961年的初版写至2013年第六版的作者。

1962年1月19日，上海《新民晚报》第二版发表记者永义所写的关于《十万个为什么》的报道:《图书的背后》，内中有这么一段：

“作者们对物理、化学、天文、地理等专业知识是精通的，但写法上不一定符合儿童的特点。编辑部就再三讲明要求，多方协助作者。如北京大学化学系的一位作者，编辑部派专人和他谈，帮他修改，花了好几个月时间。后来这位作者一个人就写了一百多个题目，成为本书作者中写得最多的一个。”

报道中提及的“北京大学化学系的一位作者”，就是我。那时，我是北京大学化学系的学生。报道中提及的“这位作者一个人就写了一百多个题目”，仅指化学分册，而不是全书。《十万个为什么》化学分册，初版本共收175个为什么，我写了163个。

在写了化学分册之后，少年儿童出版社又邀我参加其他分册的写作。于是，我再接再厉：为第三册天文气象分册写了27篇，为第四分册农业分册写了89篇，为第五册生理卫生分册写了43篇。

我写《十万个为什么》时，是北京大学化学系三年级的学生。说起来真有意思：小时候，我读了《十万个为什么》；长大了，我写了《十万个为什么》。

《十万个为什么》初版本第2卷扉页

我在上初中的时候，读了一本很有趣的书。那本书的作者是一位热情的“导游”，带领着我进行了一次奇特的“旅行”——室内旅行。

旅行的第一站是自来水龙头。第二站是炉子。然后依次为餐桌、厨房搁板、碗柜子。终点站为衣橱。

这本书，便是《十万个为什么》。

这本书的作者，便是苏联著名科学文艺作家伊林（真名为伊利亚·雅科甫列维奇·马尔夏克）。

本来，旅行么，总是要去很远很远的地方，总是要去没有去过的地方，这才感到新鲜、有趣。可是，《十万个为什么》所进行的室内旅行，全部“旅程”不过几米而已，旅行的地方又是司空见惯的——我们的家中。然而，每到一站，“导游”提出的一系列问题，使我发生浓厚的兴趣：

“为什么要用水来洗？”

“我们为什么要喝水？”

“有没有不透明的水和透明的铁？”

“火柴为什么会着火？”

“面包里面的小窟窿是哪儿来的？”

“为什么铁会生锈？”

“为什么衣服会使人暖和？”

“穿三件衬衫暖和呢，还是穿一件三层厚的衬衫暖和？”

……

哦，一连串的问号，无穷尽的为什么。作者引用了英国诗人吉卜林的诗句：

> 五千个在哪儿，
> 七千个怎么样，
> 十万个为什么。

作者便用《十万个为什么》作书名——尽管书里的为什么并没有“十万个”。这本书迷住了我。我发觉，伊林如同一位万能博士似的，懂得“十万个为什么”。他不仅仅是懂得，而且擅长用生动、活泼、通俗、明白的语言讲述这些为什么。诚如高尔基在谈及伊林时，曾说他“有着简明扼要地描述复杂现象和奥妙事物的罕见才能”。伊林把科学与文学融合在一起，用文学的笔调描述科学。读他的书，津津有味，比小说还好看。

于是，我读了伊林的其他科学文艺作品，如《伟大计划的故事》《几点钟》《山和人》，等等。

于是，我读了苏联科普作家别莱利曼写的《趣味几何学》《趣味物理学》，等等。

我被少年儿童出版社看中，参加编写《十万个为什么》，是因为那本《碳的一家》的出版，他们喜欢我轻松活泼的文笔。

当时，《十万个为什么》是由少年儿童出版社第三编辑室编辑。编辑组由曹燕芳、潘勋照、张伯文、黄廷元、洪祖年组成。其中，曹燕芳一人编三册，即物理、化学、天文气象分册；潘勋照编生理卫生分册；张伯文、黄廷元、洪祖年是新手，三人共同编农业分册。

由于《碳的一家》是曹燕芳担任责任编辑，而现在她又在编辑《十万个为什么》化学分册，她约我为《十万个为什么》化学分册撰稿。

记得最初曹燕芳给我寄来一份化学分册的“为什么”清单，要我试着写几个。我试着写了五个寄去，她一面热情地给予肯定，一面指出不足之处，然后要我继续写下去。

2005年6月23日，叶永烈拜访当年责任编辑曹燕芳，一起重看《十万个为什么》

我并不知道编辑的“内幕”，就像学生答题似的，按照那张清单所列的“为什么”一个个写下去。每写好十几个，就给她寄去。他们看毕，又随时告知意见。就这样，我竟一口气为化学分册写了100多个“为什么”。也有的“为什么”是清单上所没有的，我也就自己出题，自己回答。

直到好多年后，我才知道“内幕”：早在1958年，上海少年儿童出版社就已经着手编《十万个为什么》。他们组织了7位上海师范学校的化学教师写化学分册。他们花费一年时间写出了化学分册，可是写得像教科书，枯燥无味。于是，少年儿童出版社约我写作化学分册。当少年儿童出版社给我寄那份化学分册的“为什么”清单时，其实每一个“为什么”都已经有稿子了。可是我一点也不知道，也就一个个写下去，仿佛是学生答卷一般。编辑部采用了我的稿子，为此得罪了一批师范学校的化学教师……

另一“内幕”是我在前些年跟已经退休了的曹燕芳闲聊时，这才知道的：当时，《十万个为什么》的稿费是按篇算的，每篇10元人民币，而我却是每篇5元人民币！为什么我的稿费比别人低了一半？这个“为什么”的答案是十分荒唐的。据说，因为那时我还是一个学生，稿费给多了不好，以免出“第二个刘绍棠”！“文化大革命”之后，台湾地区作家来访时，知道我是《十万个为什么》主要作者，以为稿费不少，经我说明后颇为惊讶。因为如果在台湾按版税制计算，印了1亿多册的书，那版税够作者充裕地用一辈子了！

《十万个为什么》涉及各种各样的知识。为了写好这些“为什么”，“逼”着我看了大量的参考书。好在北京大学有着极为丰富的藏书，使我如鱼得水，可以在知识的海洋中尽情遨游。另外，在写作时，我注意每一篇的写法尽可能不相同，这样使我的写作技巧得到了提高。我常说：“要喝一杯水，就得挑一缸水。”为了写好一篇“为什么”，往往要查看好几本以至十多本参考书。写了那300多篇“为什么”，我的知识范围迅速扩大，织出了一张张横跨于各门科学之间的知识之网。

《十万个为什么》初版本不是像现在版本那样在每篇末署作者名字，而是按写作多少为序，在书前署名。由于我是化学分册和农业分册写得最多的作者，所以在这两册初版本上，我的名字都是排在第一个。

1962年，正在故乡温州度暑假的我，在8月10日《浙南大众》（《温州日报》前身）曾发表《〈十万个为什么〉是怎样写出来的？》一文，全文如下：

最近，我有机会从北京回到故乡——温州，看到《浙南大众》上转载着“十万个为什么”，感到非常高兴。

我曾参加过“十万个为什么”这套丛书的编著工作，说说这本书是怎样写出来的，大家一定会感到兴趣的。

“十万个为什么”这个书名，原是引自吉卜林的一句话：“五千个在哪儿，七千个怎么样，十万个为什么。”苏联著名的科学文艺作家伊林曾用“十万个为什么”作书名，写过一本通俗科学读物。因为“十万个为什么”这书名既活泼又通俗，所以这次我们也采用了它来作为书名。

“十万个为什么”起初是计划按物理、化学、天文、农业、生理卫生分别编写五册的，全书约70万字。最近，根据读者的要求，又继续编写了数学、动物和地质三册。后三册在今年年底可出版，前五册均已出版。据少年儿童出版社最近统计，前五册现在在全国各地的印数已将近300万册。

出版“十万个为什么”的准备工作，早在1958年就开始了。当时，少年儿童出版社发动上海十几个中小学的孩子们来提“为什么”。另外，也从各报刊、杂志上收集一些“为什么”，然后，组织各地的科学工作者来编写。

“十万个为什么”这套书，是编辑、作者、画家和读者共同劳动的结晶。为了这一套书，少年儿童出版社的编辑们奔走各地，对稿件一一审核，逐句推敲。光是编辑们和各地作者之间的信件来往，便在十万字以上！有时，为了核对一个数据、一句话，需要查阅十几种书。没有编辑们的辛勤劳动，是不可能有这本书的；各地的作者，也都热情地参加了编著工作。许多作者都是长期从事科学研究工作的，虽然对自己的专业都是精通的，然而为写好一篇稿子，往往一改再改，直到比较满意为止。“十万个为什么”的封面设计和插图也别具一格，受到读者欢迎，这是画家们独出匠心，反复设计的结果。如第二册（化学部分），谈到肥皂、照相、糖精等方面的“为什么”，为了使插图准确、生动，画家们还特地到肥皂厂、胶卷厂、糖精厂去访问、参观。全国各地的读者，也给了“十万个为什么”的编著工作以极大的支持。在“十万个为什么”出版之前，小读者们曾经把自己想不通的“为什么”寄给少年儿童出版社。正因为这些“为什么”是小读者们自己提出来的，“十万个为什么”这套书正是回答了他们常常遇到而又想不通的“为什么”，所以对于他们说来，是格外亲切的。

自然，“十万个为什么”也还存在着缺点。这本书出自许多人的笔下，因此，许多题目常常深浅不一，内容重复，文体也不一致，显得有些杂乱。这些缺点，都有待于将来再版时去克服。

自从《十万个为什么》出版以后，我几乎很少主动向报刊投稿了，因为很多报刊编辑部从《十万个为什么》上知道了我，纷纷向我约稿。我收到几十家报刊编辑部的约稿信。我在《光明日报》《北京晚报》《解放日报》《新民晚报》《解放军报》《安徽日报》《合肥晚报》《中国青年》等报刊，发表了数百篇文章。

我应付约稿已经忙不过来了。

《十万个为什么》成了我的“成名作”。我的人生命运，也从此和《十万个为什么》紧相连。

为了写《十万个为什么》，我曾生了一场大病……

北京大学的学业是够重的。《十万个为什么》是我的“学余创作”。沉重的功课加上繁重的写作，况且那时正值“三年自然灾害”期间，我连饭都吃不饱。每月能吃到一回水煮的黄豆，算是“改善生活”了。我差一点累垮了。我的体质不错，平常很少生病，以病历卡上保持空白为荣。可是在写《十万个为什么》时，有一回我突然发起高烧来，不得不住进北京大学医院，经诊断，我患肺炎。一星期后出院，仍咳嗽不已。经医生透视，我因肺炎引发了肺结核。

记得，医生劝我退学休养。我仍坚持上学。我住进了“隔离”宿舍。每天清早和病友们在草地上打太极拳，傍晚则做气功。所幸那时《十万个为什么》已写得差不多。在初版五册出版后，写后三册时，我就不参与了。经过一年的治疗，我的肺病终于结束了“浸润期”，我又忙于写作了。

当我开始恋爱，我第一次送给爱人的礼物，便是一套《十万个为什么》初版本。

2014 年，少年儿童出版社把我为第一版至第六版《十万个为什么》所写的所有的“为什么”，编成《叶永烈笔下的〈十万个为什么〉》，分上、下两册出版。

2015 年，少年儿童出版社又出版了我写的《〈十万个为什么〉背后的故事》，讲述了我亲历的《十万个为什么》从第一版到第六版的历程。

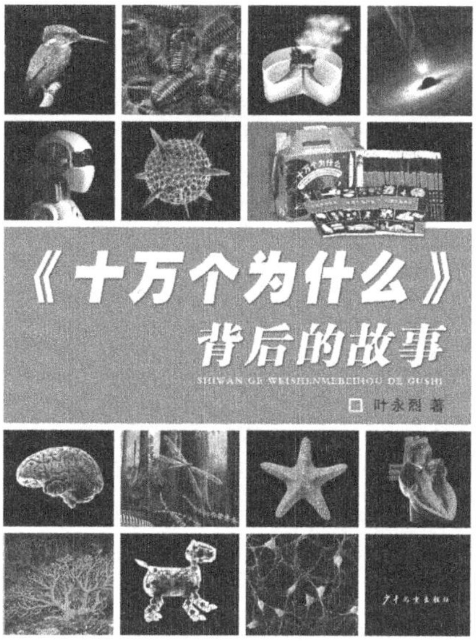

《叶永烈笔下的〈十万个为什么〉》封面

叶永烈著《〈十万个为什么〉背后的故事》封面

我的科幻启蒙

由于写了《十万个为什么》，我的写作水平有了很大的提高。在完成《十万个为什么》之后，我很想“更上一层楼”。因为《十万个为什么》是由一篇篇一两千字的科学小品所组成，我想写一部“长”的作品、“大”的作品。于是就在1961年创作了科幻小说《小灵通的奇遇》——《小灵通漫游未来》的前身。

常常有人问我，你怎么会写出《小灵通漫游未来》？你小时候读什么科幻小说？

我小时候读的科幻小说，跟你们现在读的科幻小说全然不同。我在21岁写作《小灵通漫游未来》之前，既没有读过法国凡尔纳的“硬科幻小说”，也没有读过英国威尔斯的“软科幻小说”，更没有读过美国阿西莫夫的“机器人科幻小说”。

我那时候能够读到的，是苏联的科幻小说。

我读到的第一篇科幻小说，是苏联的《精密度的钥匙》。当时，我上高中，跟同班的一位同学合订了苏联《知识就是力量》杂志中文版。在这本杂志上，我

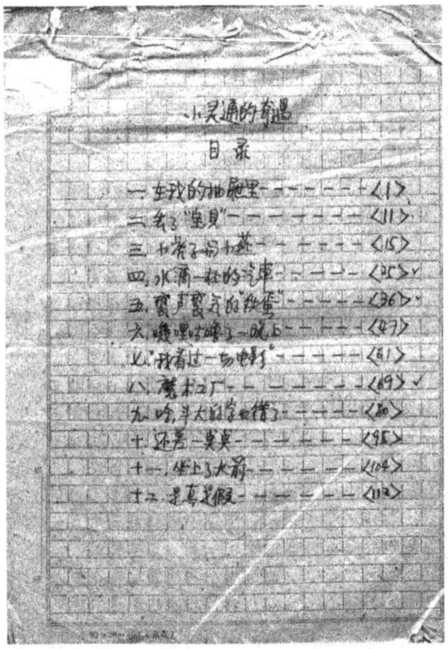
小灵通的奇遇

目录

一、在我的抽屉里〈1〉
二、去了"宝贝"〈11〉
三、小孩子与小燕〈15〉
四、水滴一般的汽车〈25〉
五、[illegible]的"铁蛋"〈36〉
六、[illegible]了一晚上〈47〉
七、"我看过一场电影"〈61〉
八、魔术工厂〈69〉
九、哈，斗大的[illegible]〈80〉
十、还差一点点〈95〉
十一、坐上了火箭〈104〉
十二、是真是假〈112〉

1961年，21岁的叶永烈所写的《小灵通漫游未来》（原名为《小灵通的奇遇》）目录

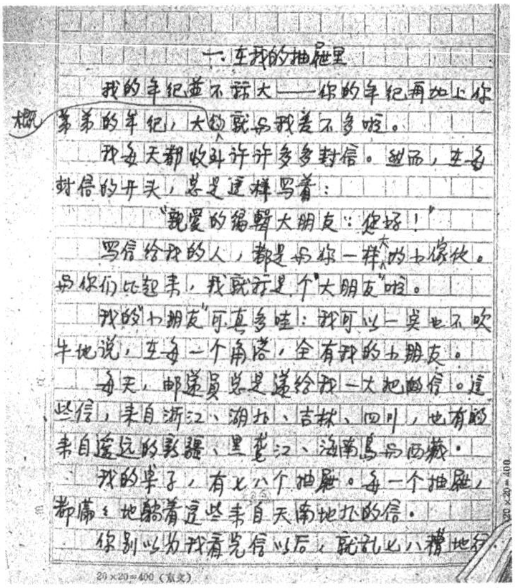
一、在我的抽屉里

我的年纪并不算大——你的年纪再加上你弟弟的年纪，大概就和我差不多啦。

我每天都收到许许多多封信。然而，在每封信的开头，总是这样写着：

"亲爱的编辑大朋友：您好！"

写信给我的人，都是和你一样大的小家伙。和你们比起来，我就算是个"大朋友"啦。

我的"小朋友"可真多哇：我可以一点也不吹牛地说，在每一个角落，全有我的小朋友。

每天，邮递员总是送给我一大把的信。这些信，来自浙江、湖北、吉林、四川，也有的来自遥远的新疆、黑龙江、海南岛和西藏。

我的桌子，有七八个抽屉。每一个抽屉，都满满地躺着这些来自天南地北的信。

你别以为我看完信以后，就乱七八糟地

20×20=400

《小灵通漫游未来》手稿

读到了连载了几期的《精密度的钥匙》。可能是这篇科幻小说太枯燥，也许是内容太深，我看了开头就没有读下去。

《精密度的钥匙》是我在中学时代读过的唯一的科幻小说。由于这篇科幻小说难以卒读，使我对科幻小说没有太大的兴趣。那时候，我大量阅读苏联的长篇小说，如《真正的人》《青年近卫军》《团的儿子》等，最喜欢读《契诃夫短篇小说选》。我还大量阅读童话、寓言以及苏联作家伊林的作品。

使我对科幻小说产生浓厚兴趣的，是在我进入北京大学之后，我读了两篇苏联科幻小说，留下深刻的印象——尽管这两篇科幻小说并非名篇，如今早就被历史的尘埃所湮没，几乎无人知晓。

其中的一篇叫《射击场的秘密》，记得我当时是从《中国青年》杂志上读到的。《射击场的秘密》是惊险样式的科幻小说。故事很有趣，事隔几十年，我仍能复述：间谍拍摄的微缩胶卷被查获了，所拍摄的是军事禁地——射击场。奇怪的是，拍摄者的视角都很低。据此推理，破案的焦点集中在一只可以随意进入射击场的狗。最后查明，是间谍在狗的一只眼睛里安装了微型照相机……这篇情节跌宕、幻想出人意料的科幻小说，使我对科幻小说产生兴趣。

接着，我从图书馆里借阅了苏联科幻小说《奇异的"透明胶"》。这是公安

部所属的群众出版社在1956年12月出版的，总共收入五个短篇科幻小说。令我难忘的是其中的《奇异的“透明胶”》，写的是一天清早，有人正在刷牙，忽然见到从空中飞过一个人，大为惊讶……这“空中飞人”是怎么回事？经过侦查，才知道原来是一个发明家，发明了奇异的“透明胶”，充进氢气，就飞上了天空。这种“透明胶”有着奇异的用途……

年轻时读书印象最深。这两篇苏联的惊险科幻小说，后来促使我把惊险小说和科幻小说结合起来，创作了100多万字的惊险科幻小说。我的以金明为主角的系列惊险科幻小说，居然是由出版《奇异的“透明胶”》一书的群众出版社出版的。

前些年，我在上海旧书摊偶然看见《奇异的“透明胶”》一书，就赶紧买了下来，并把这篇作品收入我主编的《外国惊险科幻小说选》里。

我写《小灵通漫游未来》，是在1961年，当时只读过这么几篇短篇科幻小说而已。我当时更多的是受童话的影响，我曾经读过大量的童话，诸如《木偶奇遇记》之类，所以《小灵通漫游未来》的初稿叫《小灵通的奇遇》。

另外，我当时还读过许多苏联的惊险小说。如今，我已经记不起那些惊险小说的篇名以及作者，但是还清楚记得其中的情节。比如，一位苏联姑娘偶然在一位德国人的家中，看见一个灯罩，灯罩上绘着一朵蓝色的花很眼熟。她认出那是她母亲身上的图案——她母亲曾经文身。原来，那灯罩是用人皮做的，而这人皮就来自她母亲。她经过调查，发现那位德国人是在第二次世界大战中杀害她母亲的凶手。她想方设法报了杀母之仇。这本惊险小说似乎叫《蓝箭》。另一篇惊险小说写的是一个德国间谍在第二次世界大战中潜入苏联，在一所中学里当教师。他借助于组织集邮小组，让学生把家中贴着邮票的各种各样的信带来，从中窃取许多情报……这些苏联惊险小说给我留下难以磨灭的印象。正因为这样，我后来把惊险小说与科幻小说结合起来，创作了许多惊险科幻小说。

我大量阅读中外科幻小说，是在“文化大革命”结束之后。如今，我家的藏书之中，有两个书橱用来放中外科幻小说。我主编了六卷本《中国科幻小说世纪回眸》丛书，选入1904—2004年这一百年间中国有代表性的科幻小说，这些作品就是从我家所藏的各种版本的科幻小说中选出的。

写出《小灵通的奇遇》

在写作《小灵通的奇遇》前，1959年，我写了第一部科普书稿《科学珍闻三百条》。当时，我刚刚走上科普创作道路，缺乏写作经验，从各报刊及国外杂志中收集了许多科技新成就，共三百条，编成了《科学珍闻三百条》。这样罗列科技新闻，太枯燥，太乏味。这本书稿虽然没有出版，但是为了写这本书稿，我熟悉了许多当时的科技新成就、新动态，其中有工业、农业方面，也有医药、交通、通信、宇宙航行等方面的。

在《十万个为什么》出版之后，我对写作充满兴趣。我为了克服《科学珍闻三百条》一书的缺点，决定把它写成一本科学幻想小说。我通过一位眼明耳灵、消息灵通的小记者——小灵通，到未来市进行一番漫游，报道种种未来的新科学、新技术。这样一来，抓住了一根贯串线，把那些一条条孤立的科学珍闻，像用一根线把一粒粒珍珠串了起来。另外，在讲每条科学珍闻时，不是直接讲如何如何，而是通过形象化的幻想故事来写。于是，在1961年秋，写成了《小灵通的奇遇》初稿。

《小灵通的奇遇》投寄给少年儿童出版社。我信心满满，自以为这本书写得比《十万个为什么》好，一定会很快出版。万万没有想到，《小灵通的奇遇》被少年儿童出版社退稿！

我当时很是想不通。后来才渐渐明白，也许是当时正处于三年困难时期，正处于“千万不要忘记阶级斗争”之中，这样描画未来美好图景、西瓜有桌子那么大的“奇遇记”，不适合“时宜”，遭到了退稿。

由于《小灵通的奇遇》无法出版，我一直把它压在箱底，渐渐淡忘了。在“文化大革命”中，我作为“大毒草”《十万个为什么》的作者遭到抄家。在抄家时，《小灵通的奇遇》手稿正放在岳母床下的纸箱里，岳母说那箱子是她的，手稿免遭厄运，得以保存。

没有想到的是，《小灵通的奇遇》在1978年易名《小灵通漫游未来》出版，成了超级畅销书。

拜访恩师高士其

1962年4月20日，正在北京大学读五年级的我，去西直门外二里沟第一次看望科普老作家高士其。他回答了我的许多问题。那天的访问，使我收益颇大。

1962年叶永烈结识了著名作家高士其，从此一直以高士其作为自己创作上的老师。这是叶永烈在1978年采访高士其（张崇基摄）

当时，我作了详细的笔记。当天夜里，整理成了《高士其谈科学小品》一文，记述了这次难忘的见面：

北京春正浓，桃花像朵朵红云，柳叶把大地点缀得处处葱绿。这天，天气十分暖和，蓝盈盈的天上飘着几朵白云，太阳照在脸上，已稍微感到有点热了。坐了大约半小时公共汽车，我便从北京大学来到二里沟。一点多钟，我走进全国科协，在一座米黄色的二层楼房旁，遇见一个中年男人，他在种树。“你是叶永烈同志吗？”他用浓重的邯郸口音问道。

原来，他就是高士其同志的秘书高仰之同志。因已事先约好，所以他知道我来访。他告诉我：“士其同志刚刚吃过午饭。他吃得很慢。现正在休息。”

我随着他来到会客室，我们闲聊起来，从高士其同志的创作情况，一直谈到身体情况。

会客室很大，因为常有成群的小朋友来访，所以特地造得大。地板是用木条拼成的。会客室当中放着桌子，旁边是书架，放着许多书，如《斯大林全集》《米丘林选集》等。

这会客室同时又是高士其的工作室。靠墙放着一张特制的藤椅，椅背似乎特别长。椅子前放着一个铁架，架子上夹着一份《人民日报》，上面登载着陈叔通的政协工作报告。大约是高士其同志听见了我们的谈话声，便从卧室里传出“喔喔”的喉音。高秘书一听，立即到卧室里。

没一会儿，高秘书和一位护士一起，扶着高士其走出来，快到椅子跟前时，牵着他的手让他转过身子。刚坐下，护士马上拿了一个红色的垫子，放在椅背顶端，给他当枕头。那张椅子的椅背特别长，大抵就是为了让高士其可以把头靠着休息的缘故。

高士其同志虽然为病魔所困，行动都不能自如，但脸色仍很好，双颊白里透红。头上长着几根稀疏的头发。他的眼睛不能久看。看了一会，眼皮便闭上，竟无法睁开。高秘书说，这几天还算好了些，前几天眼球直朝上翻，看不见东西。

高士其咿呀咿呀地讲话，声音从喉管里发出，舌头僵直，一点也不能帮助他发音。我听不懂他的“高语”，由高秘书翻译，讲得很慢。

高士其同志一听我是北京大学化学系的学生，就说：“你们的系主任是孙承锷吧？他是我的老同学哩，都在美国威斯康星大学化学系念过书。”

我十分敬佩他清醒的头脑和清晰的记忆。我告诉他，孙教授身体很好，还亲自开课呢。他听了，嘴角的肌肉向上收缩，出现了笑意。接着，他应我的要求，用咿咿呜呜的话语，向我谈起自己的写作经过。他讲得十分吃力，一句句经秘书翻译才能听懂。口水不住沿着嘴角往下流，流到口罩里。

下面是我当时记下来的谈话记录：

“1935 年，我在上海。陈望道（现复旦大学校长）主办《太白》半月刊，提倡科学小品，多半是生物方面的，写稿的有周建人、贾祖璋、顾均正等，后来汇集出版了一本书，叫《越想越糊涂》。”

我一听，笑了，问道：“怎么会叫《越想越糊涂》？”高士其同志答道：“这是因为这本书中有一篇文章，叫作《越想越糊涂》。”

问：“这本书我没看到过，您有吗？”

答：“我也没有。”（注：我根据高士其同志的提示，后来在旧书摊上终于买到上海文化书店 1935 年出版的《越想越糊涂》一书）

问：“我看了一些资料，查证了一下，好像‘科学小品’这个词，最早出现在《太白》半月刊上。”

答：“是这样的。”

问:“是谁最早提出这个词儿?”

答:“你可以问问陈望道。”

问:“你是怎么开始写科学小品的?”

答:“我的第一篇科学小品是《细菌的衣食住行》,1935年发表在《读书生活》杂志上。后来,就每星期写一篇,发表在《读书生活》上。这些科学小品,收在《我们的抗敌英雄》一书中。这样,越写越有兴趣。在抗战前,写了一百多篇,收成单行本《细菌和人》一书。那都是结合当时的政治,而且都是带有讽刺的口气。后来又出版了《抗战和防疫》《细菌的大菜馆》。那时,每月还给《中学生》杂志写一篇《菌儿自传》,一直到‘八·一三’抗战前,写完了最后一篇稿子,便到延安去了。”

问:“你新中国成立前的作品,是不是都收进了单行本?”

答:“还有很多没有收入单行本。”

问:“你有没有其他笔名?”

答:“没有(这‘没有’两字发音极为清楚,连我也听懂了)。当时主要给《妇女生活》《通俗文化》《读书生活》杂志写。后来,《读书生活》被禁止了,改为《读书》半月刊。在上海时,为《申报》的《申报副刊》写过一些。有一篇《鼠疫的故事》,发表在创刊第二期上。”

问:“什么杂志?”

高士其答着,连高秘书也听不出来讲的是什么意思。

于是,他就用颤颤抖抖的手吃力地握着铅笔,在纸上写出两个歪歪扭扭的字:“言林”。

他又接着说:“路过汉口时,写过一篇《细菌和日本鬼子》。在陕北时,写过《国防科学在陕北》,发表在《群众》杂志上。在香港时,写了《自然辩证法大纲》《什么是古典哲学》,发表在香港的《青年知识》上。后来,写过一些诗歌。在1945年到1946年,给《广西日报》写过诗歌。在广州的一些杂志(四五种)上,发表过《新民主主义的科学》《自然运动大纲》,还写过科学小品《民主的显貌细胞》(未听清楚)、《田地进行曲》(未听清,可能是《天的进行曲》)。1949年回到北京后,给少年儿童写过一些诗——科学诗。给少年儿童出版社、科技出版社写过些科学小品,如《在鼠疫战场上》。在细菌战时,写过一些关于细菌的文章。还写过《生命的起源》(科学出版社)、《菌儿知识》《和传染病作斗争》《青年向科学进军》(中国青年出版社)、《细菌世界探险记》《细菌和滤过性病毒》。在斯大林逝世和伊林逝世时，写过些纪念文章。”

问:“关于伊林的生平，我了解不太详细。除了普略诺夫的《伊林译传》及你的《纪念伊林》《介绍伊林的作品》等文章以外，就很少见到了。是否还有别的书籍?”

答:“没看到过，可以去查查苏联的《人名词典》或向苏联方面联系。你研究伊林，可以读读《科学和文学》这本书。”

这时，我从书包里拿出自己带来的伊林著《科学和文学》，问他:“是这本吗?”高士其笑了。

问:“科学小品是否应属于科学文艺范畴?”

答:“这应该看这篇科学小品的文艺性如何。文艺性强的，可以算科学文艺;文艺性差的，只讲科学知识的，那就不算是科学文艺，而是一般的通俗科学读物。”

我接着说:“最近几年来，特别是1961年以来，全国各省、市报纸都很重视科学小品，每星期各报刊几乎都要出一版《科学和生活》，刊登科学小品。每年，全国发表的科学小品，有几千篇。但是，关于这方面的理论研究文章很少见到，只有你的《自然科学通俗化问题》中谈到。在伊林的著作中，根本就没有‘科学小品’这个词儿。”

高士其同志谈道:“中国的科学小品，应该有中国的风格。翻译的作品，终究是翻译过来的。我们应该有中国的风格。”谈到这里，高士其同志出现兴奋的脸色，他提高了声调，着重地对我说:“中国的科学小品，应该有中国的气魄!因为这是中国人写的，写给中国人看的!”

我又问道:“‘科学文艺’这一名词儿，是从伊林的著作中翻译而来的。在过去，译为‘科学艺术文学’。不过，科学文艺这一名词，是否有点不妥?因为在这里，科学是指自然科学，而科学正如毛主席所说的，是分为自然科学、社会科学和哲学。那么社会科学中，像吴晗同志主编的‘历史小丛书’，有的文艺性也很强，历史学是一门科学，但是那些‘历史小丛书’并不属于科学文艺。这样看来，是否应确切地说，科学文艺是指自然科学文艺?”

高士其同志听了，笑了，说道：“这是一个值得大家一起讨论、研究的问题。在科学文艺理论上，有许多问题都还是值得讨论和研究的。”我们又谈到了中国的科学文艺创作问题。高士其提出：“科学幻想小说，是值得注意的。凡尔纳的科学幻想小说，写得知识面很广，又很有趣。”

我说：“凡尔纳从小就在海上生活，他当了几十年海员，熟悉海的一切，所以，他的小说总是以海洋、岛屿为背景的。”

高士其同志说道：“对，科学幻想小说的作者，一定要像凡尔纳那样熟悉生活。”

我说：“现在，我国只有《知识就是力量》杂志，刊登一些翻译过来的科学幻想小说，而我们自己创作的很少。分析起来，原因可能是在文学作家中，虽然熟悉生活，但是，他们不熟悉科学，不敢拿起笔来写科学幻想小说；在科学工作者中，虽然熟悉科学，但是不熟悉文学，特别是科学幻想小说是文艺性很强的科学文艺作品，不易写。因此，就造成目前我国科学幻想小说很少的局面。不过最近已有好转，出了一些科学幻想小说。”

高士其同志问出了什么新书。

我答道：“最近少年儿童出版社出版了两本，一本是《古峡迷雾》，童恩正著；一本是《五万年前的客人》，是童恩正等著。”

高士其同志很关心地问我这两本书，讲些什么，我向他介绍了大概内容，他满意地笑了。另外，我还向他介绍了任大星发表在《上海文学》上的《大街上的龙》。

他说：“科学童话也值得注意。”

我们还顺便谈起了国内的一些作者，谈到郑文光、顾均正、贾祖璋、周建人。

由于高士其同志的身体不大好，听说他早上还犯病，眼球向上翻，所以我不便过久打扰他，就起身告辞了。高士其同志说：“我身体很不好，我的创作方向主要是科学诗，因为科学诗短小，写起来适合一些。”

我问他有没有《怎样编写自然科学通俗作品》这本书，我向图书馆查过，没有此书。他说：“我这儿有一本，你拿去看吧！”

在告别时，他一再说：“有空，来我这儿玩玩、谈谈。”

我坐上公共汽车，在车上翻看《怎样编写自然科学通俗作品》这本书。

在书中，发现写着许多歪歪扭扭的铅笔字，这显然是高士其同志的手迹——他一边看书，看到不妥当的地方，就一边亲自作了修改。

这时，高士其同志的形象又浮现在我的眼前：这是一个多么不平凡的老人！他那种顽强不屈和疾病作斗争的意志，他全心全意为少年儿童、为广大读者不倦地创作的精神，他对下一代的关怀，深深地激励着我，鞭策着我。像他这样全身瘫痪，还在坚持科普创作，我们这些年青力壮的人，怎么不该加倍地努力啊！我想，一定要系统地收集他的作品，研究他的作品，作为创作上学习的蓝本。

从此，高士其成了我的恩师——我平生的第三位恩师。高士其给了我深刻的影响，成为我从事科普创作的楷模。

我很幸运，我的一生中有三位恩师：

第一位恩师杨奔，在我11岁的时候发表我的第一篇作品，成为我创作的起点；

第二位恩师曹燕芳，在我19岁的时候出版我的第一本书，并约我写《十万个为什么》，引导我走上创作之路；

第三位恩师高士其，在我22岁的时候成为我创作上的导师。

当然，还有一位在政治上给我以巨大帮助和鼓励的是中共中央政治局委员、国务院副总理方毅。这是后话。

俗话说："一道篱笆三个桩，一个好汉三个帮。"我庆幸，在我的人生道路上，得到了许多人的帮助。

我与高士其从此有了多年的交往，光是他写给我的信，就有几十封之多。后来，我为他写了20多万字的长篇文学传记。

向陈望道先生请教

受高士其谈话的启发，我对"科学小品"在中国的起源问题发生兴趣，准备写作《"科学小品"探源》一文。

我注意到，"科学小品"一词在国外是没有的，在中国最早出现在《太白》半月刊创刊号上。《太白》由陈望道主编，1934年9月20日在上海创刊。创刊号上辟“科学小品”专栏，发表了克士（周建人）、贾祖璋、薰宇（刘薰宇）和顾均正所写的四篇科学小品，还发表柳湜的《论科学小品》一文。自创刊号起，《太白》半月刊每期刊登“科学小品”。由于《太白》的提倡，各报刊纷纷响应，也刊登“科学小品”。

这样，“科学小品”作为中国独有的一种文学体裁，不断发展，活跃于中国各报刊。

我曾问高士其，“科学小品”一词最早是谁提出来的。

他答道：“你可以问问陈望道。”

这样，我写出《“科学小品”探源》一文初稿之后，从北京寄往上海复旦大学，请陈望道先生审阅。

陈望道先生是复旦大学校长，也是中国共产党最早的活动家之一，是《共产党宣言》第一个全译本的译者。意想不到，他于1962年12月9日给我亲笔复函。我至今珍藏着这封信，全文如下：

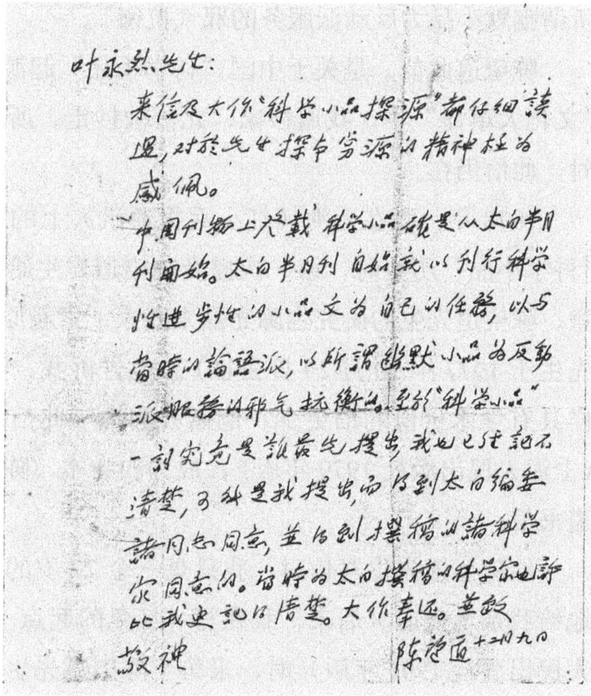

叶永烈先生：
来信及大作“科学小品探源”都仔细读过，对于先生探本穷源的精神极为感佩。
中国刊物上登载科学小品确是从太白半月刊开始。太白半月刊自始就以刊行科学性进步性的小品文为自己的任务，以与当时的论语派，以所谓幽默小品为反动派服务的邪气抗衡的。至于“科学小品”一词究竟是谁最先提出，我也已经记不清楚，可能是我提出，而得到太白编委诸同志同意，并得到撰稿的诸科学家同意的。当时为太白撰稿的科学家也许比我更记得清楚。大作奉还。并致
敬礼
陈望道 十二月九日

陈望道致叶永烈信

叶永烈先生：

来信及大作“科学小品探源”都仔细读过，对于先生探本穷源的精神极为感佩。

中国刊物上登载科学小品确是从太白半月刊开始。太白半月刊自始就以刊行科学性进步性的小品文为自己的任务，以与当时的论语派，以所谓幽默小品为反动派服务的邪气抗衡的。至于“科学小品”一词究竟是谁最先提出，我也已经记不清楚，可能是我提出，而得到太白编委诸同志同意，并得到撰稿的诸科学家同意的。当时为太白撰稿的科学家也许比我更记得清楚。

大作奉还。

并致

敬礼！

陈望道

12月9日

他在信中，确认了中国刊物刊载“科学小品”是从《太白》半月刊开始的。他特别指出了《太白》当时提倡“科学小品”的原因，是“与当时的论语派，以所谓幽默小品为反动派服务的邪气抗衡”。

陈望道此信，是关于中国“科学小品”起源的重要文献。我十分珍视此信。“文化大革命”中，我遭抄家，此信被抄走。所幸后来雨过天晴，发还抄家物资时，此信仍在。

1978年，我在上海《红小兵报通讯》上的《科学文艺创作札记》中，谈及“科学小品”历史时，第一次提及陈望道先生给我的这封信，引起复旦大学的注意。陈望道先生的研究生陈光磊来我家，索看原件，认为此信甚为珍贵（陈望道先生于1977年10月29日去世）。他告诉我，陈望道先生晚年书信甚少，像这样具有学术价值的信更少。他借去翻拍了此信，并收入《陈望道文集》第一卷（上海人民出版社1979年版），成为四卷本《陈望道文集》唯一收入的一封陈望道书信。

给陈望道先生写信时，我只是一个22岁的大学生。我十分感谢他那么认真地给我亲笔复函。后来，我在写《红色的起点——中国共产党诞生纪实》（上海人民出版社1991年版）时，采访了陈望道先生的儿子陈振新以及有关老同志，我才更多地了解这位《共产党宣言》第一位全译者的不平凡的身世，我更为崇敬他的品格。

陈望道先生的手稿传世甚少。2002年11月28日《新民晚报》发表冯沛龄的《陈望道手稿求索记》，写道：

中学求学时期，曾读过陈望道先生的《修辞学发凡》，当时只知道他是语言文学大家。后来渐渐知晓他是中国共产党最早的党员之一，《新青年》杂志编辑，《共产党宣言》第一个中译本的译者，1934年始主编《太白》半月刊。新中国成立后曾任华东文化部部长，复旦大学校长，《辞海》编辑委员会主编，社会影响甚大。上海作协要举办“上海作家手稿展”，如有他的手稿参展，必将为展览增光添彩。奈何他去世较早，有些社会关系一时不易找到，寻找手稿事一时尚无头绪。正在寻寻觅觅之际，一日，不想转机来了。

7 月的一天，我们如约前往著名作家叶永烈先生寓所去取他捐赠给上海作协的手稿和作品……他热情地邀请我们参观他的书房，只见书架上各类资料一应俱全，井然有序。他的作品和有关评论都按时间先后排列整齐。手稿也由夫人装订成册，编有目录，甚至从小学一年级到大学毕业的成绩报告单，均保存完好。目睹此情此景，我们佩服得五体投地，连声称好。我忆起数年前急需一份资料应用，但遍觅无着，即向他请教求援，他迅即查出传真过来，为我解决了困难。他还保存着名人、作家、科学家给他的十余册书信集珍，他打开一册，第一封信竟是陈望道先生 1962 年 12 月 9 日给时在北京大学求学的叶永烈的回信！叶永烈说，在 19 岁读大学二年级时，已写出科普读物《碳的一家》，对科学普及甚是热衷，他向望道先生去函请教当年《太白》半月刊提出的“科学小品”是谁首倡的，望道先生回函一一作了回答。叶永烈激动地说：“当时我只是一个普通的大学生，而望道先生是大名鼎鼎的复旦大学校长，亲自复函给我这样一个小人物，令我十分感动，至今仍心存感激，此信我一直视为珍宝保存。‘文化大革命’浩劫中被抄走，后终于发还，更感珍贵。”

乍见这封信时，我眼睛一亮，听了叶永烈的一番叙述，我迫不及待地说：“我正到处在找望道先生的手稿，苦于求觅无门，这封信能否借用参展？”他慨然应允，我喜不自胜。这正是踏破铁鞋无觅处，得来全不费功夫。

有了望道先生的手迹，还有巴金等众多名家的手稿，我想，不日将在上海作协展出的“上海作家手稿展”，必定是异彩闪烁。

北大图书馆的灯光

2013 年 11 月 20 日至 23 日，我应北京大学图书馆之邀，前去作讲座。我特意在未名湖畔的“大图”（对于第一图书馆的惯称）前，摄影留念。

重新回到“大图”，我感触良多……

柔和的淡黄色台灯灯光，一盏一盏又一盏汇成一片灯的海洋。多少个夜晚，我坐在宽大的靠背木椅上，沉浸在这无声无息的灯海之中，如痴如醉地读了一本又一本书，打下我的学业的一块又一块基石。

虽说岁月飞逝，我依然怀念当年在母校北京大学“大图”度过的那些苦读的日子。

“大图”环境幽雅，藏书众多，尽管离宿舍较远，我却最爱在那里借书、读书。每当那小小的送书的“电梯”里出现我要借的书的时候，我心中立即激起一阵喜悦。

我是一个很“怪”的学生。我念的是化学系本科，六年制，1957 年入学，1963 年毕业。可是，我借的书，除了化学专业书籍外，还有天文、地理、物理、数学、生理、生物方面的书，甚至借了不少文学名著以及社会科学书籍。我阅读兴趣非常广泛。

我也常去“第四”（对于第四阅览室的惯称）。那里的书库开架，可以自由自在浏览自然科学图书。看到有兴味的书，就借回去细看。记得有一本名叫《复苏》的书，介绍人类对于生命复苏的种种实验，一下子把我迷住了，我借回去一口气看到深夜。还有好多本科学家传记，也使我爱不释手。

我每日必去报刊阅览室。褐黄色架子上，插着当天送到的全国各省市报纸，我爱翻一翻。最常看的是《新民晚报》《文汇报》《光明日报》《羊城晚报》《解放日报》以及张贴在楼上入口处的当天的《北京晚报》。各地的文学杂志，也是我爱看的，读生活气息浓郁的短篇小说，读文辞优美的散文。王汶石的、赵树理的、胡万春的（想不到后来我跟胡万春成了同事），对啦，还有浩然的，署着他们的名字的小说，我总要看的。

我的家，在远离北京的海滨之城温州，那时家境艰难，到北大之后三年没有回老家，而我在北京又举目无亲，所以寒暑假成了我读书的最好时光，几乎整天整天泡在图书馆里，在书海中遨游。

化学系系图书馆自然是我“泡”的地方之一。在文史楼楼上的阅览室，甚至西语系、东语系系图书馆，我也去“泡”。那时被视为非常“神秘”的海外报刊，我在东语、西语系系图书馆里都读到过。

在整理学生时代的照片时，曾发现有趣的现象——我的右肩上总挎着那个草

在北京大学时，叶永烈总是背着书包

绿色的帆布大书包。那时，书包和我犹如秤砣和秤，总在一起。唯一“分离”的时间，是在早起之后，先把书包放在阅览室里，占一个座位，然后拎着碗袋，到大膳厅喝玉米粥，吃馒头，加一分钱什锦菜。匆匆填饱肚子，赶紧坐进阅览室里预占的座位，开始一天的苦读。

北大丰富的藏书，拓宽了我的知识面。

北大六年，成为我一生中奋飞的起点。北大的图书馆，给了我丰富的知识滋养，也是我最初的“书房”。饮水思源，“源”在母校北大，“源”在北大的图书馆。

1991 年“七一”前夕，我的长篇新著《红色的起点——中国共产党诞生纪实》由上海人民出版社出版。在创作这部长篇时，我对北大图书馆光辉的历史有了了解：1920 年，李大钊是北大图书馆主任，他的办公室取名“亢慕义斋”，是北京共产主义小组的诞生地。“亢慕义斋”又名“康慕尼斋”，是“Communism”——共产主义的音译。不光上海兴业路上的“李公馆”是中国革命“红色的起点”，北大图书馆也是“红色的起点”。我在《红色的起点》中写及李大钊，写及“亢慕义斋”，也写及毛泽东在北大图书馆工作的情景。我怀念着母校，怀念着北大图书馆。

哦，难忘，“大图”那一片灯海。那灯海长亮，如温煦的阳光，照耀着一代又一代莘莘学子！

在光谱仪旁度过的日子

六年级那一年，我是在一台 Q24 石英中型光谱摄谱仪旁度过的。光谱实验

叶永烈在北京大学光谱实验室

室在地学楼2楼，在化学楼的正对面。

我花费一年时间拍摄了数百张谱片，终于写出了毕业论文《纯氧化钽中杂质的光谱分析》。这篇论文曾在1964年度中国化学会分析化学学术会议上宣读，并于同年被收入《中国化学会分析化学学术会议论文摘要集》一书。

后来，我接到《北京大学学报·自然科学版》编辑部通知，说要发表这一论文。然而，“文化大革命”的开场锣鼓敲响了，论文未及付梓，学报便停刊了。

我当时念的是光谱分析，这个专业总共3名学生，其中除我之外，另两名是从外校调来的进修生。

光谱分析属仪器分析，即借助于仪器对物质的化学成分进行定性、定量分析。它的原理，属于物理学范畴；它的应用，却在化学范畴。可以说，它是物理学和化学“结婚”的产儿。

很有意思，光谱分析开山鼻祖是100多年前的德国学者本生和基尔霍夫，本生是化学家，基尔霍夫是物理学家，他俩密切协作，充分发挥各自的特长，这才创立了光谱分析法。他们用光谱分析发现了新元素铯和铷，震惊了世界科学界。从此，光谱分析为各国科学家瞩目，他们用光谱分析法又进一步发现了一系列新元素……

我正是怀着对本生、基尔霍夫光辉业绩的无限崇敬，步入光谱分析实验室，做他们的一名门徒。

光谱分析是北京大学化学系年轻的专业，老师也都是年轻人。最初，我的导师是余光辉先生，他刚跟我谈了一次话，就到东德（当时叫“民主德国”）留学了。他出国之后，改由李安模先生担任我的导师。

1957年，我进入北京大学化学系的时候，李安模先生正好从北京大学化学系毕业。此后，他到苏联留学。

1962年，我念完五年级，李安模先生刚刚留苏归来，是一位朝气蓬勃的青年教师。

在一年的时间里，我在李安模老师的指导下，从查阅英文、俄文文献开始，然后设计实验方案，直到实验结果分析，写出论文，完成论文答辩。

光谱分析的特点是“见微知著”，从一丁点儿样品中可以测出其中所含的几十种化学元素。实验室里一尘不染，没有一般化学实验室那种怪味儿。每次做完实验，我总是要把光谱分析仪收拾得干干净净，仿佛明净的眼睛容不得一粒尘土。一切操作都那样小心翼翼，精细而准确。当我坐在分析天平前称样品的时候，虽然天平是放在坚固的水磨石桌子上，虽然在称量时关紧了天平的玻璃罩，可是我仍不敢喘一口粗气，不敢把手、脚稍稍移动。研磨样品所用的是玛瑙研缸，我一次次用蒸馏水冲洗，烘干，绝不允许让一丝杂质混入——因为即使混入的杂质只有百万分之一，灵敏的光谱仪也会察觉。我所用的化学药品，标签上总是印着“A.R.”（分析纯）或者“G.R.（光谱纯）。尽管所用的纯碳电极是“光谱纯”的，但是仍要一次次地做空白试验，检查其中是否含有杂质。

当一切准备工作就绪之后，我端坐在一张高脚凳上，戴上墨镜。光谱仪横卧在我的面前。一揿电钮，电极间产生白中带蓝的炫目光芒。几秒钟后，等弧光稳定，我开始摄谱。这时，电弧间产生的臭氧，便钻进我的鼻子。拍完一种样品的光谱，便把底板向上摇一格，然后拍摄另一种样品的光谱……

摄谱结束了，我赶紧拿着底片盒步入暗室，显影、定影。玻璃底板上出现一条条像绿豆芽那样又窄又长的光谱。我奔向SP2型映谱仪，焦急地从放大了的光谱底板上观看实验结果，那种心情犹如人们从照相馆营业员手中取过纸袋急于想看一看自己的“玉照”一般。然后，用快速测微光度计测量，我的实验记录本上又增添了一大批数据……

科学研究，乃是探索未知世界的奥秘。我仿佛在一片阒无人迹的密林中前进。

我的目的是探索提高光谱分析灵敏度的新途径。因为在不久前，国外报道表明，在试样中加入少量其他化合物——“载体”，可以扩大杂质和基体间分馏的差异，提高分析灵敏度。我以氧化钽中的杂质测定作为试验项目，寻找合适的载体。实验一度陷入困境，我把一种又一种化合物作为载体进行试验，没有见效，分析灵敏度没有明显的提高。我试用了近60种化合物，拍摄了一大堆谱片，花费了几个月的时间，毫无收获，到了“山重水复疑无路”的地步。

这时，导师李安模劝我沉住气，暂停实验，总结一下。我仔细地一一分析我的实验结果，终于从一大堆数据中看出新苗头。我发觉，银化物和卤化物对提高分析灵敏度有一定作用，就作了大胆的推想——可否用卤化银作载体呢？由于卤化银极易见光分解，现成的卤化银是没有的。我自己动手制造卤化银，一试验，效果非常明显，真是“柳暗花明又一村”。从此，实验非常顺利，得出了喜人的结果——以卤化银为载体，使氧化钽中14种杂质的光谱分析灵敏度提高了5倍至100倍。我写出了论文，并对卤化银的载体效应提出了理论解释。这就是我在光谱分析仪旁边工作了数百天得到的科学成果。

我深有所感，在科学上的每一发现，都意味着要付出巨大的劳动。成功来自于失败。我总共试用了62种化合物——直到最后，才找到了理想的化合物。

我陷入无限的亢奋之中，那天夜里久久不能入眠。我尝到了科学发现的快乐……

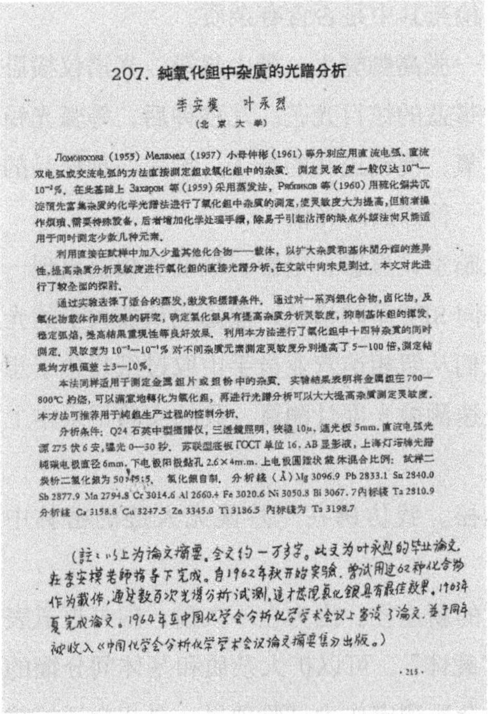

207. 純氧化鉭中杂质的光譜分析

李安模　叶永烈

(北京大學)

Ломоносова (1955) Меламед (1957) 小母仲彬 (1961) 等分别应用直流电弧、直流双电弧或交流电弧的方法直接测定鉭或氧化鉭中的杂質．測定灵敏度一般仅达 10^{-4}—10^{-2}%．在此基础上 Захаров 等 (1959) 采用蒸发法，Рябников 等 (1960) 用硫化镉共沉淀预先富集杂質的化学光譜法进行了氧化鉭中杂質的测定，使灵敏度大为提高，但前者操作烦瑣、需要特殊設备，后者增加化学处理手續，除易于引起沾污的缺点外該法尚只能适用于同时測定少数几种元素．

利用直接在試样中加入少量其他化合物——載体，以扩大杂質和基体間分馏的差异性，提高杂質分析灵敏度进行氧化鉭的直接光譜分析，在文献中尚未見到过．本文对此进行了較全面的探討．

通过实験选擇了适合的蒸发，激发和摄譜条件．通过对一系列銀化合物，卤化物，及氯化物載体作用效果的研究，确定氯化銀具有提高杂質分析灵敏度，抑制基体鉭的揮发，稳定弧焰，提高結果重現性等良好效果．利用本方法进行了氧化鉭中十四种杂質的同时測定．灵敏度为 10^{-3}—10^{-1}% 对不同杂質元素測定灵敏度分别提高了5—100倍，測定結果均方根偏差 ±3—10%．

本法同样适用于測定金属鉭片或鉭粉中的杂質．实驗結果表明将金属鉭在700—800℃灼燒，可以滿意地轉化为氧化鉭，再进行光譜分析可以大大提高杂質測定灵敏度．本方法可推荐用于純鉭生产过程的控制分析．

分析条件：Q24 石英中型摄譜仪，三透鏡照明，狭縫 10μ，遮光板 5mm．直流电弧光源 275 伏 6 安，曝光 0—30 秒．苏联型底板 ГОСТ 单位 16．AB 显影液，上海灯塔牌光譜純碳电极直径 6mm，下电极阳极黏孔 2.6×4m.m．上电极圓錐状載体混合比例：試样二炭粉二氯化銀为 50∶45∶5．氯化銀自制．分析綫（Å）Mg 3096.9 Pb 2833.1 Sn 2840.0 Sb 2877.9 Mn 2794.8 Cr 3014.6 Al 2660.4 Fe 3020.6 Ni 3050.8 Bi 3067.7 内标綫 Ta 2810.9 分析綫 Ca 3158.8 Cu 3247.5 Zn 3345.0 Ti 3186.5 内标綫为 Ta 3198.7

（註：以上为論文摘要。全文约一万多字。此文为叶永烈的毕业論文在李安模老師指导下完成。自1962年秋开始实験，曾试用过62种化合物作为載体，通过数百次光谱分析试測，這才發現氯化銀具有最佳效果。1963年夏完成論文。1964年在中国化学会分析化学学术会议上宣读了論文，並于同年被收入《中国化学会分析化学学术会议論文摘要集》出版。）

·215·

叶永烈北京大学毕业论文摘要，李安模为导师，当时是青年讲师，后来任北京大学副校长

对于这一发现，李安模先生非常高兴，给予肯定，并要求我对于卤化银为什么能够提高光谱分析灵敏度的机制进行探讨。

我的毕业论文《纯氧化钽中杂质的光谱分析》全文一万多字。

1963年7月，北京大学化学楼底楼的大教室里，我走上讲坛，宣读了我花费近一年时间写成的毕业论文。宣读完毕，开始答辩，我逐一答复老师和同学的质疑……

下面附录我的大学毕业论文摘要，我并不希冀让读者读懂化学论文，而是借此表明我曾经是相当“正宗”的“化学子弟”——

纯氧化钽中杂质的光谱分析

李安模（导师）叶永烈

说明:《纯氧化钽中杂质的光谱分析》为叶永烈在北京大学的毕业论文，全文约一万多字。以下为论文摘要。在李安模老师指导下完成。叶永烈自1962年秋开始实验，曾试用过62种化合物作为载体，通过数百次光谱分析试测，这才发现氯化银具有最佳的催化效果。1963年夏完成论文。1964年在中国化学会分析化学学术会议上宣读了论文。论文全文约二万字，这里收入的是论文的摘要。《纯氧化钽中杂质的光谱分析》摘要在1964年被收入《中国化学会分析化学学术会议论文摘要集》出版。

罗蒙诺索夫（1955）、密兰密特（1957）、小母仲彬（1961）等分别应用直流电弧、直流双电弧或交流电弧的方法直接测定钽或氧化钽中的杂质。测定灵敏度一般仅达10^{-1}—10^{-2}%。在此基础上柴哈洛等（1959）采用蒸发法，梁比可夫等（1960）用硫化铜共沉淀预先富集杂质的化学光谱法进行了氧化钽的测定，使灵敏度大为提高，但前者操作烦琐、需要特殊设备，后者增加化学处理手续，除易于引起沾污的缺点外，该法尚只能适用于同时测定少数几种元素。

利用直接在试样中加入少量其他化合物——载体，以扩大杂质和基体间分馏的差异性，提高杂质分析灵敏度进行氧化钽的直接光谱分析，在文献中尚未见到过。本文对此进行了较全面的探讨。

通过实验选择了适合的蒸发、激发和摄谱条件，通过对一系列银化合物、卤化物，及氧化物载体作用效果的研究，确定氯化银具有提高杂质分析灵敏度，抑制基体钽的挥发，稳定弧焰，提高结果重现性等良好效果。利用本方法进行了氧化钽中十四种杂质的同时测定。灵敏度为10^{-2}—10^{-4}%对不同杂质元素测定灵敏度分别提高了5—100倍，测定结果均方根偏差±3—10%。

本方法同样适用于测定金属钽片或钽粉中的杂质。实验结果表明将金属钽在700—800℃灼烧，可以满意地转化为氧化钽，再进行光谱分析可以大大提高杂质测定灵敏度。本方法可推荐用于纯钽生产过程的控制分析。

分析条件：Q24石英中型摄谱仪，三透镜照明，狭缝10μ，遮光板5mm。直流电弧光源275伏6安，曝光0—30秒。苏联型底板TOCT单位16，AB显影液，上海灯塔牌光谱纯碳电极，直径6mm。下电极阳极钻孔2.6×4m.m。上电极圆锥状载体混合比例：试样二炭粉二氯化银为50：45：5。氯化银自制。分析线（Å）Mg 3096.9 Pb 2833.1 Sn 2840.0 Sb 2877.9 Mn 2794.8 Cr 3014.6 Al 2660.4 Fe 3020.6 Ni 3050.8 Bi 3067.7 内标线 Ta 2810.9 分析线 Ca3158.8 Cu 3247.5 Zn 3345.0 Ti 3186.5 内标线为 Ta 3198.7

不久，毕业论文通过了，我拿到了红底金字的北京大学毕业证书，分配到上海工作。原本按照学校的规定，我们六年制的理科生毕业时应授予“副博士”学位。其实，这六年制、这“副博士”，都是从苏联学来的。可是随着中苏关系的紧张、破裂，虽然我在北京大学化学系念了6年，“副博士”学位却告吹了。

1964年，在中国化学会分析化学术会议上，李安模先生宣读了这一论文，并于同年收入《中国化学会分析化学学术会议论文摘要集》，署名是“李安模，叶永烈（北京大学）”。这篇论文正准备全文发表于《北京大学学报·自然科学版》的时候，“文化大革命”开始了，《北京大学学报》停刊，论文未能全文发表。

没有想到，在“文化大革命”中，由于《十万个为什么》被打成“大毒草”，作为主要作者的我遭到“批判”以至抄家。李安模老师在临别时送给我的一张照片也被抄走，而且引出了“麻烦”，因为他的那张照片是在莫斯科红场上拍的，被怀疑成“苏修特务”。我指着照片背面的题字说，李安模是我的导师，那更加“麻烦”，因为“苏修特务”的学生也可能是“特务”！

1995年，李安模老师担任北京大学副校长。后来，李安模老师退休，担任北京大学校友会常务副会长，奔走于各地，联络北京大学在各界的校友们。

从不显山露水

在北京大学求学期间，我成为《十万个为什么》的主要作者，而且为诸多报刊撰稿。有的文章署笔名，但是大多数文章署叶永烈真名。尤其是宿舍走廊的阅报栏里挂着《光明日报》，“东风”副刊上常出现署名叶永烈的文章。

记得好几位同学看到《十万个为什么》上印着叶永烈的名字，问我：“是你写的吗？”

我的回答是：“我哪会写书？那是一个同名同姓的叶永烈写的。”

记得有同学看到《光明日报》上的叶永烈的文章，问我：“是你写的吗？”

我的回答是：“我哪会写文章？那是一个同名同姓的叶永烈写的。”

在北京大学求学期间，我一直保持低调。除了年级负责送信的同学以及化学系办公室一位办事员（我的很多信件是寄北京大学化学系叶永烈收）知道我对外投稿之外，几乎没有几个同学知道我在走作家之路。

后来，常常有记者问我，为什么这样低调？这是因为年轻的记者没有经历那样的“阶级斗争”岁月。

我不愿显山露水，是因为在那“阶级斗争的弦”绷得很紧的年月，“出头椽子”是很危险的。一进北京大学，那场“反右派斗争”运动就给我一个深刻的教育：千万不要做“出头鸟”。

正因为这样，在班级里，我很另类，不合群。除了必须参加的会议、社会活动之外，几乎见不到我的身影。我一早就离开宿舍，很晚才回到宿舍。除了上课、做实验之外，我差不多都是在图书馆里看书、写作。

此外，我来自小城市，而且家道中落，父兄蒙尘，无法跟同班的同学们相比。我除了努力奋斗，在荒野上辟出一条成功之路，别无选择。

在我的同学之中，固然也有来自穷乡僻壤的，但是很多人来自北京、上海、天津富裕、显赫的家庭——倘若没有良好的家庭背景，怎能考上北京大学？

从北京大学毕业几十年之后，我参加老同学聚会，这才知道北京大学同年级的同学之中，藏龙卧虎。

在我的同学之中，出自教授之家的很多。教授的子女从小受到精心培养，以优异的成绩考入北京大学，应当说是理所当然。

1996 年 12 月 19 日，我回到母校北京大学，出席全国第三届传记文学研讨会。在会上，我结识北京大学中文系教授、著名作家张中行。杨沫的名作、长篇小说《青春之歌》，内中的男主人公余永泽的原型便是他。张中行教授告诉我，他的女儿张汶便是我的同学。他的女婿常文保，也是我的同学。

在我的同学之中，也不乏高干子弟。前已述及，那个平日不声不响的高个子女同学沙尚之，父亲是浙江省省长沙文汉，母亲是中共浙江省委宣传部常务副部长陈修良（新中国成立前任中共南京市委书记）。

在我的同学之中，还有来自富裕之家的，尤其是来自上海的同学。

很多同学毕业于北京、上海的名牌中学，见识广，学问好。我的一位同学毕业于上海中学，他已经学过微积分，而我当时连什么是微积分都还不知道。

天差地别的朋辈命运

1982 年 11 月，我曾写过一篇小说，题为《朋辈》，写的便是我与我的同学们。小说的结尾有这样一段话：

> 我站在甲板上，望着海面。来往船舶如梭。每一艘船驶过，都在海面上留下白花花的浪迹，慢慢地消失，消失。
>
> 海洋波澜壮阔，是任凭驰骋的天地。然而，海洋上也时时有风浪，有迷雾，有暗礁。同时从同一港口开出的船，能否都到达胜利的彼岸，那就无法一概而论了……

从北京大学毕业之后，我的同学的命运天差地别。

我的多数同学，成为大学的化学教授或者科学院的化学研究员。也有的移民到美国、英国做化学教授。还有的成为化学企业家。

在从事化学研究的同学之中，据我所知，以北京大学化学系（后来扩大为北京大学化学与分子工程学院）汤卡罗教授的成就最为突出。我在北京大学化学系念二年级的时候，有机化学课程是邢其毅院士教的。汤卡罗毕业之后成为邢其毅院士的研究生，1965 年她参加了邢其毅院士为首的团队完成了结晶牛胰岛素的合成，这是世界上第一次人工合成多肽类生物活性物质，具有重大的科学意义。1982 年邢其毅院士等获国家自然科学一等奖，以表彰他们在合成胰岛素工作中的贡献。参加这一研究工作的邢其毅团队有汤卡罗、陆德培、施溥涛、季爱雪、李崇熙、叶蕴华。

对于汤卡罗这位来自上海的女同学，我本来并不了解。直到前几年，她在美国的弟弟写了一本家史《两代人的选择》，她给我发来电子邮件，期望在上海安排出版。我这才知道，她从小受到很好的家庭教育。她的爷爷汤省三和外公孙庚尧是宁波棉商，她的父亲汤玉卿毕业于金陵大学，在抗日战争中曾担任陈纳德空运队的济南、青岛、天津、昆明等地的营业部主任。但是她的父亲在 1957 年被错划为“右派分子”，她的姐姐在那一年身亡。她差一点因父亲“划右”无钱在北京大学读书，幸亏得到亲戚（母亲的内侄孙年增）的资助，每两个月给她寄 25 元人民币，才使她免于辍学。正因为这样，她在班上不声不响，埋头于功课，成绩优秀。

2015 年，汤卡罗给我发来她在《大学化学》上发表的文章《人工合成胰岛素的精神代代相传——纪念我国人工合成结晶牛胰岛素 50 周年》。我万分感慨，如果当年没有亲友的资助，也许在人工合成结晶牛胰岛素的团队里就少了一位优秀的年轻化学家。

除了一大批同学在毕业之后从事化学本专业工作之外，也有好几位同学在化学之外的领域别具一格。

我的同学陆宇澄在求学期间，也是一位埋头于功课的人物，用当时的话来说，是一位“只专不红”的人。他跟来自上海的同学来往多，属于班上的“上海圈”。当时一点也看不出他有政治抱负。毕业之后，他分配到中国科学院有机化学研究所，跟我所在的电影厂很近，有时见面聊天。

陆宇澄在中国科学院有机化学研究所工作 5 年之后，到中国人民解放军 4658 部队锻炼，此后调往北京化工厂，成为车间主任。他在 1974 年加入中国共产党。

1979 年 9 月至 1982 年 2 月，陆宇澄作为公派人员，到美国斯坦福大学化学系做访问学者。回国之后，由于他既是中共党员，又是留美学者，属于年轻化、知识化干部，得到重用、提拔。他从北京化工厂领导逐步升级为北京市化工局长、科委主任。1988 年 1 月至 1998 年 1 月，他担任北京市副市长。他是我的同学中官阶最高的一个。

在大学期间就显露组织才能的是常文保，清瘦，山西人。他是我们班的共青团支部书记，讲话扼要而干脆。他的学习成绩也不错。正因为这样，张中行教授的女儿张汶看上了这个山西小伙子。他跟我很谈得来。记得他寒暑假回山西老家，曾给我带来山西特产醋枣。在毕业之后，他留校，住在北京大学朗润园。他跟我保持通信。出差来上海，也到我家看望。

“文革”之初，常文保常从北京大学给我寄来一卷卷传单，看得出，他对于政治特别关心。后来很久没有他的消息。“文革”之后，我出差北京，到北京大学看望他，听说他被“关”在未名湖畔的备斋。对于未名湖，我很熟悉，那里的四幢古色古香的教师宿舍楼以“德才均备”命名为德斋、才斋、均斋和备斋。我即去备斋，才知道那里已经成为临时的隔离审查的地方。在门口，我被看守人员拦住。我说看望常文保，他便问我跟常文保什么关系。我回答说：“老同学呀！”看守人员说，不是亲属，不许探望。

从看守人员那里，我惊讶地得知，常文保是“梁效”的重要成员，正在隔离审查。所谓“梁效”，是“两校”的谐音，是北京大学、清华大学这两校的写作组。在“文革”中，两校写作组是“四人帮”的御用舆论工具，经常以“梁效”的笔名在《人民日报》《红旗》杂志发表“帮文”。经我再三请求，说明是从上海远道而来的老同学，只是看望而已，别无他意，我终于在隔离室见到常文保。出现在我面前的常文保是颠覆性的，他肥头大耳，与当年清瘦的模样天壤之别。他很是感谢我不避嫌前来看望。我还是那句话：“我们是老同学呀！”那天我们没有谈“梁效”，而是聊当年同窗友情。

常文保终于走出人生的低谷，显示他的才华。他开始埋头于化学业务，接连出版学术专著。他后来成为北京大学化学与分子工程学院副院长，院学术委员会副主任。就在他走向事业顶峰的时候，传来噩耗：他从北京出差青岛，一下火车就到海滨游泳，突发心脏病，不幸去世。

我为常文保扼腕而叹。我始终认为，他是我的北大同学中最有才气的一个。

在我的北大同学之中，还有一位“怪杰”，那就是曾雄飞。他来自广东农村的贫困之家，所以跟我很谈得来。毕业之后在“两弹一星”的兰州、青海基地工作，生活极其艰苦。

退休之后，曾雄飞回到广东家乡。当地养虾业发达，却屡受虾病危害。他发挥化学特长，研制出医治虾病的特效药氨基酸碘络合物，竟然成为“虾病专家”，他也因此走上企业家之路，在广东惠州建起三层大楼，建起虾药公司。不过，他的兴趣却不在研制虾药。他几度到上海看我，大谈他创立的新原子论。他发表了关于新原子论的论文。后来，他的兴趣转到地震研究上去，建立了“地震结构爆裂动力学理论”系统，据称将对地震预报有重大贡献。他居然出席在德国举行的地震理论研讨会，并作学术报告。

其实，当年能够以高分考入北京大学化学系，很多都是高智商的人。正因为这样，毕业之后，即便是不干化学专业，也能成为北京市副市长，“梁效”写作组要员，或者地震学专家。

我的同学潘国正，是一位悲剧人物。他跟陆宇澄一样，来自浙江湖州，而命运跟陆宇澄有着天壤之别。在大跃进岁月，在“大炼钢铁”运动中，潘国正跟我在同一个小组一起去湖南邵阳县，为当地培训化验员，朝夕相处三个多月。回校之后，又一起在北大方楼参加高能燃料硼烷（火箭燃料）的研制工作。他在写给湖州一位中学老师的信中，谈及自己参加高能燃料的研制工作。不料那封信被校方私拆，竟然转寄到北京大学化学系，声称他“泄露国家机密”。潘国正因此被开除学籍（当时念三年级），回乡劳动。

直至“文革”之后，他曾来上海，要求我替他写学历证明。我随即给他写了证明，他确实曾经在北京大学读了三年。经过组织调查，他的冤案终于得以平反，但是逝去的青春再也找不回来了。每当我看到我们1958年在湖南的合影，看到他写给我的讲述痛苦人生的长信，我就为他的人生悲剧感叹万分，也深表同情。

我也为另一位同学写学历证明。记得刚入北大时，给我特别印象的不是他本人，而是他那件夹克衫，这一面是咖啡灯芯绒，反面是米黄色卡其，居然可以双面穿。来自小城市的我，当时还没有见过这样的衣服。他告诉我，他的父亲是裁缝，这件衣服是父亲给他做的。他半途离开北京大学，据称是因为偷窃。后来他也找我写学历证明，证明他是我的同学，曾经在北京大学化学系学习——当时，我之所以要为潘国正以及这位同学写学历证明，是因为1979年全国大大小小的报纸刊登我的报道，他们觉得找我写证明，比找北京大学写证明要方便得多。

还有一回，我在上体育课时，脱去上衣，放在操场边。等我下课时穿上外衣，发觉放在衣袋里的10元人民币不见了。那时候，10元人民币是半个多月的伙食费。我很着急，但不知是谁偷的。不久，班上的另一位同学因偷窃被“校卫队”抓了，我这才明白钱是怎么丢的。这位同学也被开除学籍，后来杳无音讯。

学化学，跟强酸、浓碱、毒气、毒物、爆炸物打交道，有一定的风险。我的同学吴芝华，是温州同乡，所以接触颇多。我们曾一起到北京化工三厂实习。中午休息时，他睡在仓库的水泥地上，因一桶金属钠保管不善遇水而爆炸，他当场身亡。他当时已经念到三年级。我的另两位女同学则在北京大学化学楼实验室做实验时发生火灾，她们勇敢地扑灭了大火，虽然脸部被火焰烧伤。她们的事迹，当时还登在《光明日报》上。

最令我敬佩的同学是伉铁保。他是皮肤黝黑的天津汉子，一口天津话。在当年“批判现代修正主义运动”中，他说了一些表示不理解的话。1963 年在毕业前夕，突然在全国应届毕业生之中开展“揪反动学生运动”。伉铁保被人告密，被“揪”了出来。他因此没有拿到毕业文凭，也没有分配工作，而是被送往北京郊区农场劳动教养。不久，他被“发配”到海南岛海口市化工三厂劳动。

我得知班上居然有人充当“卧底”，混在伉铁保那个同学圈里，把他们私下对于“批判现代修正主义运动”那些不理解的话，密报给相关部门，以致伉铁保等几位同学成了“反动学生”。就连睡在我上铺的福建同学蔡荣庆也被打成“反动学生”。

我不由得不寒而栗。所幸我在大学学习期间特立独行，埋头于写作，为人低调，几乎没有什么“反动言行”，也就不被“卧底”者所关注。不然，像我这样在大学时代就成为《十万个为什么》主要作者而家庭背景又不好的人，早就会被“卧底”者“瞄准”。

“文革”之后，伉铁保的冤案得以平反。他在“劳动教养”之地海口，成为工程师、副厂长、厂长，直至成为海口市副市长。2007 年春日，我来到海口，曾经与他通了一次电话，约好有空见面。不料就在三个月之后，他就永别人世。

那位“卧底”者积极告密，当时念念不忘的是入党，却并没有如愿。据称他后来曾经对当年的行径表示后悔与歉意，但是对于伉铁保等同学造成的伤害，已经无法弥补。

其实，班级如同一个社会的缩影。一个个同学的各种各样的命运，正折射了时代的命运。

怀念北京大学老校长

未名湖的湖水是平静的，北京大学却从来不平静。每当我回忆起母校，脑海中常浮现三位命运坎坷的老校长的形象，而北京大学的历史与他们的命运休戚相关……

记得，那是1981年。我步入北京医院高干病房，看望作家高士其。病房里是那样的安谧，使高士其那嗯嗯喔喔的“高语”显得格外清晰。突然，从敞开的窗口传来一阵尖厉的痛叫声，我为之一惊。

“是谁？”我问高士其夫人金爱娣。

“是马寅初，得了直肠癌，住在隔壁。”金爱娣答道。

虽然我知道高干病房是不许随便串门的，但是我在看望了高士其之后，还是向值班护士提出：“我要去看看303房的马寅初先生。”

“你是他的什么人？”值班护士问道。

“我是他的学生。”我一边说，一边掏出我的工作证。

“他正病重。你看一下就走。”值班护士终于同意了。

白被单拥簇着一张圆脸，光秃的头颅上只有几根稀疏的白发，虽然20多年没有见过他，我还是一眼就认出这位年已99岁的老校长。病魔正折磨着他，他的脸还是像往日那般和善。可惜，他已耳聋目眩，无法交谈。我大声地在他耳边喊道：“马老，我是您的学生！”他，微微一笑，颌之而已。我向老校长深深一鞠躬，轻轻退出病房，默默祝愿他早日康复……

1957年，我以第一志愿考入北京大学化学系时，领到《迎新手册》，首页便是校长马寅初写的《热烈欢迎新同学》。在开学典礼上，我见到了他，矮矮胖胖的身材，身体非常结实。他用一口“绍兴官话”向同学们讲话，他的脸像弥勒佛似的，总是笑嘻嘻的。

宿舍31斋的走廊里挂着《光明日报》。1959年，我吃惊地在《光明日报》上，看到连篇累牍的“批判”马寅初人口论的文章。不久，就连大饭厅的墙上，也贴出“批判”大字报。我印象最深的是这样的大字标题：“马老，你是哪个‘马’家——马克思还是马尔萨斯？”

也就在这时，我读到马老发表在《新建设》杂志上的反驳文章，他“明知寡不敌众”，却“单身匹马，出来应战”。最使我感动不已的是，他身陷重围之际，依然念念不忘北大的学生：“我平日不教书，与学生没有直接的接触，但总想以行动教育学生，我总希望北大的一万零四百名学生在他们求学的时候和将来在实际工作中要知难而进，不要一遇困难便低头……”此后，虽然马老被撤掉北大校长之职，但是他的“不屈不淫”，他的“敢言敢怒”，给我留下不可磨灭的印象。

真理是时间的儿子。1979年，马老的《新人口论》一出版，我当即买了一本。我读罢，深为他的真知灼见和坚持真理的精神所感佩。人们深切感到：“错批马寅初一个人，中国多生了几亿人！”我写了《马寅初的成功》一文，为之赞叹：

“只有发现真理而又敢于坚持真理的人，才是最后的胜利者。”

马寅初的继任者是陆平。我爱听陆校长的报告，条理清晰，逻辑严密，口齿清楚，一口标准的普通话。在我求学期间，陆平正处于一帆风顺之际。我记得，1963年，我们在西门办公楼前的草坪上拍毕业纪念照时，请来了陆校长。

他笑盈盈地坐在正中，在纪念照上留下永恒的微笑。

不料，三年之后，在上海工作的我，从报上读到那轰动全国的“第一张马列主义大字报”，惊讶地得知陆校长蒙尘！此后，从红卫兵小报上，看到陆校长挂黑牌挨斗的照片；此后，就连我自己挨批斗时，也被说成“黑帮陆平培养的修正主义苗子”！

1986年夏，我因写作《“四人帮”兴亡》，从上海来到北京，到陆老家中采访。

北京大学校长陆平（叶永烈摄）

我与陆老以及陆老夫人石坚作了长谈。我惊喜地发现，饱经磨难的老校长，心地是那么宽广，情绪是那么乐观。他的思维还是那样的有条不紊，侃侃而谈，不减当年。往事不堪回首，而我的采访话题却正是那不堪回首的往事。他是那般磊落、自制，坐在沙发上回忆20年前的风暴，跟我谈聂元梓，谈康生老婆曹轶欧，谈“第一张马列主义大字报”的出笼经过，谈“喷气式”批斗，谈他的干校生涯，谈他给毛泽东主席去信和他获得解放的经过……

我问陆老："你在'文化大革命'中首当其冲，受尽折磨，是怎么过来的？不论在你的外表，或者在你的心灵，几乎看不出'伤痕'！"

他爽朗地笑了，双眼透过紫色边框的近视镜片射出坚定的目光："第一，我相信自己。自己最了解自己。我平生无愧于党和人民。面对种种不实之词，我坦然。我从来没有悲观。第二，我相信党，相信人民。我深信，有朝一日会水落石出的。我对党、对人民、对社会主义前途是坚定不移的，是充满信心的。有了这两条，再大的困难也能度过。我是一个乐观的人。"他的这段话，是他的内心世界的最清楚的曝光。

在结束采访时，他竟问起我来："你是北大理科六年制的毕业生。当时，我是六年制的积极倡导者之一。你能不能就你毕业之后的工作实践，谈谈六年制的利弊？你对当时北大课程设置，有什么意见？……"

这时，他的夫人笑道："你怎么还像在当北大校长的时候一样？"

他大笑起来："虽然我现在不当校长，我可以把他的意见转告北大嘛！"

哦，他的心还在北大！

从"五四"运动起，北京大学校史一直是中国现代史的重要组成部分。时代风云与北大紧相连。我有幸在北大度过了六个春秋，受到马寅初、陆平、傅鹰这样的师长的教诲。这三位校长跌宕乖戾的命运和刚正不阿的人品，值得我们永远记取……

第四章　电影春秋

这小小的《竹筒井》，居然使我“站”住了——我出版过诸多作品，我的写作能力在电影厂里是没有人怀疑的。所以，我作为编剧，谁都信得过。这一回，则是我作为导演，得到了初步的承认。

有缘千里来相会

上高中时的叶永烈夫人杨蕙芬

如今，一进我的书房，首先映入眼帘的是电脑之侧的墙上，挂着一帧少女的放大彩照。那少女，乌亮的一对大眼睛，一对粗黑的辫子，扎着两只红色的蝴蝶结。陌生的客人常以为那是我女儿的照片。其实，我只有两个儿子，并无女儿。何况那照片看得出是黑白照片着色而成，显然是好多年前拍的。

那是妻花季时的倩影。

1963 年 8 月 17 日，我告别了学习了六年的北京大学，途经上海，回到故乡温州，度过最后一个暑假。

在离开北京大学之前，我已经拿到毕业分配通知书——我被分配到上海工作。

我那一届毕业生，80% 留在北京工作。分配到上海是很少的。我当时被分配到上海工作，其原因，当然由于我是温州人，而且我马上要结婚。

我回到温州之后，8 月 24 日，与杨蕙芬办理登记结婚手续。我和她同龄，属龙，都生于 1940 年。

结婚，是罗曼史上的里程碑。

1963 年 8 月 25 日这一天，对于我和她来说，都是终生难忘的。我们在温州酒店举行婚礼……

她，从温州一中高中毕业以后，一直在温州当中学教师。

她梳着一对乌亮的长辫子，穿着花衬衫，墨绿色长裤，在亲友的陪同下，来到我家。刚进门，母亲便端出两个小碗，碗里是一粒粒豌豆那么小的糯米丸子，叫我和她当场吃完。这是我们温州的习惯。在温州方言中，“丸”和“缘”同音，自从吃了那碗糯米丸子，我和她就“结”了“缘”，成了结发夫妻。

认真点讲，我和她的罗曼史，没有多少“Romantic”味道。我和她甚至可以说是“先结婚后恋爱”。

那是两颗不幸的心的结合。我们相识于一年之前——也是暑假，我从北京回到家乡，在暑假即将结束的时候，我才第一次到她家中，第一次见到她。然后，在寒假里有过短暂的几天团聚。在结婚前，我们相会的日子屈指可数……

我们是“门当户对”的两家，都蒙受了历史的屈辱。

在艰难困苦之中，我总算在北京大学念完了六年制化学本科。尽管我本人清清白白，但是父兄那可怕的罪名，一贫如洗的家庭，使爱情与我无缘。

她呢？父亲毕业于日本中央大学法律系，辛亥革命时任中华民国温州军政府执法部副部长，后又当过县长、法院院长。新中国成立后，靠着一支龙飞凤舞的笔，卖字为生，贫穷潦倒。20世纪50年代初，也蒙受恶名入狱，一命呜呼。她与寡母住在10平方米的小屋之中。尽管她学业优秀，高中毕业后却因家庭出身不好而不能跨入大学之门，在家乡当中学教师。我比她幸运的是，在我1957年考入北京大学之后，家庭的悲剧才开始。如果我晚一年出生的话，也就不可能在北京大学校园里度过六年大学生活了。

本来，我在温州二中上学，她在温州一中念书，彼此“无缘”。

我们姻缘“一线牵”，纯属偶然。我的代数老师施振声，她的化学老师沈佩瑜（已经于1999年5月21日因心肌梗死不幸去世），两位老师是夫妻，而沈老师又是我母亲的侄女。

我曾是施老师手下的“代数尖子”。这倒不是因为我特别喜欢数学，却是因为代数老师是我的表姐夫，考得不好怎么行呢？她曾是沈老师的“得意门生”。沈老师做化学实验，常常喜欢找她当助手。

1962年暑假，我从北京大学回到千里之外的故乡温州。沈老师来到我家，同我母亲聊天，闲谈之中，知道我尚无“对象”。几天之后，沈老师对我父母提起了她。我父亲和她父亲是老朋友。很早以前，她父亲便曾赠我父亲墨宝。听说沈老师、施老师作伐，我父母非常高兴，便催我见一见她。

第一次见到她

就这样，1962年8月15日傍晚，沈老师领着羞羞答答的我，来到离我家大约十来分钟路的一个大杂院，跨进一间小屋。

那是第一次“相亲”。她那时瘦瘦的，一双大眼睛显得格外明亮，白衬衫，蓝长裤。她母亲跟沈老师没话找话，不断地说东谈西，尽讲些无关宏旨的“废话”，以求延长会面的时间。我和她各在小桌的一侧，无言以对。偶尔，我跟沈老师或者她跟沈老师说一两句话。尽管我明白为何而来，她也知道我为何而至，但是都像“热水瓶”——内热外冷。邻居们很快就从敞开的房门和窗口发觉她家有点异样，有人远远地站着观看，弄得我有点不好意思起来。临走时，她送我照片。她和母亲一直送我和沈老师到大门口。我不敢与她握手告别，匆忙中向她和她母亲弯了弯腰，挥了挥手，点了点头。

1962年杨蕙芬与母亲、两位兄长合影

就是那一个晚上，决定了我和她的命运——彼此一见面，都觉得中意，尽管没有发表过任何爱情“宣言”。

在第一次见面时，她送我照片，也就是后来一直挂在我的书房里的那张照片。

我送她什么呢？我想了一下，送一套《十万个为什么》最合适。这样，在第二天晚上，我又一次来到她家时，就带了一套《十万个为什么》。

这一回，不必劳驾沈老师陪同，因为我们已经相识。

这一回，我们有了单独长谈的机会，彼此有了深入的了解。

妻记述了我们的第二次见面的情形：

我们见面后的第二天傍晚，我刚吃好饭，还未来得及收拾盆碗，阿烈就拎着他写的一套《十万个为什么》来了。这是他与我相识后的第一次见面礼。

我手捧着这套崭新的，散发着油墨香味的《十万个为什么》，心里万分激动。我真很难想象他在繁忙的学习之余还能写出这样的巨著。眼前外表看上去学生气十足的他，肚子里却有那么多的学问，光是这一点就很让我佩服。

接过书我连连地祝贺他成功，为他高兴；我感谢他对我的信赖，毕竟我们才刚刚认识，他就把自己心爱的作品送给我；我也明白，这是他的期盼，他是用自己的成绩向心爱的人表示爱，也盼望着心爱的人能永远支持他的事业。喜悦之情真是难以言表。

在家里略坐片刻，他提议我们是否可以出去走走，我答应了。妈妈也说，大热天的到公园去走走要比家里舒服多了。于是我们高高兴兴地离开家。

我们俩第一次去的公园就是松台山公园，因为它就设在我家附近，走过去只有七八分钟的路。公园在山上，我们拾级而上，山虽然不高，但夜风吹来令人身心愉悦。月夜树影下，我们边走边聊，跟他走在一起心里总是涌动着一股无名的热流，这是以前从未有过的。他很健谈，谈学习，谈写作，谈爱好，似乎无话不谈，开始我只是静静听着。

当我问他怎么会写《十万个为什么》时，他显得很兴奋。他说他非常喜欢苏联作家伊林，是伊林写的《十万个为什么》给他很多启示。他又谈到他的编辑曹燕芳女士，他说自己只是个普通的大学生，没有什么社会背景，可是曹女士却如此信赖他，把写作《十万个为什么》的重担压在他肩上，使他很感激。

他又跟我说起《安徽日报》编辑余锡朋，给予他的热情支持和信赖。他就专门为《安徽日报》开专栏。正是这些编辑的热心提携，才使他有今天的成绩，言谈中便知道他始终不忘编辑们的知遇之恩。

他说话很幽默，还常常说些小故事给我听。他说他第一次看见火车的时候，居然把行李丢在一边不管，跑去看火车了。他知道我在学校里当老师，问我在写黑板字时，有没有一手撑腰，一手在黑板上写字。我说没有呀，干吗要一手撑腰呢。他笑着说，他有一位老师，每次板书时，总是一手撑腰，一手拿着粉笔在黑板上写字，同学们给他取个外号叫"茶壶"，说着他做起了茶壶的姿势，笑得我前仰后合。可他却说，这可是一把神奇的茶壶，从壶嘴里流出的是源源不断的知识！听他说着，笑着，回味着，就这样我们之间的距离渐渐拉近。

当我问他北京大学学习够忙的了，你怎么还会有时间写《十万个为什么》呢？他说："时间就像海绵里的水，只要你去挤它，总会有的。"接着，他说起了自己的经历，他说他刚进北大的时候，家里的经济条件挺不错，父亲和哥哥的收入都比较高。可是过不了一学期，父亲和哥哥都被卷进反右运动，父亲和哥哥都被降职降薪，家里的经济条件一下跌入低谷。他说，暑假和寒假同学们差不多都回家探亲了，可是北京回温州路太远，没钱回家探亲。于是他就在学校的图书馆里看书学习，很多文章都是在这时写成的。

说起北大图书馆，他便眉飞色舞，那真是学者的天堂！他说进入北大图书馆真是如鱼得水。所以他每天很重要的事情就是到图书馆抢位置。他还说他每天身上都背着一个书包，书包里放着纸、笔和书籍，到了图书馆把书包一放，就有了位置，然后就在图书馆看书、查资料，写作，中午到食堂领几个包子边啃边走，就算填饱肚皮了。下午也是在图书馆里，直至深夜才回到宿舍。

他说在北大读书是一生中最难忘的时光。我问他在北京读书生活上是否习惯。他说刚开始那几年还好，就是在自然灾害时比较苦，那时天天都吃窝窝头。那时的窝窝头又硬又难咽，每当放假时也很想家，温州到底是鱼米之乡哪！可是路实在太远，还是留在学校里多读点书吧。他说生活上苦一点他不管了，只要图书馆里有他的座位比什么都重要，在图书馆里他整天都很充实，暑假、寒假也转眼就过去。

他说得很轻松，我听起来却很沉重，因为这需要多大的毅力哪！听他娓娓道来，眼前不断闪现勤奋、刻苦的他，真的，就在那晚，我打心眼里喜欢上他了。

走着，谈着，累了，我们就在山顶的石凳上坐下来，俯瞰山下的夜景，憧憬着我们的未来。夜风阵阵吹过，夜深了，我们俩似乎都不愿离开……

这第一次在山上的长谈，就奠定了我们爱情的基础，那天的情景至今仍历历在目。后来为了纪念这块地方，我们还特地在白天再度来到这里拍照留念。

从第二天起这套书成了我和妈妈轮流看的书。我们都非常珍爱这套书，我们决定先看第二化学分册和第四植物分册，因为这两册是烈主笔的，他的名字排在第一位，然后再继续看有他参与写作的分册。而且把先看的那一册用封皮包起来，以免在看的过程中把书弄脏。

有趣的是，妈妈不仅看了，还特别认真地照书里写的办。就说烧菜吧，平时妈妈喜欢做菠菜烧豆腐，我也很爱吃，因为不仅好吃，色彩也好看，那白玉似的豆腐，配上绿色的菠菜和红色的菠菜根，看上就叫人喜欢。可自从看了《十万个为什么》这套书后，妈妈不再烧这菜了。见到同一灶间的邻居们在烧这道菜，她还提醒别人，说不能把菠菜跟豆腐一起烧，因为这样烧会生成草酸钙对人体不利。

俗话说：“丈母娘看女婿，越看越欢喜”。妈妈读着《十万个为什么》，越读越欢喜，也就对这位未来的女婿，不断地称赞，说他知识广博，称赞他的才华横溢。不言而喻，这对我们的爱情是起了促进作用。

看了《十万个为什么》后，从此，我们俩出去散步时就有了更多的话题。我们的谈话不光是停留在一般的谈情说爱，而更多是关于他的写作。

杨家的身世

我与她相识时，对她的家世并不十分了解。我只听父亲说，她的父亲杨悌先生曾赠字给我父亲，两家过去有过交往。两家都是“天涯沦落人”。

1997年4月下旬，因温州市平阳县政府邀请我前去讲学，妻也随同应邀前往。

我们又应邀前往苍南县政府，会晤了苍南县政府的官员们。这时，已是下午4时，本应回平阳了，苍南的林勇先生是我们多年的老朋友，深知我们殷切的寻根之情。他说，张家堡离灵溪不过二三十里，何不去老家看看？

林勇先生这一提议，马上得到陪同我们的平阳县朋友的支持。司机也说，机会难得，应该去看看。

这样，我才有机会跟妻一起“寻根”，来到她的老家——张家堡。妻在9岁时随她的父母离开平阳县来到温州市。将近半个世纪，她没有回过老家！

张家堡是一个离东海不远的小镇。本来，这个小镇属于浙江平阳县。20世纪90年代初，平阳县分为平阳和苍南两县，张家堡被划入苍南县平等乡。

过去，张家堡因为张姓的人多，所以叫“张家堡”。一条二十来米宽的金斗河，把张家堡分为“张东”和“张西”两个自然村。这两个村加起来，如今已经有近万人了。

其实张家堡姓杨的人也不少，只是过去没有张姓那么多罢了。如今，杨姓的人越来越多，已有1600多户杨家人，比张姓更多。所以，张家堡已经从“张多杨少”转变为“杨多张少”。张家堡实际上已经成了“杨家堡”。

在张家堡乡亲们的簇拥下，我来到妻的祖屋。

在张家堡，一提岳父杨子恺（名悌，字子恺），妇孺皆知，家喻户晓。在张家堡，杨家祖屋是最大的院子，直到如今，当地人还称杨家祖屋为“杨子恺家”。

祖屋坐落在金斗河边，鹭鸶池畔。金斗河一泓碧水，直通敖江镇，在没有公路的年月，张家堡有着舟楫之便，相当繁华。

祖屋门前清清的池塘，因形状与鹭鸶相似，人称鹭鸶池。鹭鸶池的“头”，朝着祖屋。

据告，祖屋是妻的曾祖父杨配钱所建。在清咸丰三年，皇帝亲封她的曾祖父为奉直大夫，于是圈地28亩，建造起这座红楼梦中大观园一般的大庭院，距今至少150年了。这座大庭院便成了杨家祖屋。

当年，杨家祖屋非常气派，门前竖着八对旗杆。大门分左、中、右三个，门口蹲着石狮子。祖屋分前、中、后三进。院内有18个院子，238间房！据说，即便在下大雨时，走遍这238间房，身上也滴水不沾——因为所有的房子都有檐廊，这些长廊又彼此相通。

祖屋的东侧则是三间书房，当地人叫“书屋”。杨家历代都是读书人，所以藏书颇丰。三间书房，犹如一座图书馆。

很可惜，祖屋在20世纪40年代毁于一场空前大火。虽然尽力抢救，但是祖屋木梁、木壁、木门、木窗，而且铺着木地板，所以火势很猛，难以扑灭。大火一连烧了好几天。遭此横祸之后，祖屋一片断墙残壁，只剩下几间房子和左右两个门台。中间的大门台已不复存在。

我和妻在残留的右旁门前留影，门台正面上书“清流带映”四字还清晰可见。背面写着“凝秀”二字。门梁上的青石，仍可见雕龙刻凤，依稀折射出当年的非凡气派。

在“文化大革命”中，祖屋再遭劫难，剩下的一些房间被拆除，但是那两个门台居然幸免于难，成为祖屋残存的标志性建筑物，犹如圆明园那残存的石柱，给人以无限悲凉之感。

在祖屋不远处的一片水田里，巍然竖立着一对高大的石牌坊。我们走近牌坊，见到一座牌坊上书“贞孝”，一座上书“节女”。据告，这是清咸丰五年皇帝亲赐给妻的曾祖父的两个姊妹的。

我们匆匆参观一下祖屋的旧址，接着乡亲们便带我们去看“杨公祠”，此三字为上海华东师大教授、著名学者苏渊雷先生所书，内有妻的曾祖父杨配钱穿清朝官服的画像，还有岳父留学日本时穿西装的大幅照片。

从杨公祠出来，又参观了“杨氏宗祠”，此四字为岳父所书。在那里我见到《杨氏族谱》。我发现，我的恩师杨奔老师也名列《杨氏族谱》之中，原来他也是妻的本家。杨奔老师的祖屋距妻的祖屋仅200米左右。

关于我的岳父杨悌的身世，2010年12月29日《温州日报》记者金辉在报道中称杨悌是“文史专家、书法名家、温州历史文化名

杨蕙芬父亲杨悌先生（1880.12.6—1951.3.27）

人”，他这样写及：

> 2010年12月6日是杨悌先生诞辰130周年。
>
> 为此，我们特地来到上海，在杨悌的女儿杨蕙芬的家中，一起缅怀杨悌先生，听杨蕙芬谈她的父亲。
>
> 杨悌，又名慕侗，字子恺，晚号“结一阁”主人，1880年12月6日出生于平阳县宜山区平等乡张家堡（今苍南龙港镇）一个书香门第家庭。年幼时，受家庭熏陶，善古文辞，酷爱书法。1906年东渡日本，毕业于日本中央大学法科。归国后，得法政科举人。民国改元后，历署浙江宁波、丽水地方检察厅检察长，浙江省高等检察厅首席检察官，后任浙江临安、上虞县知县，浙江省临时参议会参议员，浙江省长公署自治评议员，萧山地方法院院长等职。
>
> 上世纪30年代，他毅然卸官，回乡杜门读书，研究史籍，埋头著述，写下上百种专著。他反复研读家藏宋版《资治通鉴》，以史事为经、以年代为纬，写下《通鉴事纬》巨著。这是他一生重要著作，1999年由安徽文艺出版社出版。他先后还著有《汉书摭词》《汉书刑志法补》《读汉书百官公卿裴疏记稿》《味镫存稿》《毛诗通训》《韩集后语》《补三国职官志》等文稿。这些文稿，1965年由浙江省图书馆古籍部收藏，得以保存。另有《结一阁日记》《竹霁庐日记》《寄石山房日记》《可庐日记》多卷，为他数十年如一日记录所见所闻，颇有地方史料价值，可惜在“文化大革命”中散佚。《结一阁集》多卷，《晋书新语》二卷，《晋书纂故》二卷等数十种著作，现仅存书目，文稿俱已散失。他还是书法名家。他的书法渊源颜真卿，脱胎苏轼，兼攻二王，为温州著名书法家。晚年居平阳昆阳西门白石河街，后迁居温州市区虞师里等处，1951年3月27日，病逝张家堡杨家祖屋，终年71岁。

在1997年4月寻访杨家祖屋之后，在1998年2月，我和妻又有了重要收获。

我和妻专程从上海赶到杭州。下车后，我们连宾馆都没去，直奔西湖之畔的浙江省图书馆古籍部。我们埋头于一大堆线装的花笺手稿之中。手稿共有38卷之多。每一卷蓝灰色的封面上，印着红色的“结一阁”闲章。掀开封面之后，映入眼帘的便是端端正正的毛笔小楷。那字迹，一望而知出自“结一阁”主人笔下。

“结一阁”的主人，便是我的岳父杨悌（子恺）先生。

岳父在卸官后杜门读书，家中藏书极丰。他研究史籍，埋头著述，写下数十种专著。内中，《通鉴事纬》一书，花费心血最多。他反复研读家中所藏宋版《资治通鉴》，在书的天头密密麻麻写下诸多批注，然后以史事为经、以年代为纬，写下《通鉴事纬》。从周威烈王二十三年（即公元前403年）至东晋元熙元年（即公元419年），共822年的史事……

岳父这批手稿，除极少数为他人作序、跋曾发表之外，均未出版过。20世纪40年代末，他自知余日不多，便把文稿誊清编集，分卷装订成册。1951年3月他去世之后，岳母除了把部分文稿存放在温州家中之外，还把一批文稿装箱，从温州运往平阳舅父家存放。

随着“文化大革命”的逼近，形势日益紧张。在“四清”运动中，岳母已经预感到这批文稿放在家中极不安全。1965年春节，趁内兄从浙江海盐县回温州过年，岳母与他商量，决定将文稿捐献给浙江省文物管理委员会。据内兄回忆，他当时去平阳舅父家，舅父关上大门，然后让他爬上阁楼，拖下两只沉甸甸的紫红色木箱。内中，除了岳父大批文稿、日记之外，还有孙中山先生写给我岳父的亲笔信、岳父的中举人黄榜等。他把这些“家珍”带回海盐县。1965年3月12日，内兄把岳父部分文稿从海盐挂号寄往杭州浙江省文物管理委员会；一星期后——3月19日，岳母从温州把岳父文稿25卷也挂号寄给浙江省文物管理委员会。

岳母和内兄当时的决定，今日看来是很有见地的：一年多之后，“文化大革命”狂飙骤起，“大革文化命”，岳母家和内兄家都遭到“彻底”大抄家。这批文稿倘若落到“红卫兵”手中，会被作为“四旧”，用“铁扫帚”扫进垃圾堆。孙中山写给我岳父的信等，内兄以为比文稿更重要，没有寄出，留在身边，被“造反派”抄去，至今不知下落。就连他把文稿挂号寄出时的挂号存单、浙江省文物管理委员会收到后寄来的收据，也被抄走，无从寻觅。岳母连性命都保不住，在“文化大革命”中经不住苦风凄雨，含冤而逝……

终于雨过天晴。作为亲属，我理所当然关注着那批文稿的命运。经过多方打听，得知这批文稿，保存在浙江省图书馆古籍部。1985年10月29日，我给浙江省图书馆古籍部写了一封信，说明了情况，请他们代为寻找。11月29日，该部回函，称“由于时间久远，几易其人，情况不明”……这样，寻找工作也就不得不停了下来。

1998 年 1 月 4 日，我给浙江省图书馆古籍部写了一封长信，请求他们寻找杨悌（子恺）文稿《通鉴事纬》。信寄出后，我真担心，这一回别跟 12 年前一样“情况不明”……

意想不到，一星期之后的傍晚，我外出回家时，便收到一封来自杭州的信。急急拆开，蹦入眼帘的第一句话便是：“很庆幸地告诉先生，先生岳父杨子恺的《通鉴事纬》现已被查到，此书与《文澜阁四库全书》等善本书一同尊藏于孤山之巅的善本书库——青白山居！”

1 月 21 日，我和妻赶往杭州，这才知道寻找手稿的曲折过程：

岳父的文稿，原本是用绳子捆成一捆，堆放在孤山脚下的书库里。那里的古书、文稿很多，堆放杂乱，所以部分文稿在那里遭到虫蛀。在 1985 年查找时，当然“情况不明”，很难查到。后来，经过清理，在文稿内见到浙江省文物管理委员会所写的一张书目清单，断定这些文稿有学术价值。另外，清单上还标明的一句作者介绍：“杨悌（子恺），平阳人，日本早稻田大学出身。”凭这句话，也判定文稿有一定水平。这样，这堆文稿“升级”，送入山顶上的杨虎别墅——“文澜阁”，与林则徐、马一浮、张宗祥等名人手稿放在一起，再也不受蛀虫的欺凌了。

文稿找到之后，复印也是重要一关。这些手稿是很薄的花笺纸，年久发黄发脆，而且多处被虫蛀，一碰就碎，复印很麻烦。全部手稿的复印件，总共达 1100 多页！

回到上海，我和妻便忙着把各卷文稿复印件理顺，然后用自动号码章给各卷复印件逐页印上页码。接着，对照《资治通鉴》，编定 20 卷《通鉴事纬》的先后次序。

我埋头于阅读书稿的内容。我特别看重《通鉴事纬》。《通鉴事纬》是岳父研究《资治通鉴》的力作。《资治通鉴》系北宋司马光所撰，写了从周威烈王二十三年到后周世宗显德六年这 1362 年的王朝兴亡史。宋神宗将此书命名为《资治通鉴》，乃是供封建统治者从历代兴亡中汲取鉴戒之意。《资治通鉴》共 294 卷，是中国古代一部大型史著。

接下去的任务是艰巨的：要把从杭州找到的这些文稿加以标点，然后逐步输入电脑。由于僻字颇多，许多字是电脑常用字库中没有的，所以输入要比普通文稿困难得多。

在打印出这些文稿的校定稿之后，出版也是一件艰难的事，因为学术性著作出版不易是人所共知的……

后来，由于内兄和内侄的努力，终于把《通鉴事纬》全书校毕，并于1999年由安徽文艺出版社出版。中国国民党副主席蒋孝严于1998年9月3日为《通鉴事纬》题写了书名，曾任中国国民党中央秘书长的陈立夫先生于1998年10月4日为《通鉴事纬》题词。

杨蕙芬父亲杨悌著《通鉴事纬》于1999年由安徽文艺出版社出版

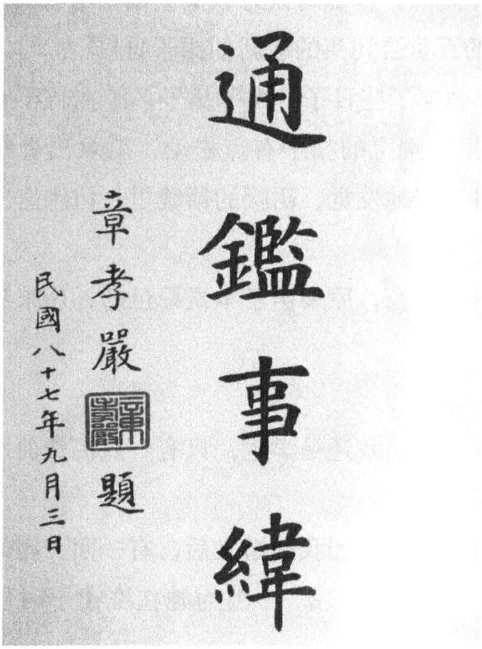

国民党中央副主席蒋（章）孝严为杨悌遗著《通鉴事纬》题写书名

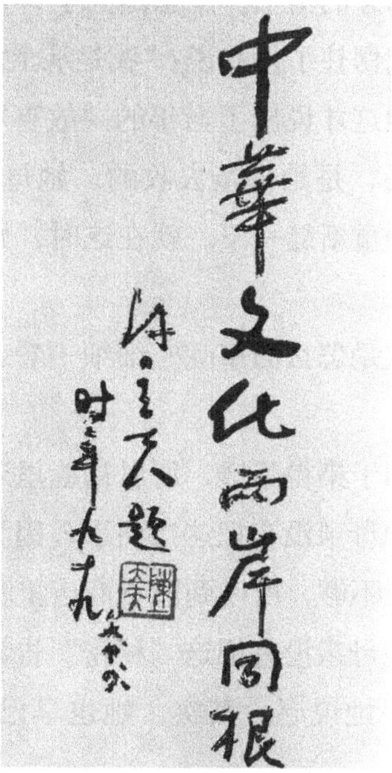

国民党中央秘书长陈立夫先生为杨悌遗著《通鉴事纬》题词

订婚的故事

在北京大学六年，只有即将毕业的那年——1963年，我从北京回温州过春节。内中的原因是，我和她在1962年暑假结识之后，决定在春节订婚。

记得，我给她买了些礼品。其中，一件小小的礼品差一点惹出了“麻烦”。

那是我从北京回温州路过上海的时候，在一家百货公司里看中了一条黑色的裙子。那是一条东方绸裙子，在那时候该算是“高档货”了。标价10元人民币，在当时也算是够贵的了。

我买下了这条裙子，送给了她。

她非常喜欢，穿上了这条裙子，在大衣镜前像如今的时装模特一样，走来晃去。她母亲知道是我送的，也连连夸奖这裙子真漂亮。可是，这条裙子不久却惹出意想不到的“麻烦”……

直至后来我和她结婚多年，有一回在整理衣服时，妻在箱底见到了这条已经多年未穿的裙子。她忽然问了一句：“阿烈，你那时候怎么买旧裙子给我？”

我愣住了。我说：“我是从上海的百货公司买的崭新的裙子呀！”

她这才说出了当年的“故事”：她穿了些日子，洗了裙子，晾在竹竿上。干了以后，是她母亲去收的。她母亲见裙腰上的扣子有点松动，就拿出针线，想把扣子重新缝一下。就在这时，她母亲忽地发觉，裙腰的褶缝里，仿佛露出一点绿色！

这是怎么回事呢？细细一看，这才明白，原来裙子本是绿色的，后来染成了黑色。

由于染得不透，所以褶缝里还是绿色的。

她母亲没有把这当回事，因为她知道，我还是学生，只有一点稿费而已，一定是钱不够，所以到旧货商店里买裙子。

她母亲没有把这“秘密”告诉她。直至她和我结婚之后，有一回，她母亲才偶然跟她说起。其实，她也早已知道这一“秘密”，因为她在洗裙子时便已经发现。

她也没有把这当回事。记得后来她和我去拍结婚照时，特地穿了那条黑裙子，束上一条我买给她的红色裙带，足蹬一双白色塑料凉鞋……

她没有把这“秘密”告诉我。直至那回整理衣服，她才偶然说起——那时，我们的长子都已出世。

她的话，当然使我颇为震惊。我连忙拿起那条黑裙子，果真，在裙腰的褶缝里见到一星绿色！

买东西粗心大意，男人们十有八九如此。我真恨上海那家百货公司，你那花裙子卖不出去，染黑了再卖，你就跟顾客说清楚嘛！为了这条黑裙子，我“蒙冤受屈”多年，却一直蒙在鼓里呢。

我庆幸，我的岳母那么大度，妻也那么豁达。所以，那条黑裙子并没有给我带来太大的“麻烦”。

妻关于我们订婚的回忆，写得很细致：

1962年冬，叶永烈与杨蕙芬在温州拍摄订婚照

很快，转眼之间又要放寒假了。烈从北京回到温州过年。这是他进北大以来，第一次回家过年。那年正是自然灾害时期，虽然温州是鱼米之乡，并不像其他城市那样严重缺粮，但是粮食、棉布都按计划供应，而每个人的计划极其有限，我们想买点布料做衣服是很困难的。

当烈从北大回家过年经过上海时，他特地从市场上买来不用布票但价格昂贵（当时来说）的人造棉，给我，给他姐姐、妹妹各人都做件漂亮的外套。人造棉的色彩很艳丽，只是容易缩水，这在当时来说已是很不错的衣料了。

我很快就请人做了一件棉袄外套，穿起来很漂亮。

这年的春节我们特别高兴。我们俩终日形影不离，每天都有说不完的话，每天都有做不完的事。双方的家长也都很快活。他们见我与烈这么情投意合，于是烈的父母提出来，是否可以先订婚。我和妈妈商量后觉得可以。所谓订婚，不过就是两人去照相馆正正式式拍张合影而已。

拍照那天我穿上一件花棉袄，外面套上烈给我买的人造棉外套，梳两根小辫子，脸上没有任何化妆。烈则穿一件他父亲的一件华达呢中山装而已。就这样欢欢喜喜去温州最好的照相馆——露天照相馆拍照（虽说名叫“露天”，其实是在室内拍照）。过几天取回来照片，照得还真不错。我们便印了好多张，打算送给我们的亲戚朋友。

一天，我和烈正在我家里计划着把照片分送给谁，正好这时我的老同事王老师来看我，她一进我的家门，就十分高兴地说：“芬，我看到你和阿烈的照片了！”

我一听奇怪了，我说：“我还没有把照片送给你呢，怎么你倒先看到了？”她嘻嘻地笑了，说是在照相馆里看到的，因为照相馆把你们俩的照片放大，放在橱窗里作广告呢！

王老师的话音刚落，又有我的学生跑来告诉我：“杨老师，你的放大照片摆在照相馆的橱窗里，我们好几位同学都看到了。”

这下子我可急了，因为我是老师，有那么多学生，把我与男朋友的合影放在橱窗里展览实在不合适。于是我们俩便连忙放下手中的活，赶往露天照相馆，到那里一看，我们俩放大的订婚照片正放在橱窗里呢！

我们找了照相馆里的负责人，首先感谢他们为我们拍了一张很好的照片，并说明由于我是老师，不宜把照片放在橱窗里展览，以免许多学生来围观。照相馆里的负责人听了我们的一席话，就把我俩的照片从橱窗里取下来，还免费送给我们好几张我俩的照片。

我们回到家里，把这事前前后后告诉烈的母亲。她老人家却说，这有什么不好，你们俩拍得好看才被挂出来，有的人想挂还不让挂呢，干吗要取下呀！

为了感谢照相馆对我们的厚爱，后来我们结婚的照片也都在这里拍摄。

紫藤灿灿双燕飞

不论搬过多少次家，那一对国画条屏要么挂在客厅，要么挂在卧室，日日相伴，已经挂了半个多世纪。

右屏画的是一串串硕大的花穗如同风铃垂挂枝头，一朵朵紫色的小花犹似彩蝶张开双翅，棕褐色的苍枝像游龙般蜿蜒，又细又长的藤葛长髯缠绕在枝头。在紫藤之下，一对矫健的燕子迎着春风上下翻飞，给这幅国画增加了动感，令人记起李白的诗作《紫藤树》："紫藤挂云木，花蔓宜阳春。密叶隐歌鸟，香风留美人。"

此画名曰《紫藤燕子图》，燕子象征燕尔新婚，紫藤则意味着藤缠树、藤树不相离，而盛开的紫花那紫即"子"的谐音，多子之意（当然也包括女）。《紫藤燕子图》是赠送给新婚夫妇的不二之作。

左屏则画着一对白头之鸟——白头翁（学名白头鹎），栖身于一丛盛开的红色牡丹之中。此画名曰《白头富贵图》，寓意明白而浅显：白头翁象征白头偕老，而国色天香的牡丹乃花中之王，富贵之意也。不言而喻，《白头富贵图》也是祝贺新婚之僖的吉祥画作。

诸多名画家如清末任伯年、当代齐白石，都曾经画过《紫藤燕子图》《白头富贵图》赠送新人。不过画家笔下的紫藤、燕子、白头翁、牡丹因人而异，画的构图也各不相同。只是我家的这两幅画屏，并非出自任伯年、齐白石那如椽之笔，却是八旬老妪以纤纤之笔精心绘成。她也是名画家，只是名气没有任伯年、齐白石那么大。

左屏上落款是"语香居老人笑秋"。她姓蔡，名巽，字笑秋，以字行世，擅工笔画，温州平阳城关人氏。我按照温州的习惯称她为"阿太"，因为她是我岳母的姑婆，所以她是我的曾外祖母级别的长辈。记得 1962 年我第一次去拜访她，是妻（那时候尚是未婚妻）带我去的。温州市区有一座不高的山，叫作松台山，她住在山脚的温州工艺美术研究所里。她一头齐耳白发，眉清目秀，清瘦而精神矍铄，尤其是那眼睛目光炯炯。四壁挂着她刚完成的花鸟画。隔着宽大的画案，她跟我聊天。我说起小时候曾经师从画家王知毫先生学工笔画，她一脸惊喜地说："王知毫是我的老朋友呀。这么说，你也会工笔画？"我连忙说："不好意思，半途而废。"她问："为什么？"我解释说："一只松鼠身上有好多毛，要一根根画。松鼠趴在松树上，许许多多松针又要一根根画。我没有耐心。"这时候，她大笑起来："性急吃不得烫粥，这样的徒弟我也不收！"她向来严肃持重，这是难得的一次朗朗而笑……

在亲友之中流传的"阿太"最"惊人"的故事，是她差一点成为中国的"第一夫人"。原来，她出身书香门第，父亲蔡英是温州名画家，妹妹蔡墨笑亦是画家，其瓯绣作品曾获巴拿马国际博览会优秀奖。受父亲影响，蔡笑秋自幼习画。她与妹妹曾在平阳毓秀女塾就读。1904年（光绪三十年），慈禧太后下诏在天津创办首所国立女子学校——北洋女子师范。18岁的她与14岁的妹妹双双考上，成为中国第一批女子师范生。她的美术成绩，居全校之冠。4年之后毕业，她与同学周砥获得校方推荐，前往时任军机大臣袁世凯家，分别担任美术和国文家庭教师。这在当时是何等令人垂羡的进入豪门的机会！而她品学兼优，风姿绰约胜周砥一筹。她却厌恶趋炎附势，一口谢绝。那位周砥小姐被袁世凯介绍给直系军阀首领冯国璋为妻。随着冯国璋后来成为民国副总统、代总统，周砥也就成为总统夫人。

“阿太”拂袖南归，回到家乡，先是创办平阳女子高等小学，成为首任校长，后出任永嘉（温州当时称永嘉）女子高等小学校长，致力于教育事业。1918年她与诗人黄梅生结为连理之后，谢绝教职，隐居平阳城东潜心作画，画室名曰“飞情阁”。她笔下的花鸟秀媚隽逸，栩栩如生，神采飞动，萧疏有致。曾在《金石画报》《联益画报》等画刊发表。温州学者刘绍宽称赞她：“好古如李清照，工画如管仲姬。”她的画作常由黄梅生题诗，两情相悦。1945年，黄梅生不幸辞世似晴天霹雳，她在极度悲痛之中为亡夫编定诗集《飞情阁集》并付梓，从此她生活在永久的怀念之中，埋头于画苑。

1956年，蔡笑秋受聘为浙江省文史馆馆员，成为当时唯一女馆员。同年应邀到温州工艺美术研究所任画师，并僦居于斯。1963年，她得知我的新婚之喜，“秀才人情”，欣然命笔绘就两幅画屏作为贺礼。她的工笔花鸟堪称一流，却自逊书法弗如。画屏上的题款“永烈蕙芬贤伉俪燕尔之喜”，虽然以她的名义写的，她告诉我，是当时担任温州工艺美术研究所副所长方介堪先生的手笔。方介堪乃篆刻名家，擅长金石，先后治印2万余方，郭沫若评其印章“炉火纯青”。方介堪曾任西泠印社副社长、温州市文联副主席，著有《介堪论印》等多部金石专论。画屏上有方介堪墨宝，似金镶玉，相得益彰。

“阿太”无子女，孑然一身，孤苦伶仃，所幸晚年有妹妹蔡墨笑的孙女马晓昀侍奉左右。晓昀年纪比我小，辈分比我大，跟随她习画多年，遂得真传。晓昀曾来沪，住在我家，见到画屏，每每道及“阿太”画技精妙之处。

“文革”之初，我从上海回温州探亲，曾前往温州工艺美术研究所看望“阿太”。令我震惊不已的是，她的门上竟然被造反派贴了大字报。敲门之后，晓昀开门。我进屋，见到“阿太”一脸茫然，判若两人，神情黯然，木然而坐，见我长叹，无言以对，内心苦痛，若煎若熬。难得有晓昀相伴，在严寒之中总算有一份温暖。

1974 年 1 月，“阿太”在逆境中仙逝于温州，享年八十有八。她的同乡、上海华东师大学者苏渊雷教授闻之，写下悼联：“艺苑星沉惊宝婺，画师笔妙失南楼。”1987 年，方介堪先生作古。

2013 年我与妻欢度金婚之庆。如今，半个多世纪前的婚礼，除了美好的记忆，唯有“阿太”的画屏依在。正因为这样，我珍视这历尽沧桑而春风依旧的画屏，胜过那“恒久远、永留传”的璀璨钻石。

新婚别

1963 年夏日，我从北京大学毕业了，回到老家温州。在我和妻极为简朴的婚礼上，施老师和沈老师作为“证婚人”出席。他们是恩师兼月老。

叶永烈夫妇结婚照（1963 年夏）

我们没有买任何家具——别说 36 条“腿”，就连半条“腿”也没有。所谓新房，不过是在父母弟妹聚居的一间十几平方的房子里，隔出 6 平方米的小间，床、柜、桌都是父母的——因为我已被分配在上海工作，过几天便要离开家乡。只买了一顶新帐子和两床新被子，给她买了一只上海牌手表，如此而已。

妻写下了结婚的回忆：

从相识到相恋，经过一年多的接触，我们觉得彼此已谁也离不开谁了，双方的父母都觉得我们俩很般配，也都希望我们早点结婚。他的父母觉得烈很快就要毕业了，走上工作岗位，有个家互相照应对他会有好处。他父亲年纪也大了，真希望早日抱孙子。

于是，我们俩商定了结婚的日子，最好是在烈放暑假时。

我们各自把准备结婚的事告诉自己家的亲人。我家里只有妈妈在我身边，两个哥哥都在外地工作，我把我俩的情况告诉他们，哥哥们也都非常高兴，都表示热烈的祝贺。由于路远工作忙，他们就各自汇钱和寄礼品回来，以表示对妹妹婚礼的祝贺。

烈的哥哥和姐姐也都在外地工作，他们知道后也都非常高兴，纷纷写信和寄礼品以表示祝贺。

我们的婚礼定在 8 月 25 日。那是炎热的暑假，烈从北大毕业回家，我们举行了婚礼。

记得那几天我们都在忙碌着布置我们的临时新房。那时我们两家居住的条件都不好，但是要结婚也总要一间房间吧。于是就在他们家里隔出一小间作为临时新房。由于他们家本来房子就很小，又住在楼上，房子是朝西的，夏天很热。我们的新房大约只有 6 个平方米，只有一个小小的朝西的窗口，不过，经大家动手略作布置也很温馨。

1963 年夏天，新婚的叶永烈夫妇在温州松台山上

我们结婚时刚刚度过三年自然灾害，物质很匮乏，买衣服、买棉被什么都要用券，我们领了结婚证才给我们一些布票，凭这些布票也只能买点被单、床单、帐子之类的东西。记得那时朋友、亲戚送来了热水瓶，送来茶具，鲜花等等，而我们双方都买些糖果送给亲戚朋友。

出嫁那天一大早妈妈就忙这忙那的，烧了许多好吃的菜。我邀请了我的舅舅、舅母和干爹，他们都从外地赶来，妈妈忙着招待他们。

那天我也像平常一样，一早在家里洗头发，梳理辫子，中饭后洗完澡便穿上我二哥从杭州给我买来的漂亮的花衣服，穿上我大哥送我的绿色的毛料长裤，穿上一双白底小花的尼龙袜子和黑色的皮凉鞋。这样就算是结婚的礼服了，不过在当年已算不错了。

大约下午3点烈来接我，他仍穿着蓝条子的衬衫，蓝色的长裤，黑皮鞋。我们两家住得很近，我们就走了过去。到了叶家，我俩在临时新房里刚坐定，婆婆就让一位亲戚给我们端来一碗小汤圆，这小汤圆做得像绿豆那么小，亲戚嘱咐我和烈每人各吃一口，然后把这碗汤圆端去让家里父母兄弟姐妹每人也都吃一口，说是吃了这碗汤圆大家都团团圆圆和睦相处。

晚上6点，我们便在离家很近的温州大酒店举行婚宴。在自然灾害时期，由于各方面的条件限制，我们只请了一桌酒，把几位主要的亲戚及沈老师夫妇请来，大家一起聚一聚而已。

晚宴后我们便回到叶家。记得那天晚上很热，那时又没有空调、电扇什么的，热得很晚还未睡，直到半夜里下了一场大雨后，才睡。可是一想到在认识我之前，烈每天都在这小小的房子里不停地写作，哪怕下午阳光直逼热不可当，哪怕晚上家里所有的人都到下面乘凉了，他仍在埋头写作，他的这种精神真叫我服了！

婚后第二天，一早我和烈就带着礼物回到我家，看望妈妈。妈妈又做了许多好吃的菜肴招待我们，然后我们就到温州的一些亲戚和朋友家一一拜访，亲自把喜糖送上门，还到我的学校把喜糖送去。这就等于告诉大家，我们已经结婚了。

婚后我们只在一起生活了10多天，烈就离开温州去上海报到了，我们都有说不出的依恋。

记得送他去上海那天，我们一早起来，整理行李，早饭后送他到轮船码头。他拉着我的手，久久不愿放开，真是“执手相看泪眼”。轮船起航的汽笛响了，他不得不离开我上船，他上船后把行李放进船舱又很快跑出来，站在甲板上向我挥手致意。船开了，他仍站在甲板上，我仍站在码头，谁也不愿离开，都把目光注视着对方。一直到船开得很远很远，连船的影子都看不见了，我才依依不舍地离开码头，往家里走去。

在分别时，妻记起的是北宋词人柳永的《雨霖铃》：

执手相看泪眼，
竟无语凝噎。

我呢，我记起的是杜甫笔下的《新婚别》：

结发为君妻，
席不暖君床。
暮婚晨告别，
无乃太匆忙！
……
仰视百鸟飞，
大小必双翔；
人事多错迕，
与君永相望。

“跳槽”到电影厂

1963 年 9 月 16 日，我离开温州，拿着北京大学分配工作介绍信到上海仪表局报到，被分配在第一机械工业部所属上海电表仪器研究所。

从此，我一直在上海工作，至今已经 50 多年。我在上海度过的岁月，远远超过了在故乡温州的日子，也远远超过了在北京求学的日子。如今，人们总是称我为“上海作家叶永烈”。只有当我回到温州时，当地报纸称我为“温籍作家叶永烈”。

然而，在大学毕业之后，如果我一直沿着科学研究的道路走下去的话，就不会有“上海作家叶永烈”了。

1963 年 9 月 18 日，我前往位于上海杨树浦控江路上的上海电表仪器研究所报到。

按照当时的规定，大学毕业生在报到之后，必须参加体力劳动一年。这样，我被分配到上海电表厂劳动，每天的工作是要磨平电表壳上的红色底漆。

1963 年叶永烈刚刚分配到上海工作时在外滩留念

就在这时，我面临着人生的选择：未来的一辈子，究竟拿试管呢，还是握笔？

北京大学理科实行六年制，其目的是培养科学研究人才。我已经分配在科学研究工作部门，只要我继续努力，是不难成为副研究员、研究员的。

然而，我还在北京大学念书的时候，上海科学教育电影制片厂已经在拍摄根据《十万个为什么》改编的《知识老人》影片了，由上海人民艺术剧院演员沈扬主演。另外，还拍摄了根据《十万个为什么》改编的影片《你知道吗?》。这两部影片所选的“为什么”，大都是我写的。

《知识老人》电影海报

后来，在“文化大革命”中，我从“批判”我的大字报上才得知“内幕消息”：上海科学教育电影制片厂当时从少年儿童出版社得知作者叶永烈是北京大学化学系学生，还曾派了江雨林（作曲家，中共党员）前往北京大学化学系，要求在我毕业之后，分配到该厂工作。只是因为当时北京大学化学系毕业生只分配到科研机构，所以该厂未能要到我……

真可谓不谋而合：我从北京分配到上海工作，知道上海科学教育电影制片厂在拍摄根据《十万个为什么》改编的《知识老人》，就想要调往该厂工作！

我处于剧烈的思想斗争之中：放弃科研工作吧，多么可惜，我毕竟已步入科学研究的大门，眼看着可以登堂入室了。然而，在科研机关工作吧，文学却又有着巨大的吸引力……

经过再三考虑，我以为，从事创作比从事科研对我更为合适——我在大学期间已经出版和发表了近百万字的作品，就足以证明这一点。

当时，我本人并不知道上海科学教育电影制片厂在我毕业之前就曾要调我去，我自己主动要求调往该厂。我想，该厂正在拍根据我的作品改编的影片，可能会要我。

我坐了两个小时的公共汽车，从上海东北角来到西南角，好不容易在铺着碎石块的斜土路上找到这家电影制片厂。

在厂部二楼的会议室里，副厂长、南下干部李资清，用一口山东话亲切地接待了我。我说明来意之后，打算从挎包中取出我的“介绍信”———一套《十万个为什么》。

奇怪的是，他竟然说：“久闻大名！”

真是无巧不成书——后来我才知道，当年派人到北京大学要我，就是他的主意！这样，我就用不着拿出“介绍信”了。

我居然“送货上门”，李资清当然求之不得。

李资清当即表示：“欢迎！欢迎！”

李资清让我回去之后“静候佳音”。

厂长兼党委书记洪林是老干部，也是老作家。他听说我主动要求调到他这里工作，非常高兴。

有了洪林、李资清的支持，上海电影局副局长丁振铎表示同意，通过上海市人事局，很快地，调动工作就办成了。

我在上海电表仪器研究所只工作了一个多月，10月30日，就正式调往上海科教电影制片厂。用如今时髦的话来说，这叫“跳槽”。如今，“跳槽”司空见惯，只要对方愿意接纳，那就可以跳过去。可是，在1963年，大学生是由国家分配，“跳槽”谈何容易。

一个北京大学化学系的毕业生，走上电影创作之路，可以说是“大跳槽”。

不过，当时我的亲友、我的老师、我的同学，都为我惋惜：我毕竟在北京大学读了六年本科，相当于今日的硕士，何况北京大学是名牌大学，北京大学化学系又是全国最好的化学系，我完全可以安安稳稳地走“研究生—助教—讲师—副教授—教授—院士”的道路。我“跳”到电影界，意味着六年化学白念，却要“重打锣鼓另开张”，“半路出家”，要从头学习电影编导业务。

这次工作调动，完全是我自己主动要求的。我这个人，一旦决定了的事，就坚决去做，不犹豫，不后悔。

一个北京大学化学系的六年制毕业生，“跳槽”去干与化学毫不相干的电影编导，当时在我的老师、同学之中引起很大的争议，有人说我是“叛徒”，化学系系主任严仁荫教授说“白教你了”。

这时，作为我的导师，李安模先生给我写了一封相当长的信。我至今仍保存着他在 1963 年 11 月 17 日给我的信，内中给我这化学的“叛徒”以热情的鼓励和提醒：

> 你是刚走上工作岗位，显然心情是激动的，不管对自己或是周围的一切也许会想得较美好，较容易，较简单，这是容易理解的。但是，生活告诉我们生活往往不像我们主观臆测的那样！希望你永远不要忘记巴甫洛夫给青年科学工作者的三点赠言：Последовательность, скромность, страсть（叶注：即“循序渐进，虚心，热情”。）虽然你曾经业余写过很多东西，但你是一个刚入伙的（电影）新兵，最无知的小兵。你没有经过正规训练培养，你的锻炼又只是如此如此而已。首先应该看到你很不行，希望你能从基本功开始循序渐进，谦虚谨慎地学习学习再学习，你的热情不要受任何客观、主观影响，为事业战斗一生。要记住党的期望，要记住你们毕业前的学生时期最后阶段所受到的教育，要珍视你目前工作的责任。
>
> 不要用过多的形容词来感谢我们，因为你今天所得到的并不是教师们的功劳，而是党！希望你挺起胸膛，迎接这生活的考验吧！

“影片总检阅”

来到上海科学教育电影制片厂之后，第一年为见习期，我仍然要按照规定参加劳动一年。不过，电影制片厂要显得灵活，并不一定要参加体力劳动。

我刚进厂，分配我做的第一件工作就是“审查影片”。如今回想起来，这第一课对于我来说，是非常合适的。

所谓“审查影片”，就是把厂里历年来摄制的所有影片全部审看一遍！

“审查”什么呢？遵照“上面”的指示，主要就是审查涉及苏联的问题。当时，中苏关系已经恶化，必须删去电影中“过时”的画面和解说词。比如，画面背景上有一幅毛泽东和赫鲁晓夫握手的照片，这个画面就得删去；解说词中有一句“在苏联的无私帮助下”，也必须删去。凡是歌颂苏联成就的影片，要划入“停止发行”的范围……

每天一上班，我就推着一辆小车到片库——电影拷贝的仓库，领取一大堆电影拷贝，然后送到第三放映室。

在电影厂里，有着许多放映室，大的可以容纳全厂职工，通常供全厂观摩影片用；小的则可以容纳几个人、十几人、几十人不等。第三放映室是最小的一个放映室，只能坐几个人。负责审片的，连我在内三个人。我的面前有一张小桌子，桌上有一只带罩的小灯，幽幽的灯光只把桌面照亮。桌上放着记录纸。看到影片中有什么问题，当即作记录。

我从小就爱看电影，但是从来没有这么看过电影——一天之内要看七八个小时的电影！

进入电影厂之后，看电影便不再是消闲，而是工作，或者是“业务学习”。

整整两个多月，我每天闷在黑咕隆咚的放映间里，看了一部又一部影片——把厂里摄制的所有影片全部看了一遍——影片总检阅！

在看电影的时候，必须全神贯注，眼睛要注意画面的任何一个细小的局部，有无赫鲁晓夫照片、有无苏联国旗之类；耳朵则必须注意谛听每一句解说词或者对白，有无歌颂“苏联老大哥”的话。

凡是发现了问题，我随时作记录，然后填进表格，作出处理意见，上报上海市电影局，再上报文化部电影局……

我没有上过电影学院。这两个多月审看影片，等于给我上了一堂生动的电影入门课。过去看电影是“看热闹”，如今看电影则是“看门道”。

过去，看完电影，一笑了之。自从参加审片工作之后，我养成了写“看片心得”的习惯。我每看完一部电影，总是在《看片笔记》本子上，写下我的观感。

这些观感，不同于通常的电影评论，而是记下种种电影“门道”，诸如什么镜头组接有新意，哪个片头字幕设计不错，哪个电影特技运用得好……后来，我写作《电影的秘密》一书，所举种种影片例子，很多就来自我的《看片笔记》。

我买了一大堆电影业务图书，从电影编导到电影史、电影摄影、电影表演，甚至还买了电影洗印、电影放映图书，钻研起来。记得当时我很认真地读了夏衍的《电影论文集》，觉得获益匪浅。比如说，我搞片子，常用淡出、淡入技巧，只知道用这一技巧，谈不出所以然。但是，夏衍在文章中谈到他写《祝福》，按鲁迅原著是分五段，应是五个淡出、淡入，而影片中用了八个淡出、淡入。他详细地谈了每一次用淡出、淡入的目的，谈了为什么要增加三个淡出淡入。又比如，叠化也是电影中常用的技巧。夏衍在书中说，叠化实际上就是淡出与淡入的重叠，从时间观念来说比淡出、淡入短……

此外，我还借阅了白杨关于电影演员表演艺术的书，郑君里论述角色修养的书，袁文殊的《解放区的电影》，史东山的《论电影镜头的组接》，吴印成的《摄影艺术》，吴天的《电影简话》，达旭的《电影化妆》，北京电影学院教材《电影摄影》以及《世界电影艺术史》《电影技术导论》《电影制片工艺学》《电影剪辑》《电影剪接》《科教片中的动画》《录音工艺》《电影放映》《特技摄影》《电影胶片工艺学》《电影求索录》《林则徐——从剧本到电影》《科教片的技巧问题》《党论电影》《梅兰芳的电影生活》《电影院的设计》《白昼电影》《宽银幕电影》，等等。凡是我能在图书馆借到的，就都借来阅读，读完了七八十本电影业务书籍。这些书简直使我入迷了，我仿佛是在自修电影学院的课程，请电影界的老前辈在书本中给我上课。

“半路出家”学编导

完成审片工作之后，我被调往摄制组，给导演杜生华当场记。杜生华是资历很深的导演。他是山西榆次人，1938 年参加八路军，1942 年加入中国共产党。1950 年在北京电影制片厂导演了故事片《儿女亲事》，1953 年调往上海科学教育电影制片厂，人称“科教片厂的庄则栋”。他是厂里得奖最多的导演。根据《十万个为什么》改编的《知识老人》，就是他导演的。

一进摄制组，杜导演便教我如何做场记：

一是“拍板”——每拍一个镜头，场记必须在“拍板”上写明是第几镜，第几次拍摄。摄影师每拍一个镜头，必须先拍“拍板”。这样，电影胶片到了洗印厂，一印出来，就知道这是什么影片第几镜第几次拍摄；

二是秒表——摄影师一开摄影机，场记就得揌下秒表，关机时则关上秒表。电影摄影机每秒钟拍 24 张画面，相当于消耗 1 英尺胶片。

三是一式三份的场记单——每拍一个镜头，就要像售货员开发票似的，填写一式三份场记单。场记单上要写明拍摄时间、镜号、内容、拍摄次数、长度，等等。这一式三份，一份随胶片送往冲印厂，一份交给摄影助理，一份存底。

场记，实际上是学习导演工作的第一步，借以熟悉电影的摄制工作。由场记而助理导演，再进一步成为副导演、导演。当时的导演分三级，最高的是一级导演。

进入摄制组之后，有时候成天泡在摄影棚里拍内景。

走进电影制片厂，一眼就可以看到又高又大的奇怪的房子。说它高，起码有三四层楼房那么高；说它大，起码有三四个以至七八个篮球场那么大；说它奇怪，是因为这么大的一座房子居然没有一扇窗户。虽然有一扇大门，可是“门虽设而常关”，人们只是从一扇小门进进出出。这房子的墙很厚，门也很厚，小门、大门的门框四周都钉着橡皮，门上写着“随手关门”。

这古怪的房子，就是专门用来拍摄电影的摄影棚。棚里没有一根柱子。它造得那么高大，就是为了便于在里面搭出各式各样的布景；它没有窗子，是为了不让太阳光晒进来；它门户紧闭，墙又那么厚，为的是隔绝外界的杂音。在摄影棚内的四壁，铺着一层吸音板，防止产生回音。摄影棚里还有冷暖气设备，既可以在炎炎夏日开放冷气，让演员穿着棉大衣拍摄严冬镜头，又可以在数九寒冬开放暖气，让演员穿着背心拍摄盛夏镜头。

记得我刚到摄制组的时候，每拍完一个镜头，杜导演总是挨个儿问：“好不好？好不好？”就连我这个新来乍到的人，也要问。仿佛非常“民主”，善于倾听摄制组每一个成员的意见。

后来，摄影师悄然告诉我：“导演问你好不好，就一定要回答说：‘好！’”

经过摄影助理向我“解释”，我这才明白：每一个镜头，导演总希望多拍几次，以便从中挑选出最好的一次，用在影片里。可是，要想重拍，总得找个理由。导演不便于自己说，于是他逐一向摄制组成员询问“好不好”，只要有一个人说“不好”，他马上说“再来一次”。

那时，杜导演总是把“再拍一次”的镜头，称为“NG”。起初，我不明白这“NG”是什么意思。后来才知道原来是“No good”的缩写，“不好”之意。

摄影师呢，当然希望拍好每一个镜头，有机会重拍一次固然不错。不过，电影摄影机每秒钟要拍24张画面，要消耗一英尺胶片。胶片很贵。为了节约胶片，电影制片厂对“耗片比”作了很严格的规定。所谓“耗片比”，就是拍摄成功的镜头长度和消耗的胶片长度之比。当时规定的“耗片比”，有时候只有“1 ∶ 1.75”。也就是说，拍成功1000英尺的镜头，只给你1750英尺的胶片。“耗片比”超过了，就得扣摄影师的奖金。正因为这样，摄影师在拍每一个镜头之前，都仔仔细细，生怕浪费胶片。

摄影师也抓我的“差”，叫我帮助他看“光影”。所谓“光影”，是指一个光源之下，被拍物体只能有一个影子。拍电影的时候，灯很多，光线分为“主光”“辅光”“侧光”“顶光”“背景光”，可是只许主光方向产生影子。平常在生活中，我从来没有注意过影子问题。到了拍摄现场，老是要看有几个影子。特别是在看样片的时候，如果看到两个影子或者三个影子，便大声叫起来：“影子！影子！”于是，那个镜头只得重拍。

当然，如今拍电影，似乎已经不那么讲究了。光影混乱的镜头，比比皆是。好在观众只注意戏，谁都不注意有几个影子。只是我在摄制组受过“训练”，见到光影混乱，总感到不舒服——虽说没有大声叫起来：“影子！影子！”

刚到摄制组，我什么都干。比如，拍摄的时候，帮助摄影助理用皮尺测量摄影机到被摄物的距离，这叫“拉皮尺”；拍摄推拉镜头的时候，要不断改变摄影机的焦距，这叫“跟焦点”。

拍电影所用的胶片，通常是装在大的圆铁盒里。每盒胶片1000英尺。这胶片在暗室里分切成200多英尺的一段段，装入电影摄影机的片盒。分装胶片，是摄影助理干的活儿。我虽然是场记，什么活都喜欢学。于是，我也跟着摄影助理进暗房干这种分装胶片的活儿。

我感到很奇怪，摄影助理在进暗房之前，总是先看天气。遇上阴雨天是不能分装胶片的，因为空气太潮湿，胶片容易吸水，分装后容易粘在一起。

跟录音师在一起，也十分有趣：每到一地，录音师总是用他那特殊的耳朵谛听着。比如，在选外景的时候，导演和摄影师选中一个景点，表示十分满意，录音师却摇头，说此地蝉鸣太响或者蛙声太吵——在平时，我根本没注意什么蝉鸣或者蛙声，而录音师出于职业习惯，每到一地，首先要听声音。凡是杂音太多的地方，他总是摇头。

我在北京大学所学的六年化学，虽说跟电影编导业务没有直接的联系，但是大学的学习毕竟给我打下了很好的文化、科学基础。

记得大学毕业的时候，一位负责分配工作的老师曾对我们说："你们大学毕业了，好比一碗碗'阳春面'。到了工作单位之后，加上一块红烧肉，就成了'大肉面'；加上榨菜肉丝，就成了'榨菜肉丝面'；加上鳝丝，就成了'鳝丝面'……"

他的本意，是要毕业生们在分配工作时，不要过分强调"专业对口"。其实，他的这一比喻，是十分妥切的。

与别人不一样的是，我"专业不对口"，不是组织分配不恰当所造成的，而是我主动要求"不对口"。

我对于我的抉择，在当时没有后悔，至今也没有后悔。

在北京大学打下很好的自然科学基础，使我在从事科教片创作的时候，对于自然科学的掌握游刃有余。我从小喜爱文学，又使我能够迅速掌握电影编导业务。

有一回，我偶尔跟摄影师说起"乳剂特性曲线"的时候，他大为惊讶："你怎么也懂？！"

其实，我在北京大学学光谱分析的时候，曾专门学习过感光乳剂理论。每一次做光谱分析，都得显影、定影——这些恰恰与摄影技术是共通的。

一场电影拍好以后，就把电影胶片送去冲洗，洗出来的是底片。再用底片印出正片。

不过，每次拍的只是整部影片中的一小段，还要在摄影棚里搭出许多不同的布景进行拍摄，也有的要到摄影棚外找合适的天然环境拍摄。等所有的镜头都拍好以后，经过剪辑，再配上对话声、音乐声、效果声（如风声、雷声、掌声、枪声、走路声、开门声，等等），印制出电影拷贝，就可以上映，与广大观众见面了。一部电影可以印上百上千个电影拷贝，一个电影拷贝可以放映上百上千场，一场电影可供上百上千名观众观看。

在电影厂工作，我发现，连我的脾气也慢慢改了。

我年轻的时候，本是火药性子，做事恨不得一锄头刨出一口井来。可是，如今我却变得很有耐性。这主要便是在电影摄制工作中慢慢地、慢慢地磨去了急性子。

拍外景最“磨”人。

记得，大清早，摄制组从上海出发，赶往苏州天平山拍外景。一路上，阳光灿烂。等我们上了天平山，一切都准备就绪，我正要喊“预备——开始”，一块乌云过来了，遮住了太阳。等吧！大家在山上席地而坐。我不时透过深蓝色的方形“看光镜”，观看着天空。我巴不得用手掌推开乌云。

一小时，两小时，太阳竟一直躲在云中。中午了，大家饥肠辘辘，不得不下山吃中饭。就在我们端起饭碗的时候，天开眼了，金色的阳光撒满大地。我们三下五除二，把饭咽了下去，就匆匆上山。一切都准备就绪，我正要喊“预备——开始”，太阳又缩进云端。唉，又得等，耐心地等。用看光镜观察着在空中缓缓移动着的云朵，心急似火，但无济于事。云，还是那样笃悠悠，慢悠悠，仿佛在天幕上踱着方步，使我记起陶渊明《归去来兮辞》中所描述的：“云无心以出岫。”一直到下午 3 点光景，太阳才露脸。终于，电影摄影机的马达发出轻轻的声响，拍摄工作在短短的十分钟内全部完成。当我们欢快地跳上面包车驶回上海的时候，一路上却阳光明媚……

拍摄外景靠天吃饭，天老爷经常促狭人。记得在上海淀山湖拍日出。摄制组住在湖边小屋，每天清晨 4 点起床，冒着寒风出发，架好摄影机之后，手脚都冻僵了。可是，倒霉，东方一片浓云，遮住了喷薄而出的红日——尽管天气预报说是晴天，而且那天也确实是晴天，但是“晴天”并不意味着日出时东方天边无云！如此反复折腾，才在第三天拍到日出镜头。当我欢呼雀跃之后，没几天，影片冲洗出来了，圆铁片盒里放着白单子——用电影厂里的“行话”来说，那叫“报丧单”。凡是出了摄影事故，一概附白单子。只有摄影符合标准，才给粉红色的“红单子”。我一看“报丧单”，傻了！没法子，摄制组只得重返远郊的淀山湖，又在那里“喝”西北风……遇上这类事，半点也急不得，唯有耐着性子重拍。

在电影“蘑菇战”中，我的火药脾气渐渐给“磨”掉了。

其实，一镢头想刨一口井，未免操之过急，但是用镢头不停地刨井还是应该提倡的。干事业，要有一点“拼命三郎”的精神，要有一点“火烧眉毛”的紧迫感。

当然，“性急吃不得热粥”。有些事急不得的，那就要学会尊重客观规律，“急事要慢做”。

她第一次到上海

那时候，我虽然结婚了，但是夫妻分居两地，还没有家。

1963年岁末，正值妻放寒假，我请她到上海来，因为她从来没有出过远门，没有来过上海。

按照那时候的规定，大学毕业之后，第一年是见习期。当时我作为“见习编辑”，是无法分配住房的。在上海举目无亲的我，住在电影厂的集体宿舍。

为了她到上海来，我在电影厂附近租了一间房子。那是一间阁楼，每月租金10元人民币。底楼是房东住，泥巴地，又脏又潮。那阁楼又小又矮，要爬摇摇晃晃的竹扶梯上去。

妻是这么回忆难忘的第一次上海之行的：

> 烈开始在上海工作。盼呀盼，终于盼到了寒假，我有十多天的假期。家里人都决定让我在寒假里去上海看望烈。
>
> 本来从温州去上海可以乘轮船的，乘轮船比较方便，是直达的，我只要从温州码头上，到了上海，烈就可以在上海的码头接我，这对于极少出门的我来说，是又方便又安全。可是，在我刚放假时那几天正好有大雾，轮船暂时不开。寒假一共只有十多天，要是等到雾散船开，还不知道要等上几天呢。
>
> 为了我们早日相见，我就改乘汽车和火车了。这条路比较难走，要先乘长途汽车到金华，然后从金华再转火车到上海。起初公公、婆婆有点不放心，我一个没有出过远门的女孩子这样转来转去，是否会安全。但是我看望烈的心切，也顾不了这些。我告诉他们我在9岁的时候曾经一个人乘轮船从平阳到达温州，那时中间还要转乘摆渡船呢，现在长大了，又有许多人都这样走，没有关系的，我说“路在嘴上”，只要问清楚，就没有问题，请他们

放心。

于是我带了烈喜欢吃的一些温州土产，带了点换洗的衣服，就出发了。从温州到金华一路上乘的是长途汽车，那时公路很颠簸，但由于心情好，只想早点看到他，一点不觉得颠簸，反而觉得很兴奋。到了金华后我就转乘去上海的火车。我还是第一次乘火车呢，看见黑黑的巨大的火车头，看见长长的列车车厢，又好奇，又喜欢。坐定之后，我一直注视着车窗外，车窗外变化的景色吸引着我，不知不觉地经过十几个小时汽车和火车的旅途劳顿，我很快就到达上海了。

我一到上海北站，烈早已在那里迎候了。我们一见面，什么疲劳，什么路途劳顿都不管了，两个人手拉着手，跳呀，奔呀，真是欢天喜地！

上海可真大，那高楼大厦，那川流不息的人和车，把我这个初到上海的温州姑娘看得眼花缭乱。烈见我好奇，就一一向我介绍上海。他知道我坐车过来，已经十多个小时没有吃东西了，问我饿不饿，我说不饿。他说不饿也得吃点东西，于是带我到北站的一家点心店吃荠菜馄饨。因为温州没有荠菜，刚开始吃荠菜馄饨我觉得这味道有点怪怪的，但很快就喜欢上了，觉得有股清香之味。吃过点心我们就回家。

那时，烈租了离厂比较近的徐家汇文定路的一间阁楼，这就是我们最初的家。这阁楼大约有七八个平方米，但是那楼梯很难走，相当陡，每次上楼还好，下楼时真有点害怕。但毕竟我们能在一起了，就非常开心。

记得寒假里正好过年，电影厂也放假了。他经常带我到上海各处游玩。带我到外滩乘渡船过黄浦江，那时浦东没有开发，很荒凉，而外滩却非常繁华。我们在外滩拍了好多照。还到城隍庙吃小笼包。第一次吃小笼包不懂得方法，一口咬下去肉汤四溅，把衣服都弄脏了，烈却在旁边笑，这时我才知道他是故意先不告诉我方法的，好让我出一次洋相。我们还游玩了淮海路，南京路等等。那时上海的高楼还很少，南京路的国际饭店，算是很高很高的了。来上海之前，公公就告诉我，你抬头看国际饭店最高层时，小心别把帽子看掉了！现在，国际饭店在上海的高楼之中，只能算是小弟弟。

上海有几天下大雪，我们仍然天天出去，还在雪中拍了好多照片。

温州气候比较暖和，上海冷，他见我裤子穿得很单薄就给我买了一条绒线裤。这条紫红色的绒线裤，我一直穿到生第二个孩子，后来还把绒线拆下来，织了一件背心。

那时我们住的地方还不能生炉子做饭，所以经常在外面吃。一会儿在离厂里很近的天钥新村居民食堂里吃，一会儿在外面吃各种点心，几天下来特别喜欢吃荠菜馄饨。

寒假很快就过去了。那时在我的心里，总觉得上海虽好，团聚固然幸福，可是我只能短暂地在这里住几天。想到我们很快又要分手了，心里有说不出的惆怅。见我们快要分手了，烈也闷闷不乐，不过他说我们一定要争取早一天在一起，只要我们努力一定能够做到。

快要回温州的那几天我是那样地难过，连吃饭都不香了，抬头见到上海的高楼大厦，会莫名其妙地觉得它离我似乎很远很远。晚饭后我们经常手拉手在马路旁默默散步。就要分手了，烈见我很难过总是鼓励我，他说很快我们一定会在上海一起工作的。在困难面前，他始终充满信心。

终于在上海安家

趁1964年暑假，我终于把妻接来上海，在上海安家。

在如今开放的上海，不论你来自什么地方，只要你能够在上海找到工作，能够维持自己在上海的生活，你就能够在上海租房甚至买房，在上海安家。然而，在20世纪60年代，这谈何容易？妻要在上海住下来，首先面临的是户口问题，然后是工作问题，而工作问题又与户口问题紧紧相连，因为你没有上海户口，你就无法在上海工作，也就无法在上海生活。

住房、妻的户口和工作，是我们当时在上海安家遭遇的三大难题。

在1964年的上海，能够拥有一套房子，谈何容易？那个时候，中国大陆还是“福利分房”时代。每个职工要靠单位分房。前面已经提及，大学毕业不久的我在单位里不过是“见习编辑”，与“福利分房”之类沾不上边。老是租房，毕竟不是长久之计，何况租金也相当贵。怎么办呢？

有一次我们在等公共汽车的时候，见到电线杆上有一张租房广告——那时候的上海，不像现在有那么多房屋中介公司。我正在看，一位中年妇女问我：“你们要‘借’房子？”上海人所说的“借”，也就是租。

看上去，那中年妇女很和善。

我点了点头。

她就跟我聊了起来。我这才知道她叫张美英，是居委会主任。她说，她那里有个老工人，丈夫去世，搬到女儿家去住，她自己的房子空着。

她热心地带我和妻去看房子——后来我才知道，她纯粹是为了那位老工人牵线搭桥罢了，不收一分钱的“介绍费”。

那是半间私房，房子总共12平方米，水泥地，四周是竹篱上抹了石灰而已。有一个阁楼，有一道木扶梯可以上去。

据说，这些简陋的平房建于20世纪50年代初。那是上海解放之初，填平徐家汇的臭水河——肇嘉浜，河边棚户的居民迁到这里。这里新盖了一批简易平房，原先是说作为“过渡房”，几年后另迁他处新居。可是，后来由于经费短缺，这些“过渡房”竟成了“永久房”了！

她说，房子可租可卖。租的话，每月10元人民币；卖的话，总共530元人民币。

我和妻回去后仔细商量，决定还是买下来比较合算。因为4年多的租金，就相当于买下来的价钱。从长远考虑，还是买下来为好。

这样，我们就买下了那半间房子。从此在那里过着“蜗居”生活。

我如今还保存着最初的买房收据：

在1964年12月11日收到叶永烈同志四百三十元整，还有一百元未收。

史佩华（章）

这张收据只有两张扑克牌那么大。

如今买房子，双方要签订正式的合同。那合同有好多页，对许多事项做出规定。然而我那时候买房子，却是那么的简单。售房人只写一张收据而已！

其实，这收据，只是收款的字据罢了，连房子在哪里，多少面积，总价多少，都没有写。

后来我才知道，收据上所盖的是卖主已经过世的丈夫的图章，照理是无效的。

我和妻毫无购房经验。我只相信：这是居委会主任介绍的，对方又是老工人，没错！

就这样，在一个细雨霏霏的日子，我和妻雇了两辆三轮车，就把我们的全部家当搬过去了！

不管怎么样，我们总算有了立足之地——在大上海有了自己的家。

过了八个多月，我终于付清全部房款。

过户问题由于“文化大革命”耽搁下来。直至1978年10月27日，我才去“上海县革命委员会”办理了过户手续。

那时候没有房屋产权证，只有一张普通信纸那么大小的“房屋移转许可证”。证书上写着：

房屋结构：竹木简屋。

间数：半间。

房屋面积：12.3平方米。

不过，房价——当时叫“产价”，不能写成“伍佰叁拾元”，却只能写成“贰佰陆拾捌元贰角肆分”。

直到这时，我才明白，买房子的时候，买的价格是由双方自行商定的“私价”，高于“公价”，所以我们所买的房子，实际上只有“贰佰陆拾捌元贰角肆分”！

在1979年我终于分配到了“新工房”，按照当时的规定，必须“上交”原有的住房。在“上交”的时候，那房子只“折价”为105元人民币！

要知道，在1979年，一台17英寸的黑白电视机，价格为500元人民币！

就在那间极为简陋的小平房里，我和妻度过了15个春秋——从24岁到39岁，这正是人生最美好的时光！

举目无亲，一切都要靠自己。初来上海，我们什么都没有，连一双筷子也没有。我和她这时候才真正开始“恋爱”，懂得爱情的珍贵、爱情的力量。

有了房子之后，妻的户口、工作也一一解决。妻曾经这样写及：

房子有了，可我得工作。那时候是计划经济时代，没有上海户口是不能在上海工作的，而要把我的户口从温州这样的小城市迁到上海这样的大城市谈何容易。当时我们走访了很多部门，都说没有办法，有的夫妇俩分居十多年了，仍然不能调在一起。

总算“吉人自有天相”，我们遇到好人了，一位在那里派出所工作的户籍警，来家了解我的情况后，终于同意把我的户口迁入上海。

叶永烈夫妇在上海12平方米的简陋棚屋里，度过了15个春秋冬夏（1964年）

有了上海户口，就能在上海工作了。我的户口迁入上海后的第三天，我就找到了工作。先在一所学校代课，说是代三天，三天后学校看我上课不错，工作认真，就把我留下来了。后来我被调入一所新的中学，我不仅教语文，而且担任了班主任，直至退休。

叶永烈一家回到当年的小屋

我们在这小小的房子里共同生活了十五年，养育了两个儿子。共同度过了风风雨雨的十年“文化大革命”，度过了最艰难时期。

房子虽小，却很温馨。真可谓“寒窑虽破能避风雨，夫妻恩爱苦也甜”。

房子、户口和工作，这三大难题，在我们的努力之下，终于都迎刃而解了！

我们终于在上海安家。

妻安贫若素。穿着打了大补丁的裤子，走上讲台，也处之泰然；尽管上海是很讲究时装的地方，何况她正是青春年华。结婚多年，依旧梳一对大辫子——只是常常央我给她梳理。每天，她风风火火做完家务事，便坐下来帮我抄稿、描图。偶然得闲，摆好象棋杀一盘。她单纯，心地善良。相处越久，相知越深，相爱弥笃。两个人仿佛有一个共同的灵魂。

15 年的上海弄堂生活

自从在上海安家，我过着上海弄堂生活。2016 年 5 月 9 日上海《新民晚报》发表我的《两只“老虎”》，记述了当年的生活：

别以为动物园里才有老虎。整整 15 年，我与两只“老虎”相伴。

“老虎”之一是老虎窗。我在上海最初的住房，是弄堂里的半间平房，在人字形的屋顶之下，有一个小小的阁楼。我把阁楼作为卧室，而底下的小屋则成了客厅兼书房兼厨房。阁楼前低后高，从梯子上去，往里可以站着，往前则只能弯着腰。阁楼又闷又黑，所幸有一个老虎窗。上海“洋房”里的老虎窗很考究，像一个小房子那样突出在屋顶的斜坡之上，窗是直立的。我家的老虎窗则很简陋，无非是在铺着青瓦的屋顶上开了一个长方形的口子，安上铁框，而铁框里装了一扇玻璃窗，晴天时可以用一根筷子撑起来，下雨时则取下筷子关窗。

对于阁楼而言，这扇老虎窗至关重要。我家朝南。清早，第一缕金色的阳光，就是透过老虎窗射进阁楼，顿时蓬荜生辉。清新的空气，也是从老虎窗源源不断吹进小楼。到了盛暑，干脆在老虎窗下的地板上铺了席子，凉风习习，伴我安眠。

在上海，许多带阁楼的房子几乎都安装了老虎窗。那时候我不知道，这扇带来光明和轻风的窗，为什么以“老虎”命名。后来才明白，原来英语中屋顶为“Roof”，读音跟上海话中的“老虎”相近，处于中西文化交融之中的上海人便把屋顶的窗叫成了老虎窗。

我家正对面，隔着五六米的“弹街路”（石子路），则蹲着另一只“老虎”——老虎灶，即开水炉。老虎灶这名字，倒是跟英语无关。那开水炉的炉膛口像老虎张开的大嘴，而灶后高高的烟囱管像老虎翘起的尾巴，于是上海人便以其形象命名为老虎灶。早年，上海每一条弄堂差不多都有老虎灶，而我这条弄堂的老虎灶就在家对门——因为我家在弄堂口。那时候家家户户都有好多个热水瓶，人人都拎着热水瓶到老虎灶“泡”（装）开水，一分钱泡一瓶，要么付一分纸币，要么给一根竹筹子。我家通常用5角钱买50根竹筹子，放在一个铁盒子里，泡开水时随手拿根竹筹子过去。那年月老百姓家里没有热水器，没有饮水机，老虎灶从清早四时就开始供应开水，让居民起床之后就能用开水泡茶，掺点冷水洗脸，直到夜深还可以让居民打水泡脚，给大家带来莫大的方便。

就在老虎灶生意红红火火之际，忽有一日贴出告示，宣称停业十天，进行装修。那一停，顿时感到极大不便，一早起来就要生煤球炉烧开水。好不容易熬过这十天，老虎灶重新开业，面目大变，竟然把后面的房子借过来，打通，安放了好多张八仙桌，开起茶馆。在老虎灶之侧，就是菜场，老人们买好菜，便在茶馆里喝壶茶，一边嗑葵花子，一边“嘎山湖”（聊天）。也有提笼架鸟者，走累了，在此歇个脚。还有人在八仙桌上摆了象棋，杀上一盘。只是那年月搓麻将几乎跟赌博划上等号，所以从未见过有人带麻将牌上茶馆。老虎灶老板还卖起五香豆腐干、大饼、香烟、酱油瓜子、糖果之类。于是人来人往，真个是“垒起七星灶，铜壶煮三江，摆开八仙桌，招待十六方”，热闹非凡。这里的茶叶，与龙井无缘，跟碧螺春无关，只是茶叶店廉价的粗茶而已，抓一撮放进宜兴紫砂壶之中。不见西装革履，没有遍身罗绮，或敞着对襟布衫，或趿着塑料拖鞋，平头百姓、草根阶层在这里聚集。上海“闲话”，还有苏州话、无锡话、宁波话、苏北话，组成方言“交响乐”。这儿成了“信息中心”，谈天气，论花鸟，说张家，道李家，飞长流短，不一而足。冬日，茶馆里有老虎灶，犹如中央空调输送暖气，人丁甚旺，而到了夏日，则把八仙桌摆到门口的“上街沿”，享受弄堂的穿堂风，“风飘飘而吹衣”。

不过，茶馆开张之后，往往只是早茶人多，此后人走茶凉，茶客渐稀，到了下午空无一人。为了吸引客人，老板想出新招。记得，忽有一日，从老虎窗传入阵阵评弹声。我下了阁楼一看，原来是茶馆里请来评弹艺人，从此下午也桌桌客满。有人跷着二郎腿在听，有人慢条斯理抽着旱烟在听，有人倦了趴在桌上听，还有人（大都是孩子）站在后排桌旁“免费”听（这叫“立壁角”、听“壁书”）。茶馆里的众生相，如同老舍笔下的《茶馆》那样五花八门。

我家与茶馆门对门，一箭之遥，琴声、话声、铲煤声、嘈杂声，声声入耳。而我家的一举一动，皆在众茶客的睽睽目光之中，如同在家对过安装了无数“监视器”。好在15个春秋天天居于斯，听惯了，看惯了，见怪不怪。

如今我身居高楼，家中既无老虎窗，对门也无老虎灶。楼道里是一扇扇紧闭的防盗铁门，家家户户“门虽设而常关”。偶尔在电梯里遇到左邻右舍，也只是微微颔首，嫣然一笑，道一声“吃过了吗”。据报道，1995年上海市区只剩下牯岭路一家老虎灶，不久之后也打烊了，从此老虎灶在上海绝迹。这时，我却怀念起当年的“两只老虎”。北有北京的大杂院，南有上海的弄堂，都是富有个性的都市生活典型。往日丰富多彩的弄堂百貌，涌入我的笔下，成为我的关于上海的长篇小说《东方华尔街》中活生生的场景……

听张春桥的报告

刚进电影厂，处处感到新鲜、有趣。尤其是一下子看了那么多的电影，使我长了很多见识。

然而当我结束了一年的实习期，那如同电影《早春二月》般轻快的日子，很快就过去了。一天，上海市电影局在江宁路上的美琪电影院召开全局大会——电影局开大会总是在电影院里召开，因为电影院也是电影局的下属单位。事先告知，不得缺席。如有要事不能出席，必须事先办理请假手续。

那天的会议，果然重要。一个戴眼镜、尖腮、三角眼的人物，出现在讲台上。他手中没有讲稿，一口气讲了三小时。他讲话滴水不漏，逻辑严密，没有一句废话，也没有一句哼哈或者“这个”“那个”之类。

此人便是中共上海市委书记处书记张春桥。后来，他飞黄腾达，以至成了“四人帮”中的核心人物，郭沫若称之为“狗头军师张”。

张春桥长篇报告的主题，是批判电影界的“夏陈路线”。“夏”，即夏衍；“陈”，即陈荒煤。

后来才明白，批判电影界的“夏陈路线”，实际上就是“文化大革命”的前奏。

自从张春桥的报告之后，“阶级斗争”的弦绷紧了。我很快就意识到，电影厂处于“阶级斗争”的风口浪尖。

“政治学习”的时间明显增多了，变成了批判会，成天价批判电影《早春二月》《北国江南》《不夜城》《红日》，以及瞿白音的理论文章《创新独白》。

随着政治形势日益紧张，新来乍到的我也遇到麻烦。

在北京大学，由于我只是个学生，我的“学余创作”不大受到干涉，何况我这个人又不张扬，除了同寝室的同学知道之外，班上的同学不大清楚，甚至看到了《十万个为什么》，还以为那个“叶永烈”一定是同名同姓的叶永烈，绝不可能是我们班上那个不声不响的叶永烈。

到了电影制片厂就不同了，厂里人人皆知我是《十万个为什么》的作者。初来乍到的我，根本不知道厂里的不成文的“规矩”——对于业余创作，极为忌讳。尤其是我的信件当时都寄到厂里，传达室总是把信件插在大门口，人来人往，谁都能见到。这样，某些领导对我便看不顺眼，认为我“资产阶级名利思想严重”。

我最初遇到的“麻烦”是，在结束一年试用、进行转正的时候，把我这个六年制本科毕业生的待遇，等同于从电影学院毕业的大学生（他们只是读三年制）。

紧接着，我便被“下放”到农村。这样，我既不能学习电影业务，又不能进行业余创作。那时，上海农村正在开展“社会主义教育运动”（亦即“四清”运动），我被派往农村，参加运动。先是在上海青浦县重固公社章埝大队李园

“文革”中叶永烈在上海农村劳动

生产队，参加农村社会主义教育工作队，搞了半年的“社会主义教育运动”。

结束之后，刚回到上海，又被派往上海金山县金卫公社卫城大队（即金山卫）参加农村社会主义教育工作队，搞了半年的“社会主义教育运动”。

在农村一年多后，我回到厂里时，又遇上厂里开展“社会主义教育运动”。在运动中，我成了厂里“不务正业”“追求成名成家”“走白专道路”的“典型”，受到“批判”。加上我的“家庭背景”不好，动不动就要把我和蒙受不白之冤的父兄联系在一起，所以我经常挨整是“在劫难逃”。

1964年，《十万个为什么》第一次进行修订。我收到少年儿童出版社关于修订《十万个为什么》的来信：

> 《十万个为什么》自1961年4月开始出版，到1962年12月出齐八册，全书共收1484个问题，105万字。此书出版后，受到了各方面的注意，共印了530多万册，延边、新疆、内蒙等都已译成少数民族文字出版，盲文出版社出版了盲文本，国外也已有了译本，或正在接洽翻译。印尼华侨读者，订购了几万套，并参加了在日本展出的贸易展览。
>
> 三年来，我们收到了数千封读者来信，提出了近五千个问题，要求我们解答或补充进书里。为了适应读者需要，我们决定在1964年内全面修订“十万个为什么”，把原来出版的八册，剔除一些不够好的题目，充实内容，进一步提高质量，分为十四册出版。按学科门类分册，照下面次序排列：数学一册、物理两册、天文一册、气象一册、自然地理一册、动物两册、植物两册、生理卫生两册。每册大约150至200题；每篇暂定500到2000字。

我为《十万个为什么》新写了上百篇的“为什么”。

由于我在单位里挨整，少年儿童出版社就从原先的“热面孔”变为“冷面孔”，几乎不用我的新稿。

很遗憾的是，这一批新写的“为什么”，由于已有初版的写作经验，更为成熟些，却因未被采用，手稿在十年动乱中已不知去向。虽然我曾三番五次希望找到这批手稿，但已无从寻觅。我手头仍存少量底稿（我平时写作几乎不打草稿），其余的也就化为乌有了！

在1965年印行的第二版《十万个为什么》中，采用大批初版中的“为什么”，我依然是化学分册写得最多的作者，可是我的名字，莫名其妙地从第一名“移”至第八名！至于其他分册，尽管仍收入我为初版所写的大批“为什么”，可是在作者名单上却不见“叶永烈”三字！

后来，在“文化大革命”中，我从大字报中才得知，厂里某领导决定，给跟我有联系的出版社、报社、杂志社发出通知，称叶永烈“个人主义思想严重”，不要采用他的稿子！

在那种年月，践踏著作权，践踏署名权，毫不在乎！

那时候加在我头上的“桂冠”之一，便是“不务正业”。其实，在1965年和1966年，我完成的剧本数量之多，高居整个编辑室榜首，在“正业”上是最努力的一个。

在1965年，我完成《高分子材料》《石油化学工业——石油气的化学利用》《钢的热处理》《小农具的热处理》四个剧本。当时的编剧，每年一般是完成一到两个剧本。我不仅超倍完成，而且上半年还在农村参加“社会主义教育运动”。

在创作《石油化学工业——石油气的化学利用》剧本的时候，我住在浦东高桥上海石油化学研究所。很巧，我在那里遇上了北京大学化学系教授、中国科学院学部委员唐有祺老师，他知道我“改行”，为我可惜！

《钢的热处理》，是我在上海热处理厂采访后写成的。后来我才知道，作家宗福先曾是这家工厂的工人。

在1966年，我创造了空前的纪录，接连完成《为革命保护视力》《生饲料养猪好处多》《晚期血吸虫病的外科治疗》《防治稻田皮炎》《中西医结合大跃进》《防治白蚂蚁》《农村科学实验小组》《无机粘结技术》8个剧本。其实，这8个剧本也是在半年内完成的——因为1966年下半年，“文化大革命”开始了，也就“停产闹革命”了。

另外，我还在《小农具的热处理》和《无机粘结技术》两片投入拍摄时，与导演一起完成了分镜头剧本。

《生饲料养猪好处多》是1966年1月在上海县马桥公社采访后写成的。为了体验生活，我曾在上海县马桥公社养猪场养过猪。

1966年3月，我在松江县人民医院多次观摩血吸虫病外科手术，完成《晚期血吸虫病的外科治疗》《防治稻田皮炎》两个剧本。

接着，在南京中医院、扬州的苏北人民医院和南通市中医院采访，完成了

《中西医结合大跃进》剧本。

1966年4月至5月，我还到安徽省砀山县唐砦公社以及宿县采访，写了《农村科学实验小组》电影剧本。

所以，在进入电影厂两年之后，亦即一年见习、一年下放农村之后，我凭借多年的写作经验，迅速成为创作上的主力。从1965年下半年到1966年上半年这一年多的时间里，完成12个剧本，差不多一个月完成一个剧本，在厂里获得了“快手”之称。

尽管我在完成“正业”方面是超额的，名列前茅，但是由于我在业余写了不少作品，那“不务正业”的帽子，仍然戴在我的头上——如果我业余不写作，而是去钓鱼、打扑克、搓麻将，谁也不会说你“不务正业”。

所以我从北京大学毕业之后，便处于逆境之中。我的业余创作承受了很大的压力。不过，作为电影制片厂的编剧，我走南闯北，进行种种采访，使我的眼界大开，而且也逐渐掌握采访技巧。虽然我没有念过新闻专业，却在实践中学会记者的基本功。我后来从事纪实文学创作，那基础就是在这时候打下的。

初为人父

婚后的第4年，长子来到世间。

1967年7月12日清晨6点50分，长子诞生于上海市徐家汇国际和平妇幼保健院。

他真是“生不逢时”，出生在大动乱的年代。上海刚刚经历了“一月革命”风暴，满街是“打倒走资派”的大字报。当时，我父亲正挨批受斗，刚看到长孙的照片，就含泪离开人世……

我原本有记日记的习惯。在“文化大革命”中，多年的日记毁于一旦。从此，我在“文化大革命”中不再记日记。但是当长子降生时，我倒是在一本笔记本上，随手为他记录下人生的脚印。有时，我不在家，就由妻记。现把这本笔记取名为《小舟的脚印》。

这是富有童趣的记录，也是真实的历史记录。这一笔记，尽管记录的是孩子成长的脚印，却从一个侧面如实地反映了那个特殊的“文化大革命”岁月，反映了我与妻身居陋屋过着极为艰辛却又友爱乐观的生活。特别是其中所记的诸多细节，颇为生动，真可谓“好记性不如烂笔头”。这本随手而记的笔记，如今已是很难再“创作”的了。

叶永烈夫妇与长子(1969 年，上海)

写作笔记《小舟的脚印》的初衷，原本是记录儿子成长的过程，而且也无意发表，然而却在无意之中成为我当时生活的写照：

1967 年 7 月 11 日清晨，芬说要“走走动”。我就陪她从新村一直走到徐家汇。走了四十多分钟。

傍晚，我下班回家，芬说肚子有点痛，就让她躺在楼上窗边休息。

七时许，芬说有一阵阵痛。我和妈（岳母，以下均同）就决定送她去医院，她还不肯。

近八时，阵痛加剧，烧了蛋给芬吃，然后与妈一起送芬到车站，坐 43 路公共汽车到徐家汇，进国际和平妇幼保健院。

医院里静静的，一片夏夜景色。陪芬从大门口一直走到急诊室。一位年轻的女医生，随即给芬作检查，说产门已开，明晨即可分娩。

芬去洗澡。我去办理住院手续。然后，送芬到电梯口。芬坐电梯去六楼候诊室。

我和妈回到家里，已十点一刻了。天气很热。

7 月 12 日，清早，匆匆吃过早饭，马上就去妇幼保健院，医生说芬早上六点五十分生一儿子，并向我表示祝贺。

七点二十五分，去徐汇邮局，发一电报给爸妈，电文为“芬晨生儿”。

医院里平时不好进去探望的。下午四点半到七点才允许进去。下午四点，请了假。到徐汇买了些面包、蛋糕、砂糖等。四点半，去医院看望阿芬。芬住在五楼十二床，身体很好，很兴奋。不久，妈也来了，一起谈到七点。

小孩取名为“叶舟”，取义于宋朝诗人范仲淹的名作《江上渔者》：

江上往来人，
但爱鲈鱼美。
君看一叶舟，
出没风波里。

（注：事隔多年之后，我才得知我的二伯父叫“叶造舟”。看来，给长子取名叶舟，倒是有点“缘”。）

舟的生肖属羊。芬说叶舟体重六斤。

与妈回家，已七点半了，邻居们都很关心来问。听说生个儿子，都来祝贺。

晚，写信给我的父母，报告喜讯。

7月13日。傍晚去看望阿芬，给她吃牛奶、蛋糕。芬说肚子有点疼，坐不起来，其他均好。天气热得够呛，可是，她仍不得不穿长袖衣服，不能开窗。

7月14日。傍晚去看阿芬，说肚子不大疼了，但有点发烧，38℃，奶胀。即去徐汇买了吸奶瓶给她。

今比昨更热。

7月15日。傍晚去看芬，说已退烧，身体好多了。爸来信说：“家中闻生小舟，不胜雀跃。”

7月16日。医院规定，未出院之前，家属是不能看望小孩的，主要怕感染。今天下午，因门口在四点就放我们进去，凑巧，在病房里看见了小舟。小舟皮肤粉红色，长得很有趣，眼睛特别大。

7月17日。今芬已能下床走动了。身体比前几天好多了。

7月18日。芬身体恢复正常，只是创口仍痛。

7月19日。芬较前为好。天极热，汗如雨。

7月20日。芬说吃不下饭，发烧，打青霉素。傍晚。下了一阵雷雨，稍凉。

7月21日。芬仍发烧，一天打六针青霉素。

7月22日。本来芬今天可出院，因尚有余热，医生说再休息一天。

7月23日。给芬带去衣服。医生说，明天出院。

7月24日。上午去厂，请了假，去医院接芬出院。办了出院手续。医药费49.25元。

与芬坐三轮车回家。一上车，小舟就睡着了，躺在我的膝盖上，一直睡到家方醒。

一到家，邻居们都来看望。问长问短。

晚，一回家，洗地板，洗衣服。妈忙着照料“月子”里的芬和小舟。小舟很贪睡，也很会吃。

7月27日。上午，请了假。到漕河泾派出所给小舟报了户口，我们家户口簿上多了一位小公民的名字：“叶舟”。又领了布票、粮票等。买了一瓶蜂蜜给小舟吃。

晚，陪芬抱小舟去医院。小舟头上长了个疮。

8月15日。芬发烧。早上，陪芬去妇幼保健院，体温37.8℃。

8月18日。今晨陪芬到妇幼保健院，看中医。芬出虚汗，食欲不振，无力。小舟长得很活泼，很能吃。

8月22日。下午四点。芬说因我把奶瓶口弄得太大，奶流得急，小舟舌头上长了白苔。即回家，与芬一起抱小舟到徐汇妇幼保健院。回来，顺便到东方红照相馆，小舟坐在我身上，拍了张照片。今正好小舟出生四十天，长得很胖，比出生时胖多了。躺在床上时，双脚不停地上下摆动，双手也划来划去。

8月27日。今取来小舟照片。给家中及姐、璁哥、琯哥寄去。

9月3日。我的父母从温州寄来红豆、乌贼干、鱼鲞，给芬吃。小舟拉稀。下午抱他到儿童医院看病。

9月10日。芬已如常。今星期天，与我一起走到三角地，买了些布做棉袄罩衫。小舟已很活泼，能笑。

9月24日。星期天。下午，与芬、妈一起，抱起小舟到漕溪公园。小舟很爱睡，一出去就睡着了。

10月3日。下午与芬、舟到龙华烈士墓，看纪念碑。小舟已能竖起来抱，东张西望。

11月5日。小舟已开始学坐了。平时，能咯咯笑，并哇啦哇啦讲只有他自己才能听懂的“话”。

头发已长全，头很大，已经可以戴上帽子。喜欢到外边玩，不爱闷在家里。

下午，风很大。我抱着小舟到徐家汇，拍了张照片。本来，因风大，妈和芬都不让我抱小舟出去，可是，直到我抱小舟从徐家汇回来，妈和芬才知道我们出去拍照——她们正在找我们呢。

这次，小舟仍是坐在我身上拍的。在汽车上，小舟双眼直看窗外，嘴里哇啦哇啦，像在讲什么似的。回来时，小舟睡着了，睡得很香。一直到家，这才醒过来。跑到妈妈怀里吃奶。

12月17日。星期天。早上，琯哥与承珍送二姐回温州。下午，我与芬去徐家汇。给小舟拍了张照片。小舟是坐在我身上拍的。这次小舟已“老练”多了，一点也不慌，看着摄影师手中的摇鼓，笑着。天气真冷。小舟仍很活泼，在街上东张西望。

12月23日。取小舟照片，寄给家中。

12月24日。星期天，今芬值班。上午，抱小舟去芬校及漕河泾玩。

12月30日。今在家门口。阿芬抱着小舟，拍了张照片。拍照时，小舟鼓着小嘴，还在淘气呢。我与阿芬也在漕溪路上拍了一张。

不久，我被下放到上海远郊奉贤县的“五七干校”劳动，在那里度过了3年。每个月只有4天休假时才能回家。

在干校，我成为水稻管理员。我从未种过水稻，为了摸索种稻经验，我每天给水稻记日记，休假时请值班者代记，一天也不间断，写出厚厚的《水稻日记》。

在每月4天休假时，我浑身晒得黝黑来到家中，对面的茶客们常常投来惊异的目光。

即便是这样艰难的生活，我仍“苦中作乐”，在从干校回沪休假的日子里，居然用一辆自行车，前面横杠上坐着儿子，后面书包架上坐着妻子，游遍上海！

突然遭到抄家

在那“大革文化命”的“文化大革命”中，《十万个为什么》被打成“大毒草”。上海成立了由几十家造反派组成的“工农兵批判大毒草《十万个为什么》联络站”。

其中“批判”的重点之一，是“太阳为什么会有黑子？”那时候，毛泽东被称为“世界上最红最红的红太阳”。“太阳为什么会有黑子？”被“上纲”为“恶毒攻击伟大领袖毛主席”！

我在化学分册初版本中所写的“做豆腐为什么要点卤？”，也受到猛烈批判。我在一开头，这么写道：

“电影《白毛女》里，贫农杨白劳被地主黄世仁逼得喝盐卤而自杀。可是你如果注意一下豆腐坊里做豆腐的情形，你会发现：人们总是用水把黄豆浸胀，磨成豆浆，然后进行‘点卤’——往豆浆里加入盐卤……”

这一段话，被“上纲上线”，扣上了“污蔑贫下中农”的政治帽子。

其实，那是因为我所看的电影《白毛女》是最初的版本，后来《白毛女》进行了修改，把杨白劳写成挺身反抗黄世仁，不再是喝盐卤自杀了……

如此这般荒唐的“批判”，乃是那荒唐岁月的“拿手好戏”。所谓“工农兵批判《十万个为什么》”，大体上就是这等“水平”！

厂里的造反派贴出了长长的大字报，那标题便是：《十万零一个为什么——质问叶永烈》。这一大字报，把《十万个为什么》打成《燕山夜话》式的“反党大毒草”，“在知识的幌子下贩卖反党黑货”，我被打成“小邓拓”“小吴晗”。

令人啼笑皆非的是，一个来厂不久的造反派头头，一直喊我“小吴”——以为我姓“吴”，因为人称“小吴晗”嘛！

我遭到了突然抄家，其罪名就是写“大毒草”《十万个为什么》！记得，家门口里三层、外三层围着看热闹的人，真弄得我抬不起头来。那时，我住的是12平方米的棚户平房，家门对面就是茶馆。人来人往，都在议论着我这“大毒草”作者……

我记得，星期六的傍晚，我下班回家，远远就看见家门口上百个人围着看热闹。

我还未走近，邻居的孩子就悄悄告诉我：“在抄你的家！”我疾步奔去，原来是厂里的“造反派”在那里抄，而我本人竟然不知道！

居委会主任要抄家者出示“抄家证明”，他们拿不出来，便吵了起来。抄家者蛮不讲理，强行抄家。邻居们出来拦阻，他们就与邻居们吵架。

当时，我的妻子也未下班，家中只有年老体弱的岳母抱着我的出生才几个月的儿子。家里被翻得像垃圾箱似的，文稿、剪报集、照相册、信件都被抄走。所幸岳母指着阁楼上的一张床说那是她睡的，一部分放在她床下的文稿才算未被抄走——其中包括《小灵通漫游未来》书稿。

邻居们问“造反派”为什么来抄家，得到的回答是：“叶永烈写反动文章！”

抄家者扬长而去之后，我心乱如麻。使我难以忘怀的是，隔壁的一位老工人来到我家，安慰我，劝我把眼光看得更远些……

抄家，对妻的打击甚大，因为她的学生们就住在四周，消息很快传遍整个学校，而她仍然要去上课……

妻曾经写道：

> 我们那时才二十多岁，刚刚踏上社会不久，也逃不掉遭遇抄家的劫难。
>
> 那年我刚生下大儿子不久，才几个月，我母亲为了照顾我，也从温州来到上海。
>
> 记得那天我刚从学校下班回家，还未到家门口，我的一个学生就急急地跑来告诉我：“杨老师，不好了，造反派到你们家抄家了！”
>
> 我一听，真是晴天霹雳！心里又急又慌！
>
> 于是我三步并作两脚地赶快往家里跑。一到家门口，只见围满了人，我推开人群，看到几个造反派在家里翻箱倒柜，把家里的照片、信件和烈写的文章、日记统统都抄走。
>
> 我母亲正抱着我的大儿子在旁边看着。造反派不放过家里的一切东西，见我回家时，他们仍然继续在抄，这时他们看见我妈妈睡的一张床，床底下有一只纸箱，他们也要拖出来抄。我妈妈忍无可忍就开始说话了。妈妈说：“这床是我睡的，这床底下的东西是我的，你们不应该也拿走吧！”
>
> 听妈妈这么一说，又见许多围在门口对他们进行指责的群众，这时造反派的头头只好不去翻那纸箱子。幸好，箱子里放着的《小灵通漫游未来》原稿，就这样保住了！
>
> 令我感动的是，当我们家遭遇抄家时，我们的邻居几乎都在为我们说话，批评那些造反派。
>
> 我们当时的邻居大都是橡胶厂的工人，他们很有正义感，敢于讲话。平时他们待我们很好，知道我们俩年轻，许多事不懂，常常会帮助我们。他们看见这些人来抄我们的家，就责问他们说：“这两个年轻人，平时规规矩矩

的，你们凭什么抄他们的家？”造反派说：“这个男主人写大毒草《十万个为什么》。我们是他厂里的造反派。”有人就说：“《十万个为什么》有什么反动的？”造反派无言以对。还有的邻居问抄家者，来抄家有没有凭证？……

当那些抄家者连我们刚发下的工资也都要拿走时，邻居们连忙去叫来居委会主任张美英，要她帮忙解决问题。很快我们的居委会主任来了，当着居委会主任的面，我说他们把我们刚发下的工资都要拿走。居委会主任就问：“你们有没有抄家证件？无论如何工资是不能拿走的。”于是造反派头头就让人把钱还给我们。居委会主任张美英又把这些抄家的造反派们带到居委会去盘问。后来，造反派就没有再来。

造反派走后不久，烈下班回来了，见家里被抄得一塌糊涂，我们全家心里都沉甸甸的，非常难过。天黑了，连晚饭都不愿意烧。这时邻居又来劝说我们，要我们不用害怕，不要难过，事情会慢慢解决的，他们还帮我们生好炉子，帮我们烧饭。邻居们的关怀，让我们受伤的心得到安慰。

后来，据说那些造反派回到厂里后，说他们抄了好多人家的家，但从未见到像叶永烈家的邻居那样使劲地维护叶永烈的。

抄家之后，造反派们对抄得的我的照片、信件与文稿进行了细细“审查”。我以为，大约又查出什么“大毒草”了。然而，令我奇怪的是，“审查”的重点竟是高士其给我的信以及一批俄文信件与照片。

那时，高士其被说成“黑帮”，所以要“审查”高士其写给我的信件。可是，那些信件谈论的是创作问题，没有什么把柄可抓，只得作罢。

一张照片引起造反派们的注意，要我“交代”。我一看，那是莫斯科红场上的照片，站在红场上的是我在北京大学求学时的导师——李安模先生，他是留苏归来的学者。幸亏照片背面写着导师赠我的字句，总算可以“交代”清楚，使我避掉“里通外国”的可怕罪名。

然而，一大批来自苏联的信件，成为“审查”的重点。

那是妻的女友斯维塔写来的许多信。经过我如实作了“交代”，那些信又经翻译片组俄语翻译的翻译，再经过造反派“审查”，确实没有什么可作为“里通外国”的“罪证”的词句，总算“高抬贵手”……

那是 1958 年 5 月，妻正在浙江温州第一中学读书。学校里忽地收到中苏友好协会转来的一封从克里米亚寄来的信，信上用紫色墨水写着俄文。这封信落到俄语教师手中，译成了中文：“我是生活在苏联美丽的南方海滨之城的女学生，我从报上得知，温州是中国美丽的南方海滨之城，我希望跟那里重点中学的同学通信……”信尾写着“CBETA”（斯维塔），俄文的原意是“光明”。

妻是俄语教师的“高足”——俄语课代表，“优先”拿到了这封远方来信，另外两个同学，也争着要这封信。他们三个人，各自给斯维塔用俄文写了信。一个多月后，只有妻得到了斯维塔的热忱的回信——另二位同学没有收到回信的原因很简单，因为他俩都是男同学！

从此，鱼雁往返，一个梳两条乌黑大辫子的中国姑娘，跟一个满头金发的苏联姑娘，结为异国姐妹。妻比斯维塔年长 7 岁，成了斯维塔的姐姐。从斯维塔的信中得知，她的父亲是中学校长，母亲也是教师。后来，妻从俄语课代表，变成了俄语教师，而斯维塔也选择了教师之路。共同的职业，共同的爱好，使她俩成为异国知音。她俩互赠自己的照片、父母的照片，倾诉着彼此的思念。信越积越多，妻收到的斯维塔的信快要积满一个抽斗！

风云变幻，世事沧桑，从 20 世纪 60 年代初开始，中苏之间不再是斟葡萄美酒，代之以唇枪舌剑。友谊的温度计，急剧降到零下。即便在那样的岁月，两位普通姑娘之间的友情依然火热，纯真的心保持着春天的温暖。紫色墨水书写的信，仍不断飞到妻手中，即便是在她从温州来到上海之后，即便是在俄语受到冷落、她不得不改教语文之后。

经过抄家，妻被迫中断与斯维塔的通信。

父亲最后的日子

父亲原本有写日记的习惯，一日不漏。但是从 1966 年 9 月 15 日起，至 1967 年 1 月 1 日之间，成了空白，无一字记录。不言而喻，这是“文革”浪潮最猛烈的岁月，连年轻的我在上海都遭到造反派抄家，他作为“国民党少将”，在温州受到的非人凌辱可想而知。在那样的日子，他不敢也无法把那些史无前例的恶行写进日记。

我的姐姐保留了一封父亲以母亲的名义在 1966 年 10 月 25 日写的信，算是这空白期中难得的记录。信是父亲的笔迹，那时候不方便以父亲名义写信。当时正处于红卫兵“扫四旧”的高峰，信中说：“自家在运动高潮时候，有温州工读一中（新民中学）红卫兵十几人来到自家检查。你爸即自动将放在书箱内书画（都是解放前买来）约有四五十件统统给他们搬去，旧书、旧瓷瓶等也全部交他们搬去。自此检查之后，又有四中红卫兵十余人来家询问，只有一个人上楼，在楼梯中段刚碰到你爸下楼，他就问你家有没有检查过，你爸答他工读一中已来检查过。他就回头带同坐在对门石阶上的红卫兵十余人同时回去。此后一直到了现在并无其他机构红卫兵来检查过。”

父亲喜欢收藏，买名人字画。这次被红卫兵搜去的字画，达四五十件，其中有唐伯虎的字画。“文革”之后，因红卫兵抄去时并没有留下收据而无从寻觅。所谓“文化大革命”，真是“大革文化命”！

在那段没有日记的空白期，父亲受红卫兵批斗，受尽人格侮辱。

他最后的一本日记是从 1967 年 1 月 1 日至 1968 年 3 月 18 日。他于 1968 年 3 月 21 日病逝，亦即在离世前几日还写下最后的日记。

父亲最后一本日记扉页上，贴着我为他在家中拍摄的一帧照片，留着长须，穿一件长袖衬衫，面带微笑。他中年时，体态健硕，一表人才，企业家派头。步入晚年，成为“专政对象”，无日不承受着政治高压，贫病交加，身居陋屋，日渐瘦削，孤叟一个。尤其是在那些“横扫一切牛鬼蛇神”的日子里，他担惊受怕，夜不能寐，心灵受到最痛苦的煎熬。连我在上海都被“国民党少将之子”“大毒草《十万个为什么》作者”这两个沉重的政治包袱压得喘不过气来，而年已古稀的老父在社会秩序混乱、两派武斗剧烈的小城温州，更是无以聊生。

父亲在 1967 年 2 月 2 日的日记中写道：

> 2 月 2 日星期四，丙午十二月廿三日，天气阴雨夹有雪花
>
> 今天天气极冷，手足发僵，所有棉衣棉裤穿在身上，还觉得很冷。上午写 1966 年总结，但是手僵不能自由写作，困难得很。到了中午，还不能写好。下午仍继续写，写得右手发挥（麻），不能再写，所以停止。晚上又写，写得不多，手就僵了，只好暂停。

父亲所写的“1966 年总结”，全称是《1966 年思想改造总结》。他那时候

“接受革命群众监督”，要写这种灵魂遭到扭曲的所谓“思想改造总结”。

父亲在1967年2月20日的日记中，写及病痛：

2月20日星期一，丁未正月十二日，天气阴

今天上午三时半时候，即下半夜，突然心头刺痛，左手有一条筋络直通第四个指，痛更厉害。当时在深夜，无法去请医师，只好忍痛坐待天明。拂晓时素文（注：我的母亲）赶赴打锣桥请到赖承业医师（注：我家远亲）诊察，据说是心冠动脉硬化，心绞痛。经开方治疗，有洋地黄片及亚硝酸甘油片。全市药房缺货，只有温州医学院附属医院可有配方，经多方设法才能购到。现在绞痛未止，今晚无法去居委会（注：指汇报思想），向潘主任请假一星期，俾资调养。今日全天卧在床上，到夜晚绞痛减轻。因为这两种药外面买不到，只好请素文到附属医院访张炎寿，再三设法，请张医师将原处方抄下，到药房里（注：温州医院附属医院）配来后服（用），夜八九点钟，有效，心头刺痛大减，下半夜能睡眠。

父亲患高血压（最高达240毫米汞柱）、心冠动脉硬化、心绞痛多年。治疗心绞痛的洋地黄片、亚硝酸甘油片，原本是常用药，在“文革”中的温州却很难买到。父亲曾任温州瓯海医院（即后来的温州医学院附属第一医院）院长。倘若不是母亲前去找到熟悉的医师友人，就买不到治疗心绞痛的特效药。

疾病折磨着他，心绞痛不时发作。在1967年7月13日的日记中，父亲难得露出欣喜之情：

7月13日星期一，丁未六月初六，天气晴阴

晨接上海阿烈来电（报）：“温州解放南路365号叶志超，芬晨生儿”等语。我阖家大小欣喜。因我今年七十四岁（注：应为七十二岁）了，且生了严重的心脏病，迄今未见抱孙。现阿烈生儿，就是我有孙子了。在旧思想说起来，算是一场大喜事。

叶家长孙的诞生，使他在病痛之中得到了些许宽慰。

然而从1967年8月22日起，父亲在日记中记载，“昨夜大约在一点时候突

闻枪声激烈”。温州两造反派之间的武斗开始了。住在市中心的父亲，天天在担惊受怕中度过。在他的日记中，不断出现“激烈枪声”“又闻枪声”的记录，甚至发展到炮战，炮弹在民房中爆炸。在1967年9月19日的日记中，他写及：“昨夜一时许，东南方向枪声正烈，有一枪打得很近又很响，不知哪里又发生了战斗。”在两派的武斗之中，温州人心惶惶，一片混乱，民不聊生。病中的父亲，在那时听信传言，打鸡血针治病。

进入1968年，父亲受疾病煎熬，一天比一天瘦弱。他在1968年1月11日的日记中写道：“我今夜摸摸自己身体，只存一层皮，骨瘦如柴。心脏病一年，竟一疲如此。照这样下去，恐不久于人世。”这时的他，已经预感余日不多。

1968年3月2日，父亲在写给我姐姐的信中说：“我病矣，心脏病更严重，这几天面部浮肿，不能躺下，每夜起坐三四次，起坐时（间）约在半小时，喘气逐渐平复，但不能睡下。当此天气还寒殊，甚痛苦。我很想念你，想和你诀别。但你因工作和经济关系不能回家，殊为此生憾事。我现在很希望自己病能迟延时间，不知能拖到几时。看来是不会很久，现在骨瘦如柴。写这封信是十分勉强。”

1968年3月11日，父亲在写给我姐姐的信中说：“我患心脏病，一度很危急，这几天只有气喘，不时就逐渐平复下去，堪以告慰。此病结果终是逃不出关，不过时间早迟而已。看来我病尚有一个时间延长，目前不致有了意外，希望你不必担心。这封信我是坐在床里写的，你看笔力尚健。”

这时，父亲已经不能逐日写日记。他在最后的日记——1968年3月13日至3月17日中，这样写道：

> 我在这些日子里都在病中，咳起来有痰。痰不多，咳过之后尚能睡眠。病中尚无其他痛苦，就是人一天一天瘦下去。现在不像样子，只有皮包骨。看来日子不长，我只想活到小舟（注：即叶永烈长子，当时出生8个月）能由上海回来见面，我的心就足。看来能不能活到，这点我很担心。这几天，吃饭可到二两，精神比前好些。素文为我快活。我想心脏病绝不会自动好起来。
>
> 这几天天气多阴或晴，温度在摄氏6–11度。

父亲在1968年3月21日病逝，终年73岁。

弟弟在给姐姐的信中，记述了父亲病故的经过：

> 父亲于廿日半夜十一时左右病骤然加剧，气喘不停，吐了大量的白痰，便服了两粒氨茶碱，但无效果。三时余已不能言语，母亲看情况不妙，便叫醒我起来。我问父亲要不要服麻黄片，他点点头。但用汤匙送下时，已不能吞下。我看情况已急转直下，就一面叫醒茜妹，一面去叫赖承业医师来。医师来检查时，只道肺部杂音很强，心脏听不清楚。四时许，注射阿托品强心针一支，但毫无反应。四时廿五分，一蹶不起，与世长辞。
>
> 五时，我发电报给你与大哥、二哥（注：即叶永烈）。

哥哥在浙江龙泉，于22日傍晚赶到温州家中。我与岳母、长子叶舟于22日从上海乘轮船赶往温州，23日到达，为父亲送行。姐姐因在湖北，路远，未能赶往温州。父亲安葬于温州乐清故里。

父亲的生卒年为1895.12.8—1968.3.21，以终年73岁画上生命的句号。

“哀莫大于心死”。父亲在最后的日子里，蒙受到政治迫害、“文革”动乱，终于“心死”，永远离开人世。

令他没有想到的是，他留下的7本日记，在2017年由上海华东师范大学历史系冯筱才教授以及他的研究生们整理，准备出版。

“美专”趣话

老电影《乌鸦与麻雀》曾是上海老观众们难忘的记忆。内中，那个“猴子侯，住二楼”的国民党军官侯义伯，被长着一副“鞋拔子脸”的喜剧演员李天济演得活龙活现。新中国成立后，李天济不大在银幕上露面，干起喜剧电影编剧来了。后来在电视剧《围城》中，饰演一开口就是“兄弟在英国的时候”的学监，令人又记起了他。

他跟别人提起我的时候，总是翘起他的尖下巴说：“叶永烈，我‘美专’同学！”人们听罢，不得要领：他什么时候上过“美专”？叶永烈又什么时候上过

“美专”？

李天济笑道：“我跟叶永烈是‘煤渣砖学校’的同学！”

年轻人听了一头雾水，因为他们不知道什么叫作“煤渣砖”，更不知道“煤渣砖学校”。

那是在1970年春日，妻生了次子。我承蒙照顾，从杭州湾畔的电影“五七干校”调回上海做煤渣砖，总算每天可以回家。

叶永烈的两个儿子

煤渣砖在当时很流行：煤渣中含有一些未烧尽的煤。煤渣拌上黄泥再加点水，做成长方形砖头。砖头内有一排排圆形竖孔。煤渣砖可以当燃料，烧毕，那黄泥变成了砖头，可以用来砌猪棚之类的简易房子。

所谓做煤渣砖，实际上是晒煤渣砖罢了：几台做煤渣砖的机器，“砰”“砰”“砰”，不断压出煤渣砖。最初压出来的煤渣砖，湿漉漉的，必须经过多日曝晒，才能放进炉子里烧。

那年月，电影厂“停产闹革命”，上海电影制片厂偌大的摄影场空置，杂草丛生，便成了晒煤渣砖的“天然场所”。

我和李天济等“煤砖同学”每天头戴大草帽，身穿打补丁的蓝色劳动布工作服，在烈日下工作：把一块块放在芦席架上的煤渣砖翻动一下，为的是这面晒够了，翻过来晒那面。我们的工作其实就是一个“翻”字。

“煤砖学校”的元老，当推担任过越剧电影《红楼梦》美工师的胡倬云老先生。李天济年长我将近20岁，而李天济出生时胡倬云已经在上海美术专科学校西画系学习——他是正儿八经的“美专”学生。

胡倬云上了年纪，受到照顾，从干校调来做煤渣砖多日，遂成元老。每逢“新工人”调入煤渣砖组，便由胡倬云介绍操作常识。

有一回，胡倬云右手食指砸伤，因此在“新工人”面前做“示范动作”的时候，便高高地跷起右手食指，犹如林黛玉的“兰花指”。“新工人”不知胡倬云右手食指砸伤的内情，以为那“兰花指”是“标准动作”，因此个个在翻晒煤渣砖的时候，都高高地跷起右手食指！

此事被李天济发现，经过“艺术加工”，成了“煤砖学校”的一个大笑话！

在上海做煤渣砖，是一份使许多人羡慕不已的“美差”。

妻已满月，我的“美差”也到期了。妹妹要回老家。无可奈何，我带着3岁的老大到干校，妻则带着老二在上海。干校那狭窄的单人床上，睡着我和老大。炎夏，孩子头上长了一个又一个疮疖……

作为“文艺黑线干将”，我埋头于“思想改造”，以为今生今世与文坛无缘。一个极为偶然的机会，我竟发表了作品。

1970年4月24日，我国第一颗人造地球卫星上天，“五七干校”要出墙报，我写了一首小诗《中国红卫星》，贴在墙上：

天上多少星，
数也数不清。
中国红卫星，
世界看得清。
敌人见了吓破胆，
人民见了真高兴。

卫星绕地球，
飞快在运行。
高奏《东方红》，
世界都听清。
敌人听了吓破胆，
人民听了真高兴。

厂音乐组作曲家王新路对这首小诗发生兴趣，为之谱曲，也贴在墙上。

过了些日子，很奇怪，我竟从上海人民广播电台的“每周一歌”节目中听到这首歌！没有提及作词、作曲者的姓名，只说是电影“五七干校”供稿。这首歌还被收入《红小兵歌曲选》中出版。

虽说只是一首小诗而已，但是它的发表，引起了我的诗兴，我在小本本上写了一首又一首《写在稻叶上的诗》，共10首：

播　种

阳光照得暖洋洋，风吹水浅鱼鳞般。
芒种时节插种忙，一把金谷撒四方。

育　秧

前天才露尖尖角，昨日一片柳芽黄。
今朝却似绿绒毯，生机勃勃不可挡。

插　秧

甩秧甩得满天星，插秧插得绿葱葱。
横看秧苗行对行，侧看秧苗缝对缝。

灌　水

纵如阡，横似陌，方方正正若棋盘。
一块稻田一道渠，渠道相通水汪汪。

成　长

落谷最盼大晴天，插秧最盼雨绵绵，
扬花最盼微微风，风调雨顺稻壮健。

除　草

芦草、稗草、三棱草，样子装得像禾苗。
争地抢肥欺水稻，弯腰细找除杂草。

积　肥

微风轻送浪涛声，牛羊成群水草嫩。
我在海滩拣牛屎，两脚污泥双手粪。

“九二零”

“九二零”，真正灵，僵苗变活黄变青。
科学种田显奇迹，穗多粒大好收成。

抽　穗

昨日还是青青苗，今晨一片稻花白。
千穗万穗齐出鞘，犹如银剑刺天来。

收　获

种稻一百六十天，守稻餐来伴稻眠。
银镰闪光金谷收，摘张稻叶作诗笺。

“秘密”重新写书

我被“下放”到杭州湾畔的“五七干校”进行“改造”，种了三年水稻。在那里，我遇见少年儿童出版社的《十万个为什么》的编辑们，他们也被送来“改造”。因为“臭老九”，我们都成了被“改造”的对象。

1970 年，《十万个为什么》进行大规模的修订。这次修订，只消看一下所谓的《重版说明》，就知道是怎么回事。那《重版说明》一开头，就充满着火药味：

“《十万个为什么》这套书，过去在叛徒、内奸、工贼刘少奇的反革命修正主义文艺黑线和出版黑线的影响下，存在着不少错误，不突出伟大的毛泽东思想，不突出无产阶级政治，脱离三大革命运动实际，不少内容宣扬了知识万能，追求趣味性，散布了封、资、修的毒素。在伟大的无产阶级文化大革命运动中，广大工农兵和红卫兵小将，对这套书中的错误进行了严肃的批判，肃清修正主义文艺黑线和出版黑线的流毒。

“最近，在有关部门的大力支持下，我们将这套书进行了修订，重版发行。这次修订再版时，删去了错误内容，同时，增加了大约三分之一的新题目，遵循伟大领袖毛主席关于‘自力更生’‘奋发图强’‘备战、备荒、为人民’的教导，反映三大革命运动和工农业生产实际，反映文化大革命以来我们伟大祖国在科学技术方面的新成就，使科学普及读物为无产阶级政治服务……”

这么一改，《十万个为什么》被改得面目全非：内容枯燥，充满政治术语和毛泽东语录，加入很多生僻的生产技术知识以表示“不脱离实际”，而提及科学家时则统称之为“有人”，再也不提是谁……

这套书的读者对象，也从少年儿童改为“广大工农兵和青少年读者”，改由上海人民出版社出版（那时上海八家出版社合并成一家庞大无比的上海人民出版社，少年儿童出版社变成这家出版社中的“少儿读物编辑室”）。

正处于“靠边”状态的我，自然没有发言权。我的作品，听任“宰割”，或是被删，或是被改得面目俱非，一律“悉听尊便”。

只是由于还有许多编辑老朋友在，有几篇新的“为什么”找不到合适的作者，于是约我这老作者来写。好在那一版《十万个为什么》不署名，我这“臭老九”的新作得以混迹其间。但是，也只不过几篇而已。

由于妻子生了第二个孩子，我承蒙“照顾”调回上海，在厂里挖防空洞。

一天，工宣队忽然通知我，安徽有人前来“外调”。我穿着高统套鞋，戴着安全帽，跑进工宣队办公室，才知来者是安徽人民出版社编辑石曾勉。我做梦也想不到，他向我约稿！

原来，1965 年，我写了《塑料的世界》和《化学纤维的一家》两书，寄给安徽人民出版社。在“文化大革命”开始之后，两书都搁浅了。在该社发生武斗的时候，编辑任宏毅生怕书稿放在办公室里遭砸，悄然带回家中保存。1973 年，该社恢复出版工作，他们便想到这本书。于是，石曾勉同志不顾足疾，前来上海，找我修改书稿。我从他手中拿到一大包书稿时，心中充满对这几位热心的编辑的敬意。

这样，每天疲惫地步出防空洞之后，洗去泥浆，我又拿起笔来“重操旧业”。妻帮我去买稿纸，买资料。虽然家庭拮据，她总说：“你不抽烟，不喝酒。这些花费比烟、酒值得！”

夜晚，面对青灯，我埋头于修改书稿。就像做地下工作似的，我“秘密”地写书，生怕别人知道了说“文艺黑线回潮”。

《塑料的世界》改完了，找不到人画插图，我就自己动手画起来。

1973 年 12 月，我收到了安徽人民出版社寄来的 50 册样书，就像当年第一次发表作品一样激动。虽然没有一分钱的稿费，但是我仍万分高兴——因为我又重新开始创作了。妻兴高采烈地抚摸着新书，喃喃地说：“终于又出书了！”

就这样，在那严寒的日子里，安徽人民出版社出版了我的5本科普作品，科学出版社、上海人民出版社出版了我另5本书。在“文革”岁月，我总算艰难地出了10本书。

叶永烈在“文革”期间坚持写作，虽然没有稿费仍出版的10本书

我还写了几十万字书稿，虽然躺在出版社的抽斗里未能发排，但毕竟写出来了。在粉碎“四人帮”之后，那几十万字的书稿，接二连三地印了出来。

“研究”恐龙蛋

恐龙蛋，本是在地下沉睡了6500万年的“冷门货”，可是这几年在中国，却忽地成了热门话题。

“恐龙蛋热”的形成，出于两方面的原因：

一是1993年以来，在河南发现了几千枚恐龙蛋化石，居然成了走私犯们走私的“热门货”；

二是北京大学以陈章良教授为首的研究小组，正在紧锣密鼓地从事从恐龙蛋中提取恐龙DNA的研究。如果获得成功，有朝一日，借助于恐龙DNA可能复活恐龙！

此外，美国摄制的科幻新片《侏罗纪公园》在全世界引起轰动，掀起了一股“恐龙热”。记得1993年冬，在美国山城匹兹堡，科幻作家童恩正驾着车，陪我去看了《侏罗纪公园》，我们非常赞叹美国电脑制作的恐龙三维动画，在银幕上如此生动地展现了恐龙活生生的形象。这部影片卷起的“恐龙热”，也就使“恐龙蛋热”益发升温。

在这“恐龙蛋热”之中，一个“柔软的恐龙蛋”的来历，曾引起广泛的关注……

1995年盛暑，出差北京的我，每天采访归来回到宾馆，总要看看服务小姐放在床头的《北京日报》。6月26日那天，我从庄则栋家采访回来，已经很疲倦。正欲睡觉，一看放在床头的《北京日报》，那标题上的“恐龙蛋”三个字，使我睡意顿消！

这天的《北京日报》以两个版的篇幅发表了女作家毕淑敏的报告文学，题为《石破天惊——XL-001号恐龙蛋化石传奇》。

这篇报告文学记述了河南“奇石王国收藏馆”馆主李广岭收藏了2000多枚恐龙蛋化石，其中1993年9月收藏的一枚“XL-001”号恐龙蛋显得与众不同：

“掂起来似乎比别的蛋要轻……在搬动时，从一米高的位置失手掉到了水泥地上，蛋打破了，摔成了两大瓣，蛋内腔潮湿而有韧性。李广岭立即感到这不是一个普通的蛋，而是大有来头。他前后收藏过2000多枚恐龙蛋化石，像这种外硬内软的蛋，从来没有见过。”

这消息不胫而走。有人听说居然有“一个柔软的恐龙蛋”，不由得“窃窃私笑”，说：“这不是痴人说梦就是科幻小说吧？”

其实，敝人便曾“痴人说梦”！

我在一篇科幻小说中，曾预言存在“一个柔软的恐龙蛋”，而特别令读者惊奇不已的是，我那篇科学幻想，竟然写于思想禁锢的“文化大革命”之中！

那是20多年前的1976年1月，我躲在上海那间破旧的小屋里，居然写了一篇在珠穆朗玛峰发现“柔软的恐龙蛋”的科幻小说，题为《世界最高峰上的奇迹》。

《世界最高峰上的奇迹》在当时当然无法发表。直至中国扫除了那四颗“灾星”之后几个月，在1977年第2期至第3期上海《少年科学》杂志上连载。这篇1万多字的科幻小说，描述了一个有趣的故事：

中国科学考察队在藏族同胞的帮助之下，在世界最高峰——珠穆朗玛峰上，发现了许多恐龙蛋化石，内中有一枚最为奇特，在用软X射线透射时，居然发现蛋里有完整的蛋黄！

于是，这枚极为珍贵的“柔软的恐龙蛋”被用高速喷气式飞机急送北京。中国科学院成立了攻关小组，以求从这枚恐龙蛋中复活恐龙！

一位玉雕工人加入小组，运用丰富的剖石经验，利用石头的“走向”，成功地把恐龙蛋外的化石硬壳裂成两爿，取出了柔软的恐龙蛋；接着，一位富有经验的孵鸡老农加入小组，帮助确定孵化恐龙蛋的温度。经过整整45天，一条小恐龙竟然破壳而出！

可是，谁都不知道小恐龙喜欢吃什么。一位藏胞加入小组，先是用牛奶，接着用小鱼，成功地养活了恐龙。那恐龙日长夜大，以至成了体重达100吨的庞然大物，不时发出“啊——哈”的叫声。

由于恐龙太重，变得萎靡不振，人们把它放入大海，恐龙顿时精神抖擞……

中国科学家由此推论，世界最高峰——珠穆朗玛峰原本是海，叫“喜马拉雅海”。由于地壳的上升，海变成了山，而产在海边的恐龙蛋也就变成恐龙蛋化石。复活了的恐龙，成了世界最高峰沧桑史的见证人。

在那最严寒的日子，我怎么会写起关于恐龙蛋化石的科幻小说呢？

其实，在那样冷酷的日子里，我仍惦念着恩师高士其。

1975年11月1日，是高士其的70大寿。我提前半个月，从上海给正在北京“闲居”的高士其发去贺信。据高士其后来告诉我，这是他当时收到的唯一的一封贺信！

收到我的贺信之后，高士其给我写来了回信：

永烈同志：

你好！

来信收到，谢谢你的良好祝愿。（按：指祝贺高士其70大寿的信）

近日由于感冒、咳嗽，医生让我住院以便治疗和检查。今天已经三天了。现在温度下降，咳嗽尚未痊愈，我看再有三五天即可出院了。

出院后，我将你缺少的我的著作尽力找到寄去，以备你参考，也请你提出意见和指正。

在住院前，北京人民出版社要我将文化大革命中写的一本“杀菌的战术”底稿加以修改和补充。现已完成交给他们。出版社的同志说，要作为少年科学读物出版，因为北京市委在抓少年儿童读物的出版工作。

告诉你个好消息，全国科协现在又上马了，正在筹组中，到开展科学普及工作，还有不少问题。

科协上马，是由中央的重视和各方面促成的，特别应当提到的是，前些日子《化石》编辑张锋同志向毛主席写了封信，反映科学院现存的许多矛盾问题，其中也有提高与普及的问题。主席批示：“一封诉苦的信”，并请“小平，××同志，考虑是否把信打印发给北京中央同志”（大意）。主席的批示推动了科学院全部工作，因而科协也应运而生。当然，困难还是不少的，问题也很多，还有待大家共同努力，把全国科学普及工作开展起来。

还有科学院已由中央派来几位新领导，目前面貌有所改变，工作也逐渐开展，听说目前正在抓科学出版社工作，其实出版、宣传工作是很重要的，但也有个路线问题。不然，科学读物，特别是科学通俗读物，满足不了工农兵的需要。

敬礼！

如到京欢迎到我处玩。

高士其上

1975年10月22日

高士其回信中说及的“前些日子《化石》编辑张锋同志向毛主席写了封信”，引起我对于化石的兴趣。

我找了几本关于化石的书“啃”起来，我居然沉醉于科学幻想之中！

我对恐龙以及恐龙蛋化石发生了浓厚的兴趣。

当时，闲得无聊的我，又重读了一本苏联的学术性“闲书”——《复苏》，对于书中所述的种种生物复活的事例发生浓厚的兴趣。这本书我在北京大学求学时读过。

至于那篇科幻小说为什么会以世界最高峰——珠穆朗玛峰为背景，则是因为我所在的电影制片厂在几年前拍了一部考察珠峰的影片。1970 年，上海《解放日报》约摄制组写篇拍摄散记，可是，这个摄制组里没有“秀才”，就把我“抓”去代笔。于是，我采访了摄制组的成员，又看了影片以及有关资料，使我对珠穆朗玛峰有了许多形象的了解。1970 年 10 月 1 日，《解放日报》发表了我写的《胸怀红日攀珠峰》一文——按照当时的惯例署名是署摄制组的名义。

从此，我对世界最高峰颇为神往。

我这蜗居破屋的“痴人”，居然说起“梦话”来，写下那篇“闲文”《世界最高峰上的奇迹》。

在经历了十年文化禁锢之后，这篇科幻小说在 1977 年初得以发表。当时，突然出现如此“浪漫”的科幻小说，引起了读者广泛的兴趣。

有人想把这篇小说搬上银幕，可是表现复活的恐龙需要大量特技，高昂的成本是当时的中国电影制片厂所无法承受的。

后来成为名作家而当时正在天津人民美术出版社当编辑的吴若增先生，也很喜欢这篇小说，请画家曾佑宣先生画成连环画，书名为《奇异的化石蛋》，由该社于 1978 年出版，印了 50 万册。

成为“三军统帅”——导演

“文化大革命”进入后期，从“斗”进入“批”，又从“批”进入“改”。

于是，各电影制片厂都小心翼翼地开始试着恢复生产。

对于编剧业务，我已经很熟悉，这时开始转为导演。然而导演工作对于我来说，又必须从头学起。

我跟老导演沈沉合作，即所谓的“以老带新”。我一边拍摄，一边向他学习导演业务。

我和沈沉最初接到的任务，是拍摄《识图》一片。因为当时新工人很多，而新工人进厂之后，第一件事就是“识图”——看懂图纸。

这部电影在 1972 年投入拍摄，当年完成。

这是一部黑白的教学片，在当时以“上海电影制片厂”名义出品（当时上海各电影制片厂合并成一个厂）。

那时候的电影少得可怜。电影完成之后，由“上海市革命委员会”审查。当时，往往由徐景贤或者王秀珍来厂审看，也有的时候，把影片送到“康办”——康平路中共上海市委办公室——审查。在审查时，导演必须到场，以便回答市“首长”的问话。

如果张春桥、姚文元、王洪文在上海，也往往参加审片——其实，那是因为当时的娱乐活动实在太少，他们也就借周末审片的机会，可以看几部电影。

《识图》最后经过国务院“文化组”（也就是文化部）审查通过，在全国公映。记得，《人民日报》以及《文汇报》等报纸都刊登了《识图》一片的广告——因为当时的电影太少，像《识图》这样的影片也大做广告，为的是表示电影界的“繁荣”景象。

接着，沈沉和我开始拍摄《电子计算机》一片。

比起《识图》一片，《电子计算机》要难拍得多。其中的原因是：

第一，电影主要是视觉艺术。《识图》有图纸、模型、机械零件等形象，而电子计算机中的电子则看不见、摸不着；

第二，电子计算机的原理复杂，如“二进制”“与门”“或门”“非门”，等等，三言两语说不清楚；

第三，当时电子计算机在中国尚属试制阶段，应用也极为有限。

拍摄《电子计算机》一片，花费了很大的精力。所幸在“文化大革命”中已经下台的原动画车间主任董小丁担任此片的动画设计，用了大量动画镜头，总算勉强把电子计算机的原理说清楚了。

至于电子计算机的应用，则能够拍多少就拍多少。

《电子计算机》一片，从1972年开始写剧本，直至1974年才终于摄制完成。一部影片，前后拍了将近三个年头！

拍摄《电子计算机》一片，对于我个人来说，使我有机会很早就接触了电子计算机。当时，我甚至到复旦大学物理系，请电子计算机方面的教师给我讲解电子计算机原理。我还参观了全国各地的电子计算机，包括河北徐水的大型电子计算机。后来，在中国作家之中，我是第一批使用电脑写作的一个，这除了由于我理科出身之外，便在于我早在1972年已经跟电子计算机打交道了。

在完成《电子计算机》一片之后，我这个新导演终于可以独立导演了。

不过，新导演毕竟还“嫩”，只能交给我小片子——《科技简报》中的一个主题。每辑《科技简报》10分钟，每辑一般三个主题。也就是说，一个主题只有3分多钟。

手持电影摄影机的叶永烈在广州

我的独立导演生涯，最初就是从导演3分钟的片子开始的。

《科技简报》的主题，大都是导演自己“摸”来的。我从当时的报纸上，见到上海浦东农村推广竹筒井的报道，发生兴趣。

所谓“竹筒井”，就是用钻机往地下钻一个深洞，插入一根粗毛竹，再安装一个手动抽水机，便可以从地下抽水。这种竹筒井的井水来自地下深处，很干净，几乎没有病菌，而且井的成本低廉，所以很适宜于在江南农村推广。

拍《科技简报》是没有专门的摄制组的。我作为新导演，只得临时“借”来摄影师以及其他工作人员——谁闲着，就“借”谁。记得拍这么短的片子，摄影师就换了两个。

《竹筒井》剪辑完毕，送厂审。出乎意料，这3分钟的短片，得到一致好评，认为题材新，给人新鲜感，反映浦东农村新貌，而且短小精悍，说理清楚，很适合在全国农村推广。

这下子，我作为一个新导演，“立”住了。

在电影厂，新导演的第一部片子是至关重要的。如果第一炮打响，以后就好办；如果第一炮打不响，那么就可能永远当助理导演，失去独立导片的机会。

这小小的《竹筒井》，居然使我“站”住了——我出版过诸多作品，我的写作能力在电影厂里是没有人怀疑的。所以，我作为编剧，谁都信得过。这一回，则是我作为导演，得到了初步的承认。

由于《竹筒井》的成功，厂里把一个在当时看来是非常重要的影片，交给我导演。

这部电影，就是《异型钢管》。

所谓“异型钢管”，就是非圆形的钢管。

异型钢管的使用非常普遍：电车的“小辫子”的椭圆形的钢管，属于异型钢管；运动员投掷的标枪，中间粗，两头细，也属于异型钢管；钢窗管，同样是异型钢管……

《异型钢管》一片的重要，并不在于介绍这种钢管本身，而是由于上海异型钢管厂是当时上海“工业学大庆”的“红旗”。

早在 1958 年，上海异型钢管厂就是上海工业战线的八面红旗之一。这家厂原本是里弄小厂。凭着工人的一双巧手，制造出当时中国不会制造的异型钢管。于是，上海异型钢管厂便成为“白手起家、自力更生”的典型。

我在异型钢管厂进行了采访，深入了解这家工厂的历史，突出“自力更生”的精神，写出了电影剧本。

剧本经过审查、通过之后，我便开始“组阁”——建立摄制组。这是一部大型的影片，不是《竹筒井》那样 3 分钟的短片。厂里给我配备了摄影、照明、制片、木工、美工、录音等一整套人马。其中，摄影师是老摄影师——这是电影厂的“老规矩”，叫“新导演配老摄影”。

我第一次独立率领近 20 人的摄制组，开进了上海异型钢管厂。

自然，影片的重点放在“精神”方面。于是在厂里空地特地搭起了芦席棚，因为这家工厂最初是在“芦席棚里闹革命”；运来喷水管，以产生“下雨”的银幕效果，表现工人们冒雨在芦席棚里生产异型钢管……

美工师变得非常忙碌，因为按照当时“突出政治”的要求，每一场戏的背景都要有大字标语。我要求每场戏的标语内容不同，颜色不同，字体也不同……有一回，戏已经拍完，洗印出胶片一看，标语中有一个字是繁体字，无可奈何，只得重拍！

我非常投入地拍摄这部片子。我明白，这部影片对于我来说，才是独立导演的真正的第一部戏——《竹筒井》不过是小小的试验罢了。

影片拍摄了三分之一，厂领导要求审看样片，遭到了我的拒绝。我的理由是"头未梳成不见客"，因为影片才完成三分之一，这里缺镜头，那里缺镜头，给人很不完整的印象，而这印象便成为"第一印象"，将来影片完成，在审查的时候就会"先入为主"。但是厂领导却坚持要看，怕我这个新导演不胜任工作。无可奈何，我只得服从。

果然不出所料，在看这极不完整的样片的时候，意见当然一大堆。有人甚至提出，要撤换导演——派出一个老导演来替代我，或者为我"掌舵"，或者让老导演到组里来"垂帘听政"！

我理所当然地加以拒绝。我说，剧本是厂审通过的，我按照剧本拍摄，如果要撤换导演，也必须等影片完成之后！如果对完成的影片不满意，到了那时候再"另请高明"！

由于我的坚决抵制，这场"政变"总算没有得逞！

后来我才明白，这种"欺新"——欺侮新导演，以至半途搞"政变"，是电影厂的一种陋习。大约那场"政变"给我留下的印象太深，后来我为《收获》杂志写了小说《青黄之间》，写的就是新导演"多年媳妇熬成婆"的艰难经历。

从此，我提高警惕，防止再有人策划"政变"。在影片拍摄过程中，我在看样片的时候，只准本组人员观看。如果放映室里坐着一个"外人"，我宁可不放，或者请"外人"出去。

影片如期拍完，我仔细进行剪辑，并配好解说词。

我清楚记得，影片是在上午厂审。出席厂审的是方方面面的头头脑脑。放完影片，马上有人"开炮"，说影片"不伦不类""非驴非马"，既不是传统的科教片，又不是正儿八经的纪录片。紧接着，一个接着一个，绝大多数是否定性的意见——也有个别人肯定了这部影片。

我明白，这是在影片拍到三分之一的时候，"政变未遂"的继续。当时，我对那些人顶了牛，如今找我"算总账"。

我也明白，这是错综复杂的人事关系的反映。有人无法否定我是一个合格的编剧，但是可以否定我是一个合格的导演。尤其是我毕业于北京大学化学系，而并非毕业于电影学院导演系。在电影厂，导演是“三军统帅”，是“实力派”，导演的权威远远高于编剧。我是《十万个为什么》的作者，谁都无法否认我的写作才能。有人担心，我一旦成为导演，就会迅速成为厂里最有实力的导演。

由于厂审意见是颠覆性的否定意见，这部影片面临着被“枪毙”的危险。如果我独立导演的第一部影片真的被“枪毙”，那意味着从此取消我的导演权！

厂审最后的意见是，此片要进行大修改。改好之后，再进行厂审。

我抱着一大堆样片回到剪辑间，心里乱得像一锅粥！

中午，我忽然得到通知，这部影片下午局审。

我很惊讶。在电影厂里，向来只有厂审通过的影片，才能报电影局审。这部影片还没有修改呢，怎么可以报局审？

后来我才知道，当天下午电影局要审一部新拍的故事片，知道我厂完成一部新片，就说送过来一道审。

于是，下午我带样片来到位于淮海中路的上海市电影局。

完全出乎意料，放完《异型钢管》之后，上海市电影局里一片赞扬声，局领导给予很高的评价——跟厂审意见正好相反！

电影厂里流行一句话：“谁大听谁的。”既然局审给予肯定，厂审意见也就不算数了。

更富有戏剧性的是，晚上，我又得到通知，送片到市里。因为那部故事片晚上要市审，也就同时审《异型钢管》。

市审对《异型钢管》也持肯定的态度。于是，《异型钢管》直送北京。

没几天，从北京传来好消息，《异型钢管》经文化部审查通过，而且备受称赞。

也就是说，在闯过了厂审的“红灯”之后，局审、市审、部审，一路“绿灯”。

由于“上面”说好，厂里也一片说好。这下子，《异型钢管》顺利出片了。

这部影片从筹拍到上映，

叶永烈在上海科影大门口留影（2005年6月24日）

只花了短短几个月的时间。从此，我在厂里有了“快手”之誉。

我的第一部独立导演的影片，就这样闯过了审查关。

由于第一部影片顺利上映，我的导演地位也就从此得到了确立。

我庆幸，运气真好，如果不是在厂审的当天就是局审、市审，我也许无法做电影导演，更无法在导演之中冒尖。

导演是“三军统帅”，所以在电影厂有句“行话”，叫作“兔子围着月亮转——沾光”。意思是说，谁都愿意跟着好导演、名导演，可以“沾光”。因为在电影厂，“影片高于一切”。影片是电影厂的最终产品。一切成果都体现在影片上。优秀导演导出优秀影片。优秀影片一得奖，摄制组所有成员都“沾光”。

所以，“马太效应”在电影厂特别突出：

越是优秀导演，越能在自己的摄制组里吸收一批优秀人才；

越是在自己的摄制组团结了一批优秀人才，拍出来的影片也就越优秀；

更何况越是优秀的导演，越能拿到“打得响”的题材……

第一炮打响之后，我在电影厂里也就加入了“实力派”的阵营。

其实，在我看来，能够成为优秀的导演，必须具备以下素质：

一是写作能力，能够把握影片的结构和主题；

二是组织能力，具备“三军统帅”的领导才能；

三是电影业务，善于运用“电影语言”。

我在从编剧过渡到导演的时候，曾自忖：对于前两种能力，我早已具备。我所缺乏的是第三种能力。我曾花费很多工夫，钻研电影业务书籍。我在“文化大革命”中曾着手写作《电影知识》一书。这是一本20万字的中级电影业务读物，后来在1979年由科学出版社出版。

正是由于我自学了电影业务知识，所以很快掌握了电影导演业务。

为毛泽东拍“内片”

对于我来说，在1976年奉命为重病在身的毛泽东主席拍摄“内片”，完全出乎意料。

在完成《异型钢管》之后，一时没有合适的题材，我就处于“赋闲”状态。

1976年5月初，根据来自北京的指示，上海成立“内片”摄制组。已经复职的厂长洪林以及派驻的“工人毛泽东思想宣传队”领导找我谈话，突然宣布我被任命为上海“内片”摄制组组长兼导演。

这一任命，不仅完全出乎我的意料，而且使我的同事们都惊讶万分。因为我在“文化大革命”中被打成“文艺黑线干将”“大毒草作者”，遭到抄家，在“五七干校”度过三年，然后则去“深挖洞”——挖防空洞及做煤渣砖。这样的“臭老九”，怎么可能去拍摄“内片”呢?

在当时，所谓“内片”，也就是保密性极高的影片。进入“内片”摄制组的每一个人，都必须经过严格的“政治审查”。

接受任命之际，我理所当然提出自己的疑问。经过解释，这才明白，这一“内片”是“中央直接交办”的，必须限时限刻完成。这些“内片”，并不是关于原子弹、导弹、卫星之类的保密片，而是专为“中央首长”拍摄的娱乐性影片——代号为“文集内片”。

当时，对这一“内片”的要求是质量高，速度快，限时限刻完成。在任务下达之后，必须在半个月以至一星期内完成影片——这在当时简直是不可想象的速度!

后来才知道，这些影片专供病重的毛泽东观看用，在北京与上海两地各成立“文集内片”组。由于影片是专供毛泽东观看的，是“通天片”，所以当时提供的拍摄条件是很好的。

上海的“文集内片”组，一共成立三个摄制组，呈“三足鼎立”之势。我所负责的上海科教电影厂这个组50多名工作人员，赶拍《驯兽》以及《京剧唱腔音乐》。另外两个上海电影制片厂的摄制组则拍摄京剧“旧戏”——才子佳人戏。这在当时简直是不可理解的事!

拍摄京剧“旧戏”的两个摄制组，由张天赐、岑范两位老导演负责。

张天赐是上海电影制片厂老导演，生于1910年，年长我整整30岁。他1938年毕业于日本东京都电影艺术研究院导演系的时候，我尚未出生。张天赐被选中担任“文集内片”导演，可能是因为他曾经导演过多部戏曲电影，诸如《炼印》《葛麻》《生死牌》等。

岑范年长我14岁，早年是电影演员，后来担任上海电影制片厂导演。他也曾导演过戏曲影片，如《梅兰芳舞台艺术》《洛神》《群英会》《借东风》等。

跟张天赐、岑范这样的老导演“三足鼎立”，而且又是“中央交办”的摄制任务，我不能不加倍努力。那些日子，我没日没夜、全身心投入工作。

上级要求，“文集内片”的拍摄，对外严格保密。

在“特殊观众”毛泽东去世之后，这些“文集内片”的拍摄也就急刹车。

后来才知道，我作为“臭老九”，突然被起用，是厂长洪林提名。派驻的“工人毛泽东思想宣传队”并不了解我，而洪林对我十分看重。

洪林，清瘦的小个子，文质彬彬，讲话总是慢慢的。平常，他一身蓝色中山装，一顶干部帽。即便是在三伏天，他仍穿长袖白衬衫，领口、袖口的纽扣扣得紧紧的，整整齐齐，却并不出汗。他原名洪绳曾，安徽泾县人，出生于1917年，是来自延安的老干部。

洪林言语不多，要言不烦。我的同事高歆武，是影片配音的解说员，解说抑扬顿挫，充满激情，很受洪林器重。在1957年“大鸣大放”的日子里，老高在厂里显得很活跃，发表诸多政治性言论。一天夜里，洪林突然出现在高家，只说了几句话就走了。洪林无非是提醒老高，有些话少说点。高歆武马上领悟，从此免开尊口，躲过“反右派斗争”这一劫。后来老高问洪林：“你为什么不给别人打招呼？”洪林苦笑道：“如果厂里一个‘右派分子’都没有，我无法交差！”老高又问：“你为什么‘保’我呢？”洪林幽默地说：“如果你成了‘右派分子’，我们厂生产的影片都成了‘无声片’了！”其实，洪林是出于爱才，“保”了老高。

在“文革”前，洪林已经调往上海电影局任副局长。“文革”开始之后造反派把他“揪”回厂批斗。他是上海科教电影厂的建厂元老，所以作为“祖师爷”遭到恶斗毒打，以致一度服安眠药自杀，药性发作时他躲进壁橱。他全身发抖，壁橱里发出沙沙声，被保姆发现，急告洪林夫人，两人把洪林送医院抢救，才拣回一命。据说，这位保姆因此深受洪林夫妇尊重，直至在洪林家病重离世。

在“文革”中洪林虽然被关押在“牛棚”多年，但是他在那里静静地观察着厂里的各色人等的各种表现。洪林由于没有历史问题，在“文革”末期终于被“结合”到领导班子之中，人们笑称“红厂长”（洪厂长）官复原职了——因为在“文革”中拍摄的电影里，往往是把“走资派”厂长取名为“白厂长”。

我跟洪林只有工作上的交往而已。据说，他曾仔细看过《十万个为什么》。在“文革”后期，上海人民出版社出版了我的两本书，他也看了，而且对我说：

“叶永烈，我在新华书店买到你的新书呢。”至于我的新书写得怎么样，他当面是不会给予“表扬”的，往往点到为止。

洪林在延安就出版了短篇小说集《李秀兰》、中篇小说《一支运粮队》，很早就是中国作家协会会员，也是厂里唯一的中国作家协会会员。“文革”之后，我加入了中国作家协会，洪林显得很高兴，说：“从此我们厂有两个中国作家协会会员了。”尽管我跟洪林相识那么多年，却只到洪林家去过一次。那是在我离开电影厂十几年之后——1995 年 9 月中旬，当年的中央文革小组成员王力来上海，我陪同王力前去拜访洪林，因为王力跟洪林曾经在山东根据地共事过。

在 1976 年，尽管厂里资历比我深、经验比我丰富的老导演多的是，像杜生华等好几位老导演都是来自延安的干部，洪林却决定起用我这个 36 岁的青年导演。洪林以为，为了确保如期完成“中央直接交办”的“文集内片”，必须挑选“手脚快”、年富力强的导演。我在同行之中向来有着“快手”之誉，不仅剧本写得快，拍摄影片也快。由于我导演《异型钢管》一片获得成功，谁都不再怀疑我的导演能力。

于是，在毛泽东病重的那些日子里，我变成了“忙人”，兼编导于一身——自己写剧本，自己导演。我又兼任组长，负责摄制组 50 多人的日常工作。我没有辜负洪林的期望，从 1976 年 5 月接受任务，到 9 月 9 日毛泽东去世，短短 4 个多月中，完成了 9 部影片（总共 12 本拷贝，每本拷贝可以放映半小时）。

以下是当时我完成的影片目录：

一、《驯兽（一）》，编剧兼导演，舞台纪录片。1976年完成剧本及影片。

二、《驯兽（三）》，编剧兼导演，舞台纪录片。1976年完成剧本及影片。

三、《京剧唱腔音乐·柴桑口》，编剧兼导演，舞台纪录片。1976 年完成剧本及影片。

四、《京剧唱腔音乐·空城计》，编剧兼导演，舞台纪录片。1976 年完成剧本及影片。

五、《京剧唱腔音乐·文姬归汉》，编剧兼导演，舞台纪录片。1976 年完成剧本及影片。

六、《京剧唱腔音乐·文昭关》，编剧兼导演，舞台纪录片。1976 年完成剧本及影片。

七、《京剧唱腔音乐·游龙戏凤》，编剧兼导演，舞台纪录片。1976年完成剧本及影片。

八、《驯兽（四）》，编剧兼导演，舞台纪录片。1976年完成剧本及影片。

九、《驯兽（五）》，编剧兼导演，舞台纪录片。1976年完成剧本及影片。

“中央直接交办”的任务

自从担任“文集内片”导演之后，我的“顶头上司”不再是洪林，而是上海电影制片厂副厂长齐闻韶。他的名字取自“孔子在齐闻韶”的典故。他是老一辈电影人，编导出身。当时，我喊他“老齐”。齐闻韶是一个和善的老头儿，常常一声不响来到拍摄现场。他见我很年轻，指着电影摄影机的变焦距镜头问：“几倍的？”我随即回答：“十倍。”他又问：“什么胶片？”我答：“美国伊斯曼，‘调子’有点硬。”他问的是电影摄影问题，本来应当由我的摄影师李文秀回答，他偏要问我。见我都能答得上，他脸上露出满意的笑容。其实，我喜欢摆弄电影摄影机，有时候摄影助理忙不过来，诸如跟焦点之类的工作我也帮助做，甚至在暗房里把整盘的美国伊斯曼胶片分段，我也跟在摄影助理后面学着干——尽管这些都不是导演的工作范围。

齐闻韶有很丰富的现场工作经验。在拍摄现场，他会给我很多宝贵的指点。我在工作中遇到问题，他会及时向上一级领导——另一个老齐报告。

在中国，齐姓是少数姓氏，而在当时“文集内片”组的领导之中竟有两个“老齐”，实在很巧。

这另一个老齐，是齐英才。齐英才是上海京剧院副院长，著名京剧演员。他的夫人是有着“中国京剧第一女武旦”之誉的张美娟，而他的妹妹则是在京剧《智取威虎山》中扮演“小常宝”的齐淑芳。

当时，与齐英才共同担任上海“文集内片”总负责人的还有孟波。孟波是著名音乐家，曾任上海音乐学院副院长、上海市电影局局长。音乐是孟波的专长，所以他格外关注我拍摄的《京剧唱腔音乐》。

齐英才、孟波找我谈话，使我对“文集内片”这一任务的重要性有了进一步的认识。不过，齐英才当时的主要精力用在张天赐、岑范那两个摄制组，因为那里拍摄京剧“老戏”是齐英才的本行。所以经常到我这个摄制组里来的是齐闻韶。

由于“文集内片”的拍摄处于极端秘密之中，关于其中内幕，我只在1992年第2期的《炎黄春秋》杂志上，见到齐英才的一篇回忆文章：《“文化大革命”中秘密拍摄传统戏始末》。

齐英才回忆道：

1975年深秋，天气特别地阴冷。一天上午，当时上海市文化局负责人孟波同志突然来到我家，很神秘地对我说：“老齐，咱们俩有些事要马上去北京。”他这没来由的话，把我弄得如坠云雾，不着边际。那时，我刚被宣布解放，虽然说是让我和陆汉文、胡冠时等同志负责上海京剧团（即现在的上海京剧院）党委工作，但我是心有余悸，处处小心，大事小事都请示，生怕再被靠边批斗。出于谨慎，我问：“是什么事情？”孟波不露声色地说：“到了北京就知道了。”他秘而不宣。我更加要刨根问底：“你不说清楚，我就不去！”他犯了急：“嗐，你这个人真死心眼，告诉你，是搞传统戏的事。”一听说是搞传统戏，我这脑袋轰的一下就像炸开了。这八九年来，为了帝王将相、才子佳人的传统戏，我吃的苦头还少吗？现在是什么时候，八个样板戏唯恐大树特树还不够，搞传统戏，岂不是黑线回潮，复辟倒退吗？这可是拿政治生命开玩笑呀！我急忙摇头说：“这个事情我不能去，打死我也不去。”孟波见我如此顶真，便朝我面前凑了凑，轻声说：“你放心，这是中央最高领导要看，不会有问题。”他特别强调“最高领导”，使我感到有了几分安全感，于是便点了点头。孟波见我同意，便交代了第二天去北京的事宜，留下机票后告辞了。

……

登上飞机，孟波和我相邻，待飞机升空，他瞧瞧前后左右，对着我的耳朵悄悄地说：“是毛主席要看，因为你熟悉京剧，所以非你莫属。”我这才恍然大悟。在当时的政治形势下，也只有他老人家能做出这样的决定。

……

主席指示要搞传统剧目的录音、录像、拍电影。这个决定使江青等感到为难：顶着不办，主席那里交代不过去；办，等于是自己打自己的耳光，否定了这十几年来的所作所为。所以江青几次找于会泳等商量对策，结果是打出“给中央负责同志作调查研究”“给今后文艺革命古为今用，推陈出新留下宝贵资料”的旗号，来掩盖他们的心虚，并且尽可能缩小范围、对象，严加保密。

……

按照文化部于会泳“对外要严加保密”的指示，上海拍摄地点选在泰兴路文艺俱乐部（也叫丽都花园，即现在的上海市政协）。这是一座花园式的别墅庭院，门口有大铁门，院子里很宽敞，有游泳池、办公楼、会议厅、放映厅等，大门一关，即与外界隔绝，确是一个理想的拍摄点。按照拍摄计划，各路人员很快进入拍摄点，成立由我担任组长、上海电影制片厂副厂长齐闻韶为副组长的领导小组。参加拍摄的人员都按照样板团的伙食标准，免费供应中、晚两餐，菜肴不错，这在“36元万岁”的年代，还是颇为实惠的。

……

片子送审通过后，只准印四个拷贝，一个送中央，一个送国务院文化部，一个送钓鱼台，一个送中央电影局资料库。这种种的神秘色彩像是一道无形的鞭子，催促着我们日夜加班，不停地赶拍，不到半年，就完成了二十余部戏的摄制。这种速度现在看来确实惊人。

在我拍摄“唱腔音乐”影片时，上级指定上海音乐学院教授连波先生为影片的音乐顾问。连波总是笑脸迎人，非常和气。他很细心地向我讲解“唱腔音乐”的特性以及种种京剧唱腔知识。

后来，刘惠恕在《〈毛泽东晚年存藏词曲〉析疑及抢救这一历史文献的学术意义》一文（载《炎黄子孙》2004年第2期及《上海戏剧》2004年7月号）中，写及连波先生对“文集内片”内情的一些回忆：

连波先生为此由北京返回上海参加筹建工作。当时在上海集中全国演艺界精粹，如俞振飞、王传淞、李和曾、李慕良、童芷苓、张美娟、李炳淑等人，成立三个摄制组，导演由上影厂岑范、张天赐和科教厂叶永烈担任，分别在上海北京路、泰兴路（现为市政协礼堂）、文化广场和美琪影剧院同时拍摄。当时这批剧目用电影分镜头拍摄，所以拍摄质量甚佳，其中有俞振飞表演的《太白醉酒》、王传淞表演的《狗洞》、李和曾表演的《逍遥津》、张美娟表演的《八仙过海》等等。这批剧目弥足珍贵，拍摄的目的，是供毛泽东欣赏的。这一工作参与人数甚多，不会少于百人。而在北京为古词谱曲及演唱工作则始终是处于高度的保密之中，前后参与人数不会多于30余人，参与者各司其职，工作（作品陆续拍摄）完成后，交当时的文化部长于会泳审定，然后再交江青复审，最后呈送毛泽东主席欣赏。这一工作一直持续到毛泽东去世后终止。

……

这批词曲（音响资料）是特殊政治环境的产物，当时参与工作的演员和工作人员大多是国家级的专家，工作各司其职，极为认真，因此，这批词曲（音响资料）体现了那个时代的艺术高度，随着中国老一辈艺术家的凋零，将无法再现中国古典词乐的风采。

迄今，我手头还保存着当年的一份“情况汇报”。这是我刚刚担任上海“内片”组导演时，由于不明白“中央交办任务”的意图，按照齐闻韶的意见，写了一份请示报告。这一报告真实地反映了接受任务之初的真实情况，现照原文收录于下：

内片《驯兽》情况汇报

“内片”组导演　叶永烈

1976年5月8日，我摄制组已在上海杂技场进行生产试验，驯熊猫、驯猴各试拍了一个节目。

5月9日，听了“内片”组齐英才同志传达后，提高了对拍摄内片重大意义的认识。同志们认识到，这是中央直接交办的任务，非常重要。

拍摄这部影片，既要质量好，又要速度快，不能像领导同志批评的那样“十五分钟的节目搞了半个多月”。

目前，我们组还存在几个认识问题，请领导明示：

一、我们这部影片与一般传统节目内片的要求是否一样？拍摄意图是什么？是否也属于作为资料用的资料片？由于意图还不很明确，有些具体问题就很难掌握。例如，拍旧戏的内片，是用大平光，不以反侧光为主。可能是由于旧戏中的主要人物都是帝王将相，才子佳人，不宜于用大光比，不宜于用反光、侧逆光，不要勾画得像英雄人物形象那样刚强有力，而只宜用大平光表现得柔和。但我们表现的是驯兽演员，表现的是天真可爱的动物，表演对象不同，是否也仍用大平光？

二、拍摄地点定不下来。按照纪实的要求，应在上海杂技场拍。但杂技场四面都是观众，除了较俯的或很近的镜头外，其余大部分镜头都要以观众为后景。这样处理，一方面画面较乱，不利于突出主体，颜色较杂；另一方面，据了解，北影在拍杂技、马戏片，都是用幕布作背景，不带群众。所以，我们拟改为在上海文化广场或其他舞台上拍摄，后景用幕布，是否合适？

三、我们拍的是《驯兽（一）》，北影拍的是《驯兽（二）》，两部片子的格调（包括字幕、衬底、用光等）是否应统一，还是各搞各的？

四、上海市文化局领导未直接从市委接到拍摄此片任务，他们对情况不很了解。我们向他们请示工作，他们无法给予答复。

齐闻韶同志建议我们尽快把情况向领导汇报，迅速弄清意图，以便能在5月20日前如期完成拍摄任务。

1976年5月10日

给不听话的“演员”拍戏

在“文集内片”组，我导演了多部《驯兽》影片。

《驯兽》是一部有趣的影片，它的主角是猴子、狗熊、熊猫、狗。给这些不听话的“演员”拍电影，又曾发生许多有趣的故事……

在影片《驯兽》中，猴子穿着鲜艳的背心和三角裤，狗熊穿着漂亮的背带尼龙纱裙。动物们穿上这些别致的衣裳后，显得好看多了。特别是狗熊，本来浑身黑不溜秋的，很难看，穿上艳丽的衣服，色彩就丰富多了。

可是，要给猴子、狗熊做衣服，可不是件容易的事情，因为世界上只有给人做衣服的服装店，哪有给动物做服装的裁缝师傅呀？我们跑了好几家服装店，都找不到这样的裁缝。

后来，我们想起来了：在美术片中，那些小猫、小狗木偶，不也穿各种服装吗？于是，我们就到上海美术电影制片厂求援，他们热情地答应了。

不过，木偶是死的，可以用尺子精确地量好大小，做成衣服。可是，那狗熊一看见生人走过来量它的腰身，立即呜呜大叫，张牙舞爪扑过来，把裁缝同志吓了一跳。好在做衣服的是老裁缝，富有经验，用眼睛一看，就大致估出了狗熊的腰身有多粗，做出了合身的衣裳。

做动物服装的同志考虑非常周到：他们知道，猴子和狗熊从来没穿过衣服，刚一穿上去，很不习惯，就会用爪子拉扯，所以选用坚牢的料子如腈纶纱、尼龙纱来做。再说，动物常在地上打滚，衣服很容易脏，选用腈纶、尼龙这些合成纤维衣料，易洗易干。另外，动物的衣服如果钉纽扣，穿起来很费事，他们就选用新式的尼龙搭扣代替纽扣。给动物穿衣服时，只消用手轻轻一按，就把前后身衣片搭牢了；脱衣服时用手一拉就拉下来，非常方便。他们还在动物衣服的前襟绣上精美的图案，锦上添花，更加漂亮。

平时，我们都是给人拍电影。拍摄前，请演员一遍又一遍地做着重复的动作，进行排练，一直到合乎拍摄要求，才开始拍摄。我们给动物拍电影，起初拿拍人的一套办法拍，反反复复地排练。可是，动物是不听话的“演员”，排了两遍就开始不耐烦了，再排下去就发脾气了。再说，动物平时一直在舞台演出，习惯于演完一个节目就演另一个节目，形成“条件反射”了，而拍电影却反反复复拍其中的一个节目，来了一遍又一遍，它们给弄糊涂了，越来越不高兴。

有一天晚上，我们给一只名叫“力力”的猴子拍摄“绕红灯”的节目。平时，在舞台演出时，力力总是十分轻松地骑着自行车绕过一只只红灯。可是，在拍摄的时候，由于反复排练，力力每次从红灯绕过时，总是把红灯碰倒了，我们拍了好多次，没拍成功，弄得力力越来越紧张，而越紧张便越是碰倒红灯。这时，驯兽演员给力力按脉搏，发现它每分钟心跳达 180 下，不能再拍下去了。吃一堑长一智，第二天晚上，我们把一切准备工作做好之后，一次也不排练，就让力力骑三轮车绕红灯，结果力力表演得非常好，一个红灯也没碰倒，我们一次就拍成功了。

还有一次，我们拍摄一只名叫“扎利”的黑熊表演“蹬火把”的节目。为了

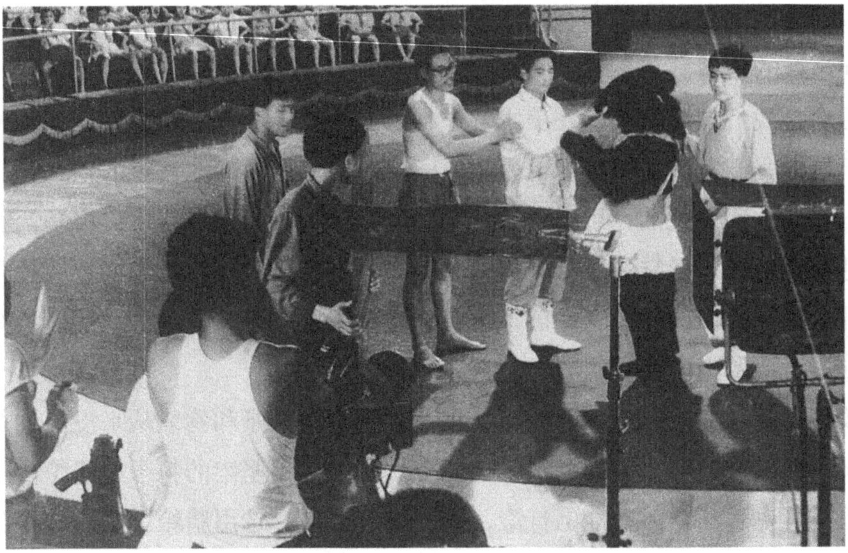

1976年叶永烈在导演电影《驯兽》（赤足穿背心者为叶永烈）

1976年5月叶永烈担任导演在拍摄《驯兽》

使火把能拍得更清楚一些，我们特地在火把上加了许多汽油。在拍摄时，扎利看见那么大的火，吓得逃掉了。

我们拍了好几次，都没有成功。后来，在驯兽演员的帮助下，想出了巧妙的办法来对付这个不听话的"演员"：我们在火把上浇足汽油后，先不点火，给扎利蹬。扎利十分轻松地蹬着。这时，我们突然用点火棒点着了正在旋转的火把。扎利虽然吃了一惊，但不敢甩掉正燃烧的火把，怕弄得不好烧着自己身上的毛，于是竭力用四只脚迅速地转动火把，想把它转灭，火把却越来越旺。我们开动电影摄影机，拍下了这个精彩的镜头。

在拍摄狗熊黑子“打篮球”这个节目时，我们的设想是这样的：黑子第一次投篮，投中了，立即向驯兽演员要东西吃。第二次，又投中了，又去要东西吃。第三次，没投中，黑子知趣地不去讨东西吃，而是乖乖地去捡起地上的篮球，重新投篮，投中了，然后扑向驯兽演员急切地要东西吃。这样拍摄，有点曲折，使电影更加有趣。在拍摄的时候，前两个镜头很顺利地拍好了。因为黑子经过长期训练，投篮投得很准，一投就中。到拍第三个镜头，遇上麻烦啦：黑子老是一投就中，不按照我们的设想去表演。唉，黑子又听不懂我们的意思，怎么会按照我们剧本上写的要求去表演呢？对于这样不听话的“演员”，我们简直没办法！

怎么办呢？到底是驯兽演员熟悉黑子的脾气，想出了办法！他把篮球架的位置改变了一下。开始拍摄了，黑子仍按原来的方向去投篮，由于篮球板的方向变了，球没有投进球篮。于是，黑子只好去捡球，重新投篮。这样一连投了四次，一直没投进去。直到最后一次，才投了进去，黑子然后赶紧跑到驯兽演员跟前讨东西吃。当我们拍下这个镜头，大家都高兴地跳起来了。

在驯兽演员的帮助下，终于使不听话的“演员”听话了！所以，每拍一个节目，都经过了一番摸索，直到摸到动物的规律，“演员”才会听话。

《驯兽》影片中的大部分节目，都是在上海杂技场拍摄的。在拍摄猴子的高竿拿顶、倒立这些节目时，在杂技场就不大好拍，因为一仰拍，会把挂在上面的几十只照明灯统统都拍进去。于是，我们就改成到公园里拍外景。

那时候，正是盛暑，猴子小四穿着厚厚的腈纶衣裤，在烈日下表演节目，热得够呛。小四又调皮又聪明，鬼主意不少，它本来是在一张小方桌上倒立的。可是，它怕晒，就机灵地溜到小方桌下面，躲在那里乘凉！在拍电影的时候，任凭驯兽演员叫它出来表演，它都死死地赖在桌子下面一小块太阳晒不到的地方，怎么也不肯出来表演。驯兽演员累得满头大汗，我们也急得汗流浃背。这时，到底是照明工人想出了妙计，他们用几块贴了锡箔的反光板把太阳光反射到桌子下面，于是那一小块地方也变得不阴凉了，小四这才不得不跳上桌子表演倒立，让我们拍下了电影镜头。

那天在烈日下拍了一天，可把小四累坏了。它吃完晚饭后，就朝笼子里一躺，成了一个“大”字形，呼呼大睡，一直睡到第二天早上7点，驯兽演员让它吃早饭了，还叫不醒呢。

第二天又是一个大晴天，我们抓紧时间继续到公园拍摄小四高竿拿顶。小四一边表演节目，眼睛一边骨碌碌地东张西望。当我们稍不留意时，它突然蹿起，撒腿就溜。没一会儿，就不知去向。我们全体出动寻找小四。所幸小四穿着黄背心、红裤子，非常醒目，我们终于从一间房子里找到它。这位逃跑的“演员”被抓回之后，不得不继续表演下去。驯兽演员们一边指挥小四表演，一边在周围警惕地注视着，防止小四再次突然逃跑。就在这样十分紧张的气氛中，大家冒着酷暑，拍下了小四一个又一个节目。

一天中午，我在经过熊棚时，突然发现黑熊铁蛋呕吐了，地上吐了一滩米黄色、粥一样的东西。仔细一看，里头还夹杂着许多绿色的渣滓。唉，铁蛋生病啦！我们赶紧向上海唯一的一家动物医院——西效公园兽医室求援。医生马上赶来，一检查，认为铁蛋得了急性肠炎。医生细心地看了铁蛋吐出来的东西，发觉那绿色的东西是苹果渣，立即检查那些还没被吃掉的苹果，哟，不少苹果烂了。很明显，铁蛋是吃了烂苹果而得急性肠炎的。医生决定立即给铁蛋打针。

给铁蛋打针，真是件有趣的事：只见医生调好一脸盆牛奶，让铁蛋津津有味地吃着。这时，医生拿出一个萝卜那么粗的针筒，针筒上装了一根长长的弹簧般卷曲的空心管，空心管头上装着注射针。医生悄悄地走近铁蛋，把注射针猛地一下刺进铁蛋耳朵后面耸起的肌肉。贪吃的铁蛋，居然一点也没有发觉。直到医生打完针，拔下针头，铁蛋还在那里一门心思吃牛奶哩！

打了针以后，铁蛋睡了一觉，似乎好了一点。当天晚上，我们拍摄了铁蛋骑自行车的节目。

真没想到，拍完之后，铁蛋竟趴在水泥地上，呼哧呼哧直喘气！当时，已经是夜里11点了，我们立即去请下午来看过病的兽医。他用肛门温度计一量铁蛋的体温，只有36℃，立即紧张起来。他告诉我，熊的正常体温是39℃，如今体温降低，是很危险的。如果再降低一度，就有生命危险！这时，驯兽演员一听，也呆住了——他曾花费了多少心血，才驯服了铁蛋呀！早在铁蛋吃奶的时候，他就开始跟铁蛋交朋友，每天跟它生活在一起。后来，又每天训练铁蛋。起初，铁蛋看见自行车就逃，他耐心地一手扶着铁蛋，一手扶着自行车，教它骑车。铁蛋的脾气很犟，一不高兴，就用锋利的爪抓他，抓破了他的好几件衣服，抓破了他的皮肤，留下五道血印。他以顽强的毅力，勇敢的精神，克服重重困难，终于教会铁蛋骑自行车。三年多来，他带着铁蛋到过几十个城市，给成千上万的观众演出精彩的节目，受到热烈欢迎。如今，铁蛋面临着死亡的威胁，他怎能不焦急，不担心？

医生说要立即给铁蛋注射葡萄糖，而在杂技场没有注射设备，要火速送往西郊公园急救。深夜，几百斤的铁蛋被抬上了汽车，送到西郊公园。这时，铁蛋已昏迷，任凭医生剪脚上的毛，动也不动。医生找到铁蛋脚上的静脉血管，给铁蛋注射葡萄糖、盐水。讨厌的蚊子居然趁火打劫，围在铁蛋身边嗡嗡叫着，我们赶紧点起了蚊香，并用草帽赶蚊子。到了凌晨 3 点，铁蛋初步脱险了。医生劝我们回去休息，而他和驯兽演员却一直守在铁蛋身边，通宵达旦。

整整一个星期，号称“馋老板”的铁蛋没吃一点东西，连送到嘴边的西瓜也不吃，光靠葡萄糖维持生命。我们每天都为铁蛋担心。直到第 8 天，从西郊公园传来了消息：铁蛋吃西瓜了！没多久，铁蛋开始吃馒头了，第一顿就吃了 18 个馒头——三斤六两！我们听了，笑得前仰后合，大家都为铁蛋恢复健康感到高兴，大家都为医生们的精心治疗而感动。

《驯兽》是一部轻松有趣的影片，然而给这些不听话的“演员”拍电影，我花费了颇多精力。

拍摄《京剧唱腔音乐》

在“文集内片”组，我还导演了多部《京剧唱腔音乐》影片。

拍摄《京剧唱腔音乐》，跟拍摄《驯兽》全然不同。《驯兽》是充满动感的影片，而《京剧唱腔音乐》是动作幅度很小的影片。

所谓“京剧唱腔音乐”，是用乐器模仿京剧唱腔，使乐器演奏人声化。拍摄《京剧唱腔音乐》，是可以起着开阔乐器演奏技巧、发展中国民族音乐的重要作用。

要做到乐器演奏人声化，是很细心的创作。要学得像，要有韵味，要体现出京剧唱腔中的不同流派，不同风格。

拍摄《京剧唱腔音乐》是一道难题：与《驯兽》相比，《京剧唱腔音乐》的场面要小，演员又是一直坐在那里，不像动物那样大幅度地来回运动。然而动有动的难拍之处，静又有静的难拍之处。

《驯兽》是热热闹闹的影片，而《京剧唱腔音乐》则是静静欣赏的影片；

《驯兽》拍的是不听话的“演员”，而《京剧唱腔音乐》则是拍摄“很听话”的演员；

《驯兽》以短镜头为主，快速切换，而《京剧唱腔音乐》则以长镜头为主，场景单调。

拍摄《京剧唱腔音乐》，往往从头到底是一个演员，一种乐器。

最为难忘的是为后来被誉为“二胡皇后”的闵惠芬拍摄《京剧唱腔音乐》舞台纪录片。由于我从小就喜爱二胡，很快就成为她的“知音”，理解她的演奏特色，掌握她的二胡节奏。

在“中央交办”的一系列拍摄任务之中，就有两集闵惠芬的节目，即用二胡演奏唱腔音乐《柴桑口》和《文昭关》。闵惠芬接到通知，拿着二胡来到上海泰兴路的政协小礼堂来找我。当时，为了“保密”，电影不在电影制片厂的摄影棚里拍摄，而把空置的上海政协小礼堂作为临时摄影棚。我带领50多人在那里日夜兼程拍摄“中央交办”的电影。我跟闵惠芬就在那里第一次相见。

在我的印象中，二胡仿佛是男人的“专利”。我所熟知的二胡演奏家刘天华、瞎子阿炳，都是男性。当31岁的闵惠芬出现在我的眼前，我感到惊讶，哦，女性也能成为二胡演奏家。我请她奏一曲《二泉映月》，立即被她指间泻出的琴声所征服。

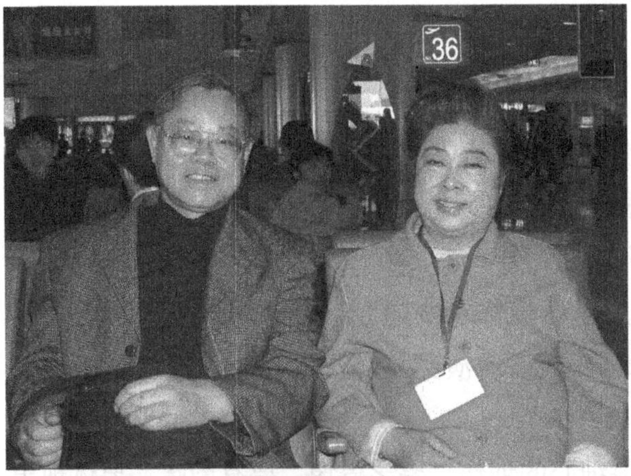

叶永烈与二胡演奏家闵惠芬。当年叶永烈曾经为她拍摄“京剧唱腔音乐”（摄于2006年11月15日，北京）

我们聊起了二胡，非常投机。我年轻时喜欢用二胡演奏《病中吟》《良宵》《光明行》《二泉映月》《空山鸟语》，所以我跟闵惠芬有着共同语言，一见如故。她在奏毕《二泉映月》之后，又应我之求拉了一曲《病中吟》，琴声如泣如诉，深深感动了我。

接着，我们的谈话进入正题，即京剧唱腔音乐。当时我还接受了另外3部京剧唱腔音乐影片的拍摄任务，即汤良兴用琵琶模拟余叔岩、谭富英演唱的《空城计》，项斯华用古筝模拟程砚秋演唱的《文姬归汉》，还有韩凤田用擂胡模拟新艳秋、言菊朋演唱的《游龙戏凤》。当时我并不知道由于毛泽东主席喜欢这些京剧唱腔曲目，中央有关部门指令民乐演奏家们排演京剧唱腔音乐。

我在听了闵惠芬演奏的《柴桑口》和《文昭关》后，我的直感是闵惠芬用二胡模拟京剧唱腔，是最成功的。闵惠芬说，这是因为二胡比琵琶、古筝、擂胡更加接近人声的缘故。琵琶、古筝是弹拨乐器，声音不连续。擂胡虽然是二胡的变异，但是音调过于高吭。

闵惠芬告诉我，京剧名家杨宝森的唱腔雄厚，她用二胡粗犷的音调来表现。闵惠芬又讲述京剧名家言菊朋的演唱特点。她讲一句，就用二胡拉一句。她给我提供了《柴桑口》《文昭关》乐谱。

记得闵惠芬向我讲解演奏的内容，并把唱词写在我的导演笔记本上。

《柴桑口》又称《卧龙吊孝》。京剧唱腔音乐《柴桑口》是根据言菊朋演唱移植的。演奏者闵惠芬，伴奏尤继舜等。用二胡演奏。

据《三国演义》第五十七回《柴桑口卧龙吊丧》，故事情节大致如下：

诸葛亮三气周瑜，终于把周瑜气死。周瑜死时才36岁，连叫数声“既生瑜，何生亮？”而亡。诸葛亮闻周瑜死，便与赵云引五百军，具祭礼去柴桑口吊丧。周瑜部下欲杀诸葛亮。因见赵云带剑相随，不敢下手。诸葛亮在灵前亲自奠酒，跪读祭文。祭毕，伏地大哭，泪如涌泉，哀叹不已，以至东吴众将也不得不说：“人尽道公瑾与孔明不睦，今观其祭奠之情，人皆虚言也。”

闵惠芬把《柴桑口》唱词抄给我：

见灵堂不由人珠泪满面，
叫一声公瑾弟细听根源，
曹孟德领人马八十三万，
擅敢夺东吴郡吞并江南，
周都督虽年少颇具肝胆，
命山人借东风在暗地成全，

料不想大英雄不幸命短，
直哭得诸葛亮肝肠痛断，肝肠痛断。
都督啊！

这里，诸葛亮吊孝既是假惺惺的，但看上去又有几分真的。用二胡演奏时，正是表现诸葛亮这样的表情，刚柔相济。唱段中分二黄、反二黄，倒板，回龙等。

京剧唱腔音乐《文昭关》是根据杨宝森演唱移植的。演奏者闵惠芬，伴奏尤继舜等。用二胡演奏。

《文昭关》是写伍子胥过昭关的故事。伍子胥是春秋时楚国人，他的父亲伍奢、哥哥伍尚均为楚平王所杀。伍子胥取道昭关想逃往吴国。昭关现在安徽含山县西北，春秋时为吴楚之间来往要地。当时，昭关上挂着伍子胥的云图（即画像），要捉伍子胥。有个叫东皋公的人收留了他。但伍子胥不知东皋公是否会出卖他。就这样，他在夜里百愁交集，终于一夜之间愁白了头发。第二天他一看自己头发全白了，根本不像云图上画的像，于是就顺利地过了昭关。后来，他辅佐吴王阖庐伐楚，五战而入楚都。那时楚平王虽然死了，伍子胥掘墓鞭尸，以报父兄之仇。详细可参看《东周列国志》第七十二回《伍子胥微服过昭关》。

闵惠芬给我抄写了《文昭关》的原唱词如下：

一轮明月照窗前，
愁人心中似箭穿，
实指望到吴国借兵回转，
谁知昭关有阻拦。
幸遇那东皋公引方便，
他将我隐藏在后花园。
一连几天我的眉不展，
夜夜何曾得安眠。
俺伍员好一似丧家犬，
满腹的含冤我向谁言！
我好比哀哀长空雁。

我好比龙游在浅沙滩。
我好比鱼儿吞了钓线。
我好比波浪中失舵的舟船。
思来想去我的肝肠断。
今夜晚怎能够盼到明天，
心中有事难合眼。
翻来覆去睡不安，
背地里旦把东皋公怨。
教人难解巧机关。
若是真心来救我，
为何七日他不言。
贪图富贵来害我，
你就该把我献与昭关。
哭一声爹娘不能相见，
不能见，爹娘啊！
要相逢除非是梦里团圆。

[二黄原板]
鸡鸣犬吠五更天，
越思越想好伤惨。
想当初在朝为官宦，
朝臣侍漏五更寒。
到如今夜宿在荒村院，
我冷冷清清向谁言。
我本当拔宝剑自寻短见，
寻短见，爹娘啊！
父母的冤仇化尘烟。
对天发下宏誓愿，
我不杀平王我的心怎甘！

这一段唱腔表现了伍子胥愁绪万端的心情，唱腔从哀怨逐渐转为激昂。杨宝森的唱腔较雄厚，用二胡粗犷的音调来表现。

在闵惠芬的帮助下，我根据乐曲的疾缓节奏，写出了电影的分镜头剧本。《文昭关》最初分21个镜头，分切过碎，最后分为10个长镜头。但是这么一来，拍摄难度大大增加，因为每一个镜头都很长，有的长达几分钟，而拍摄时镜头要推、拉、摇、移，不断运动，有一个运动点不准确，就前功尽弃。当时拍摄所用的是从美国进口的伊思曼彩色电影胶片，很贵，必须尽量避免重拍。唯一的办法，就是让闵惠芬一次又一次演奏，我们摄制组一次次演习，直到确有把握，我这才下达拍摄口令："开始！"

7月正是上海的大热天，那时候上海政协礼堂没有中央空调，闵惠芬常常汗流浃背，她仍不厌其烦地配合我们反复演奏。直到正式拍摄，她换上演出服——浅蓝色的连衫裙，补好妆，摆好姿势……

拍二胡演奏，特别是拍高高瘦瘦的雷胡，像一根电线杆插在那里，画面很难处理。

为了不使画面呆板，我想让摄影机绕着演员徐徐转摄。但是当时我们没有圆形的轨道可供摄影机转摄，而且一旦转摄，要有很大的布景片作为背景。何况拍摄是在上海政协小礼堂中进行的，礼堂很小，景深不够，镜头也不能大幅度摇摄。

为了在这样小的地方也能拍出较大幅度摇摄的镜头，我想出了"土办法"：让演员坐在圆形转台上演奏，拍摄的时候徐徐转动圆形转台，摄影机放在镜头车上相对横移，终于拍出了从演员左侧脸摇摄到右侧脸这样较大幅度摇摄的镜头，也就拍出了类似转摄的效果。

闵惠芬就这样坐在转台上拉二胡——唱腔音乐《空城计》，拍下了长达几分钟的转摄镜头。在拍摄转摄镜头时，灯光、挡光板都随演员的转动而跟移，效果很好。看样片的时候，厂里很多"同行"问：这镜头是怎么拍出来的？

后来，我不用布景片作背景，改用往白色幕布上打彩色光作背景的方法，拍出来更透、更鲜，可使背景颜色上深下浅，色彩柔和，有空间感。

我根据不同剧情，采用不同的背景。

例如，《文昭关》表现伍子胥深夜不眠、愁绪万端的心情，我采用夜景、追光，表现"一轮明月照窗前"的意境；

拍《空城计》，改用明亮的黄背景，表现诸葛亮在大军压境、兵临城下的危急情况下临危不惧、镇定自若的心情。

在完成影片之后，闵惠芬很高兴地说："导演懂二胡，所以影片能够很好展现二胡的演奏特色，我很满意。"

我没有想到，小时候对二胡的爱好，竟然在电影导演工作中派上了用场。

当时挑选演奏京剧唱腔的演奏家，颇有眼光，在年轻演员中选择了最优秀的才俊。闵惠芬后来成为中国的"二胡皇后"，而项斯华后来则成为"中国古筝第一人""筝乐大师"。

当时36岁的项斯华用古筝模拟程砚秋演唱的《文姬归汉》，深沉而悲凉，曲终意未尽，余音绕梁。

拍摄项斯华的古筝演奏《文姬归汉》还算好办，因为古筝很大，而且横放，与演员成"十"字构图，画面比较容易处理。所以拍摄项斯华的古筝节目时，用不着转盘，而是在古筝前方铺设了横移轨道。随着乐曲的起起伏伏，电影摄影机在轨道上缓缓横移，镜头不断推近拉开，"电影语言"非常流畅。拍摄项斯华的古筝演奏，比拍摄闵惠芬的二胡演奏要方便得多。

2007年，我应邀到澳大利亚讲学。在悉尼，我拜访了音乐家杨明先生。他领着我参观他的琴房。真是出乎意料，在这属于西方国家的澳大利亚，我居然见到诸多东方乐器——古筝，二胡，琵琶。

我端详了他的古筝，然后问："你认识项斯华吗？"

他露出惊讶的神态，反问道："你认识项斯华吗？"

我点头，说道："当年，我在电影厂担任导演的时候，曾经为项斯华拍摄过由她演奏的京剧唱腔音乐《文姬归汉》。她用的筝，是'改良筝'。"

项斯华后来旅居美国。也许是"项斯华""文姬归汉""改良筝"这几个专业名词能够从我的口中说出，他知道我对古筝有过接触，便从书房里取出项斯华所著的古筝琴谱。

打开琴谱，扉页上贴着一张彩照，那是杨明先生在香港与项斯华以及她的先生的合影。在项斯华所著的古筝琴谱中，最后一曲，便是《文姬归汉》。

杨明先生告诉我，他非常崇敬项斯华。如今，他就是以项斯华所著的古筝琴谱作为教材，教授学生学习古筝。

从杨明先生的谈话，也可以一觑项斯华在古筝演奏界的大师地位。

《京剧唱腔音乐》是音乐片，它的特点是必须具有音乐的节奏感，推、拉、摇、移要根据音乐旋律来运用。镜头的分切和组接的韵律、镜头的长度、镜头运动的徐疾、景位的大小，都必须服从音乐的规律和节奏。

“文集内片”的摄制，随着毛泽东在1976年9月9日去世而戛然停止。

记得，9月9日那天我正在上海电影技术厂的混录棚里做声像混录，突然接到通知，暂停工作。不久，广播喇叭里传出沉重的声音：

> 中国共产党中央委员会、中华人民共和国全国人民代表大会常务委员会、中华人民共和国国务院、中国共产党中央军事委员会极其悲痛地向全党全军全国各族人民宣告：我党我军我国各族人民敬爱的伟大领袖、国际无产阶级和被压迫民族被压迫人民的伟大导师、中国共产党中央委员会主席、中国共产党中央军事委员会主席、中国人民政治协商会议全国委员会名誉主席毛泽东同志，在患病后经过多方精心治疗，终因病情恶化，医治无效，于一九七六年九月九日零时十分在北京逝世。
>
> ……

在毛泽东去世之后，我除了把已经拍摄的“文集内片”完成收尾工作、制作电影拷贝之后，又奉命写“文集内片”摄制小结。

经过全组讨论，我在1976年9月22日写出“文集内片”摄制小结初稿，9月26日改出二稿。这份摄制小结已经成为鲜为人知的“文集内片”的珍贵历史文献。为了保持历史原貌，以下根据手稿原文录入电脑，从中可以看出当时的工作的真实情形。

《驯兽》与《京剧唱腔音乐》摄制小结

“文集内片”摄制组导演　叶永烈

一、工作情况

我们自今年5月5日接到上海市委领导同志关于参加拍摄“文集内片”的指示以来，在四个多月中，共完成9部、14本内片。

我们组的特点是年纪比较轻，大都为20至40岁。过去，我们都是搞科教片的，从未拍过像《驯兽》那样大场面的舞台纪录片，也从未拍过《京剧唱腔音乐》那样的音乐片，存在着缺乏经验的不利一面。但是，我们年纪轻，又有精力充沛的有利一面。

我们组里思想比较活跃，朝气蓬勃，不像旧电影厂摄制组那样等级森严、死气沉沉。遇问题，不分你我，大家七嘴八舌出主意；遇困难，不分工种，大家七手八脚一起干。干部和创作人员参加劳动，工人参加影片创作。共产主义协作精神好，创作民主空气浓。

我组接任务后正值三伏高温季节，摄制工作比较紧张。每天的工作时间，经常长达 14 小时以上，有时甚至通宵达旦地拍摄。天气最热的时候，也正是摄制工作最紧张的时候，摄影棚内又闷又热，拍一个镜头一身汗。在拍摄《驯兽（五）》时，常常是白天拍外景，在烈日下晒了一天，晚上又紧接着拍内景，工作到深夜。其中，照明、木工同志最为辛苦，工作服上结满白色的汗霜。制片工作头绪很多，担子很重，但制片同志干劲很足，工作繁而不乱。司机同志也积极配合拍摄工作。

在摄制过程中，中国艺术团、上海京剧团、上海市人民杂技团与河南省开封市驯化动物演出队的演员同志，给我们很大的支持与帮助。上海电影制片厂内片摄制组、录音、化妆、剪接、照明，以及上海电影技术厂洗印部门，也给予大力支援。另外，为了提高影片质量，厂里有些摄影、照明、木工老师傅还到现场协助工作，给了我们很多帮助。

二、拍摄《驯兽》

驯兽又叫马戏，是我国历史悠久的剧种之一，深为广大劳动人民与青少年所喜闻乐见。拍摄《驯兽》影片，在银幕上展现了驯兽舞台新貌，表现驯兽演员的勇敢、坚毅与智慧，记录动物的精彩演出与活泼神态。我们拍摄的《驯兽》（一）、（三）、（四）、（五），分别记录了上海市人民杂技团与河南省开封市驯化动物演出队的驯猴、驯狗、驯熊猫、驯熊等节目。总的来说，影片的质量是逐步有所提高。

《驯兽》的内景镜头，是在上海杂技场拍摄的。杂技场是圆形舞台，四周是阶梯座位，坐满观众。选择这样的场合进行拍摄，拍出来的透视感纵深感都远比摄影棚或一般舞台强，这是摄影上的有利因素。但是，杂技场空间大、地面大、背景杂（幕布、白墙、小观众等）给布光造成一定困难。用灯量达 45 万瓦。我们根据圆形舞台的特点，在木工同志的努力下，悬空搭了“八”字灯板，为照明布光创造了有利条件。我们用一只两万瓦、两只一万瓦回光灯作为反光照射全场，做到了灯虽多而光影不乱。基本上只一个光影；我们还用 18 只四联碘钨灯分五排悬挂在铁丝上俯照舞台，作为演员的顶光与地布的底子光，这大面积的顶光基本上是铺匀的。

在拍摄中，我们努力用好“四光”。照明工作人员分工负责打好眼神光、反光、顶光、侧光。

总的来说，眼神光、顶光用得较好，反光、侧光用得差一些。

用变焦距从全景推至近景或从近景拉成全景时，其中近景时人物的侧光、眼神光较差。我们对拍好眼神光比较注意，专有一位照明工作人员用一只 1000W 小灯加白拷贝纸紧跟在摄影机旁负责打眼神光。当动物眼睛转动幅度较大时，则在摄影机两侧用几个灯同时打眼神光。拍横移镜头时，就把打眼神光的灯放在移动车上，跟随摄影机一起移动。

其中《驯兽（三）》（即《驯狗》），几乎每一个狗的近、中景镜头，都能拍出眼神光，有的全景中也有眼神光。我们通过实践，觉得狗、猴的眼神光比较好拍，原因是它们见强光不会眯眼，只要灯的角度、强度合适，就能打出眼神光。而熊、熊猫的眼睛比较小，眼神光就较难拍出来。

在拍内景时，光圈用 T5.6 至 T6.3 之间，清晰度比较好，光比一般为 1 ∶ 3。为了防止跟、摇摄镜头较快时背景闪光、抖动，我们一般采用景位大一些、用广角镜头，画面也比较稳，透视感强。

由于美国伊斯曼彩底反差大，趾部曲线短，因此特别要注意暗部要有足够光亮，要注意消灭死点（即特别黑的地方）和色彩还原较差的部分（如墨绿色）。

在拍摄时，由于熊全身黑色，拍出来一团黑的，没有层次，后来采取往熊身上擦生发油的方法，增强反光，效果就比较好。另外，演员服装的颜色也要稍深一些，否则照顾了演员的光而熊就全身一片黑，照顾了熊的光则演员服装发毛。

在拍开封驯化动物演出队的猴高竿拿顶、猴倒立、狗爬软梯、猴走钢丝等节目时，常要仰拍，若在上海杂技场内拍摄，便会把顶灯、灯板都拍进画面，于是就改拍外景。

外景必须出绿，做到绿有层次，富有生意；天要蓝天白云，明朗洁净。否则就失去外景的特点。

起初，在上海工艺美术研究室草坪上拍摄，背景为一大丛深绿色的夹竹桃，拍出来背景很深，出不了绿。

后来，改在康健公园拍摄，用柳树、樟树、梧桐等黄绿、浅绿色树为背景，或在较深色的树上打反光板。效果就较好。

我们所用的反光板较大。是在布景板上贴了锡纸做成的，长 10 尺，宽 4 尺（电影厂常用的反光板，一般长 4 尺，宽 3 尺），反光强而面积大。

另外，外景的背景最好透天。我们在拍猴子时，有几天天气晴朗，瓦蓝瓦蓝的天上纤云朵朵，拍出来视野开阔，使人心怡神旷。可是，有几次因天空不很蓝，便以树为背景，不透天，拍出来就显得闷。

我们还觉得，拍大全景时，光位可选正侧一点，拍出来背景较透，纵深感强；拍近景、特写时，采用全逆光位较好。

外景总光圈在 T14 左右，有时近景光圈用 T12.5，背景若大部分是天空，用 T16 或 T18。

《驯兽》是动物戏，只有掌握动物的规律才能拍好。我们没拍过这样的影片，一开始，用拍人物戏的一套方法来拍动物，每次拍摄时先要反复排练，结果动物不听话，一个晚上常常只能拍一二个镜头。有一次，弄得一只骑车的猴子心跳每分钟 180 次，无法再拍下去。

通过实践，我们逐渐认识到一定是抓住动物的特性进行拍摄。据演员介绍，动物一般在第一次表演时精神状态最好，而且动物习惯于按舞台演出的顺序进行表演。于是，我们尽量减少排练次数并让动物按舞台演出顺序进行表演，这样拍摄就比较顺利。如那只猴子在第二天晚上一上来就拍，一次就拍成功了。又如拍熊蹬火把，为了拍清楚火焰，我们在火把上加了很多汽油。在拍摄时，熊一见那么大的火，就吓得逃掉了。后来，在演员的配合下，我们先不点火，让熊蹬，蹬几下后再点火，熊无法摔掉火把，只好不断蹬下去，很快就被拍摄下来。

另外，在拍摄一些难度较高的节目时，我们采用两台或三台摄影机同时拍摄，以便当动物第一次表演时便能同时拍下全景、近景或特写。否则，当拍完全景后，再拍近景时，动物就不肯再表演了。如难度较高的熊晃板、猴单手顶，就是用多台摄影机同时拍下来的。

在处理《驯兽》片的镜头时，我们注意了以下问题：

一个小节目尽量用一两个镜头拍摄，少分切，使动作完整，表演连贯；

除在必要时用全景说明环境、气氛、驯兽者与兽的关系外，尽量多用近景、特写，做到画面饱满、动作清楚；

除了注意完整地记录动物的表演外，还要着力拍好动物天真、活泼的神态；

另外，还要注意拍好观众镜头，小观众的天真神态，也是不易拍好的。“红花终要绿叶扶”，观众的反应镜头是影片的重要组成部分，起着烘托、呼应作用；

演员、动物的服装、道具必须颜色鲜艳，但又必须与幕布、地布的颜色协调，要防止靠色或不和谐，要注意全局布色，不可“零打碎敲”地各自定色。

几部《驯兽》影片都是作曲的，乐曲活泼、明快，具有儿童音乐特点。后两部《驯兽》片还配上掌声、笑声等效果。《驯兽（五）》中穿插男女对白，比较活泼。剪辑、录音工作人员都参加现场拍摄。这样，在后期制作时，他们对影片很熟悉，能充分发挥创作主动性。

三、拍摄《京剧唱腔音乐》

京剧唱腔音乐，是用乐器模仿京剧唱腔，使乐器演奏人声化。拍摄《京剧唱腔音乐》，是可以起着开阔乐器演奏技巧、发展中国民族音乐的重要作用。

与《驯兽》相比，《京剧唱腔音乐》的场面要小，演员又是一直坐在那里，不像动物那样大幅度地来回运动。然而，动有动的难拍之处，静又有静的难拍之处。

我们在拍科教片时，镜头短，用光一般比较“粗放”。《京剧唱腔音乐》的镜头很长，一般两三分钟、甚至五分多钟一个镜头。镜头始终盯住演奏者推、拉、摇、移，用光要求非常细腻、严格，一点也“粗放”不得，哪怕是极不显眼的败笔之处，在长镜头中也很易被发现。

在拍《京剧唱腔音乐》时，我们比较注意打好眼神光。努力做到中、近景一定要有眼神光。

要控制好照明电压的稳定，要求不低于200伏，主要演员主辅光的照明灯要专用。还注意了根据不同演员的不同脸型采取不同的布光方法来美化演员，并注意装饰光的运用，如用专门的小灯打衣袖反光等，增强局部地方的立体感、质感。

由于美国伊斯曼的宽容度小，顶光必须较强。有几次我们用肉眼看，似乎头发上的顶光已很够，但拍出来头发却是一团漆黑。后来，加强了顶光，使黑有层次。

我们采用往白色幕布上打色光作背景的方法。天片与纱幕距离一般在3.6米以上，便于打光。经几次试验，天幕下半段用绿色（灯上加64号绿锦纶纸）、上半段用蓝色（加两层蓝锦纶纸，84号与86号）色光为背景，效果较好，拍摄角度不宜太俯，地一般以占画面四分之一为宜，天幕的底脚板不能高过演员的腰部，过高则太闷，画面构图不匀称，特别是拍全景，镜头宜仰视一些，在拍演员走动状态或在摄影机移摄时，要求主光、辅光自始至终彼此衔接，灯光也要求随演员动作方向跟光。在拍摄《空城计》中一个转摄镜头时，灯光、挡光板都随演员的转动而跟移，效果很好。

《京剧唱腔音乐》是音乐片，它的特点是必须具有音乐的节奏感，推、拉、摇、移要根据音乐旋律来运用。镜头的分切和组接的韵律、镜头的长度、镜头运动的徐疾、景位的大小，都必须服从音乐的规律和节奏。

通过实践，我们体会到，这样的音乐影片的镜头，以长镜头为宜。镜头应以“长句—长句—长句”或“长句—短句—长句”的韵律组接。这是因为音乐是听觉艺术，它本身具有很强的连贯性，不宜分切过碎。

另外，我们还体会到，今后要拍好《京剧唱腔音乐》，必须注意正确处理好以下四个关系：

演奏者与乐器之间的关系；

主奏者与伴奏者之间的关系；

镜头的动与静的关系；

影片布景与剧情的关系。

我们的做法是：

（一）处理人与乐器的关系。以表现演员的演奏表情为主，在重点技巧处突出乐器。

基本景位为中景，即演员半身及乐器全貌（筝及擂胡因太大或太长，只拍到乐器主要部位）；

（二）主奏者与伴奏者之间，以主奏为主，百分之九十以上镜头给主奏者，但过门长于20秒以上或花过门（即华彩过门，技巧性较高的过门）时把镜头给伴奏者，在伴奏者中，只有其中的主要伴奏者给近景（一部影片中一般只给一次近景）；

（三）由于这是音乐片，主要是静静地欣赏音乐，所以镜头运动不宜过快、过多。在剧情高潮处推至演员近景，在乐器主要技巧处推至指法，一般乐句处为中景。推、拉尽量放在过门处，这是考虑到过门时主演者往往是静止的，没有动作，宜于采用“彼静我动”，而当主演者在演奏时，则镜头一般不动，采取“彼动我静”；

（四）至于影片中景与情的关系，起初我们是想根据不同剧情采用不同布景。例如《文昭关》表现伍子胥深夜不眠、愁绪万端的心情，想采用夜景，追光表现“一轮明月照窗前”的意境；拍《空城计》想用明亮的黄背景，表现诸葛亮在大军压境、兵临城下的危急情况下临危不惧、镇定自若的心情。但由于时间紧，经过一次试验，追光灯没有用好，而黄背景（加42号黄锦纶纸）又产生与脸靠色等问题，所以后来只得采用同一的蓝背景来拍摄五部剧情不同的影片，造成《京剧唱腔音乐》片目前存在的靠色现象。

以上是我们对这四个关系的理解与处理方法。

《京剧唱腔音乐》是采用先期录音的方法摄制的。而科教片一般都是后期录音，我们通过实践，学会了先期录音的摄制方法。我们没有拍摄故事片的大型摄影机，就自己动手，用平时拍科教片的手提式小型阿莱摄影机装上一个同步马达进行拍摄。拍摄是在原政协小礼堂中进行的，礼堂很小，景深不够，镜头也不能大幅度摇摄。为了在这样小的地方也能拍出较大幅度摇摄的镜头，我们采用土办法，把演员放在转盘上转移，摄影机放在镜头车上相对横移，终于拍出了从演员左侧脸摇摄到右侧脸这样较大幅度摇摄的镜头。

《京剧唱腔音乐》影片的剪接要很细致，镜头的剪接点的选择比科教片严格得多，有时差几格画面都不行。要保持乐句的完整性。最好在一个乐句完了时改换画面。声画之间要严格同步。混录时要根据画面中演员的近远调整音乐的强弱，以使音乐有距离感。唱腔音乐是在北京录好磁带来的，片头音乐是在上海补录的，混录时也要加以调整，统一音色。

四、存在的问题

（一）《驯兽》的内景，虽然一部比一部有所进步，但就小观众的光来说，后几部影片都不及《驯兽（三）》。《驯兽（三）》是用强光勾勒观众的轮廓，立体感较强。后来由于担心观众近景的光与全景的光不接，便减弱了观众近景中的轮廓光，以致造成观众的光较平，立体感较差。

（二）《驯兽》的外景由于赶时间，有时天不够明朗也要拍摄，存在着同一组镜头中的天空颜色不接的问题，时而蓝天白云，时而灰蒙蒙的。另外，也由于赶时间，常从早上八点多一直拍到下午四点半，光位变化太大，有些镜头光位不接，色温也不接，影响景物色彩的正确还原。

在拍外景时，为了增加画面色彩，我们在树上插了许多纸花，镜头前又摆了很多盆花，再加上小观众服装又五颜六色，显得色彩堆砌，杂乱，喧宾夺主，抢了动物的戏。

（三）《京剧唱腔音乐》中的色彩过于贫乏，演员服装大都用冷色，与蓝背景、绿地布靠色，对天幕、地布、演员服装三者的色彩，缺乏整体考虑。背景打色光是有优点的，它便于更换颜色，并可使背景颜色上深下浅，色彩柔和，有空间感，可以开阔创作的境界，做到“以景托人”，由于我们没搞过色光背景，没用好，背景光有时不匀，纱幕质感不够、不透。在天、地、人三者中，人还不够突出。由于我们对京剧不懂，对乐器特点又不熟悉，影片中没有很好体现乐器的特点。

（四）虽然党支部蹲点抓组内政治思想工作，但还不够深入细致，学习的深度也不够。

总之，我们是一批缺乏经验的青年电影工作者，通过实践，我们学习到了许多本来不懂、不会的东西。我们在干中学，学中干。事实说明这样一个

华丽转身

真理:“实践出真知，斗争长才干，世上无难事，只要肯登攀。”

一九七六年九月二十二日初稿

九月二十六日二稿

在我改定这份小结、过完国庆节假期，便从北京传来振奋人心的喜讯：粉碎“四人帮”！

第五章　**荣誉纷至**

1979 年 3 月 12 日，会议如期举行。中国科协副主席刘述周主持仪式。文化部部长黄镇发表热情洋溢的讲话，并把奖状、奖金发给我。

黄镇部长授予我1000元奖金

像常青的树叶，
你默默地守护红花，
默默地献出自己。

不要冬天的温暖，
不要夏夜的凉风，
不要生活里的蜂蜜。

你只要：
你的时间，
你的小屋，
一个科学幻想的原野。

大海上，有一只鹰，
在烟波里，飞去飞回……
那是你，在采撷知识的宝贝。

你谛听：海潮的声音，
你迷恋：奔腾的色彩，
你追寻：浪花的脚迹。

小窗前，你画得如此忘神，
画出一朵朵会说话的花，

夜夜，它和你谈心，谈到月落鸡啼。

呵，你的花儿飞走了，
带着你的梦，
飞到一个遥远的世界里去了。

那里，无土庄稼，一片新绿；
彩色棉花，和云霞比美；
飘行汽车，像轻风吹过大地……

你的花儿呵，智慧的天使！
它知道：环幕立体电影的秘密；
它知道，机器人一生一世的故事。

它悄悄地飞到孩子们身边，
用图画般的语言
讲述着现代科学的神奇。

呵，多少知识之花，
开遍新长征的雪山草地！
花瓣上的露珠，是你晶莹的汗滴。

未来世界的先知者呵，
未来世界的画家，
请接受我的敬礼！

1979年第8期《诗刊》，发表了诗人王尔碑的这首《画家——赠业余科学作家叶永烈》，很使我惊讶，因为我第一次在《诗刊》这样全国一流的刊物上读到关于我的诗。

我会引起诗人的注意，那是因为在1979年，我一下子成了“新闻人物”。

我怎么会成了“新闻人物”呢？

1979 年 3 月 10 日，我作为电影导演，带领着《红绿灯下》摄制组，正在北京闹市忙于拍摄。

傍晚，刚回到北京公安局招待所，我就接到电话，说副厂长羽奇今晚要找我谈话，事关重要，务必在招待所里等。什么要紧事呢？羽奇来了，找我个别谈话，那气氛显得有点严肃而神秘。

“后天，你不要安排拍摄工作。”一坐下来，他就这么说。

“有什么事？”

“你一定要去开会——文化部和中国科协在那天要举行一个仪式，给你授奖，你今晚要赶紧写个发言稿。”

“授奖？”

“是的，授予你‘先进科学普及工作者’称号。”

这“风声”我前几天曾听说过。我以为，发一个奖状罢了，不会举行专门的仪式。

不料，羽奇还补充了一句话：“在仪式上，文化部部长黄镇将授予你 1000 元奖金！”

1979 年 3 月 12 日，叶永烈获中国科协、文化部授予全国先进科普工作者及 1000 元奖金

羽奇的话，使我非常惊讶。1000 元人民币，在今日不过是一百多美元，还不够买一张上海飞往北京的全价机票。然而在 1979 年，却是一笔数字惊人的奖金。在此之前，文化部授予 1000 元奖金的只有一例，即话剧《于无声处》编剧宗福先。

1979 年 3 月 12 日，会议如期举行。中国科协副主席刘述周主持仪式。文化部部长黄镇发表热情洋溢的讲话，并把奖状、奖金发给我。

黄镇部长说：

今天宣读了文化部和全国科协关

于表彰上海科影厂叶永烈同志的决定，目的就是要调动我们整个科教电影战线广大创作人员、技术人员、生产管理人员的革命积极性。

叶永烈同志是一位热爱本职工作、勤奋努力的好同志，他在做好本职工作的同时，还特别热心于科普创作。

我们要学习叶永烈同志热爱科教电影事业、热爱科普创作的精神；学习他博览群书、勤学苦练的好作风；学习他艰苦朴素、严于律己的好思想，为发展和繁荣我国的科教电影事业和科普创作做出自己的贡献。

电影局的同志告诉我，像叶永烈同志这样的编导、摄影以及其他人员，在我们科教电影战线还很多……对于这些先进集体和个人，都应该给予表彰和奖励，我们已委托电影局会同有关部门一道抓好这项工作，在适当时候，公开地进行表彰和奖励，并通过报纸和刊物大力宣传他们的先进事迹。

耀邦同志在不久前的一次讲话中大声疾呼，要求我们的文艺工作者勤学苦练，他指出这是“最实的东西”，我理解这是要我们学好、掌握好为人民服务的本领，要勇攀高峰。

叶永烈同志白天忙于拍片子，晚上坚持业余科普创作，他为了写《高士其爷爷》一书，花了40个夜晚，而且是在炎热的夏天，他这种刻苦精神，的确是很感人的啊！

把科教电影事业搞上去靠谁呀？除了党的领导，主要还是靠我们在座的同志，靠我们这条战线上的同志。中国有句成语“有志者事竟成”，只要我们大家团结一致，奋发图强，我们一定能够排除前进道路上的千难万险！夏衍同志说：60年代我们的科教片和外国科教片的水平接近了，后来落后了。我们再花五年、十年，一定能赶上去。中国有许多人，有那样好的条件，中国人聪敏而又勤劳，怎么能搞不上去？！夏衍同志的这番话说得好啊！

文化部电影局局长司徒慧敏在仪式上也发表讲话。他说：

这里我们还要讲一下，我们今天的会下一个程序就要表扬上海科影的叶永烈同志。

文化部和全国科学技术协会已作出决定，授予叶永烈同志以“先进科学普及工作者”的光荣称号，发给奖金。他是群众熟悉的科普作家，他热爱科普工作，有强烈的事业心，刻苦勤奋，不仅编导出了许多优秀科普影片，特别突出的是他善于安排时间创作了大量科普读物，对人民做出了很好的贡献。

胡耀邦同志号召我们搞文艺工作的同志要发愤图强，勤学苦练。我们表彰叶永烈同志，就是要大家学习他那种发愤图强、勤学苦练的精神。

新华社、中国新闻社发了电讯，《人民日报》《文汇报》《大众电影》刊登了关于授奖仪式的报道。

下面摘录中国新闻社记者李文斌1979年3月17日所发电讯——《文化部和全国科协授予叶永烈“先进科学普及工作者”光荣称号》：

在最近闭幕的科教电影事业规划会议上，文化部和全国科协共同授予科普作家叶永烈以“先进科学普及工作者”的光荣称号。文化部长黄镇亲自授予他奖状和奖金1000元。

叶永烈今年39岁，浙江温州人，中等身材，戴着一副深度近视眼镜。他从小就喜欢文学，1958年，他还在学生时代，就开始从事写作科普文章。1960年初，20岁的叶永烈的第一部著作《碳的一家》由上海少年儿童出版社出版。接着，他又积极投入了《十万个为什么》的编写工作，成为这部少年儿童爱不释手的科普丛书的主要作者之一。20年来，他坚持科普创作，他先后共创作了十多本科普读物，并为报纸、杂志写了各类科学小品、科学文章及科学幻想小说等500余篇。1978年是他创作史上大丰收的一年，他利用业余时间写作并出版了六七十万字的科普作品，其中有好几本的印数可达100多万册，仍销售一空。

叶永烈大学毕业后，分配到上海科学教育电影制片厂当见习编导。他在实际工作中，深切地感受到科普事业的重要。1973年，他参加了教学片《识图》的拍摄工作。原来估计，这部影片的票房不会很高，谁知影片还未拍完，各地纷纷预订拷贝。影片上映，大受各地青年工人的欢迎。这件事对叶永烈震动很大，他想，广大观众多么地期望从科教片中学习科学文化知识！作为一个科普工作者，自己的担子不轻啊！

“知识来于勤奋”。叶永烈认为，一个科普作家，应该是“杂家”、是

“博家”，应该博览群书，力求使自己有渊博的知识。用他的话来说：要想喝一杯水，就得挑一缸水；只有先深入，方能后浅出。就拿他业余编写《电影的秘密》和《电影知识》这两本书来说，他先后翻阅、研究了七八十本中外电影专著，从中吸取了丰富的营养。此外，他还养成了记电影笔记的习惯，即每看完一部影片，就从技巧或技术上记上几笔。《电影的秘密》一书中列举了将近50部影片的拍摄实例，大部分是从他的“电影笔记”中来的。没有平时的积累，一下子是举不出那些例子的。

叶永烈的近作《高士其爷爷》，将在今年6月1日和广大青少年读者见面。“高士其是我的启蒙老师。”叶永烈和朋友谈心时总是这样说起著名科普作家高士其，他们从1960年相识以后，书信来往频繁，叶永烈总是把高士其当作他从事科普创作的楷模，他早就下定决心把高士其的生活和创作写成传记体小说。去年夏天，他正在紧张地拍摄科教片《红绿灯下》，一天劳累之后，还坐在灯下写作，一连用了40个夜晚，终于把这部20万字的长篇传记写出来了。这部长篇传记，从高士其的童年时代写起，生动地记述了高士其把自己全部精力贡献给科普事业的战斗历程。这本书已被列为向建国30周年献礼的节目。

目前，叶永烈正在加紧进行向国庆30周年献礼影片《空间科学》（注：后来改名《向宇宙进军》）的摄制工作，并准备修订《十万个为什么》（第四版），继续利用业余时间创作新的科学幻想小说和科普创作理论书籍。可以相信，勤奋好学的叶永烈会以自己创作上的更大丰收，对祖国的四化做出新的贡献！

《文汇报》最早“发现”了我

对于我来说，文化部和中国科协给予的高规格表彰，是完全出乎我的意料的。在当时，我并不知道这一表彰的历史背景。

后来我才知道，在1978年底，中国发生了历史性的大转折——召开了中共十一届三中全会。

后来我才知道，对于我的表彰是来自胡耀邦的讲话。

其实，在授奖仪式上，不论是文化部部长黄镇，还是文化部电影局局长司徒慧敏，都提到了胡耀邦的这一讲话。

黄镇说：

“耀邦同志在不久前的一次讲话中大声疾呼，要求我们的文艺工作者勤学苦练，他指出这是‘最实的东西’，我理解这是要我们学好、掌握好为人民服务的本领，要勇攀高峰。”

司徒慧敏则说：

“胡耀邦同志号召我们搞文艺工作的同志要发愤图强，勤学苦练。我们表彰叶永烈同志，就是要大家学习他那种发愤图强、勤学苦练的精神。”

文化部和中国科协为了贯彻胡耀邦的指示，树典型，就把我作为典型。正因为这样，对我进行大张旗鼓的表彰。

其实，最初注意到我的是上海《文汇报》记者倪平和沈定。

他们注意到我，倒并不是为了贯彻胡耀邦的讲话——那是早在文化部和中国科协的表彰前一年多，胡耀邦还没有作那番讲话。他们最初注意我，是为了在科学普及工作方面表彰积极分子。

那是在粉碎“四人帮”不久，《文汇报》加强了科普宣传，设立了科学副刊组，由倪平和沈定负责。倪平是老记者、老编辑，沈定则是年轻人。

1977 年夏，科学副刊编辑部召开作者座谈会。我从上海西南角的电影厂骑了 45 分钟自行车，到达外滩附近的圆明园路《文汇报》编辑部。

开会的时候，我给倪平和沈定送了几本我在“文化大革命”中出版的科普书籍。他们感到非常惊讶，你怎么在“文化大革命”中还写书？还出书？

凭借着职业的敏感，他们开始注意我，找我聊天——实际上是在“摸情况”。

按照当时的“规矩”，先发表一份关于我的情况的“内参”。由于“内参”并不公开见报，所以当时我本人并不知道。

“内参”得到了报社领导的认可，他们决定正式采访我，以在《文汇报》上发表公开报道。

就这样，我平生第一次接受记者的采访。

他们根据采访，写出了报道，题为《科普园中的辛勤园丁——记热心编写科普读物的叶永烈同志》。

按照当时的规定，报道见报之前，必须送给我所在单位党委审查这篇报道的

这是近几年来叶永烈同志的部分作品。
本报记者摄

1978 年 1 月 14 日，上海《文汇报》以大半版篇幅发表关于叶永烈的专访，内中刊登了他在“文革”中出版的 10 本书的照片

清样。真是万事开头难，厂党委一位负责人仍用“老眼光”看我，说：“叶永烈出身不好，‘只专不红’，怎么可以上报纸？”

于是，这篇报道在厂党委那位负责人那里“卡”住了。

《文汇报》记者以为，厂党委那位负责人的意见是错误的。他们在厂里征求群众意见，厂里的同事普遍对我评价甚好。

《文汇报》记者把群众意见反映给厂党委那位负责人。最后，厂党委那位负责人终于松了口：“你们要登，就登吧。出了问题，你们《文汇报》负责。”

这时候，上海市召开科学普及工作规划座谈，强调重视科学普及工作。

《文汇报》的报道在 1977 年 10 月就写好了，拖了将近 3 个月。就在《文汇报》的报道将发而未发的时候，上海人民广播电台得知消息，派出记者前来作录音采访。

这是我平生第一回面对记者的录音机回答提问。

他们制作了“录音访问记”《科普工作的热心人——介绍业余科普读物作者叶永烈》。

这篇录音报道，在1978年1月10日由上海人民广播电台播出。

这是公开发表的第一篇关于我的报道。不过，广播电台的影响毕竟有限。

产生广泛影响的是在4天之后——1978年1月14日，《文汇报》在第四版以半版篇幅推出了那篇报道《科普园中的辛勤园丁——记热心编写科普读物的叶永烈同志》。

按照当时的“习惯”，报道只署“本报记者”。

按照当时的“习惯”，报道不超过5000字——因为当时规定5000字以上的报道必须报“上海市革命委员会”同意。

报道还配发“本报记者摄”的一幅照片——我在“文化大革命”中出版的10本书的封面。

当时的上海，只有《文汇报》和《解放日报》两家大报，每天报纸只有4个版。因此，《文汇报》那半版篇幅的报道，显得非常醒目。在上海知识分子之中，大都订阅《文汇报》。我所在的电影制片厂，几乎每一个科室、每一个班组，都有《文汇报》。

《文汇报》的这篇报道，产生了极其广泛的影响。

当选“先进生产者”

1977年，电影制片厂还处于从“文化大革命”噩梦中刚刚苏醒的时候，百废待兴，生产还处于起步、恢复阶段。

在当时，上面交下什么拍摄任务，就拍什么影片。我最初接到拍摄《太阳能电池》一片的任务。我写出剧本之后，没有着手拍摄。我以为，这个题材的面太窄，而且缺乏视觉形象。我以为，电影主要是视觉艺术，画面要有动感才好。太阳能电池不会动，不适合拍电影。

后来，我把题材扩大，写出剧本《太阳能的利用》。不过，我仍没有着手拍摄。我深知，不可去拍这种在当时尚不成熟又缺乏动感的影片——我在厂里已经成为有影响的导演，不愿随便动手拍摄不适合电影表现的题材。

在1977年，我自己选题，建议拍摄《气垫船》，获得厂领导批准。我“自选”了气垫船，以为气垫船充满动感，很适合电影表现。

《气垫船》在1977年投拍，并在当年出片。

如今，气垫船已经在香港与澳门之间、香港与深圳之间、上海与崇明之间、上海与宁波之间作为高速船正常航行。然而在1977年，中国的气垫船尚处于试制阶段。

气垫船既新鲜，又富有电影形象，所以我紧紧抓住了这一题材。为了拍摄气垫船，我在上海淀山湖度过炎夏，拍摄气垫船在湖上纵横驰骋的许多镜头，又在严冬拍摄气垫船在冰上飞驶的场景。听说重庆有一艘气垫船在试验，我带摄制组赶往山城，在嘉陵江上拍摄。

这部电影在当时令人耳目一新，受到了好评。

这时的中国，正处于“电影荒”之中。为了使广大群众有电影可看，文化部决定把我在1976年导演的“内片”公映。于是，我把《驯兽》（一）、（二）、（三）、（四）、（五）重新编辑、录音，并于1977年出片，公开发行。

另外，我在1977年还完成了《红外线》一片的剧本，自编自导，与《气垫船》一片交叉拍摄。

《红外线》是一部典型的科教片，用的是最传统的手法。我在1977年写出电影剧本。这一剧本在当时的《人民电影》杂志全文发表。《人民电影》杂志大都发表故事片剧本，这次居然破例发表我的《红外线》剧本，表明我的创作已经受到文化部的重视。

为了拍摄《红外线》，我率摄制组几度前往东北大兴安岭。我住在黑龙江加格达奇林业机场。

为了拍摄森林防火，我乘上了双翅膀的“安-2”型护林飞机——这是我平生头一回乘飞机。

第一次乘飞机，我由于过度紧张，呕吐了，我这导演被当地朋友笑称为“倒演”。

很快地，我适应了空中生活。我持有“登机证”，可以登上护林机场上任何一架飞机上天。

我乘坐过各种“杂牌”飞机，比如第二次世界大战时的“C-46”型运输机，苏制“米-6”、“米-7”直升机，等等。

后来，我居然敢于在腰间绑一根安全带，把半个身子伸到机舱之外，帮助摄影师从空中俯摄茫茫林海。

1978年，叶永烈当选上海市电影局先进工作者

后来，我的好几篇小说是以东北林区为背景展开故事，就源于这一段森林生活。

由于我“手脚快”，在1977年除了交叉拍摄了《气垫船》和《红外线》两片以及修改、公映了《驯兽》之外，还替外单位完成了四部影片的后期编辑制作：《景瓷工人永远怀念毛主席》《全浮式气垫船》《遥控扫雷艇》《深水炸弹》。这四部由江西以及军事部门提供影片素材，由我负责影片的后期剪辑、配解说词、混录至最后出片。后面三部影片在当时属于军事保密片。

通常，一位导演在一年之中完成一部影片。在1977年，我完成的影片之多，在全厂坐“头把交椅”，我被评为厂、局先进生产者，我的戴上大红花的照片不仅挂在厂里的“光荣榜”，还挂在上海电影局的“光荣榜”上。对于我来说，这是平生头一回。

《小灵通漫游未来》走红

自从《文汇报》的报道发表之后，我收到大批读者来信。每天，我从厂大门口的传达室经过的时候，总是取到许多读者来信。最多的时候，一天收到30多封。

在厂里，我成为众所关注的人。我不能不以加倍的努力，做好本职工作，同时又把全部业余时间投入了科学文艺创作。

白天，我忙于导演工作。在1978年、1979年，我完成的拍摄任务又是在厂里名列前茅，因此连年被评为厂以及上海市电影局的先进工作者。我的胸前佩戴着大红花的照片，一次次出现在厂、局的光荣榜上。

那时候，我的写作纯属业余。由于我完成的影片在厂里年年最多，从此我的业余写作再也没有人说“不务正业”之类的闲话了。

1978年，我一下子出了6本书。1979年，我出了11本新著……

在这些新著中，最为走红的是《小灵通漫游未来》。

《小灵通漫游未来》是一本薄薄的小书，全书不过7万字。这本小书产生了广泛的影响，完全出乎我的意料。

旧事重提，说来话长。

记得那是1977年10月，上海少年儿童出版社的几位编辑在一个小学里体验生活，约我给小学生们上一堂科学知识课。讲什么好呢？他们征求了小朋友们的意见，一致要我讲《展望2000年》。

《小灵通漫游未来》初版封面

我冒昧地答应了下来，去讲了一课。想不到，第二天消息传开，有四个小学派代表来要我去讲；第三天、第四天，几十个中、小学要我去讲。后来，甚至连无线电厂、公安局消防队、图书馆都要我去讲，讲的题目都是一个——《展望2000年》。

我忙于本职工作，不能一一去讲，只好请他们放录音。然而，我的脑海中久久地思索着这样一个问题：为什么不论是孩子还是大人，都对“2000年”那么关心，那么富有兴趣呢？一位老师对我说：“这是因为大家都知道祖国的未来是美好的，但很想具体地知道未来是怎样美好。孩子们是未来的建设者，他们就更加强烈地向往未来，关心未来。”还有的老师建议我把讲课的内容写出来，写成一本书。

正在这个时候，少年儿童出版社主动约我写一本科学幻想小说，题目是《在国庆五十周年的时候》，也就是1999年，以便答复千千万小读者关于“未来什么样”的问题。

这使我记起了十几年前写的一本科学幻想小说，叫作《小灵通的奇遇》，就是讲“未来是什么样？”的。

在粉碎“四人帮”之后，感谢科学春天的到来，这颗被遗弃多年的种子终于萌发了。我把那发黄的书稿再度送到少年儿童出版社，立即得到领导和编辑的热情肯定。他们建议把书名改为《小灵通漫游未来》，压缩头、尾，并提出许多宝贵的修改意见。于是，我重新写了一稿。责任编辑沙孝惠认真编辑，画家杜建国画出了生动活泼的插图，画家简毅设计了精美的封面。在少年儿童出版社的大力帮助下，这本书只花了三个月的时间就印好，与广大小读者见面了，算是部分回答了他们关于“未来什么样”的问题。

《小灵通漫游未来》成为“文化大革命”后出版的第一部科幻小说，不光是上海的少年儿童出版社大量印制，许多省的少年儿童出版社纷纷租型印刷，使这本书一下子印了150万册，成了当时的畅销书。这本书还被改编成三种版本的《小灵通漫游未来》连环画，连环画的总印数也达到150万册。所以《小灵通漫游未来》的总印数，达到了300万册，成了当时的畅销书。

叶永烈与《小灵通漫游未来》的责任编辑沙孝惠会见小读者（1979年）

记得四川少年儿童出版社张叙生先生告诉我，1979年“六一”国际儿童节，他前往书店参加售书。在短短的半天之中，这家书店一下子卖出《小灵通漫游未来》5000册!

记得那时我出差北京，路过王府井大街的东安市场，见到许多人排队。我细细一看，原来是在买《小灵通漫游未来》!

幸亏当时中国还没有盗版。不然，这本书马上成为盗版的“热点”。

在当时，中国尚未流行签名售书。不然，要忙坏作者。

《小灵通漫游未来》获得了中国少年儿童文艺创作一等奖。记得，颁奖大会在北京举行的时候，大会便是由“小灵通”和白雪公主共同主持的。

《小灵通漫游未来》出版之后，曾筹划拍摄电影。

记得1979年，当我在北京拍摄《向宇宙进军》的那些日子里，老资格的电影人王云缦带着一位青年编剧来见我，商议改编我的科幻小说《小灵通漫游未来》。

这位编剧，当时刚进北京电影制片厂不久，尚是新手，后来他成为名作家。他就是梁晓声。

由梁晓声执笔，我与王云缦参与，我们一起写出了《小灵通漫游未来》电影文学剧本，并在1979年第6期《电影创作》杂志上发表。

《小灵通漫游未来》电影剧本，交到导演谢添手里，谢添极有兴趣，因为谢添拍过儿童幻想片《小铃铛》。但是看了剧本之后，他为“飘行车”发愁，因为按照那时中国电影的特技水平是拍不出“飘行车”的。未来世界的种种奇迹也使谢添感到棘手，担心拍摄成本太大，承受不了。这样，拍摄《小灵通漫游未来》的计划只好搁浅。

小灵通在未来世界乘坐的“飘行车”，不仅能在地面行驶，而且能够在空中“飘行”。这种“飘行车”，也许会在21世纪出现。不过，1996年我看美国电影《第五元素》，却吃惊地发现，这种“飘行车”已经在银幕上“飘”来“飘”去——当然，电影中是用三维电脑动画拍摄出“飘行车”特技镜头，不过这使我十分激动——我20多年前的科学幻想，起码已经被美国电影导演在银幕上变为现实。

尽管《小灵通漫游未来》未能拍成电影，但应中央电视台之邀，由我编剧，拍摄了42集儿童电视系列片《小灵通》，在全国播放。

1979年7月1日，香港《大公报》发表了唐琼的《谈叶永烈》一文，谈到了我的“小灵通”，并对我的科幻小说创作提出了有益的建议：

> 叶永烈，一个为青少年喜爱的科学普及读物作家，在成人中间的知名度差些，在国外恐怕就更差。然而，这是值得注意的人才，应该予以嘉勉。他曾荣获北京文化部和全国科技协会颁发的奖状。
>
> 特别可喜的是，他今年才39岁。“科学幻想小说之父”法国儒勒·凡尔

1983年叶永烈（担任编剧）在中央电视台儿童系列片《小灵通》拍摄现场

纳，开始写科学幻想小说也差不多是这个年龄。叶永烈是浙江温州人，北京大学化学系毕业生，19岁开始写科普作品，近20年来已写了40多本小册子，报纸上发表了500多篇科学小品、科学相声、科学诗。去年一年就写了8本书，包括《小灵通漫游未来》等科学幻想小说，拥有众多的小读者。他目前在上海。《小灵通》，我猜想是受到意大利作品《洋葱头历险记》的启发。

我不认识这位勤劳的、相当有才华的中年作家，但是我愿向他提一个建议。

要叶永烈集中精力专门写科学幻想小说。历史已经证明，这是一个具有特殊威力的普及手段。一百年前，凡尔纳作品在美国报纸上连载时，连大发明家爱迪生都为之入迷，甚至跃跃欲试，拉着一位青年作家（霍桑的女婿）合作，也想写一部科学幻想小说。小说《封神榜》与《西游记》有极妙的幻想，是神话，但不是科学。如何吸取凡尔纳以来外国科学幻想小说作家之长，写出有民族风格的作品来，这是一个急待填补的空白。到现在为止，我还没有看到一部我们的第一流作品。这方面人才极其难得，因为科学幻想小说，不是数学上的科学“加”文学，而是要从化学上理解的科学与文学的“化合”。何况，这幻想还要经得起科学上的考验。

凡尔纳留下巨大的作品宝藏，我们20年来只翻译了8本，约占十分之一。为了直接从凡尔纳以及其他法国科学幻想小说家（近年又兴旺起来）直接吸收营养，我建议叶永烈掌握法文，假如他还没有学过的话，至少能读英译本。还有，他的科普作品不可满足于数量，要对质量提出更高的要求。为了同当代第一流外国科学幻想小说家相抗衡，必须拿出自己的优秀作品来。

象棋和陆军棋的启示

在为孩子们写下许多科幻小说的同时，我也写了许多科学童话。

1978年3月15日上海的《红小兵报》（后来才改成《少年报》，现在叫《少年日报》），发表了我的科学童话《圆圆和方方》。

这篇科学童话发表之后，没想到引起著名童话作家贺宜先生的注意。他在主编《童话选》的时候，不仅选入了这篇科学童话，而且在序言里郑重地推荐这篇科学童话。

这样，《圆圆和方方》这篇科学童话开始“火”起来。各种各样的童话选、科学童话选、儿童文学选，很多都选入《圆圆和方方》。这篇作品被收入中国内地中学语文课本作为课文，而且还被收入中国香港中学国文课本以及日本华文学校课本。《圆圆和方方》由中央人民广播电台儿童广播团改编为广播剧，由中国唱片社灌成唱片出版。还出版了多种根据《圆圆和方方》改编的连环画。

这篇科学童话产生的巨大影响，是当初在《红小兵报》上发表的时候根本没有想到的。我能够写出《圆圆和方方》，竟然是从儿子提出关于象棋和陆军棋的问题中得到启示的。

《圆圆和方方》是怎样写出来的？

我小时候喜欢下象棋，也喜欢下陆军棋。后来，我的两个儿子受我影响，也爱下象棋和下陆军棋。

说来有趣，那是在1978年，我的两个儿子还很小，一个11岁，一个才8岁。有一次，他们问我：“为什么象棋的棋子是圆的？为什么陆军棋的棋子是方的？”

我一下子答不出来，想了一下，答复道：“你们下象棋总是下明棋，做成圆的没关系。你们下陆军棋总是下暗棋，棋子要竖起来，圆的就会滚动，所以要做成方的。”

这件事过去了，但是孩子们的提问，老是在我的脑海里打转转。我想，孩子们经常接触圆的东西、方的东西，可是对圆和方的知识并不了解。

我开始注意四周的东西：我洗衣服，搓衣板是方的，洗衣盆是圆的（那时候还没有洗衣机。即便有了洗衣机，外形是方的，洗衣桶是圆的）；我坐车，车厢是方的，车轮是圆的；我洗脸，毛巾是方的，脸盆是圆的；在我的书桌上，书是方的，纸是方的，字是方的，墨水瓶是圆的，糨糊瓶是圆的，红印盒是圆的……这么一联想，我就进入“童话世界”了。

于是，我把圆的东西塑造成一个童话人物叫作“圆圆”，把方的东西塑造成一个童话人物叫作“方方”。圆圆和方方互相不服气，通过各自做梦，圆的想代替方的，代不了，方的想代替圆的，也代不了。最后，它们互相尊重，共同合作。

就这样，我大约只花了半个多小时，就一口气写成了《圆圆和方方》这篇科学童话……

对于象棋和陆军棋的喜爱，还延续到我的第三代。

2015 年夏日，我的小孙女来上海度暑假。她小时候下跳棋，如今迷上象棋。于是我送她一副“豪华”象棋，红木棋盘，玉石棋子，她如获至宝，爱不释手。

我也是在她这个年龄学象棋，在朋友圈里算是常胜将军。只是由于忙，已经多年没有摸过棋子了。这一回，我只得“舍命陪君子”。我发现，她属于进攻型棋手，攻势凌厉，这在女孩子之中是不多见的。她一边下棋，一边托着下巴思索。跟我下了几盘之后，她居然摸到我的“棋路”，想方设法克敌制胜。在上海期间，对她的最大的奖励，就是答应跟她“杀一盘”。尽管这副象棋重达 7 公斤，她还是把象棋跟毛笔练字水写布一起放进箱子托运回去，说这副玉石象棋太“酷”了。她要跟弟弟在家中下象棋。

这件事使我记起小时候学象棋的经历。

记得上小学的时候，进入学校大门之后，有一棵大榕树，树下有一个圆形石桌，桌上刻着象棋棋盘。常有高年级的同学在那里下象棋，四周围了一群同学观战。我也加入其中。我原先不会下象棋，看多了，也就懂了。我对象棋发生兴趣，就买了一副象棋，在课余跟同学杀一盘。

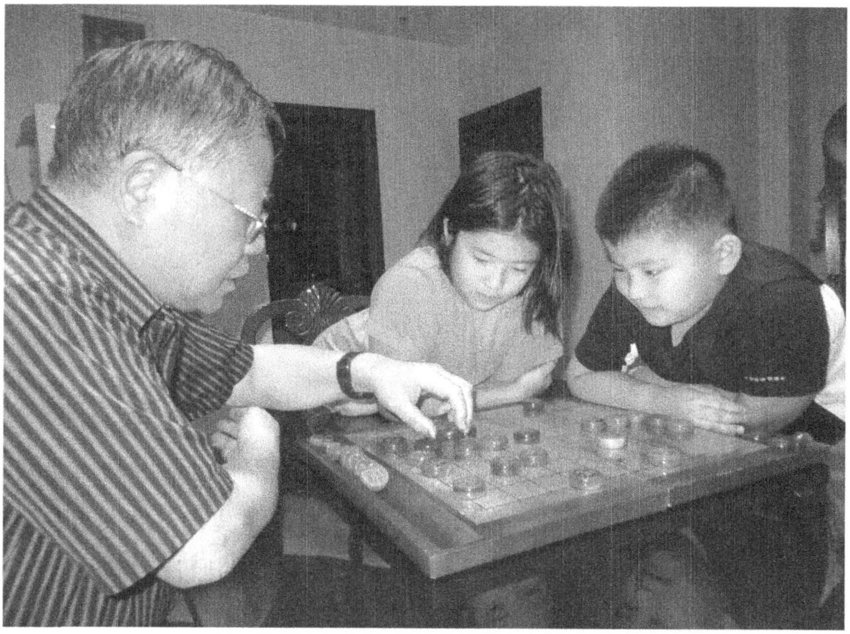

叶永烈与孙子、孙女下象棋

渐渐的，我的棋艺有了提高，琢磨开局之法、布阵之妙。象棋有着无穷的魅力，变化无穷，深深地吸引了我。

后来，我写下我的感悟《人生之棋》：

棋谚："棋子木头做，输了重来过。"

可惜，人生不是棋子，无法"重来过"！

人生如下棋。人的一生就是一盘棋。人从生到死，犹如一盘棋从开局到终局。下棋"一步看九步"。人生每走一步棋，也得"瞻念前途"，斟酌再三。

人非圣贤。下棋难免失算，走了一步"臭棋"，从此兵败如山倒。好在"棋子木头做，输了重来过"，无所谓。可是，人生只有一次而已。倘若人生也可以"输了重来过"，许多人一定会把自己的一生安排得更好。

也正因为人生之棋不能"重来过"，因此每走一步棋都应慎之又慎，思之再三。诚若汉朝刘向所言："谋先事则昌，事先谋则亡。"又若韩愈名句："行成于思，毁于随。"

不过，人生之棋也难免失算，也会有"臭棋"。"落子无悔"。那"臭棋”是无法更改的了。此时此际应着力于走好下一步，寄希望于未来。倘从“臭棋”之中得出教训，下一步走出“妙棋”，则能反败为胜。最怕的是丧失信心或惊惶失措，“臭棋”接“臭棋”，一败涂地。

下棋，也给人生以启示。

方毅副总理的关怀

每到晚上7时，我总是习惯地坐到电视机前，观看中央电视台的《新闻联播》节目。然而，在外出采访时，就无法像平日在家那样准时收看《新闻联播》了。1997年10月20日，我刚从湖南长沙飞回上海，翻阅着十来天未看的报纸。蓦然，在19日的报纸上见到一幅围了一圈黑框的熟悉的照片，这才吃惊地得知尊敬的方毅副总理在17日不幸病逝!

此后几天，报上有关方毅去世的报道以及生平介绍，我都一一剪下来保存，以怀念方毅副总理……我找出我与方毅副总理的合影，凝视着他的笑貌。

我与方毅副总理本来素昧平生。

1984年12月21日，中共中央政治局委员、国务院副总理方毅在人民大会堂接见叶永烈

很晚很晚，我才知道，1979 年 3 月 16 日文化部和中国科协在北京举行仪式，授予我“先进科学普及工作者”称号并授予我 1000 元人民币奖金，这是在方毅副总理关心下做出的决定……

方毅副总理注意起我，最初是由《光明日报》记者谢军关于我的报道引起的。

谢军是《光明日报》驻上海记者。在《文汇报》发表关于我的报道之后，他希望采访我。

我接受《文汇报》记者的采访，要么他们前来电影厂，要么我前往报社。谢军却不一样，希望到我家采访。当时，我颇为犹豫，因为我家又破又小，不便见客。但他还是坚持要来。他到我家一看，非常惊讶，说：“你是在这样的条件下创作的呀！”

于是，他写下了实地采访的见闻。这一报道，先是在《光明日报》“内参”上发表，然后在 1979 年 2 月 15 日《光明日报》头版发表。

谢军的报道题为《在困难中奋战——记科普业余作家叶永烈》，全文如下：

有的人善于在顺利的环境里取得成就，这当然是值得赞扬的。有的人善于在困难的环境里创造成就，这种蓬勃的革命精神，尤其显得可贵。

叶永烈属于后一种人。

叶永烈是一位深受群众、尤其是广大青少年欢迎的业余科普作家，今年 38 岁，1963 年从北大化学系毕业后，主动要求来到上海科学教育电影制片厂工作。他是从 1958 年开始从事科普创作的。20 年来，他创作了 30 多本（数百万字）科普作品，为报纸杂志撰写了 400 多篇各类科普文章。

1978 年是叶永烈创作史上大丰收的一年。他在完成了《红外线》《红绿灯下》两部科教片的编导任务的同时，振笔疾书，发表了 100 余篇科普文章，并将 1977 年编写的 8 本科普读物整理修改出版，约六七十万字。

他是在著名科普作家高士其的影响下走上科普创作道路的。他研究了高士其的大量著作，收集了高士其的许多动人事迹，对老一辈科普作家非常热爱、崇敬；同样，高士其对他也极为赞赏、喜爱。他怀着巨大的热情完成了《高士其爷爷》一书（20 万字），经高士其审阅后，送出版社校勘，争取今年 6 月 1 日出版。该书系传记体裁，从高士其的童年时代写起，生动地记述了高士其半个多世纪以来把自己全部精力贡献给科普事业的战斗历程。书中有高士其许多珍贵的照片。可以预料，这本传记的影响将远远超出科普战线。

他写高士其的过程也是学习高士其的过程。事实上，这十几年，他一直是以高士其的精神激励、鞭策自己的。他不影响本职工作，不占用工作时间，而是利用晚上以及节假日从事科普创作。他十分珍惜时间，十几年夏夜，他几乎没有一个晚上到屋外纳凉，把工夫全用在写作上；哪怕是出差途中的间隙，也决不轻易放过。他出名以后，全国各地寄来了大量读者来信，他像高士其那样，每信必复。他用稿费为许多小朋友买书，光《小灵通漫游未来》《电影的秘密》《知识之花》就赠送了800部；另一部分稿费用于购买答复读者所需的信纸、信封和邮票以及自己写作时必备的书报。他的家庭过着俭朴的生活，家中的"高档品"只有一架普通的半导体收音机，他使用的自行车已经相当破旧了。但他说，这比起高士其的过去，要阔气多啦。

叶永烈写的科学幻想小说《小灵通漫游未来》，展示了电视电话、电视手表、微型直升机、飘行汽车、机器人、人造大米、人造蛋白质、无土庄稼、彩色棉花、环幕立体电影以及未来学校等20多种的科学技术，内容丰富多彩，故事生动有趣，不仅孩子们争相传阅，成年人也爱看。

叶永烈在创作中付出了艰辛的劳动。他博览群书，有时为了写一篇文章，查阅了国内外十几本书籍，摘引有关材料，将专业性很强的科学技术的内容，演绎成娓娓动人的故事。

他的这些成绩，是在困难的环境里创造的。一度，他的领导指责他"名利思想严重""不务正业"，甚至通知出版社不准出他的书。他创作条件很差，一家四口人（大孩12岁，小孩8岁）挤在12平方米的矮平房里，一扇小窗，暗淡无光，竹片编墙，夏热冬凉，门口对着一家茶馆，喧闹嘈杂。每年酷暑季节，他就是在这样的斗室里，不顾蚊虫叮咬，坚持挥汗写作。

这一切难不倒具有坚韧性格的叶永烈。对一个有志的青年来说，生活道路上的艰难曲折只能激发他振奋精神、不懈工作的顽强意志。叶永烈说："如果让我专门创作科普作品，我每年写100万字，完全可以做到！能做好科学和人民之间的桥梁，就是自己最大的乐趣。"

1979年2月15日《光明日报》还同时配发"《光明日报》评论员"的评论

《奋发图强搞四化》：

本报今天刊登了介绍两位青年人为四个现代化热情工作、勇于探索、勇于攀登、勇于创新的通讯，读来使人感奋，使人鼓舞。

38岁的青年电影工作者叶永烈，为什么能在短时间里写出几十万字的著作，成为深受群众欢迎的业余科普作家？贫农家庭出身的青年编辑王同亿，凭什么掌握了十几国语言，被人钦佩地誉为“王十国”？答案可能有许多，但主要的共同的一点，就是他们都有一股奋发图强，不畏艰险，为祖国、为人民勇攀高峰的志气，都有一种脚踏实地、埋头苦干、为实现四个现代化而献身的精神。于无声处识英雄。在新的长征路上，他们就是我们学习的榜样。我们就是要表彰这样的英雄模范，大大地发扬这种艰苦奋斗、奋发图强、争挑重担、多做贡献的精神！

这两位青年，都是普普通通的青年。在前进的道路上，他们也曾遇到过许多困难，受过许多挫折。但是，他们没有消沉颓唐，没有怨天尤人，而是以顽强的毅力，披荆斩棘，从平凡的工作中看到不平凡的意义，在平凡的岗位上做出了不平凡的贡献，用实际行动顶住了林彪、“四人帮”的干扰和破坏。尤其可贵的是，粉碎“四人帮”以来，为加速四个现代化的步伐，他们斗志昂扬，干劲倍增，争分夺秒，奋力攻关，创造了更为优异的成绩。他们受到党和人民的表扬和尊重，是当之无愧的。

叶永烈等同志取得的成就使我们联想到这样一个问题：应该怎样看待十几年来我国青年所遭受的“内伤”呢？毋庸讳言，这些青年所遭受的“内伤”是十分严重的，由此造成的损失也是难以估量的。但是，那种认为十几年来青年人只是糟蹋了青春，一无所得，成了“牺牲品”，今后也难有作为的观点，却是片面的，不正确的。我们向后看是为了向前看。正确的态度是，善于学习和总结，善于回顾和思考，正确地记取经验教训，急起直追，迎头赶上，更加坚强地生活和工作。这样，就一定能为人民做出自己的一份贡献。叶永烈等同志不就这样走过来的吗！

叶永烈等同志的事迹可以给广大读者特别是青年同志们以有益的启示。现在，安定团结、生动活泼的政治局面出现了，由于林彪、“四人帮”破坏而遗留下来的大量问题正在逐步解决。为了使祖国在本世纪末以现代化的社会主义强国的崭新面貌出现于世界的东方，举国上下正在同心同德，奋发努力。安定团结的政治局面来之不易，我们应该十分珍惜。

一切决心为四个现代化而献身的同志特别是青年同志们，加油干吧！全国人民期待着你们做出更大的贡献！

很晚很晚，我才从一份内部文件中，得知方毅副总理最初是从《光明日报》内参所载记者谢军对我的创作情况以及困境的报道，注意起我。

方毅当时担任中共中央政治局委员、国务院副总理、国家科委主任，主管全国科教工作。他看了《光明日报》内参之后，立即给予关心，在1979年1月6日，写下这样一段批示：

“调查一下，如属实，应同上海商量如何改善叶永烈同志的工作条件。”

在当时，我并不知道方毅副总理的批示。我只记得，1979年1月下旬，我从上海去福建省福清县出席福建省科普创作会议时，从北京来了一位中年女干部，叫王麦林，也出席这一会议。她当时是中国科普创作协会（筹）的秘书长。她找我谈话，很仔细地了解我的创作和生活情况。我并不知道她的用意。后来才知道，她又去上海进行了调查。她很认真，也很热情。当时，全国科协副主席裴丽生看到方毅副总理批示之后，派她执行方毅副总理关于“调查一下”的批示。

她回到北京后，写出了关于我的情况的书面汇报，交给裴丽生副主席。裴丽生又转呈方毅副总理。

3月4日，陪同邓小平访美归来的方毅副总理在王麦林的报告上写了这么一段批示：

我看要鼓励科普创作，这项工作在世界各国都很重视。

正是由于方毅副总理的关心，我从“名利思想重”“不务正业”的指责声中摆脱出来。由于文化部和中国科协的授奖，我不仅在创作上得到鼓励，而且在生活条件上得以改善。我担任上海市科普创作协会副理事长，从业余创作转为专业创作——从此创作成了我的“正业”。尽管后来由于我对文学创作的兴趣越来越浓，从科普创作转向文学创作，调往上海作家协会担任专业作家，但是我始终对方毅副总理充满感激之情——因为他在我最困难的时候，给了我最大的支持。

我和方毅副总理只见过一面，那是 1984 年 12 月，我在人民大会堂出席高士其科普创作五十周年庆祝会上。方毅副总理来得很早。他见到我，紧紧握住我的手，询问我最近的创作情况和生活情况。他的一再关心，很使我感动。

顺便提一下，1979 年 2 月 15 日《光明日报》在头版发表关于我的报道之后，产生广泛影响，我收到大批读者来信。由于读者来信太多，我只保留了一小部分值得保存的信件。2014 年 4 月，我决定把家中的书信捐赠给上海图书馆，于是开始整理家中历年保存的数以千计的信件，发现一封北京大华无线电仪器厂工人的来信，是在 1979 年 2 月 15 日《光明日报》发表报道的当天晚上写给我的。此信署名“郑渊洁”——哦，后来他成了中国的“童话大王”。我当时不仅保存了这封信，而且给他写了回信，并寄赠了作品。从郑渊洁这封落笔时未改一字、一气呵成的来信，可以看出这位青年工人富有才华——

叶永烈同志：

您好！

看到今天的《光明日报》刊登了您的事迹，很是感动。您的刻苦精神非常值得我学习。我是您的科普作品的热心读者，诸如《小灵通漫游未来》《电影的秘密》等书，我都是一口气读完的。掩卷之后，常为您头脑中丰富的科学知识和深厚的文学修养所叹服，并且在偷偷地向您学习，请不要见笑。我是一个初学写作的青年工人，今年 24 岁。我是这样走上创作道路的：76 年从部队复员到北京，正赶上天安门事件，我被那海洋般的诗歌感动了，发现了诗歌的巨大力量。立志要当个“诗人”。粉碎“四人帮”后开始创作，陆续发表了一些不成熟的习作（如《光明日报》78 年 1 月 22 日《送支书》，《人民日报》78 年 4 月 9 日《彩蝶纷纷》等），正当我准备在诗歌上下大功夫的时候，发生了这样一件事：有一天我去书店，看到一个胖胖的小男孩，问售货员有没有《动脑筋老爷爷》？售货员说没有，小男孩失望地眼睛里含着泪水。我问他为什么哭，他说“我已经跑了六个书店了”。我当时心里很难过，中国这么大，为孩子们写书的人却寥寥无几，真是怪哉！后来我决心献身于儿童文学，因为我很喜欢孩子们。我先后在《少年文艺》78 年 1、6 期发表了几篇习作，自然是诗歌。再后来我发现孩子们对听诗不太喜欢，倒很喜欢科学幻想小说。这下我可为难了，因为我的科学知识非常贫乏，名为初中毕业，其实只有小学四年级的水平。我写信请教高士其同志，他委托秘书给我来信谈了怎样学习。我按照高士其同志说的，先努力学习科学知识，创作了一篇科幻习作《舅舅的手表》，发表在《儿童时代》78年第8期上。我决心继续努力，为孩子们写一辈子，希望得到您的指教。向您请教两个问题：一、学习科学知识应该从什么地方开始呢？学到什么程度呢？一般了解行吗？二、需要懂外语吗？

我很敬佩您能在那样困难的环境中创造出这样的成绩来，在这方面也请您谈谈经验。像我这样一个默默无闻的青年工人，就因为发表了点作品，日子也不好过。许多人说我"想成名成家""拿双工资""不务正业"。我是空调工，运行时坐在值班室，在干好本职工作的前提下，看点科学或文学书籍被认为是"干私活"，而织毛衣、修自行车却无人管！我订了10多种报刊，那点微薄的稿酬还不够二分之一，再说创作都是在业余时间干的，哪来什么双工资？我经常利用上下班和去食堂的路上背古诗，人家却说我"傲慢""不理人"。我看那些游手好闲、不学无术的青年人倒没有招来这么多指责，为什么努力学习的人却要蒙受不白之冤呢？难道非得大家一起去要饭才好吗？！有时我也想从此不写了，但一看到天真烂漫的孩子们，就又忍不住了。看了您的事迹，很受鼓舞，向您学习。

啰啰唆唆写了一大堆，耽误了您的时间，原谅。

祝您创作顺利！

此致

敬礼！

北京大华无线电仪器厂　郑渊洁

1979.2.15

获得电影"百花奖"

在上海闹市中心，一辆公共汽车刚靠站，两个乘客抢先下车，然后急穿马路，差一点被一辆小轿车撞倒。这时，周围的行人都纷纷批评那两位不遵守交通规则的同志，可是，他们竟坐上那辆小轿车，一溜烟跑了……

原来，那两位乘客是电影演员。一架隐蔽得很好的电影摄影机，悄悄地拍下了刚才的镜头。只有那些街上的行人被蒙在鼓里，所以上去批评那两位演员，使这个电影镜头显得非常真实，自然。

1978 年，我导演了影片《红绿灯下》。

《红绿灯下》，原本从“上面”下达的题材叫“城市交通安全”。如果按照《红外线》那样用“传统”手法拍摄，那就会拍成对于交通守则的诠释片。

这时候的我，思想已经“解放”，不想拘泥于“传统”。我大胆地采用故事片手法来拍摄。通过一个个喜剧式的小故事，善意讽刺不遵守交通规则的人们，使观众在笑声中受到教育。在当时，这样的表现手法给人一种全新的视觉感受……

我在拍摄时遇到了十分棘手的问题：大街上人来人往，一看到拍电影马上围得水泄不通，使你简直无法工作。

怎么办呢？我们摄影组召开了“诸葛亮会”，想出许多巧妙的偷拍方法：起初，我们把电影摄影机放在旅行车或者是小轿车里，由于四面是窗，电影摄影机很快就被行人发觉，围了上来。后来，我们租了一辆三轮摩托客车，这种车小巧灵活，不引人注目，便于隐蔽。摄影师在车内架好电影摄影机，镜头朝着后窗，后窗的窗帘紧闭着。导演把摩托车的后窗帘一掀起，就表示拍摄开始，夹杂在行人中的演员就走到镜头前开始演戏……

就这样，采用“假戏真做”的办法，在车水马龙、行人不绝的大街上顺利地拍电影。

我们在繁华的上海南京路、淮海路和北京长安街拍了许多镜头而未被人发现。偶然有几次被行人发现，三轮摩托客车就开走了，兜了一个大圈子，约莫十分钟后重新回到原地，原先的几个行人早走开了，于是我们重新开始拍摄。这种偷拍方法效果很好。只是车小天热，门窗紧闭，摄影师在闷热的车里汗流浃背，工作异常辛苦。

我们的演员有老有少，有男有女。最逗人喜欢的是那位扮演迷路儿童小燕的小女孩，才 5 岁，却非常老练。有一次，我们让她站在马路当中，汽车不时从她身边擦过，表现儿童在大街上玩是多么危险。镜头拍到一半时，一位骑自行车的同志见了，连忙下车，要把她抱到人行道上去。谁知这位小女孩却连连摇手，对他说道：“老伯伯，你别管我，我在拍电影哪！”

影片中有一位骑自行车、出尽洋相的男青年小张，是请杂技团演员扮演的。他的车技高超，演出了不少惊险动作。

比如说，有的骑自行车的人急窜猛骑，常常跟汽车争道抢先，结果发生严重事故。为了使这些人知道急窜猛骑的危害，使他们看了影片大吃一惊，我们设计了一个惊险镜头：小张争道抢先，结果崭新的一辆自行车被压在汽车车轮下面，变成油条似的卷曲起来，小张受伤倒在地上，昏迷不醒。

为了确保拍下这惊险镜头，我们用两台电影摄影机同时拍摄。其中有一位摄影师，是临时从别的摄制组请来的。在拍摄时，那位杂技团演员以高超的技术把自行车送到汽车车轮下，自己却来个“金蝉脱壳”，脱离险境，扑倒在地，一动不动地躺在那里，假装昏迷不醒。那位新来的摄影师竟以为他真的受了重伤，连忙把摄影机的开关关上，跑上去抢救。当时幸亏另一台摄影机把整个过程全都记录下来了。事后，大家都笑那位新来的摄影师，弄得他很不好意思地抓抓头皮说：“演得太逼真了，连我都忘了自己是在拍电影！”

1980年5月，在广大观众的热情支持下，间断了17年之久的第三届电影“百花奖”揭晓了。

电影“百花奖”是由广大观众评选的，完全是按得票多少来决定评选结果。因此，它代表“民意”，代表观众喜欢什么，不取决于“长官意志”。

选票是随《大众电影》杂志发出的。每份杂志夹着一份选票，总共发出约150万份选票，有半数回收。选票由中国科技大学负责开票，用电子计算机进行统计，误差在万分之五以下。

在所有的影片中，得票最多的是美术片《哪吒闹海》，达40多万票。其次是纪录片《敬爱的周恩来总理永垂不朽》，达20多万票。在故事片中，得票最多的是《吉鸿昌》，票数达14万多。

《红绿灯下》由于突破了传统，给人崭新的观感，上映之后，得到观众的认可，获得了大量的选票，也荣获第三届电影“百花奖”。

我作为获奖人员之一，在北京出席了授奖仪式和与观众见面活动。

其实，每一张选票，并不只代表一个观众，有的是代表一个家庭，全家经过讨论，认真填写一张选票。有的一张选票甚至代表1000多人，如某个学校只订一份《大众电影》，只领到一张选票，于是先在全校进行预选，然后把结果填在这张选票上。

有的观众非常认真，生怕选票在邮寄过程中被人拆看，就用缝纫机把选票四周缝上。

还有的特地装进牛皮纸信封，挂号寄出。这充分说明观众对评选工作是何等关切和认真！

有的未婚男女分处两地，就来回用信件交换意见，最后把结果填在一张选票上。

最感人的是我国驻联合国的工作人员，得知要评选电影“百花奖”，但是夹有选票的《大众电影》送到人们手里时，评选工作恐怕要结束了，怎么办呢？他们进行了讨论，马上把意见写信告诉《大众电影》，并声明在收到选票之后再补寄。这样，既不耽误评选时间，又符合投票手续。

叶永烈在 1980 年荣获第三届电影“百花奖”

第三届电影“百花奖”的奖品是奖杯与奖状。奖杯是北京珐琅厂和工艺木刻厂工人精心制作的，杯上饰有各种花的图案，象征着百花盛开。杯的底座是用高级木料制作的，刻着获奖片名及获奖者名字。奖杯分大、小两种，大奖杯高达 40 多厘米，发给获奖集体；小奖杯则发给获奖者个人。

这次电影“百花奖”共发 19 只奖杯。引人注目的是，北京电影制片厂竟一下子获得了 10 个！

这次荣获最佳女演员的是《小花》中饰小花的陈冲。陈冲来领奖时，胸前别着上海外国语学院的校徽，因为她还是个学生，正在学校读书。她抓紧一切时间学习，在机场候机时，还在背英语单词呢。在北京饭店举行的联欢会上，陈冲被外宾们包围了，她从容地用英语回答外国记者的问题，还唱起英文歌答谢观众们的热情鼓励。陈冲是这一次最年轻的获奖者——19 岁。

另一颗引人注目的新星是刘晓庆，她荣获最佳配角奖。她多才多艺，在联欢会上时而演奏扬琴，时而拉手风琴、弹钢琴，有时唱歌、朗诵、跳舞。正因为她富有才华，所以戏路子宽广，能扮演不同性格、身份的多种角色。她谈起了1979年的情况，有时上午拍《小花》，下午拍《婚礼》，晚上拍《瞧这一家子》，非常紧张。《婚礼》是悲剧，她沉浸在痛苦之中；《瞧这一家子》是喜剧，她马上判若两人，扮演了欢乐的喜剧角色。

谢添荣获最佳导演奖。他已经67岁了，精力却很充沛，富有幽默感。在联欢会上，他演出了一个又一个节目，逗得观众捧腹大笑。最有趣的是“变脸”：他转了一个身，马上变成另一种截然不同的表情，如从地痞流氓，变成饱食终日、无所事事者，再变成骄傲自大、目空一切者。有一次，谢添上台时，说自己早上淋了雨，感冒了，鼻子塞了，连连打喷嚏。后来，观众才明白，原来他是在装感冒病人呢！他是一位“喜剧大师”，平时一言一行，一举一动，都富有喜剧色彩。在去四季青公社访问途中，他掏出打火机点香烟，打了几下，都点不着。大家都笑他打火机太“老爷”了。谢添说：“我这个不是打火机，而是点火机。只会冒火花，要用它点着火柴，才能点着香烟。我的‘手表’也很‘老爷’，是‘摇表’——摇几下才走。我的自来水笔是‘蘸水笔’——蘸墨水才能写字。”他随便谈着，引得车上的人都哈哈大笑。我不由得细细看他的表，呵，是一只高级日历表——那“摇表”，只是说笑话而已。

最佳男演员李仁堂来到农村访问，农民们都喊他“县委书记”。有位农民感叹地说，如果所有的县委书记都像李仁堂在《旧痕》里扮演的朱克实那样，实现四化就快多了。

在座谈会上李仁堂谈起自己的体会，认为演员只有深入生活，才能扮演出有血有肉的角色。他正是到山西等地农村深入了解了好多县委书记，这才创造了朱克实的形象。

第三届电影“百花奖”的获得者们深深感到，艺术是要人民批准的。只有继续再接再厉，才能拍出受广大观众喜爱的好影片。获奖者们心中，永远铭记着周总理在第一届电影“百花奖”授奖大会上所说的一句含意深远的话：“珍惜观众给予你们的荣誉！”

完成第一部长篇文学传记

在拍摄《红绿灯下》的那些日子里，我处于双倍的忙碌之中：白天，我手持手提喇叭，在大街上指挥拍摄，而到了晚上，则忙于写作长篇文学传记《高士其爷爷》。

从 1978 年 8 月 1 日开始，到 9 月 10 日，整整 40 个夜晚，我以每晚写 5000 字的速度，完成了 20 万字的《高士其爷爷》一书初稿。

那时候，我 38 岁，精力非常旺盛，所以在上海最热的季节，双倍地工作，仍能应付自如。

在此之前，我在紧张的拍摄空隙，完成了对与高士其有关的人的采访。

人生的道路，是一步一个脚印走过来的。因此，在给一个人写传记时，就需要沿着他的历史足迹，追溯往事。我在为少年儿童写作长篇传记《高士其爷爷》一书，便沿着高士其走过的道路追索了一番……

高士其，孩子们最初称他“高叔叔”，后来叫“高伯伯”，现在喊“高爷爷”。高士其则自称为孩子们的“老朋友”。在他家里，光是孩子们送给他的最珍贵的礼物——红领巾，便达几千条之多！

高士其终生从事科普创作，用科学的乳汁哺育了千千万万的青少年。

高士其是福州人，当时 74 岁。他的父亲高赞鼎先生，是一位诗人，出版过《斐君轩诗钞》一书，收录了他写的 200 多首诗，其中大都是五言诗。高士其曾留学美国，初学化学，后攻细菌学。23 岁时，在实验时不慎，病毒传入他的身体，患甲型脑炎。后来，留下严重的后遗症，逐渐病重，以致全身瘫痪。当时，他已白发苍苍，连胡子都是银白色。他的脚不能走路，要靠人扶着走或背着，外出时坐上特制的手推车。他的舌头像木头一样僵硬，牙齿不能咀嚼食物，平时吃些煮得稀烂的食物，靠人用筷子拨进食道。他无法清楚地发音，只能“嗯嗯喔喔”说话，只有他的爱人、秘书才能听懂，所以高士其戏称自己的话是“高语”。他的手指僵直地并拢在一起，仿佛一直抓着一撮盐似的。手发抖，不能写字。他写作全靠口述，由秘书忠实地一字一字笔录。偶尔遇上人名或专用名词，秘书听不懂，高士其只好用发抖的手吃力地握着 6B 软铅笔，写出歪歪扭扭的字，几乎只有秘书才能看懂，所以高士其戏称自己的字是“天书”。

高士其跟病魔搏斗了 50 多年，顽强地坚持写作。他的眼睛颇好，看书不用戴老花眼镜。他的左耳听力尚不错，能听清楚别人的话。高士其虽然瘫痪，但颇风趣、幽默，笑称自己是一架“收报机”，而发报机则差不多坏了。

我很想请高士其自述往事，以便获得第一手材料。可是，虽然我们曾长时间地交谈，但似乎工作效率甚低，常常整整一个上午只谈了几件事。于是，他就不断向我提供线索，要我去采访了解他的历史的亲属或老朋友。谁知就连这样的工作也十分吃力。有一次，他要我去采访一个人，连说了十几遍，才听出来是叫“侯乌潭”，是上海第二军医大学校长。我到这个学校一问，根本没有这样的人。立即写信去问高士其，高士其又跟秘书讲了好久，甚至不得不抖抖索索握笔写字，才弄明白叫“何武坦”。我又去打听，方知原来是现任校长向进同志，曾名何武坦。向进同志在延安时，曾住在高士其隔壁的一个窑洞，了解不少情况。高士其知道我终于找到了何武坦，呆板的脸上露出了一点笑意。他笑称我的采访工作是“外调”。

1978年叶永烈在福州采访高士其的九旬母亲，写作长篇传记《高士其爷爷》

我最担心的是《高士其爷爷》（长篇文学传记）中的“童年”和“求学”两章，讲的是六七十年前的事儿了，很难“外调”清楚。很庆幸的是，高士其的生母——何咏阁老太太竟还健在，已经96岁高龄了。

我专程来到福州，采访何咏阁老太太。我沿着一条小巷，来到一座古老的大院。这房子前后共有7间，据说建于明朝末年。我到那里已是中午1点半，只见走廊上放着一张躺椅，一位头发稀疏的老人正在熟睡之中，发出轻微的鼾声。我向厢房里的一位中年妇女打听“何咏阁老太太住在哪里”，那在躺椅上熟睡的老人居然立即欠起身来。这时，我才知道，原来她就是何老太太！她竟站起来给我端凳子，甚至拿着热水瓶给我倒水，那利索的动作使我非常吃惊。老人身体很好，满口真牙，居然还能咬得动螃蟹。我很担心听不懂福州话，而老人居然用普通话跟我交谈。她边讲边笑，沉醉在回忆之中。她一口气向我讲了高士其小时候许多有趣的故事。她笑着告诉我：她常教高士其写毛笔字。一天，高士其写了好多，她说写得不好。第2天，高士其仔仔细细又写了好多，她仍说写得不好。第3天，高士其照着字帖认认真真写，她还说写得不好。高士其沉不住气了，问她哪儿写得不好。这时，她一一指出，哪几笔写得不好。这下子，高士其服了，从此写字更加认真。其实，她也知道高士其每天都在进步，只是不肯轻易表扬他，她以为只有“严律”方能出“高徒”……直到这时，我才知道何老太太写得一手好字。在我到福州前，曾收到一封用毛笔写的信，字字苍劲有力，我以为大约是别人给何老太太代笔的，谁知竟是她的亲笔！她一边说，一边写字给我看。那么大的岁数，不戴老花眼镜。她是福州市政协代表、妇女代表，不久前还去参加会议呢。

我说她一定能活到100岁，她听了很不高兴：“活到100岁？那我只能活4年？我要活到150岁！”说完，哈哈大笑起来。

在福州，高士其的挚友马宁热情地领着我到各家采访。马宁70多岁了，是位老作家，曾写过《铁恋》《椰风胶雨》等8部长篇小说，担任福建省文联主任。我劝他只要告诉我怎么走就行了，不必亲自当向导。他笑笑说：“老马识途哪！”谈起高士其来，马宁兴致勃勃地说：“我们俩互为‘救命恩人’。在八年抗战时，高士其有一次遭偷，窃贼不仅把财物全部卷走，而且把门反锁起来。高士其躺在床上不能动弹，差点饿死。幸亏那天我去看望他，才发现他处于险境之中，救了他。至于他救我的命，那是在‘文化大革命’中，我在福州被揪斗，就溜到北京高士其家里躲起来，哈哈，谁也不知道！”马宁是那么爽朗、健谈，仿佛小伙子似的。

为了写好《求学》一章，我遍访高士其当年的同班同学。这些同学都年逾古稀，有的是教授，有的是系主任。当我去访问中国科学院植物研究所所长汤佩松时，他虽皓首银发，但仍健步如飞，每天照常上班。他的头一句话便说：“我深为自己是高士其的同学而感到荣幸，他是一个坚强的人！”汤老娓娓动听地讲述起往事，笑声不绝——当清华留美预备学校盖大礼堂时，他和高士其沿脚手架往上爬。汤佩松当时是学校足球队员，颇为顽皮、好动，竟爬上了高高的黄铜屋顶。可是，屋顶很滑，上得去，下不来。高士其在一旁大声呼喊，叫来了建筑工人，才算救下了汤佩松。在五四运动时，他俩一起拿了点国产的牙膏、牙刷到城里去卖，算是提倡国货，抵制日货。想不到一个商人指着他俩的阴丹士林蓝长衫说，你们身上穿的也是日货呀！他俩气坏了，从此发誓不穿那“日货”……汤老还顺便讲了一件小事，给我留下很深的印象：那是解放初，汤老从上海调到北京工作，行李托运多日，竟找不到，心急如火。正在这时，高士其却托人打电话来，说是在某处看到汤佩松的行李。原来，高士其是一次坐车外出，无意中看到一堆行李，上写“汤佩松”三字，立即请人查问汤佩松的电话，告知此事。汤佩松非常钦佩，一个连生活都无法自理的瘫痪病人，竟会如此热心助人！

为了弄清楚高士其在20世纪30年代怎样在陶行知、李公朴、艾思奇的影响下，开始写作科学小品，我走访了人民教育出版社社长戴伯韬。我刚一坐下来，便问起他的名字究竟是“戴白桃”还是“戴伯韬”。老人笑了，告诉我一件趣事：在20世纪30年代，他曾用过笔名“戴白桃”。有一次，他接到通知，去开一个会。一到那里，全是妇女，才知人家误以为“白桃”是女名，把他也请来了！从此，他再也不用“白桃”这笔名了。戴伯韬也是高士其多年的挚友，在他所著《陶行知的生平及其学说》一书中，专门有一节是写高士其与陶行知之间的友谊。高士其刚从美国归来时，口角常常流口水，头颈发硬，头不能自如转动，讲话吃力，人们都说高士其患传染病，避而远之。唯戴伯韬不怕，与高士其住在一起，照料他的起居。有一次，天黑了，仍不见高士其回来，戴伯韬焦急万分。直到快10点钟，高士其坐了一辆人力车回来了，兴冲冲地告诉戴伯韬，原来他今天在城里买了一大堆书，回来晚了。当夜，他们聚精会神地看起新买的书，把睡觉都忘了。

高士其是在革命最艰苦的岁月里奔赴延安的，受到毛泽东主席、周恩来副主席的亲切接见。1938年底，高士其加入中国共产党。高士其的入党介绍人之一是邹文宣——邹韬奋的弟弟，可惜，他已被林彪、“四人帮”迫害致死。为了弄清楚高士其入党的经过，我访问了北京建筑学院党委副书记张若萍，他是高士其在延安时的老战友。张若萍不仅回忆起高士其入党时，在党小组会上那感人的发言，而且回忆起许多高士其在延安的事迹：高士其因病住在延安中央干部疗养所，张若萍当时是所长。疗养所里要挂一条标语，写什么好呢？高士其提议，写“这里是病人的战场！”高士其把养病当作战斗任务，傅连暲称赞他是“不倒的病号”。尽管高士其当时病倒了，吃饭要别人喂，可是，他尽可能少麻烦别人。比如，上厕所，他怕又臭又脏，从不叫别人陪，总是自己挣扎着去。然而他写文章，却不怕麻烦别人。有一次想到一句好诗，半夜里叫醒张若萍，请他代为记下，补充进去。第二天，高士其连连向张若萍表示歉意，张若萍说：“没关系。鲁迅不是说过，文章写好以后，至少要改三遍吗？”说得高士其呵呵大笑。

高士其的一生，确实感人肺腑。我采访了几十位高士其的亲友，差不多都是六七十岁的老人，也有的已八九十岁了。有的甚至在病床上接见了我，讲一句，停一会儿，再讲一句。

老人们都非常热情，很关心这本书的创作。原教育部副部长董纯才是高士其多年的老朋友，他意味深长地对我说："你一定要写好党和高士其之间的关系——没有党，就没有高士其；而高士其无限忠于党，把自己的一切献给了党。"这话，也可以说是对高士其战斗的一生的高度概括。

当我沿着高士其的足迹，完成了"外调"任务，写出了《高士其爷爷》初稿，又一件意想不到的事情发生了：这位可敬的老人因病住院了。然而，他竟在病床上审看了这部厚厚的手稿，他无法翻稿子，每看完一页，哼哼起来，他的爱人金爱娣同志立即帮他翻过去。高士其花了一个多月时间，审看了全部书稿，细细帮助修改。他的记忆力十分惊人，就连我把他小学时同坐在一条板凳上的小朋友"陈龙田"错写成"陈农田"，也给他看出来而加以改正。

我拿到那本经过高士其精心订正后的稿子时，心里久久不能平静：他的意志，的确是用钢铸成的！

《高士其爷爷》是我的第一部长篇文学传记。1979年"六一"国际儿童节前夕，《高士其爷爷》一书由少年儿童出版社出版。

这本书后来进行了许多修改、补充，增至33万字，于2013年6月由安徽教育出版社再版，书名改为《中国的霍金——高士其传》。

1979年，叶永烈把长篇新著《高士其爷爷》送给高士其

加入中国作家协会

"作者"与"作家"，含义相近又不尽相同。

只要进行文学创作，谁都可以称是"作者"；而"作家"则是指具有相当文学创作水平的“作者”。

作家是一种“自由职业”。在种种自由职业之中，要算作家最自由。

创作作品，才成为作家。然而作家只要有一支笔（或者一台电脑），就能写作。

作家想写就写，不想写就不写。想写什么，就写什么。创作是无法压制的。

当然，作家写出作品，不等于就能发表，就能出版。

作家无法自封。无法“当”上去。作家只有在作品得到社会的认可，作家的身份才得到认可。

不过，在中国，却很讲究“身份”——只有加入中国作家协会，才算是被正式认可为作家。正因为这样，在种种“作者简介”中，可以不写种种“官职”，但是往往不忘写明“中国作家协会会员”。虽说这种“讲究”并不尽然如此，因为有许多优秀的作家未必一定是中国作家协会会员，而中国作家协会会员之中也有靠关系、靠“官职”入会的滥竽充数之辈，但是毕竟中国作家协会的会员大多数是具有相当水准的作家。

所以，获准加入中国作家协会，大体上可以说是从“作者”到“作家”的标志。

我是在1979年9月25日加入中国作家协会。

此前和此后加入中国作家协会，都是“由下而上”：先要加入地方分会，而且要由地方分会推荐，要有两位全国会员作为介绍人，经过中国作家协会批准，方可成为中国作家协会会员。

然而我加入中国作家协会，正处于“非常时期”：在“文化大革命”中，中国作家协会和各地分会，被指斥为“裴多菲俱乐部”，遭到批判，停止了活动。这时候，刚刚开始恢复工作，着手吸收新会员，无法按照常规去做。

于是，便改为“由上而下”：先由中国作家协会指定一批新会员名单，直接吸收，不需介绍人，也不需地方分会的推荐。

记得，我忽然收到中国作家协会的来信，寄来入会申请表格。我填好之后，寄往北京。不久，我就收到正式通知，我被批准为中国作家协会会员。

此后，我加入了中国作家协会上海分会（后来更名为“上海市作家协会”）。

从此，在新闻传媒上，从最初称“业余作者叶永烈”，到“科普作家叶永烈”，到“儿童文学作家叶永烈”，到“青年作家叶永烈”“作家叶永烈”……

后来，又在“作家叶永烈”之前，加上“著名”两字。

我去外地，通常被称为“上海作家叶永烈”，而我的故乡报纸则总称我为“温籍作家叶永烈”，浙江的报纸则称我“浙籍作家叶永烈”。到了台湾地区，媒体称我“大陆作家叶永烈”。到了美国，我被称为“中国作家叶永烈”。

不管怎么称呼，我的“作家”身份得到了社会的认可。

我的生活条件也得到明显的改善。

稿酬制度的恢复，使我走出了多年来经济拮据的窘境。

记得在“文化大革命”之后，我收到的第一笔稿费，是在1977年12月20日。

那是我的《化学与农业》一书，增补稿费。

《化学与农业》是一本科普读物。写这本书的时候，我还是北京大学学生。当时正在强调各行各业支援农业，我是学化学的，就为《安徽日报》写了连载专栏，谈化学与农业的关系。后来加以扩充，写成《化学与农业》一书，由安徽人民出版社在 1963 年 5 月印行初版本。初版本是本小书，6 万字。

在“文化大革命”中，安徽人民出版社为上山下乡知识青年出版“广阔天地育新人”丛书，将此书列入。于是，我作了许多补充，扩充到 8 万字，于 1975 年 2 月印出第二版。

此书被农村读物出版社看中。农村读物出版社当时是人民出版社的一部分，属于中央级出版社，正在筹划出版一套“农村版图书”，从各省出版的图书中选用一批适合农村的图书，修订重印。于是，我对《化学与农业》进行了大修改，扩充到 16 万字，印行第三版。

在排印过程中，“文化大革命”画上了句号。这本书的出版计划依然继续，新版本在 1977 年 2 月出版。

由于新版本比第二版增加了 8 万字，按照当时每千字 4 元人民币的稿费标准，人民出版社寄来 320 元稿费。

这是我在“文化大革命”以后收到的第一次稿费。当这笔稿费寄到的时候，银行也轰动了！

这笔稿费解决了我家经济上的燃眉之急。

我一收到这笔稿费，第一件事就是给两个儿子买了新书包，给妻子买了一套新衣服。

从此，我家在经济上翻身。

1979年6月，我所在的单位通知我，上海市政府特意分配一套建筑面积40多平方米的两居室新房子给我，以改善我的居住条件。

这在当时也是很不容易的了。

我后来才知道，上海市政府是根据国务院副总理方毅1979年1月6日的批示，给我分配新居。方毅批示说：“调查一下，如属实，应同上海商量如何改善叶永烈同志的工作条件。”给我分配新居，便是落实方毅热情批示的“改善……工作条件”。

我终于告别了那住了15年的12平方米的蜗居小屋。

拿到房门钥匙之后，妻先把一本《小灵通漫游未来》放进了新居。她说：“我们家第一个住进新房子的是‘小灵通’！”

迁往新居，使妻激动万分。她回忆道：

分到新房的消息使我激动不已，邻居、亲戚、朋友都为我们高兴。这新房离我们原来的住房很近，走过去大约300米，是我们看着它建成的，共有五层，我们家被分配到第三层。我们家的隔壁是我原来学校的一位老师，她家是华侨，所以分到一居室的新居。我们家共有两个房间，都朝南，有南北两个阳台，有厨房间，有洗手间，有壁橱，这在当年来说已经是很不错的了。

拿到钥匙后，那时还没有什么装修公司，我们自己动手刷墙。我的学校在我家附近，老师们知道我家分到新房都为我高兴，他们也知道烈很忙，而我一个人有的事不会做，于是有几位老师就主动地利用休息时间帮助我们打理新房子。有的帮助油漆地面，有的帮助刷墙面，有的帮助磨地板，有的帮助贴好厨房间的瓷砖，在大家的共同努力下，新房简单装修完毕。

我们准备搬家了。我们想，该把什么东西首先搬到新家呢？大家不约而同地想到了《小灵通漫游未来》！因为这本书在当时非常畅销，可谓家喻户晓。再说《小灵通漫游未来》是对未来充满希望，我们也希望我们家的未来更加美好，所以大家都想到了要让“小灵通”先住进新房。

一天傍晚，我们吃过晚饭，全家人拿着一本《小灵通漫游未来》，来到新家，烈郑重其事地把这本书放在新家的壁橱里，说明已经开始入住了。

正式搬家开始了，我们没有雇用搬运公司，也没有请人帮忙，只是由烈和读初中的12岁的大儿子以及邻居的小孩一齐动手，用了半天多的时间，就把家搬过来了。

晚上我们一家把搬过来的书籍等进行整理，分类。

刚到新家，虽然没有什么家具，但烈的书很多，怎么办呢？除了把老的四个竹书架搬来之外，又去买了几个新的竹书架，然后把老房子的阁楼地板拆了，请人做了书橱，做了一个大衣柜，又去买了两张简单的木板床，这样新家就建立起来了。

这是一个很舒适的家，冬暖夏凉，阳光充足，我和烈一间，两个孩子一间。我们的那间是卧室兼书房，孩子们的一间是卧室兼客厅。

搬到新家后，老房子的邻居们都来祝贺，欢乐的气氛洋溢着整个房间，对生活和未来充满着无限的希望。

拍摄《失踪的哥哥》受挫

就在方毅副总理1979年1月6日作出关于我的批示之后整整一个月，少年儿童出版社副总编辑曹燕芳和张伯文来到我家。

曹燕芳，当年我向少年儿童出版社投寄第一部书稿《碳的一家》，就落在她的手中。后来，热情地约我写《十万个为什么》，也是她。

他们来到我家，是因为得知方毅副总理批示（我本人并不知道），要“改善叶永烈同志工作条件”，想调我到少年儿童出版社去。当然，他们并不是要我去当编辑，而是从事专业创作。在当时，上海作家协会没有设专业作家。但是倒有几位“实际上”的（并不是名义上的）专业作家，“挂”在各出版社。比如，黄宗英当时就“挂”在上海文艺出版社。

我手头尚保存着当时写给曹燕芳、张伯文的一封信：

曹燕芳、张伯文同志：

今晚承你们在百忙之中来访，非常感谢。20年前，是你们扶我走上科普创作道路；如今，又这样关心我的创作，确实感谢。

在你们的报告中，可否申述一下我个人的三点意见：

一、专业从事创作，不担负其他任务（但可担负一部分组稿工作和培养新作者工作）；

二、主要为少年儿童出版社创作，另外也为其他出版社及报刊、杂志写作一部分作品，每年完成100万字左右；

三、专业从事创作后，写作是我的本职工作，我只收工资，不收稿费（包括给社外单位写稿）。

致

礼！

叶永烈

1979年2月6日夜

就在曹燕芳、张伯文走后的翌日，上海市科学技术协会科学普及部部长李敦厚也来到我家。他同样是为了贯彻、落实方毅批示而来。他提出，希望调我到上海市科学技术协会工作——实际上也是为了让我从事专业创作，只是我“挂”在上海市科协罢了。

经过与少年儿童出版社和上海市科学技术协会商榷，最后决定还是去上海市科学技术协会比较合适。

然而，就在这个时候，我反而犹豫了。因为我在电影制片厂已经工作了16个年头，对于导演业务已经驾轻就熟，而且与摄制组里的“搭档”们相处甚为融洽。我不愿离开电影制片厂！

这样，调动工作之事，也就耽搁下来。

我仍忙于拍摄影片。

我在完成《红绿灯下》之后，再接再厉，曾经希望导演一部比《红绿灯下》更受观众欢迎的影片，再夺电影“百花奖”。

我决定要拍一部科学幻想电影。

我自己就写了许多科幻小说，所以对于中国的科幻小说创作情况很熟悉。

我当然可以把自己的《小灵通漫游未来》搬上银幕。但是，我深知《小灵通漫游未来》要展现壮阔的未来世界画卷，不是我们这个小小的上海科教电影制片厂所能胜任的。

我看中了于止所写的科幻小说《失踪的哥哥》。于止，是叶圣陶之子叶至善的笔名，取义于“止于至善”。

我选中《失踪的哥哥》，原因之一是故事有趣，富有喜剧色彩，适合少年儿童观看：哥哥误入冷藏库，失踪了。若干年后，当冷藏库大修的时候，发现这冰冻的孩子。经过红外快速升温，孩子复活了，发生了弟弟的年纪以及个头大于哥哥的一系列趣事……

我选中《失踪的哥哥》，原因之二是从电影导演的角度考虑：人物不多，场景简单，没有多少特技，成本不高，适宜于我们这种小厂、小摄制组“小打小闹”的低成本拍摄。

在征得原著作者于止的同意之后，我加以改编，写出了科学幻想电影《失踪的哥哥》剧本。

很遗憾，剧本虽然得到各方赞赏，但是拍摄计划在厂审时未获通过，原因是怕投资大。尽管我对制片成本作出准确的估算，并保证当年投入拍摄，当年完成，一定为厂创利，但是仍遭否决。

内中，据称还有这样的原因：当时影片统一由中国电影发行公司收购，他们认为《失踪的哥哥》只按纪录片的价格收购，而不愿以更高的故事片价格收购。他们还认为，《失踪的哥哥》片长 3 本（即放映半小时），电影院很难排片，单独放映吧太短，加在别的故事片前面放映吧太长。

其实我心中明白，当时的厂领导过于守旧，没有魄力拍创新意识很强的影片，再加上中国电影发行公司泼冷水。我无法说服厂领导，只得放弃这一有可能再获电影“百花奖”的拍摄计划——其实，自《红绿灯下》获得电影“百花奖”之后，电影“百花奖”不再设“最佳科教片奖”，从此电影“百花奖”与科教片无缘。

我的这一拍摄计划受挫，后来成为我离开电影制片厂的原因之一。

在钱学森指导下拍摄《向宇宙进军》

我不得不接受厂领导安排给我的“传统的”科教片题材，即《空间技术》（后来改名为《向宇宙进军》）。这是一部大型影片，由“三部曲”组成：

一、《飞出地球去》；

二、《卫星的应用》；

三、《载人航天》。

这“三部曲”每一部的放映时间为半小时，三部合计一个半小时，可以在电影院单独放映。像这样放映一个半小时的科教片，很少。厂里把这么重要的影片交给我，足见对我的看重。

我担任编剧兼导演。我在北京国防科委系统采访，在很短的时间内，我先是写出了拍摄提纲，紧接着开始写这三部影片的分镜头剧本，并成立了《向宇宙进军》摄制组。

1979年2月23日上午，我忽然接到国防科委科技部副部长柳鸣的电话，说是国防科委副主任钱学森来到上海，要找我和摄制组主要创作成员谈话。

当天晚上，我们如约来到上海延安饭店。这是一家部队招待所，钱学森就住在这里。

我先是见到柳鸣，他曾任聂荣臻元帅秘书。他带着我们来到一间会议室。没多久，钱学森来了。他穿了一身军装。进屋之后，他摘掉军帽，显出开阔光亮的前额。他微笑着跟我握手，眼角皱起了鱼尾纹。

钱学森约见我，为的是我担任影片《向宇宙进军》的编导，曾把《空间科学》(初名)的拍摄提纲寄往国防科委。作为中国的空间科学专家，又是国防科委副主任，他趁来沪之际，跟我谈一谈对于拍摄提纲的意见，以及他对影片的希望。

钱学森很健谈，他一口气谈了两个多小时。

那天晚上，我一边听他谈话，一边作了详细记录。

钱学森一开始就说:“你们摄制组的同志都很年轻，很好。”

接着，他对于影片的片名提出了意见：

“影片片名叫《空间科学》，不大科学。片名是不切题的。影片的内容，是空间技术。

“空间科学和空间技术，是不一样的，含义不同。

“空间科学，它是天文学的一个部分。地球附近有一层大气，影响天文观测。出了大气层，到了空间，发现了许多新东西，如星际的分子、高能天文学、X光、伽马射线等。还有金星、火星、木星上如何如何，那才叫空间科学。

“提纲上讲的大都是空间技术。空间技术是为了发展空间科学所必要的技术。方毅同志在科学大会上讲的是‘空间科学技术’，既包括科学，又包括技术，这个名字比较科学。”

钱学森作为专家，提出这样的意见，我马上表示接受。

我问钱老：“改成《飞向太空》怎么样？”

钱学森回答说：“改成《飞向太空》，这片名也有点对不上号。”

我又说：“那用《向宇宙进军》呢？”

钱学森点头：“这片名可以。”

于是，片名就决定改为《向宇宙进军》。

我提出：“钱老，我们想请你担任影片的总顾问。”

钱学森答复说：“影片的总顾问，我看不当了吧。不要搞形式主义的。我热心于你这项工作的，我一定尽我的力量给你帮助，但是总顾问我不当。你们不是有顾问了吗？顾问谢础，还是我的老熟人呢。秦作宾、彭成荣同志，他们也是顾问嘛。”

他说：“你们还要拍《遗传工程》，这很好，上海拍遗传工程，条件是最好的了。”

他拿起影片提纲，说道：

“关于你们影片中打算采用部分外国资料，这可能涉及版权问题。5月份美国宇航局局长要来中国，将由第七机械工业部任新民副部长接待。我跟七机部说一下，请他们跟美国人打个招呼。在现在友好的气氛下，估计他们也不会提出别的要求的。

“前几天，我与七机部副部长任新民同志就这部影片交换意见，他认为这是一部向全国公演的影片，要通过电影，给广大人民群众一个概念，四个现代化是什么样子的，社会主义现代化建设对人民有什么好处。人民是要看这个东西的。四个现代化的目的是为了提高人民生活水平。

“他还说，在影片的第二部分，要讲一下与人民生活的关系，发展空间科学技术对人民生活有什么好处。影片不光是新闻，而是反映真正的事业。

“任新民同志的意见，我觉得是有道理的。”

钱学森接着按照提纲的内容，开始发表意见：

“中国人最早发明火箭。这是世界公认的。我们发明了火箭，这是我们民族的光荣。在南宋的时候，我们发明了火箭。这一点，提纲中是讲到了，不太着重，但是值得给予相当的分量，这件事应该好好宣传一下。

“影片开头，是对太空美好的幻想。提纲中没注意时代顺序，应按年代排列，最早是什么时候？我的脑子中，记得在古代文物里，最早是马王堆汉墓中发现的立轴，上面有月亮，太阳，神仙。怎么处理，你们考虑。恐怕不能太长。

“我设想，一开始，就是发射卫星这个场面，很雄伟，很壮观，喷出火焰，声音很响。

“火箭发射后，变成小点，越来越小，声音也越来越轻。然后，出现古代的幻想，配上古典音乐，古筝，引入古代的文物，无非是画，诗，诗情画意。但是要按时代顺序来排。

“这部影片，虽然是讲科学，讲技术，但不能光是有科学技术，还要有艺术。我是个笨人，不懂艺术，这要靠你们。科学是科学，技术是技术，这一点也不能含糊，但是又一定要有艺术。”

钱学森谈到了提纲的第二部分：

“第二部分，要宣传一下我们发射的火箭。火箭是空间技术的基础，要有一定的篇幅，讲这件事情。”

钱学森谈到了提纲的第三部分：

“第三部分，是原理的东西。

“原理的科学内容要讲得细致，不能马虎。谢础是你们的顾问，是《航空知识》的大主编，但是我对最近一期《航空知识》有个意见，封底的一张重力场的图画，印颠倒了。马马虎虎，他们没有看仔细。

“七机部的同志说，空间技术分三部分，送上去，传下来，接收。提纲对接收反映不够，地面站要多讲一点。我同意他们的意见，地面站是应当多讲一点。地面站很重要，地面系统是相当庞大的。没有地面站，是不行的。它还涉及时间统一、标准时间等等一大套东西。地面站可以拍，有进口的地面站嘛，那东西有什么保密？

“影片要有艺术，观众看了有兴趣。但也一定要注意符合科学。过去我跟一位搞新闻片的同志谈话。他说，他拍工业生产，总想把工厂的烟囱拍得正在黑烟滚滚，以为表示生产搞得很兴旺，我说，糟糕，糟糕，那正说明我们工业没有搞好。其实那是燃烧效率很低，许多煤白白从烟囱跑掉。

“你们搞电影的同志，要多跟科学技术人员交交朋友。”

他谈到了保密问题：

“关于保密问题，很难一下子谈定，这个问题比较复杂，建议你们选好资料，编成一个初稿后，然后送有关方面审定。

“保密问题，要具体研究。现在，‘东五’运载照片已经发表了。这是经过批准的，航空月刊上发表的。国外马上注意了，估计它的重量。他们估得高了一点，我们让他去，没去更正。

“卫星外形是无所谓的。国外对卫星不大保密，让外国人参观，但是对运载火箭保密很厉害，因为那东西直接涉及国防。

“我们发表‘东五’，是根据需要，经过审查的。处理这些问题，我很仔细的。

“关键看你是不是泄露要害。如果拍火箭，一个圆筒子，朝上跑，那有什么可保密？大家都是这个样子的嘛！

“现在你们别多想这些保密问题，多想了，会束缚思想。思想束缚了，什么都不敢动了。”

钱学森说：

“第一部分，讲原理，动画可能要多一点，讲第一宇宙速度，第二宇宙速度，第三宇宙速度。讲火箭，讲动力，等等。

“第二部分，各种应用卫星，结合介绍地面站。卫星不一定拍外国的，拍我们自己的嘛，有的没上天，也可以拍。拍个外形，有什么保密？有的可以拍模型。

“第三部分，是写上天的问题。你们为什么要写这一部分，你们自己知道不知道？

“主要是第二部分。各种技术卫星，与国民经济的关系。卫星能起各种作用。

“卫星通讯，广播，为什么比地面好？资源卫星为什么比地面勘察好？这实际上是使人的活动范围扩大了，扩大到全球，这是任何飞机所无法做到的。在同步卫星上，一眼就可以看到半个地球，视野非常宽阔。好处多得很哪！”

钱学森说：

“科学性要加强，观众是很想知道这些东西的。

“国外宣传卫星的作用，总是结合经济上的作用。这说明，虽然空间技术很花钱，但是花钱是值得的。比如，森林着一次火，损失很大，用卫星可以及早发现火灾，减少损失。

“应用卫星可以拍实物。导航、通讯，在北京。气象，在上海。”

钱学森强调说：

“不要束缚思想。拍出来再审查。”

我提出拍这部影片，希望得到各方面的支持。要打通渠道，不然很难开展工作。

钱学森回答说：

“我看由全国科协出面比较好，转到国家科委，请国家科委为拍这部电影发个通知，跟各有关部门打招呼。我们发通知，出师无名。科协好，是军民结合的。我们只管军用的。

“可以从全国科协转到方毅同志那里。工作渠道要打通。不然，确实很困难。国防科委支持了，各地都会支持，就会通行无阻。”

我又提出，需要到国防科委的基地拍摄，需要得到钱老的支持。

钱学森说：

“你们要求到基地拍摄，这件事，我们国防科委同意了，就可以办到。”

钱学森接着继续谈提纲：

“第三部分，人到天上去，目的性不明确。

“对人要不要上天，我们也有争论。美国、苏联是把人送上天。也有人认为，人不上天，也完全可以得到那些资料。

“人到月球上去，那是肯尼迪为了显示力量。

“土星、木星、金星，没人上去过，资料仍是得到了。

“第三部分，要讲清楚为什么要人上去。有人与没人，是有区别的。这里头有几个实际问题：怎么办？为什么要人上天？上天干什么？影片一定要讲明白。要发展空间科学技术，人就得上去。

“要先讲人为什么要上天，再讲航天，比较好，符合逻辑。这个问题，谢础会给你们讲一大套。材料有的是。507 所专干这个的。你们说 507 所支持你们拍电影，这是当然的事情。他们研究所就是要抓住这个机会，好好扩大影响，宣传一下。

“你们的片子主要讲空间技术，但也要讲点空间科学，没有空间科学，高能天文物理学、黑洞，都发现不了。”

钱学森提醒我：

“要注意不要太枯燥。”

钱学森说：

“最后一句，飞出太阳系，还不很现实。要达到光速才行。用现在的速度，要几万年，这怎么行呢？不要这句话，到‘飞向冥王星’就可以了。飞出太阳系，是现在火箭解决不了的问题。

“对于星际航行，我在《星际航行概论》这本书里，一开始就是指行星之间，不是指恒星之间。

“我提出‘航宇’，这是从中国人的习惯，从航海、航空、航天推出来的。

“现在，还不是飞出太阳系，现在是太阳系内的问题。最近的两颗恒星之间，距离是四个光年。用现在的火箭，没办法去的。”

钱学森又说：

“影片内容分三部分，大致上是可以的。怎么处理，是艺术问题。刚才我说过，我是个笨人，不懂艺术。我最近不看任何电影。

“影片要拍得有趣。不然，看的人会睡觉的。我就是这样。从前，看过一部影片，叫《电子计算机》，看了以后，我问别的同志，都说没看懂。”

我当即说，这部片子我参加搞的，没拍好。

钱学森哈哈大笑起来：

“想不到，正好说到你头上去了。科教片的内容，一定要符合科学，怎么表现，那是艺术问题。在编剧过程中，还有许多问题。你们两位顾问，要参加拍摄的组织，要有人参加，要花点时间，不能像我这样，今天晚上开个会就完了。不能只说几句话。要支持你们，请新江厂的同志，调出来，集中干它一个月、两个月，你们多从艺术上考虑，顾问同志多从科学上考虑，结合起来，才能把剧本搞好。改了看，看了改，要反复几次，要集中时间搞。拍好这部影片，一定要提倡科技人员与文艺工作者相结合。

“这部片子，总共九本，大部头，可以算是科教片中的巨片了，要多花点精力。不下功夫不行。要下决心搞好它。要真正去做工作，不是一般地说说，要认真去抓。上次我们国防科委拍原子弹的片子，别人写不好，后来朱光亚同志就亲自动手写脚本。

“一定要又有科学，又有艺术。干几次，就会熟门熟路了。提倡科学工作者与文艺工作者相结合。七嘴八舌，开几个会，像我们这样说些意见。不过，我们这些人只能说说。干，还要靠你们。你们是核心，我们这些人只能是花边儿。九本巨作，一定要搞好。

“要有严肃的态度，要好好选镜头。只要认真对待，这片子是可以搞好的。

“美国好像没有这样大部头的片子，短片很多。

“要集中一些人，搞好这部片子，不怕大家吵，吵吵也好。”

钱学森最后说：

“今天开个会，不能一下子都解决问题。我是不当你们的总顾问，片子上可别把我的名字写上去。但是，我是热心于你们的拍摄工作，我做点力所能及的工作，我支持你们的工作。我的这些意见，仅供你们参考。”

从此，我结识了钱学森。在拍摄《向宇宙进军》一片的时候，我多次见到钱学森，并在他的指导下工作。

《向宇宙进军》投入拍摄了。1980 年第一期《大众电影》，曾刊登报道：

普及空间科技知识影片《向宇宙进军》

上海科影的大型彩色片《向宇宙进军》即将摄制完成。影片共分三辑，可放映一个半小时。该片编导是大家所熟悉的科普作家叶永烈，摄影是张崇基。这部影片主要是向广大观众宣传和普及空间科学技术知识，介绍具备哪些条件才能飞出地球，以及月球上的情形。观众可以从银幕上看到我国近几年来在空间宇航方面所取得的成果，看到我国发射导弹和人造卫星的壮观情景和我国第一批宇航员训练的情况。为了说明科学道理，还从国外电影上剪辑了资料镜头。在第三辑中还有展望未来，发射航天飞机以及航天飞机飞翔在宇宙中间、来往于地球和其他星球的精彩镜头。（杨树占）

进入宇航员训练基地

1999 年 11 月，中国第一艘试验宇宙飞船“神舟”号上天，向世界宣布中华民族正在向太空进军。中国宇航员蓄势待发，从 2003 年起陆续进入太空。

其实，早在整整 20 年前——1979 年，我就已经来到中国宇航基地采访……

在北京，汽车开了很久，进入远郊，眼前出现一大排楼房，还有几座圆形的巨大建筑。汽车在楼房前停了下来，我们《向宇宙进军》摄制组终于到达了目的地，着手拍摄其中的第三部影片即《载人航天》。

叶永烈 1979 年在拍摄电影《载人航天》时进入绝密的航天基地。这是叶永烈（左）与宇航员合影

在当时，这是严格保密、鲜为人知的地方。随着美国、苏联宇航员上天，中国也加紧了这方面的试验工作。这里，就是中国的宇航员训练基地。由于实行严格的保密制度，我们摄制组在进入基地之前，都办理了人事审查手续。

这里的气氛十分活跃。大楼后边有一个很大的操场，正在进行紧张的篮球赛。有的小伙子在练习长跑、跳高、跳栏，还有的在伏虎圈里飞快地转动着……

领导派老黄担任我们摄制组的顾问。我向老黄一打听，才知道这些生龙活虎的小伙子，有的是进行各种宇航试验的实验员，有的参加宇航训练是为培养我国未来的宇航员创造条件。

一个宇航员不仅要有健康的身体，而且要有坚强的毅力，还要有一定的科学文化水平。参加宇航训练的人大都从飞机驾驶员中选拔。他们在这里进行各种特殊的训练。

在一个不大的房间里，我们的摄影机镜头对准一张躺椅，椅上铺着毛毯。参加训练的小伙子躺上椅子。老黄一按电钮，那椅子就剧烈地震动起来。这叫“震动试验”。因为火箭发射以后，宇航员要受到剧烈的震动。所以，宇航训练员一定要适应这种强烈的震动。

接着，我们来到一个又高又大的房间里进行拍摄。那里吊着一辆小轿车似的东西。在试拍的时候，我们摄制组的小徐同志说让他试试，就钻进了那辆小轿车。老黄用皮带把小徐牢牢绑在“小轿车”里的椅子上。然后，一按钮，这“小轿车”就像秋千一样，来回摆动着，越摆越高。小徐坐在里面，十分得意地向大家点着头。突然，老黄按了一下另一个电钮，小徐坐着的椅子就转动起来。于是，小徐一边来回荡着，一边转着。他脸上的笑容消失了。没一会儿，他大叫“吃不消了”。老黄赶紧停车。只见小徐脸色变灰白，紧皱眉头坐在那里。他说，坐在里面，仿佛坐在一艘在大风大浪中摇晃得很厉害的轮船上，头晕了，想呕吐。

原来，在火箭发射时，常常一边前进，一边旋转。未来的宇航员就要经得起这样的考验。

在拍摄离心试验时，宇航员受到更为严峻的考验。

那是一座宽敞的圆柱形的房子。房子里空荡荡的，只是在圆心装着一辆吊车似的东西，伸着长长的钢臂。钢管的顶端，也有一个小轿车似的东西。那钢臂不是朝上伸，而是水平地放着。“小轿车”便在圆房子里飞快地转动起来。我们从电视机的荧光屏上，拍下了他们在高速旋转时的神态。

老黄告诉我：这是一台离心机。当飞船起飞的时候，宇航员要受到很大的横向离心力。这台高速离心机，就是模拟飞船起飞时的环境。

我们还拍摄了惊心动魄的“冲击试验”。那是一个几十米高的铁塔，叫作“冲击塔”。参加训练的青年被紧紧绑在铺着泡沫的椅子上，慢慢升到塔顶。突然，挂钩脱开了，训练者猛地摔下来，“砰”地一声落在地上。

老黄说，宇航员回到地球时，如果在陆地上着陆，就会受到这么强烈的冲击。宇航员要进行这种冲击训练。

最有趣的是拍摄“失重试验”。在太空中，宇航员处于失重状态，在飞船里到处飘荡。在地面上模拟这种失重环境，却不容易。宇航训练者坐进一架很小的战斗机，乘客只他一个。摄影师只好把摄影机固定在飞机上，用遥控设备控制摄影机。战斗机起飞了，呼啸着钻进高空。它在碧空中时仰时俯，作抛线飞行。电影摄影机自动拍下了参加训练的青年在舱内的镜头。这些镜头洗印出来以后，大家一看，有趣极了：参加训练的青年正在吃饭，一松手，钥匙马上在空中飘荡起来，连装满了米饭的塑料袋也在空中飞舞。

原来，飞机作抛物线飞行时，也可以人为地制造失重环境，为时大约十几秒钟。

在拍摄了这些特殊的试验之后，我们把电影摄影机搬进了模拟飞船里，拍摄参加宇航训练的模拟太空生活。

模拟飞船是按照未来的飞船式样设计的，整个飞行舱的舱壁都是用金属板做的。飞船里很小，总共才十来个平方米。关上舱门之后，里面万籁俱寂。这是因为在太空中是静悄悄的，宇航员一定要适应这种寂静、单调的生活。在模拟飞船里，我们很快就感到气闷。原来，飞船里的气压很低——宇宙是真空的，飞船上天之后，舱内通常低于正常的大气压力。

模拟飞船里只有几扇小圆窗，嵌着双层厚玻璃，再用黑布遮起来。舱里亮着灯。在里面，分辨不了昼夜的变化。老黄拉开一扇小圆窗的黑窗帘，我看见一幅绮丽的景象：外面一片漆黑，银色的星星嵌在夜幕上，而下方却有一个巨大的蓝色的球在徐徐转动。

我不明白这是怎么回事。老黄告诉我：这是模拟宇航员在太空中看到的景象。那蓝色的球，就是地球，每一个宇航员都必须深知天文学，熟悉天上的星座，用星星作为“路标”，判断宇宙飞船究竟飞到什么地方了。

在小小的模拟飞船，我们拍摄了参加宇航训练者骑自行车的镜头。这自行车没有轮子，只有脚踏板，踏起来相当吃力。宇航员在太空中必须每天坚持骑这种原地不动的“自行车”，以便促进血液循环，锻炼身体。

我们还拍摄了参加宇航训练者吃饭时的镜头：小桌上，放着一块块只有陆军棋棋子大小的压缩饼干，一块块只有半个火柴盒大小的方形“月饼”。这些东西叫作“一口食”，也就是要一口吃下去，不需要掰开来吃。

我们拍摄了宇航员们吃“月饼”时的有趣姿势：他把“一口食”放进嘴巴之后，立即把嘴唇紧紧抿上，然后就这样紧闭着嘴咀嚼食物，直到把食物咽下喉咙。这是因为飞船在太空中处于失重状态，你稍一张开嘴巴，碎屑就马上从嘴巴里飞出去，弄得整个飞船里飘满碎屑。

我仔细看了看那些“月饼”，发觉表面亮晶晶的，仿佛包着一层透明的薄膜。老黄说，那是涂了一层“可食性塑料”。涂上这层薄膜，也是为了防止在咀嚼时碎屑飞扬。

在一个个塑料袋里，我还看到压成长方块的面条、蛋炒饭等等。这些食物都经过脱水处理，可以长期保存。吃的时候，用一只手枪似的水枪，往袋里注进热水，泡软了，就可以吃。有趣的是一对对红色的龙虾干，用热水泡了以后，鲜味不减，非常可口。

接着，我们开始拍摄参加宇航训练的青年穿宇航服的镜头。宇航服分好多好多层。先穿好内衣，又穿一层，再穿一层，最后还要穿上外罩。宇航服的鞋子与裤子是连在一起的，上衣与裤子又是连在一起的。戴上手套后，手套与袖子紧紧相连。戴上头盔后，头盔又与领子紧紧相连。衣服没有纽扣，用拉链拉紧。这种拉链是特制的，拉上后一点也不会漏气。头盔是用透明的特种塑料做的，非常坚牢。穿好宇航服之后，要背上氧气瓶，把氧气接入头盔内。这样，宇航员就可以在真空中生活。衣服是用合成纤维做的，背面涂着橡胶，不透气。

宇航员穿上密闭的宇航服之后，怎么吃东西呢？呵，真有意思，在面罩正下方，有一个小孔，孔里塞着橡皮。食物像牙膏似的装在铝管里。在进食时，要把牙膏上的小管使劲顶进小孔中的橡皮，再用手挤着管壁，宇航员才能吃到东西。吃一顿饭，起码要半个多小时呢。

……

为了拍摄《向宇宙进军》，除了在诸多宇航基地进行拍摄之外，我还看了许多美国、苏联的宇航影片，使我大开眼界，对于宇航科学有了许多了解。

在《向宇宙进军》影片的拍摄过程中以及影片完成后，我曾多次请教钱学森，并请他审看样片。在北京国防科委大楼以及他的家中，多次请他谈对于影片的意见。

记得，他看影片时非常仔细。有一次，他见到一个火箭发射镜头，关照我在火箭尾部尚未出现在画面上的时候，就必须剪去。他说，外行人看上去，火箭发射很壮观，可是内行人只消看一下你火箭的尾部，就知道许多机密。

又有一次，我在影片中用了一个中国火箭发射失败的长镜头，从发射直至落地爆炸，为的是想说明掌握空间技术是很艰难的道路。他看了之后，坚决要我剪去。他强调说，这些镜头只宜作内部参考，不适宜公之于众。

他对解说词也很注意。看完影片，还向我要一份解说词，细细推敲一遍。

在钱老的关心下，这套三部九本巨片《向宇宙进军》终于得以完成——这是我在电影制片厂所完成的最后的影片。

《向宇宙进军》虽然全部完成，但是在当时只公映了前两部《飞出地球去》和《卫星的应用》，第三部《载人航天》由于题材敏感，只限于内部参考。

美联社记者迅速得知中国拍摄了《载人航天》的影片，马上发出电讯，说是中国宇航员即将上天。

美联社消息上了内参，消息传到中央军委。

据说，邓小平知道了，说道："牛皮吹出去就让他吹出去吧，吓唬吓唬他们也好嘛！"

当选全国青联常委

随着我成为"新闻人物"，关于我的报道越来越多：《人民日报》《解放日报》《天津日报》《人民教育》《读书》《大众电影》……都纷纷发表关于我的报道。

由于方毅副总理的批示，方方面面都给我以厚爱，各种各样的社会职务朝我"飞"来：

中国科学技术协会委员；
中国作家协会儿童文学委员会委员；
中国科普创作协会常务理事；
中国科普创作协会科学文艺委员会副主任；
上海市科学技术协会常委；
上海市科学技术协会科学普及委员会主任；
上海市科普创作协会副理事长……

我的各种各样的社会兼职也"从天而降"……

那时候，我要不断地前往北京开会。有一年，为了开会，甚至去了10趟北京。

1979年5月，我前往北京出席中华全国青年联合会（简称"全国青联"）第五届委员会第一次会议。在出发前，我被告知，我已经被列为"全国青联"常委的候选人。

我与宗福先同往北京，下榻于北京京西宾馆。

在大会上，我作了发言。记得在我的发言之前，是关牧村发言。那时候，她刚从一个纺织女工成为女中音歌唱家。

果真，我在大会上当选常委。同时被选为全国青联常委的还有相声演员马

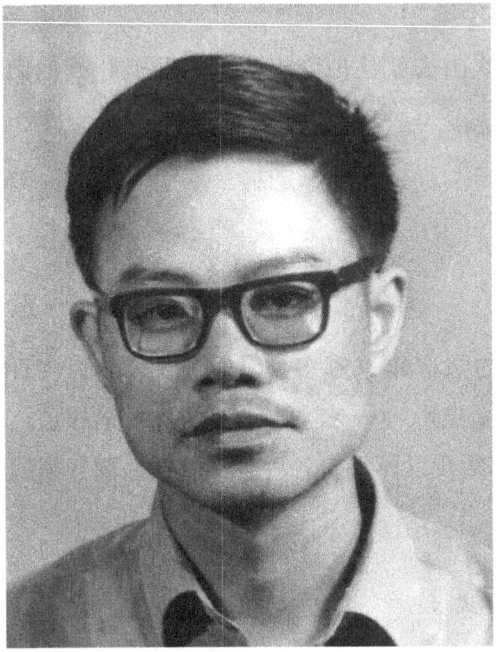
1979年叶永烈当选全国青联常委。这张照片曾经发表于当时许多报刊

季、京剧演员杜近芳、乒乓球运动员徐寅生、数学家杨乐、后来成为国家体委主任的伍绍祖、陶铸的女儿陶斯亮，等等。

全国青联主席是胡启立。

全国青联的选举结果，刊登在《人民日报》《中国青年报》以及各省市报纸上。

记得，1980年3月，我在北京出席中国科协第二次代表大会的时候，我步入会场，被工作人员挡住。因为委员们绝大多数白发苍苍，而我那么年轻，被认为走错会场。直至看见我的胸前别着“委员证”，工作人员才连忙放行。

在会上，中青年代表们聚集一起，起草一份致全国中青年科技工作者的倡议书。这份倡议书题为《在“最佳年龄”出成果》，由我执笔，后来发表在1980年3月22日《中国青年报》上。

《中国青年报》的报道如下：

本报讯　参加中国科协第二次全国代表大会的200多名中青年代表，3月21日晚聚集一堂，热烈讨论怎样挑起四化重担。在“最佳年龄”里为繁荣祖国的科学技术事业出成果、做贡献。会上，向全国中青年科技工作者发出了倡议书。

倡议书提出：我们这一代科技工作者，大多数是新中国培养起来的大学生，是党和国家完全可以信赖的力量。我们这一代人中的大多数，可以工作到2000年，可以成为跨进21世纪的人。实现四化的千斤重担，压在我们的肩上。尽管我们目前还存在许多困难，但是我们这些人正处于“最佳年龄”，年富力强，我们能吃苦，我们能吃得起苦！自古雄才多磨难，只有经受起困难的考验，才能出人才，出成果。

倡议书提出：要像爱护眼睛一样爱护安定团结的政治局面，要聚精会神、专心致志地攻克科学堡垒。要虚心向老一辈科学家学习，接过他们手中的接力棒。要学习老一辈，继承老一辈，超过老一辈。

倡议书还提出：要关心下一代，向亿万少年儿童普及科学知识，引导他们从小学科学、爱科学、用科学，培养21世纪的科学接班人，让下一代超过我们这一代。

倡议书最后希望全国中青年科技工作者，承前启后，继往开来，为四化的宏伟事业奋斗，在我们这一代中，要力争多出世界第一流的科学家，出中国的诺贝尔奖金获得者，再为世界贡献几大发明。

当然，随着种种荣誉的纷至沓来，种种非议也随之而来。

1980年12月2日，《解放日报》发表方斜的杂文《“酸派”和“精神法庭”》，文章指出叶永烈看来要在“酸派人物”的“酸味”中成长：

记得还是在小学一年级时，老师就给我们讲过一句谚语：狐狸吃不到葡萄，就说葡萄是酸的。要说“酸派”人物，这个狐狸可称得上其始祖。

酸者，醋味也，上海人的方言中有时也把妒忌说成“吃醋”。可不要小看这个“酸”，它是压在人才头上仅次于官僚主义的另一块石头。《中国青年报》刊登的那两个评上了先进的好姑娘，为什么会去死？史丰收搞出了“快速运算法”，为什么会受到冷嘲热讽？叶永烈写出了深受读者喜欢的科普作品，获得了科普创作一等奖，这笔1000元的奖金为什么竟成了他的“外号”？凡此种种，都同“酸派”人物的活动有关。几乎哪里冒出了人才，哪里就会冒出“酸”味来，人才在难闻的“酸”味中成长，这几乎已成为他们的一条规律。

……

前些日子，在《光明日报》上读到过林帆同志的杂文《“酸考”》，对“酸派”人物的来龙去脉，作了种种考证，嬉笑怒骂，一气呵成，实觉畅快。文章不长，反响不小，据说某大学有几个冒了“尖”的中年教师，他们把它剪下来，放在办公桌的玻璃板下面。很显然，他们是深受“酸味”“熏陶”的，此举无非是为自己出口气，壮个胆。可惜的是，这样的文章太少了。文人相轻，自古亦然。妒才之风，从封建社会一直刮到今天，岂是区区几篇散文可以驱散的？

批判的武器不能代替武器的批判，思想上的问题还是只能用精神力量去解决。今年上半年，针对某地几个小青年讽刺挖苦下水救人的解放军一事，有的同志提出要有“精神法庭”来“审判”他们。这给我们一个启发：为什么不能用“精神法庭”来“审判”“酸派”人物呢？对于那些由妒忌出发而专营讽刺、挖苦、打击人才的人，应该让他们的良心在道德、精神的法庭上受到起诉。每一个爱才的干部和群众，以及我们的报纸、电台、刊物，就是广泛的“精神法庭”。在正义的社会舆论面前，“酸派”人物，及其妒才之风还能有多大的能耐呢？

陈逸飞给我们画速写

2007年6月，作家陈村给我发来一张珍贵的老照片：那是画家陈逸飞（前左一）在给我们画速写。站在陈逸飞之侧的是上海电影导演宋崇。坐在长椅上的，从左至右是宗福先、卢新华、叶永烈。

这张照片“定格”了我当年作为“文坛新秀”的瞬间。

叶永烈、作家卢新华、作家宗福先、导演宋崇、画家陈逸飞（左起）在参加上海青联会议时留影（1980年）

我第一次知道宋崇的大名，是在20世纪60年代中国人民解放军海军与国民党海军在崇武发生海战时，宋崇冒着密集的炮火，勇敢地在战舰上拍摄了纪录片，成为上海电影界的标兵。

宗福先是剧作家，在粉碎“四人帮”不久，写出了话剧《于无声处》，轰动全国。他和我在当时是全国文艺界两个拿到1000元人民币奖金的人。

卢新华是作家，在上海复旦大学读书时，在上海《文汇报》发表短篇小说《伤痕》，轰动一时。从此，揭露“文化大革命”时期痛苦生活的文学作品，被称为“伤痕文学”。卢新华后来去了美国。我在1993年前往美国时，在西雅图曾经与他见面。

陈逸飞当时在中国油画界刚刚崭露头角，属于“美术新秀”，尚未前往美国留学。

这张老照片，我是第一次见到。可惜不知道摄影者是谁。

这张照片大约拍摄于1980年，在上海市青联开会的时候，我们都很年轻，担任上海市青联委员。大家都穿着当时最流行的“礼服”——用“的确良卡其”做的蓝色中山装。我和宗福先后来当选全国青联常委。

人生易老。转瞬之间，27个春秋过去。陈逸飞由于过度忙碌，突发急症，已驾鹤西去。宗福先体弱多病。宋崇已经退休。卢新华是五人之中最年轻的一个，如今偶尔写点诗。

老照片可贵。那咔嚓的瞬间，仿佛是时间长河的“切片”，记录了人生，记录了时代，也记录了历史。

我很感谢陈村兄传来这张从网络上发现的弥足珍贵的老照片——遗憾的是，照片经过缩小处理，只有107KB，像素低了些。

2016年5月4日，我在上海跟老朋友、著名油画家李斌见面时，说起陈逸飞曾经给我画速写。李斌跟陈逸飞很熟，马上问我：“陈逸飞给你画的速写，你保存了吗？”我说：“当时我没有向他要。”李斌笑道：“太可惜了！”

车祸使我离开电影厂

各种各样的“头衔”飞到我的头上。每担任一种社会职务，就多了许多会议。

我处于异常忙碌之中。

从我1980年出版的《论科学文艺》一书所写的前言中，便可以看出当时我赴全国各地举行讲座的忙碌情况：

从1978年起，因应上海作协、少年儿童出版社、《儿童文学研究》丛刊、《少年报通讯》和上海人民广播电台之邀，在科学文艺创作理论讲座上作了发言，写了《科学文艺创作札记》《科学文艺漫笔》等文。

1979年春，应上海师范大学中文系之约，要为该系讲课，写成了这本讲稿的初稿。

这次写作讲稿，对我来说，也是一次学习、总结和提高的过程。讲稿采用史、论和写作体会三者结合的方法来写。书后附录各种形式的科学文艺作品，供读者参考。

在本书初稿写好以后，我又曾应全国科普创作协会以及北京、上海、四川、安徽、福建、浙江等省、市科普创作协会的邀请，在科学文艺创作讲座上作了发言。黑龙江省科普创作协会在会议上念了讲稿。安徽、福建、辽宁、湖北、上海、山西、四川、广东、广西、天津、浙江、山东等地翻印了讲稿初稿。通过这些活动，广泛征求了意见。因为科学文艺创作理论一直没有系统地研究，这一任务远非我个人所能担当。本书前后经过四次修改，吸取了许多同志的宝贵意见。

光是讲座一项，就如此繁多。

随着社会活动的大量增加，而我又担负着导演工作，业余要赶写大批作品，这形势“逼”着我必须放弃电影导演工作，从事专业创作。

然而，我仍恋恋不舍于电影导演工作。

促使我终于下决心离开电影制片厂，是一件偶然发生的事情。

那是在1979年10月3日下午，我带着趁国庆节休假赶完的《化学巨人》一书的书稿，匆匆骑自行车，前往画家高峰家中，想请他画插图。

当我骑自行车经过江苏路、武定西路路口的时候，说时迟，那时快，从斜刺里窜出一辆三轮货卡，朝我的自行车撞了过来。我躲闪不及，连车带人倒在车下。一股剧痛使我差一点昏过去。

那是上海延安饭店的一辆两吨卡车，车斗里装满猪肠，司机急于赶路，转弯时没有减速。

就这样，我这位《红绿灯下》的导演，倒在红绿灯下！

交通警察来了。他告诉我，如果我刹车慢半秒钟的话，那就要开追悼会了！

正巧，少年儿童出版社编辑曲涌泉路过那里，他赶紧送我进医院。一检查，左手两根掌骨骨折。

上好石膏之后，天已暗了下来。那位司机扶我上了他的车，我坐在那一筐筐猪肠旁，结束了这场“历险记”，回到了家中。

“伤筋动骨一百天”。由于骨折，我无法干导演工作，只好在家休息——这是我进电影制片厂以来第一次长时间病休。要知道，由于导演工作非常忙碌，星期天也常常加班，每年我积累的补休假期都往往“报销”，无法休息。

一直与摄制组难舍难分的我，只好脱钩。我像“伤兵”似的，胸前挂着上了石膏的左手。所幸受伤的是左手，右手仍可写作。

就这样，我在病休期间，把只有 3 万字的《论科学文艺》初稿加以大修改，写成了 20 多万字的专著。

1981 年 1 月 3 日，香港《文汇报》发表海滨客的《读〈论科学文艺〉札记》一文，作了如下评论：

> 自从读了《智慧的花朵》这本中外科学普及作品选后，我对科普读物便产生浓厚的兴趣，不久前粗读了《科学神话》《科学幻想小说选》，最近又阅看了一本讲述科学文艺创作理论的书——《论科学文艺》（作者：叶永烈）。
>
> 这是我国第一本较有系统地讲述科学文艺创作理论的书。著者叶永烈从事科普创作数十年，作品甚多，特别在科学文艺创作方面，他多方面尝试，“十八般的武艺”样样俱能，科普小品、科幻小说、科学童话以至科学相声，他都有作品发表。他的《飞向冥王星的人》是科学幻想小说的佼佼者。
>
> 《论科学文艺》一书，作者采用史、论和写作体会三者结合的方法，论述了科学幻想小说、科学童话、科学小品、科学相声、科学诗等各种科学文艺形式的创作规律和特点。

科学是严谨的，文学是浪漫的。随着文学的发展，加上现代的科学一日千里突飞猛进，科学向文学渗透，文学向科学靠拢。所以严谨的科学和浪漫的文学，两者并不是如油与水一样的格格不入。然而，什么是科学文艺？科学文艺即是“科学艺术文学”。科学文艺作品应该是“叙述科学家的概念”，同时“又是大众所喜闻乐见的东西，并且要求作者多少用文艺形式来表现它们”。“就内容来讲，是科学性的……而从它们的构思和叙述的艺术来看……是十分优美的。”（俄罗斯作家别林斯基之语）后来，作家伊林给科学文艺下了一个简明清晰的定义：科学文艺就是“用科学全副武装起来的文学”。

科学文艺，是科学与文学结婚的产儿。它不仅要求深入浅出、通俗易懂的艺术手法，用大众所极感兴趣的形式来表达。这就是说，一篇科学文艺作品除了具有一定科学性之外，它必须是一篇文艺作品。

作为一篇科学文艺作品，有两个必备条件：第一，这是一篇文艺作品；第二，具有一定科学内容。“科学文艺是文艺中较为年轻的一个品种”，这是一种意见；“科学文艺是科学，是文艺科学”，这是另一种意见。笔者有一个浅见，科学文艺应该是文艺作品，文艺作品一般比较能吸引普通读者，阅读文艺作品是种享受，所以科学文艺能做到科学普及作品的要求。

试举一例，前时，笔者读了《科学幻想小说选》及科学幻想小作品集《科学神话》两书时，我便把它们当成文艺书来看，这么一来，平常对科学文学缺少兴趣，又缺少科学知识的我，以上两本书不知不觉把我引进看来是高不可攀的科学技术的大门。

读了这书，我这个科普读物及科学文艺的爱好者，对什么是科学文艺创作理论有了初步认识及概念。

《论科学文艺》是科学普及出版的又一新书，本书末还附录了各种形式的科学文艺作品，是科普工作者、科学文艺作者及科学文艺爱好者的一本良好读物及参考书。

偶然发生的车祸，一下子把我甩出了电影的拍摄轨道。

等我完成了《论科学文艺》一书，等我左手伤愈之后，我的摄制组成员早已安排了别的拍摄工作。另外，在病休期间，我第一次体会到专业创作的好处——

可以有较充裕的时间构思，写作，修改。

于是，我答应试试看——从事专业创作。

当时，我的心中，还一直牵挂着电影厂。我热爱导演工作，我并不急于去做专业作家。

我等手伤稍好，到厂里完成了《向宇宙进军》“三部曲”的剪辑、配解说、配音乐、混录等后期制作。

如此这般，经过一段“过渡”时期，无法再拖下去。

组织上要我明确表态：要么留在电影厂干导演，要么调走从事专业创作。

我又经历了一番思想斗争，这才终于下了决心：离开电影厂！

所以，我从电影制片厂调往上海市科协，经历了很长的“过渡期”：

早在我的手受伤之前，1979年9月24日，上海市科协就已经发给我工作证；

直至1980年7月10日，我才持上海市电影局的组织介绍信，到上海市科协办理了调动手续。

从这时候起，开始“过渡期”——我主要在上海市科协工作，但是也常去电影厂完成一些收尾工作。我仍在电影厂领工资。

这样“过渡”了将近两年，直至决心彻底脱离电影厂，我才在1982年4月1日办理正式调往上海市科协的手续。

我调到上海市科协，担任常委兼科学普及委员会主任、上海科普创作协会副理事长。当时，组织上有意培养我当干部，而且准备吸收我入党。

根据我当时的条件，只要我愿意走“干部之路”，我完全可能一步步“高升”。

我曾成功地领导摄制组，善于团结各工种人员，表明我具有很强的组织能力。我也能作各种各样演讲，至于写作文件更不在话下，具备当干部的素质。

然而我明白，一心不能两用，创作与当官，不可兼得。

我以为，我更适合从事创作。

我的岳父曾说：“官场一时红，文章千古在。”我很赞同他的见解。在我看来，作品具有永恒的价值。

这样，我调到上海市科协之后，只当挂名的常委。我的办公桌，成了“空置”的办公桌。我难得坐在办公桌前。

我很少出席会议。我正处于“最佳年龄”，我希望在这一段人生的宝贵时间，多写出作品。

我曾向上海市科协声言不领工资。因为上海市科协并不设专业作家。但是，他们没有同意。他们问我：你生病了怎么办？出了什么问题之后怎么办？

我发现上海市科协章程上有一条款规定，可以接受团体或者个人捐赠。根据这一条，我向上海市科协提出：我向上海市科协捐款，捐款超过我每年的工资。

上海市科协同意了。他们说，捐款可以，但是你要量力而行。

这样，在上海市科协工作期间，我曾多次捐款，超过我每年的工资。

在罗布泊追踪彭加木

1980 年 6 月 17 日晚上 10 时 20 分，新疆罗布泊附近某部驻军的电台收到科学考察队的紧急电报：

“18 日凌晨 2 点联络，有重要情况报告。”

有什么重要情况呢？为什么在这份紧急电报中，对“重要情况”不透露一个字，一定要等到凌晨 2 点才报告呢？新疆罗布泊附近某部驻军作战处处长老周心里非常焦急，猜测不到究竟发生了什么重大问题。

这时，时间仿佛过得特别慢。手表上的秒针，在按部就班地渐渐移动着，一点也不理会那一双双紧盯着它的焦灼的目光。好不容易到了凌晨两点，无线电波终于传来了考察队发出的惊人消息：

“彭副院长 17 日 10 时一人外出未归。”

“彭副院长”是谁？

他，就是中国科学院新疆分院副院长、中国科学院上海生物化学研究所研究员、植物病毒专家彭加木。

彭加木，55 岁，稍高的个子，不胖，脸形上方下尖，仿佛是一个正方形下边装着一个等边三角形，前额宽广，朝前凸出。他的头发朝后梳，白发并不太多，皮肤白皙，略微带点病态的黄色，脸上皱纹不多。他讲话声音不大，带有广东口音，讲话缓慢。然而，一旦激动起来，话也讲得很快，头颈上的青筋明显地怒张。他戴着一副茶褐色边框的近视眼镜，度数不深。

“彭加木”这个名字，对于很多读者来说，是很熟悉的。在 1964 年，全国各报刊曾以这样的标题，显著报道过他的感人事迹：

《特殊材料制成的人》《让青春放射出最瑰丽的光彩》《无畏的战士》《科学战线的硬骨头》《活着就为闹革命》《生活中的萧继业》《有限的生命无限的生命力》……

在那场“史无前例”的政治大风暴中，彭加木这名字也曾传遍全国。不过，它是出现在“坚决打倒彭加木”的大字标语中，出现在“揪出老特务彭加木”的大字报中，出现在关于“梅花党”的神秘的传单中……

然而，如今他为什么“一人外出未归”？出了什么事？

彭加木失踪在茫茫大戈壁！

消息传出，全国关注。中共中央主席华国锋、国务院副总理方毅接连作了多次批示，要求出动飞机和搜索队，千方百计寻找彭加木。

正在上海忙于写作的我，奉命紧急出发，在7月3日登上飞往乌鲁木齐的班机，前往采访彭加木事迹以及搜寻情况。记得，飞机上有好几位公安局的侦察员也飞往新疆，参加搜索彭加木，其中有来自南京市公安局的侦察员，还有山东省公安厅的侦察员。他们所带的警犬，装在铁笼里，作为“特殊行李”托运……

如果说《高士其爷爷》是我的第一部长篇文学传记，那么飞往新疆采写彭加木事迹则是我从事纪实文学创作的开始。

我一到乌鲁木齐，便遇到许多赶来报道搜寻彭加木情况的记者。他们全被“堵”在乌鲁木齐，无法前往罗布泊。据告，只有一位当地的新华社记者获准前往罗布泊。

不去罗布泊，怎么能够得到第一手的资料呢？我说，我一定要去罗布泊！

记者们告诉我内中的原因：罗布泊已经干涸，成了一片盐碱荒滩，本来谁都可以去。然而罗布泊附近，却是中国的核基地。前往罗布泊，势必要经过核基地。只有办理严格的审批手续，才能获准进入核基地。这一手续，必须到北京办理。记者们一时无法到北京办理这一手续，也就不能进入罗布泊。

我问：“北京哪一部门主管？”

答：“国防科委。”

我一听，心中有底。

我前往新疆有关部门，请他们打电话给钱学森的秘书。因为钱学森是国防科委副主任，主管这一工作。何况我在拍摄《向宇宙进军》一片的时候，在国防科委办理过有关手续。

钱学森秘书经过请示之后，答复新疆方面："同意叶永烈进入罗布泊。"

这样，我在乌鲁木齐只逗留了一天，就向罗布泊进发——那些被"堵"在乌鲁木齐的记者们知道了，都非常吃惊，不知我有何"法宝"！他们委托我，到了现场之后，请部队发电报给他们，报告动态，便于他们发稿。这么一来，我成了他们的"第一线记者"！

记得我离开乌鲁木齐时，是晚上八点半。当时，我突然接到通知，有一辆越野军车要出发，可以带我进去。我拿起随身小包，马上登车。

虽然是晚上8点半，新疆的天空依旧一片碧蓝，太阳灼热地照着。那里开长途汽车的司机大都喜欢夜间行车，因为白天实在太热。

从乌鲁木齐到罗布泊有1000多公里，相当于上海到北京的距离。

汽车在柏油马路上飞驶，我经常看到路面上的柏油被晒化了，汽车的车轮上沾满乌亮的柏油。深夜11点，天才渐渐黑下来，稍稍凉爽了一些。然而，在凌晨1点左右，我感到越来越热。我把手伸到车外，迎面吹来的风是热乎乎的，仿佛有一股巨大的热浪不断扑来。我用手摸摸，汽车表面烫手。我的嘴唇皮发硬，不得不时时用舌头舐着。全身在出汗，奇怪的是，衣服并没有被汗水浸湿——因为汗刚刚流出来，马上就蒸发了。

司机告诉我，汽车正经过吐鲁番附近。那热浪，来自大名鼎鼎的"火洲"——吐鲁番。在7月份，吐鲁番的最高气温可达48℃。吐鲁番是全国海拔最低的盆地。据说，《西游记》里的"火焰山"，便在吐鲁番。

半途，我们在路旁的一间小店略微休息了一下。这家小店既是旅馆，又是饭店、茶馆，工作人员总共才五六个。我看到旅客们都睡在屋外的地铺上，不停地摇着扇子。这里的夜点心是用羊油、羊肉作佐料的"揪面片"——用手把面片揪入汤中，烧滚即可食。我不习惯于羊膻味，对"揪面片"不敢问津。我感到嗓子冒烟，喝了点茶，这才觉得舒畅了，仿佛久旱的禾苗得到了甘霖。过了吐鲁番，才渐渐凉快了一点。破晓，我开始看清楚公路两边的景色，发现展现在眼前的是另一幅画卷：满目黄沙，而绿色的斑斑点点则夹杂在黄沙之中。我不认识那新奇的绿色植物。司机告诉我，那红根、红枝、红果的柳树般的植物，叫"红柳"；那一丛丛低矮的则是"骆驼刺"。这些植物特别耐旱，所以能在这缺水的地方顽强地生长。它们的根很深，从深深的地下吮吸那稀少的水分；它们的叶子变成棒状，以尽可能减少水分的蒸发。

翌日清晨，我终于到达马兰核基地。我不顾一夜没有休息，在马兰核基地第一招待所采访了彭加木的儿子彭海以及彭加木夫人的哥哥夏镇澳。此后几天，我在马兰核基地多次采访彭加木夫人夏叔芳。

7 月 10 日上午，我从马兰核基地的永红机场乘坐军用飞机飞往“720 基地”，在那里采访了中国科学院新疆分院副院长陈善明。陈善明是彭加木多年的老朋友。

7 月 11 日，我从“720 基地”飞往罗布泊库木库都克。库木库都克只有黄沙一片，没有机场，所以只能乘坐直升机前往。

直升机的飞行高度只有 1000 米左右，透过圆形的小窗，我可以清楚地观察大地：脚下，是一片又一片沙漠，有的看上去像一大张平整的砂纸，有的像木纹，有的则像翻皮的皮鞋表面。沿途没有看到一个有水的湖泊。河道倒是常可看见，但是全都干涸了，没有一滴水。起初，绿色的斑点像大饼上的芝麻依稀可见，渐渐的越来越少，如晨星般寥寥无几。有时，脚下群山起伏，但都是光秃秃的，偶尔在两山之间的夹沟里可看到星星点点的绿斑。飞机飞过罗布泊上空，绿斑消失了。罗布泊其实已不是“泊”，没有水，只有鱼鳞般的盐壳。

直升机在库木库都克降落。“库木库都克”这名字，在普通的中国地图上都能找到，我以为大约是个小镇，起码是个小村。直升机降落之后，我才知道，那里什么都没有——没有一间房屋，没有一个居民！彭加木，就是在这里失踪的。我和搜索队员们一起，住在临时搭建的帆布帐篷里。

我刚到，搜索队长就向我宣布了纪律：不准用水洗脸，不准用水洗脚、洗衣服。除了饮水之外，水不准他用。因为这里没有水，水要从几百公里之外运来！就这样，脸脏了，用干毛巾擦擦；脚臭了，光着脚在沙地里走走；衣服脏了，臭了——由它去！

每当我吃完饭，我就在碗里倒点开水，洗净饭碗之后，便喝进肚子，一举两得。

沙漠里是如此炎热：最高地表温度达 60℃左右，气温高达 50℃左右。我曾把一小段蜡烛放在沙发上，没一会儿，蜡烛就熔化了。据炊事员告诉我，把鸡蛋放在沙中，一个小时就熟了。这时，我的嘴唇经常感到干硬，脚后跟皮肤皲裂了。水壶，成了生活中必不可缺的东西，甚至在睡觉时也把水壶放在枕边，渴了

叶永烈（左四）在罗布泊

就得喝几口。很奇怪，尽管喝水量比平时大得多，却很少小便，因为水分大部分透过皮肤蒸发了。

出发搜寻时，我们的打扮十分有趣：头戴白卡其遮阳帽或草帽，胸前像“双枪老太婆”似的交叉背着两个水壶，腰间吊着一袋干粮。尽管暑热逼人，却依旧必须穿长袖上衣和长裤。在沙地上，每踏上一脚，都要溅起一股烟尘。进入疏勒河故道，则看到白花花的盐碱。我弯腰拿起一块拳头大的盐碱，它就像从商店里买回的细盐一样洁白无瑕。我用舌尖舐了一下，又咸又苦。盐碱，正是缺水的象征。如果不是火炉般的赤日把河水、湖水烤干，哪来这大块大块的盐碱？走着走着，口干难熬。我咕嘟咕嘟地喝起水来。没一会儿，就把一个水壶里的水全部“消灭”了。一位老考察队员见了，笑着拍拍自己的水壶。

我摇摇他的水壶，沉甸甸的，一点声音也没有。原来，他一口水也没喝过！他告诉我，在沙漠中，水就是生命。非到极渴的时候，不可轻易喝水。即使渴，也只能喝一两口，绝不允许咕嘟咕嘟喝个精光。

他是彭加木的战友。一个多月前，他们一起穿越了罗布泊，创造有史以来第一次纵跨罗布泊的奇迹。他一边走，一边告诉我：6月16日，他们来到库木库都克的时候，差不多水尽油绝了。他们的水是装在汽油桶里的。汽车强烈地晃动着汽油桶，剩下来的一丁点儿水已成了酱油般的颜色了。他们不得不用电报向附近的驻军求援。解放军马上伸出援手，答应派直升机送水来。然而，彭加木心中却又感激，又不安。他担心用飞机运水，付出的代价太大了。他从地图上查出附近可能有水的地点。为了节约国家的开支，他迈开双脚，顶着烈日，到茫茫戈壁滩上找水去了。他临走留下的字条上写着——“我往东去找水井”。从此，他消失在广袤无垠的沙海之中……

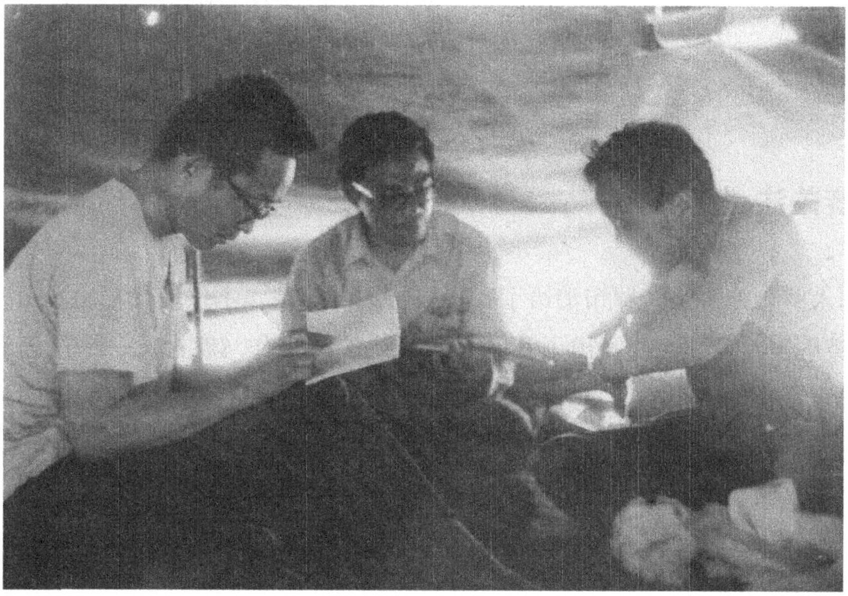

叶永烈（中）在罗布泊采访彭加木助手

听了这位老考察队员的话，我的心潮久久不能平静。我的脑海中，时时浮现这样一个形象：他，年已花甲，白发爬上了双鬓，风霜在脸上刻下了皱纹，头戴遮阳白布帽，近视眼镜片上贴着蓝色胶片（是他自制的“遮阳镜”），身穿蓝色劳动布衣裤，脚穿一双翻皮旧鞋。他，拖着疲倦不堪的身体，正在沙漠中一步一步向前迈去，为的是能够找到水源……

在罗布泊，在乌鲁木齐，我采访了搜寻彭加木的干警，采访了彭加木夫人、子女、亲属以及同事，获得珍贵的第一手资料。

由于真正进入搜寻现场的只有一位新华社记者和我，因此我也成了众所关注的人物。记得回到乌鲁木齐，我成了众多记者的采访对象。

我还应邀在乌鲁木齐作了关于搜寻彭加木现场情况的报告。

回到上海之后，我又应邀在科学院系统作了关于搜寻彭加木现场情况的报告。

我赶写了纪实长篇《沙漠英魂》（后来改名《追寻彭加木》），记述了搜寻彭加木的感人情景以及彭加木的一生。这部长篇当时在许多报刊上连载或者选载，引起强烈反响。

写作纪实长篇《沙漠英魂》，使我意识到，从事纪实文学创作，必须不畏艰辛，深入第一线，获得第一手创作素材。也就是说，纪实文学是“跑”出来的。

从此，我非常注重“跑”，注重“第一手”，使我的作品中的“首创性”分量不断增加……

韩素音关注《腐蚀》

深入罗布泊采访，罗布泊给了我不可磨灭的印象，不仅使我写出了纪实长篇《沙漠英魂》，而且使我写出了我的科幻小说的代表作《腐蚀》——这篇科幻小说，发表在1981年11期《人民文学》上，差一点被评为1980年的全国优秀短篇小说。

也正是这篇科幻小说，引起了英籍女作家韩素音的注意……

记得在1981年11月下旬，韩素音到达北京后，通过对外文协转告我，来沪后要找我谈。

我不认识韩素音，不知道她找我谈什么事。我问对外文协，他们也不知道，并说不便问。

12月3日，韩素音抵沪。3日下午，便约我到锦江饭店她的房间。

韩素音对我说：“我看了你最近在《人民文学》上发表的科学幻想小说《腐蚀》，很有兴趣，所以想找你谈谈。希望了解你的创作经历，你是怎样写科学幻想小说的，这篇《腐蚀》是怎样写出来的？”

韩素音说：“我是一个‘科幻迷’，七八岁的时候就看美国的*AMAZING STORLES*杂志（即《惊人的故事》，科幻杂志）。至今，每个月还看二三本科幻小说。我在两年前，就从外电中注意到你的名字，知道你在中国获奖。这次到了北京，一见到你的《腐蚀》，就马上读了。我是你的读者。”

韩素音谈了对《腐蚀》的看法：“我是学医的，是个医生，所以对你这篇描写天外微生物的小说，格外感兴趣。这篇小说的含义很好，写科学道德问题，这是一个很重要的问题。小说的文学性很好，把人物写出来了。故事的结尾，写得特别好，我很喜欢。读到那里，被感动了。不过，我要向你提一条意见。作家是应当欢迎别人提意见的。我从医生的角度对《腐蚀》提意见。我觉得，那个姑娘在看显微镜时，写得不够紧张。遇上那么可怕的微生物，应该写得更加紧张一些。从取样，到用显微镜看，要写得紧张。我对显微镜很熟悉。你想，这种微生物要吃掉全世界！怎么办？怎么办？多紧张哪！另外，对于这种烈性腐蚀菌，还可以加上科学的讨论、说明，写上二三百字，或者五百个字。这是我看了以后的意见。”

接着，韩素音问起我个人的创作经历。当我告诉她，我于1963年毕业于北京大学化学系，她拍了一下手，大笑起来：“怪不得，小说里对科学那么熟悉。”

她又问起《腐蚀》的写作经过。

我告诉她：1980年7月，我到新疆罗布泊，参加了搜索中国科学家彭加木的工作，在那里采访。我熟悉了沙漠里的生活。我曾在那里多次坐直升机搜寻。小说里写到，晚上以沙洗脚，那时候我自己就是这样的，临睡前光着脚在沙漠上走一圈，用沙洗脚。在那里，我采访了许多彭加木的战友，深为彭加木的献身精神所感动。彭加木的精神、道德是很高尚的。他自称是“铺路石子”“建筑工人”。建筑工人造好房子，自己不住，走了，又去造新房子。彭加木为边疆造了实验室，造好了，走了。可是，竟有人说彭加木没什么学术贡献，没有多少论文，彭加木是在上海搞不出东西来，才到新疆去的等等。小说中的故事，与彭加木事迹没什么直接的联系，但是在小说主人公方爽身上，有彭加木的影子。至于王璁这样的人，我在科学界常常见到，那样的人是很多的。要想写这样的关于科学道德的小说，早就有设想了。但是觉得还不成熟，没有写。后来，受到《人民文学》编辑的鼓励，这才一口气写了出来。

韩素音还问起我的工作情况。

我答道：我毕业后，一直在上海科学教育电影制片厂担任编导工作，走南闯北。我到过飞机场，住在那里，坐过各种各样飞机，也曾随潜艇出海。我到过大兴安岭，到过各种各样的工厂，也曾在农村住过……这样的工作，使我的生活面打开了。

韩素音说，作为一个作家，应该懂得很多生活。特别是写科学幻想小说。

接着，韩素音谈起了她对科学幻想小说创作的看法，介绍了世界各国科学幻想小说的发展情况。这些谈话内容，我加以整理，并征得她的同意，发表于《新观察》杂志，题为《韩素音谈科学幻想小说》，7000多字。

从此，我与韩素音有了许多交往。她后来每一次到上海，差不多都要约我谈话。

《腐蚀》是在《人民文学》杂志小说组组长王扶热心帮助下写成的。

1981年8月，我收到《人民文学》杂志王扶来信，说她下月来沪组稿，希望我写篇科幻小说。

我从未给《人民文学》投寄过科幻小说，只知道这家杂志是中国文学界权威性刊物，对稿件要求颇严，未敢贸然动笔。

9月17日，王扶来我家访问，我谈了大致设想，阐述了《腐蚀》的主题。她很赞赏，叫我赶紧写出来。

我花了两天时间（18日、19日）写出了《腐蚀》初稿，21000字。

这篇小说是以我一年前到新疆罗布泊参加搜索彭加木时的见闻作为基础的，小说以沙漠为背景展开。当然，小说中的故事与彭加木事迹迥然不同，不过，从方爽身上，可以看到彭加木的献身精神。

20日上午，我骑自行车到静安宾馆，把初稿送交王扶，正巧，作家张士敏也在那里。

22日上午，王扶再度来我家，谈了对《腐蚀》的意见。她肯定了小说的主题，认为思想有深度。

她提出以下意见：

一、删去第二段。

二、减少叙述，加强人物心理描写。

三、诺贝尔奖金委员会来电过程可删。

四、钛，可加以发挥，进行比喻。

五、无形的腐蚀剂，可以发挥。

六、着重写好王璁。初稿中方爽是立起来了，形象鲜明，感人。王璁写得太露。着重写王璁矛盾的心理。他内心是痛苦的。他有才气，聪明，杜微是喜欢他的。王璁与李丽爱情线可保留，方爽与李丽爱情线应删去。结尾出人意料，很好。

总之，立意好，故事完整，文字流畅，缺点也很明显。作者似乎过于冷静。要着力写好王璁。

我觉得王扶的意见是很中肯的，决定重写一稿。当时我忙于写别的小说——《魔盒》。

完成《魔盒》之后，我又花了两天时间，写好了《腐蚀》二稿，于国庆前夕寄出。

10月30日，我收到王扶10月27日信，说："该稿已发到第11期上，我只在文字上稍作了些修饰，未大动。"

能在《人民文学》上发表，我当然很高兴。没有王扶力促其成，也许我不会写这篇小说。

《腐蚀》在《人民文学》发表之后，马上被《小说月报》全文转载。

此后，《腐蚀》被译成英文、德文在国外发表。

《腐蚀》在全国性"反腐倡廉"的口号提出之前多年，就指出应该"拒腐""反腐"，尤其是在思想上筑起"反腐蚀"的堤坝。

1997年《科幻世界》重新发表《腐蚀》，曾加了如下《编后语》：

《腐蚀》曾刊载于《人民文学》，颇得读者好评。当年，在全国优秀短篇评奖时，它得了不少选票，但出于文学界对科幻的"排异反应"，《腐蚀》未能入选。此事，一位知内情的资深编辑向我诉说，很有些不平。

岁月的流沙无法掩埋真金。十余年后，再看《腐蚀》仍很感动。个别知识分子看重名誉以至沽名钓誉，不择手段——"名"的诱惑也是一种腐蚀剂，使科学偏离方向，使科学家走向歧途。叶永烈用简练的文笔，生动的情节，以大漠为背景，讲述了一个动人心魄的故事。

十余年过去了，当年评奖的事以及评出的"全国优秀"的有些篇什早被人遗忘，而《腐蚀》却让人难忘。可见，我们的科幻作家只要写出佳作，评不评奖无所谓，只要在读者心中留下深刻印象，让读者有所收获，便大可高兴一番。从这个意义上讲，我们的科学家、科幻作家都该——拒"腐蚀"。

《黑影》遭到政治性"大批判"

对于我来说，1983年11月3日遭到《中国青年报》的政治性的"大批判"，是永远难忘的……

当时，正处于"清除精神污染运动"的高峰期。《中国青年报》科学部赵某，借"清除精神污染运动"时机，对我进行突然袭击——因为在发表那篇文章的10多天前，在北京香山开会，我天天都与《中国青年报》科学部负责人赵某见面，他从未提起。

当时，我处于异常忙碌之中，根本没有感到一场政治性的“大批判”正在朝我逼近：

10月22日，我还带领中央电视台《小灵通》摄制组到《中国青年报》，采访印刷厂，准备在那里为电视片拍摄一些镜头。

接着，我又在北京郊区以及军事博物馆等许多地方采访。

10月29日晚，我从北京乘火车前往沈阳，10月30日到达。

在沈阳，我又忙于一系列新的采访：沈阳第一机床厂、沈阳贝雕厂、沈阳羽毛画厂、沈阳音乐学院以及“全国烹饪冠军”刘敬贤。

11月1日下午，我在沈阳作创作讲座，几百人听讲。讲座毕，回答听众的诸多提问。当晚前往抚顺。

11月2日，我前往抚顺龙凤煤矿采访，换上矿工服，下到地下650米处的“掌子面”。下午，又去抚顺雕刻厂采访。

11月3日上午，我乘飞机从沈阳回上海。

沈阳的文友王守勋来送我，问道：“永烈，今天的《中国青年报》你看了没有？”

我说：“没有。”

他说：“对你的‘大批判’升级了——上了头版！”

我说：“是吗？前几天我在北京还跟《中国青年报》通电话，他们一句也没有说起要发表‘批判’我的文章。”

他说：“‘大批判’向来是突然袭击，哪有事先打招呼的？”

我飞回上海。由于从10月17日离家之后，已经半个月不在家，一回到家中，桌上积信盈尺。我忙于处理积信。

本以为当天傍晚可以看到《中国青年报》。但是傍晚只在信箱里拿到当天的《新民晚报》。

翌日上午，邮递员终于送来11月3日的《中国青年报》。果然，在头版赫然登着《思想上的黑影》。至于署名，按照“惯例”，向来是署一个谁都不知道的笔名——贵一。

后来，我从《中国青年报》的朋友那里得知，这篇“大批判”文章原本是点了作者叶永烈的名字。大样送到总编手中，总编圈掉了我的名字。总编说："叶永烈是全国青联常委。我们《中国青年报》不能随便点叶永烈的名字。"

其实，在此之前，《中国青年报》不知点过我的名字多少次。只是过去都发表在《长知识》副刊的"科普小议"专栏里，总编不大注意。这一回，发表在头版醒目地位，引起总编的注意。

比起过去的"批判"，这一回确实是"升级"了：

最初，关于我的《世界最高峰上的奇迹》的"争鸣"，只限于作品的科学性，是否"伪科学"。

接着，关于我的《X-3案件》以及"惊险科幻小说"的争议，还只限于作品的"商品化"倾向；

再接着，关于我的《自食其果》的"批判"，已经从"思想倾向"上着眼，认为是"资产阶级思想倾向"；

这一回，关于我的《黑影》的"大批判"，则升级到政治高度。《黑影》被称为"科幻小说中的《苦恋》"。《苦恋》，作家白桦的小说，当时被作为"资产阶级自由化"的"典型"。

《中国青年报》在发表《思想上的黑影》一文之前，加了一段"编者按"：

在1983年遭到猛烈"批判"的叶永烈的《黑影》（初版本封面）

编者按：从50年代以来，科幻小说在我国青少年中拥有大量读者，它们基本趋向是积极健康，引人向上的。但是近几年来，资产阶级自由化思潮和商品化的倾向，正在严重地侵蚀着我们的某些科幻著作，也在通过这些所谓"科幻小说"污染着青少年读者的心灵。在这些小说里不仅出现了追求荒诞无稽，渲染恐怖凶杀、低级下流，以及宣扬伪科学和反科学的倾向，甚至出现了一些违背四项基本原则的作品，值得我们注意。

《中国青年报》的编者按，把《黑影》作为"违背四项基本原则的作品"，

思想上的黑影

——读惊险科幻小说《黑影》有感

·贲　一·

编者按：从五十年代以来，科幻小说在我国青少年中拥有大量读者，它的基本趋向是积极健康，引人向上的。但是近几年来，资产阶级自由化思潮和商品化的倾向，正在严重地侵蚀着我们的某些科幻创作，也在通过这些所谓"科幻小说"污染着青少年读者的心灵。在这些小说里不仅出现了追求荒诞无稽，渲染恐怖凶杀、低级下流，以及宣扬伪科学和反科学的倾向，甚至出现了一些违背四项基本原则的作品，值得我们注意。

《黑影》又名《鬼山黑影》，是一部科幻小说，先在报纸上连载，然后出了单行本。

这部小说中的"科学幻想"是穿壁衣，谁只要穿上这件宝衣，就可以毫无阻挡地穿过墙壁，不论多厚的墙或是山，一撞就穿过去了。小说讲得明白，这个幻想的发明者是清朝的蒲松龄，他在《聊斋志异》中写的《劳山道士》就讲过穿壁术。《聊斋志异》里的王生，上山求仙，遇见一个道士，道士叫他砍柴。他不愿吃苦，砍了两三个月就要下山，求道士教一点仙术。道士教他穿壁术，当场试验，十分灵验。谁知回到家，表演给妻子看的时候，头碰硬壁，额上撞起一个大包。在这篇文字中，穿壁只是一个无根据的幻想，碰壁才是实实在在的后果。古人的评论说得好，娇惰的人幻想两三个月内学到仙术，必然头碰硬壁，并感叹地说，凡是想剽窃一二以盗名欺世，不碰破头的人实在太少了。

由此看来，蒲松龄写穿壁术，原来是一种文学手法，他应用得十分巧妙而又合理。《黑影》作者把这个幻想拿过来，企图赋它以科学性，并在小说里对穿壁术作了"科学"的说明："发明了一种特殊的发射器，能够在瞬间发出强大的某种波，使一种固体穿过另一种固体，彼此乘隙而过。"

至今为止，我们仍不知道《黑影》作者所说的"某种波"为何物，它仍然是一个神话。不过，穿壁术在小说中仍然有作用，为主角娄山提供了自由出入国境提供了方便。它的作用，与《封神演义》里土行孙的土遁一样，只是为文学主题服务的法术而已。就是说，《黑影》并非真正的科幻小说，而是带有幻想味的小说。当然，小说里还有不少侦探故事，大多游离于主题以外，可以暂时不去管它，让我们把注意力集中到主要人物娄山身上来。

娄山的命运是随着小说的主题"报国无门"而展开的。他在回忆录式的自述中，把国民党的垮台和新中国的成立看作是"城头变幻大王旗"，而他们一家对共产党却是又爱又怀疑。

娄山是个华侨青年，在没有回国以前，存在着这样那样的看法，原是可以谅解的。他怀着爱国之心，于六十年代初回到祖国。他上了四年大学，参加了工作，思想并没有进步，反而增添了许多牢骚。攻击共产党员都是满嘴政治术语、开口闭口讲大道理的人，把他当作每一次政治运动的靶子，进行无端的"批判"。而更严重的是娄山在回忆这段生活以后，引用了鲁迅刻画封建礼教吃人的话来作为结束语：

"黑漆漆的，不知是日是夜。赵家的狗又叫起来了。

"狮子似的凶心，兔子的怯弱，狐狸的狡猾。……"

这段话，引自鲁迅的《狂人日记》，所谓"赵家"，是小说里封建宗教势力的代表。

祖国四年的大学生活，娄山的思想无端地日益右转了，作者给他的任务是，用反封建的鞭子来抽打社会主义的祖国，他已经把共产党比作赵家了。

到了十年浩劫，回国不久的父亲被迫害致死，娄山也被关进"牛棚"。后来，他逃了出来，带着穿壁衣，偷越国境，回到了他生活过的哈米市。在国外，他被当作窃贼受到了追捕。这时，发表了一篇颇为奇怪的议论："我意识到，在歌舞升平、繁华文明的哈米市，也同样有着搜捕、抄家、株连……"是一样的。

从此，娄山产生了厌世思想，既不愿意留在"歌舞升平"的资本主义社会，又不想生活在不繁华文明的社会主义社会。既然小说是把娄山当作"爱国者"的典型来塑造的，因此，娄山还是从哈米市回到了祖国，可是，他不爱祖国的人民，再没有回到人民中间。而是藏进了人迹罕至的荒山——鬼山。在长达几十年的时间里，未曾与任何人接触过，直到头发白了，才被公安人员发现。在这里，作者充分应用了幻想，在几十年的长时间里不让娄山知道党和人民已经粉碎了四人帮，而制造出了一个"世外人"，成为鬼山上的"黑影"。

娄山总结了自己的经历，思想极其消极灰暗，终于走进了没有出路的荒山。娄山已不再关心祖国的前途和人民的命运，对祖国的感情是冷漠的，对党不信任，对社会主义祖国是没有信心的，他只想到自己的前途，做一个自由自在的人。

通过娄山这个人物和他的环境的塑造，散布怀疑和不信任，宣传做一个"自由自在的人"，这就是这篇小说真正的主题。

本文只是列举事实，希望人们注意存在于科学幻想小说中的精神污染。

1983年11月3日《中国青年报》第一版《思想上的黑影》

足见问题的严重性。

也就是说，这一回是从政治上进行"大批判"！

那篇《思想上的黑影》内中写及：

《黑影》并非真正的科幻小说，而是带有幻想味的小说。

娄山的命运是随着小说的主题"报国无门"而展开的。他在回忆录式的自述中，把国民党的垮台和新中国的成立看作是"城头变幻大王旗"，而他们一家对共产党却是又爱又怀疑。

娄山是个华侨青年，在没有回国以前，存在着这样那样的看法，原是可以谅解的。他怀着爱国之心，于60年代初回到祖国。他上了四年大学，参加了工作，思想并没有进步，反而增添了许多牢骚。攻击共产党员……的人，把他当作每一次政治运动的靶子，进行无端的"批判"，而更严重的是娄山在回忆这段生活以后，引用了鲁迅刻画封建礼教吃人的话来作为结束语：

"黑漆漆的，不知是日是夜。赵家的狗又叫起来了。

"狮子似的凶心，兔子的怯弱，狐狸的狡猾……"

这段话，引自鲁迅的《狂人日记》，所谓“赵家”，是小说里封建宗教的代表。

祖国四年的大学生活，娄山的思想无端地日益右转了，作者给他的任务是：用反封建的鞭子来抽打社会主义祖国，他已经把共产党比作赵家了……

娄山总结了自己的经历，思想极其消极灰暗，终于走进了没有出路的荒山，娄山已不再关心祖国的前途和人民的命运，对祖国的感情是冷漠的，对党不信任，对社会主义祖国是没有信心的，他只想到自己的前途，做一个自由自在的人。

通过娄山这个人物和他的环境的塑造，散布怀疑和不信任，宣传做一个“自由自在的人”，这就是这篇小说真正的主题。

本文只是列举事实，希望人们注意存在于科学幻想小说中的精神污染。

《黑影》被定为“科学幻想小说中的精神污染”“违背四项基本原则的作品”，这表明不再是“争鸣作品”，而是政治性的“大批判”了！

关于《黑影》的写作经过，我在《黑影》的英译本序中，曾经详细写及：

吴定柏先生花费了半年多时间，终于把拙著《黑影》译成英文。现在，《黑影》与美国读者见面了，不能不首先感谢吴定柏先生的辛勤劳动。

《黑影》是我在1980年10月至11月间写成的科学幻想小说。中国广州的《羊城晚报》于1981年元旦起，连载这部小说，至3月27日才载完。《羊城晚报》是发行量达100万份以上的报纸，逐日连载这部小说，在读者中产生了广泛的影响。

1981年5月14日，《羊城晚报》发表知习先生的评论，指出：

“叶永烈同志的《黑影》连载完了。这篇小说吸引了不少读者。对它的赞扬与议论，我听到就不少……有人评价它属于威尔斯的什么‘软派’，而不属于凡尔纳的什么‘硬派’，不一而足。我想，再也没有比自己作品的热烈反应更能使作者高兴的事情了……”

《黑影》连载以后，《羊城晚报》报社以及作者收到了许多读者来信。其中有一位读者说他自己就是《黑影》的主人公娄山，希望我到广东采访他，为他写报道。

1981年4月，北京的地质出版社出版了《黑影》单行本，印了82000册。1982年，北京和广州的两家出版社，分别出版了两种不同版本的《黑影》连环画，印了150万册。

在《黑影》单行本的后记里，我曾谈到这本书的写作经过：

“在这本《黑影》中，我着力于写人物的命运和感情。

“这本小说几乎是一气呵成的。这大概是由于作者在十年浩劫中，身上也留有类似于娄山那样的伤痕。那黑暗的岁月终于过去，但是那深刻的历史教训值得永远记取。”

为了写作《黑影》，我曾采访了一位中国著名的研究跳蚤的教授。她的身世使我感触颇深。她的丈夫是中国著名的研究虱子的教授。夫妇俩在中国“文化大革命”中遭到残酷迫害。那黑暗的十年，是许多外国人很难理解的。《黑影》中，有这对夫妇的影子。正因为这样，《黑影》虽然是科学幻想小说，可是，却从一个侧面反映了中国的现实。

中国的科学幻想小说很少被译成英文出版。Donald A. Wollheim先生热情来信，希望把中国科学幻想小说介绍给美国读者。在本书出版之际，谨对Donald A.Wollheim先生的盛意和鼓励，表示感谢。

叶永烈

1982年2月17日

于上海，中国

《中国青年报》对于《黑影》的“政治性批判”，除了一些文摘报纸作为“清污动态”加以摘载之外，再也没有见到响应性文章。随着“清污运动”的结束，不了了之。

在《黑影》连载于《羊城晚报》5年之后，读者仍记得《黑影》，而且建议拍成电视连续剧。读者根本没有感到《黑影》是“科学幻想小说中的精神污染”“违背四项基本原则的作品”。

值得一提的是，被贵一定为“散布对社会主义制度的怀疑和不信任”的《黑影》，在1992年得以重新出版。1999年，《黑影》作为“20世纪中国科幻小说精品”，由海燕出版社出版。同年，《黑影》作为《叶永烈文集》中的一卷，由人民日报出版社出版。

对于我来说，1983 年 11 月初的《黑影》遭到政治性“批判”事件，是创作的转捩点。从此我华丽转身——告别早年的科普、科幻小说创作，转向中国当代重大政治题材的纪实文学创作。

1999 年《黑影》作为 20 世纪中国科幻小说精品出版

在我离开科普界多年之后，我注意到，2007 年 8 月 20 日上海发表署名许兴汉的《为何只有一个叶永烈》的文章，内中写及：

漫步今年的上海书展，各类著述，煌煌大全；签售活动，丰富多彩。但作为一个科普读物的爱好者，笔者在翻阅书架时，却发现书展中科普类读物很少，同时，在整个书展期间举办的 250 多项签名售书和演讲报告活动中，也仅有一项活动是和科普读物有关的，而这项活动的主角依然是老科普作家叶永烈。

这么多年了，为什么我们的出版界一搞科普读物的新书见面会，推出的依然只是一个叶永烈呢？

说起科普读物，它在提升我们社会公众特别是广大青少年的科学素养和精神文明水平上的作用是不言而喻的。特别是在当前网络迷信肆虐，“占卜”“算命”沉渣泛起之时，引导青少年多读一点优秀的科普读物，以科学知识、科学方法和科学精神来武装自己的头脑，是很有必要的。但是，一个时期以来，好的科普作品少，好的科普作者少，一直是困扰科普读物出版发行发展的一个主要瓶颈，难怪在这次书展上，要搞科普读物的推广，最终还是只能请老科普作家叶永烈“出山”才行……

科学要战胜迷信，科普读物的作用不可小觑，愿我们全社会，特别是广大科技工作者和科普工作者重视科普创作，重视科普读物的出版发行工作，并在实践中造就出更多的“叶永烈”来，为新时期的科普宣传工作做出应有的贡献！

第六章　**华丽转身**

进入上海作协当专业作家，我对专业作家的队伍进行分析：除了我之外，几乎都是小说家。尽管我也可以写小说，但是我以为我的长处和优势仍在报告文学。因此，我认为，我仍保持自己的特色为好。

在《收获》发表小说《青黄之间》

在我的科幻小说遭到猛烈“批判”的时候，我开始“转向”——转向纯文学。

如今，人们总是习惯地称我为“纪实文学作家”。在此之前，人们则称我为“科普作家”。然而，在我早年从事科普创作和后来从事纪实文学创作中间，我曾经一度十分“卖力”地写过纯文学小说，并在《人民文学》《收获》等纯文学刊物上发表，这却鲜为人知。

当时，随着年岁的增长，“四十而不惑”，我渐渐觉得，尽管科普创作就普及科学知识而言是非常重要，是必不可少的，但是就思想内涵而言，未免太肤浅了。我逐渐离开科普的轨道，开始“转轨”。我“转”到小说之轨，致力于纯文学小说的创作。那时候，在我看来，只有写纯文学小说，才是“主流文学作家”，是“最高档”的文学创作……

我的小说《青黄之间》，就是在“转轨”时期创作的。这篇小说，反映了电影制片厂新老导演之间的矛盾，发表在1983年第5期《收获》杂志上。

《青黄之间》酝酿颇久。我在电影制片厂工作了18个春秋，从一个新导演经历了“媳妇熬成婆”的曲折过程，很想把内中的甜酸苦辣写成小说。大约是这18年的生活给我提供了极为丰富的创作源泉，所以我构思成熟之后，下笔飞快，可以说是“文思如涌”。在1983年4月15日至16日两天之内，我便写完了初稿，22000字。

我当时是打算给东北的《春风》文学月刊，因为他们正向我约稿。我给他们写过《心中的墙》等小说。

写完小说，给“第一读者”妻和长子看，他们都说好。妻不写作，但是平常爱看小说，也就具备了一定的鉴赏眼光。她显得非常兴奋。长子拍手叫好。

妻说：“给《收获》！”

我很犹豫。众所周知，《收获》是中国纯文学名牌杂志，何况与我从无联系，我不认识《收获》编辑部任何人。他们也从未向我约稿。尽管我已经出版几百万字科普作品，但是就纯文学小说创作来说，我还是一个新手。

《收获》是上海作家协会主办的。我当时已经离开电影制片厂，在上海市科协担任常委、上海科普创作协会副理事长，与上海作家协会没有多少联系——直至4年之后，1987年，上海作家协会招聘首批8名专业作家，我去应试，获准，这才进入上海作家协会工作……

妻又说："试试看嘛。不用，顶多退回来，怕什么？"

我以为妻的话言之有理。

4月18日，上海电视台要在上海溶剂厂拍摄一部电视片，摄像师为虞敏，邀请我担任导演。一大早，我路过徐家汇邮局的时候，把稿子挂号寄给了《收获》。我只写编辑部收。

5月1日，住在我家附近的上海文学研究所张唤民去"老虎灶"泡开水，顺路来我家。上海文学研究所是上海作家协会所属的研究所。他告知："《收获》的编辑唐岱凌，托我转告，请你打电话给他。你写的关于电影厂的小说，他们打算用。"

当时，我还不知道"唐岱凌"三个字怎么写，问了张唤民才知道。

他取出唐岱凌的一封信，交给我：

叶永烈同志：

您好！

多谢您对我刊的热忱支持！

大作《青黄之间》已拜读，总的感觉不错，形式别致。"导演我"和"摄影大老王"两个形象也有现实意义。但厂长、汤导演和小方这三个人物略觉单薄了些。我们有些修改意见，想面谈一次，不知您何时有空？您自己定个时间，打电话告诉我们即可。

此致

敬礼！

《收获》编辑部
唐岱凌
1983.4.30

“劳动节”休假结束后，5月3日上午9时，我打电话给唐岱凌，约定下午谈。

下午3时，去上海作家协会——《收获》编辑部就在那里。唐岱凌40多岁的样子，戴眼镜，旁边坐一位50多岁的女士。

唐岱凌告知：“你的小说，经四位编辑看过，一致同意采用。小说立意新，题材新，手法新，而且把杨导演、大老王的形象都写出来了。”

意见：

(1) 厂长的性格有了，但是内涵不深。厂长为什么不敢用新导演？没写透。厂长是实权派，又懂业务。青黄之间，干部是关键。

(2) 汤导演也不深。他仅是因为有相似的经历，还不够。他为什么支持杨呢？要写深。

(3) 小方，太薄。只写了同学关系。要写深。写好以上三个人物，会有利于写好主要人物。

(4) 大老王，性格出来了。还可写他与杨导演在艺术上的新旧不同见解，说明矛盾的原因。

(5) 中篇嫌短，短篇嫌长。还是压缩一下，作短篇，很精彩。前边四页，那位记者可删去。只提一下有记者来访，就行了。

另外，“东山”“西山”之争，要写透。

唐岱凌说，以上意见，供参考。改不改，你定。一字不改，也可以。又要压缩，又要挖深，是难的。我们这儿对作者要求是严的。

后来，一位年纪较大的男编辑进来，也谈了一下，认为文字上还可更漂亮一些。看过你的其他作品，觉得文字都不错。你完全可以写得很漂亮。

另外，小说中的张厂长、汤导演，容易使人想及张骏祥、汤晓丹，改一下姓为好。以免作品发表后，引起不必要的麻烦。

我谈及自己在电影厂里的经历，小说中许多情况有其事，甚至是我自己的经历。我说及，如《小花》摄制组，影片中把黑白片染红与彩色片混用，评论家以为创新，实则因厂领导不重视，只给一部分彩色片，于是，旧社会的那段，只好用黑白片，染红。上映后，打响了，反而以为是新手法。又如，“大老王”，上影厂确有其人，也叫“大老王”，而且曾与我共事。谈及电影厂的摄影师业余给红白喜事拍照，赚“外快”，他们都认为这样的细节很生动。

最后问及修改时间，他们知道我这个月要拍电视片，希望我抓紧，尽可能在最近几天内改出来。

我回家，妻马上端了张方凳，坐到我跟前，细细问及《收获》编辑的意见。听罢，她显得特别高兴，因为这表明她最初关于投寄《收获》的意见是完全正确的。她见到我的桌上摊满信件，要处理，她说晚上帮我处理，要我赶快集中精力改好《青黄之间》。

我不由得记起《人民文学》编辑王扶对我说过的话："我们《人民文学》还组点稿。《收获》是不组稿的。你愿意，投来！"

我的印象中，《收获》的"门槛"是很高的。第一次给《收获》写稿，况且不认识任何人，就受到热情接待，稿件处理迅速，意见诚恳，使我很受感动。我一再说，写文学小说，我还很缺乏经验！

从谈话中得知，唐岱凌印象中我在电影厂工作，曾给厂里打过电话，找我，厂里说"叶永烈调出去了"。于是，他写信给我。不知什么原因，这封信我一直没有收到。他只好托小张前来转告。

这一次，妻立了一功。没有她坚决主张投给《收获》，我是不会寄去的。

不久，《青黄之间》在1983年第5期《收获》杂志发表。

后来，《青黄之间》在1999年在北京重新发表，乔舒在1999年第11期《科学新闻周刊》上发表评论《甜酸苦辣奏鸣曲——读叶永烈的小说〈青黄之间〉》：

> 读完著名作家叶永烈的小说《青黄之间》，我同小说主人公杨平一样，心里甜、酸、苦、辣搅在一起，似乎总想说点什么。
>
> 小说针砭时弊，提出了当代中国各行各业都普遍关心的一个重大命题：怎样彻底摒弃陈旧的人才观，尽快将青年人才推上事业的前台，让优秀人才脱颖而出，勇敢地挑起新时期的重担，这是值得我们认真思考的问题。
>
> 遗憾的是，在我们的日常生活中，"伯乐"不常有，而叶公好龙者却随处可见。《青黄之间》描述的正是这样一个生动的故事。
>
> 40多岁的导演杨平已不算年轻，虽然在电影厂已经摸爬滚打了20多年，但在满头白发的"强导"姜导看来，只不过是一个"老助理"而已。在厂里召开的电影创作会上，"强导"们口若悬河，眉飞色舞，小导们只能照例坐在墙角，一言不发。用杨平的话说："那不是我们'小盗'可以多嘴多

舌的地方。”当一向擅长“红烧头尾”的厂长在一次座谈会上大声疾呼“我们厂的导演人才青黄不接、后继乏人”时，杨平按捺不住心头奔突的烈火，从座椅上霍地站了起来，冲着厂长说着:“我看关键不在导演，关键在领导!”他在如数家珍般揭露电影厂57个导演，一年只拍10部戏的事实后，毫不留情地批评厂长:“只要你丢掉框框，大批的导演就站在你的眼前!”

没有想到，这一重磅炮弹，却使杨平意想不到地领到了独立承接导演新片《新花》的“驾驶执照”!

然而，戴着有色眼镜看待青年人才的，又何止一个厂长!电影厂的“四大金刚”之一的姜导就是其中之一。连《新花》摄制组的老摄影王文江也不把杨平看在眼里。在厂长看来，杨平还嫩了点，不是不让你们独立行走，我怕你们摔跤……头发白了，小媳妇自然而然地会当上婆婆的；在姜导看来，《新花》导演的基本功还不行，从鸡蛋里挑出许多骨头；至于本该充当导演臂膀的老摄影大老王，更是固守着“焦点不虚，曝光正确”的信条，甚至可以把杨导演甩到一边自作主张地指挥摄制组拍下一连串败笔，闹出轰动全厂的“西山事件”。多亏秦导演慧眼识珠，建议厂长换掉了大老王，启用摄影助理小方，才顺利完成了《新花》的制作。没有想到，一波未平，一波又起，在厂审会上，姜导发难，差一点将《新花》打入另册。由于电影局长听说了这场争论，把影片带到了北京，出乎意料通过了部审，并且在公演后受到观众好评，被称赞为风格新颖的好影片，杨平才算一炮打响，成了电影界新秀。接着他又成功地导演了新片《军港的黎明》，从此名声大噪，一时成了记者争相采访的“新闻人物”。

小说篇幅不长，读来却耐人寻味。掩卷之余，笔者想起18年前曾拜读过叶永烈的另外一篇“小字辈”和“老字辈”的议论文，说的是曾经荣获1980年文化部“优秀影片奖”的国产新片《小字辈》，电影的4位编剧也是30多岁的年轻人，与杨平的遭遇不同的是，长春电影制片厂的著名导演王家乙甘为人梯，鼎力推举4位小字辈从他肩头跃过去。《小字辈》与《新花》形成鲜明的对照，但却异曲同工，说的都是一个道理。

“奖掖青年，提携后人”“给年轻人腾位子，压担子”这些老话我们已经喊了多年，做起来却不是那么容易。看来光靠少数“伯乐”是无济于事的，仅仅有政策导向也还不能解决根本问题。论资排辈的传统观念根深蒂固，嫉贤妒能的习惯势力顽固不化，在市场经济的新形势下，唯有靠新的竞争机制，通过淘汰、流动，才能沙里淘金，择优选拔出出类拔萃的优秀人才。当前，我们正面临世纪之交，随着改革开放的深入发展，如何做好培养人才、使用人才、选拔人才、重用人才这篇大的文章，需要全社会共同努力。

叶永烈是一位成就卓著的中年作家，多达数十卷的叶永烈文集即将付梓出版。作家所提出的这个社会大题目，还需要我们继续深入思考，让我们一起来做好这份答卷。

《青黄之间》的发表，使我对纯文学小说产生浓厚的兴趣。那一时期，我很“卖力”地写纯文学小说。后来，我出版了我的中短篇小说选集《爱的选择》，算是我在文学小说创作中的收获。

就在我致力于纯文学小说创作的同时，我的科幻小说的“文学含量”明显增加，与我早期的科幻小说明显不同。这一时期我写的科幻小说，从某种程度上说，其实已经是纯文学小说。我发表在 1981 年 11 月《人民文学》杂志“头题”的科幻小说《腐蚀》，实际上可以说是一篇纯文学小说。

在角逐当年文学最高奖“全国优秀短篇小说奖”时，初选时《腐蚀》已经“入围”，最后被淘汰出局。如果当时获奖的话，也许中国文坛上就不会出现“纪实文学作家叶永烈”，而在小说家的阵营中多了一个叶永烈！

在写小说的同时，我还写了不少散文。这一爱好一直保持到今日。我已经出版了多本散文集。我的多篇散文，被选入各种散文选集。1999 年，贾平凹主编的“中国当代散文精品文库”，收入《叶永烈散文》卷。

在这里，顺便提一下，妻极力主张我应当在《收获》杂志上发表作品，还因为她与《收获》曾经有过一次“过节”。我手头保存着她在 1980 年 8 月 30 日致《收获》编辑部的信的底稿：

《收获》杂志编辑同志：

你们好！

我是一位中学语文教师，叶永烈的爱人。最近，在我们学校的教师、学生中，正在纷纷议论贵刊今年第三期沈修的短篇小说《夜客》。人们并不是在谈论小说本身，而在于小说采用了“叶永烈”这三个字作为它的主人公的名字。

叶永烈是知名作家，全国各报刊发表过他1000多篇作品，各出版社出版过他写的40多本书。《人民日报》、《光明日报》、中央人民广播电台、上海人民广播电台、新华社、中国新闻社等都介绍过叶永烈的事迹，上海电视台拍摄过关于叶永烈的电视片。广大读者，特别是广大青少年对叶永烈的名字是很熟悉的。国外报刊、电台，也介绍过叶永烈和他的作品。

可是贵刊发表的小说《夜客》，却用这样一位读者熟悉的作家名字作为主人公的名字，写他的政治生涯，写他的“男女关系”，写他的“离婚”等等，这使许多读者误以为真，感到莫名惊讶。我们学校有的老师还问我，看了这篇《夜客》气不气？据说，一家工厂的工人们看了小说，把小说的“叶永烈”当作真叶永烈，说道：“叶永烈原来是这么个人！”

当然，小说是虚构的，小说中的人物姓名也是虚构的。然而，采用人们十分熟悉的作家的名字，恐怕是很不妥当的。因为这样做容易给人以错觉，产生的社会影响很不好的。贵刊是中国作家协会上海分会办的，叶永烈既是中国作家协会会员，也是上海分会会员，贵刊应当尊重一个会员的声誉。

另外，顺便说明一下，我认为沈修同志的小说《夜客》是写得不错的。遗憾的是，取人物的名字不慎重。如果能把主人公的名字改一下，那就好了。

以上意见妥否，请复。

致

礼！

杨蕙芬

1980年8月30日

上海狱中录音采访徐景贤

我不仅敢于前往“风暴中心”陈小蒙家中采访，而且还在上海市监狱采访了前上海市委书记徐景贤，显示了我敢于闯入“禁区”的勇气。后来，我在1988年独家采访前中共中央政治局常委、毛泽东政治秘书陈伯达，正是“发扬光大”了这种闯“禁区”的勇气。

前往狱中访问徐景贤，在当时不便透露。如今，已成了一桩“旧闻”，徐景贤也已经去世，姑且把当时的采访手记摘录于下：

那是1984年11月9日，我前往上海提篮桥监狱采访一些犯人。经过允许，去看一看徐景贤。徐景贤曾任中共上海市委书记，是“四人帮”在上海的重要帮派头目。由于徐景贤的身份敏感，当时我只作随便的谈话，不作正式的采访。

那时，徐景贤关押在八监三楼，跟上百名一般的刑事犯关押在一起。但是，他与王秀珍、陈阿大、潘国平、朱永嘉、萧木等，分押于不同的队，彼此之间不见面（据云，后来过了若干年，把他们集中在一起）。

八监是解放前遗留下来的旧监狱。三楼，一溜数十间牢房。每间约三个平方米，无窗，正面是铁栅栏牢门。一般是每间睡三人。

一上楼，在第一间里，我便看见了徐景贤。他正坐在里面。看上去，他比往日消瘦，脸色白皙，依然留着小分头，没有剃成光头。他穿一身蓝色囚衣，胸前印着白色囚号——45号。铁栅栏门开着。门前是工场，许多囚犯正在那里糊宫灯。那宫灯是用一张张旧报纸糊起来的。徐景贤没有干活，却正津津有味地在那里看旧报纸。

他见到我手中拿着录音机，便很有兴致地跟我谈了起来。他对我说：“我的腰不好，直不起来。最近好一些，在做推拿。现在马马虎虎。我的腰原本就有毛病。来这里以后，队上比较关心，给我治疗。这里的医疗条件还是可以的。当然，跟当年在华东医院看病不能比。药物还是能够保证的。推拿还是蛮好的。本来，我是不相信气功的，因为我以为气功究竟是不可见的，因而也就不可信。推拿不一样，接触身体，看得见、感得到。试了几次，有效果。”他依然“秀才”本色，讲起话来滔滔不绝。

陪同我的监狱工作人员介绍说：“他现在精神比过去好多了，人也胖了些。最近牙齿有些毛病。”

徐景贤说，不慎跌了一跤，有两个牙齿不好。他张开嘴巴让我看，说上面的牙齿是新配的。最近一段时间，身体确实好一些，经常参加学习。

我问：“写不写思想汇报？”

徐景贤说：“每周写一次思想汇报，一直坚持这么做。现在的学习内容，跟我自己过去干的事情关系特别密切。围绕的问题，就是彻底否定'文革'的问题。最近我在学习中共十二届三中全会的公报和中央的决定。这就要花一点力气了。自己感觉到跟不上形势，所以要好好学习。"

我问："最近在看什么书？"

徐景贤答："我在学习《邓小平文选》，在学中共中央关于建国以来党的若干历史问题的决议，在学党的十二大的文件。最近，在十二届三中全会的决定、公报出来以后，就重点学习这些文件。另外，我还在看一些打基础的书，《从鸦片战争到五四运动》和近代史的书。这里大队的领导同志，对我很照顾，允许我从家里带一些书来，也让我到大队图书馆借一些书。我很喜欢看书，晚上看得很晚。"

我问："晚上看到几点？"

徐景贤说："领导上给我特殊照顾，别人熄灯了，我还可以开灯看书，看到夜里十一二点。这里，按规定是三人住一间，我却一个人住一间。"

徐景贤说着，带我到隔壁一间去，铁门上挂着的卡片上写着"徐景贤"，原来这一间才是他住的。墙角有一盏电灯，罩着纸罩。

徐景贤告诉我："在这里，灯一般装在走廊里，屋里是不装电灯的。领导上特许我装电灯，所以我要加强学习。最近，准备写一份关于自己的认识。总的来说，我的精神面貌变化比过去大一点。对于自己的问题，逐步逐步深化了认识。这样，也就想通了一些。"

徐景贤陪着我去看别的囚犯做宫灯。他们先是用报纸一层层贴成硬纸板，再剪成一块块，拼装成宫灯。

我问徐景贤："你平时也做宫灯吗？"

徐景贤答："我不会做。我发挥我的特长。比如，那幅图表，就是我参加设计的。"

说着，徐景贤指了指楼梯口，那里挂着一幅半张乒乓桌那么大的图表，上面画着中华人民共和国35周年的一些数字、指标。他说："那幅图表，讲了35年来的成就。我们四五组的几个人一起商量，搞一点什么内容。他们会搞美术，我帮他们一起构思，画出来，作为我们自己教育自己的一份教材。"

徐景贤还说道，不久前，他的父亲生病，监狱领导派了车，送他回上海郊县奉贤老家探望一次。徐景贤感叹地说："这使我深受感动。在'文革'

中，在我掌权的时候，我对被关押的‘走资派’，不可能这样做。”

吃中饭了，徐景贤才结束了跟我的谈话。我发觉，他走路时，腰略微弯着。

后来，徐景贤刑满释放。在1996年至1997年，我与徐景贤多次见面、交谈。徐景贤跟我提及1984年那次在上海监狱的采访说：“叶永烈，你的‘本事’真大，居然拿个录音机到监狱里采访我。我到今天还弄不清楚，你跟上海市监狱有什么‘铁关系’？”

关于专业作家的大讨论

我“转轨”到报告文学创作，已经离开科普创作越来越远，已经越来越不适合于在上海市科协工作了——因为上海市科协最初根据方毅副总理的批示，调我到上海市科协从事专业创作，是为了创作科普作品。

我已经有违上海市科协调我前去工作的初衷。尽管上海市科协的领导相当“开明”，对于我的“转轨”并不在意。

上海市科协普及部部长李敦厚，是我的“顶头上司”。当年调我去上海市科协，就是由他奔走、促成的。人如其名，他很“敦厚”。在我受到“批判”的时候，他多次向中国科协领导陈言，为我作了诸多解释工作。他很坦然地对我说：“只要你写出的作品，有益于国家，有益于人民，有益于事业，我们都欢迎——不论是姓‘科’还是姓‘文’！”

尽管如此，我有自知之明：转向报告文学创作的我，已经不适宜再在上海市科协待下去了。

也真是机缘凑巧，不早不晚，中国作家协会上海分会着手改革体制，其中的重要“动作”之一，便是向社会公开招聘专业作家，以加强创作主力。

专业作家制度最初产生于苏联。中国向苏联学习，在20世纪50年代开始建立专业作家制度。当时的专业作家，大都“挂”在中国作家协会各地分会，称为“驻会作家”。

不过，也有的不是“驻会作家”，而是“挂”在各地出版社，实际上也是专业作家。

其实，为了发展体育运动而设立“国家队”以及各省市专业运动队，为了发展科学事业而在中国科学院以及各地分院设立研究员，都相当于“专业作家”。这实际上是工作上的需要。因为只有专业投身于某项事业，才能集中精力，才能有充裕的时间，才能创造突出的成果。

据统计，在“文化大革命”期间，中国的专业作家不超过300人。这对于数亿人口的大国来说，是很小的数字。跟各种专业运动员、科学研究员相比，是微不足道的数字。

叶永烈出席中国作家协会代表大会

不过，就世界而言，却只有苏联、中国等少数社会主义制度国家设立专业作家。在资本主义国家，是没有国家设立专业作家的。他们的“专业作家”不是国家设立的，而是纯粹依靠自己的稿费过日子。谁以为能够用稿费维持生活并因此辞去其他工作，专心于写作，谁就是“专业作家”——这样的“专业作家”，用不着谁批准，也用不着建立一套专业作家制度加以保证。

在“文化大革命”中，中国作家协会及其各地分会被作为“裴多菲俱乐部”进行“批判”，专业作家们也就自身难保。专业作家作为“三名三高”的“典型”，也受到“批判”。专业作家制度也就名存实亡了。

在粉碎“四人帮”之后，各地纷纷呼吁恢复专业作家制度，同时又呼吁对过去的专业作家制度的弊病进行改革。

专业作家是必要的。这是一支文学精英队伍。诚如国家需要专业的足球队、篮球队一样，国家也需要一支专业作家队伍，以便完成文学上的长篇巨著。

然而，过去的专业作家制度的弊病也是很明显的：专业作家“只上不下”，端“铁饭碗”。因此，也就实际上形成了专业作家的“终身制”。

运动员吃的是“青春饭”。因此，国家专业运动员并无终身制。到了一定的年龄，运动成绩下降了，那就离开了国家专业运动员队伍。

作家虽然与运动员不同，有的作家七八十岁，依然佳作迭出，但是也有的作家，到了一定的年龄，要么体力不支，要么创作的源泉枯竭了，作品就少了，以至写不出来。然而，这时候仍然挂着“专业作家”的牌子，实际上“专业作家”成了“荣誉职位”。

正因为这样，专业作家制度既要恢复，又要改革。

1983 年 1 月 15 日，《羊城晚报》报道，中国作家协会浙江分会率先改革专业作家制度，提出专业作家不列入国家工作人员编制，不拿工资，经济来源靠稿费收入。

紧接着，中国作家协会各地分会开始试行各种不同的专业作家制度，意见纷纭。

总体来说，各地都赞成废除专业作家终身制，打破“铁饭碗”。但是，中国作家协会湖南分会也有人提出，文学家和科学家一样，越老越成熟，不能退休，应该实行“终身制”。

也有不少人提出，必须改革现行的低稿酬制。不提高稿酬，作家无法依靠稿酬生活。

在这关于专业作家制度大讨论的热潮之中，中国作家协会上海分会提出了自己的意见。1983 年 2 月 7 日，上海《文汇报》以《上海改革专业作家体制》为题，发表新华社记者的报道：

据新华社上海 2 月 6 日电（记者赵兰英）中国作家协会上海分会为繁荣文学创作，培养文学新人，最近对专业作家体制提出改革措施：

一、除少数在文学创作上确有成就的老作家外，其他人员不再列为专业作家。

二、凡有写作能力并对拟写的作品已经酝酿成熟的作协上海分会会员，都可以向作协上海分会提交写作计划，申请创作假，时间分为半年、一年、二年和三年。

三、申请创作假的作家，如在一年之内仍无一定数量和质量的创作成果，即停止假期，回原单位工作。

四、创作假只限实际写作，不包括熟悉社会，体验生活时间。如作家对作品未酝酿成熟，不能申请创作假。假期内，作家的工资由作协上海分会付给，原单位留职停薪。

五、作协上海分会建立组联室，与列为专业作家的少数老作家和请创作假的作家保持经常联系。

这就是说，中国作家协会上海分会只对“少数在文学创作上确有成就的老作家”设为专业作家，而中青年作家只能申请创作假而已。

这一报道发表之后，作家们特别是上海中青年作家们反应强烈。

有人说：上海是一个拥有1000多万人口的国际都市（当时人口），即便100万人口设一个专业作家，也应该设十几个专业作家！

有人说：一个专业作家的工资，一年不到2000元（当时水平），十来个专业作家的年工资不过两万元。上海这么个大城市，这么一点钱也拿不出来？

还有人说：中国作家协会上海分会只对“少数在文学创作上确有成就的老作家”设专业作家，而“少数在文学创作上确有成就的老作家”实际上是写不出多少新作的作家。因此，专业作家实际上成了荣誉职位！中老年作家们写不动了，成了“少数在文学创作上确有成就的老作家”，这时候才成为专业作家，又有什么意义？！应当成为专业作家的是“在文学创作上确有成就的中青年作家”，而“少数在文学创作上确有成就的老作家”应该退休！

此后，不断传来中国作家协会黑龙江省分会、河北省分会、四川省分会设立专业作家的消息。这样，中国作家协会上海分会不能不对自己的决定重新加以考虑。

到了1985年3月，中国作家协会上海分会对于专业作家制度的态度有了重大改变，准备首次招聘专业作家，对象是中青年作家。

中国作家协会上海分会召开座谈会，邀请我出席会议并发表意见。

我理所当然地表示积极支持。我以为，对于已经“转轨”的我，到中国作家协会上海分会担任专业作家，比在上海市科协担任常委更加合适。

只是上海作家协会开会那天，我正好出差，也就写了一份书面发言寄去，表示希望早日建立专业创作队伍。这份书面发言稿，从未公开发表过，现在照录于下：

中国作协上海分会：

寄来关于“建立专业创作队伍问题”的材料及会议通知，都收到了，谢谢。这是上海中青年作者们十分关心的问题，常常谈及。由于我要外出采写《思乡曲》（马思聪传），不能出席会议，所以写一书面发言寄上。

上海应当建立专业创作队伍——这是早已应该放在作协议事日程上来的重要工作。北京及其他地方都设立了专业作者，唯上海作协没有。设立了专业创作队伍，不论对于培养中青年作者，对于繁荣上海文学创作，都是非常重要的。

我本来是业余作者。1960 年出版第一本书。1963 年从北京大学毕业后，到上海科教电影厂担任编导，多年来一直是在业余写点东西。1979 年，由于一位中央领导同志的关心（注：指中共中央政治局委员、国务院副总理方毅），作了批示，上海市科协主动提出调我从事专业创作。当时，厂里希望我留下，加上我对调往科协工作也有点犹豫，只答应先“借调”一段时间，看一下。直到 1982 年，正式办理了调动工作手续。

调到市科协以后，那里领导对我十分关心、照顾，让我专业从事创作，不用上班。我提出辞去各种兼职，现在也逐一辞去了，减少了会议。

从事专业写作之后，比过去业余写作，在时间上要充裕得多。过去只能写短篇、中篇，专业写作以后能有时间写长篇。写作水平也比以前有了提高。

但是，也存在着明显的一些问题：

一、市科协只我一个人从事专业创作，“独生子女”。领导上感到管理困难，而我也有“孤掌难鸣”之感。只是一个人孤军奋战而已。

二、科协是一个群众组织。我的写作，与科协本身的工作关系不大。我只为《上海画报》写过一篇介绍上海科协的文章而已。

三、前几年我以科普写作为主，也写些文学作品。近年来转向文学（也写些科普作品），所以外出采访，不得不常到作协开介绍信。

我希望能够转到作协这边来。但是，由于上海作协无专业创作队伍，所以目前只得暂时“挂”在市科协。

我的工资是这样处理的：

一开始，我就向市科协领导主动提出，进科协以后，我不拿工资。因为我从事写作，与科协本身工作关系不大，我又不上班，不能拿科协工资。市科协领导希望我全面考虑这一问题，比如生病了怎么办？年纪大了怎么办？政治形势变化了怎么办？他们劝我还是应当保留工资为好。确实，有关领导同志处理这些问题，非常慎重。每逢工资调整时，他们都按政策，给我提级，还发给我奖金。这些，都使我受之有愧。由于科协章程上有“接受个人捐赠”一条，我据此向市科协多次作个人捐赠，表示我个人的心意。因此，我保留了形式上的工资，实际上等于没有领工资。如果我调往作协从事专业写作，仍可继续这样处理。（当然，这只是我个人的做法，不一定适合于别的同志。）

另外，在市科协，除了代表科协出席会议的路费向单位报销之外，凡写作所用的路费，考虑到与科协本身工作无关，我从未向单位报销。在采写报告文学时，有的涉及面广，要常出差，一般来说，现在路费还不算贵，唯住宿费贵。一般的床位，一天五至八元，只能短期采访。住几个月，自费负担就很可观。尽管如此，凡是我自己有兴趣的题材，我还是自费前往采写，如去年7月飞往四川采写保护大熊猫，最近将自费前往北京及东北采访。（去年行程万里，去东北及西南是别的单位邀请的。）

我正处中年，身体好，跋山涉水都可以，接连几十天日夜写作也吃得消。希望能在这一段时间继续专业写作，能够集中力量写几部新作。我最近完成了20多万字的《傅雷一家》以及一部30万字的报告文学集。目前在采写马思聪传记及另一部报告文学。

总之，我期望上海作协专业创作队伍早日建立，并希望在今后的创作中不断得到上海作协的帮助，指教。

叶永烈

1985年3月6日

如果说，当初要我离开电影制片厂，前往上海市科协工作，我是犹豫的，拖延了一年多才终于办理工作调动，这一次我则非常坚决，希望早日离开上海市科协，调往中国作家协会上海分会。因为这一次调动，已经是势在必行。

不过，对于调往中国作家协会上海分会担任专业作家，还存在两个顾虑：

一是中国作家协会上海分会要求所聘请的专业作家“少而精”，要进行考核，够格才能进入这支“精英队伍”；

二是调往中国作家协会上海分会担任专业作家之后，势必主要从事文学创作。像我这样科普出身的人，能否在文学创作上与王安忆这样的对手竞争呢？

我打算调往中国作家协会上海分会担任专业作家的消息传出之后，科普界那些“左”兄们等着看我的笑话：你叶永烈要么不被中国作家协会上海分会聘用，要么进去之后写不出像样的文学作品被挤出专业作家队伍！

调动工作颇费时日。从1985年3月中国作家协会上海分会开了关于“建立专业创作队伍问题”座谈会之后，经过考核、评审，到正式公布第一批专业作家名单，经过了两年多的时间……

“考”上上海作协专业作家

大约是长期从事文字工作的缘故，我相信“好记性不如烂笔头”这句话，所以每逢发生重要的事，当即用文字记录下来。

这种记录，不同于日记，姑且称之为“手记”吧。日记天天记，寥寥数行而已；“手记”则不是天天记，一旦写起来，洋洋洒洒，上千字以至上万字。“手记”记述了某件事，某个人，在当时未必可供公开发表，但是毕竟留下了可靠的记述，在“尘封”若干岁月之后，可供公开发表。

我写下不少“手记”。这些“手记”，最初是写在方格纸上，如今则是“敲”进电脑。

1987年5月15日夜，我用笔写下了这么一段文字，记录了那天我“考”上上海作家协会专业作家的情形：

清晨，刚一睁开眼，我就习惯地打开收音机，一边起床，一边听新闻节目。

当我准备吃早饭的时候，7点多，忽然从上海人民广播电台新闻节目里传出我的名字——原来，上海作协聘任首批专业作家，共八人，依次为王安忆、赵丽宏、叶永烈、陈继光、孙树棻、胡万春、陆星儿和陈洁。

就在这一天，《解放日报》《文汇报》《新民晚报》都刊登了这一消息。

我感到十分意外——虽说我自已以为受聘为上海作协专业作家是意料中的事情，但未通知本人之前就见报，却是意料之外。

记得在上海作协寄来招聘专业作家的通知之后，我是抱着十分犹豫的心情去报名的。

我与别人不同，我早已是专业作家，不过是在科协工作罢了，我并不是为了解决创作时间之类的问题而去报名的。

我明白，受聘于上海作协，那将意味着我的创作重心完全转向文学。我想试试看，究竟是否符合文学创作的条件——作为科普作家，早有公论，我是完全合格的。然而，上海作家协会的专业作家是文学作家。也就是说，我这个北京大学化学系的毕业生，要接受一次文学的考评。

本来我想，如果“考”不上，就算了；“考”上的话，等来了通知，再慎重考虑一下是否值得去上海作协……

然而，消息公之于众，那就只能前往上海作协报到了。不然，人家问起来，无法解释——你“考”上了怎么又不去？

上海作家协会招聘专业作家，“考”的是作品。每个报考者，必须送去两篇代表性作品。

记得那是在1986年11月13日，由于翌日我要赴温州，便匆匆找出两篇报告文学，即发表在《文汇月刊》上的《思乡曲——马思聪传》和发表在《北京文学》上的《太阳底下最光辉的职业》，还写了一篇千把字的创作小结，附上1986年10月11日《文艺报》对我作品的一篇评论《知识的悲剧和知识分子的颂歌》，送往上海作协创联室，交给唐铁海。那就是我应试的答卷。

说实在的，对于“受聘”之事，我并不大在意，从未去上海作协打听过“考试”情况。我一直忙于写作。直到1987年4月7日上午，才按上海作协的通知，到那里开会。

会上，上海作家协会秘书长宗福先讲述了“考试”进展情况：

首先，经中共上海市委宣传部研究同意，组成了“上海市专业作家资格审定评委会”，共21名委员。这些委员，几乎都是上海文学界权威人士。每人所交的作品经复印后，分发给评委。按规定，只有得到三分之二以上的票——即14票，方可获准受聘。

专业作家的名额共40个，报考的为22人（本来为23人，曹冠龙去美国了，不“考”了）。上海作协的方针是“宁缺毋滥，从严掌握”，尤其是首批的。

由于评委们大都上了年纪，工作又忙，因此花了很长时间才算看完作品。

为了节省评委的时间，上海作协做了一个票箱，由指定的工作人员送到评委家中，请评委把票子（无记名）投入。直到21票投齐，在监票者监视下方可开箱，当场统计票数。

据告，柯灵因年事已高，无精力审看那么多的作品，已给上海作协写了信，要求退出评委。因此，评委实际上只20位。但是，仍坚持要得14票以上才可应聘。

就在消息见报的那天中午，我收到上海作协通知——

叶永烈同志：

5月11日上午，聘任专业作家投票结果揭晓，您所获的票数为16票，特此告知。

此致

敬礼！

中国作家协会上海分会

1987年5月14日

我不知别人的票数。但是，见报时8名受聘作家是按票数多少排列的，我排第三名。

11日揭晓后，直至15日才见报，其间因为光是票数在14票以上还不够，还要经过政治审查、上海作协党组讨论通过，报送上海市委宣传部审批。

我总算“考”上了。

我并没有十分的兴奋，因为这是意料之中的事。

进入上海作协当专业作家，对于我来说，无疑是一种压力。我毕竟是化学系的毕业生，眼下，要在文学跑道上与强手们赛跑，是很吃力的。论科学水平，我可以说为八人之首；论文学水平，我则不如他们。压力，会转化为动力。一场激

1987年叶永烈成为上海作家协会专业作家

烈的竞赛，已迫在眉睫。

就我的创作来说，要进入一个新的时期，即以文学为主，而科普转为次要的了。能不能适应这样的大转弯？一切都在于自己的努力。

我想，步入“不惑之年”，该写下一些有一定质量的作品了。劳累不在乎，我永远是在奋搏。

1987年7月7日，我正式办理工作调动手续，从上海市科协调往中国作家协会上海分会。调动工作的通知单上，写着：

“叶永烈基本工资每月110.50元，工资津贴12.50元，共计123元，1987年8月1日起由你单位发给。”

这样，我正式调往中国作家协会上海分会担任专业作家。

如前所述，上海作协聘任首批专业作家，共8人，即王安忆、赵丽宏、叶永烈、陈继光、孙树棻、胡万春、陆星儿和陈洁。

上海作协的专业作家队伍不断有所变化。

首批聘任的专业作家陈洁，不久到美国去了，也就离开了这支队伍。

首批聘任的专业作家孙树棻，几年之后移居香港，离开了这支队伍。

首批聘任的专业作家胡万春，后来“下海”经商，而上海作协规定专业作家不得从事其他职业（主要指经商），他就以年逾六十为理由，办理退休手续，离开了这支队伍。1998年5月，胡万春猝死于心肌梗塞，是上海作协首批聘任的专业作家中第一个去世的作家。

首批聘任的专业作家陈继光在1998年去美国，离开了这支队伍。

这么一来，上海作协首批聘任的专业作家只剩4人，即王安忆、赵丽宏、叶永烈、陆星儿。

有人离去，也有加入。

张士敏在上海作协首批聘任专业作家的时候就已经报名，以一票之差落选。

当上海作协第二次招聘专业作家的时候，他再度报名，获得批准。后来，由于张士敏的由作家出版社出版的《荣誉的十字架》一书，被全国劳模杨怀远指控为影射他，侵犯了他的名誉权，向法院起诉。在诉讼过程中，我旁听了庭审，并曾为张士敏辩护，强调《荣誉的十字架》是小说，而小说的特点就在于是虚构的作品，对虚构的作品不能“对号入座”……然而，经过几年的审理，张士敏最终败诉。此事对他刺激甚深。他前往美国经商。与胡万春一样，他办理了退休手续（他当时还不到退休年龄，办提前退休手续），退出了专业作家队伍。

第二批应聘的专业作家之中有王小鹰、陈村、程乃珊等。后来程乃珊因移居香港，退出上海作协专业作家队伍。

专业作家的队伍不断有进有出。

其中有一位作家在专业作家队伍中逗留的时间最短暂：他成为专业作家之后，在上海经商，其理由是“经商也是深入生活的一种途径”。对此，上海作协本来就对他有意见，加上他在经商中出了些问题，也就中止了对他的聘任。

陆续加入上海作协专业作家队伍的还有赵长天、沈善增、孙甘露、蒋丽萍等。

对于专业作家，曾经有过各种议论。内中我听得最多的，无非是“国家把你

叶永烈与上海作家白桦（中）、周玉明（右）

们‘养’起来了”。

对于所谓的“养作家”，并非专业作家的刘观德先生（长篇小说《我的财富在澳大利亚》的作者）曾在1992年11月13日《新民晚报》上发表杂文《“养作家”三题》，内中的一题，是以我为例。现照录于下：

> 一个“养”字写在这里很叫人有点糊涂。字典里“养”是这样注释的：
>
> “①抚育，供给生活品，如托养子女；②饲养动物，培植花草；③生育；生小孩；④使身心得到滋补和休歇，如养病……”
>
> 养作家该归入哪一款？生育？身心休歇？饲养动物培植花草？看来比较套得上的还是第一条了。确实，作家无拘无束悠闲自在，到了月头还要拿工资，拿个“养”字来概括也真有点通俗易懂的好处。
>
> 上海专业作家叶永烈按此说法，也是属于被“抚育、供给生活品”一类的。可惜的是，他最近的几部书印数都在十万册以上，这个庞大的数字对于政治、历史、文化方面的好处就不去谈它了，奇怪的是，在当今人人对“经济效益”锱铢必较时代，居然没有人站出来说，是叶永烈“养”了这些出版社、印刷厂、发行部门乃至政府的税务部门？连创造了这么好的经济效益的老叶也落得个“养”字的下场，岂不让人感到滑稽和心寒？

人们常以为专业作家是“坐家”，用不着上班、下班，日子过得悠闲、自在。其实，对于我来说，日子过得像绷紧的弦。

我应一家杂志之约，写过《出差的一天》一文，记述1988年2月29日这一天：

> 像穿梭似的，我往返于京沪之间。妻常说：“我去一趟北京，就像去一趟上海南京路似的！”昨天，我又从上海来到北京，住在人民文学出版社招待所。屋里开着暖气，比上海舒服多了。我“如卧春风”，睡了一个好觉。
>
> 清早一醒来，我就打开半导体收音机，一边听新闻节目，一边整理床铺。
>
> 刚刚吃过早饭，人民文学出版社的责任编辑就来了。我的长篇《风雨琴声》（后来改名为《爱国的“叛国者”》）经人民文学出版社三审通过，在发

排前要作些小的修改。这一回到北京，主要就是为了与责任编辑交换修改意见。

与责任编辑谈完之后，我就开始打电话。我在北京的朋友太多了，无法一一拜访，每一次来京，我只好进行“电话拜访”。比起上海来，北京的电话好打多了，接通率甚高。在一个多小时里，我一下子“拜访”了十几位朋友。从耳机里传来许许多多新的信息，使我如同“小灵通”一般，了解各界最新动态。

“他下班了”“他吃中饭去了”，几次打通电话，都传来这样的声音。我才看了看手表，哦，快12点了。我也赶紧去食堂吃中饭。

撂下饭碗，穿上大衣，我就出发了。在电话中，我定下三个约会。时间很紧。

下午1点多，我到达团结湖，拜访中国音乐家协会副主席李凌。走进他家的客厅，还是老样子，到处放满盆花。他还是那样的随和。为了写马思聪，我曾采访过他。这次，我离沪之前，收到马思聪女儿马瑞雪从美国费城寄来的信，表达了希望回国看一看、走一走的愿望。李凌是马思聪挚友。我把马瑞雪的要求向他转达，商议如何安排她的归国之行……当年的被迫出走者，如今愿意重返故国，这清楚地表明结束那场浩劫之后，知识分子对祖国充满“向心力”。

告别李凌，我走向毗邻的一幢楼，访问老作家楼适夷。他正在客厅里练书法呢。五年前，我写《傅雷一家》一书时，曾采访过他。那时，他住在北京站附近的四合院里。他是一个阅历非常丰富、记忆力强而又待人热忱的长者。这一回，我拿出录音机，请他回忆与姚蓬子的交往。一提起姚蓬子，他马上说，他已从《新观察》上看过连载的我的近作《姚氏父子》（姚蓬子和姚文元）。我说，我正在修改这部近30万字的长篇，所以请他谈谈姚蓬子——如今健在的熟知姚蓬子的老人已不多。楼适夷很详细地回忆了当年姚蓬子的种种情况，尤为重要的是谈及他在当年南京狱中见到姚蓬子的情形。

匆匆从团结湖赶往北京饭店，正好4点半——这是英籍作家韩素音女士与我约定的见面时间。我离开上海前夕，收到她从瑞士寄来的信，告知2月24日抵京，并说这一次不去上海。真巧，我来北京了！她在电话中听见我的声音，显得非常高兴，约我谈谈。她穿一件黑毛衣，一条茜红色的裙子，年已古稀，还是那样健谈。我们随便聊着。她谈起自己正在写作之中的《周恩来传》……我用录音机录下她的谈话。7点多，我们一起步入餐厅，吃过便饭之后，她又继续谈着。

一直到8点，我告辞了。我取出一份清样给她——那是她关于中国沙漠问题的一篇论文，去年秋天她经过上海时送给我，如今又译成中文，并排出清样。她看着清样，很高兴地说："不仅我的小说被译成中文，我的科学论文现在也译成中文——我是一个既喜欢文学、也喜爱科学的人！"

回到招待所已是晚9点多了。一进大门，服务员便递给我一张纸条，上面写着好几个电话号码，那是下午打来找我的电话。我忙着给他们一一回电。

打完电话，才回到房间。刚坐下，一位编辑敲响了房门，与我谈到深夜。我送走了他，赶紧整理当天的采访笔记和录音磁带。然后，又把从上海带来的关于梁实秋的资料重看一遍，因为明天已约好采访梁实秋的长女梁文茜——我已答应为《上海文学》写梁实秋。

哦，已不是"今天"——我一看手表，已是凌晨1时。

写出长篇传记《爱国的"叛国者"》

中国作家协会上海分会，后来改名为上海市作家协会。不过，对于这种名称的改变，人们并不在意，都简称之为"上海作协"。

进入上海作协当专业作家，我对专业作家的队伍进行分析：除了我之外，几乎都是小说家。尽管我也可以写小说，但是我以为我的长处和优势仍在报告文学。因此，我以为，我仍保持自己的特色为好。

我在创作上的最大变化，就是变"运动战"为"阵地战"——从中短篇报告文学创作，进入以长篇报告文学为主的文学创作。

长篇报告文学，后来有了新的称谓，叫作"长篇纪实文学"。

于是，人们对我的称谓也随之改变，从"报告文学作家"到"纪实文学作家"。

由于我的不少纪实文学以人物为主，又有人称我为"传记文学作家"。

进入上海作协之后，我着手写作的第一部长篇纪实文学（其实也是长篇传记文学），是《爱国的“叛国者”——马思聪传》。

我写长篇《爱国的“叛国者”——马思聪传》，是因为在1985年所写的中篇报告文学《思乡曲》显得太单薄。我决心进行再采访，再创作，写出一部长篇来。

马思聪与周恩来总理有深厚的友谊。后来，周恩来总理在会见美国国务卿基辛格博士的时候，曾经深沉地说过：

“我平生有两件事深感遗憾，其中之一就是马思聪50多岁离乡背井到国外去。我很难过。”

基辛格托人向马思聪传达了周恩来总理的这句话，曾使马思聪涕泗纵横！

我以为，马思聪先生是中国知识分子悲剧性命运的代表，值得为他写作长篇文学传记。

我再度去北京和南京采访马思聪亲友。

1987年3月中旬的深圳百花烂漫。委婉悠扬的《思乡曲》，在那里一次又一次奏响——“全国首届小提琴中国作品演奏赛”正在举行，《思乡曲》是比赛的规定曲目。

就在这个时候，从太平洋彼岸航空寄来的一个杏黄色的大信封，交到我手中。

马思聪在纽约

哦，寄信者便是《思乡曲》的作者、著名音乐家马思聪先生。

我拆开信封，里面装着塑料袋，袋中有20帧马思聪先生的照片。加上前些天我收到他的次女马瑞雪从美国费城寄来的一批照片，总共有30多帧。

屈指算来，马思聪先生来到美国已经整整20个春秋。这一帧帧照片，形象地展示了他这些年的历程。照片背面都写着详细的说明。

那些黑白大幅照片，大都是1967年他一家四口刚抵美国时，在华盛顿、马里兰州寓所的照片。那时候，马思聪不过56岁，坐在沙发上看乐谱，电唱机在一旁播放乐曲，他显得很精神。他总是穿着西装，而夫人王慕理则穿旗袍。儿子马如龙和女儿马瑞雪都不过二十出头。

摄于1972年的一帧照片上，马先生手持一把大钥匙，夫人拿着奖状和金牌。那是在他们演出之后，加利福尼亚州政府和华侨们赠送的。那把大钥匙是旧金山市钥匙。

后来马思聪摄于费城寓中的照片，都是彩色的。他拉小提琴，夫人坐在钢琴前伴奏。他爱花，茶几上，沙发旁，都放着花瓶、花盆。在1984年深秋，当金菊怒放之际，他还特地在费城远郊花店的菊花山前留影，他的身后是万紫千红的菊花。他也爱画，墙上挂着山水、竹木国画，甚至还贴着红色的葵花剪纸。家中的陈设，一派中国风格，几乎看不出是在异国他乡拍摄的。

……

马思聪先生亲自给我寄来这么多珍贵照片，给了我莫大的鼓舞。

就在我准备前往马思聪故乡——广东海丰县采访的时候，1987年5月20日凌晨，马思聪猝然病逝于美国费城。

为了悼念马思聪，我继续我的采访工作。

在马思聪先生病逝之后十来天，我从上海赶到了因“南海物丰”而得名的海丰县。这儿是马思聪的故乡。我走访了他的三位堂弟，为他的故居拍了许多照片，又在县公安局、档案馆、政协、文化局、地方志办公室等查阅了各种资料，然后沿着马思聪童年的足迹走遍了县城……

行色匆匆，我要坐夜车赶回广州。“录像大巴”在晚9点才开车。一看表，还有一个多小时。在南海之滨的广东海丰县汽车站，我经不起葱香鱼味的诱惑，迈着疲惫的步伐，走向站前那披着红、蓝、白条子塑料布的个体户小吃摊，喝了一海碗当地特有的潮汕粥。

生意并不太忙。女摊主双手交叉在胸前，打量着我，跟我闲聊起来。

“你是建筑工人？你的脸晒得那么黑！”话刚出口，她又来了个自我否定，“不，不。你那副深度近视眼镜，又有点像大学教师。”

我朝她看了一眼，无言以答。我的心中在笑。原来，用素昧平生的她的目光来看我，我是这样的形象。喝完滚烫的潮汕粥，伏在小桌上整理好采访笔记，

“大巴士”来了。我在车上颠簸了一夜，铅重的眼皮紧闭，没有闲情看那录像。凌晨4点，抵达广州。我赶到珠鹰大厦打了一个盹儿，又在广州开始紧张地采访马思聪的亲友……

1987年9月17日，我写完这部25万字的长篇。我在《后记》中写道：

> 1987年，我度过了一个“苦夏”。全然是为了写这部马思聪长篇文学传记。当我终于写完，从一大堆手稿中抬起头来时，把钟拨慢了一个小时的“夏时制”已经过去。窗外，秋雨飘飘洒洒，风中夹带着凉意，但我的心却依然留在那酷暑难当的夏日，仿佛厚厚的书稿还在散发着热气。

在写作《爱国的“叛国者”——马思聪传》的时候，我很注重作品的文学性。正因为这样，作品刚完成，1987年第10期、11期《人民文学》杂志选载了其中几章。连载时用的是这本书最初的书名《风雨琴声》。《人民文学》是纯文学且最有影响的杂志。我选择了《人民文学》杂志发表，是因为我已经成为上海作协的专业作家，总希望表明我的作品是纯文学作品。

基于同样的理由，我选择人民文学出版社出版了这部长篇。这家出版社向来是纯文学界最有影响的出版社。

在当时，我已经是成熟的作家，通常我的书稿交给出版社之后，编辑只作一些文字上技术性的修改，便迅速出版。然而，人民文学出版社却不然。尽管这部书稿已经在《人民文学》这样的杂志上发表，他们却“视若不见”。他们进行严格的审稿。在审稿之后，提出一条又一条修改意见，而且还约我专程去北京，住在他们出版社的“地下室”招待所，交换修改意见。

我根据他们的审稿意见，回沪后进行认真修改，于1988年3月27日完成修改稿。

他们对修改稿再作仔细的修改，直至1990年1月才终于出版——前后花费了三年时间。如此漫长的出版过程，我很少遇到。

早在1979年，我便曾经在人民文学出版社出版过《世界最高峰上的奇迹》一书。不过，那是一本作品选集。尽管在出书过程中也反复几次，却没有这一回那么“麻烦”。

人民文学出版社出书，严肃、认真、按部就班、一点也不着急，给我留下很深刻的印象。

最令我难忘的是，在改稿的过程中，他们一一向我申述传统的传记文学创作原则，使我受益匪浅。这些原则，后来在我的传记文学以至纪实文学创作中一直遵循。

人民文学出版社编辑向我表明：

小说是“虚构文学”，传记是“非虚构文学”。写惯小说的作者，写起传记文学来，常常会很自然地把小说创作手法，搬到传记文学中来。然而，这些“小说笔法”却不适宜传记文学。

比如，他们发现，初稿中有多处“马思聪想”之类的心理描写。本来，小说很注重心理描写，因为心理描写是揭示人物内心世界的重要手段。然而，他们却把“马思聪想”都删去了。他们说，你不是马思聪，你怎么知道马思聪当时怎么想的？显然，这类“马思聪想”，实际上是作者的想象——也就是虚构。传记文学是非虚构文学，不允许存在这样的虚构。

此后，我写毛泽东，写江青，再也不写“毛泽东想”“江青想”之类的心理描写了。

又如，他们发现，初稿中有大段的人物对话，也建议删去。人物对话，本是小说中最常用的表现手法。然而，在传记文学中并不适用。比如，马思聪和他的大哥在法国巴黎的大段对话，显然出于作者的虚构。因为当时作者并不在场，当时又无人记录，明眼的读者一看就知道是作者虚构的。这种虚构手法，也不适宜作为非虚构文学的传记文学。

1993年圣诞节，叶永烈与马思聪子女马瑞雪、马如龙合影于美国费城

此后，我写毛泽东和江青，再也没有他俩在屋里的大段对话——当时不仅作者不在场，连任何第三者都不在场，这大段对话从何而来？

……

我以为，在人民文学出版社出版《爱国的“叛国者”——马思聪传》一书，使我受益良多。尽管我要根据他们的意见作修改，但是我乐于修改。

由于马思聪先生是海内外关注的人物，《爱国的“叛国者”——马思聪传》还迅即出版了香港版和台湾版。香港版和台湾版都用《马思聪传》为书名——为了适合那里图书市场，不言而喻，必须删去“爱国的‘叛国者’”。

这本书的香港版印制极为精美。

香港报纸为《马思聪传》发表了多篇评论。

“写字师傅”也要评级

作家，用老舍的话来说，就是“写家”。王朔则自称作家是“写字师傅”。

然而，自从我成为专业作家之后，忽然得到通知，说是专业作家要进行评级。

“写字师傅”也要评级？

评定职称，是对知识分子的尊重。随着各行各业的知识分子都开始评定职称，“写字师傅”们也开始评定职称。

不过，作家评级，只限于专业作家。

在大学，教师分为助教、讲师、副教授、教授。

专业作家也相应分为四级，即四级作家、三级作家、二级作家、一级作家。

一级作家相当于教授，二级作家相当于副教授，三级作家相当于讲师，四级作家相当于助教。

在大学评级，往往要规定比例，即多少人之中，才能评一个教授，而副教授、讲师的名额也受限制。

在专业作家之中评级，规定了不受比例限制，有多少个一级作家、二级作家就评多少个——因为专业作家队伍集中了文学界的精英，如果按比例去评级，简直无法评！

评级工作从 1988 年开始。

说实在的，作家是很难评级的。作家主要根据作品以及作品影响来评定级别，而这些都是弹性很大的软指标。

按照规定，我写了“申请报告”，并附上“创作简况”以及代表作。我所附的作品是《傅雷一家》和《论科学文艺》。《傅雷一家》是作为我的报告文学代表性作品，而《论科学文艺》则是科学文艺理论性代表作。

我犯了一个小小的“错误”：当时不应该把《论科学文艺》列为代表作。

后来，有朋友告诉我，由于是按照文学创作专业人员的标准进行评审，应当送文学作品。文学界看不起科普，不应当送《论科学文艺》这样的书——尽管在我看来，这是一本开创性的科学文艺理论著作，而且这样可以代表我在科普创作方面的成就和影响。

这样，本来我完全可以评为一级作家，但是《论科学文艺》一书影响了评级。

经过“上海市文学创作专业人员高级职务评审委员会”评审，我在1989年3月29日被评为二级作家。

不久，我领到“上海市职称改革领导小组”发给的“蓝卡”——人们对蓝色封皮的高级专业技术职务资格证书的形象性俗称。

到了1992年，“写字师傅”们再度评级。

这一回，我在6月15日所写的“申请报告”，申请评为一级作家。

按照要求，申请报告的内容分为：“创作历史”“学历”“作品影响”“培养文学新人”“深入生活”“其他”等六部分。

内中关于“创作历史”，我写道：

“自1951年发表第一篇作品算起，迄今已经有41年创作历史。1960年2月，出版第一本书，迄今已经出版130多部著作，总字数超过1000万字。”

关于“培养文学新人”，我写道：

“为20多本青年作者的书写序。内中包括培养、推荐、作序而使青年作者的第一本书得以出版。

“介绍多位年轻同志加入中国作家协会。

“指导复旦大学一位日本留学生以及一位意大利留学生完成论文。为上海文学院两位毕业生的毕业论文写评语。

“主编了近500万字的多部作品集，选入许多青年作者的作品。还为少年文学爱好者写了《未来的文学家》一书。”

在“其他”一栏中，写及：

“《叶永烈研究专集》，约50万字，由上海师范大学中文系副教授柳尚彭编写。此书是中国当代文学研究会确定的全国100位作家研究专集中的一本。

“有两篇作品分别被选入全国中学语文统编教材初中第一册和高中第三册。一篇作品选入全国小学语文五年级课本。至于入选其他各种版本语文课本的作品，有十多篇。

“叶永烈小传，分别收入《中国现代作家传略》、《中国文学家辞典》、《当代中国作家百人传》、《中国电影新人传》、《电影手册》、《世界华人文化名人传略》（香港版）、《世界名人录》（美国）等书。近年来，美国以及香港、台湾地区报刊曾对叶永烈创作近况刊登多篇报道及书评。中国大陆的报道、评论在百篇以上。”

这一回，我的“报送作品”改为两部文学长篇，即上海人民出版社 1991 年出版的《红色的起点》和香港三联出版社 1988 年出版的《马思聪传》。

按照规定，还必须聘请两位推荐人——推荐人必须是一级作家或者具有相应高级职称的作家。

在第一次评级的时候，本来就要聘请推荐人。但是，当时第一次评审，一下子还难以实行，也就免了。这一回，则必须照此办理。

我聘请老作家峻青和陈伯吹作为推荐人。他们两位都是中国作家协会上海分会副主席。

峻青写了如下意见：

> 叶永烈同志，著作甚丰，影响极大。现已出版了 130 多部著作。其中 100 多万字的《“四人帮”兴亡》——江、张、姚、王传以及《陈伯达其人》等书，真实而深刻地反映了“文化大革命”十年动乱的历史真相。而《红色的起点》和《历史选择了毛泽东》则全面真实而深刻地写出了中国共产党的诞生过程以及中国共产党在经过多次波折后，最终确立了毛泽东的领导地位的过程。这一些，都是在国内外从未有人如此全面系统反映过的重大历史事件。叶永烈同志以史家的严谨博识和文学家的斐然文采相结合的大手笔，撰写出一部部的宏荡巨著，不仅在国内的广大读者中，引起了强烈反响，而且也在国外，引起了广泛的瞩目。为此，他的作品，不但在国内多次获奖（达 60 多次），而且还被美国收入《世界名人录》，并被美国传记研究所聘为顾问……
>
> 总之，作为一位作家，叶永烈同志在创作上的巨大成绩和卓越贡献以及

他的才华和勤奋，都是十分突出的，有目共睹的。为此，我同意叶永烈同志评为一级作家。

峻青

1992年6月18日

陈伯吹老先生也写下了热情的推荐意见。

经过“上海市文学创作专业人员高级职务评审委员会”评审，我在1992年9月23日被评为一级作家。

不久，我领到“上海市职称改革领导小组”发给的蓝色封皮的高级专业技术职务资格证书，“确认具备文学创作一级任职资格”。我的一级作家证书编号为“06”。

我成为一级作家之后，张士敏申请二级作家，我担任他的推荐人，并为他写了推荐书。

常有人问我：“为什么只听说一级作家，很少听说二级作家，更没有听说三级作家？”

这原因很简单，评为二级、三级，干脆就不提了，而是笼统地自称作家。

当然，也常常闹这样的笑话：在工厂里，技工以一级最低，八级最高。所以，人们也就以此类推，以为一级作家跟一级工一样，是最起码的作家！

特别是到了国外，外国人简直不明白什么是“一级作家”！因为外国人一听说中国作家是分级的，感到非常惊讶。

其实，“一级作家”大体上只是一种“荣誉称号”罢了。除了印在书上的“作者简介”里之外，唯一的“享受”是医疗待遇。据说，“一级作家”相当于“正局级”，因此发给了“干部医疗证”，生病可以住“干部病房”，看病也可以优先。至于住房，一级作家按照规定可以分配140平方米建筑面积的房子。然而作家协会本身就是个穷单位，住房紧张，谈不上什么“分配140平方米建筑面积的房子”，何况分配“福利公房”如今已经画上句号，那“140平方米建筑面积的房子”也就更加成了空中楼阁了。

在“沉思斋”中沉思

1988年7月，妻得以增配房子，坐落在上海医学院路三楼顶层，使用面积22平方米。

正巧，我家隔壁一家迁往美国，房子已经空关近三年。

经过协商，房管所同意以医学院路三楼顶层的房子，置换我家隔壁的房子。这样，一上楼，两套房子都由我们家居住，建筑面积近90平方米。

于是，我不再在“阳台书斋”写作。我有了一间15平方米的书房。

上海书法家协会副主席张森要写几个字送我，问我写什么好？我请他为我的新书房写了“沉思斋”三个大字。从此，我的书斋算是有了斋名。

书房取名“沉思斋”，取义于“历史在这里沉思”。我这些年来目光注视着历史，常常陷入久久的沉思。我的一部部新著，是我沉思的结晶。韩愈云：“行成于思。”学问产生于多思之中。

从此，作为专业作家，我有了安静的写作之处。

我“进驻”这间屋子时，全部“装修”工作只花了个把小时而已——往地上铺了绿色的化纤地毯，如此而已。我没有糊墙纸，因为四壁摆满“顶天立地”的书架（从地上直至天花板），书成了“墙纸”！即便如此，我的书还是堆不下，不得不把一大批不常用的书放在另一间房间里。

我的书房是一座“书城”。我在书房里读书、著书，书房也是与朋友们切磋读书心得、著书经验的所在。书橱里，存放着我的大批著作手稿、专访记录本以及数以千计的读者来信。

小小书斋，一片繁忙。桌上的三U管台灯从清早亮到夜深，差不多三个来月就得换上新灯管。圆珠笔芯成了我的“收藏品”，起码有上百支了，而我所用的是“丰华”牌粗芯，每支可写六七万字。我想，灯管厂或圆珠笔芯厂要征求用户意见的话，我该算一个。

作家“钟在寺内，名声在外”。外人看来，在许多报刊上常见到我的作品，够“风光”的了。其实，“坐”家生活是非常寂寞的。书斋如“单身牢房”。终日枯坐，笔耕不辍，只有耐得住寂寞的人才能长年累月地过这种青灯黄卷生涯。

我的长篇，通常是30万至40万字，有的50万字。一旦开了头，如同背上沉重的十字架，必须一口气扛到底，才能撂下。这是一种连续性很强的脑力劳动，无法半途到什么地方转悠一下，透口气。

刚刚甩完长篇，正想歇口气，可是在写长篇期间欠下一大堆报刊“文债”，得一一“偿还”。还未“还清”，新的长篇又要开始了。

如此周而复始，“恶性循环”，一年到头，我没有星期日，也没有假日，连春节也往往在写作中度过。我原本喜欢交际，参与各种社会活动，如今我几乎辞去一切社会职务，以彻底排除种种对于写作的“干扰”。

每天除了一大堆信件之外，电话成了我与外界之间的“通道”。国内长途如“家常便饭”，国际长途以及港台长途也频频打来。有时，台湾朋友打来长途，一打便是半个小时以至一个小时。

叶永烈在北京采访江青秘书阎长贵

我的作品，是建立在大量的采访基础之上的。写一部长篇，采访几十人、上百人是常事。外出采访，成了我的“休息”之机。

我与电子为友。每日清晨6时半，床头的钟控收音机便自动打开中央人民广播电台的新闻节目。我一边听新闻，一边起床，“电子”为我的一天揭开了序幕。

我吃过早饭，开始伏案写作。放在书桌上的一只电子表，每隔一个小时，发出清脆的“嘟”的一声，使笔耕中的我意识到时光已经有多少凝固在方格纸上。

当电子门铃奏出迎宾曲，我放下了手中的笔去开门。客人的来访，给我带来了友谊，也带来了种种新的信息。

案头的程控电话缩小了天涯海角和我的距离。拨号之后，“电子”为我呼唤。只消几秒钟，我便可以与远隔千里的友人通话。这倒用得上唐朝诗人王勃的名句：“海内存知己，天涯若比邻。”

中午，困倦的我，那被笔搅得一片混浊的脑子，巴不得有片刻的安憩，以求沉淀一下。不过，我只是打一个盹儿而已。下午1时整，电子表便会发出30声“嘟”。尽管那声音如同金铃子的鸣声般轻微，我却如同听见上班的汽笛声，从躺椅上一跃而起，又伏案劳形了。

晚上，从6时半至7时半，我总消磨在电视机前。先是看上海台新闻，再看中央电视台新闻。7时半之后我便与这位“有声有色”的“电子”朋友“拜拜”。其实，我从小便是“影迷”“戏迷”，可是如今繁重的写作任务使我无法成为“电视迷”。一位友人曾问我看过上海电视节的几部电视片，我只得摊摊双手摇摇头——一部也未曾看过！

倒是我的那位“坐”在书桌方架上的“电子”朋友——立体声收录机，常有机会跟我“聊聊”。我不时把采访录音磁带放进去，细细凝听。劳累时，我则把电钮拨到收音开关上。立时，从两只喇叭中泻出悦耳的立体声音乐，使我为之一爽。把调频开关调至上海人民广播电台的立体声音乐节目频率之后，固定不动，只消一拨开关，就可听到中外名曲，使我沉醉于行云流水般的琴声和亲切甜美的歌声之中。一曲听毕，关上，屋里一片沉寂，我又埋头于方格纸上的“世界”，沙沙握管。

夜深，当我看到钟控收音机上那亮闪闪的红色数字“23”出现了，哦，“电子钟”催我该入梦乡了。

临睡之前，我总是习惯地打开日记本，写好当天的日记。年年、月月、日日如此。即使出差，把厚厚的日记本带在身边深感不便，我也要在活页纸上逐日写好日记，回家后贴在日记本上。

日记有各式各样的写法。有人把日记写成一篇篇优美的散文，有人记下“日有所思”，写成随想录，而我的日记纯属工作记录——没有什么“文采”，几乎不涉及思想，这日记甚至可供任何人阅读。我的日记只是记述我每天的工作，诸如与谁会见、出席什么会议、写了什么文章，如此而已。也就是说，我的日记是“大事记”式的。

长年累月记日记，给我的写作带来很大方便。因为“好记性不如烂笔头”，一旦写进日记，可以准确查明什么作品写于什么时候，可以了解自己一年内的写作进程。尤其是在写回忆往事的文章时，翻阅日记，可以使所涉及的日期、史实准确。

我除了有一部“主日记”之外，还有几本“副日记”。“副日记”不是逐日都记，而是有感才记，而用笔调各不相同。

其一是《影视笔记》。每看一部电影，或者一部电视剧，随手写下自己的印象，分析它的影视技巧。我曾出版了《电影知识》《电影的秘密》《电影》等书，书中所举的影视例子，很多来自我的《影视笔记》。我写《影视笔记》不是面面俱到分析一部电影或电视片，而是记下感受最深的几点。我在电影制片厂当过18年编导，所以很注意从影视技巧角度分析影视，如某句对话特别好，某个横格、推拉镜头用得好，某处音响效果好。当天看影视，当天写笔记。日积月累，成为很重要的电影业务参考资料。

其二是《随想札记》。在生活中，有所观察，有所思索，有所得，随手记下。这种《随想札记》，成为我从事创作的素材仓库。例如，一位大学教师来我家，谈及目前该校评教授职称有三种人：一种是“真教授”——有真才实学；一种是“争教授”——“争”而及之；一种是“赠教授”——即将退休的讲师，“赠”个副教授头衔。我即记于《随想札记》，并写下我的感想。这样的所见、所闻、所思，稍纵即逝，一定要随手记下，半点也不可怠惰疏懒。

其三是旅途散文。我经常天南地北，四处奔波。每到一地，我总随手写下自己的印象、感想，回家后整理成一篇篇散文，在报刊上发表。这些旅途旅履散文，也就是文学性的日记。后来，在出版我的文集时，这些旅途散文竟然编成厚厚一大册，取名为《人在旅途》，作为文集中的一卷。

其四是《作品目录》。迄今，我已发表2000多篇文章。每发表一篇，在《作品目录》上写明发表的年、月、日、刊名、篇名。这也是一种“日记”。虽然是“流水账”式的，却必须随手记下。不然，日积月累，等到发表了数百、上千篇文章，再去整理目录，就很吃力，而且难免会有遗漏。同样，出版的书，我也在一个本子上逐本登记。翻译、获奖，被改编成连环画、电影、电视，都逐个记下。

我的日记，确实与众不同。我的“主日记”与“副日记”已形成了“日记群”。我的创作任务甚重，每天只是在子夜时分，抽出几分钟，随手记下几笔。多少年来，我已养成了每日必记的习惯——因为日记已成为我的生活的不可分割的一部分。

探索“文化大革命”进行曲

“文化大革命”，作为一场悲剧、闹剧、惨剧、丑剧，早已降下大幕。

沸沸扬扬、大灾大难的十年，已经凝固成为历史。然而，这段特殊的历史，迄今仍为海内外所瞩目。“文化大革命”大幕背后的一切，依然是千千万万读者关注的热点。

在成为上海作家协会专业作家之后，我开始打“阵地战”，写作大题材长篇。我花费很大的精力，探索“文化大革命”进行曲。

在此之前，我已经着手于《“四人帮”全传》的采写。这是一个浩大的工程：

我的方格稿纸上搭满脚手架，一期又一期的“工程”正在紧张地进行。

经过几年的忙碌，第一期“工程”终于竣工。拆除脚手架之后，四幢黑色的大厦已巍然矗立在方格纸上，那便是王、张、江、姚“四人帮”的四部长篇传记，100多万字。

我最初着手于这一浩大工程，是基于以下两点：

一是随着我对“反右派斗争”的深入探索，越来越感到必须深入探索“文化大革命”，因为“文化大革命”是“反右派斗争”的继续和发展，两者有着密切的联系——“文化大革命”是“反右派斗争”的“左”的大发展，而“反右派斗争”则为“文化大革命”做了思想准备。尤其是我自身有着对于极左路线的深切痛恨，因此深感应该从揭示“反右派斗争”的极左，发展到揭示“文化大革命”的极左。

二是由于“四人帮”人称“上海帮”，都是从上海“跃入”北京的。尽管“四人帮”之中，没有一个是真正的上海人，但上海是“四人帮”曾经长期生活和工作过的地方。用他们自己的话来说，上海是他们的“基地”。作为上海作家，义不容辞地应该把“四人帮”——“上海帮”的兴亡史写出来，以史鉴今。

我作为上海作家来写“上海帮”，有着“地利”优势。

当我着手采写“四人帮”的兴亡史，不少人笑话我自不量力。因为这么一个浩大的写作工程，凭我单枪匹马，怎么能够完成？

我这个人，一旦认定了一个目标，就要坚决干下去。

作为上海作家，我曾仔细分析过上海的历史及其相应的文学作品：

关于上海的开埠和“洋人”们进入上海，已经有了长篇小说《上海——冒险家的乐园》；

关于20世纪30年代的上海，则有柯灵写的电影《不夜城》；

关于上海的解放，有电影《战上海》；

关于20世纪50年代的上海，有周而复的长篇小说《上海的早晨》……

我以为，有两个上海的重大历史题材，尚无相应的文学作品：

一是1921年中国共产党在上海诞生，用毛泽东的话来说，这是“开天辟地”的大事，却没有一部相应的长篇文学作品；

二是20世纪60年代至1976年10月，“上海帮”的出现、发展以及覆灭，这是重大当代史题材，也没有相应的文学长篇。

我决心填补这两个空白。

我先是着手于第二个题材。这部长篇，曾经数易其名：

最初取名《上海风云》，分上、中、下三卷。

后来觉得“风云”太平淡，没有火药味，于是改名《上海的拼搏》，仍分上、中、下三卷。

不过，不论《上海风云》还是《上海的拼搏》，所着眼的是事件，即上海的“文化大革命”，或者说“上海帮”在上海的兴亡，是从上海的“文化大革命”着眼，扩及全国的“文化大革命”。

经过仔细考虑，我改变了创作思路：

我以为，写“文化大革命”这一事件，是一个巨大的“母题”，一下子难以下手。不如先着手于“子题”，改为写人物为主，给“四人帮”各写一部长篇传记。

这样，我又改书名为《浩劫》，后来定名为《“四人帮”全传》，分为四部长篇，即《江青传》《张春桥传》《姚文元传》《王洪文传》。

其中，《张春桥传》最初曾名《“狄克”外传》《“狄克”公案》《张春桥浮沉史》《张春桥浮沉录》；

《姚文元传》曾名《姚蓬子与姚文元》《姚氏父子》；

《王洪文传》曾名《王洪文兴亡录》《王司令和小兄弟》《造反司令王洪文》；

《江青传》由于非常敏感，最初只写了她20世纪30年代在上海的演艺生活，取名《蓝苹外传》。香港版则以《江青在上海滩》为书名。后来，才写出江青的一生，以《江青传》为书名。香港版以《江青实录》为书名，台湾版则以《末代女皇》为书名。

《“四人帮”全传》是四本各自独立而又相互关联的系列书。读者可以只买其中一本，也可以买四本。

在写作《“四人帮”全传》的时候，我感到存在这样的难题：

“四人帮”你中有我，我中有你。就拿批判《海瑞罢官》来说，在《江青传》中要写到，在《张春桥传》《姚文元传》中也要写到。如果都写，彼此有重复感。如果只在《江青传》中写到，《张春桥传》《姚文元传》中不写，则又不行，因为批判《海瑞罢官》毕竟是张春桥、姚文元历史上的重大事件。

为了解决这一难题，我在写作的时候，有一详略总体考虑：

某一事件以某人为主，则在此人传记中详写，而他人传记中则略写。仍以批判《海瑞罢官》来说，《评新编历史剧〈海瑞罢官〉》是姚文元写的，在《姚文元传》详写，而在《江青传》《张春桥传》中略写。

采取这样详略有别的方法，大体上解决了王、张、江、姚这四本长篇传记的互相重复问题。

不过，王、张、江、姚毕竟是一个“帮”，是一个整体。在完成《“四人帮”全传》之后，我又准备把四本书合并成一本书，书名改为《“四人帮”兴亡》。

在《“四人帮”兴亡》中，把“四人帮”作为一个“帮”来写，这就完全解决了彼此的重复问题。

《浩劫》一书在桂林受挫

《上海的拼搏》最初打算由中央级的出版社出版。

中国青年出版社得知我的写作计划，主动表示愿意出版。

在收到中国青年出版社来信之后，1986年7月16日我写了一封回信给中国青年出版社的编辑，信中谈及书稿的进展情况：

戢遐龄、高岩同志：

来信收悉，谢谢你们的热情鼓励！

《上海的拼搏》在吃力地写作之中，下月可写完30万字左右。上海作协党组和中共上海市委宣传部给予了支持（写作计划由作协党组报市委宣传部），开了许多介绍信。因为这样的写作，凭行政介绍信是无济于事的，只有党组系统介绍才可查阅一些档案。

遗憾的是，上海市档案局那里，即使市委宣传部的介绍信，也不管用，而那里却拥有大量的重要档案。按他们的规定，满30年，方可供借阅。“文化大革命”档案仍属禁区。交涉多次未成，使写作受到很大影响。因为核心材料都在该局库内。

看来，我只能求助于中共中央办公厅，请他们向上海市档案局打招呼。不然，只能把现已完成和即将写完的30万字，先作一集交出版社以很快速度出书。出后请中央领导给予支持。目前无法按规定的三卷计划来写。

我不知贵社的出书速度。周期太长的，令人生畏。

由于上海市档案局的交涉，来来回回，甚费周折，所以无法定下写作进程及方案，迟复为歉。昨天，市档案局局长与我谈了两小时，要求办理较高层次的手续。我只能求助于中共中央办公厅，以便给市档案局一个批文。不然，无法“开禁”。

上次电话中问及的《彭加木》一书，此书过去连载过，如需要，可把书稿整理好寄你，是我在彭加木出事后，当即随搜索队入罗布泊，采访了40多位彭的好友、亲属写成的。

草此。代问林副总编以及贵室主任好！即颂

编安！

叶永烈上

1986年7月16日

1986年10月6日，是粉碎“四人帮”10周年的纪念日。

地处大西南的漓江出版社得知我的写作计划，派出编辑专程来沪，要我把当时已经完成的三部初稿，即《蓝苹外传》（《江青传》初稿）、《“狄克”公案》（《张春桥传》初稿）以及《姚氏父子》（《姚文元传》初稿），合为一本书，作为多卷本长篇《浩劫》的第一卷出版。

由于漓江出版社表示把此书作为“重中之重”，决定以一个月的速度出版，以纪念粉碎“四人帮”十周年，这使我改变了由中央级出版社——中国青年出版社——出版的主意。

按照当时的出版速度，一本书从交稿到出书，前后一两年是很平常的，有的甚至要三年，我的《爱国的“叛国者”——马思聪传》由中央级的人民文学出版社出版便是如此。正因为这样，漓江出版社的一个月出书的承诺，对于我来说是莫大的鼓舞。

我急急整理好书稿，航寄（当时尚无特快专递）给漓江出版社。我写下了这样的序言：

“十年天地干戈老，四海苍生痛哭深。”

以明朝顾炎武的《海上》一诗，来形容1966年5月16日至1976年10月6日这创巨痛深的十年，是非常妥切的。

“文化大革命”十年，是中国历史上空前的浩劫。哀鸿遍野，冤狱遍地。“直如弦，死道边；曲如钩，反封侯”！

1980年，我以一个爱国知识分子在“文化大革命”中的悲惨遭遇为题材，写了长篇小说《黑影》，于1981年春连载于《羊城晚报》。这篇小说借主人公之口，说出了这样的话：

“真理终究会战胜强权，光明终究会战胜黑暗。一时强弱在于力，千秋胜负在于理！”

“那黑暗的岁月终于过去，但是那深刻的历史教训值得永远记取。”

当小说正在《羊城晚报》上连载的时候，中华人民共和国最高人民法院特别法庭在北京开庭，林彪、江青反革命集团案的十名主犯被押上了历史的审判台。每天晚上，我都坐在荧光屏前，聚精会神地收看这一举世瞩目的审判。一边看，我一边作笔记。我发觉，审判中揭露出来的大量惊心动魄的事实，比任何虚构的小说更具有震慑力！于是，我萌发了写作反映“文化大革命”的长篇纪实文学的念头……

但是，历史的迷雾需要经过时间的沉淀，才能渐渐看清。大量地收集各种“文化大革命”资料也需要时间。我细读了美国作家威廉·夏伊勒著的长卷《第三帝国的兴亡》，作者调阅了485吨纳粹档案、花费五年半时间才写成，他的严谨的工作态度使我深受感动。

就在我大量查阅“文化大革命”档案之际，曾经深受张春桥迫害的葛正慧老先生的一席话，又给了我莫大的启示。葛老先生在上海图书馆工作多年，首先查明“狄克”是张春桥的就是他，为此他被张春桥投入秘密监狱。葛老先生向我指出:《第三帝国的兴亡》一书有很大缺陷，即作者重“文”不重“献”。“文”，即档案，文字材料，是“死材料”;“献”，指“活口”，即当事人，熟悉情况的人。只有“文”“献”并重，才能写好纪实文学。

于是，我着手拟订了一份长长的名单，逐一登门采访，从许多老干部、老记者、老编辑以至“四人帮”的亲友那里，了解大量档案上所没有的重要情况。

例如，“四人帮”之一的姚文元，人们只知道在“文化大革命”中他是一位舞文弄墨、摇唇鼓舌的舆论总管。公审时，主要也是审判他在“文化大革命”中的罪行。他的身世、他的起家史，鲜为人们所知，档案上的记载也很简单。至于他的父亲姚蓬子，由于在“文化大革命”中受“四人帮”包庇，指令销毁了姚蓬子档案，外人更是莫知。由于得到姚文元的入党介绍人、党支部书记、中学时的老同学以及老上级、老同事、作家书屋原店员、姚家所在居委会的干部以及当年的“上海市革命委员会姚蓬子专案组”组长大力帮助，讲述了姚文元和姚蓬子的情况，使我写出了《姚氏父子》一书。可以说，这是第一次向广大读者撩开了姚文元这个以两面派起家的政治暴发户的神秘面纱……

作者希望本书不仅仅是文学作品，而且具有一定史料价值。正因为这样，作者在写作中十分尊重史实，以大量掌握第一手资料作为前提。

在本书第一卷出版之际，作者感谢中共上海市委宣传部和中国作家协会上海分会党组给予的工作上的方便；感谢有关部门给予作者查阅大量“文化大革命”档案的方便；感谢前北京大学校长兼党委书记陆平，前《解放日报》总编王维、副总编夏其言，前《文汇报》总编陈虞孙、办公室主任全一毛，前上海出版局局长罗竹凤，前上海音乐学院院长贺绿汀，前上海图书馆参考书目部主任葛正慧，老作家王若望、施蛰存、牟国璋，老诗人任钧，著名电影导演郑君里的夫人黄晨，原中共上海市委教卫部部长常溪萍的夫人陈波浪，“七君子”之一王造时的夫人郑毓秀，江青当年在上海时的好友秦桂贞，等等，给予作者热情帮助；感谢漓江出版社派人来沪约定书稿，列为重点书，以很快的速度出版本书。

作者正致力于《浩劫》第二卷的写作。第二卷收入第三章和第四章，即《北京的“四大天王”》(聂元梓、蒯大富、韩爱晶和谭厚兰）及《王司令和小兄弟》(王洪文、王秀珍、潘国平、陈阿大)。第二卷的篇幅与第一卷相当。

《浩劫》为多卷长篇。作者将花费较长时间专门从事这一篇幅浩繁的长篇的创作。

然而，书稿付厂排印之后，我忽然接到漓江出版社的电报，要我马上从上海乘飞机赶去，有要事商议。

我匆匆赶去。

责任编辑到机场接我。我问有什么要事，他没有答复。直至送我来到宾馆，在电梯上，他这才终于告诉我:《浩劫》被有关部门停止排印！

我当时毫无思想准备，吃了一惊。

到客房住下，责任编辑这才细细道来：他们一边以最快的速度安排《浩劫》的出版，一边把这一出版计划上报。因为《浩劫》属于重大题材，按照当时的出版制度必须上报。

广西有关部门得知之后，当即下令停印，并要求全书送北京有关部门审查。

为此，漓江出版社急急要我飞往桂林。

经过与广西有关部门商议，无法撤销停印的命令。这样，《浩劫》“出师不利”，漓江出版社只得忍痛从印刷厂撤回书稿。

我拎着一大包手稿，怀着沉重的心情，从桂林飞回上海。

后来我才知道，有人主张“淡忘文化大革命”，所以对“文化大革命”题材书籍严加控制。尽管在当时无法出书，我仍毫不灰心。

我以为，这是一部重大题材的书，需要精心创作、精心修改。

既然一时无法出书，我也就不着急。我花了一年多时间，埋头于修改、补充。

1987年，南京《青春》文学丛刊得知我写作《浩劫》的消息，表示愿意发表内中的中篇《蓝苹在上海》。

《青春》是在当时与我联系颇多的杂志之一。《青春》分“小《青春》”和“大《青春》”。“小《青春》”即《青春》月刊，每月出版一期，以发表短篇为主；“大《青春》”是双月刊，大型文学丛刊，两个月出一期，以发表中长篇为主。

“大《青春》”看中《蓝苹在上海》的原因：

一是这个中篇写的是20世纪30年代的蓝苹（也就是后来的江青），与毛泽东无关，不会涉及“麻烦”；

二是内容精彩，可读性强。

他们拿去这个中篇，当即付排。

就在载有《蓝苹在上海》这一期“大《青春》”印好之后，南京突然打来长途电话，说是情况有变：江苏省有关部门紧急通知他们，这一期不准发行，送造纸厂化为纸浆！

为什么呢？就是因为我的那篇《蓝苹在上海》！

在桂林受挫，从印刷厂撤回；而这一次已经印好，却也仍要化纸浆！

不久，又从南京传来令人不安的消息：印刷厂的工人特别爱看《蓝苹在上海》。有人居然把《蓝苹在上海》单独装订，已经在印刷厂的工人以及家属中传阅！

这么一来，《蓝苹在上海》面临着“外泄”的危险！

所幸当时盗版尚未成风。倘若像现在这样，《蓝苹在上海》的盗版本早已遍地皆是了。

两次受挫，我仍坚持原先的写作计划。

多次受“批判”，大大增强了我对于逆境的心理承受能力；几次受挫，又增强了我的抗挫折的心理素质。

我以为，写作不能急功近利。即便是十年之后再出，我也要写！

我继续埋头写作“四人帮”传记，继续探索“文化大革命”。

中国的形势时紧时松。

终于，形势松动。“大《青春》”决定推出《蓝苹在上海》。

《蓝苹在上海》在“大《青春》”发表之后，顿时被许多报刊转载、连载，一下子就“火”了起来。

这清楚表明，广大读者并没有“淡忘文化大革命”，他们关注着有关“文化大革命”的反思作品。

“四人帮传”相继问世

连我自己都没有想到，用不着等待十年。由于形势的松动，从1988年4月起，短短几个月间，我的王、张、江、姚四部长篇初版本，哗的一下子，全都出版了！

许多读者感到惊奇，我仿佛变魔术似的，怎么在短短的几个月内，一下子“变”出了四部长篇？！

其实，我早已完成这四部书的初稿，只是无法出版，正在等待着，正在作不断的修改、补充。

在当时，本来我想对这四本书细细“磨”一遍，“十年磨一剑”，再过几年出版。但是我的一位文友劝我：“别傻瓜！只要有机会能够出版，就应该抓住时机，赶紧出版。反正先出个初版本，作为征求意见。你只有让作品与广大读者见面，才能听到各种意见。你想‘十年磨一剑’，这种精神可嘉。但是先出后‘磨’，可能更好。”

他还说了一段重要的话：

“你已经花费了几年时间研究‘文化大革命’，你只有把这四本书推出去，人家才知道。你必须以最快的速度占领研究‘文化大革命’的制高点，把你的大旗亮出来。”

我接受了他的意见。

于是，我交出了《江青传》的初版本《蓝苹外传》。

《蓝苹外传》出版速度之快，是我从未见过的。

这本书当时由一家不起眼的新出版社——大连出版社——出版。

在上海，我把厚厚的书稿交给了大连出版社的编辑。才半个月，我就收到寄自东北的一大包快件（当时尚无特快专递，但是已经有快件了）。打开一看，竟是《蓝苹外传》的清样！

按照往常的出版速度，光是责任编辑看稿就得看几个月，加上编辑室主任、出版社总编辑审稿，又得好几个月。几乎每家出版社，都实行从责任编辑、编辑室主任到总编辑这“三审制”，审稿颇费时日。

即便是书稿发排，随后新华书店的征订也很费时。一张张征订单发出去，到一份份征订数反馈回来，一般要三个月。

这一回，交稿才半个月就出清样，这是我从未见到的。当然，这样的速度如今对于我来说，已经司空见惯。

既然这么快就出清样，我也就连夜校对。我双眼布满红丝校完这部30万字的书稿时，就用快件寄出。

十来天后，我在上海街头的书摊上，见到印着“叶永烈新著《蓝苹外传》”新书广告——这时候，畅销书已经开始印海报了，只是这海报近乎“文化大革命”中的大字报，海报的内容也简单，除了作者名字和书名外，便是书的要目，不像现在彩色海报那么漂亮，宣传词句也没有像现在这样富有“商业性”。

我吃了一惊，连忙走近，一看，一本厚厚的新书，封面上印着江青的照片，书名《蓝苹外传》，叶永烈著，大连出版社出版！

我简直不敢相信，这么快，书就出版了——从交稿到从书摊上买到，前后只有一个月！

当年，漓江出版社曾答应以一个月的速度出版《浩劫》，只是半途受挫，未能实现。如今，真的做到了一个月出书！

我赶紧买了一本《蓝苹外传》。回家细细一看，十分生气：我校对的时候发现的错别字，居然一个也没有改！

后来，据出版社向我解释，由于“抢速度”，不等我改好的校样寄到，他们就开印了！

为什么要这样“抢速度”呢？他们担心在出版过程中有什么三长两短，所以越快越好。

不管怎么说，毕竟书印出来了，而且第一次印刷，就印了20万册。

大连出版社的担心不是多余的。第二本《姚氏父子》已经排好字，正要开印，接到有关部门通知，由于这本书涉及“文化大革命”，暂停出版！

这时候，东北长春的时代文艺出版社派出编辑梅中泉前来上海找我，索走《张春桥浮沉史》。

责任编辑告诉我，中共吉林省委宣传部长谷长春是一位作家，对于作家的创作十分尊重，因此他会支持出版这样的书。一旦得到了省委宣传部长的支持，那就好办了。

果真，谷长春给予支持。这样，《张春桥浮沉史》一帆风顺，以极快的速度，在1988年8月出版，第一次印刷便印了15万册。

这时候，我加快速度，写完了《王洪文兴亡录》——在王、张、江、姚四本长篇传记之中，我最后一个写王洪文。主要是因为在我看来，这位“造反司令”太浅薄了。

我仍把《王洪文兴亡录》交给时代文艺出版社。

由于中共吉林省委宣传部的支持，《王洪文兴亡录》的出版仍然顺利。1989年《王洪文兴亡录》印出，第一次印刷，印了13万册。

这时候，只剩下那本《姚氏父子》处于“暂停”状态。

在“暂停”期间，正值北京《新观察》杂志编辑朱行向我约稿，我说起《姚氏父子》，他一听如获至宝，说：“我们连载！”

后来我才知道，姚文元是《新观察》的“冤家对头”。在1957年的“反右派斗争”中，姚文元接连发表文章，抨击《新观察》，导致主编戈扬以及编辑朱行等人被打成“右派分子”。正因为这样，《新观察》特别看重《姚氏父子》。

自1987年第19期起（《新观察》是半月刊），《新观察》开始连载《姚氏父子》。著名漫画家丁聪当年也是“右派分子”，他为《姚氏父子》画了许多惟妙惟肖、深刻揭示“大左派”姚文元及其父亲姚蓬子丑恶面目的漫画。

《新观察》是中国作家协会主办的刊物，广有影响。《姚氏父子》在《新观察》上连载，一呼百应，众多的报纸、杂志加以转载，形成很大的声势。

《姚氏父子》这本书在大连“暂停”了将近一年，由于各报的连载以及《张春桥浮沉史》和《王洪文兴亡录》的顺利出版，大连出版社据此力争，终于得到中共辽宁省委宣传部的同意，得以印行。第一次印刷，印了5万册。

这样，王、张、江、姚四部长篇的初版本，终于得以先后出版。

这四本书初版本的第一次印数，颇为耐人寻味：

江青，20万册；

张春桥，15万册；

王洪文，13万册；

姚文元，5万册。

这印数，其实从某一方面反映了“四人帮”四个人的不同的历史影响力，也反映了普通百姓对他们不同的“兴趣度”。

香港《大公报》连载《姚氏父子》，香港《商报》连载《张春桥》。香港三联书店、香港明星出版社、香港南粤出版社、台湾晓园出版社分别推出这四本书初版本的香港版、台湾版。

这四本书初版本的出版，引起各方注意。许多报纸加以转载或者发表报道、评论。

在各种报道之中，最为重要的一篇是1988年12月16日《人民日报》所载倪平的报道《历史使命 笔底波澜——访作家叶永烈》。这篇2000多字的报道，披露了《“四人帮”全传》四本书的出版以及写作、采访的艰辛。由于《人民日报》众所周知的崇高地位，等于给这四本书以肯定。倪平是上海《文汇报》记者，最早在1978年《文汇报》上发表关于我的长篇报道的也是他。

在各种评论中，最为重要的一篇是1988年12月24日《新闻出版报》所载许锦根的《实事求是写历史》。许锦根是上海《解放日报》记者，青年评论家。他的评论虽然不长，然而在《新闻出版报》上发表却也意味着对《“四人帮”全传》这套书的首肯——因为《新闻出版报》是国家新闻出版署的机关报。

这篇短小的评论全文如下：

知名科普作家叶永烈这几年转了创作方向，把精力和热情倾注在曾经给我们民族带来深重灾难的“文化大革命”十年史上，他的《张春桥浮沉史》出版后立即受到读者的好评，说明群众并不愿忘记这段历史。

这部书中有一处细节讲到1963年5月6日，上海发表一篇署名梁壁辉的文章《“有鬼无害”论》，书中特别点明这个梁壁辉，就是俞铭璜。俞铭璜同志是我们党内一位马列主义理论造诣很深、且有不少建树的理论家，已经逝世。他在那个“左”倾思潮占据上风的年代写出这样一篇实际作用很坏的文章，固有种种原因，我们不必过多地苛求，而应该历史地辩证地评价他的一生。然而，这样做并不等于掩盖历史和事实真相。党的十一届三中全会后，报刊上发表过不少一些著名人物怀念俞铭璜、评述他的理论文集的文章，可惜没有一篇提及这个事实。难道提及此事，俞铭璜的理论贡献就会被否定了吗？当然不会。说到底，一些同志头脑中还残留着为尊者讳、为贤者

> 讳的封建观念。
>
> 我们主张直面历史，直面人生。无论是写“文化大革命”十年还是记叙目前新人新事，都应该有透明度，直言不讳，是功不写成过，是过也不掩饰掉。这自然免不了会带来一些麻烦，甚至还可能上法庭。但假如连直言不讳写历史的勇气也没有，那干脆放下你的笔吧！

当然，初版本还是很粗糙的。尤其是《蓝苹外传》，实际只收入《蓝苹在上海》这个中篇而已，其余是其他的报告文学。所以，30 万字的《蓝苹外传》，其实是一本报告文学选集，还不能算是《江青传》。

不过，不管怎么样，这四本书的初版本，几经曲折，毕竟出版了，并引起广泛的注意。

此后，我开始对这四本书进行修改、补充，特别是把《蓝苹在上海》大大加以扩充，终于写出了真正有分量的《江青传》。

1993 年，《“四人帮”全传》如四块“黑砖头”一般，由时代文艺出版社出版。这四厚本书，统一用黑色封面，读者称之为四块“黑砖头”，我也称之为四块“黑砖头”——献给巴金倡议的“文化大革命博物馆”的四块“黑砖头”。

这四块“黑砖头”，成为《“四人帮”全传》第一版。

叶永烈著《四人帮全传》(1)

叶永烈著《四人帮全传》(2)

叶永烈著《四人帮全传》(3)

叶永烈著《四人帮全传》(4)

从粗糙的初版本，到统一的第一版，《“四人帮”全传》跨进了一大步。

我仍继续修改、补充，全书增加了40多万字，在1999年完成第二版本，收入《叶永烈文集》。

从最初的《上海风云》，到《“四人帮”全传》第二版，前后花费了十几年时间——“十年磨一剑”。

我又继续进行修改、补充，于2000年推出了更加完善的《“四人帮”全传》第三版。

另外，我着手按照最初的计划，把《“四人帮”全传》四本书合并成一部长卷《“四人帮”兴亡》。合并之后，删去了重复内容，而且把“四人帮”作为一个整体来写，更加完整。

闯进了中国政治的“百慕大”

“文化大革命”，中华民族的大灾难，人们称之为“浩劫”。

“文化大革命”史，是中国当代史研究工作中一片荆棘丛生、暗雷四伏的处女地，一片忌讳甚多、禁规甚多的是非之地，一片浓雾迷茫、“透明度”甚差的

“百慕大”，却又是泪流成河、尸骨如山的“重灾区”。它是中国的“特产”——因为这场既不是“无产阶级”的、又不是“文化”的、更不是“革命”的“无产阶级文化大革命”，是在中国发生，在中国进行的。它倒确确实实是一场“触及人们灵魂的大革命”，各种各样的中国人的灵魂在这场“大革命”中“大曝光”。

写作《“四人帮”全传》，我进入了“雷池”。

我涉足“雷池”，是因为在中共十一届三中全会之后，政治气氛逐渐宽松，进入了对建国以来历次政治运动的大反思阶段。所谓“彭、罗、陆、杨反党集团”，所谓“三家村反党集团”，所谓“中宣部阎王殿”，所谓“六十一人叛徒集团”，所谓“刘、邓资产阶级司令部”，所谓“杨、余、傅反革命事件”……一桩桩“文化大革命”大冤案在大反思中得以平反。由“文化大革命”上溯，对所谓“胡风反革命集团”，对数十万在1957年被错划的“右派分子”，对所谓“三面红旗”，对所谓“四清运动”等等，也在大反思中或予平反，或予改正。就连在“文化大革命”中遭到“大批判”的瞿秋白的《多余的话》，也得到了重新评价。我背了多年的政治包袱也在拨乱反正中卸了下来，轻松多了。

我步入不惑之年，真的也不惑起来。我越“界”了。我开始越入雷池。

有人笑谓我是“三级跳远”，即“科普—报告文学—‘文化大革命’长卷”。我倒觉得此言不无道理。

我着手“文化大革命”探索，如前所述，是因为追索“反右派斗争”，追索中国极左路线的发展，追到了登峰造极的“文化大革命”。

我下决心写作王、张、江、姚长卷，是从两本书中得到启示的。

一是当时陆陆续续读到的巴金的《随想录》。巴老对于“文化大革命”的深刻、尖锐的鞭笞，给我以思想上的震撼。

巴金说：“张春桥、姚文元青云直上的道路我看得清清楚楚。路并不曲折，他们也走得很顺利，因为他们是踏着奴仆们的身体上去的。我就是奴仆中的一个，我今天还责备自己。我担心那条青云之路并不曾给堵死，我怀疑会不会再有‘姚文元’出现在我们中间。我们的祖国母亲再也经不起那样大的折腾了。”

巴金说出了振聋发聩的话：“只有牢牢记住‘文化大革命’的人才能制止历史的重演，阻止‘文化大革命’的再来。”

另一本给我以启示的书是美国威廉·夏伊勒所著的长卷《第三帝国的兴亡——纳粹德国史》。作者掌握了纳粹德国的485吨档案，花费五年半时间，写成 130 万字的长篇。

在卷首，作者引用了桑塔亚那的一句格言，那含义与巴金不谋而合：

“凡是忘掉过去的人注定要重蹈覆辙。”

十年浩劫给中国人民带来了巨创，我决心进行我的“系统工程”。

当我着手实现这一庞大的创作计划时，我才意识到每前进一步都异常艰辛。

我力图使自己的作品具有文学和史料的双重价值。我认为，“四人帮”是十亿中国人家喻户晓的历史罪人，传记必须史实准确。我坚决摒弃凭空虚构、胡编乱造。要对历史负责，对人民负责。

在进入创作之前，我着手于大规模的准备工作。我曾说，我以采访为主干，以档案馆与图书馆为两翼。

档案是写作这样的史实性作品必不可少的参考资料。《第三帝国的兴亡》的作者是美国人，由他来写纳粹德国史，美国为他的创作提供了极大的方便，作者可以自由地利用那 485 吨从纳粹手中缴来的机密档案。可是，我却与《第三帝国的兴亡》的作者的处境大大不同。我是以一个中国人，去写中国刚刚过去的十年浩劫。我所需要参考的档案绝大部分被视为“禁区”，不可接触。有关部门甚至明文规定，只有人事干部为了外调需要，开具党组织的外调专用介绍信，方可允许查看有关外调对象的那一小部分“文化大革命”档案。至于为了创作而去查看“文化大革命”档案，只能吃“闭门羹”。我不得不把许多时间花费在办理各种手续上，花在向各级档案部门的负责人的“游说”上。

差不多每去一处查看“文化大革命”档案，都要花费很多口舌。

毕竟我感动了“上帝”。我的一些朋友支持我，帮助我打开“禁区”之锁。我终于得以步入一个个档案室。不过，遵照规定，只能坐在那里逐字抄录，不许复印（虽然复印机就在旁边），不许拍照（虽然我的包里总带着照相机）。我常常在上午 8 时档案室一开门就进去，一直抄到下午 5 时关门，中午啃点干粮，如此而已。我成了道地的“文抄公”。抄着，抄着，有时一些好心的管理人员见我实在抄得太累，便“开恩”让我拍照。于是，我拿出照相机——我连拍照所用的灯都在包里事先放好，一页页地翻拍，进度快多了。但是，回到家中，我又得自己冲胶卷，自己放大、洗印，花费很多时间——因为这样的档案是不宜拿到照相馆冲放，一切都得自己动手。幸亏当年我是学光谱分析专业的，暗房技术娴熟，算是发挥我的原专业的“一技之长”。

我吃惊地发现，“文化大革命”档案处于相当混乱的状态之中。比如，张春桥在安亭事件时给王洪文所签的“五项条件”手稿，是研究上海“一月革命”的重要档案，竟在一个与此毫不相干的档案室里收藏着。又如，姚蓬子的档案，我在上海市公安局档案室里找不到（在“文化大革命”中已被作为“防扩散”材料烧毁），却在一所大学的档案室里偶然翻到。

上海某医学院一个“造反兵团”头头的工作笔记本，引起我的注意。因为此人的笔头甚勤，看见街上贴了什么大字标语，都要记下来；出席“市革会”会议，谁发言他都记下来，所以他的十几本工作笔记本，成了研究上海“文化大革命”可供参考的资料之一。

在安亭事件的档案中，我偶然找到一张纸：那是王洪文带着“上海工人革命造反总司令部”的造反队员在安亭闹事，中共上海市委为了缩小事态，在当时派出许多卡车要接他们回上海，同时还带去许多面包。那张纸是分发面包的签收单，写着某某厂某某人领多少面包。签收者绝大部分是当时各厂造反派负责人。依照这张名单，便可查找那些当年的安亭事件闹事者。

张春桥之妹张佩瑛在1954年所写的一份自传，其中有不少内容可供写作张春桥传参考。那时，张春桥尚未“青云直上”，内容大都真实可靠。

同样，我在王秀珍所在的工厂里，查阅她的人事档案，见到内中有一份王秀珍1964年所写的自传，对于她如何从一个穷孩子成长为劳动模范，写得颇为真实，亦甚有参考价值。

在“文化大革命”中，王洪文青云直上的时候，曾叫人捉刀，写了一本三四万字的“大事记”，详述王洪文造反之初的历史。这份“大事记”在王洪文被捕后，他的小兄弟曾打算塞进一段铁管里，两头焊死，埋于黄浦江江堤之中。我得知有这么一份重要档案，追踪寻找，终于在上海国棉十七厂查到。

我家在上海西南角，国棉十七厂在上海东北角，我要斜穿整个上海市区，换好几辆公共汽车。往往清早6时离家，8时多才能到达国棉十七厂。在这家工厂的人事科，我一边阅读，一边抄录，花费了几天时间。

这份“大事记”成为我写作《王洪文传》很重要的参考材料。尽管这份“大事记”吹嘘王洪文的“光荣史”，但所载事件的日期基本准确，而且内中提到的事件发生的地点、人名，都成了我作进一步采访弄清真相的线索。

同样，我查到姚文元亲笔填写的履历表，也为我写姚文元传提供了很多方便。

有一回，我在某档案室查到一箱重要档案，花了一个星期，天天前去摘抄，虽然抄得非常吃力，但收获颇大，使我非常高兴。

图书馆是我创作的另一“方面军”。

张春桥、姚文元、姚蓬子是作家，我必须查阅他们的全部作品。

江青20世纪30年代在上海时，也写了不少文章，大报、小报关于她的报道多达221篇，也必须逐一查阅，重要的要复印。

去图书馆查阅“文化大革命”资料，手续也够麻烦的。幸亏我已经有了与档案部门打交道的经验，何况图书馆终究是文化部门，比组织部门更能与我接近，终于逐一打开大门，让我查阅、复印。

当年的各种“文化大革命”小报、传单，虽然有的不甚准确，有的甚至掺假，但只要加以鉴别，仍不失为重要参考资料。

例如，那各种不同版本的《林彪选集》《江青文选》《中央首长讲话集》，都有一定参考价值。

“武汉三司革联司令部秘书组编”的《庐山会议文件集》，内中收入关于庐山会议的文件、讲话，很有参考价值。那本在“文化大革命”中用红塑料封皮精装的《两报一刊社论选》，是研究“文化大革命”必不可少的参考资料，为我节省了查阅社论的时间。

说来也有趣，当年几乎能一口背诵的《毛主席语录·再版前言》，我要用时却查不到。为什么呢？自从林彪“折戟沉沙”之后，按照当时的规定，必须从每一本《毛主席语录》中撕去《再版前言》。我翻了一本又一本“红宝书”，都不见《再版前言》。幸亏找到一本“漏网的”，上面居然还保存着《再版前言》！

当年的《工人造反报》《井冈山报》《新北大》《红卫战报》《文艺战报》等等，我都逐一查阅。

我偶然发觉，当年上海的《支部生活》杂志，刊载一系列“文化大革命”期间的中央文件，当即复印。

从档案馆、图书馆查到的，局限于“死材料”——文字材料，我由此更进一步，大量采访当事人，寻访“活材料”。我重视“死材料”，但是更重视“活材料”。我以为，那些“死材料”几十年后以至几百、几千年后，后人仍可查到。他们甚至可以比我更方便地查阅这些“死材料”，诚如姚雪垠写《李自成》

可以查阅各种明史档案，大可不必持党组织介绍信！可是，后人无法得到“活材料”——当事人的口述资料。挖掘“活材料”以至抢救“活材料”，是一项极为重要、刻不容缓的工作。“文化大革命”刚刚过去十年，许多当事人尚在，必须赶紧做好采访工作。

“死材料”往往是平面的，只记载某年某月什么事，什么人讲什么话。“活材料”却常常是立体的，可以采访到各种细节，使作品变得非常丰满。不过，人的记忆力毕竟有时不甚准确，“活材料”又必须用“死材料”加以核实、校正。

进行“文化大革命”史的采访，要广泛访问在“文化大革命”中蒙冤受屈者，但同时也应访问那些“文化大革命大员”。

叶永烈采访“中央文革小组”成员王力

早在1986年10月9日《社会科学报》所刊登《叶永烈谈要研究“文化大革命”》一文中，我便对该报记者说过：“现在，文化大革命刚刚结束十年，可是文化大革命材料分散各处，很多饱经风霜的老同志要请他们留下口碑，那些文化大革命‘风云人物’，也应让他们留下史料，这些都有待人们赶着去做。”

在采访时，我一般尽量争取被采访者的同意，进行录音，这些录音磁带，我作为史料永久保存，并拟在若干年后捐赠给历史学家或者我在1986年曾建议成立的“文化大革命”研究所（当时许多报刊刊登了我的关于成立“文化大革命”

陈伯达接受叶永烈采访

研究所的建议）。因为录音远比笔记准确、详细，而且所作速记往往只有我自己看得懂，后人难以看懂。

这些年来，我走南闯北，走访了众多的“文化大革命”受害者，记下中国历史上那苦难的一页。

在北京陆定一家中，我与严慰冰胞妹严昭多次长谈。“严慰冰案件”（简称

叶永烈采访深知江青历史的徐明清大姐

“严案”）是“文化大革命”大案之一，严昭痛诉林彪、叶群对严慰冰的令人发指的残酷迫害。她还由“文化大革命”回溯到延安时代，谈到那时的严慰冰与叶群的冲突，谈到那时陆定一与严慰冰的恋爱、结婚，谈到毛泽东、周恩来、任弼时的戎马生涯等等。

贺绿汀是张春桥、姚文元的“死对头”。在“文化大革命”中，贺绿汀坚强不屈，人称“硬骨头”。我多次访问贺绿汀，请他详细地叙述他与姚文元关于德彪西的论战，他在“文化大革命”中与张、姚的斗争。

东海舰队司令陶勇之死，是“文化大革命”大案之一。为了探明陶勇之死，我一次次访问东海舰队司令部，走访他的几位老秘书、他的家属以及有关当事人，甚至访问了当年解剖陶勇尸体的医生，终于写出《陶勇之死》。

秦桂贞是江青20世纪30年代在上海时借住的那家的女佣，深知江青底细，为此在“文化大革命”中被江青骗往北京，投入秦城监狱。寻访秦桂贞颇费周折，因为她早已退休，很难寻找。经过友人帮助，这才在一鲜为人知的地方找到了她。然而，她却又不愿接受采访，因为有关部门已对她做了一些规定，务必办妥必要的手续，才予接待。于是，我只得再奔走，办妥手续，秦桂贞才给予接待。她一打开话匣子，我才发现，她是一位非常热忱的老人。虽然文化粗浅，但记忆力甚好，叙事也有条有理。说到江青恩将仇报，她咬牙切齿，潸然泪下。她的四小时谈话，为我写江青提供了翔实而丰富的“活材料”。

在最高法庭审讯江青时，与秦桂贞同去北京、出庭作证的是郑君里夫人黄晨。在20世纪30年代，她叫江青“阿蓝”，江青叫她“阿黄”。买了一块料子，她俩往往同做一色上衣。可是，在“文化大革命”中，江青对知情甚深的郑君里、黄晨进行残酷迫害。黄晨的回忆，清楚地刻画出当年江青的形象。

在写姚文元传时，为了弄清姚文元新中国成立前入党的经过，当年他的入党介绍人、支部书记、支委给我诸多帮助。他们和我一起聚会，共同回忆。这样相互启发，你一言，我一语，使回忆变得更为准确、丰富。老作家楼适夷则向我长谈了他所知道的姚蓬子，王若望也跟我谈了他所知道的姚氏父子。关于姚蓬子在南京狱中的情况，我访问了当年国民党中将汤静逸先生。很可惜的是，我曾向丁玲谈了我写姚蓬子，但当时她太忙，说过些日子约我细谈，不料她竟与世长辞……

当年在“反右派”时挨过张、姚之棍的老作家施蛰存，熟知张、姚的底细。

18岁的张春桥刚从山东来到上海滩，便在施蛰存手下干活。

张春桥不懂装懂，乱标古书，正是被施蛰存发觉，停了他的工作。当时的《小晨报》，曾详细对张春桥18岁时的劣行作了报道。施蛰存也与姚蓬子相熟。丁玲第一次结识姚蓬子，便是在施蛰存的婚礼上……

葉永烈採訪「過時新聞」寫政要秘辛

香港《明报》整版报道叶永烈

風流人物

中國當代知名暢銷書作家

葉永烈：才學廣博著作等身

夫婦同心協力

香港《文汇报》整版报道叶永烈

这些年，我奔走于“文化大革命”受害者的家庭，访问了众多的“重灾户”。他们对“文化大革命”的控诉，激励着我前进——尽管这是一项工程量大、头绪繁多的工作，我仍坚持去做。他们赋予我一种历史的使命感。这样，我的调查，我的研究，我的写作，不再是我个人的事情，而是对历史负责，对人民负责。我深感遗憾的是，电影《东进序曲》挺进纵队政治部主任黄秉光的原型、上海市委前统战部部长陈同生之死，是上海“文化大革命”大案之一。我曾访问过陈同生夫人，只粗粗谈一下，原拟过些日子再访，她却突然病逝，我迟了一步……

公安部长送我照相机

能够在上海市监狱录音采访徐景贤，能够在上海劳改工厂采访王洪文机要秘书廖祖康，能够帮助毛泽东儿媳刘松林在上海找到“文革”中关押她的监狱，能够在北京独家采访刚刚刑满的陈伯达，能够在公安部档案室调阅记载马思聪“叛逃”经过的“002”档案，能够在上海市公安部门档案室查阅傅雷死亡档案、查清傅雷死亡之谜，能够深入上海市国家安全局进行采访并查阅档案为特工周幼海写报告文学，能够在北京采访国家安全部资深特工田云樵……我得益于与上海市公安局、与公安部的良好关系。

那时候，我去北京，常住公安部招待所。一个身穿便衣的作家，跟身穿警服的大盖帽们吃住在一起，也表明我与公安部的关系非同一般。有人问，那个没有穿警服的男子是谁？公安部招待所门卫答道：“上海局的‘便衣’！”

正因为这样，当公安部确定要为几任部长写回忆录时，我便受邀为国务委员兼公安部部长王芳整理回忆录。所谓整理，是因为王芳部长的三位秘书黄荣波、夏仲烈、张德中先写出初稿，我对王芳进行补充采访，然后调整书稿结构，进行润色，最后交王芳审定，于2006年9月由浙江人民出版社出版了45万字的《王芳回忆录》。

王芳曾任中共浙江省委第一书记，所以他的晚年在杭州度过。2003年金秋时节，我前往杭州采访王芳，此后又多次访问他。风光绮丽的西子湖畔，面对三潭印月、雷峰塔倒影，我在柳莺宾馆与83岁的王芳交谈。

王芳，叱咤风云的山东大汉，威严地坐在沙发上。他的灰白头发朝后梳着，天庭开阔，看上去有几分像毛泽东。虽然当时左耳听觉有点迟钝，但是目光犀利，炯炯有神。他的左前额有一块明显的“L”形刀疤，是他当年驰骋于枪林弹雨之中留下的难忘烙印。在深咖啡色开衫上，别着一只金色的枫叶，他说那是外孙女送的。他头脑清楚，记忆力很好，只是双腿无法站立，所以只能坐在轮椅上。

行伍出身的他，好酒量，往日豪饮脸不改色心不跳，曾经一口气喝下一瓶茅台酒，如同喝一瓶可口可乐般轻松。他与南京军区司令许世友对饮，海量著称的许世友败在他手下。不过，好汉不言当年勇，如今他遵医嘱只饮少许杨梅酒而已。

王芳有很好的文学修养，喜欢诗词，擅长书法。

叶永烈采访王芳

采访王芳，仿佛在听一位历史老人讲述精彩无比的故事。数十年从事公安工作以及隐蔽战线工作，他除了接受公务性的采访之外，几乎从不谈及自己的身世、生平和工作。直到进入晚年，在公安部以及有关部门的力劝之下，他才同意回顾往事，给人民留下一笔精神财富。我发觉，他善于讲述，尤其是能够回忆丰富的细节，可以说是极为难得的采访对象。他一旦开口，仿佛启开一瓶陈年佳酿，香气四溢。

我的采访，就从他名字说起——他这么个彪形大汉，跟女性化的名字王芳实在反差太大……

他出生于山东新泰县一个多子女的农家，“春”字辈，本名王春芳。这“芳”是因为他排行最小，父母宠爱，所以取了女性化的名字。参加革命之后，他去掉春字，便叫“王芳”。

根据他的回忆，我为《王芳回忆录》起草了《开场白：“王芳”这名字的来历》，讲述了毛泽东不让他改名的趣事。王芳对这一“开场白”很满意：

在我回忆往事的时候，首先得先向读者诸君说一下“王芳”这名字的来历，算是开场白。

“王芳”这名字很普通，同名同姓者很多。喜欢上网的朋友，只要在网上搜索一下，就可以查到许许多多“王芳”，几乎全是女性：有女演员叫“王芳”，电视台节目女主持人叫“王芳”，女记者叫“王芳”，女律师叫“王芳”，女老板叫“王芳”……

见到我的人，差不多都说过这样的话：“王芳，你为什么不把名字改一下？”

其实，我从小取的名字叫王春芳，参加革命后去了一个“春”字，留下一个“芳”字，改名“王芳”。改名的本意是以此勉励自己：参加革命就要准备牺牲，不管斗争环境多少艰险，道路多少曲折，要自觉地为革命事业奉献一切，给自己政治上留下一个好的声誉，也就是留“芳”。

我一直坚持不改“王芳”这名字，原因是毛泽东主席不让改。

毛泽东主席为什么不让我改掉“王芳”这名字呢？这里面有一个有趣的故事……

那是1953年12月27日，毛主席来到杭州。

元旦前夕——12月30日，中共浙江省委请主席吃饭。我和主席坐同一桌。

吃好饭后，主席兴致依然很高，没有立即离席。大家围着主席说闲话。

罗瑞卿同志是中华人民共和国首任公安部部长，当时为了做好主席的安全保卫工作，他陪主席从北京来到杭州。这时，他指着我说：“王芳同志的名字应该改一改。一个山东大汉，名字怎么像女人似的？认识的人还好，不认识的还以为是个女同志。”

我当即表示同意改名，把草字头去了就行，不过我又说，我改名字要报上级批准。因为我那时任浙江省公安厅厅长，国务院总理周恩来签署的任命书上写着“王芳”，改名字当然也得上级批准才行。

毛主席多喝了点酒，显得红光满面，谈笑风生，也指着我说道：

“你们同意，我不同意！你山东绿化这么差，到处荒山秃岭，山上不长树，有的连草都不长。你王芳头上刚刚长了一棵草，就要除掉它，我不同意。什么时候山东绿化搞好了，你再改名字。”

主席一番话，说得大家开心地笑了。

元旦后的初春，我陪主席上莫干山。莫干山郁郁葱葱。晚上，主席住在蒋介石退到台湾前住过的别墅里。主席又记起我改名这事。他说，莫干山应当成为全国绿化的典范，你山东一半地方的绿化像莫干山，你的名字就可以改了。

主席是我们党和国家的领袖。他不同意我改名字，从此我就一直没有改——因为山东的绿化搞到了什么程度我不清楚！

王芳漫长的一生之中，阅历无数。在我看来，有几件事格外重要：

一是他在担任公安部部长之前，长期担任浙江省公安厅厅长。毛泽东特别喜欢杭州，每一次来杭州，都是由王芳负责保卫工作，他成了毛泽东的“大警卫员”。他跟毛泽东主席接触甚多。

二是江青随毛泽东来到杭州，王芳跟江青的接触也很多。他参与侦破江青的“匿名信案件”。

三是1980年审判“四人帮”时，王芳是张春桥组组长。

四是1989年春夏之交的政治风波时，王芳是公安部部长。他非常了解这一风波始末。诸多公安便衣在天安门广场出没，所以王芳对天安门广场学生运动的情况一清二楚。公安部每天发出一份经王芳签字的风波简报，供中央政治局及各省委参考，成为当时最可靠的情报来源。他两个月没回家，在天安门一箭之遥的公安部坐镇指挥。他当时太累晕倒了，以致得了疲劳综合征。

多次采访王芳，跟他日渐熟悉。他知道我喜欢摄影，送我一架照相机作为纪念，我曾用这架照相机拍摄了许多照片。

《巴金的梦》进入全国优秀短篇小说选

1993年5月，北岳文艺出版社出版了《毛泽东像章之谜》一书。在这本书中，我读到长达三页多的关于我的文字，令我颇为吃惊。

内中写道：

“1988年春，经过多次磋商，一些有识之士决定在上海成立‘文化大革命’博物馆设计方案征集委员会，先在纸上建立一座‘文化大革命’博物馆。该‘委员会’用上海博物馆学会理事会原班人马，叶永烈当秘书……

“后来，作家叶永烈奉命到北京，向自己的导师、中国博物馆学会常务理事长郑老汇报来自各方面的设计方案。”

且不必说我从未担任过“秘书”，也没有什么姓郑的导师，就连所谓“‘文化大革命’博物馆设计方案征集委员会”也从未在上海成立过。

书中还写及《法兰西博物馆学报》译载巴金的《“文化大革命”博物馆》一文。其实，压根儿就没有这回事！

书中写及的关于“文化大革命”博物馆的种种征集方案，也并无其事。

为什么会闹出这等怪事？

这倒是“事出有因”：我一看就明白，这本书出了这样的谬误，是因为把我的小说当成真事！

那是在1988年，我发表了小说《巴金的梦》。这篇小说曾被许多报刊所转载。

我写《巴金的梦》，是因为读了巴老的《“文化大革命”博物馆》一文，却又有感于“文化大革命”博物馆始终只是一个梦，无法付诸实现；而当时我又写了关于“四人帮”的长卷，对于“文化大革命”的苦难有着深切的感叹，很自然，巴老的文章引起我强烈的共鸣。

我在成为纪实文学作家之后，并没有“告别”小说创作。

我忽地产生“奇想”，何不用荒诞小说的手法，以巴金的梦来写，先在纸上建一座“文化大革命”博物馆？

于是，我写了小说《巴金的梦》。这是一篇“黑色幽默派”的小说。我以调侃的笔调，虚构了《法兰西博物馆学报》译载巴金的《“文化大革命”博物馆》一文，引起世界注意，各国要求“合资”建立“文化大革命”博物馆，上海为此成立“‘文化大革命’博物馆设计方案征集委员会”，巴金为名誉主任，小说中的“我”为秘书……

应当说，《巴金的梦》的水准在《青黄之间》之上。妻照例是第一读者。她看后，也认为这篇小说最适合于《收获》。然而，这篇小说却没有在《收获》发表，原因是《收获》的名誉主编便是巴金，发表《巴金的梦》有诸多不便。

《巴金的梦》不像《青黄之间》那么顺利，由于内容敏感，曾被几家杂志连连退稿。

“冷置”了两年之后，正巧，四川《科幻世界》杂志向我约稿，我把这篇《巴金的梦》寄给了他们。

在小说之前，我加了一段故弄玄虚的话：

> 眼下，在报刊上，颇为看重文章的“标签”。比如，标上“纪实小说”就跟标个“报告文学”大不一样。因为标明“纪实小说”之后，倘若有什么“失实”之处，作者便可说：“这是小说啊，小说允许虚构！”至于标个“报告文学”，那就无法以此回避“失实”了。
>
> 我写完《巴金的梦》，也不由得想“标”上个什么。标什么好呢？
>
> 我的名字，常常跟“科学幻想小说”联系在一起。于是，我特意给《巴金的梦》标明“非科学幻想小说”，至于这究竟意味着“非”“科学幻想小说”，还是指“非科学”的“幻想小说”，只好由读者自己去“咬文嚼字”了。

加上这么一段话，这篇小说也就“名正言顺”地在科幻小说杂志《科幻世界》1988年第四期上发表了。

尽管《科幻世界》杂志在文学界并不受到重视，然而这篇小说却产生了强烈的震撼力：1988年第十一期《新华文摘》全文转载，《法制文学选刊》也在1988年十一、十二期合刊上全文转载，上海《报刊文摘》在1988年8月30日刊登了内容提要，许多报纸、杂志加以摘载。

那时，已经不评全国短篇优秀小说奖了，但是人民文学出版社出版的《1988年全国短篇小说选》收入了我的这篇小说。

1996年，在“文化大革命”三十年祭之际，香港《争鸣》杂志连载了《巴金的梦》。法国国际广播电台以一小时的时间，配乐广播了《巴金的梦》，并对我做了专访节目……

我收到100多封读者来信，谈对于这篇小说的读后感。

小说发表后，许多读者信以为真，把小说中的“我”当成了作者。那时，上海博物馆曾一下子收到许多来信，上写“巴金主任收”或“叶永烈秘书”。上海博物馆莫名其妙，打电话给我，才知道是怎么回事。后来，上海博物馆派人给我送来几十封读者来信……

普通的读者误把小说当真，是由于有的人不了解小说是虚构的作品，情有可原。他们对于“文化大革命”博物馆的关心之情，深深感动了我。然而，《毛泽东像章之谜》一书的作者也把小说当真，把小说的内容当成真事，以3页篇幅写入书中，那就闹了大笑话！

作者花费多年的心血，收集毛泽东像章，成为全国屈指可数的毛泽东像章收藏家之一，并悉心研究毛泽东像章的历史，写出了20多万字的《毛泽东像章之谜》一书。对于他的执着的探索精神，我是赞佩的。不过，在他的书中，闹了这么一个关于我的大笑话，我不能不指出，以免以讹传讹。

对于《巴金的梦》，彭耀春先生曾引用弗洛伊德的名言“梦是一种愿望的实现”，发表这样的评论：

> 1988年，已经不大写科幻小说的叶永烈出人意料地推出了“非科学幻想小说”——《巴金的梦》。
>
> 根据世界科幻小说发展情况，科学幻想不仅包括自然科学，还包括社会科学。有以“天文学、物理学、化学等学科为题材的硬科幻作品”，也有以“心理学、政治学、哲学等学科为题材的软科幻作品”。按一般的界定，《巴金的梦》属于后一类的社会幻想小说。
>
> 巴金的《随想录》中有一篇叫作《“文化大革命”博物馆》，呼吁建立“文化大革命”博物馆以作为历史的警戒。叶永烈却可谓是奇思妙想，他以科幻作家特有的敏感和优势，虚构《法兰西博物馆学报》将此作为博物馆学的重要论文予以译载。接着ICOM——国际博物馆协会——又提出与中国博物馆学会合资筹办“文化大革命”博物馆，并派来考察小组，引起国内的连锁反应。小说家的生动、谐趣甚至有些荒诞的描述，辅以意识流动，将历史和现实、思想与梦幻的各种镜头巧妙组合起来，在这一系列的衬托、对比的反差中将巴金《随想录》中的深刻意蕴形象化。围绕“那深刻的历史教训值得永远记取”的立意加以阐释和发挥。
>
> 小说的主人公是上海博物馆学会的“叶秘书”，作品就以叶永烈秘书热热闹闹、忙忙碌碌又是惶惶惑惑地操办“文化大革命”博物馆设计方案的征集为线索，这条线索贯穿了三个梦。第一个梦，就是巴金的梦。这是以文字和理性的形式出现，并由叶秘书通过“找来中文原版连读三遍，慢慢悟

出”建立“文化大革命”博物馆，“绝不让我们国家再发生一次‘文化大革命’”。巴金的“梦”具有“深邃的含义和超越时代的目光”，是小说情节发展的最初和最根本的动因。第二个梦，是叶秘书在读罢巴金的文章，继之又接受了“先在纸上好好设计一座‘文化大革命’博物馆”的任务，经过一段时间的兴奋后所做的一个梦，这是梦见了“文化大革命”时期铺天盖地的大字报，梦见了“四人帮”将自己围住滥施淫威，这个梦是在回顾“文化大革命”的历史，也是在预示“文化大革命”的“遗产”对叶秘书们计划筹办的“文化大革命”博物馆的阻挠，叶秘书是否通过第六感官已经预感到这并非易事？第三个梦，是在叶秘书的再三请求下，中国博物馆学会理事长郑老所说出的“我在梦中，参观了我自己设计的‘文化大革命’博物馆”。这是一座以“触及人们灵魂的大革命”为思路的构想，以方形、三角形、圆形等几何图形区分“文化大革命”中的各式人物的灵魂。

这确定是一篇梦的小说，从巴金的梦，到叶秘书的梦、郑老的梦，构成了情节发展的三个基本阶段，再由纪实、联想、幻觉穿插其间，组成了一个新奇、跳跃、多侧面的、历史内容和现实感俱强的社会幻想小说。

“梦”是非现实的。在《巴金的梦》中，一方面是那篇见诸报端的《“文化大革命”博物馆设计方案征集启事》引起了轰动效应，另一方面是筹备工作恰如艰难的“越野障碍跑”（困难来自于一些工作人员对“文化大革命”教训的消极吸取，这不正说明这一工程的必要？），面对着这些时时遇到却难以绕开的阻力，小说家发出了无可奈何的“苦恼人的笑”。这，就是作品的基调。叶永烈在针砭时弊时保持着一种平和、豁达，也有点揶揄的心态，这使他向外扩展的精神活动受到了近似宽容的心情的阻遏，而不趋于激烈。

也许有人会对《巴金的梦》是否属于科幻小说表示不同的理解，但我们不得不承认，它在构思上的奇妙假想、关于博物馆学的广博知识，阅读时的盎然，给读者的启迪，无不使人想到叶永烈的科学幻想小说。当然，在这一片热闹、机智和多镜头的组合中，我们感到了作者的沉思——为了未来而关注现实，而不是通过蓝色的幻想去未来漫游；也不是以科学幻想的“小道具”为核心来编织一个惊险故事。

《巴金的梦》的发表，意味着我仍对小说创作念念不忘。不过，小说创作毕竟没有成为我的主要创作。当初，我以为只有纯文学小说才是“最高档”的观念，渐渐得以改变。我认识到，纪实文学也是文学，也是纯文学，也是“主流文学”。我的纪实长篇《马思聪传》和《毛泽东与蒋介石》，都曾选载于《人民文学》杂志；我的300万字、6卷本《叶永烈纪实自选集》，是由作家出版社出版……这都清楚表明，纪实文学同样是“主流文学”。

我在写了众多的纪实文学作品之后，虽然已是轻车熟路，却很想掉过笔头，写写小说——因为纪实文学属“非虚构作品”，我的纪实文学又几乎都是写“重大题材”，每一部作品差不多都要经过严格的层层“审读”方能出版，写作时深感太累、太刻板，如同戴着脚镣跳舞；我很想换换“口味”，改写小说，也许心态要自由得多，愉快得多，轻松得多。

长篇小说“重返人间”三部曲

在《巴金的梦》之后，我写出了与《巴金的梦》风格相似的政治幻想长篇小说《毛泽东重返人间》，使许多读者感到惊奇：“叶永烈怎么写起长篇小说来了？”

其实，我早就着手对《毛泽东重返人间》作创作上的准备，只是没有对外披露而已。1998年9月16日，上海《申江服务导报》发表的报道《叶永烈——“小灵通”的爸爸》一文，曾经透露了我写作《毛泽东重返人间》的信息：

> 叶永烈说，他有可能将再次执笔写科幻小说。“写国史、党史等重大题材的纪实文学作品，我手里的笔很重，人也很累，相对来说，写科幻小说倒成了一种娱乐，况且这部小说我已酝酿了很久。”
>
> 他想了想又说：“这部长篇科幻小说和我早期的科幻小说有些不同，这是一部社会性科幻小说，在幻想中会融入思辨和黑色幽默的成分，可能与那篇《巴金的梦》有些相似之处吧。”

这是我在完成《毛泽东重返人间》前四年，对媒体谈及将“在幻想中会融入思辨和黑色幽默的成分，可能与那篇《巴金的梦》有些相似之处”——只是由于《毛泽东重返人间》这一书名的敏感性，我没有提及书名而已。

我尽管许久没有写小说，倒是觉得写作小说时“感觉良好”。写长篇小说很轻松。只是长篇小说创作的连续性很强。进入“角色”之后，不希望有任何打扰，不希望中途插进别的写作，只希望能够一口气写完。

我写这部《毛泽东重返人间》的灵感，产生于1993年毛泽东诞辰一百周年之际，我又一次前往北京天安门广场的“毛主席纪念堂”。我的目光注视着躺在水晶棺中的毛泽东遗体时，脑海中忽然闪过一个念头：倘若毛泽东活了过来，走出毛主席纪念堂，重返中国，将会是怎样的呢？他会怎样看待今日中国——毛后中国，邓后中国？他会不会大声呵斥今日中国是“资本主义复辟”，会不会咒骂今日中国共产党是“现代修正主义”？他将如何评价粉碎“四人帮”？他将如何看待华国锋下台？他会如何对待邓小平的“中国特色的社会主义”？他又怎样评价江泽民？……

当我走出毛主席纪念堂，面对外面灿烂的阳光，我就确定了要写这部长篇小说，书名就叫《毛泽东重返人间》。

后来，我在读《邓小平文选》时，读到1986年9月2日邓小平《答美国记者迈克·华莱士问》，内中华莱士充满想象力的提问，使我深受启示。

华莱士问邓小平：“您说过，您要活到一百岁，然后可以去见马克思，到那时候，马克思旁边可能还坐着毛泽东，他们可能对您说些什么？”

华莱士还问：“毛泽东逝世已经十年，他对现在的一些事会怎么看？现在的领导人主张致富光荣，主张个人幸福，允许私人办企业。准备搞政治改革，人民有了言论自由，这一切同毛泽东的主张都不一样，毛泽东会怎么看？”

邓小平面对华莱士的问题，没有正面给予答复。然而我想，我要写的《毛泽东重返人间》，正是回答华莱士的问题！

毛泽东去世之后的中国，被称为“毛后中国”。从1976年9月9日毛泽东去世到现在，“毛后中国”发生了巨变。这巨变不仅仅是经济的巨变，更重要的是思想观念的巨变。《毛泽东重返人间》便是以毛泽东的视角来看“毛后中国”，来看改革开放的中国，来看邓小平的中国，来看江泽民的中国，来看胡锦涛的中国。毛泽东重返人间，毛泽东对于“毛后中国”的巨变不仅仅是表示惊讶，更重要的是发生思想观念上的剧烈碰撞。在我看来，毛泽东重返人间这不仅是一个非常有趣的话题，而且深刻地反映了中国的政治巨变、思想巨变、经济巨变、文化巨变。

我开始构思《毛泽东重返人间》，开始构思这部长篇小说的故事“框图”和人物设计。《毛泽东重返人间》在整个酝酿过程中，处于严格“保密”的状态。知道这一构思和写作计划的，只有我的妻子而已。

应当说，我在世界各地的多方采访，使我有了更多的比较感。其中尤其是对中国、美国和俄罗斯的比较：中国是当今世界上最大的发展中国家，也是仅存的唯一的社会主义大国；美国是当今世界上最大、最强的资本主义国家；俄罗斯是当今世界上从社会主义蜕化为资本主义的最大的国家。穿梭于中国、美国和俄罗斯，那种强烈的反差，使我对写好《毛泽东重返人间》有了许多感悟。

在莫斯科红场，我步入列宁墓，见到躺在水晶棺里的列宁。我也在克里姆林宫墙根见到了简朴的斯大林墓。我还在莫斯科郊外的新圣女公墓里，拜访了赫鲁晓夫墓。站在他们的墓前，我想起正在酝酿中的《毛泽东重返人间》。

我一次次来到美国。在美国旧金山的小岛，在那样安静的地方，我和妻每天漫步于海滨。大洋彼岸就是中国，就是上海。在这样毫无干扰的地方，我开始往手提电脑中输入我的关于《毛泽东重返人间》的构思：在北京天安门广场“毛主席纪念堂”里躺了20多年的毛泽东，在一个冬夜忽然复活了，重返人间！他经过化妆，戴上长长的假发，粘上络腮胡子以遮住下巴上那颗显眼的痣，他穿上今日大陆最流行的“唐装”，以书法家“文润之”的身份接近各色人等。他住入高干子弟、拥有林肯豪华加长车和多套豪宅的房地产大老板家中，见识今日中国的亿万富翁的豪华生活，他也来到胡同深处与打工仔、下岗工人以及残疾人聊天，他甚至还结识了在“毛后”出生的新一代——“新新人类”，他目击了“毛后中国”的光怪陆离，通过“毛眼”展现了一幅中国当代社会的《清明上河图》。他不断做梦，在梦中会晤了已经垂垂老矣的“接班人”华国锋，见到了关在狱中、怨气冲天的江青，跟“老朋友”赫鲁晓夫展开辩论，与“老对手”蒋介石回顾往事。当然，最使毛泽东高兴的是在梦中见到获得博士学位的嫡孙毛新宇以及在梦中回到故乡韶山。他甚至读了《邓小平文选》，跟改革开放的“总设计师”邓小平以及“总工程师”江泽民作了长谈。他还被那位以提问泼辣而著称的意大利女记者法拉奇追踪，作了专访，回答她关于“毛后中国”的一系列问题……

由于小说的特色便是虚构，我通过虚构展开种种有趣的故事和场景，这是任何纪实作品中所无法展现的，而我在小说中却可以依照历史的逻辑和人物的性格写得活龙活现。

所幸的是，毛泽东本人是一个谈吐幽默、博识广闻的人，因而《毛泽东重返人间》也相应充满幽默感、历史感。

关于《毛泽东重返人间》的“属性”，是最使我困惑的：说是“黑色幽默派小说”，不完全是；说是“政治幻想小说”，也不确切；说是“科学幻想小说”，并无科学可言；说是“梦幻小说”，倒也可以，只是“梦幻小说”内容通常荒诞怪异，而《毛泽东重返人间》是一部严肃性作品。在我看来，还是以“小说”一言而蔽之吧。

《毛泽东重返人间》初版本于2002年分别在台湾地区和香港出版，台湾版的书名就叫《毛泽东重返人间》，而香港版的书名则为《毛泽东复活》。

首先作出反应的是美籍华裔剧作家张树堂先生。我刚从美国返回上海，他就从香港给我打电话。他用蹩脚的普通话告诉我，读了《毛泽东重返人间》之后，关起门来，独自笑了三个小时！他非常喜欢这部充满幽默感的长篇小说，认为是改编成喜剧电影的极合适的小说。于是，他千方百计打听我的电话号码。知道我已经回到上海，他就从香港赶到上海。

见面之后，我才知道他出生在中国香港，后来在美国长大，毕业于纽约大学电影系。他希望把《毛泽东重返人间》搬上银幕，在美国拍摄，用美国演员饰演，英语对白。

我担任过电影导演。我凭借经验，告诉张树堂，如果没有得到中国方面的支持，由美国的电影制片厂拍摄《毛泽东重返人间》，将是很吃力的：第一，影片中需要诸多饰演毛泽东、华国锋、江青、蒋介石等的特型演员，在中国找这样的特型演员不难，而在美国寻找就不容易；第二，故事的背景发生在中国，如果没有得到中国方面的允许，无法在中国进行实景拍摄，将会非常困难。

他却以为，这是为西方观众拍摄的影片，如果用中国演员而不会讲英语反而是不行的。他说，在美国有能够讲英语的毛泽东特型演员。至于拍摄《毛泽东重返人间》这样一部并不损害毛泽东形象、以毛泽东的目光观察今日中国的电影，是通过喜剧形式向西方介绍当代中国，对中国充满善意，应该受到中国当局的支持。即便有什么困难，也可以采用在中国拍摄场地背景，到美国进行合成。

在他看来，成败的关键是在美国寻找对中国有兴趣、对毛泽东有兴趣的投资商。

他是一个一板一眼、办事极其认真的人。他回到香港之后，写出了初步的提纲。他又要我开列《毛泽东重返人间》的外景点。他从香港专程飞往北京，按照我开列的外景点到毛主席纪念堂、北京饭店、毛家饭店、琉璃厂、丰台、万寿路、十三陵，等等，一一作实地访问。

接着，他又来上海，与我反反复复讨论剧本。他把《毛泽东重返人间》分成30场戏，一场戏一场戏进行讨论。桌上放着手提电脑，一边讨论，他一边把意见输入电脑。

此后，他去美国，又去英国。他写出了电影剧本，翻译成英文。

在我帮助张树堂先生完成《毛泽东重返人间》的电影剧本之后，2004年2月11日，我忽然收到来自台湾地区的E-mail。那是台湾“中央”广播电台许芗君小姐发来的。她告诉我，要把《毛泽东重返人间》在台湾“中央”广播电台连播。

由于我写作甚忙，没有收听台湾“中央”广播电台小说连播节目。许芗君小姐在《毛泽东重返人间》播出结束之后，灌制成15张CD，送给了我。我在CD机上播放，听起来像中国大陆的广播剧。剧中人由不同的演员扮演，其中的毛泽东讲一口湖南话。我很惊讶，台湾的演员们能够如此惟妙惟肖地模拟中国大陆的政治人物。内中，还插入《大海航行靠舵手》等许多大陆的政治性歌曲作为音乐背景，可见台湾编导对于中国大陆的情况非常熟悉。这部《毛泽东重返人间》广播剧制作精良，我非常喜欢。

遗憾的是，在中国大陆无法出版《毛泽东重返人间》，盗版书商倒是动作迅速，瞄准了大陆图书市场上没有这本书的“空当”，接连推出两种不同版本的盗版本！

第一个向我报告盗版消息的是我的老朋友、著名漫画家缪印堂，他在北京地摊买到《毛泽东重返人间》。他饶有兴味地读后，就断定这本书确实是我写的。他的家人、朋友都争着看《毛泽东重返人间》。我托他替我买一本盗版本。2003年6月12日，我收到缪印堂用特快专递寄来的《毛泽东重返人间》盗版本。

不久，我在上海地摊上买到另一种版本的《毛泽东重返人间》盗版本。

2008年，香港时代国际出版公司决定出版《毛泽东重返人间》的新版本。《毛泽东重返人间》在中国大陆的出版，还要等待中国大陆政治环境的宽松。

《毛泽东重返人间》只是我的“重返人间”三部曲的第一部。我会继续完成《蒋介石重返人间》和《斯大林重返人间》，奉献给广大读者。

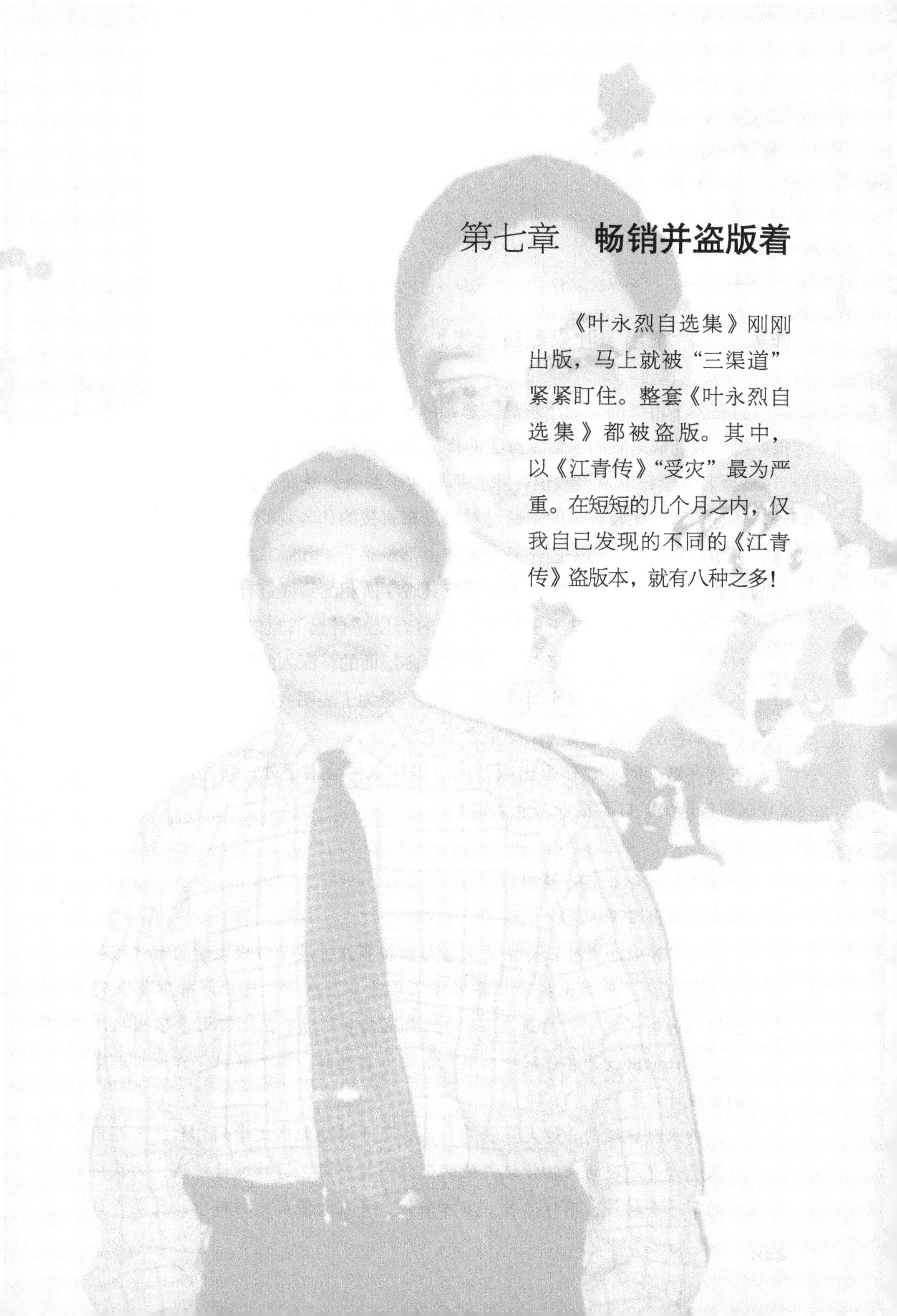

第七章　**畅销并盗版着**

《叶永烈自选集》刚刚出版，马上就被“三渠道”紧紧盯住。整套《叶永烈自选集》都被盗版。其中，以《江青传》“受灾”最为严重。在短短的几个月之内，仅我自己发现的不同的《江青传》盗版本，就有八种之多！

作家出版社推出《叶永烈自选集》

就在图书市场的“毛泽东热”急剧降温的时候，1993 年 3 月 9 日，《人民日报》海外版刊载冯牧的谈话，对我的作品进行了肯定：

“著名文学评论家冯牧说，除去那些为了经济效益而专门去寻找秘闻轶事以外，还有一种是比较客观的，通过对毛泽东直接的和客观的认识，写毛泽东的生活和工作，像叶永烈的一些作品，大体上都是第一手和第二手资料，还是真实可信的。他对毛泽东所创造的伟大成就及其晚年所犯的错误进行了尝试性的探索。

“我们需要一批人以历史唯物主义的态度、自己的真知灼见和艺术家的勇气，对毛泽东这样伟大又复杂的人物进行多层面的、深入的探讨。”

不言而喻，冯牧在这个时候发表谈话，是为了表明我的关于毛泽东的纪实文学有别于那种胡编乱造的《毛泽东之子毛岸龙》。

也就在这个时候，作家出版社向中国作家协会书记处、新闻出版署就出版《叶永烈自选集》打了报告，全文如下：

中国作家协会书记处 请转

国家新闻出版署：

为了繁荣和发展社会主义文学与出版事业，展示当代文学的时代风貌，作家出版社近年来出版了“著名作家自选集”丛书。已出版并取得良好社会影响的有《贾平凹自选集》《刘恒自选集》。为了在纪实文学领域扬清抑浊，我社拟出版著名作家叶永烈纪实文学自选集，作为我社“作家自选集”的出版计划之一。

叶永烈曾经创作过大量科普作品，近年转向纪实文学创作后，又写出不少深受读者欢迎的人物传记。他的创作态度严肃，写作风格严谨，为获得创作的第一手材料，不辞劳苦，多方采访，并在大量历史材料中，反复考证，力争达到作品的历史真实性。在当前创作界和出版界胡编乱造、粗制滥造尚有市场的情况下，这种严肃的创作态度是可贵的，理应得到出版界的提倡。

这套自选集拟选叶永烈七部作品，其中有《毛泽东之初》(原名《历史选择了毛泽东》，上海人民出版社1992年7月版)《张春桥传》《陈伯达传》《江青传》《爱国的“叛国者”——马思聪传》《新中国沉重的一幕》和《毛泽东与蒋介石》。这些作品是从作者几十部纪实文学作品中精选出来的，代表了作者的文学水平和创作风格。由于其中一些作品涉及到领袖题材和“文化大革命”题材，为慎重起见，我社已于5月16日和18日打过专题报告，在此不再详述。

我们认为，社会主义的图书市场需要大量内容健康、质量较高的书籍去占领，“叶永烈纪实文学自选集”的出版，无疑会起到较好的导向作用。请上级部门审定并批准。

此致

敬礼

作家出版社

1993年7月5日

《叶永烈自选集》名为“自选集”，其实并不是我自己选的！

记得，我应宋庆龄基金会的邀请，出任海峡两岸共同摄制的《中华五千年》总主笔。我不断从上海前往北京。

有一回，我在北京接到文友石湾的电话，说是作家出版社常务副总编秦文玉“有请”。我与作家出版社没有交往，还是第一次听说秦文玉的大名，当时甚至闹不清秦文玉是男是女。

我谢绝了秦文玉的宴请。我深知，出版社的宴请，无非是索稿，我当时的作品，几乎全部“包”给了上海人民出版社。我不敢吃这顿饭——因为我没有书稿可以给作家出版社。

然而，石湾又来电话，说秦副总编一定要请，只是借机认识一下，如此而已。

既然如此，我也就应约前往翠文斋。见了面，才知秦文玉乃一潇潇洒洒的中年男子。他原本在西藏工作多年，担任过《西藏文学》主编。不久前调往作家出版社主持工作，很想有所作为。他办事果断，颇有魄力。

他出了一个主意，就是给中青年作家出自选集。他告诉我，列入他的名单的中青年作家，第一个是贾平凹，第二个便是你！

我感到十分吃惊。全国中青年作家那么多，贾平凹列第一名当之无愧，而我怎么也不可能排在第二名。

他并不作解释，却拿出一张条子，递给我。

我一看，更加吃惊：条子上写着《叶永烈自选集》的书单！

也就是说，我还没有选，他已经把我的自选集选好了！

原来，他早就"瞄准"了我，对于我的作品非常熟悉。正因为这样，他得知我来到北京，当然要紧紧"抓"住我。

更令我惊讶的是，他把我已经答应给上海人民出版社的新书《毛泽东与蒋介石》，也列入了《叶永烈自选集》！

他强调说："我希望，每一位作家的自选集，最好有一两本新书。"

后来，我才渐渐明白秦文玉的精明：借用"自选集"的名义，可以把别的出版社已经出版或者即将出版的优秀之作"选"进来！

秦文玉还告诉我，他正在找刘恒——在他拟定的推出自选集的作家名单上，第三个是刘恒（后来由于我的自选集需要报审，延误了时间，所以《刘恒自选集》在我之前出版）。

秦文玉"瞄准"了贾平凹，"瞄准"了我，"瞄准"了刘恒……一方面确实是要为中青年作家做好事，一方面当然也考虑到这些作家作品的畅销。

秦文玉是个办事风风火火的人。在我回到上海不久，他特地飞到上海，就住在我家旁边的宾馆，就住了一个晚上，第二天他就回北京了。他专程来沪，为的是与我签订《叶永烈自选集》的出版合同。

秦文玉让编辑室主任杨德华挂帅，带着三位编辑，加班加点，全力以赴编辑《叶永烈自选集》。只花了一个来月，就把七卷本《叶永烈自选集》中的六卷编辑完毕，出了胶片——只有《毛泽东与蒋介石》一书，由于我当时尚未写完，没有交稿。

就在《叶永烈自选集》马上要上机印刷的时候，不早不晚，1993 年 2 月 15 日，新闻出版署下达了关于"领袖题材"必须报审的文件。

如果这个文件晚半个月发出，《叶永烈自选集》就印出来了！

新闻出版署文件的下达，使《叶永烈自选集》顿时急刹车！

按照文件规定，在已经编好的六卷《叶永烈自选集》之中，除了《爱国的“叛国者”——马思聪传》《新中国沉重的一幕》两卷之外，其余四卷都属于报审范围：

《毛泽东之初》；

《江青传》；

《张春桥传》；

《陈伯达传》。

其中，江青的最高职务是中共中央政治局委员，按照新闻出版署当时的规定，本不属于报审范围，但是由于《江青传》属于“文化大革命题材”，而且江青是毛泽东夫人，涉及诸多敏感问题，必须报审。

除了报审之外，还必须解决一个前提问题：当时新闻出版署的文件规定，在北京，只有人民出版社、中央文献出版社、中央党史出版社、中共中央党校出版社、中国青年出版社、八一出版社这六家指定的出版社允许出版“领袖题材图书”，作家出版社并不在这六家之内。

秦文玉的确能干。他以作家出版社的名义，在1993年5月16日、18日分别向上报告，说明作家出版社正在出版一系列作家自选集，《叶永烈自选集》是其中一种。由于叶永烈写的作品中不少是“领袖题材”，请求特批，允许作家出版社出版。

经过秦文玉的努力，这一关总算闯过去了，上面同意作家出版社的请求。

于是，秦文玉电邀我立即飞赴北京，共同解决报审问题。

那阵子，秦文玉、杨德华和我一起奔走于审查机关，办理报审手续。我们今天找这个，明天找那个，沟通情况，说明情况，以求早日获得通过。

应当说，中共中央党史研究室等审查机关的有关人员，一方面工作相当认真，一方面也相当配合。他们对于我的作品，还是给予好评的、给予肯定的。我们的关系十分融洽。

中共中央党史研究室副主任郑惠还向我提出，可否考虑成立中共党史专家与纪实文学作家的联谊性组织，以使双方得以联络、沟通。参加这一组织的作家，应是那些对于中共党史有浓厚兴趣、从事“领袖文学”“党史文学”创作的作家。他以为，我便是具有代表性的这样的作家。

他说，中共党史专家与作家之间，不应该成为审查与被审查的关系。其实，中共党史专家也应很好地向作家们学习，因为作家们的作品的文学性是中共党史专家们所缺乏的，而作家们对于中共党史又毕竟不如中共党史专家们熟悉。彼此应该互相学习，取长补短。大家都是为了一个目标，那就是宣传好中国共产党的历史。

他还说，中共党史专家与作家可以共同成立一个松散的联谊组织，以便有机会开开会，互相交流。

他特别强调说，现在的情况是作家们埋头写作，写出来之后，送到我这里审。有的作品，在我们看来，不行，不能出。也有的，虽然可以出，但是要作大修改。这么一来，把作家与我们的关系搞得很紧张。其实，如果多一些沟通，请中共党史专家们给作家们说一说，写这类作品要把握哪些原则，哪些问题要注意……这样，在作家写作之前，就知道这些问题，可以避免写出作品之后出不了或者要作大修改。

我非常赞同。我说，如果要成立这样的联谊会，我第一个参加。我也可以帮助列一张作家名单，这些作家都是对中共党史有兴趣的，可以作为第一批成员。

很可惜，由于这件事做起来不容易，后来这个联谊会没有得以成立。

当时，我最担心的是《江青传》和《陈伯达传》。想不到，这两本书非常顺利地通过了！

尤其是《江青传》，审查者给予很不错的评价，认为作者“对重要史事的叙述，态度比较慎重，并纠正了一些不恰当的说法”，“史实基本上是准确的”。这本50万字的长篇，只改了200来字。

《陈伯达传》的审查者，是中共中央党史研究室副主任郑惠，他原先在《红旗》杂志工作，跟陈伯达有过许多接触，了解陈伯达。看了《陈伯达传》，也给予充分的肯定。他认为，“《陈伯达传》大体反映了这个反面历史人物的面目，在揭露这个人物的政治投机性方面还比较深刻。作者花了相当的工夫访问过陈伯达和陈周围的一些人，写出一些不太为人所知的内部情况，这都是可贵的”。《陈伯达传》也只作了几处文字上的小修改。

《张春桥传》在审查中，同样得到好评。审查者认为，“这本书对揭露张春桥的丑恶面目有深度、有力度，对‘文化大革命’的祸害有比较具体而生动的描绘，有助于加深读者否定‘文化大革命’的认识。本书文笔生动，且多秘闻轶事，可读性较强，估计能得到众多读者。唯其如此，所用史料的真实性和准确性，评述的分寸掌握，都是很重要的，应该提出从严要求。从书稿中可看出，作者对史料作了许多考证工作，因而所用材料大多是可信的”。这样，《张春桥传》也得以顺利通过。

《毛泽东之初》，也就是《历史选择了毛泽东》。尽管《历史选择了毛泽东》已经由上海人民出版社出版过，但是那时还没有规定报审。所以，这本书仍要办理报审手续。经过审查，中共党史专家认为，“这本书用文学手法叙述中国革命史上最不平凡的一段历史。文字流畅，可读性强。对广泛、通俗的宣传党的历史，宣传毛泽东思想是有益的”。

就这样，到了 1993 年 10 月，报审的四本书都大体上写出审查意见，通过在即……

亲历“深圳文稿竞价”

走笔行文至此，该回过头来说一说《毛泽东与蒋介石》。

《毛泽东与蒋介石》的主题是“毛泽东领导中国共产党和中国人民打败蒋介石”，在中国大陆属于“主旋律”作品。这样的作品在台湾地区畅销完全出人意料，然而，在中国大陆迟迟未能出版，倒是真正出人意料!

就在一次次飞往北京办理《叶永烈自选集》的报审工作那些日子里，我的《毛泽东与蒋介石》脱稿了。这本书除了安排海外版的出版之外，也马上打出清样，由作家出版社办理报审手续。

这样，自选集七卷，有五卷处于报审之中。

原本以为，《江青传》最难通过，而《毛泽东与蒋介石》一书属于“主旋律”作品，一定会轻轻松松地顺利通过。

情况正好相反，《江青传》顺利地通过审查，而《毛泽东与蒋介石》却搁浅了!

为了向读者诸君叙述《毛泽东与蒋介石》一书错综复杂的出版经过，在这里不能不插叙那曾经“热闹非凡”的深圳文稿竞价……

深圳文稿竞价，是由《深圳青年》杂志社和广东省期刊实业发展公司发起并主办的。我手头尚保存1993年第十期香港《明报月刊》所载整页广告，照录于下：

1993深圳（中国）首次优秀文稿公开竞价

日期：1993年10月28日

地点：深圳上步中路深圳会堂

时间：上午九时开始

总顾问：冰心女士

文稿作家：苏童、霍达、叶永烈、莫言、叶兆言、刘晓庆等

文稿类别：纪实文学；小说；戏剧；电影剧本；电视剧本；散文；杂文；名人名家手稿；实用、知识专著等

我的老朋友李骏担任这次深圳文稿竞价组委会副主任。他不断给我来电，要求我加盟。应主事者的聘请，我担任了深圳文稿竞价监事。这样，从一开始，我就介入了这一活动。

深圳文稿竞价的消息见诸报刊之后，媒体为之轰动，为之关注。

深圳文稿竞价在中国大陆可以说是一次空前绝后的创举。特别是在香港明报集团加盟之后，这一活动的声势更大了。

1993年9月6日，美国《世界日报》发表报道《文稿公开竞价　将在深圳举行》：

[大陆新闻中心报道]大陆首次文稿公开竞价活动将于下月28日在深圳举行，这次活动在北京文坛引起很大的震动，一般都认为有助于提高大陆现时不合理的稿费水平，对提高作家生活有好处，也有人认为个别作家定价太高。

据香港明报报道，由《深圳青年》杂志社和广东省期刊实业发展公司合办的活动，至本月底截稿，现已表示供稿竞价的包括名作家苏童、霍达、叶永烈、张抗抗、顾城和名演员刘晓庆等。应邀担任总顾问的作家冰心表示，凡是健康的、严肃的、引人向上的美好作品，都应有它们的价值，以此为标

准评定作品的优劣，这才是值得提倡的，用竞价的方式来提高这些作品的价值是一种尝试，这样做对读者也有好处，因为他们可以有选择的标准。

曾获 1989 年第三届茅盾文学奖的女作家霍达，将以电影剧本《秦皇父子》参加竞价，自订底价 100 万元人民币，此外，以写领导人题材纪实文学闻名的作家权延赤，也将有作品参加，自订底价 1 千字 1 万元。

名演员刘晓庆将以自传体纪实文学《从电影明星到亿万富姐儿》参加，她并无自订标价，不过传闻较早时有人出价 1 千字 3 千元。另一位写领导人纪实文学的著名作家叶永烈，拟以《难忘的 1957》（以反右为题材）参加竞价。此外，《大红灯笼高高挂》原著作者苏童和北京女作家张抗抗，都是以散文参加竞价。而现居德国的朦胧派诗人顾城，则寄来他与妻子合写的自传体小说《英儿》参加竞价活动。

我最初参加竞价的作品是纪实长篇《苦难的 1957》（报道中写作《难忘的 1957》），也就是后来出版的《反右派始末》。在当时，我尚未完成这部长篇。由于我当时已经完成的新著都已经交给了出版社，所以只能以这部尚未完成的长篇参加竞价——其实这部长篇还只完成五分之一。

其实，在那时，我一方面态度鲜明地支持深圳文稿竞价，认为这是中国文坛的创举；另一方面，对于我自己的作品是否参加竞价抱着无所谓的态度，因为一部还只完成五分之一的作品，实际上是无法参加竞价的（尽管也有例外，比如刘晓庆只报了一个书名）。我也没有打算去深圳参加竞价。

就在深圳文稿竞价被海内外传媒炒得火爆之际，一盆冷水从北京浇下！

本来答应担任深圳文稿竞价监事的北京作家李国文、叶楠、从维熙、张洁、刘心武、梁晓声等，联名发表声明，宣布“卸职”！

他们声明：“在如此繁杂的文稿竞价活动中深感迷茫，力不从心，难负组委会交付我们的重任。”

不言而喻，深圳文稿竞价尚未开槌，文稿越标越高的价格，令这几位北京作家感到不安。这也是完全可以理解的。

这项声明通过报纸报道，顿时一片哗然。

这时，组委会从深圳来电，希望作为监事之一的我，也能发表一项声明，对深圳文稿竞价给予支持。

于是，我发表了声明《我支持深圳文稿竞价》，全文如下：

入夜，刚刚放下话筒，结束香港《明报》记者的长途电话采访，电话铃声又响了起来。这一回，是上海《读者导报》编辑韩凤菊打来的，约我写稿，竟与《明报》记者是同一话题——关于深圳即将举办中国首次文稿公开竞价活动。看来，这一活动已被新闻界“炒”得够热，成了当今的热门话题。

对于我来说，是以双重身份参加这次竞价活动。我既是这次活动的监事会监事，又是以两部书稿参与竞价的作者。

记得，今年3月，我和妻子应中央电视台之邀去北京，忽地接到上海家中电话，说是深圳两位客人来访。一问，才知是老朋友李骏和他的助手。李骏便是这次竞价活动的发起者、组织者之一。李骏此人，敢闯敢干。他原来是《家庭》杂志总编，把一家原先平平淡淡的《广东妇女》，一下子改名《家庭》，改变编辑方针，使《家庭》的发行量猛增至200多万份。他年过六十，从《家庭》总编退下之后，又去《深圳青年》杂志当名誉总编。他仍不“安宁”，继续闯荡，想出新点子，和一些朋友发起这次文稿竞价活动。

李骏在电话中告诉我，他深感中国的文人所创造的价值，和所应得的报酬太不相称了。他发起文稿竞价，希冀建立起一个市场，一个公平地体现出知识和知识分子价值的市场，让文人凭着自己的智慧，富起来；让经济的杠杆，提升优秀文稿的地位和价值……

我很赞同李骏的见解。我不由得记起前些日子发生的一个笑话：我在和一位台湾朋友聊天时，他忽地指着我的手表说：“叶先生如果去台湾，最好别戴这只表！”我很奇怪。一问，才明白他以为我的这只手表是金表，起码价值三四万元，在台湾不安全，说不定会有人抢劫……其实，我所戴的是一只300多元人民币的镀金表。他会产生那样的错觉，是因为听说我的书在大陆很畅销，有三部书的印数超过了100万册，以为我必是“大腕”，理所当然把我的镀金表当成了金表！确实，如果按台湾作家的版税制，我当然是“大腕”。可是，在十多年前，这三部印数超过百万册的书，每一部书的稿费，在我买了1000本样书分赠索书的读者之后，便所剩无几了！畅销的所得，“大头”进了出版社的口袋，而作者只拿一点可怜兮兮的“零头”罢了……

往日，总是出版社说了算。我又保持中国文人“耻于言利”的“传统美德”，从不讨价还价。在出版社面前，我完全处于被动地位，出版社给多少就多少。出版社都知道我好说话，而我的书又好销。近年来，随着市场经济的发展，找我的出版社越来越多，我的一部书稿甚至有十多家出版社争着要——这还仅仅是通过个人途径知道我的创作动向前来索稿的出版社。就连一些个体书商，也“盯”住了我。这在客观上形成了“竞”。因此，在我看来，深圳的文稿竞价，并非李骏他们心血来潮，而是顺应时代的大潮。

就我个人来说，虽然一部书稿有多家出版社“竞要”，但我并非哪家给的稿费高给哪家。我更多地考虑到的是出版社的威信以及编辑的情谊。例如，我总是把好稿给了上海人民出版社，虽说上海人民出版社的稿费标准远比外地一些出版社低。这一回，我参加深圳文稿竞价，我仍不仅仅着眼于“价”，我还要考虑出版社的“牌子”。我所希望的是名牌出版社出好价，并希望有一位执着、负责的编辑来编稿。

中国大陆的作家，比起中国的普通老百姓，生活要好，算是“小康”；与外国同行相比，虽说我并不太了解他们的收入，但我知道，凡出席什么国际性会议，他们是自己掏腰包，而我们则必须提早几个月去打申请费用的报告，因为中国大陆作家很少有人能够自费出席国际会议的……

另外，作家的收入，也无法跟名歌星、名画家相比。有的歌星一个晚上的收入，有的画家的一幅画，比作家一部长篇的稿费还高得多，而写一部长篇需要付出多少艰辛的劳动！至于跟炒股票、经营房地产之类更无法相比。因此，试行文稿竞价，优质优价，完全是应该的，是市场经济大潮冲击下必然产生的。作家可以通过文稿竞价，自由地为新作找最佳“婆家”，提高自身的价值。

正因为这样，对于深圳的文稿竞价活动，虽说眼下议论纷纷，我采取积极支持的态度。

杭州《钱江晚报》记者徐澜来电采访，我作了答复。1993 年 10 月 3 日，她发表了《喜忧参半　备受瞩目》一文：

[本报京沪电话采访] 正当深圳的文稿拍卖炒得火热之时，在京的有关

知名作家却发表声明，宣布不再担任这项活动的监事，记者为此电话采访了作家出版社和上海作家叶永烈。

作家出版社联络深圳拍卖活动的编辑刘方表示，作为国内有影响的出版机构，他们对文稿拍卖十分关注，但也并不盲目紧跟。若报名参加，他们将以买卖双重身份介入。他们想拿出更恰切的方法，以保证与《著作权法》不相抵触，并公开对纯文学予以支持。刘方强调一些作家的声明不会影响作家出版社最终的决断，对拍卖活动他们还是抱乐观的态度。

上海知名作家叶永烈的态度更干脆："我举双手支持文稿拍卖。"对他来说，有着双重身份，既是这次活动的监事，又是以两部书稿参与竞价的作者。他昨天在电话中对记者说，他深感中国文人所创造的价值和应得的报酬不相称，应该用经济杠杆，提升优秀文稿的地位和价值，让文人以智慧致富。近几年，叶永烈的书稿有不少出版社竞价，因此他说："试行文稿竞价，优质优价，是市场经济大潮冲击下必然产生的。作家可以通过文稿竞价，自由地为新作找最佳婆家，提高自身的价值。"

相比外省作家及出版机构对深圳竞拍的关注热情，浙江方面冷静得多，迄今为止省作协成员还没有听说谁送去竞拍文稿。省作协主席叶文玲对文稿竞拍提出质疑，她认为文学作品是很特殊的精神产品，很难明码标价，"有价值"的作品和"有价格"的文稿绝不是一回事。搞竞拍尝试可以，要提倡为时尚早。北京青年作家刘恒最近公开表示放弃竞拍权，他担心国内首次举办这类活动，将由于缺乏经验而出现混乱状况。

中国作家们对文稿拍卖亦喜亦忧，其最终的社会效应只有等 10 月 28 日槌声响起之后才能见分晓。

就在深圳文稿竞价紧锣密鼓在进行的时候，组委会给我打来电话，希望我换一部作品参加竞价——如上所说，《苦难的 1957》尚未完稿，组委会拿不到全文，无法安排竞价。

组委会告诉我，在大批报来的作品中，属于"主旋律"的作品很少。尤其当时正值毛泽东 100 周年诞辰前夕，组委会很希望有一部关于毛泽东的新著加入竞价行列，可以提高整个竞价作品的档次，也有利于正面宣传深圳文稿竞价。

这使我想及《毛泽东与蒋介石》这部长篇。组委会听说我手头有刚刚完成的长篇《毛泽东与蒋介石》时，真是求之不得，马上来电索稿。

我告诉他们，《毛泽东与蒋介石》已经交给作家出版社安排出版，正因为这样，我一直没有考虑让这部长篇参加竞价。

组委会却认为，《毛泽东与蒋介石》已经交给了作家出版社，这并不妨碍这部作品参加深圳文稿竞价。他们马上与作家出版社联系。富有魄力的作家出版社常务副总编辑秦文玉，面对众说纷纭的深圳文稿竞价，毫不犹豫立即答应参加。他说，他可以与作者叶永烈一起携《毛泽东与蒋介石》清样，前往深圳，参加文稿竞价。他还说，作家出版社先派出责任编辑刘方前往深圳。

组委会得知我的《毛泽东与蒋介石》参加竞价时，大喜。他们说，《毛泽东与蒋介石》参加竞价，有双重的意义：第一是纪念毛泽东一百周年诞辰；第二这是一部“主旋律”作品。他们当即把《毛泽东与蒋介石》排在参加竞价作品名单的第一名。

10 月 4 日夜，秦文玉给我来电，邀我去北京，一起商议携《毛泽东与蒋介石》参加深圳文稿竞价事宜。我告诉他，由于母亲突发脑溢血，正住院抢救，恐怕无法去北京，也无法去深圳。

10 月 12 日，秦文玉来电，告知正在与有关部门联系，抓紧《毛泽东与蒋介石》的报审工作，争取近日能够报审通过。因为深圳文稿竞价组委会规定，凡是属于需要报审的作品，必须持新闻出版署的“通过令”才能参加竞价。

10 月 14 日，离深圳文稿竞价开槌的日子只有半个月了。秦文玉来电告知，《江青传》报审已经获得中共中央党史研究室的认可，近日可以拿到中共中央党史研究室关于同意出版《江青传》的文件。他说，《毛泽东与蒋介石》经过这几天的努力，也可能解决报审问题。

随着开槌时间的日渐逼近，竞价作品范围日渐缩小。

当入围作品从 700 多部缩至 200 部时，《毛泽东与蒋介石》列在入围名单之首；

入围作品从 200 部缩至 50 部，从 50 部缩至 30 部，《毛泽东与蒋介石》一直名列榜首。

《毛泽东与蒋介石》呼声甚高。

1993 年 10 月 23 日，离深圳文稿竞价开槌只有五天，上海《文汇报》发表崔龙弟的题为《深圳文稿竞价下周开槌》的报道，全文如下：

[广东本报深圳10月22日专电]深圳（中国）优秀文稿公开竞价定于10月28日在深圳举行。报名参加文稿竞价的作者达700多人，包括在海外去世的著名“朦胧诗人”顾城和他的妻子谢烨的遗作文集《生命停止了，灵魂在前进》在内的23部文稿，将参加这次公开竞价。

据悉，按照公平、公开、公正的拍卖原则，23部文稿将按次序在拍卖会上竞价。第一部为唐敏撰写的《走向和平——女作家狱中手记》，最后一部为《生命停止了，灵魂在前进》。

据了解，叶永烈的《毛泽东与蒋介石》、魏明伦的《巴山鬼话》(杂文散文集)、朱晓华的《魔龙》、卢跃刚的《以人民的名义讨个“说法”》等，均已被买家看好，而《生命停止了，灵魂在前进》因作者的猝死而备受瞩目，目前，此稿委托方的价格尚未最后确定。

就在这则新闻见报之后，我家电话不断，要么是文友询问情况，要么是记者电话采访。

当天深夜11时，秦文玉从北京给我来电话，说这篇报道弄得他好被动。因为本来说好这几天就可以拿到有关部门同意出版《毛泽东与蒋介石》的书面文件。但是，今天《文汇报》的报道，马上引起有关部门的注意。他们给秦文玉打电话，口气十分严厉：“你看了今天的《文汇报》没有？文件还没有发给你呢，你怎么能把《毛泽东与蒋介石》拿到深圳参加文稿竞价？”

秦文玉还告诉我，《毛泽东与蒋介石》在深圳文稿竞价的底价，已经定为50万元。这数字使我感到十分惊讶。据说，内参也报道了这一消息，引起广泛注意。

秦文玉在电话中告诉我，做两手准备：一方面，这几天派专人前往有关部门，争取在深圳文稿竞价开槌前能够拿到同意出版《毛泽东与蒋介石》的文件；另一方面，也要做好开槌前拿不到有关文件的准备。

秦文玉说，时间已经很紧迫，你最好马上来京，一起商议，并由你出面去有关部门交涉，可能会好些。如果能够在北京拿到有关文件，你从北京直飞深圳，以作者的身份参加竞价。

翌日——10月24日，星期日，上午我匆匆整理行装，准备飞往北京。这时，接到秦文玉电话，要我暂缓飞京。

秦文玉这次电话，打了将近一个小时。

他说，审查《毛泽东与蒋介石》的那个部门负责人，昨天看了《文汇报》。对于深圳文稿竞价，北京高层意见不一致，反对者多，赞成者少。高层可能会干涉深圳文稿竞价。

他说，《毛泽东与蒋介石》的审查意见，已经拿到手。他在电话中念给我听，我作了记录。他要我根据审查意见，马上写出一份相应的修改方案，并传真给他，以争取近日获得通过。

他还说，他决定明日飞往深圳，参加深圳文稿竞价。他可以担任我的代理人。因此，我暂不必飞北京，也不需要去深圳。

于是，我赶紧根据审查意见，起草《毛泽东与蒋介石》修改方案。

10月25日，离深圳文稿竞价开槌只有三天。我用电脑写毕《毛泽东与蒋介石》修改方案，打印，传真给作家出版社。

秦文玉飞到深圳，给我来电。他说，一到深圳，就陷入极度忙碌之中，组委会、记者、同行，许许多多人找他。

秦文玉说，《毛泽东与蒋介石》已经入围竞价作品10名之内。使他非常着急的是，在这一两天之内，能否拿到有关部门同意出版《毛泽东与蒋介石》的文件。因为从有关部门前天打来的电话中可以感到，由于北京高层对深圳文稿竞价有看法，他们可能会把文件压下来。

组委会也给我打来电话，告知《毛泽东与蒋介石》已经进入竞价作品前十名。

10月26日，我在上海频繁地与北京作家出版社编辑室主任杨德华以及在深圳的秦文玉、刘方联系，通报情况。

我打了多次电话给杨德华，一直找不到他——办公室里没有，家中也没有。后来，托北京另一位朋友多方寻找，才知道他正在外面奔走同意出版《毛泽东与蒋介石》的有关文件。

这天中午，日本共同社记者前来采访，要求我谈深圳文稿竞价以及《毛泽东与蒋介石》一书。

10月27日，是深圳文稿竞价开槌的前一天，进入最繁忙的时刻。《毛泽东与蒋介石》有关同意出版的文件，尚未办妥。

秦文玉从深圳来电，告知明天开拍《毛泽东与蒋介石》已定。《毛泽东与蒋介石》已经进入最后名单。组委会表示，如果有关文件一时到不了，可以在竞价之后补办。

这么一来，我松了一口气。也就是说，有关同意出版《毛泽东与蒋介石》的文件，不一定非要在今天办妥。

杨德华则从北京给我来电，要我明日飞往北京，以便与他一起去有关部门，当面说明《毛泽东与蒋介石》修改方案，争取在一两天内拿到同意出版的文件。

时间逼近开槌之日。

就在开槌那天——28日凌晨2时，我被电话铃声吵醒。

睡眼惺忪的我抓起耳机，听出是秦文玉的声音。他告诉我，情况发生剧变！组委会受到上面的压力，要低调处理深圳文稿竞价！尽管今天上午9时，也就是七个小时之后，深圳文稿竞价照样按时开槌，但是将不允许记者进入现场，以求压低宣传的调子。

秦文玉说，由于组委会受到压力，原先说好的《毛泽东与蒋介石》一书可以在竞价后补办有关审查手续，也变卦了！组委会坚持说，没有拿到有关部门同意出版的文件，不能进入深圳文稿竞价。因此，组委会通知他，《毛泽东与蒋介石》一书，从最后10部入围作品名单中删除，补上了另一部别人的作品——仍保持10部。这样，我没有作品进入深圳文稿竞价！

这变化实在太快、太大了。

好在秦文玉已经准备好另一手。凌晨，他向组委会提出，可否以叶永烈的另一部关于毛泽东的纪实文学长篇代替《毛泽东与蒋介石》？！

组委会感到惊讶，叶永烈难道会“变戏法”，忽然又变出一部关于毛泽东的纪实长篇？

这部长篇，就是《毛泽东与蒋介石》的姐妹篇——《毛泽东之初》！

《毛泽东之初》作为《叶永烈自选集》中的一卷，已经排出清样，已经报审，而且已经拿到有关部门同意出版的文件。

秦文玉向组委会出示了《毛泽东之初》清样以及有关部门同意出版的文件，组委会立即表示欢迎：因为这本书同样是“主旋律”作品，而且同样可以作为纪念毛泽东100周年诞辰的献礼书。

于是，组委会破例在开槌前几小时，把《毛泽东之初》补入竞拍名单！

秦文玉告诉我，由于改换了作品，必须立即补办有关手续。他要求我，马上亲笔写一封委托书，传真到深圳。他拿到这一传真之后，去补办有关手续。这些手续必须在开槌前办好。

我一手持耳机，一手执笔，由秦文玉口授，写下委托书。

委托书传真之后，秦文玉又来电，要求把委托书改为授权书。

于是，我又重新再写，再传真。授权书全文如下：

0577-2255879 转 610 房秦文玉先生收

授 权 书

兹将本人所著长篇纪实文学《毛泽东之初》大陆地区版权，委托作家出版社副总编秦文玉、责任编辑刘方参加九三深圳文稿竞价活动并按章程缴纳10% 费用。

叶永烈

1993 年 10 月 28 日于上海

上午 8 时，我接到责任编辑刘方从深圳打来的电话，告知《毛泽东之初》补办手续已经全部完成——这时，距深圳文稿竞价开槌只有一小时！

事后，秦文玉告诉我，他当时还准备了“第三方案”——《毛泽东之初》，即《历史选择了毛泽东》，曾经由上海人民出版社出版。如果组委会考虑到此书在收入《叶永烈自选集》时虽然经过修订，毕竟已经出版过，未能同意入围，那么他就拿出“第三方案”——《叶永烈自选集》中的《江青传》参加竞价。《江青传》是一本高质量的新著（虽然其中一小部分曾以《蓝苹在上海》发表过，但是 50 万字的《江青传》毕竟是第一次露面），而且已经拿到有关部门同意出版的文件。

秦文玉的细致、周密，由此可见一斑。从秦文玉最初选定《叶永烈自选集》书单，到共同为报审《叶永烈自选集》而奔走，到亲自坐镇深圳文稿竞价，他给我留下不可磨灭的印象。我们之间，建立了很亲密的友谊。很可惜，年轻有为的他，此后不久竟在福州出差时死于车祸！当时，他正坐在轿车前排、司机之侧，头部猛烈地撞在玻璃上，当即死亡……他思想开放、活跃，在他主持作家出版社工作的那些日子里，对作家出版社体制进行了大胆的改革，使作家出版社成为北京充满活力的出版社。我深深为他的不幸猝死而悲伤。这是后话。

本来，我准备 28 日飞往北京，与杨德华一起为《毛泽东与蒋介石》一书的报审工作而奔走。由于28日是深圳文稿竞价开槌的日子，考虑到又可能发生突然的变化，所以我仍留在上海，改订29日飞往北京的机票。

开槌那天，深圳闹得沸沸扬扬。由于深圳文稿竞价争议颇多，成为传媒关注的焦点，记者们云集深圳，却在开槌之际被挡在门外！

记者们以为是深圳文稿竞价组委会在跟他们作难，而组委会则是奉上级之命执行，又有苦难言。

据告，有关部门通知各报，不许报道深圳文稿竞价。

由于记者们被拒之门外，闹闹哄哄，一片混乱，上午无法按时开槌。

为了躲开越来越多的记者，竞价被迫从深圳会堂改到深圳图书馆的报告厅。

直到下午，深圳文稿竞价终于在深圳图书馆开槌。

当天晚上，秦文玉以及组委会都给我来电，告知深圳经济特区证券公司以26万元人民币买走《毛泽东之初》5年版权。

《毛泽东之初》的竞拍价只及《毛泽东与蒋介石》的一半，是由于组委会考虑到这部长篇已经出过。

尽管许多报纸接到上面通知，没有报道深圳文稿竞价，但是29日的上海《新民晚报》还是发表了亚珊的报道，使读者从中得知深圳文稿竞价的最后结果。

一批文稿昨首次竞价

11部作品成交额达249.6万元

[本报深圳讯]1993深圳（中国）首次优秀文稿公开竞价活动昨天下午在深圳图书馆报告厅举行。

这次活动共收到各类题材文学作品770多部。首槌敲响的是黄蓓佳32万字长篇小说《世纪恋情》，它由深圳龙华物业发展公司以7万元成交。昨天参加公开竞价的11部文稿都是经过审读委员会的专家们评选出来的。另10部文稿的竞价成交情况是：留学日本、现为日本《中文导报》记者林惠子的15万字纪实文学《东京私人档案——樱花树下的中国新娘》，由深圳索华伦有限公司以5万元成交；张抗抗的2000字随笔《恐惧的平衡》，由深圳龙华物业发展公司以1.6万元成交；郭小东的40万字长篇小说《流放者归来》，由广东大富豪国际影视公司以44万元成交；刘晓庆的35万字自传（选题）《从一个女明星到亿万富姐儿》，由深圳星奇公司天骄美发城以17万元成交；苏灵（王小妮）的40万字纪实文学《浮躁的烟尘——深圳的100个女人》，由深圳华声实业进出口公司以11万元成交；于天命43万字的纪实文学《红色间谍——代号巴山》由深圳证券公司、深圳投资研究会以25万元成交；白描30集电视剧本《荒原的种子》，由深圳天虹商场有限公司以17万元成交；魏明伦10万字的杂文、随笔《巴山鬼话》，由曹东林先生（个人）以8万元成交；倪振良30万字的报告文学《深圳传奇》由深圳天虹商场有限公司以88万元成交；叶永烈45万字纪实文学《毛泽东之初》，由深圳证券公司、深圳投资研究会以26万元成交。

参加昨天公开竞价的企业有30多家，总成交额为249.6万元。竞价活动一结束，买主即向组委会交付作品成交额30%的履约保证金。

据悉，从9月中旬开始，史铁生的短篇小说《别人》，王东华的社会学专著《新大学人》，金龙书法作品《明心集》，霍达的电影剧本《秦皇父子》（上下集），顾城、谢烨的小说《英儿》，权延赤的散文《望毛公山》《“最后一个左派”走了》《我与父亲》，周长才的纪实文学《期货狂潮》共9部文稿已先后场外成交。其中《新大学人》和《明心集》成交后，以一个月时间出版成书，在昨天竞价活动上首发。

29日凌晨2时，又响起电话铃声。秦文玉从深圳来电，商议竞价收入的分配方案——因为组委会只有收到作者的书面意见之后，才能把竞价收入交给代理人。

我与别的作者不同。我本人并没有前往深圳，我是委托作家出版社作为我的代理人。另外，当时我的文稿已经交给了作家出版社，正在由作家出版社安排出版。因此，竞价所得，除了按照统一规定必须交10%给组委会作为组织这次活动的花费之外，我还必须分一部分给作家出版社。究竟分多少呢？对此，组委会并无规定。因此，必须由我与作家出版社双方协商。

经过在电话中与秦文玉商量，双方同意以七比三分成。即在扣除给组委会的10%之后，我分七，作家出版社分三。

考虑到作家出版社为这次竞价出了大力，我主动提出，我只取“六”，作家出版社仍为“三”，另外的“一”由我相机处理。

于是，我起草了“分配方案”，传真到深圳，这样解决了最后的问题。

作家出版社代我领取了竞价款26万元。交了28000元给组委会，然后把余款中的60%交给我，亦即139200元。所以我的实际所得，只相当于竞价的一半。

本来，按照规定，交给组委会的是竞价所得的十分之一，即26000元。由于《毛泽东之初》的保底价为25万元，成交26万元，因此“溢利”1万元。按照规定，组委会要从“溢利”中增收20%，即加收2000元，所以变成28000元。

另外，在竞价之后，《毛泽东之初》出版，作家出版社在5年内不再给我版税，而把版税寄给深圳证券公司——因为这五年内的中国大陆版权已经归他们所有。

我在29日下午飞往北京。本来是3时50分起飞的，由于晚点，推迟到5时才起飞。到了北京，已经天黑。

这时秦文玉和刘方仍留在深圳，他们还要办理律师公证、款项的领取等诸多扫尾工作。

1993年11月3日，《毛泽东之初》一书《1993年深圳（中国）首次优秀文稿公开竞价成交合同书》在深圳正式签署。

签署的时候，各方代表都一一到齐，签字盖章，十分郑重。

甲方是我，即作者。我没有出席。1993年深圳（中国）文稿竞价组委会王星作为我的代理人。

乙方是竞买方，深圳经济特区证券公司代表廖熙文出席。

丙方则是出版方，作家出版社常务副总编辑秦文玉出席。

三方签署了《毛泽东之初》一书《1993年深圳（中国）首次优秀文稿公开竞价成交合同书》。

深圳市罗湖律师事务所律师傅志伟也出席了签署仪式，并为此签发了《律师见证书》（1993深罗律证字第一三七号）。

这样，《毛泽东之初》一书深圳文稿竞价终于完成有关法律程序。

在北京，我按照审查意见，改完《毛泽东之初》和《毛泽东与蒋介石》两书。

《毛泽东之初》只是小修小改而已。我很快按照审查意见改毕，交给作家出版社付印。

然而，在深圳文稿竞价之中，深圳证券公司买下了这本书的中国大陆五年版权，而深圳证券公司并非出版机构，又无出版权。怎么办呢？

根据双方签署的《1993年深圳（中国）首次优秀文稿公开竞价成交合同书》第四条规定：“丙方保证五年内在该作品的扉页上标明乙方为本作品的出品人，并随文登载一篇《出品人的话》。”作家出版社对《毛泽东之初》进行了特殊的处理。

在《毛泽东之初》的扉页上，印了一行字：

1993年深圳（中国）首次优秀文稿公开竞价
特别竞价精品
出品人：深圳经济特区证券公司

另外，在书末，还印上了一段《出品人的话》。

在书上印着“出品人”，在当时是绝无仅有的！

我不知道深圳文稿竞价其他作品后来是怎么处理出版社与购得版权者之间的关系。反正作家出版社这样的处理方式既与众不同，又十分恰当。

深圳文稿竞价在当时曾轰动海内外，众说纷纭。这样大规模、高规格的文稿竞价，只有这么一次而已，可谓空前绝后。

然而，在我看来，深圳文稿竞价是对作家艰苦劳动的尊重。

就在写作关于深圳文稿竞价的回忆这一节时，我偶然翻到中国作家协会作家权益保障委员会给我的一封信：

叶永烈先生：

我会受人民教育出版社之托，转发该社出版的初中、高中、职高、中师、幼师等语文教材稿酬（每千字28元）。

您的作品《首先要做“马”》（2000字）被收入教材《初中语文》（第一册）共2000字，计稿酬56元。

《为科学而献身》（2000字），《镜子小史》（3000字）分别被收入教材《初中语文》（第一册）《初中语文》（第二册）。共5000字，计稿酬140元。

《粗心·专心·事业心》（2000字）被收入教材《中等师范语文》（第三册）《卫星电视教育》（第三册）。共4000字，计稿酬112元。

华丽转身

《圆圆和方方》(2000字)被收入教材《初中语文》(第一册)《幼师·阅读和写作》(第五册)。共4000字，计稿酬112元。

中国作家协会作家权益保障委员会

1994年9月

应当说，收入中学语文课本的作品，都是精品。中学语文课本的印数是以百万册计。过去，收入中学语文课本是不向作家支付稿费的。自从著作权法公布以来，开始由中国作家协会作家权益保障委员会代转稿费，这当然是一种进步。然而，与深圳文稿竞价一对照，真是相差十万八千里!

《叶永烈自选集》热烈的首发式

1993年11月24日，我又一次飞往北京。

在北京，根据中共党史专家们的意见，对《叶永烈自选集》中的《江青传》《张春桥传》《陈伯达传》三本书作相应的修改。

记得，我只花了半天时间，就把三本书都改完了——如前所述，这三本书在审查中都得到中共中央党史研究室的充分肯定，每一本书都只作小修小改，一会儿就完成了。这半天还包括写了三份报告，报告每一本书所作修改的情况。

加上11月初我在北京已经改好《毛泽东之初》，一共有四本书根据审查意见改好了。

中共中央党史研究室的审查意见，连同我的四份修改报告，被送往新闻出版署。待新闻出版署批准之后，下达同意出版的文件（也就是“通过令”），书就可以出版了。

这时，在作家出版社看来，“通过令”已经十拿九稳，只是个时间问题、手续问题。于是，作家出版社不等“通过令”的下达，就开机印刷。《叶永烈自选集》除了《毛泽东与蒋介石》之外，其余六卷已经全部印好，等待新闻出版署的“通过令”一到，马上上市。

我也以为“万事大吉”，在北京完成修改任务，就回上海。接着，我和妻飞往美国……

真是风波不断。就在我出国期间，不料又发生了意外的风波。

大抵是作家出版社过分看重毛泽东100周年诞辰这一图书销售时机，过分看重书籍的宣传工作，所以在新闻出版署的“通过令”即将下达而未下达之际，就在《人民日报》抢先发表报道。这篇报道惹了“麻烦”！

报道称：“为了向毛泽东100周年诞辰献礼，作家出版社即将推出《叶永烈自选集》，其中包括《毛泽东之初》《江青传》《张春桥传》《陈伯达传》《爱国的“叛国者”——马思聪传》《新中国沉重的一幕》……”

这篇报道不是登在普通的报纸上，而是登在中共中央机关报《人民日报》上，当即引起了注意。

有人向中共中央宣传部报告说，报道《叶永烈自选集》出版，本无可非议。然而，作家出版社把《叶永烈自选集》的出版，硬要跟纪念毛泽东100周年诞辰扯在一起，结果把《江青传》《张春桥传》《陈伯达传》的出版，都说成“向毛泽东100周年诞辰献礼”？！

中共中央宣传部马上注意到《人民日报》上那篇报道，嘱令各地在纪念毛泽东100周年诞辰的时候，注意宣传的分寸，不能把什么都说成“向毛泽东100周年诞辰献礼”。

新闻出版署理所当然注意到中共中央宣传部的意见，特地把即将发出的“通过令”压下！

直到过了1993年12月26日毛泽东100周年诞辰——1994年1月13日，这才终于下达！

飞雪迎春，1994年春节前，我刚从美国飞回上海，行魂未定，便接到北京长途电话。那是作家出版社打来的。他们向我报告好消息：《叶永烈自选集》除《毛泽东与蒋介石》之外，前六卷已经发行，并决定派编辑室主任杨德华先生来沪，在上海南京东路新华书店举行这套书的首发暨签名式。

首发式之前，上海多家报纸刊登了报道：

新年来临之际，由作家出版社出版的《叶永烈自选集》终于与广大读者见面了。在当前一些庸俗的纪实文学作品泛滥的情况下，这套内容严谨求实、装帧设计新颖的高档次作家自选集，无疑为广大读者提供了高质量文学读物。

《叶永烈自选集》现已出版六本，其中包括《毛泽东之初》（该书曾以《历史选择了毛泽东》为书名出版）、《张春桥传》《陈伯达传》《江青传》《爱国的“叛国者”——马思聪传》和《新中国沉重的一幕》。这些作品是从作家近年创作的数十部纪实文学作品中精选出来的。由于前几本书涉及了领袖题材和“文化大革命”人物，出版前曾由中共中央党史研究室的有关专家审定，作者和出版社根据专家的审读意见对书稿进行了认真的修改，从而保证了作品在史料方面更加准确翔实。

为了加强广大读者和作家的联系，上海市新华书店和作家出版社将于2月6日上午在南京东路新华书店举行作家签名售书活动。届时，著名作家叶永烈与广大读者见面，并为这套自选集签名。

1994年2月7日，首发式如期在上海举行。我曾担心，这套300万字的自选集定价颇高，前六卷为74元，买的人不会多，在签名售书时会不会冷场？出乎意料，那天在两个多小时里，签售了900多本。不久，这套书被上海南京东路新华书店列为当年2月文学畅销书排行榜第一名……

当晚，上海电视台在新闻节目中，播出了《叶永烈自选集》出版以及签名售书盛况的报道。

应聘《中华五千年》系列片总主笔

1992年炎暑，我行脚匆匆，刚从北国哈尔滨飞回上海，逗留一日，便要朝江西进发。就在我回沪那一天，两位客人从我的友人那里得知我的行程，特地从北京飞来，说是有要事商量。

两位来客西装笔挺，一位60岁模样，一位50岁上下。一介绍，得知年长者名唤古今明，另一位叫周轩进。“无事不登三宝殿”，他俩为的是聘我出任《中华五千年》总主笔。

听他们细细道来，我才知《中华五千年》乃是海峡两岸合作摄制的系列动画片，从盘古开天一直拍到辛亥革命，预计要拍260集，可谓“悠悠中国历史，漫漫卡通长片”。

台湾地区方面领衔者，是中华卡通制作有限公司董事长邓有立先生，他是台湾第十三届“十大杰出青年”之一、台湾卡通事业的开拓者。大陆方面领衔者，便是古今明先生，他是宋庆龄基金会少年儿童工作部主任兼秘书长。

我问起双方合作的缘起，古先生娓娓道来，颇为有趣：邓有立先生在台湾从事动画企划20余年，对于外国卡通片充斥台湾荧屏深感不安，称之为“文化侵略”，力主台湾卡通业不应为加工外国片而忙碌，应当多多拍摄中国特色的卡通片。20年前，他便因主持制作中国古典名著卡通《封神榜》《西游记》等受到赞誉，其中《三国演义》获1972年度台湾“金马奖”。前些日子，邓有立策划拍摄卡通长片《孙中山》，前来北京寻求合作，自然找到宋庆龄基金会。这个基金会系大陆颇具声望的民间团体，邓小平任该会名誉主席。1987年，联合国秘书长德奎利亚尔曾授予该会“和平使者”的称号。

真是“无巧不成书”，该会古今明先生也深为美、日卡通片充斥大陆荧屏而不安，正在筹备拍摄系列卡通片《中华五千年》。邓有立与古今明相见，可谓“一拍即合”，大有相见恨晚之感，两人竟一口气长谈了十个小时！邓有立认为，《中华五千年》从盘古一直写到孙中山，比他最初设想拍《孙中山》更好，也就决定和古今明携手同拍《中华五千年》。

古、邓合作，可谓“最佳拍档”：古今明曾在国务院机关工作多年。他原名古进明，在一次晚会上，周恩来为他改名古今明。“古今”，历史的代称。不料，他现在真的要从事“古今明”之业。经他向上报告，江泽民、李鹏、李瑞环都颇重视此事，赞同两岸合作拍摄《中华五千年》。邓有立在台湾地区也很有影响，并得到高层的关照。他回台湾后，向台湾“总统府”秘书长蒋彦士先生等有关方面亦作了报告，得到支持。海峡两岸获得共识——同是炎黄子孙，同拍《中华五千年》，亦即同寻中华民族之“根”。

应古、周两先生的盛情邀请，我参加了《中华五千年》的筹拍工作。9月，我前往北京，摄制组宣布正式成立：古今明为总制片，邓有立、周轩进为总策划，蔡明钦为总导演，徐锡宜为音乐总监，谭棠为剧务主任，我为总主笔。

我见到了邓有立先生，很快就发现他是一个直率而热情的人，点子多，而且颇有“经济头脑”。为了使这一耗资巨大的文化工程能够自力更生，他除了筹划打开影片本身的销路之外，还着力于开发上百种周边产品，以使资金“滚动”，达到良性循环。据估计，每一集22分钟，需耗资50万至70万元人民币，大约相当于将近10万美元。

不久，总导演蔡明钦从台湾来沪，与我见面。在创作上，彼此沟通，并无海峡之隔。

切切磋磋，无你我之分。蔡导演是台湾卡通界颇有才气的画家，思维敏捷，对事业有着执着的追求。

音乐总监徐锡宜，是大陆一级作曲家。他的名作《十五的月亮》，不知倾倒多少歌迷。他很快挥就总主题曲《驾着太阳，驾着月亮》，受到台湾同行赞赏。

同是炎黄子孙，同拍《中华五千年》，成了海峡两岸的佳话。

在我担任《中华五千年》总主笔之后，一口气完成了《开天辟地》《女娲补天》《钻木取火》《炎黄战蚩尤》《神农尝百草》等13集中国古代神话剧本。全片由三个卡通人物——北京小学生大龙、炎帝之女精卫和小太极贯串。聘请两岸历史学家担任顾问，以保证影片科学性。

为了尽快推出前13集中国古代神话影片，邓有立已获“空中飞人”的雅号，他穿梭于两岸，策划着、沟通着、联络着……而他的座右铭依然是“脚踏实地，只问耕耘”。

在前13集中国古代神话之后，按秦、汉、唐、宋、元、明、清依次完成。在中国卡通史上，这样的260集的系列片是空前的。

《中华五千年》前13集中国古代神话由中央电视台播出之后，于2002年9月荣获中国电视“金鹰奖”。9月15日，我在北京接受中央电视台节目主持人鞠萍的电视专访，谈《中华五千年》的创作历程。

出任巨片《大闹天宫》编剧

1996年1月21日中午，我刚在北京天坛饭店办好住宿手续，手触房门把手，猛然间有一种触电之感。进入房间，拧亮床头灯，手一碰旋钮，又被麻了一下。我赶紧请服务小姐来，查看是否漏电。她笑着告诉我，这是因为北京晴朗多日，天气变得异常干燥，而宾馆里铺的是化纤地毯，旅客一走动，鞋底和地毯摩擦，便产生静电。人体带电后，接触金属物件，就有触电的感觉……

也真巧，当天晚上我又“触电”了：我在北京长城饭店出席电影《大闹天宫》盛大的新闻发布会，数百位电影界人士济济一堂。连孙道临、张瑞芳、秦怡、刘琼这样的老前辈都从上海专程来京参加大会。人们形容说，《大闹天宫》的新闻发布会，比中国电影家协会召开理事会到的人还多。我作为《大闹天宫》的编剧，与上海电影制片厂导演张建亚、主演六小龄童一起出席新闻发布会。

媒体对《大闹天宫》的拍摄寄予高度期望，称这部巨片将是中国电影的“里程碑”。

《大闹天宫》的新闻发布会上的核心人物，是影片的投资方——北京珠达电脑动画公司董事长张宪光先生。他是珠海的房地产公司珠达集团的老总，却对电影有着浓厚的兴趣，花费巨资投拍《大闹天宫》。

很多记者见到我的前襟别着“编剧”的胸卡，便问起我：“你为什么‘触电’？”当然，这“触电”的电，指的是电影。

作家们不大愿意“触电”，大抵有三层原因：一是电影剧本成活率太低，不像写书，写一本必定出一本；二是电影剧本如果不投入拍摄，几乎无处发表，变成一堆废纸；三是即便要投入拍摄，往往要根据责任编辑意见、文学部意见、导演意见、厂审意见一次次修改，不胜其烦。

我虽说在电影制片厂干过 18 年，我导演的影片《红绿灯下》曾获第三届电影“百花奖”，但是后来从事文学专业创作之后，也怕“触电”。

记得有一回，应上海电影制片厂之邀，说是要我完成一部“重大革命历史题材”影片《遵义会议》。我花了几个月时间进行广泛采访，写成 10 多万字上下集电影剧本《遵义会议》，结果没有投入拍摄。

电影剧本《遵义会议》无法发表。我改写成 30 多万字的长篇纪实文学《历史选择了毛泽东》，倒成了畅销书，总算使那几个月的广泛采访没有白费。

又有一回，上海电影制片厂看中我的关于独生子女教育的长篇童话《哭鼻子大王》，认为题材很有意义，构思也很巧妙，要我改编成一部儿童故事片。既然已经认可了原作，“成活”的可能性也就很大。我住进上海电影制片厂文学部招待所，花了十几天完成了电影剧本《哭鼻子大王笑了》。文学部认为剧本很好。可是，剧本交到导演手中，导演却觉得剧本中所写的特技镜头成本花费太高，只得作罢。于是，那个电影剧本“泡汤”了。

有趣的是，过了好几年，另一家电影制片厂向我约写美术电影剧本，我已经不愿再“触电”。我对他们说，手头倒是有一个“泡汤”的剧本。他们拿去一看，说是不错，分成六集投入拍摄。这么一来，已经被“枪毙”的剧本“起死回生”了。

最出乎我的意料的是，这六集电影《哭鼻子大王》被视为“主旋律影片”，在1995年5月23日居然获得广电部颁的“政府奖”（即“华表奖”）。影片除了在各电影院放映外，还制成录像带发行，便于在各幼儿园、托儿所播映……

正因为在电影剧本创作上“死活”难以预料，所以我对“触电”变得很谨慎，能够“回避”就尽量躲掉。

就在电影《哭鼻子大王》获奖后的一个多月，北京珠达电脑动画公司打电话来约我写《大闹天宫》电影剧本。

我颇为踌躇：第一，对方不是电影制片厂，除了拍过一些广告片之外，从未拍摄过影片；第二，《大闹天宫》是一部巨片，是用真人与电脑动画背景合成的大型神话故事片，据我估计，没有3000万元人民币的投资，是无法完成的。尽管公司属于珠达集团，而珠达集团有很强的经济实力，但是这一投资要冒很大的风险；第三，已经有过动画片《大闹天宫》以及电视连续剧《西游记》，能否写出新意来?

就在我踌躇着是否“触电”之际，珠达集团董事长张宪光先生托我的朋友金辅棠先生一再打电话敦促。我跟张宪光先生是在1995年初，相识于北京香山饭店。当时，珠达电脑动画公司在那里召开电脑动画研讨会，邀请我参加。我在那里看了许多用电脑动画制作特技镜头的美国巨片，也参观了珠达电脑动画公司。当时我很惊讶，这家公司花了3000多万元人民币，从美国进口了40多台专门制作三维动画的电脑以及大量相关软件。国内那么多家电影制片厂要么舍不得这样投资，要么没有那么多的资金，因此都没有这样的设备。

我结识了张宪光先生。他是一位精明而又敢说敢做的企业家。他的集团由于在珠海等地开发房地产颇为成功，积累了大量资金，愿意投资开发电影新技术——电脑动画。他说，即便亏本，也要干，因为中国电影想追赶世界先进水平，出大片，打进国际市场，电脑动画设备是必需的。

有了那么多电脑动画设备，如同有了一批先进武器。他就提出要打一场电影“大战役”，选中了中国古典名著《西游记》中的《大闹天宫》……

当时，美国好莱坞大片一部接着一部打进中国，张宪光先生想应当拍一部中国大片打进美国。他在美国“调查研究”，发现美国人对中国两个形象最熟悉，最有兴趣，一是中国功夫，一是孙悟空。张宪光先生选择了孙悟空，组建珠达电脑动画公司，决定投资3000万人民币，拍摄中国大片《大闹天宫》。当时，中国16家制片厂每年生产100多部故事片，平均每部投资不过100万多一点。3000万拍《大闹天宫》，当然是大片、巨片。后来在拍摄《大闹天宫》的过程中，投资不断追加，达到5000万，最后达到1亿元人民币，媒体称张宪光先生“投资1亿元托起新一代美猴王”，目标是打造一部“国际水准、高质量、高品位”的中国大片。

张先生是个急性人。他想做什么事，说做就要做。所以催着要我完成《大闹天宫》电影剧本。我终于又“触电”了。我中断了正在写作的纪实长篇《陈云传》，研读起《西游记》来。我从电脑动画这一特殊视角看《西游记》，开始构思适合于以电脑动画技术进行拍摄的电影剧本……

我细细研读了《西游记》，确定了两个改编原则：

第一，《大闹天宫》既然是众所周知的故事，那么就应该以忠实于原著为原则。如果改得“离谱”，观众很难接受；

第二，这是一部运用电脑高科技拍摄的影片，写剧本时就应充分发挥电脑高科技的特色。这样写出来的剧本，只有用电脑动画技术才拍得出来，完全有别于动画片《大闹天宫》和电视连续剧《西游记》。

忠于原著，并不等于照搬原著。原著是用文字来表达，而电影主要是视觉艺术。尤其是《大闹天宫》电影，应该把着眼点放在“闹”字上，在“闹”字上做文章，使整部影片从头到尾热热闹闹。“闹”，也就是动作性——强烈的视觉动作。所以我写剧本时，大量删削了原著中缺乏动作性的内容，比如整段删去第二回中菩提讲道之类。

另外，《大闹天宫》是一部上、下集故事片，而非电视连续剧，篇幅有限，故事应该集中，突出主线，删去种种与“闹天宫”无关的枝蔓。所以，我把第三回孙悟空降服混世魔王之类也整段删去。

如何发挥电脑高科技的优势，成为写剧本时最费思量的事。所幸我过去在上海、杭州与几家电脑动画公司有过创作上的交往，而且又应北京珠达电脑动画公司之邀赴香山出席了该公司举办的电脑动画研讨会，听了美国和中国电脑动画专家的讲解，使我对电脑动画的特点有所了解。这样，我对能够充分发挥电脑动画优势的情节，便大加发挥。比如，原著中的七十二变，正是电脑动画可以大显身手之处，便重墨浓彩，加以铺陈。又如，孙悟空“分水”进入东海，金箍棒忽大忽小，孙悟空的“分身法”，“三头六臂”，等等，都是电脑动画的“拿手好戏”，应该加以大书特书。特别是电脑动画可以“拷贝”形象，因此成千上万的猴子在花果山操练都可以通过“拷贝”而制作，这种“壮观”场面也就可以写入剧本。

就全剧而言，我以电脑动画的特色划分为“天、地、水、冥”四种不同场景，即天宫、花果山、水晶宫和冥府。故事在这四种视觉形象鲜明不同的环境中展开：天宫的豪华，花果山的野趣，水晶宫的深邃，冥府的阴森。后来在与导演张建亚交换意见时，他提出要把这四种场景给观众以全新的感觉，比如水晶宫的柱子、地板全是透明的，是人们从未见过的水晶宫。这表明我们的设想完全一致，亦即充分发挥电脑动画的特色——因为这种全新的“天、地、水、冥”场景，只有电脑动画才做得出来。也只有这样，影片《大闹天宫》才会给人以全新的视觉形象。

我不知道我的思路是否符合要求，在写出了一部分之后，用电脑传真到珠达电脑动画公司，征求意见。张先生看后，认为很满意，要我按这一思路赶快把全剧写出来。

记得，当时正是上海酷暑时节。我在 7 月 26 日上午写完剧本，下午用电脑传真给珠达电脑动画公司。他们马上把收到的传真用复印机复印好多份，当天就装订出一本本剧本……第三天，总制片人王江华先生就从北京飞到上海与我见面，告知剧本已决定采用，并已经全文传真到香港。

我不知道他为什么要把剧本传真到香港？一问才知道，导演的人选几经讨论，最后定下两位，即香港的徐克和上海的张建亚，打算在两者之中选择一位。他在上海见到张建亚之后，随即飞往深圳，请徐克从香港过境，进行洽谈。最后，确定了张建亚任总导演。

后来，我才知道，他们对剧本也是几经选择的。他们约请了多位剧作家写作电影剧本《大闹天宫》，最后选定了我写的剧本——我当时被蒙在鼓里，因为我如果知道他们还约了别人，我是绝不会去“触电”的。由于我正忙于《陈云传》的写作，一下子转不过弯来，所以拖一段时间才从现实世界进入神话王国，我的剧本是最后一个“交卷”的，所以他们要我把剧本传真过去……

于是，在8月6日，我与上海电影制片厂导演张建亚从上海飞往北京，在珠达电脑动画公司对剧本进行了讨论。我回沪后，对剧本进行了一次修改。

《大闹天宫》终于“闹”了起来，由北京电影制片厂、上海电影制片厂和珠达电脑动画公司联合摄制。这部当时中国投资最大的一部电影，能否做到“大投资、大制作、大效益”，能否打入国际电影市场，尚是一个未知数。但是，在北京长城饭店，我见到那么多白发苍苍的中国电影界老前辈出席《大闹天宫》的新闻发布会，仿佛成了中国电影界的一次盛会，充分表明大家都对这部影片寄予厚望。这厚望成为摄制组努力工作的巨大动力……

《大闹天宫》是一部大片，而编剧只是一个小小的角色。因为在剧本中写上一行字轻而易举，摄制组把这一行字化为银幕形象将要花九牛二虎之力。我庆幸我已经用电脑“敲”出《大闹天宫》剧本，完成了任务。接下去，该是导演和摄制组同人们，尤其是电脑动画的制作者们，忙得“不亦乐乎”了。

导演张建亚用“高”“大”“新”“奇”四个字来概括《大闹天宫》的特色：

高：

此次投拍的《大闹天宫》是站在世界电影高科技发展最新趋势的高度，充分运用计算机数码特技参与拍摄的、大规模应用计算机数码技术处理镜头画面，已成为当今世界上影视制作的新潮流。而计算机数码技术不论其硬件技术还是软件技术都已经发展到一个令人叹为观止的境界。在这种背景下，此次拍摄的《大闹天宫》与以往以《西游记》为题材制作的美术动画片和电视连续剧相比，有两点大的突破。

第一，是我国首次在电影制作中大规模运用计算机数码特技技术，包括计算机影像仿真、计算机三维特技、计算机三维造型、变形、计算机影像合成等。

第二，是把东方完美、精湛的传统艺术与20世纪90年代世界先进的计算机多媒体技术相结合。它给观众带来的美好视觉和听觉享受将大大地超过以往的影视作品。

大：

引入最先进的计算机高科技手段进行拍摄就意味着制作成本的大投入。为此，本片的投资方，北京珠达电脑动画公司董事长张宪光先生经过科学审慎的分析和广泛全面的市场调查，以超人的魄力，果断做出决定，调动公司的财力、人力、物力，投入人民币1亿元，用于该片的筹划和制作，力图以此举，为中国电影跟上时代潮流，走向世界市场，在电影革命的最新领域迈出至关重要的一步。其中专为此片购置最新的计算机设备、胶片处理设备，就投入3000万元人民币。此片主创阵容也比较强大：北京电影制片厂、上海电影制片厂，携手北京珠达电脑动画公司联合摄制；北影厂厂长韩三平、上影厂厂长朱永德任出品人；张建亚任总导演；叶永烈任编剧；孙悟空由著名京剧表演艺术家李万春先生的孙子小万春扮演。剧中十几位主要角色均由影视界著名演员扮演。

新：

本片力图出场人物在服装化妆以及道具方面给人一个全新的感觉。摄制组不惜耗费大量资金，进口美国最先进的塑形化妆材料（因目前国内所生产的这类材料与国外相比有一定差距），聘请美国塑形化妆专家进行技术指导，聘请国内因许多影片而屡屡获奖的著名化妆师王希忠、沈东升等进行现场操作，使“齐天大圣”孙悟空的化妆造型有了极大突破。

鉴于此片出场人物将囊括西游记第一回至第七回中所有有名有姓的人物，给此片带来了前所未有的塑形化妆造型的工作量。这将给电影化妆史上带来了一个新的突破。由于出场人物之多，身份、职能、法力各不相同，且场景景色差异极大，所以此片在服装设计制作上突破了以往古装片服装模式：如齐天大圣孙悟空的服装，采用了镀金的首饰链编织而成，铺以仿黄金铜甲，真正再现了《西游记》小说中所称之的“锁子黄金甲”；再如，灵霄宝殿众仙云集，服装高贵华丽、五彩缤纷，众佛、道、儒服装道貌岸然、庄严无比；水龙宫中四大海龙王及各色虾兵蟹将服装晶莹剔透，一派活生生水族模样；阴曹地府、十大阎罗冥王及众鬼怪服装体现阴间地王的一派森然，且不失帝王之尊……其余各类出场人物如猴衣、众天兵天将等服装更是各具千秋、栩栩如生，将给观众带来美的享受。

由于此片是神话故事片，也给道具带来了广阔的、充分发挥想象力的创意空间。在实拍中，刀枪剑戟等十八般兵器及众仙所用的法器，集神话小说中描述的古代各种实用兵器之大成，创造了大量神兵利器，从而将极大提高影片的可观赏性。

特别值得提出的是，由于在《西游记》原著中“大闹天宫”段落被吴承恩极富想象力的才华手笔描绘得神乎其神，在客观上，很难寻揽到合适的外景拍摄场地。而计算机数码技术的三维制景也只能起到局部的特殊视觉效果作用。为此，此片除了大量拍摄蓝天、白云、青山绿水的素材片（为了加强计算机合成效果）外，主要的拍摄场景大部分采取了棚内搭景的手段：如南天门、灵霄宝殿、兜率宫、蟠桃园、瑶池、阴曹地府、花果山水帘洞、龙宫、二郎真君庙、斩妖台等等，实属一个浩大的“基本建设”工程。上海电影制片厂为了解决花果山、水帘洞这场戏的搭景问题，专门在上海附近的车墩外景基地铸造了一个4000余平方米的超大摄影棚，搭设花果山、水帘洞，将为观众提供一个似曾相识、又绝无仅有的奇特景观。

奇：

在《大闹天宫》这部影片中，通过数码特技的应用，能真实地再现小说名著中描述的人间所不存在的奇怪多变的世界，给观众以全新的视觉和听觉的享受。本片中有许多危险性很强的镜头，如水下打斗、空中飞跃、爆炸等，运用计算机数码特技的抠像功能和叠加功能，巧妙地把实拍的人物、景物融合在一起，避免了演员在拍摄中的危险性；片中有一些在日常生活中和人们思维难以想象的镜头和画面，运用计算机数码特技得以实现，如本片中有大闹龙宫一场戏，孙悟空入海，海水就会神奇般地又很逼真地骤然分开……用计算机做出的三维龙宫和水底五光十色的光学效果以及演员的打斗完美地叠加在一起，给人以极真实的感觉。

在本片中，数万乃至数十万虾兵蟹将、天兵天将打斗以及孙悟空在空中放牧成千上万匹天马的场面，在实景拍摄和传统特技制作中都是难以实现的。但是，运用了数码特技技术则轻而易举地实现了；至于孙悟空的七十二变、十万八千里的筋斗云，所产生的神奇视觉效果更是以往不可想象的。

大型彩色神话故事片《大闹天宫》把吴承恩《西游记》小说中的神奇世界和美妙故事再现于荧幕，试图为中国电影制作与电脑高科技的结合创出一条新路。将为世界观众奉献一部充满想象力的、又好看又好玩的全新感觉的中国电影。

张建亚提及“孙悟空由著名京剧表演艺术家李万春先生的孙子小万春扮

演”，而《大闹天宫》新闻发布会宣布孙悟空由六小龄童饰演。

据张建亚告诉我，中途改换主演的原因是，六小龄童由于主演电视剧《西游记》而声名鹊起，他在《大闹天宫》中希望仍然沿用电视剧《西游记》中的戏路子，而张建亚主张创新，要以崭新的戏路子来塑造孙悟空的形象。此外，他们在如何在电影中使用高科技手段也产生分歧：

> 美猴王六小龄童，这已成为人所共知的称誉。此片从筹拍到开机，制片人和导演均异口同声，主角美猴王由六小龄童饰演不容置疑。然而进入实际开拍半年多，竟爆出这样的新闻：出任主角的六小龄童因在艺术创作上与该片投资方珠达电脑动画公司和导演张建亚发生严重分歧，被正式辞贬“下凡”。这究竟是怎么回事？且听笔者慢慢道来。
>
> 原来，六小龄童的主张是“高科技要为艺术服务，要以东方艺术之魅力取胜，不能单靠科学技术夺人”。据他自己言称：我本人对电脑特技的使用是没有什么不理解的，如果运用适当是不会出现问题的。问题的出现就是制片人和导演对电脑计算机多媒体技术和数码特技在片中应用过量、过泛。六小龄童特别强调《大闹天宫》是取材于名著《西游记》的部分章节，首先表现的应该是艺术，其次才是与西方电脑技术的结合。否则给观众带来的感受不是全新的彩色电影而只是特技动画片。在孙悟空的人物造型上，六小龄童认为：求新却不能盲目地为变而变（指孙悟空变身术），任何事物都有一个“根”和“魂”，失去“根”和“魂”，人物就会架空。
>
> 导演张建亚的看法是：目前我国演员对三维电脑动画有一种恐惧现象，既然电脑能做许多人不能做的事，以后演员的地位会不会变得不重要了？六小龄童对这点就有顾虑，拍了一些样片后，他感觉似乎已成为电脑的道具和傀儡，他喜欢保留过去的猴性格调，并一直坚持自己的观点。但独立制片人拍片的投资是要看回收率的，即便导演，如不能默契配合也有可能被换掉。

导演张建亚决定撤换六小龄童，改用小万春扮演孙悟空。张宪光表示同意张建亚的意见，他说：“六小龄童当年演电视剧《西游记》时不就是二十岁出头吗？而现在的小万春也恰好是当年六小龄童演《西游记》的年龄。以小万春的猴戏功底和聪明，他完全有希望并定能成为新一代美猴王。”

不过，中途换将，《大闹天宫》的拍摄进度大受影响。

《大闹天宫》拍摄的耗资越来越大，超过了1亿元人民币。作为投资方的珠达集团，承受不起过于沉重的负荷。《大闹天宫》终于在“剧终”之前“剧终”了。

媒体深为巨片《大闹天宫》半途夭折而遗憾，称张建亚是“离成功只差半步的导演”！

畅销并盗版着

1999年第八期《当代工人》发表了秦伟的《神秘的“第二渠道”》一文，这么写及：

> 著名作家叶永烈声称自己是大陆被盗版的重灾户。他在上海的个体书摊发现自己苦写八年、历经艰难曲折而得以出版的《江青传》被盗版，继而先后在湖北、广州、东北，甚至韩国，都发现盗版本，总计有八种之多！
>
> 最近，他刚推出的《陈伯达传》（修订本），因加上了陈伯达出狱后的生活，以及中央文革小组成员王力向中央写信，要求假释“老夫子”的内容，马上被盗版数万册。
>
> 叶永烈是严肃的历史纪实作家，他的作品不仅通俗易懂，而且采访的人物、查阅的史料经得起时间的检验，拥有无数的读者。所以，书商将他视为一块“肥肉”，几乎盗印了他所有的畅销书。
>
> 为此，叶永烈愤慨地提出：盗版，是对知识产权的公然侵犯，是一种明目张胆的盗窃！叶永烈为了保护自己的合法权益，已聘请了上海和海外的几位律师，担任他的常年法律顾问，这在大陆作家中是首例。

秦伟所说的“第二渠道”，通常简称“二渠道”。在中国大陆，新华书店被称为“主渠道”，个体书商被称为“二渠道”。内中，那些专干盗版黑勾当的，连“二渠道”都不耻为伍，笑称那是“三渠道”！

“三渠道”完全处于“地下状态”。然而，“三渠道”有着十分严密的“地下一条龙”：有人策划，有人编排，有人印刷，有人销售。

其中，以策划为“龙头”。这些盗版集团的策划，有着锐利的目光和丰富的市场经验。一本新书刚刚出版，他们马上就会作出十分准确的判断，这本书会不会畅销？如果断定非常畅销，就以极快的速度盗版！

《叶永烈自选集》刚刚出版，马上就被“三渠道”紧紧盯住。整套《叶永烈自选集》都被盗版。其中，以《江青传》“受灾”最为严重。在短短的几个月之内，仅我自己发现的不同的《江青传》盗版本，就有八种之多！

1994年5月12日，我在上海作家协会门口的个体小书摊，发现有我的好多书，其中有作家出版社出版的一整套《叶永烈自选集》。我看了一下，发觉其中的《江青传》封面异样，乃是盗印本！

这本书的粉红色封面，显然是用作家出版社的原版封面翻拍印制的，所以照片模糊不清，颜色走样。再看内文，纸张也粗劣。令人哭笑不得的是，这盗印本的版权页上，也照着作家出版社原文印着：“版权所有，盗印必究”！

这样的盗版本，居然堂而皇之，在上海作家协会门口出售！

《江青传》的第八种盗印本，不是中文本，却是韩文本！这表明，猖獗的盗印活动是一种国际性的犯罪活动，不论是国内还是国外，都有盗印集团。

叶永烈著《江青传》的各种盗版本

《江青传》韩文盗印版，是这样发现的：

我曾委托北京的国际友好促进会中韩交流中心金一先生，与韩国出版商洽谈《江青传》韩文版出版事宜。金一先生从北京前往吉林延边市，在那里会见了一些韩国出版商。其中，一位出版商看了《江青传》中文版，表示愿出韩文版。不久，那位出版商告知金一先生，韩国市场上已印出署名叶永烈的《江青传》韩文版！

当时，我并未授权韩国出版商出版《江青传》韩文版。显然出现在韩国市场上的《江青传》韩文版是盗印版。

不光是《江青传》屡遭盗版，我的许许多多著作都遭到盗版。如今在我的书架上，放着一大排我的著作的盗版本，成了“三渠道”疯狂盗版的铁证。

出版界有句挂在嘴边的话：“出版不畅销的书怕亏本，出版畅销书怕盗版，真是左右为难！”

确实，畅销书的最大劲敌，便是盗版。

“十指打天下”

我在写完每一本书之后，总是习惯地写上后记。1993 年 7 月 30 日我为刚刚完成的长篇《毛泽东与蒋介石》一书写后记的时候，写了这么一段话：

“在写作这本《毛泽东与蒋介石》时，由于还要完成电影剧本及其他作品，以至本书的写作时停时续。本书前三章是手写的，自第四章起改用电脑写作。最初，用电脑每天只能打 1000 字，而且一边构思，一边要顾及键盘，还要不时地去想那个‘码’，甚为吃力。到本书完成时，我用电脑的写作速度已远远超过了手写。从这本书开始，我便一直用电脑写作了。”

确实，自《毛泽东与蒋介石》之后，我不再“爬格子”，我的所有著作都改用电脑写作，就连写信也用电脑。

我头一回听说用电脑写作，是在 1982 年 10 月，美国著名作家海因莱因来沪，跟我说起他用电脑写作。他见我很关心，便送我一张他用电脑写作时的照片。当时，我以为我们中国作家用电脑写作，还是很遥远的事。

没想到，在十年之后，我也买了电脑。

我改用电脑的起因，主要是左眼突患“视网膜剥离”而手术又不成功之后，视力大为下降，听说用电脑写作，可以减轻视力负担。另外，我的次子在上海交通大学上电脑系，他极力向我“鼓吹”电脑写作如何便捷。于是，在次子的陪同下，1992年11月2日下午，花了4180元人民币在上海“西派埃”电脑公司买了一台286的单色电脑——这种286电脑在今日早已淘汰，可是在当时算不错的了。当时不是品牌机，而是组装机。那时候，用的是WPS操作系统，文件拷贝在大饼那么大的5英寸软盘里（后来改用3.5英寸软盘）。

谁知电脑刚买来才一个来月，次子就跟我“拜拜”了——到美国留学去了。他一走，那电脑就“失业”了，因为我还不知道该怎么用电脑。

当时，我遇上的最大的困难是弄不清该用什么“码”。小儿子用的是“双拼双音”。可是，我没有学过汉语拼音，何况普通话又讲不准，无法用“双拼双音”。

中国作家是用中文写作，比起美国作家来要麻烦得多。英文是拼音文字，只有26个字母，揿动那26个字键，就能写作。我们的老祖宗犯了很大的“错误”，那位仓颉造出了象形文字。想把成千上万个方块汉字，通过26个字键输进电脑，实现“人机对话”，就不那么容易了。

我买了电脑之后，便在“人机对话”这一关卡住了。

如何输入汉字，眼下有各式各样的方法，一位位发明家，发明了一种又一种“码”。每一种码有每一种码的优点，问题在于使用者的情况不同，选用哪一种码最合适，却要通过实践来检验。

用汉语拼音输入，对于我来说不适用。我买了书，自学“王码”，亦即“五笔字型汉字输入法”。这是一种知名度颇高的“码”，很多人在用。“王码”的重码率低，确有很大优点。不过，要背要记的地方多，我不适应。

这样，电脑闲置了几个月，在我家成了“聋子的耳朵——摆设”。我甚至想打“退堂鼓”，把电脑转让……

就在我进退维谷之际，《解放日报》的文友阿章在电话中告诉我，他在用“表形码”。这是我头一回听说“表形码”，我不知道“表形码”是怎么回事。他举例说，“印”字就是“E”“P”，你那“叶”字是“O”“X”……我一下子就明白了，表形码就是用英文字母的形象拼成汉字。

于是，1993年2月16日，我去上海爱文电脑公司以238元人民币买了一套表形码软件，装进了电脑。

那阵子，我正忙于写《毛泽东与蒋介石》。我想，等忙完这部长篇，再学表形码。妻倒是拿起表形码“一日通”说明书钻研了一番，居然“通”了，用电脑噼噼啪啪打了起来。这下子，引起我很大的兴趣，也就放下手头的写作，“啃”起表形码“一日通”来。果真，我也“通”了。第一天，虽说手忙脚乱，但是我居然打出千把字的文章，名副其实做到“一日通”。

从那一天开始，我就放下了手中的笔。一星期后，我每天能用电脑写4000多字。没多久，就超过了手写的速度——当然，我这里指的是写作的速度，因为写作时一边打字，还要一边思考。如果光是打字，那要快得多。

叶永烈在电脑前工作（邓美玉摄）

1993年5月5日，我花了2800元人民币买了一台24针的色带打印机，可以用来打印文章。

就在我新学初练之际，一天晚上，我正在看中央电视台的《新闻联播》，接到上海《新民体育报》记者张伟的电话，要我立即为亚运会的召开赶一篇稿子。他说，过一个多小时就来我家取稿。

这么急的稿子，我想还是用手写吧，十拿九稳。不过，刚学会用电脑，总想一试身手。我决定用表形码来打。

当24针打印机“吱吱”地印出那篇文章时，家门口响起了摩托车的突突声。张伟来取稿了。

这篇题为《崛起的“病夫”》迅即见报，成为我用表形码写作的第一篇发表的作品。

从此，我一直用电脑写作。50万字的《毛泽东与蒋介石》，除了开头几章是手写的之外，其余的都是用电脑写出来的。

从此，我不再“爬格子”，不再用笔，不再用方格稿纸，一改几十年伏案写作的习惯——因为我用电脑写作了！

从此，我在写作时不再低头，而是抬起了头。十个指尖在键盘上飞舞，就像钢琴家潇洒地弹着钢琴。我的文思，在噼噼啪啪声中，凝固在屏幕上，凝固在软盘里。

往日，我写的文稿中，简体字里往往不自觉地夹杂着几个繁体字，或者夹杂着几个不规范的简体字，给编辑和排字工人带来麻烦。如今，打印机吐出整整齐齐的文稿，每一个字都符合规范。

往日，我写的文稿中，总有涂涂抹抹的修改之处。然而，如今一切修改都是在屏幕上进行，没有留下任何痕迹。打印出来的文稿干干净净，漂漂亮亮。

往日，给港、台写稿、写信，在繁体字中总会夹杂着几个简体字，而且写繁体字总觉得不顺手。如今，只消按一个电键，用简体字打好的文稿一下子全部变成了繁体字，真是方便极了。

往日，一部长篇写完，厚厚的上千张稿纸，足有一尺高，好几斤重。如今，储存在一张小小的软盘里，不过一本护照那么大。

往日，一部长篇手稿要复印一份，颇为费事。如今，用软盘拷贝，几秒钟就完成了。

往日，邮寄的时候怕遗失手稿，总要挂号。自从用电脑写作之后，我再也不必寄挂号信了——丢了的话，用电脑再打印一份就行了。

往日，由于长年握管写作，我的右手拇指和中指各长了一个黄豆般的老茧，如今这老茧早已不翼而飞。

往日，把手稿交给出版社，出版社要排字、校对，颇费时日。如今，给出版社交上一张薄薄的软盘。出书时，省去了排字程序，校对也省事得多——因为他们直接用我的软盘排版，我的软盘经过校对，错别字虽然还有，但是比往日印刷厂初校样中的错别字少得多。所以，出书也就比往日快多了。

用电脑写作，最感方便的莫过于写电影剧本。我的书稿写完之后，改动不多，而电影剧本则是“改”出来的。作为编剧，写完剧本之后，不仅自己要改几遍，而且还要根据电影制片厂文学部的审稿意见改，根据厂审意见改，根据导演意见改……这么反反复复地改，过去用手写，改一遍，就要重写一遍。如今用电脑写剧本，只须写修改的那一部分，其余的“拷贝”一下就行了，省力多了。

自从改用电脑写作之后，常常有人问我：“用电脑写作，感觉如何？”我用两个字来形容：“潇洒！”也有人问我：“你现在对电脑的‘感情’如何？”我则答道：“恨不相逢少年时！”

我在买了那台“286”之后，在1994年8月3日参观上海国际家用电脑展时，以9500元人民币又买了一台台湾宏碁电脑公司的Acer“386”笔记本电脑。笔记本电脑又叫“便携式电脑”，因为可以放在背包里，随身携带，旅行之中也能用它写作；它还叫“膝上电脑”，放在膝上就能写作，真可谓四处可写。在1994年以近万元人民币的价格买一台笔记本电脑，是相当贵的。现在花3000多元人民币买的笔记本电脑，性能比1994年的Acer“386”笔记本电脑要好得多。

我的笔记本电脑装上了传真卡，更为方便。我给报社写稿，在用电脑“敲”出之后，不必邮寄，而是用电脑直接传真。记得1995年5月6日上午9时，我接到何智丽母亲的电话，说何智丽的弟弟何智勇刚刚从日本大阪打来了电话，何智丽因突然患病，住进医院，不能参加天津世乒赛了。我当即用电脑把这一“热点新闻”写成报道，传真到上海《新民晚报》。两小时后，上海街头出售的当天《新民晚报》上，已经刊出我写的这一“独家报道”，比新华社的消息早了两天。

又如，北京一家公司约我写大型神话电影剧本《大闹天宫》上、下集。这是一部用真人和电脑动画背景相结合的新式影片。我用电脑写完电影剧本后，马上把整个剧本直接传真到北京，只花了半个多小时。他们收到后，把传真纸复印。一个多小时之后就装订出十几本剧本！隔了一天，总制片人飞抵上海，我注意到他的公文包里放着一本塑料封皮的《大闹天宫》剧本，那就是用我的电脑传真复印的。

还有这么一件趣事：我用电脑写了一篇关于1928年中共中央机要主任张纪恩的报告文学。在编词组时，由于疏忽，把张纪恩编成“张继恩”，写完之后才发觉把主人公的名字写错了。这篇两万字的文章中，起码有一百多处写及“张继恩”。倘若是手写的话，一一改正，不胜其烦。我给电脑先是下了“搜索”的命令，把文章中所有的“张继恩”都“搜索”出来，只用了不到一秒钟的时间。接着又下了一道“改正”的命令，即把所有的“张继恩”改为张纪恩，也只用了不到一秒钟的时间[1]。如此这般，就全部改好了，而且整整齐齐，所有改动处没有留下一点痕迹——倘若手写的话，稿子要改成“大花脸”了！

电脑使我如虎添翼。

我的妻子也学会了用电脑，常和我轮流“上阵”，我称之为“男女双打”。

我成了“电脑迷”。上海文汇出版社居然还出版了我关于电脑的一本书，书名曰《电脑趣话》。

我笑称用电脑写作是“十指打天下”。

随着电脑不断升级换代，我的电脑从最初的286到后来的586、“奔3”、“奔4”……电脑的操作系统也从最初的WPS，到Win95、Win98、Win2000、WinXP、Win7……

“286”电脑只是个“打字机”而已，如今我的电脑则是“多功能”：可以播CD音乐；可以放映DVD，成了家中小小的电影院；更重要的是可以上网，可以收发电子信件“伊妹儿”——“E-Mail”。

往日，给美国友人写信，去十天，回信十天，一个来回起码二十天。如今用“E-Mail”，一天之内就可以数往数返。电脑，使太平洋大为缩小，把地球变成了小小的“地球村”，真可谓“天涯若比邻”！

我用“E-Mail”给编辑部发送稿件，已经成了家常便饭。

1999年初，我的一部书稿即将在北京付印。出版社来电话说，书稿清样托开往上海的特快列车带给我，翌日就可以到达上海，要我去上海站取。我告诉他们，最简便的方法是把付印稿用“E-Mail”发来。出版社在下午发出，我当即收到，并在电脑屏幕上显示。当夜，我把改好的书稿用“E-Mail”发往北京。一个星期之后，书就印出来了！

我最有兴味的是，我的电脑配上了扫描仪。扫描仪这玩意儿，我在美国用过。那是在文友童恩正教授家里。他有一只像吸尘器那吸尘头一般的手动扫描仪，可以把文稿、照片扫进电脑。在国内，作家们的书房里几乎见不到扫描仪。

[1] 当时的电脑还没有“替换”功能。

一台台式扫描仪连软件在内，要6000多元人民币[1]。专业生产扫描仪的清华大学紫光集团，决定向六位作家赠送扫描仪。很荣幸，我是受赠的六位作家之一。

收到扫描仪之后，起初不知道什么原因，总是扫不出图像，只是扫出一条条红红绿绿的线条。后来，我仔仔细细地研读说明书，终于用扫描仪扫出了清晰的图像。我不仅把照片扫进电脑，而且还把照片用打印机印了出来。当然，把报刊、书籍中的文章扫进电脑，更不在话下。

边学边用，原本“骑自行车”的我，如今已会“驾驶轿车”了。电脑，已经成为我写作的亲密助手。

“十指打天下”——电脑使我的写作发生了天翻地覆的巨大变化。

卷入签名售书热潮

自从世界上有了书，大约就有了签名赠书——作者在自己的著作上签名，赠与友人。然而签名售书始于何时，似乎从未有人考证，所以也就无法知道始作俑者为何人。不过，有一点可以肯定：既然“签名”与“售书”联系在一起，便是一种商业行为，是在市场经济的大背景下产生的。

1980年10月全国第一届书市举行之际，叶圣陶、丁玲等都曾在书市为读者签名售书。如今，签名售书颇为风行，已经成了文化圈内一景。最初，签名售书只限于作家，眼下签名售书的范围在不断扩大：歌星“签名售带”（音带），影星“签名售碟”（光碟）……

从作者的角度来看，签名售书使作者直接接触读者，听到各种意见，而且使新著得以宣传，是一件十分有益的活动。

我也被卷进了签名售书的热潮。至今，我已经无法精确统计出自己究竟举行了多少次签名售书活动——大概而论，有上百次了吧。有过那么多次签名售书，自然也就对于其中种种内情十分熟悉，甚至摸索出若干“规律”。

我在武汉签名售书时，一家电视台的节目主持人问我，举行签名售书，是你自己要求的，还是人家邀请的？我当即说，我举行了那么多次签名售书，没有一

[1] 如今几百元人民币就能买到性能更好的扫描仪。

回是我主动提出的。说实在的，如果举行一两次还有一点新鲜感的话，如今我早就以为这类活动搞得太多了。能够推辞的，我尽量推辞。1998 年，我出版了新著《1978：中国命运大转折》一书，有关部门提出，要我去十来个城市签名售书。对于如此“高频率”的签名售书，我谢绝了。我连忙说，这么签下去，我成了“签名机器”了！我毕竟是作家，还得“做功课”（写作）呢！

《叶永烈文集》的出版广告

签名售书最为热心的组织者，第一是出版社，第二是书店。我每一回签名售书，大都是出版社邀请，也有时是出版社通过书店出面邀请。

出版社和书店组织签名售书活动，目的很清楚，那就是借用作者的“牌子”促销罢了。不过，这促销，主要并不在于签名售书本身，因为直接由作家签名而售出的图书毕竟有限。他们主要为了签名售书的广告效应。一本新书出版，如果要想广为人知，必须做广告。但是，如今在报上登一则广告，费用可观；在电视上播出一则广告，费用更是惊人。只有房地产商那样做“大生意”，才支付得出偌大的广告费，而出版社往往打不起这样的广告。于是，出版社便打“免费广告”的主意，组织签名售书活动：在签名售书之前，出版社总是要举行一次新闻发布会，邀请各新闻传媒的记者们出席。在新闻发布会之后，新闻传媒纷纷报道某某作家要为某某新著签名售书，等于为新书作了广告。当然，举行新闻发布会，要租会场，要宴请记者们，出版社得花一笔钱。有的出版社为了节省经费，干脆自拟了一篇新闻稿，送到各报社，请熟人们帮助刊登……在签名售书的广告效应影响下，也就对新书起了促销作用——这就是如今签名售书活动相当“红火”的原因。

记得我第一次签名售书，是在 20 世纪 90 年代初。我心中有点紧张，主要是担心前来买书的读者不多——对于作者来说，“冷场”是最尴尬的。然而，当我到达现场一看，热心的读者已经排长队在等候，忐忑不安的心顿时放了下来。后来，由于每一回签名售书的“成绩”都不错，我对于签名售书那种担心心理也就消失了。所以，如今我每一回去签名售书，心里都坦然。

1999年底至2000年初，我破例答应为上海少年儿童出版社出版的《十万个为什么》（新世纪版）举行全国性的签名售书。短短几个月里，我作为《十万个为什么》的主要作者，领衔在北京、上海、广州、深圳、长沙、沈阳、成都、济南、西安九大城市举行规模盛大的签名售书活动，使我整天处于飞来飞去的状态。

2000年1月20日叶永烈在西安签名售书

我破例答应少年儿童出版社的要求，是因为我毕竟与少年儿童出版社有着40年的友谊，我平生第一本书就是由少年儿童出版社出版的。多年来，我得到少年儿童出版社诸多帮助。正因为这样，少年儿童出版社打出“王牌”——请我的恩师曹燕芳打电话给我，要我无论如何答应下来，我只得从命了。

少年儿童出版社进行了认真的策划。每到一地，总是在当地最大的新华书店、书城、购书中心举行签名售书活动。拉上红色大横幅，门口挂上彩色大气球，播音员在现场不断地进行鼓动性广播，报社、电视台、电台记者进行现场采访，读者排起了长龙……每一回签名售书活动都搞得轰轰烈烈，热火朝天。

出版社如此热心于签名售书活动，不言而喻，是为了促销。市场经济席卷中国大陆，每一家出版社都在追求最佳经济效益。《十万个为什么》是一套老书，第一版出版于1961年。近40年来，《十万个为什么》四次修订再版。随着新世纪的到来，少年儿童出版社推出了《十万个为什么》第五版——新世纪版，每套十二分册，平装本168元人民币一套（“168”的谐音是“一路发”），精装本228元人民币一套。这套书码洋高，知名度高，被少年儿童出版社列为重点推销图书，于是精心策划了全国性签名售书活动。

签名售书确实是一项有力的促销手段。在上海，《十万个为什么》（新世纪版）签名售书，读者排队长达两公里！在深圳书城，读者的队伍从二楼一直延伸到底楼的人行道，在人行道上排起了队。在西安市中心钟楼旁“世纪金花”广场，我在短短的两个半小时，签售了近500套《十万个为什么》（新世纪版）——相当于6000来册，总码洋达8万多元人民币。这在收入并不太高的西北地区，是难得的销售记录。

就我所见，在中国大陆东南沿海地区签名售书，效果要比北方好得多。在沈阳，在济南，一般都只保持在一次签名售书销售100多套、1000多册的纪录。

其实，签名售书的促销效果，并不在于当场销售多少，而是在于扩大影响，提高图书知名度。每到一地，出版社和当地的书店总是遍请当地的传媒，广泛进行报道。比如，在成都，当地各报发表了十几篇关于签名售书的报道，各电视台也大力报道，形成“地毯式轰炸”般的“媒体大战”。这些报道，等于做了免费广告。在广州和深圳进行签名售书之后，两地追加订购了1万多套、十几万册《十万个为什么》（新世纪版），比签名售书时当场的出售量高了几十倍。

配合签名售书，少年儿童出版社为《十万个为什么》（新世纪版）制定了巧妙的广告语：“一辈子忘不了，几代人用得着！”春节临近之际，则又提出：“今年送礼送多少？送《十万》正好！”

在短短四个多月中，少年儿童出版社出版的《十万个为什么》（新世纪版），销售了30万套，即360万册，总码洋达5000多万人民币！

经过上百次签名售书的“锻炼”，我渐渐摸出了其中的规律：

一是报刊所登签名售书的消息越多，效果越好。在上海，特别是要登《新民晚报》，因为《新民晚报》发行量大，而且大都是自费订阅，读者面广。另外，在新闻报道中，必须具体写明签名售书的时间（应准确到几点钟开始）、地点，万万不可笼统地说“明后天”之类时间概念很模糊的话。报道最好在前一天刊出。有的报道提前了四五天，人们看过之后早就忘了，效果不好。

二是签名售书的时间最好选择在双休日，而且下午要比上午好——因为人们习惯于上午在家做家务，下午上街。晴天签名售书的效果明显好于下雨天。

三是签名售书的地点应选择人流量大、知名度高的书店。这样，有的读者即使没有见到报纸有关签名售书的消息，但他来书店本来就是要买书的，看见作者在签名也会买，使售书量大增。比如我在武汉书城签名售书时，事先根本没有在报纸上刊登在这里签名售书的消息，但由于此店人流量很大，使售书的效果比事先发消息而人流少的书店好。

四是签名售书时最好能配合现场广播宣传，这样可以使读者能更好地了解书的内容，了解作者，从而把更多的读者吸引过来。

五是签名售书时如果能配合盖上作者的印章，这不仅使签名页增加色彩，更为完整，而且增加读者的兴味和保存价值。如今，我每次签名售书，都请妻协助给读者盖章。

六是签名售书时如果排队的人不是太多而且纪律也比较好的情况下，尽可能签上读者的名字，比如“× × 先生或 × × 小姐惠存”之类的话，然后再签上作者的名字，这样读者会更高兴。当然如果人很多，作者忙不过来时，就不能满足这样的要求了。

七是就签名售书的效果而言，全国书市最佳，我在全国第五届（成都）、第六届（武汉）书市签名售书，读者都排起长蛇队，极为踊跃，甚至半天签售3600 本。通常，我习惯于签繁体字“葉永烈”，而且签上年月日、签名的地点，有时还应读者之请写上读者姓名，甚至给读者写一句赠言。那天，我只能用简体字草草写上“叶永烈”，别的什么都顾不上了。就城市而言，当然城市越大，读者越多，签名售书的效果越好。在广州购书中心签名售书，那里读者流量本来就很大，所以效果很不错。但是，小城市有时候也出乎意料地踊跃，那是因为小城市很少举行签名售书，反而容易引起轰动效应。比如，江苏的江都只有 10 万人口，由于宣传工作到位，我半天里签了 1000 多本，直至那里新华书店所进的所有我的著作全部销光。

顺便提一句，有的书的扉页印成深色，使作者无法签名。在进行书籍的装帧设计时，应该把作者签名这一因素考虑进去——其实，即使不举行签名售书活动，读者通常也喜欢在扉页上签上自己的名字，所以扉页上应预留签名处。

尽管文化圈里对于签名售书颇有争议，但是，签名售书如今在中国已经成为一道经久不衰的文化“风景线”。我曾建议，各地可否成立专业的“签名售书公司”——因为签名售书涉及一系列“专业性”业务，诸如作者和书籍的选择，书籍的调运和对作者的邀请，时间、地点的确定，签名售书消息的发布，记者招待会的组织，现场的宣传布置，签名售书现场秩序的维持和社会效果的调查……有个“签名售书公司”，熟悉这一系列“程序”，签名售书活动就会有条不紊地进行，社会效果也就会好得多。

从2014年起，我开始在网上签名售书。在网上怎么签名售书呢？

那是随着网购的兴起，图书网购也越来越火爆。就连我自己买书，也喜欢网购。尤其是当当网，头一天我在网上下单，翌日快递员就把书送到我手中，而且还是书到付款，书价还打七折。网上购书如此便捷，难怪实体书店连呼难以支撑。

随着图书购买方式的改变，签名售书的方式也随着改变。网上签名售书也应运而生。在网上销售签名本，很受读者欢迎。

网上怎么签名售书呢？销售图书的网站，标明出售作者签名本，愿购者下单就行了。然而关键是怎么把作者签名本送到网站。倘若网站把作者请来，倘若在同一城市还算好，不在同一城市就很麻烦。同样，如果把大批的书运到作者家里，请作者签名之后运到网站，也很麻烦。

出版社与时俱进，一位聪明人想出了好点子，解决了这一难题——至今我不知道这一“发明”权属于谁。

那是当一本书交给印刷厂印刷时，出版社请印刷厂把书的扉页用快递寄到作者家中。通常，出版社是给我寄几百张扉页，一个小邮包而已。我收到之后，在扉页上签名、盖章，再快递寄回出版社，而出版社交给印刷厂，一装订，便成了几百册签名书，直接发货给售书网站就行了，真是又快又方便。

还有，如今的图书，为了在运输过程中减少磨损，往往在书的外面紧紧地包了一层塑料膜。过去，为了让作者签名，必须把包装膜一个个去掉，不胜其烦。眼下，印刷厂把签名书装订好之后，在外面包好塑料膜。

许多读者买到签名本时感到很奇怪：新书用塑料膜包得严严实实，可是拆开一看，书的扉页上有作者签名——这签名不是印上去的，而是亲笔签上去的。他们有点纳闷，作者是怎样签上名字的呢？

通常，我每次出版新书，签500张扉页。也就是说，在网上销售500册签名本。2016年6月由新华文轩北京出版中心·华夏盛轩图书有限公司出版我的全本《陈伯达传》，当当网要求我签了1500张扉页，做成1500册签名本！

《科学家故事100个》畅销的故事

很难想象，最近几年十几家出版社争着要出版我的《科学家故事100个》一书。《科学家故事100个》是一本畅销书，发行量超百万册。正因为这样，才会引来那么多家出版社要出版这本书。可是“女儿”只有一个，只能嫁到一个“婆家”。

其实，《科学家故事100个》是一本老书。那是在1981年，我应少年儿童出版社之约写的。少年儿童出版社副总编辑张伯文知道我熟悉科学史，熟悉科学家，所以约我写这本书。

科学家传记、科学家故事之类的书，可以用铺天盖地来形容。我在写《科学家故事100个》时，努力使这本书别具一格，不同于一般科学家传记、科学家故事：

第一，精心选择古今中外最有代表性的100位科学家，做到“古”“今”“中”“外”以及不同学科都有代表性科学家入选；

第二，着重于“故事”。每一位科学家挑选一生中最感人、最生动、最具代表性的故事，文字要活泼。另外，配科学家简介、科学家肖像。配科学家简介，是为了使读者对科学家的一生以及主要贡献有一概括的了解。每一位科学家写明生年，已故的话写明卒年。外国科学家的译名，统一采用《辞海》译名，另外标明科学家名字的外文原文（如英文、法文、俄文等）。科学家肖像是请画家专门为这本书画的。

我曾说，这本《科学家故事100个》是世界科学史的浓缩版、综合版、文学版。这本书如同“折子戏”，从科学家的大戏（长长的一生）中选择最生动的瞬间。

《科学家故事100个》于1982年5月由少年儿童出版社出版，几度再版重印，发行了40多万册。另外，在1989年由台湾富春文化事业公司出了台湾版，在香港也出了香港版。

此后，这本书沉寂多年，几乎被“遗忘”。

2006年，我在北京出席会议，一家出版社的编辑来找我，希望出版这本书。我答应了。她把书名改为《叶永烈讲述科学家故事100个》，在2007年印了1万册。可能由于这家出版社的发行能力差，《叶永烈讲述科学家故事100个》销售平平。据责任编辑告诉我，这本书在一年多的时间里，才销售了5000册，还有5000册积压在仓库里。

就在这个时候，湖北少年儿童出版社社长何龙来上海，指名要出版《叶永烈讲述科学家故事100个》。我如实告诉他两点：第一，这本书与北京的出版社签约，版权有效期5年，要到2012年才到期；第二，这本书销售情况不好。

我建议何社长选用我的别的作品。他却非常“固执”，非要《叶永烈讲述科学家故事100个》不可。他说看过这本书，非常喜欢。他针锋相对说了两点：第一，版权问题——他可以向北京那家出版社购买版权；第二，他认为这本书的发行“绝对”会很好。

我无奈，便把北京那家出版社的责任编辑的电话告诉何社长，让他们两家出版社去商量。

何社长风风火火赶到北京，花了1万元，从北京那家出版社购得版权。我对这本书进行了修改、补充。这样，湖北少年儿童出版社在2009年1月便出版了《叶永烈讲述科学家故事100个》。

我很佩服何社长的眼光，这本《叶永烈讲述科学家故事100个》出版之后，果真不断重印，印数一下子就突破20多万册！

这本书还引起教育部的注意。《科学家故事100个》中的两个故事，被收入全国统编教材小学语文课本。中国教育学会副会长朱永新教授鼎力推荐此书。这样，《科学家故事100个》被列入教育部颁布的小学生必读书目。这样，《科学家故事100个》一下子就引起诸多出版社的注意。我甚至在一天之内接到5家出版社的电话，都是点名要这本书。

在湖北少年儿童出版社的合同期尚未到期时，二十一世纪出版社就提前签约。这样，他们花费一年时间另请画家全部重新画了科学家肖像。2013年6月，二十一世纪出版社出版了《科学家故事100个》。我对这一版本很满意，编辑、装帧质量都很好。这家出版社在3年内重印了17次之多！

2015年底，长江少年儿童出版社（即湖北少年儿童出版社）新任社长与责任编辑专程来沪，要求提前就《科学家故事100个》一书签约，以便他们有时间再度打造一个《科学家故事100个》全新、漂亮的版本。我则表示，着手对《科学家故事100个》一书进行再度修订，补充屠呦呦、霍金等故事，相应删去若干代表性差一点的科学家，使这本书的质量有进一步的提高。

《科学家故事100个》还出版了汉语拼音版、大字版。

《科学家故事100个》表明，不仅作者在写作时要讲究视角、布局以及高质量，出版社也要有眼光、有鉴赏力。只有这样，一本好书才可能在众多的同类书中脱颖而出，赢得众多读者的喜爱，成为畅销书。

《科学家故事100个》产生了广泛的影响，其中有几个故事被选入小学语文课本。另外，在网上可以查到数百篇《科学家故事100个》读后感，而当当网上《科学家故事100个》一书的读者评论达1万多条。

由于《科学家故事100个》畅销，不仅在南京发现出版了抄袭之作，而且出现“东施效颦”之作，诸如《青少年不可不知的100个科学家成才故事》《科学家故事100篇》。

15次成为全国书市嘉宾

在一年一度的全国书市举行时，我往往会走出书房，走向那千千万万书籍的海洋，走向那千千万万读者的海洋。

中国已经是世界出版大国，现在每年出版的图书达20万种之多。一年一度的全国书市，是出版界的盛会，是读书人的节日，也是作家与读者的交流大会。

我是全国书市的“常客”。屈指算来，我已经15次应邀出席全国书市。

对于出版社的社长、总编辑、编辑以及发行人员来说，出席全国书市是一个惯例，因为全国书市是出版界的大聚会，也是销售图书的最佳时机。

然而，对于作者来说，出席全国书市并非惯例。作者参加全国书市的“入场券”，是当年推出的有影响的新书，这样出版社才会邀请你前往全国书市签名售书，扩大新书的影响。正因为这样，年复一年在全国书市“亮相”，是一种荣幸，也是一种压力。这要求作者年年都要有“新套套”。

1980年秋高气爽的10月，第一届全国书市是在首都北京举行，拉开了全国书市的大幕。

此后，整整间隔了9年，1989年又选择了金秋十月，在北京举行第二届全国书市。

此后，全国书市定下一年一度的惯例，而且在全国各地轮流举行。

第三届全国书市于1990年8月在上海举行。作为上海作家，我理所当然参加了这届书市。不过，那一回我只是看书、买书而已。

我的作品第一次在全国书市上引起关注，是1991年8月在广州举行的第四届全国书市。那一次，虽然我没有参加全国书市，但是书市的报道称“叶永烈的领袖系列和张海迪《轮椅上的梦》成为书市畅销书”。

1992年10月叶永烈在第五届全国书市（成都）

这样，当1992年10月第五届全国书市在成都举行时，我头一回作为嘉宾应邀出席。成都选择了体育场作为全国书市的庞大场地，这才容纳下那么多的书和蜂拥而来的读者。令我惊讶的是，在第五届全国书市的入口处，竖起巨大的蓝底白字“叶永烈语录”——“只要勤奋读书，书就会给你知识，而知识就是力量。”我为新著《历史选择了毛泽东》签名售书，两个多小时签售了1200多册。

给我留下深刻印象的是1994年10月在武汉举行的第六届全国书市，书市的报道称“王蒙、张贤亮、叶永烈、曹桂林、梁凤仪等都成为热情读者追捧的对象”。当时，我的《毛泽东的秘书们》一书刚刚由上海人民出版社印出，一开机就印了11万册。上海人民出版社用专车把书从印刷厂直接运到武汉。连我也是到了武汉才见到印好的书。为了买到这本刚“出炉”的新书，读者排起长蛇队。半天多时间，我签出3600多册。结束时，我正要上车，仍被读者“围追堵截”，不得不伏在轿车的车头上又签了好多本。

1999年9月，第十届全国书市在长沙举行。书市的报道称“池莉、叶永烈、唐国强、崔永元等等文人艺人的签名售书场面仍然火爆。即使是结束时间已到，排队的人们依然是执着而坚定”。我是作为《十万个为什么》的主要作者，为新世纪版《十万个为什么》签名售书。在少年儿童出版社的策划下，当时我为新世纪版《十万个为什么》在十几个城市举行旋风般的签名售书活动，创下发行了35万套、400多万册的空前纪录。

2000年10月，我出席了在南京举行的第十一届全国书市。两个粗大的“1”字，下面是一本打开的书——在南京街头，随处可以看见第十一届全国书市的招贴画。10月21日，我在南京国际展览中心举行签名售书。我推出的新书是十卷《叶永烈纪实文集》和新版《小灵通漫游未来》。其中，新版《小灵通漫游未来》也在十几个城市举行了签名售书活动。我还接受了中央电视台“东方之子”节目主持人白岩松的采访，谈了《小灵通漫游未来》的创作历程。

叶永烈为新版《小灵通漫游未来》在全国十几个城市举行签名售书

2001年8月，第12届全国书市在昆明举行。我为新书《小灵通西部行》举行新闻发布会。这套书共12册，图文并茂，向小读者介绍美丽的中国西部。

2003年由于爆发“非典”，第十四届全国书市不得不推迟一年。2004年5月，我从上海飞往风景如画的桂林，出席在那里举行的第十四届全国书市，为广西人民出版社出版的《叶永烈精品书系》签名售书，并应邀在桂林图书馆、广西师范大学等处作了三次讲座。

在2005年和风吹拂的5月，第十五届全国书市在天津举行。海河之滨，书香四溢。5月18日，我为150万字的新版“红色三部曲”——《红色的起点》《历史选择了毛泽东》《毛泽东与蒋介石》签名售书。另外，在这届全国书市，我还推出新书《傅雷画传》《我的台湾之旅》、散文新作选《人在旅途》《重温春梦》以及为青少年作者而写的《写给“小叶永烈”》。《傅雷画传》收入傅雷家属提供的大批照片，形象地展示傅雷的人生脚印。《我的台湾之旅》《人在旅途》和《重温春梦》，记述我这几年在中国大陆、台湾地区和美国这“三度空间”中的所见所闻以及人生感受。40万字的《写给“小叶永烈”》是应出版社之约而写的“命题”之作，为新作者讲述写作的技巧和体会。

2006年6月16日，全国第十六届书市在新疆乌鲁木齐开幕。我应邀在开幕的翌日——6月17日，为作家出版社出版的我的纪实长篇《追寻彭加木》签名售书。那天正是彭加木在新疆罗布泊失踪的纪念日，这本书成为书市上最受关注、报道最多的一本书。在这次全国书市我还推出格调轻松的《我的私人生活——三度空间》一书，记述我在中国大陆、台湾地区以及美国这“三度空间”的生活。我的家是一个特殊的家，我和妻在上海，长子一家在台北，次子一家在美国，这样的“一家两制三地”的家庭，既在海峡两岸，又在大洋两岸，我的散文式的这部30万字长篇新著，写亲情，也写“三度空间”的见闻。我除了应邀在这届全国书市的乌鲁木齐主会场签名售书，还应邀前往这届全国书市的分会场——克拉玛依、伊犁、库尔勒签名售书。

在2007年4月25日，我在山城重庆出席全国第十七届书市，为新著《中共中央一支笔——胡乔木》签名售书。

2008年4月下旬，我在郑州出席全国第十八届书市——从这一届起，改称为全国图书交易博览会，简称“全国书博会”。不过，人们还是叫惯了全国书市。4月25日，我在郑州为《邓小平改变中国》《多娇海南》《名人历史现场》

三本新书举行签名售书。其中特别是《邓小平改变中国》，是写中共十一届三中全会的纪实长篇，而2008年正是中共十一届三中全会召开三十周年纪念，亦即改革开放三十周年，所以这本书在全国书市上格外受到关注。后来，在2009年1月21日，这本书被《光明日报》评为“2008年全国十大年度图书”之首。

在2009年4月24日，我飞往山东济南，出席第十九届全国书博会。上午10时，我乘坐山东航空公司航班飞往济南，在飞机上看到当天的《齐鲁晚报》，以整版篇幅刊登我的报道。《齐鲁晚报》发行量达100多万份，是山东发行量最大的报纸。

这次，我是应湖北少年儿童出版社的邀请，出席全国书博会。我为湖北少年儿童出版社主编了一套“少儿科普名人书系”，共60册。这套书在全国书博会产生很好的影响，发行很不错，总码洋超过了1500万人民币。

我还应山东省图书馆“大众讲坛”的邀请，作了题为《我的纪实文学创作》的讲座。另外，还前往山东省最好的中学——济南一中，作题为《读书使人进步》的讲座。

2010年4月23日我从上海飞往成都，出席第二十届全国书博会。屈指算来，这次是我第十二次成为全国书市（书博会）的嘉宾。

这次我是受上海交通大学出版社的邀请，出席第二十届全国书博会，为新著《走近钱学森》“造势”。除了在成都为《走近钱学森》签名售书之外，还专程前往邓小平家乡、全国书博会广安分会场签名售书。

在成都，我还应成都电视台的邀请，在“金沙讲坛”发表讲话，录制节目。

2011年5月26日至29日，我飞往哈尔滨应邀出席第二十一届全国书博会，为“红色三部曲”签名售书，并在东北农业大学、东北林业大学举行讲座。

2012年6月1日至4日，以“书博塞上，智惠天下”为主题的第二十二届全国图书交易博览会在宁夏银川拉开大幕。我带去“叶永烈看世界”丛书新书5种。在伦敦奥运会即将举行的时刻，其中的《米字旗下的国度》尤为广大读者所关注。

在银川书博会开幕那天下午，我与上海东方电视台节目主持人曹可凡进行“曹可凡遭遇叶永烈”的跨界对话，引起广泛关注，上海《新民晚报》等诸多报纸报道，上海及宁夏电视台播出。6月2日，我与王蒙、张贤亮、于丹一起出席读者大会。在大会上，我与于丹对谈，很愉快。

2013年4月19日至22日，第二十三届全国图书交易博览会在海口举行。我应邀出席，为新著《他影响了中国——陈云全传》等举行新闻发布会。遗憾的是，3月9日妻不慎脚踝骨折，为了照料她，我无法出席海口书博会。

2014年8月1日，我出席了在贵阳开幕的第二十四届全国图书交易博览会，并在8月3日为上海交通大学出版社出版的《叩开台湾名人之门》签名售书。贵阳读者排起了长队。在一个多小时里，从上海带去的300本《叩开台湾名人之门》全部售罄，还销售了"叶永烈看世界"丛书中的其他许多新书。

除了一次次出席全国书市，我还多次应邀出席北京书市、上海书市和羊城书市。在2008年，我竟然连续参加了这4个书市：1月的北京书市，4月的全国书市，8月的上海书市，10月的羊城书市。

天寒地冻时的北京书市，台风盛行时的上海书市，丹桂飘香时的羊城书市，各有千秋。其中上海书市，我几乎是年年在那里签名售书。我作为上海作家，而且我年年都有新书问世，所以年年出席上海书市是理所当然的。

一次次在书市签名售书，对于我来说是一种压力：这意味着每年都必须为读者奉献一批新书，一批好书。

然而，每一回从书市归来，又是莫大的收获：听见了读者们的鼓励声，看见了同行们的新成果，为新的创作增添了新的动力。

"叩开"台北书展、香港书展的大门

2014年10月，我应邀出席在台北举行的海峡两岸图书交易会，为新著《叩开台湾名人之门》举行讲座并签名售书。

书香两岸，情系中华。一年一度的海峡两岸图书交易会，轮流在台北与厦门举行。到了2014年，已经是第十届，由中国出版协会、厦门市人民政府、福建省新闻出版广电局、台湾图书出版事业协会、台湾图书发行协进会、台北市出版商业同业公会共同主办。大陆组成了256人的庞大代表团，分别从大陆16个两岸直航城市抵达台北。出席者大都是出版社的社长、总编辑以及发行部门的负责人。上海代表团10多人。我随上海代表团到了台北，方知受邀出席的台湾作家不少，而大陆作家唯我一人。

我为什么会应邀出席海峡两岸图书交易会呢？我曾经多次前往台湾，走遍台湾 22 个县市。在 2014 年 8 月的上海书展，上海交通大学出版社推出我的三本关于台湾的新著：《叩开台湾名人之门》《大陆脚游台湾·行走台北》《大陆脚游台湾·宝岛各地》。据海峡两岸图书交易会的承办者之一厦门外图集团有限公司的朋友事后告诉我，他们曾经在上海书展目击了这三本新书签名售书的热烈场面，于是建议厦门市政府邀请我出席第十届海峡两岸图书交易会。

上海代表团下榻于台北南京东路的四星级富驿时尚酒店（简称 FX）。那是一幢 20 多层的大楼，除了富驿时尚酒店之外，还有许多楼层是商务办公区，其中最著名的是中华航空公司总部，所以那幢大楼被许多人简称为“华航大楼”。与富驿时尚酒店相邻的，是五星级的六福皇宫酒店。我对那一带很熟悉，因为我 2003 年第一次来台湾，就住在附近松江路的长荣桂冠酒店。

海峡两岸图书交易会在台北市中心的世贸中心一馆 A 区举办。世贸中心与台北市地标性建筑——101 大厦相邻，向来是台北大型展览会的举办地。近年来新建了规模宏大的南港展览馆，只是离市中心稍远。

2014 年 10 月 17 日，我在台北世贸中心出席了第十届海峡两岸图书交易会开幕式。大陆与台湾出版界代表团团长的发言都是拿着稿子照本宣科，如同一阵风吹过，没有给我留下印象。倒是国民党副主席洪秀柱的即席讲话，令我难忘。洪秀柱，人称“小辣椒”，行事作风泼辣。她原本是中学教师。如同大多数台湾官员那样，都是竞选出身，历练出很好的口才。洪秀柱说，她对海峡两岸图书交易会感到亲切，这一届的主宾省是浙江省，而她的父亲是浙江人，而上一次在台北举行时的主宾省是江苏省，而她的母亲是江苏人……她口齿清楚，讲话又有层次，所以赢得满堂彩。国民党副主席蒋孝严也出席了开幕式，只是没有讲话。

开幕式之后，我开始参观书展。大陆诸多出版社都摆开阵势，展出最新力作。在各个展位，我不时见到老朋友。在当代中国出版社的展位上，我看见展出我的 200 万字、4 厚册的《“四人帮”兴亡》。我非常仔细地参观台湾方面的展位，通过图书了解台湾方面的出版动向。我结交了几位台湾出版界的新朋友。

与全国图书博览会、上海书展相比，这里的读者明显地少。对于台湾读者而言，大多数人不识简体字，所以对于大陆图书的兴趣不大。台北原本有一家专售大陆图书的书店，也因购书者寥寥而不得不关门。

翌日，我应邀在台北世贸中心作讲座《叩开台湾名人之门》，并签名售书。

叶永烈在台北为新著《叩开台湾名人之门》讲座及签名售书（2014 年 10 月 18 日）

由于我的讲座展现诸多图片，事先做好 PPS。讲座现场原本没有投影设备，经厦门外图公司事先联系，临时为我安装了投影设备。讲座由陈秋玲小姐主持。听众大约数十人，无法与我在大陆讲座时的热烈场面相比，但是台湾听众听得很认真，不时点头或者发出笑声。据厦门外图陈先生告诉我，前几届邀请王蒙等大陆作家讲座，场面也是如此。讲座及签名售书毕，我接受了台湾《联合报》记者陈君硕的采访，翌日他在《联合报》以及美国《世界日报》发表了关于我的专访。

晚上，陈秋玲小姐来电，说是要到富驿酒店，前来送“演讲费”。她原本可以在书展现场给我，但是当时事杂，她忘了；她也可以托大陆代表转给我，但她仍觉得不放心，还是自己前来富驿酒店，当面交给我。晚上 8 时，她不辞辛苦赶来了。给了“演讲费”，我在收据上签了字，她还用手机拍摄了我的入台证，算是手续齐备了。她说母亲正在病中，无法跟我多交谈，很抱歉。她是台北三联书店总编辑，今天一连主持了 6 场讲座，够辛苦的。望着她匆匆离去的背影，她的认真，她的执着，令我动容。

2016 年 7 月，我应邀作为香港书展嘉宾作题为《叩开“文革”历史之门》的讲座并签名售书。也真巧，在台北书展、香港书展，我作的讲座都是“叩开”。

我去过香港多次，参加香港书展却是第一次。刚下飞机，前来迎接的朋友便献上一束鲜花。据说，在迎接抽烟的嘉宾时，除了鲜花，还有一个打火机，因为他们知道烟客上飞机时被缴了打火机，几小时没有抽烟，下了飞机急于抽一口，正缺打火机……香港人做事，温馨而重视细节，由此可见一斑。接机者除了《亚洲周刊》的见习生们，还有副总编辑江兄。那些天他不断往返于机场。我说，何必劳您大驾？他却说，凡是他邀请的嘉宾，必定亲自到机场迎接，这是友情的体现。

《亚洲周刊》是书展主办方之一，照理应当有公务车，然而接机后江兄却陪我乘坐出租车前往宾馆。他说，编辑部在香港办事，向来是乘坐出租车或者地铁、公共汽车。

书展设在香港会展中心。这座漂亮的戴着白色鸭舌帽似的巨大建筑，凸出在蔚蓝色的维多利亚海湾之畔。1997 年 7 月 1 日香港回归祖国大典便在这里举行。会展中心前的金紫荆广场，每天上午 8 时五星红旗与香港特区紫荆花区旗在这里冉冉升起。这儿是内地游客来港必到的第一景点。我所住的酒店，就在会展中心之侧，窗口正对碧玉般的海湾。

到港之后的翌晨，我便前去逛书展。我被裹挟在拥挤的人流之中。手扶电梯在满负荷运载，每一级台阶上都密密麻麻站满了读者，既有头发花白的长者，更多的是青年学生，人称“文青”。香港书展选择在 7 月下旬举办，即所谓“文化七月 · 悦读夏季”，就是为了让广大学生能在暑假逛书展。很多人背着双肩包，也有不少人拖着拉杆箱，仿佛去旅行，其实是为了购书。都说香港人居所仄小，而且网络发达，不大买纸质书，我眼前的购书热流却否定了这臆测之语。2016 年的香港书展已是第 27 届，人气越来越旺，涌入的读者达 100 多万，而香港总人口不过 720 多万，平均每 7 人之中有 1 人来到书展。后来我发现，越是到傍晚，越是人潮汹涌。尤其是双休日，会展中心人头攒动，简直成了图书嘉年华！

每一座城市，都拥有自己独特的城市文化。2016 年香港书展的主题是“阅读江湖 · 亦狂亦侠亦温文”。我细细参观了书展中的武侠文学长廊，领略金庸、梁羽生等的手稿、作品。当年，香港报纸喜欢连载武侠小说，以使广大读者在紧张工作之后舒弛神经，竟然因此形成香港的武侠小说热，出现诸多武侠小说作家。这与当年上海曾经风行鸳鸯蝴蝶派小说有着异曲同工之妙。我特别关注倪匡的卫斯理小说以及黄易的玄幻小说，他们也被列入“亦狂亦侠”之中。

香港书展是重要的文化交流平台，邀请中国内地、香港、台湾地区作家讲座。我被安排在开幕之日讲座，打“开头炮”。我所担心的是，内地与香港存在文化差异，香港读者会不会喜欢我的创作讲座？我担心出现尴尬的冷场。主办方告知，听讲者要事先在网上报名，从报名的情况来看，不仅一个演讲厅已经爆满，而且还在相邻的一个厅安装了大屏幕，以安排更多的听众。我对演讲做了充分准备，做好PPS，而且还写好发言稿。那天讲座时，聘请香港凤凰卫视节目主持人杜平先生主持，我与他一见如故，配合默契，讲座很顺利。按照规定留出时间回答读者提问，各种各样的提问反映出香港读者思想的活跃以及眼界的开阔。对于讲座反响最强烈的，要算是书展闭幕时“压阵”的台湾作家龙应台的演讲，听众将近两千人，规模可谓空前。

香港书展还有一个特色的节目，是作家朗诵会——不是请演员朗诵作品，而是由作家本人朗诵自己的作品。有的作家挑选自己的长篇小说中的一节，而我则选择了发表于《新民晚报》的散文《上海的声音》。大部分作家用普通话朗诵，香港本地作家用粤语朗诵，韩国作家则用韩语朗诵，而我的朗诵中夹杂着用上海话表现弄堂里的叫卖声，可谓百家争鸣。

叶永烈在香港名作家朗诵会上（2016年7月）

讲座以及朗诵会都全程录像。香港的工作效率是惊人的。在讲座、朗诵会结束的第二天，工作人员就送给我两张录像光盘，以作纪念。

香港记者也很敬业。我在书展期间几乎每天都要接待记者，或专访，或举行记者招待会。他们会以香港视角进行报道，而且出手很快，往往次日就见诸报端。

在离港的前一日，我终于可以抽空到香港中央图书馆查资料。我在上午 10 时开馆前到达那里，见到大门前读者已经排起二三百米的长队等候开馆。香港人的读书热情，令我万分感动。

在 2016 年，我除了出席香港书展之外，还在新华文轩北京出版中心 · 华夏盛轩图书有限公司的热情邀请下，先后参加北京、江西、江苏、上海、广州、安徽、山东等 7 省市的书展。

担任“送书大使”

眼下，“大使”也时尚化，“爱心大使”“形象大使”不一而足，我在最近几年则担任了“送书大使”。所谓“送书大使”，就是给西部贫困地区的孩子们送书。

从 2004 年开始，我担任美国箭牌公司的“送书大使”。这家公司每年拨款 30 万至 40 万元人民币，用于购买儿童读物，赠给西部贫困地区的孩子。其中主要的赠书就是《十万个为什么》和《小灵通漫游未来》。应他们之邀，我出任“送书大使”。能够借此与西部贫困地区的小读者“亲密接触”，我乐于接受这样的“大使”头衔。

作为“送书大使”，我一年年来到西部、西南部等贫困地区：

2004 年在四川；

2005 年在甘肃；

2006 年在贵州；

2007、2008 年在广东；

2009 年在山西；

2010 年在内蒙古；

2011 年在西安；

……

给我印象颇深的是在贵州的送书活动。贵州“天无三日晴”真是名不虚传。飞机穿过厚厚的云层降落在贵阳，就遭遇蒙蒙细雨。从贵阳驱车往北，来到 200 多公里外的大方县城，已经是深夜。窗外一片雨声。县城位于山坡上，雨水哗哗从楼前的街道冲向山下。清早时分竟然还响起雷声。

6时，“叫早”的电话铃声响起，粗密的雨滴正敲打着窗玻璃。我翻身下床，因为按照计划要在早上7时出发，前往70公里外的石坪小学举行赠书仪式。匆匆吃过早饭，突然得到通知，赠书仪式临时决定取消！这是因为石坪小学位于大山深处，山高路陡，在清晨5时一辆打前站的车子冒着豪雨出发，半途打滑，差一点从盘山公路上翻了下去！为了大家的安全，主办方不得不取消前往石坪小学的计划。这当然使那里众多的孩子失望，也使千里迢迢赶来的我感到扫兴。

天公不负人意。到了上午10时，雨渐渐稀疏了，于是决定仍按原计划进行。为了保障安全，县里特地派了一辆前导车，限速每小时30公里。对于“地无三里平”的贵州来说，建造起通向大山深处的公路极不容易，平均每1.5公里要建造一座桥梁，而穿越大山的隧道也是一个接着一个。就这样，70公里的路，花了两个多小时。特别是最后一段是高低起伏的泥泞山路，汽车像在筛子里一样摇晃着、颠簸着，如同行进在波涛汹涌的海洋之中。

当浑身都是泥浆的汽车终于到达石坪，望眼欲穿的小学生们早已整整齐齐地列队在操场上，个个脸上漾起欢乐的笑容。趁着主办方跟校方商谈会议程序的空隙，我来到小朋友中间。我问他们吃过中饭没有，他们迟疑着，答不上来。后来我才知道，平时除了住在学校附近的孩子回家吃中饭之外，大部分孩子只吃两顿饭。中午，孩子们吃几块从家里带来的煮熟的马铃薯充饥。我问他们有没有课外书，他们都摇头。除了课本之外，他们什么书都没有。全校只有一台电脑，而这台电脑还是毕节市教育局替他们向银行贷款购买的。这里没有宽带，电脑只能通过碗状天线接收教育部的教案辅助资料。大山深处的孩子们唯一的了解山外世界的通道是电视。从电视中他们得知，山外的世界是那么的精彩！

我注意到，每个孩子的红领巾都刚刚洗过，个个都穿上自己最漂亮的衣服，极其隆重地迎接那一箱箱精美的课外书。

最使我惊讶的是，我问孩子们谁去过县城，竟然无人答应！学校老师告诉我，从石坪要走半个多小时的山间小路，才能来到公路边上的乡政府。那里每天只有一班驶往县城的公共汽车。通常大人的单程车票是25元，孩子半价。对于山区的孩子来说，进县城是很奢侈的消费，所以他们都没有去过县城。

我原本以为山里的孩子胆怯，担心在我讲话之后，让孩子们当场提问时会出现冷场。完全出乎我的意料，孩子们的提问像连珠炮似的，非常踊跃，渴求能够

叶永烈在贵州贫困山区送书（2006 年 5 月 27 日）

知道大山外边的一切。起初他们列队于讲台外十米处，后来一边提问一边向前涌来，围在讲台跟前，我跟他们真的成了“面对面”。如此热烈的“互动”，正折射了孩子们强烈的求知欲。

在赠书仪式结束之后，我走访了学校附近的一户农家。40 多岁的母亲和两个正在石坪小学读书的孩子，住在 10 平方米的简陋小屋里。屋里只有一张床，一张小桌，一盏高悬的 20 瓦电灯。男主人不在家，他到贵阳当搬运工，以求能够支撑这个家庭。在与女主人的交谈中得知，她和丈夫深知家庭的贫困是没有文化造成的，所以怎么穷困也要把孩子送进学校。她还有两个大的孩子，已经分别在武汉和遵义上大学。上大学的孩子在寒暑假打工挣钱，而两个上小学的孩子成绩也非常优秀。知识改变命运。再过几年，两个大的孩子大学一毕业，他们家就可以拔除“人无三分银”的穷根。这家农户浓缩着西部的未来。知识将帮助山里人向小康起跑。

离开贵州时，飞机穿过铅灰色的浓密云层，一缕明亮的阳光透过舷窗投射到我的脸上。大山之外的世界明媚而多彩。我期望着山里的孩子能够凭借知识的翅膀，翱翔在山外的碧空。

冒用我的名字的伪书达80多种

在我的书房里，有一道奇特的“风景线”：整整一个书架，除了陈放着我的作品各种各样的盗版本之外，还陈放着一大排冒用我的名字出版的伪书——达80多种！

我追踪伪书已经10多年了，内中有许多故事……

1994年，时代文艺出版社忽然给我打来电话，说是王稼祥夫人朱仲丽准备起诉他们出版社以及作者叶永烈！

我如同丈二和尚摸不着头脑。听完电话，我这才知道：市场上发现一本署名叶永烈的《江青秘传》，印着时代文艺出版社出版。时代文艺出版社出版过我的《江青传》，而这本《江青秘传》比我的《江青传》多一个“秘”字。朱仲丽说，《江青秘传》是她写的，署笔名“珠珊”，由香港星辰出版社于1987年出版。

经查核，那是不法书商玩弄的新花样，那就是把朱仲丽的著作安上我的名字加以盗版。

朱仲丽还曾经通过中国作家协会作家权利保护委员会打电话与我交涉。当她得知是不法书商所为，她与我同为受害者，这才作罢。

不久，我在上海的书摊上买到这本《江青秘传》，第一次见到冒用我的名字出版的“伪书”。

2000年，上海作家吴基民给我打来电话说，他去看望住院的姐姐，发现姐姐正在看《叶永烈文集》中的《毛泽东与周恩来》。那本书是他姐姐向病友借的。他在书店里买不到这本书，问我能不能送一本《毛泽东与周恩来》给他？

我又一次丈二和尚摸不着头脑，因为我从来没有写过《毛泽东与周恩来》！

不久，温州记者林勇先生打来电话，说是正在读《叶永烈文集》中的《毛泽东与林彪》《毛泽东与刘少奇》。我意识到肯定有人冒用我的名义出版伪书。我立即请林勇先生在温州给我买了这几本伪书。

收到之后，我发现其中的《毛泽东与林彪》似曾相识。我记得在香港时曾经买过一本冯治军著《林彪与毛泽东》，当即从书架上取下对照，竟然一模一样！

经查核，香港作家冯治军先生写了4本书关于毛泽东的书，即《周恩来与毛泽东》《刘少奇与毛泽东》《邓小平与毛泽东》《林彪与毛泽东》，被内地的盗版商看中，居然冠以“《叶永烈文集》”的名义，盗用远方出版社的名义出版。不法书商之所以把书名都颠倒一下，之所以打起“《叶永烈文集》”旗号，是因为我写过《毛泽东与蒋介石》一书，给人以“配套”的感觉。

据说，这4本伪书还出了16开版本，并从深圳流入香港。有的香港读者见了，给出版商皇福图书公司打电话，说是冯治军“抄袭”了叶永烈的作品，使冯先生非常尴尬。皇福图书公司以及冯治军先生与我取得联系，消除了误会，决心联手打击盗版书商。皇福图书公司在香港多家媒体发表声明：

> 《邓小平与毛泽东》《林彪与毛泽东》《刘少奇与毛泽东》《周恩来与毛泽东》，冯治军著，皇福图书出版：内容丰富，思想观点精辟深刻……极具震撼性，被中国多家出版社以“叶永烈著”之名大肆盗版翻印，害得叶氏不得不公开向传媒澄清自己的清白，为出版界之罕见。

2001年我去美国的时候，给我在洛杉矶的老同学打电话。我说起即将去加拿大温哥华，她马上说赖昌星正在加拿大温哥华，可以去采访……我感到奇怪，她为什么跟我说起赖昌星呢？原来，她在美国也读到冒用我的名义出版的关于赖昌星的伪书，以为是我写的！

我写过“红色三部曲”，不法书商居然借题发挥，把“黑色三部曲”安在我的头上，即《真关长赖昌星大传》（冒用远方人民出版社名义）、《杨钰莹红楼醉高官》（冒用百花文艺出版社名义）、《三个名星与赖昌星在红楼里的日日夜夜》（冒用中国文献出版社名义）。后来，我还发现伪书《赖昌星的幕僚》（冒用中国文献出版社名义），也冒用我的名字出版。

在伪书《杨钰莹红楼醉高官》的勒口上，还印着我的照片以及简介，这清楚表明不是另一个“同名同姓”的叶永烈所写。

《中华读书报》在报道中写道：

> 这本版权页标明2001年12月第1版的《杨钰莹红楼醉高官》，不到11月就提前面世了。该书封面上有杨钰莹、赖昌星的照片，印制粗糙，内容只是选编了远华集团的资料，错别字连篇，第292页居然将“杨钰莹”印成了

“杨整莹”；内封印有叶永烈的照片和简介，其内容为：“作家叶永烈总是在不断地更弦改辙，在题材领域超越自我，向读者奉献有意思又有深度和广度的力作。相信读者读后不会失望，并惊奇叶永烈文风之善变。《杨钰莹红楼醉高官》以远华案为背景，是叶永烈黑色三部曲中的一部。”叶永烈说：“看来书商对我的情况很熟悉，知道我有‘红色三部曲’，也知道我是经常变换风格。不过我没写过‘黑色三部曲’，不知他们是不是真的会接着做出一套‘三部曲’。”

2003年，我不断接到朋友们的电话，说是正在读我的“新著”。这一年，竟然一下子出现冒用我的名字出版的22种伪书（仅限于我自己收集到的），远远超过我自己的出书速度！

为什么在2003年会出现冒用我的名字的伪书？那是因为从2002年年底中共“十六大”召开之后，中国政局出现了新面孔、新气象。出于广大读者企望了解中国新政坛的需要，一大批假冒我的名义的中共高层纪实文学迅速推出，形成了从未有过的高峰。其中有《中南海的新领袖》《胡锦涛传奇》《新任总理温家宝》《政治新动向》《新高层机要秘事》《新人物春秋》《高层秘闻》《惊爆内幕》等等。

通常的伪书，大都粗制滥造。然而，在2003年毛泽东110周年诞辰纪念前夕，我发现一本印得相当精致、上下两卷的《毛泽东一生家世》，冒用我的名字出版。这两卷书还绕着一根“腰带”，上面居然也印着“纪念毛泽东110周年”字样！书中附有许多毛泽东照片。

这本印制精美的伪书，欺骗性更大，居然堂而皇之进入一些书店销售，我甚至还在网上见到销售。

以下是我收集到的冒用我的名义印行的伪书：

1.《江青秘传》冒用时代文艺出版社名义 1994年2月版

2.《造反有理》冒用内蒙古人民出版社名义 1998年版

3.《历史的审判》冒用内蒙古人民出版社名义 1998年版

4.《天哭——文革时期的中南海》冒用新疆人民出版社名义 1999年1月版

5.《中共重大历史事件揭秘》冒用中国文史出版社名义 1999年3月版

6.《毛泽东与林彪》(冒用叶永烈文集名义)冒用远方出版社名义 2000年3月版

7.《毛泽东与刘少奇》(冒用叶永烈文集名义)冒用远方出版社名义 2000年3月版

8.《毛泽东与周恩来》(冒用叶永烈文集名义)冒用远方出版社名义 2000年3月版

在出版这3本冒名书的同时，不法书商又盗版叶永烈著《毛泽东与蒋介石》，这4本书以“叶永烈文集”出版(内中三伪一真)，不法书商可谓挖空心思

9.《权力的游戏——毛泽东与林彪交往秘录》(上下册)冒用新疆人民出版社名义 2000年7月版

10.《真关长赖昌星大传》冒用远方人民出版社名义 2001年11月版

11.《黑狱张春桥》冒用上海文艺出版社名义 2001年版

12.《杨钰莹红楼醉高官》冒用百花文艺出版社名义 2001年12月版

13.《三个名星与赖昌星在红楼里的日日夜夜》冒用中国文献出版社名义 2001年12月版

14.《赖昌星的幕僚》冒用中国文献出版社名义 2001年12月版

15.《“焚书坑儒”——毛泽东反右派始末》冒用中国文艺出版社 2002年4月版

16.《黄埔军校大揭秘》冒用中国文艺出版社名义 2002年5月版

17.《政坛新权贵》冒用人民文学出版社名义 2002年12月版

18.《政坛风云》冒用人民日报出版社名义 2003年版

19.《震惊中南海》冒用新潮文艺出版社 2003年1月版

20.《毛林争权真相》冒用中国文献出版社 2003年1月版

21.《高层密闻》冒用东方文艺出版社名义 2003年2月版

22.《惊爆内幕》冒用东方文艺出版社名义 2003年2月版

23.《中共高层政治夫妻大揭秘》冒用香港明镜出版社名义 2003年2月版

24.《政治新动向》冒用东方文艺出版社名义 2003年2月版

25.《新政坛风云榜》冒用东方文艺出版社名义 2003年2月版

26.《红楼性报告》冒用中国海关出版社名义 2003年2月版

27.《胡锦涛传奇》冒用中国文献出版社名义 2003年3月版

28.《红楼龙虎豹·杨钰莹》冒用世界图书出版公司名义 2003年3月版

29.《中南海的新领袖》冒用世界图书出版公司名义 2003年5月版

30.《新人物春秋》冒用新疆人民出版社名义（封面，内文标内蒙古人民出版社出版）2003年5月版

31.《新高层机要秘事》冒用新疆人民出版社名义（封面，内文标内蒙古人民出版社出版）2003年5月版

32.《新任总理温家宝》冒用新疆人民出版社名义（封面，内文标内蒙古人民出版社出版）2003年5月版

33.《北京透天机》冒用世界图书出版公司名义 2003年5月版

34.《毛泽东一生家世》（上、下卷）冒用海南人民出版社名义 2003年8月版

35.《高层较量》冒用新疆人民出版社名义 2003年9月版

36.《特写中南海》（上、下卷）冒用中国纪实文学出版社名义 2003年9月版

37.《超级内幕》冒用国际文联出版公司名义 2003年10月版

38.《董文华忆红楼》冒用时事出版社名义 2003年10月版

39.《特别揭密》冒用中国文学出版社名义 2003年11月版

40.《复活蒋介石》冒用时代文艺出版社名义 2003年11月版

41.《复活周恩来》冒用中国文献出版社名义 2003年11月版

42.《钓鱼台国事内幕》冒用中国纪实文学出版社名义 2003年11月版

43.《将帅秘闻》冒用中共党史出版社名义 2004年版

44.《纵横天下：第四野战军征战纪实》冒用解放军文艺出版社名义 2004年1月版

45.《毛林争权真相》冒用时事出版社名义 2004年1月版

46.《面对危难的毛泽东》冒用湖南出版社名义 2004年1月版

47.《悲剧人生彭德怀》冒用中国纪实文学出版社名义 2004年2月版

48.《不宣而战》冒用中国国防出版社名义 2004年4月版

49.《解密X档案》冒用南方文艺出版社名义 2004年4月版

50.《北京战争》冒用解放军出版社名义 2004年7月版

51.《高官与风水》冒用内蒙古文艺出版社 2004年8月版

52.《文革内幕》冒用人民纪实文学出版社名义 2004年8月版

53.《高官与风水》冒用内蒙古文艺出版社名义 2004年8月版

54.《政治舞台上的奇妙组合——名人解密》冒用人民文艺出版社名义 2004年10月版

55.《毛泽东与林彪》冒用中共党史出版社名义 2004年11月版

56.《毛泽东与刘少奇》冒用中共党史出版社名义 2004年11月版

57.《毛泽东与周恩来》冒用中共党史出版社名义 2004年11月版

58.《解密名人秘闻秘事》冒用中共党史出版社名义 2004年11月版

59.《老新闻》冒用叶永烈主编 冒用上海古籍出版社名义 2005年版

60.《高层权力斗争》冒用东方文学出版社名义 2005年4月版

61.《他将怎样改变中国——胡锦涛传》冒用世纪出版集团名义 2005年9月版

62.《超级内幕》冒用国际文联出版（另一种版本）2006年1月版

63.《文化大革命揭秘》冒用中共党史出版社名义 2006年3月版

64.《新中国首次授衔内幕》冒用中国文史出版社名义 2006年7月版

65.《中国文革死亡档案揭秘》冒用国防大学出版社名义 2006年12月版

66.《高层政坛恩怨》冒用远方出版社名义 2006年12月版

67.《秦城冤案秘闻》冒用中国党史出版社名义 2007年版

68.《红墙内的真相》冒用中国文史出版社名义 2007年2月版

69.《高层人物风水天机揭密》冒用中州古籍出版社名义 2009年1月版

70.《新中国首次授衔内幕》冒用中国文史出版社名义 2009年7月版

71.《林彪死因之谜》冒用内蒙古人民出版社名义 2009年11月版

72.《解密真相》冒用南海文化出版社名义 2009年11月版

73.《蒋介石家书日记》冒用团结出版社名义 2010年1月版

74.《高层内参》冒用新疆出版社名义 2010年4月版

75.《秦城冤案秘闻》冒用中国党史出版社名义 2007年版

76.《国共十大军事对手大比拼》冒用灵活文化事业有限公司名义 2012年版

77.《蒋介石家书日记（上、下册）》冒用团结出版社名义 2012年1月版

78.《毛泽东与林彪》冒用内蒙古文艺出版社名义 2013年版

79.《毛泽东与刘少奇》冒用内蒙古文艺出版社名义 2013年版

80.《毛泽东与周恩来》冒用内蒙古文艺出版社名义 2013年版

81.《政界奇闻趣事大观》冒用新疆人民出版社名义 出版年月不详

此外，《文革悲剧》一书的作者封皮写的是叶永烈著，揭开封皮，是辛子陵著。

冒名伪书严重侵犯了我的著作权、名誉权。但是，我在明处，盗版书商躲在暗处，“冤无头，债无主”；倘若到法院起诉，则不知被告在何处。冒名之风，愈演愈烈。在“3·15”到来之际，在国家新闻出版总署决定重点打击伪书之时，期望能够狠狠打击出版伪书的不法书商，清理图书市场。

为了反击盗版与冒名伪书，富敏荣律师在2002年选择了“3·15”前夕，在上海举行了“假冒他人名义出版著作的法律责任研讨会”。研讨会在上海电视台举行。我带去了各种各样的盗版本、冒名书，进行现场展览，铺满两张乒乓球桌。这次理论研讨会，对冒名出版进行了一致的声讨，并指出“假冒他人名义出版著作”应负的法律责任。由于此前从未就“假冒他人名义出版著作的法律责任”举行过研讨会，所以这次研讨会的反响颇为强烈，诸多新闻媒体加以报道。

除了发现诸多冒用我的名字出版的伪书之外，令我惊讶的是，还出现了冒用我的名字的“伪手稿”！2005年9月7日，《中华读书报》为此发表了报道《“伪手稿”惊现网络》：

本报讯（记者 王洪波）日前，著名作家叶永烈致书本报记者，声明日前在网上进行拍卖的叶永烈手稿实乃伪造，提醒人们不要上当受骗。

叶永烈告诉记者，8月30日，他接到作家陈村打来的电话，说是“孔夫子旧书网”上在拍卖叶永烈手稿，还附有手稿照片。叶永烈感到很惊讶。从1992年起，他就改用电脑写作，从此没有手稿。网上拍卖其手稿，势必是早年的作品。叶永烈赶紧按照陈村提供的线索上网查找，果真发现网上在拍卖标明为叶永烈手稿的《毛岸英之死》。叶永烈说，他虽然曾经多次采访

过毛岸英的妻子、毛泽东的儿媳刘松林，但是并未写过《毛岸英之死》。幸好网上附有手稿的照片。一看，那是300字一页的方格稿纸，而他从来不用这种稿纸。放大手稿之后，看清那些字根本不是自己的手迹。再一看，在标题《毛岸英之死》下面，写着另一位作者的名字，不知道是谁在他的名字之前加上“叶永烈”三字——这三个字也不是叶永烈的手迹！网上还有对这一伪造的手稿的评论：“好东西！”“好东西！好东西！”叶永烈随即给陈村发了E-mail，告诉他那不是自己的手稿。陈村很快就在“孔夫子旧书网”上声明：“叶永烈先生称这手稿是伪造的！”叶永烈也在这一网页上留言：“我查看之后，发现这根本不是我的手稿，是冒名的！我从未写过《毛岸英之死》。手稿的笔迹也不是我的。”不过，在声明发出之前，那份伪造的叶永烈手稿经几位买家角逐，已经成交。

叶永烈告诉记者：“冒用我的名义出版的伪书，仅限于我自己买到的，已经多达40多种，似乎‘司空见惯’了。然而，冒用我的名义的伪手稿，则是头一回发现。”叶永烈说：“往日只听说画家的画稿有赝品，如今作伪的范围已经扩大到作家手稿。”叶永烈希望借本报提醒喜欢在旧货市场上淘作家手稿的朋友：当心伪手稿！

历史的绝响

常言道：“酒越陈越香。”我所珍藏的1000多盒名人采访录音带，随着岁月的飞逝，随着那些历史老人驾鹤西去，成了历史的绝响，显得弥足珍贵。我庆幸当年没有为了节省磁带而抹掉这些宝贵的声音，宁可花钱从上海磁带厂整箱整箱买磁带——按照当时的规定，我必须拿着上海作家协会的介绍信才能买到这么多空白磁带。

为了保存这批不可复得的录音磁带，我把磁带放进铁柜，以防外界磁场的干扰。我还放了干燥剂，以避免上海黄梅天湿气的侵袭。春去秋往，前些日子我检查30多年前的录音磁带，依然完好无霉，声音清晰。然而，磁带本身会不断老化，不能永久保存，据说寿命只有30年左右。只有把录音磁带转化成数码文件，刻在光盘上，才能长久保存。

历史的绝响——叶永烈众多的采访录音带

理工科出身的我，喜欢自己动手，尝试做这一转化工作。一着手，就傻掉了：不久前家里进行大清理的时候，心想那两台双卡收音机老掉牙了，一挥手就作为废物扔掉了，谁知现在播放录音带得用那玩意儿。家中唯一能够播放磁带的就是那只袖珍采访录音机，但无法胜任播放上千盘磁带的任务。于是我到商场去买新的双卡收音机，营业员笑了，那种“老爷货”早就没踪影了。好不容易发现一种快要绝版的磁带式英语复读机，当成宝贝似的买了回来。

转录是一项技术活儿。我最初用的是笨办法，即在复读机旁边放一个数码录音机，一个放，一个录。这么一来，不仅书房里一直响着谈话声，使我无法聚精会神写作，而且门铃声、电话声也都被数码录音机录了进去。另外，试听了一下，录音质量不行，杂音太多。

于是，我改用电脑来转录。转录的软件五花八门。我起初用 Cool Edit Pro 软件，太复杂，那是专业人士用来转录歌星磁带的软件。后来我改用 Total Recorder 软件，操作简便，声音质量也很好。不过，经过多次调试，才找准适合于我的转录条件。比如，最初按照 CD 的条件转录，声音质量固然很好，但是生成的数码文件太大，1 小时录音达 400 多 MB，相当于 200 多张数码照片。后来，我改用

MP3格式，高质量的1小时录音依然要50多MB，而低质量的单声道又嫌音质不好，最后选择了中等质量又是双声道的MP3格式。

用电脑转录的最大优点是没有声音。这样，我一边转录，一边照常用电脑写作。听到复读机发出咔嚓一声，知道该换一盘磁带了。

当然，做这样的工作需要耐心、细心、精心。每盒磁带转录一下，就需要一个多小时。1000多盒磁带，需要1000多小时。我从转录最重要、最珍贵的磁带开始，细水长流，慢悠悠地转录。日积月累，逐渐把我的录音磁带库转换成数码声音库，使这历史的绝唱永远留在人世。

在转录完大磁带之后，开始转录小磁带，又遭遇到意想不到的“麻烦”：原来那台用小磁带录音的微型录音机找不到了，而如今的市场上这种微型录音机也已经“绝迹”。上海“百脑汇”的营业小姐给我支招：“到虬江路的小摊上，兴许可以淘到二手货。”虬江路是上海电器二手货最集中的地方。到了那里，我果真在一家小摊上买到微型录音机二手货，像捧着宝贝似的捧回家。

除了把录音磁带转成数码之外，我也把种种录像带转换成数码。我还把数万张用胶片拍摄的照片扫描，转变成数码照片。把所有手写的文稿，录入电脑。

我万分羡慕现在的年轻记者、作家们，一开始就用数码录音机录音，用数码摄像机、数码相机拍摄，用电脑写作，没有我这样转换的麻烦。不过，也正因为这样，我比年轻人们更加能够亲身体验科学技术的进步带来的快乐。

从2014年起，我把大批采访录音磁带捐赠给上海图书馆。上海图书馆用专业设备把这批采访录音磁带数码化。

在实现采访录音磁带的数码化之后，我将抽空整理这些凝固的声音，逐一变成文字。由于这些口述者大都已经谢世，这些声音成了“历史的绝响”。我打算出版一套《历史的绝响》口述历史丛书。

第八章　三度空间

每一次出国归来，我要进行“总结”。这时候，我的本职——作家——与我的两大爱好旅行与摄影，“三合一”——我把我的观察写成文字，配上所拍摄的图片，写成一本又一本图文并茂的书。

两大爱好：旅游和摄影

在写作之余，我有两大爱好：一是旅游，二是摄影。

小时候，我很羡慕父亲常常拎着个皮箱从温州乘船出差到上海。我也很希望有机会到温州以外的地方旅行。父亲说，那很简单，在你的额头贴张邮票，把你从邮局寄出去就行了。

可惜，我直到高中毕业，还没有从邮局寄出去，没有离开过小小的温州。直至考上北京大学，这才终于远涉千里，来到首都北京，大开眼界。

大学毕业之后，我在电影制片厂工作，出差成了家常便饭。我几乎走遍中国大陆。

随着国门的开放，我有机会走出去，周游世界。光是美国，我就去了9趟，每一回住一两个月，从夏威夷直至纽约，都留下我的足迹。我也10多次来到台湾，2010年2月我在台湾过春节，住了一个月，还特地从台北飞往澎湖和金门这两个离岛。2010年9月我在台湾过中秋节，住了20天，从台北飞往马祖，然后从马祖经“小三通”到达福州，再从福州飞回上海。这样，我走遍了台、澎、金、马。

叶永烈夫妇在悉尼（2007年5月7日）

我的旅行，常常是“自由行”。比如我应邀到澳大利亚悉尼、墨尔本讲学，就顺便在澳大利亚自由行，走了很多地方。美国爆发“9·11事件”，我特地从上海赶往纽约进行采访，写作50万字的纪实长篇《受伤的美国》。我也参加各种各样的旅行团，到各

叶永烈在朝鲜平壤

国旅行。通常，我总是选择那种旅程较长的旅游团，以求深入了解那个国家。

记得在朝鲜旅行的时候，我问导游，明天——7月27日，你们国家会有什么样的庆祝活动？那位导游马上很“警觉”地反问我：“叶先生，你以前是否来过朝鲜？”此后好几次，当我跟他交谈时，他又这么问我。我确实是第一次去朝鲜。但是我在去每一个国家之前，都事先充分“备课”。去朝鲜之前，我曾经十分详细研究过朝鲜的历史和文化，知道1953年7月27日朝鲜战争停战协定在板门店签订，朝鲜把这一天定为“祖国解放战争胜利日”，年年庆祝。然而，在朝鲜导游看来，一个对朝鲜情况如此熟知的游客，势必是此前来过朝鲜。

很多人问我，在上海住了半个世纪，为什么只写过几篇关于上海的散文，却没有写过一本关于上海风土人情的书？我的回答是：“熟悉的地方没有风景。”总在一个地方居住，我的目光被“钝化”了，往往“视而不见”。我来到一个陌生的国家、陌生的城市时，往往会有一种新鲜感。这种新鲜感是非常可贵的，使我的目光变得异常敏锐。出于职业习惯，我每到一个国家，都会以我特有的目光进行观察，“捕捉”各种各样的细节。在东京，我注意到在空中盘旋着成群的乌鸦，肆无忌惮地向漂亮的轿车丢下“粪弹”，东京人居然熟视无睹。我写了《东京的乌鸦》，写出中日两国不同的“乌鸦观”，乌鸦的习性，为什么乌鸦在东京喜欢“住”郊区，乌鸦如何到东京“上班”，日本人如何对乌鸦奉若神明。我的这篇阐述日本“乌鸦文化”的散文发表之后，被众多的报刊转载，原因在于我写出了“人人眼中有，个个笔下无”。

我尤其注重从历史、文化的角度去观察每一个国家和地区。我把旅游视为特殊的考察，特殊的采访。我在祖国宝岛台湾日月潭旅行时，住在涵碧楼。我在事先做“功课”时知道，涵碧楼原本是蒋介石父子在台湾的行宫。我特地跑到当地旅游局，希望查阅两蒋在涵碧楼的历史资料。他们告诉我，在涵碧楼里，就有一个专门的展览馆。于是，我到涵碧楼总台，打听展览馆在哪里。总台小姐很惊讶地说：“那个展览馆已经关闭多年，因为几乎没有什么客人前去参观，难得有叶先生这样喜欢研究历史的人。”她打开尘封已久的展览馆的大门，我在那里“泡”了两小时，有了重大发现，因为那里的展品记载了蒋介石父子在涵碧楼接见曹聚仁。曹聚仁乃是奔走于海峡两岸的“密使”，但是台湾方面从未提及此事。我把这一发现写进发表于上海《文汇报》的文章里，引起海峡两岸的关注……

每一次出国归来，我要进行“总结”。这时候，我的本职——作家——与我的两大爱好旅行与摄影，“三合一”——我把我的观察写成文字，配上所拍摄的图片，写成一本又一本图文并茂的书。日积月累，我竟然出版26本、500多万字这样的“行走文学”图书。

我的“行走文学”，着重于从历史、从文化的视角深度解读一个个国家，不同于那些停留于景点介绍的浅层次的旅游图书。其实，出国旅游是打开一扇观察世界的窗口，而只有善于学习各国的长处，自己才能进步。从这个意义上，旅游绝非“下车拍照、上车睡觉、停车撒尿”。他山之石，可以攻玉。旅游是开阔眼界之旅，解放思想之旅，长知识，广见闻，旅游是学习之旅。从这个意义上讲，旅游者不仅仅是观光客。

两个儿子到美国留学

作为一个中国人，能够漫游世界，在30多年前还只能是一个梦。

我能够迈出国境，最初得益于我的家变成了“两制三地之家”。

家庭是社会的细胞。

在改革开放的大潮之中，中国社会发生翻天覆地的变化。作为大潮中一朵小小浪花的我的小家，也折射着那绚丽的阳光。

我和妻在1963年结婚之后，1967年长子降生，1970年次子来到人间，两口之家变成了四口之家。随着两个儿子先后成家，2+2+2=6。在孙女、孙子诞生之后，我的小家居然2+2+2+2=8。

小家庭的人口增长，原本是自然规律。然而我家的“社会规律”却具有鲜明的时代特色。我的8口之家，一分为三：

我和妻在上海，成了“空巢之家”；

长子一家在台北，成了“台胞之家”；

次子一家在美国，成了“华侨之家”。

在中国大陆，由于子女出国，出现许多“一家两制”家庭，而像我家这样的包括海峡彼岸在内的“两制三地之家”，并不多见。我的家，成了特殊的“两制三地之家”：我和妻在中国大陆，长子、长媳、孙女、孙子在海峡彼岸——台湾，次子和次媳在大洋彼岸——美国。所谓“两制”，即我和妻生活在社会主义制度的中国大陆，两个儿子家生活在资本主义制度下的台湾地区和美国。所谓“三地”，即上海、台北、旧金山。我和妻先后9次去美国，10多次去台湾，游走于“三度空间”。

我的特殊的“两制三地之家”，是怎样形成的呢？

十年阴霾的日子终于过去，邓小平打开了中国的大门，“TOFEL”成了时尚。TOEFL即The Test of English as a Foreign Language开头字母的缩写，亦即非英语国家学生英语水平考试。不知道是谁，把TOEFL译成了带有中国吉祥色彩的“托福”。攻读“托福”的年青人便得了雅号“托派”。

哦，“托福”，托邓小平的福，中国新一代的年轻人把目光投向了世界，纷纷迈出了国门。

从儿子考上大学开始，我就主张应该为出国留学做好充分的准备。可以说，我是两个儿子出国的策划者、鼓励者、支持者。

中国古代的著名学者、有着“圣人”美誉的孔子在他的著作《论语》中曾说：“父母在，不远游。”我不讲究这些“古训”，而是主张“父母在，要远游”！在我看来，两个儿子必须趁中国洞开国门的大好时机，到国外去深造。

我并不是仅仅因为“出国潮”成为热潮，赶热闹而鼓动儿子出国，而是基于我对这一问题有着深层次的认识。

我曾经建议儿子翻一翻我的书架上那四大册《中国文学家辞典》和四大本《中国科学家传略》。我说，只要“翻一翻”，不必细读，就可以得出规律性的结论：

中国的文学家们学历参差不齐，有留洋的如老舍，也有许多只有中小学文化水平，如高玉宝。对于文学家来说，丰富的生活阅历是第一位的。

然而，中国科学家们的经历差不多都可以归结为：“在中国读完大学—出国留学—在科学上做出贡献”。几乎所有的著名中国科学家，都有过出国留学这样一段经历。钱学森之所以能够为中国“两弹一星”做出巨大的贡献，就在于他1934年从交通大学毕业之后，到美国留学而且在美国的研究所工作多年，打下坚实的学术基础。就连“自学成才”的典型、著名数学家华罗庚，也曾经到英国留学。我采访过华罗庚，也采访过钱学森，所以会有这样深切的体会。

为什么学理工的必须出国留学？就因为当时中国的科学技术水平在世界上还很落后。在20世纪，美国那么多科学家获得了诺贝尔奖金，而中国科学家一个都没有跟诺贝尔奖金沾边。应当说，诺贝尔奖金在自然科学方面的评奖还是公正的。杨振宁、李政道是美籍华裔科学家，他们也正因为在美国进行科学研究，才获得诺贝尔奖金。

另外，我从自身的经历，深切感到自己当年“生不逢时”的痛苦。我在北京大学学习了六年，可是在1963年毕业时，中国正处于极左路线统治时期，处于封闭锁国的年代，根本谈不上出国留学。不仅是十年浩劫浪费了我十年时光，其实从1963年一毕业，我就不断下乡，参加所谓“社会主义教育运动”，而在1976年粉碎“四人帮”之后，那华国锋执政的1977年、1978年也干不了什么事，直至1978年中共十一届三中全会召开，我这才进入创作的丰收期。所以从1963年到1978年，整整15年光阴被浪费，而这15年正是我从23岁到38岁精力最旺盛的黄金时期！

正因为这样，我非常羡慕儿子们生长在一个幸运的年代。我以为，他们必须抓住这历史的机遇，赶紧出国，在国外深造，在国外发展。尽管儿子出国意味着我的身边失去得力的助手，意味着今后什么事情都必须自己去做，我摒弃“养儿防老”的旧观念，一切以孩子的前途为重。我那一代大学生失去了出国留学的机会，我务求我的两个儿子能够实现我未能实现的梦想。

当时，上海人出国，主要是两个国家，即日本与美国。去日本的，大多数人以打工挣钱为主；去美国的，则以留学深造为主。显然，我希望儿子能够去美国留学。

我的长子成为家中最早的“托派”。他出生在“文化大革命”之初。在三四岁的时候，我给他买了一套当年最时髦的小小军装，缝上红领章。他高兴得手舞足蹈，因为那时“长大了要当解放军”是所有孩子最崇高的理想。自从老二降生，我们家“一分为二”：妻带着次子在上海，我带着长子在杭州湾畔的“五七干校”。我在“五七干校”接受劳动改造，种水稻。入夜，我和长子睡一张单人床，床下的泥地不断长出芦苇，床前则放着孩子大小便用的痰盂。他在上“五七干校”的幼儿园的时候，就会滚瓜烂熟地背毛泽东的“老三篇”。刚上小学，就会批判“孔老二”——那年月对圣人孔子的贬称……在严寒的“文化大革命”岁月，他做梦也想不到长大了会成为“托派”，会去“美帝国主义”那里留学……

我很重视两个儿子学习英语。如果追溯两个儿子学习英语的历史，那要从他们小时候说起了。当年，我的老房子的邻居们大都是工人。然而我家的左邻却是一位湖北老太太。她跟我一样，是买了工人的房子，所以住在那里。她去世之后，正值她的女儿从兰州大学退休，也就成了我的近邻。

她叫姚秀华，是兰州大学的教授。她早年留学美国，长期在联合国工作，英语极好。在“文化大革命”期间以及“文化大革命”刚刚结束那段日子，我就让两个儿子跟她学英语。

后来，我迁入新居，两个儿子也都进入上海的重点中学，受到良好的教育，打下不错的英语基础。

不过，大儿子在上海师范学院附属中学上高中的时候，并不很喜欢英语课。进入大学之后，我希望他务必把英语学好，以便将来参加“托福”考试。又很巧，我的一位朋友徐世延先生在大儿子的大学里担任英语教授，我请他给我的长子以指点。

长子对英语产生了兴趣，进步很快，以至在他的所有功课中，英语成绩最好。他开始准备考“托福”。他白天在学校里读专业课程，入夜则骑着自行车去英语进修学校，啃那“托福”课本。啃完“托福”，接着又啃“GRE”（研究生入学考试）。他买了张美国地图，贴在他的书桌前，对美国的50个州甚至比对中国的30个省市还熟悉。他开口闭口美国怎么样，虽说那时他还没有去过美国。于是，他在家中得了一个雅号，叫“半个美国人”。

长子在大学毕业后，分配到上海一家大型国有企业里工作。那家企业里有许多外国专家，领导得知他的英语很好，就让他担任英语翻译。不过，就在他担任英语翻译的时候，人事科科长调侃地对他说：“哦，你是我们厂的第八任英语翻译。前面七任都已经到美国去了，我看你也‘兔子尾巴——长不了’，很快又会去美国！”

人事科科长的话没错。那时候，长子已经成为“托派”。经过“托福”考试，他收到了美国一所大学的录取通知书。

那时候，出国潮在上海汹涌澎湃。在上海乌鲁木齐路，飘着星条旗的美国驻沪领事馆门前，入夜便排起长蛇队。人们躺在尼龙折叠椅上，等待着太阳从东方升起。

我的长子也加入了这支队伍。上午8时多，这支队伍开始蠕动。从大门里出来的人，只消看一下脸色，便知道“晴雨”。我的长子板着脸走了出来，不言而喻，这位“半个美国人”被美国人拒签了——原因是他虽然被美国大学录取了研究生，但没有获得奖学金。

好在长子是个很开朗的小伙子。他说：“出去闯荡一回，当然不错；出不去，留在国内，我也能干出一番事业！”他不在乎。

几个月后，他收到一封美国来信时，忽地欢呼雀跃起来——美国一所大学给了他奖学金。果真，他再度从美国领事馆走出时，脸上挂着笑容。

记得一连几天刮风下雨，忽地放晴，1990年9月3日，长子正是在蓝天上飘着白云的日子里启程的，大家都说他运气不错。

那天，他显得特别精神，一件黄T恤衫，一条牛仔裤，一米八二个子，又高又壮，笑吟吟地跟一个个送行的同学、朋友合影。在他那个大学班级里，他是第一个前往国外留学的人。上海虹桥机场那五颜六色的广告牌，给彩照增添了几分艳丽。我们全家也拍了好多合影。

飞了，飞了，“波音”像银色的大鹏，消失在万里碧空之中。

飞了，飞了，孩子的翅膀长硬了。

我对他说：“从今天起，你就像一个国家宣告‘独立’，从此成为一个真正‘独立’的人！”

长子远走高飞了，这是他平生头一回出远门。我和妻都替他担心：独自一人远行万里，行吗？

第三天凌晨，睡意正浓，忽地电话铃声大作。一看床头的电子数码钟，红色的数字显示“3”。谁会在这个时候来电话？

拿起耳机一听，传来极其熟悉的声音，原来是大儿子从美国堪萨斯打来的，他说他那里正是下午一时！

正是知道父母挂念，所以他飞抵美国旧金山之际，便打来了长途电话，说是表哥驱车到机场接他。匆匆浏览旧金山市容之后，他又要继续飞行。在旧金山打电话时，那边夜深，上海正是下午。

中转了两次，他终于到达目的地。行魂未定，便在导师家给我打电话，说是导师全家开车接机，一切都很顺利……

虽然他也知道那时上海正是凌晨，已经顾不得这些了。

身边的榜样最有号召力。长子的成功，当然极大地鼓舞了次子。

于是，每当夜幕降临，结束了大学一天课程的老二，也骑着自行车进入英语自修学校的校门，重复着哥哥走过的道路。老二的学习，向来比哥哥好，所以他的“托福”、GRE成绩都远远超过了哥哥。我本以为，老二可以稳拿美国的奖学金。谁知老二学的是电脑专业，在美国很吃香，考这一专业的研究生多，僧多粥少，奖学金大都给了美国学生，作为中国人就不那么好拿。所以，老二一开始拿不到奖学金，自然也就拉长了面孔走出美国领事馆。他是个好胜心很强的孩子，性格又急，几乎承受不了这样的挫折。那些日子，我和妻要花费很多精力对他进行“挫折教育”。

老二终于振奋起来。他居然下决心重考“托福”和GRE，虽说他原来的成绩已是很不错的了。他还报考了电脑专业的GRE。进入考场之前，他削好一大把HB铅笔，甚至把每支笔的头都磨圆，以求在答卷时速度快又不会勾破考卷。功夫不负有心人。他也终于手舞足蹈起来，他获得了美国一所大学的全额奖学金。这样，他坦荡荡地走进美国领事馆。用“行家”的话来说，拿到全额奖学金，等于半只脚已伸进美国。果然，他笑嘻嘻走出美国领事馆。

老二的运气真不错。就在他踏上飞往美国的“波音”飞机前三小时，来自美国的一份特快专递使他笑得合不拢嘴——又一所美国大学给他全额奖学金，奖学金为每年2万美元！他细细一想，走的那天是18日，“一八”的谐音是“要发”，难怪他会有这么好的运气。

就这样，我的两个儿子，双双成为美国的硕士研究生。

老二飞往美国之后，我和妻在整理他留下来的东西时，惊奇地发现，居然有一本红色封面的围棋三段棋手证书！

大约是喜欢数学的关系，他在中学时喜欢下围棋。当时我只知道他自费订阅了《围棋周报》，还买了许多围棋的书。到了大学，尽管功课那么紧张，他居然还有心思去钻研围棋，成了围棋三段棋手！

老二不爱文学。上小学的时候，他写的一篇作文受到老师的表扬，却令我和妻笑痛肚皮！

在那篇作文里，他写舅舅在上海南京路见义勇为，奋不顾身抢救差一点遭遇车祸的小朋友。这样表扬好人好事的作文，理所当然受到老师的表扬。可是，我和妻知道那段时间他的舅舅根本没有来上海，更谈不上在上海南京路救人。我告诉他，写这样表彰好人好事的作文，是不能虚构的。

我也曾一度尝试培养他写作。在上海《少年报》举行作文比赛时他投过稿。那篇稿子，《少年报》编辑要他修改多次，他每一次都按照编辑意见认真进行修改，最后还是没有发表。《少年报》在关于作文比赛的总结性文章中倒是提到"有一个小朋友认真地修改多次"，指的就是他。大约就是因为这次投稿没有发表，使他对写作失去了兴趣。

老二尽管从未发表过作品，尽管多年来一头扎在数学与英语之中，到了美国之后，给我们写的信却还是很通顺的。

在星条旗下接受采访

1993 年 11 月 30 日是一个普通的日子，既不是节日，又不是什么纪念日。可是，对于我来说，这一天记忆深刻，那是我和妻第一次飞越太平洋。

由于是从西向东飞行，我在 30 日中午从上海登上飞机飞越太平洋，抵达美国洛杉矶时却是 30 日上午！这样，这一天，我的日记就与往常不同：记述着两个 30 日！

我刚推着行李车走出飞机场，便听到一声喊叫"阿烈——"。循声望去，那是阔别多年的内兄在喊我。我见到了内兄一家及电脑专家曹先生夫妇。他们开车

1993 年叶永烈夫妇到美国探望两个儿子

来接我。

那是 1993 年 11 月 30 日，我与妻从上海飞抵美国洛杉矶。随着两个儿子前往美国，我的家一半在美国。

刚上车，内兄便告知，先不回家，而是直奔 KSCI，即“美国联邦影视集团电视台”，接受他们的采访。

我本以为，新来乍到，下机伊始，就哇啦哇啦，实在有点太突然。然而，那天正是星期二，这家电视台只有星期二才有“日日相伴”节目录像。我被列为“日日相伴”节目的采访对象，自然最好是一到就接受采访。于是，跟平日相反——平日我总是采访别人，如今我成了别人的采访对象。

汽车径直朝美国联邦影视集团电视台驶去。洛杉矶的街道很宽，只见汽车飞奔，几乎不见行人，也不见公共汽车。一路上，未遇一个红绿灯。已是上午 10 时左右，阳光灿烂，气温骤升，人们只穿一件衬衫，以至见到穿短裙、短背心而袒露着肚皮的女郎，而我离开上海时，人们正穿皮夹克或滑雪衫。

汽车在一排咖啡色的平房前停下。壁上的“KSCI”四个白色大字，表明那里便是电视台了。一入电视台，就见到人进人出，颇为忙碌。一排荧光屏正在显示不同的播出节目。这时，我身上所穿的，还是旅行时的便装。我被引入化妆室，更换“外包装”——就平常穿衣随随便便这一点而言，我和美国人差不多。美国人平常爱怎么穿就怎么穿，极少西装革履。可是，上电视属庄重场合，马虎不得，必须西装革履。我显得很狼狈，因为虽说带了西装、白衬衫、领带，却全在皮箱里。没办法，只得回到车上，打开箱子，取出白衬衫，而西服在另一只箱中，领带则又在第三只箱中。幸亏内兄脱下他的西装，给我“救急”；至于领带，化妆室里倒是有一大把，可以随我挑选。如此这般，总算解决了燃眉之急。

紧接着，我要进入“角色”了。“日日相伴”节目的主持人一男一女，“男生”（海外对男子的习惯称呼）名唤高光勃，“女生”名唤张德芬，都是从台湾地区移民到美国，能说一口标准“国语”（此地对普通话的习惯称呼）。“日日相伴”节目的话题五花八门，主持人要跟三教九流对话。他们事先对我只听说了一些情况，并不熟悉。见面之后，粗粗交谈几句，又大致翻翻我带去的几部著作，马上便能抓住主题，反应非常迅速，令我十分惊讶。

他们很快决定了采访提纲，分三部分：一、我的简历介绍；二、我的创作近况；三、我的采访中的小故事。在三部分中，以第三部分为重点。

在中国内地，我曾多次接受电视采访，每一回总要事先多次“排练”。这一回却不同，刚说完采访提纲，马上就进入摄像棚。

1993年11月30日，叶永烈在美国洛杉矶接受美国联邦影视集团电视台采访

强烈的灯光照在我的脸上。一位大胡子美国摄像师调整着三台摄像机。很快就要开始拍摄了，一位小姐忽地拿了一张纸头，来到我的面前。原来，那是一纸声明，上面已经用英文打字机打好，声言自己不是被绑架到电视台来的，而是自愿前来的。小姐要我在声明的下方签上英文名字及地址。办完这一手续，录像这才开始。

节目主持人的导语，颇为别致。他出语不凡，忽地说起古训“三立”，即“立德、立功、立言”。他从“立言”引申开来，称作家著书为“立言”，由此“言归正传”。如此这般，我们就开始了对话。由于主持人的问话非常轻松，我的答话也就很轻松，采访气氛显得活泼亲切。虽说事先并未排练过，两位主持人的问话，却句句落在正题上。

以下是根据播出实况录音整理的记录：

高：各位，你好！我是高光勃。

张：我是张德芬。欢迎你再次收看“日日相伴”。

高：我们中国人有个理想，人的一生里要“立言、立行、立德”。

张：不错，立行，就是自己的行为要高尚。立德，也就是自己品德要高尚。那么立言呢？

高：要写作，要立传。

张：不错。高光勃，要写一本书呀，那么厚厚的一本书，要花那么大的精力，我真没法想象，我这一辈子能否写出一本书来。

高：我也是。我想我这一辈子也不容易写出一本书来。不过，有很多作家在人生中立言，留下许多书、文章，把功名留在这世界上。作家们有的写一本书、两本书……

张：是呀。今天我们要访问大陆非常有名的作家，他写了100多部书！

高：著作等身！我今天就向各位介绍这位特别来宾，他就是……

两人合：叶永烈先生。

高：叶先生你好！

叶：你好！

高：今天我们要告诉观众的是，叶先生就是目前居住在上海的一级专业作家。今天我们请到他，是上午8时。那时他刚刚从上海来到美国，我们就把他从机场直接接过来了。

张：叶先生1989年还被美国列入《世界名人录》，而且是美国传记研究所的顾问。是不是？

叶：是。

高：好，我们先请他谈一谈。叶先生，你是怎样对写作发生兴趣的？

叶：我是11岁的时候。

张：11岁？

叶：对。我那时候给当地的报纸写了文章，登出来了。尽管就豆腐干似的那么一块，可我的写作生涯就从这"豆腐干"开始。

张：是呀。

高：就这样提高了写作兴趣。一开始写哪一方面的东西呢？

叶：那次是一首诗。我年轻的时候喜欢写诗，写散文。

张：20岁开始写书的吧？

叶：对。写《十万个为什么》

张：《十万个为什么》？是科学方面的文章吧？

叶：对。

张：那你当时是怎样收集资料的呢？

叶：那时候，我在北京大学念理科，所以我对自然科学比较熟悉。

张：噢，你念的是理科？

叶：对，但是我又喜欢文学。

（三人笑）

张：所以有这个专长，写出了《十万个为什么》，是吗？

叶：对。

张：听说你还写了一本小孩子很喜欢看的书，叫……

叶：《小灵通漫游未来》。

张：噢。

叶：那本书当时在大陆很红，印了150万册。连环画也印了150万册。加起来等于300万册。

张：哇！大陆很多读者，都是看着你的书长大的啦。我们先休息一会儿，等一会儿再访问叶先生。

第一、第二部分的采访，顺利地结束了。这时，忽然响起了音乐声。原来，在节目中间要插入广告。趁着中间休息的时候，女主持人告诉我，她的手做一个向前翻转姿势，意味着还剩一分钟，我就可以收住话题。男主持人则说，第三部分是节目的重点，尽量讲得有趣。

当广告片放完时，对话重新开始。这时，我和主持人之间的配合越发默契，对话流畅。

张：我们访问到了大陆有名的一位多产作家叶永烈先生。

高：他的作品简直是包罗万象。我们刚刚提到了，他年轻的时候是从纯文学，从诗呀、散文呀开始的。后来的方向就有了变化，有了新的目标。

张：听说你在进入中年的时候写了许多纪实文学作品和人物传记，其中很多是中国大陆重要的历史事件和政治人物。像毛泽东呀、江青呀、姚文元呀等等。你是怎样开始这样的转变呢？

叶："四十而不惑"嘛，我大概过了四十岁之后，思想走向成熟了，开始对历史进行沉思。所以对中国大陆当代史开始着手研究。

高：已发行的这些作品，内容上有好几种不同的类别吧，什么黑色……

叶：黑色系列。这里头就包括写"四人帮"的，有《江青传》《张春桥传》《王洪文传》《姚文元传》，还有《陈伯达传》。下面还有第六部，正在写作当中。还有包括1957年反右派的《沉重的1957》《反右派始末》，这些都是黑色系列。

高：好，那红色系列呢？

叶：红色系列写毛泽东的，写中国共产党的，例如这本《中共之初》《毛泽东之初》，现在马上就要出的《毛泽东与蒋介石》。

高、张：还有呢？

叶：还有名人系列。我写了好多名人，比如这本《马思聪传》，马先生是很有名的音乐家，他的一生很坎坷。还有著名文学翻译家傅雷先生。

高：噢。

叶：《傅雷一家》是我写的。还写了台湾著名作家梁实秋先生。这本就是刚刚出版的《梁实秋的梦》。

张：刚刚讲的黑色系列，就表示是"黑五类"的系列吧。

（众笑）

张：那么，红色系列就应该算是“红五类”系列。

（众笑）

叶：在大陆出版这些书，红色系列封面是红颜色的，黑色系列的封面，差不多颜色都是黑色或者灰色的。所以读者也称之为“红色系列”“黑色系列”。

张：噢。

叶：但是，这些书香港版或者台湾版的封面颜色就不完全如此……

张：请你谈谈你写江青、陈伯达这些人，你是怎样收集资料?

叶：陈伯达我是直接采访他本人，前后快一年。陈伯达快去世的前几天，我还跟他谈。他还写了一首诗送给我。我们交往比较多。我觉得这样直接采访得到的材料很珍贵。

高：那么江青呢?

叶：江青，我采访她周围的一些比较重要的、关键性的人物。比如，逮捕江青的张耀祠先生，他是奉命前去逮捕的。关于逮捕江青，过去流传很多很多“故事”，说江青被抓的时候在地上打滚了，还有说戴上手铐了……后来访问了张耀祠之后，才知道真相。当时，江青什么话都没有说，只是呆呆地坐在那里。然后就站起来，把保险箱钥匙放在一个信封里，两头密封好，写上“交华国锋总理亲启”，交给张耀祠。没有什么大哭大闹，也没有戴上手铐。

张：噢。

叶：他去逮捕江青的时候连手枪都没有带。押走江青的时候也没有用警车。就是用江青平时她自己坐的那辆车子，那司机还是江青的司机。所以，我觉得采访了张耀祠之后，才知道真相。我第一次去采访他的时候，他就尽跟我谈毛泽东怎么怎么样。我曾经提到逮捕江青，他没有跟我谈。我过了一年之后再去，那时我们比较熟悉了。

张：他就比较相信你了。

叶：是的。他就跟我谈了逮捕江青的情况，这是他第一次对外谈这些事情。我的文章在上海发表了之后，日本的《读卖新闻》马上也发表了，海外大概有30多家报纸转载了我关于逮捕江青的全过程的报道。所以，我觉得这样的采访就很值得。张耀祠是历史的当事人，而且第一次公布了非常真实的情况。

高：在你写作生涯中，特别使你记忆深刻的是哪件事？

叶：譬如采访陈伯达吧。我开头去找他吧，当然是通过公安部熟悉的人去找他。开始他就跟我讲，“列宁不相信回忆录”。意思是别谈了。他还说老年人特别容易护短，谈不好。

高：是的。

叶：虽然陈伯达希望我别去采访他，但是我还是去了。在谈了几分钟之后，他渐渐发现，我是他谈话的对手：第一，他的福建话，我能听懂。第二，他提到的几件事，我能说出是发生在哪年哪月，因为我事先看过他的很多很多东西，看过他的著作，熟悉他的历史。他知道，我是非常有准备来的，渐渐地，他就一次一次跟我谈，直到他临死前。我甚至还住在他家。我觉得这样的采访很有意思。

张：这样他对你就有了信心。

叶：对，他把他的手稿都给我看。

张：都让你看？

叶：对，让我看。甚至把他在秦城监狱的交代的底稿也让我看。那些交代也就是关于某些重要问题的回忆录。我复印了这些手稿，带回上海。所以，我觉得那本书就写得比较好，这样的采访比较扎实，有着别人得不到的东西，也就是说带有独家新闻的味道。

张：采访确实很重要的。另外，还有文献。

叶：还有档案。

高：写传记文学的时候，要先看些作品呀，资料呀，还要采访。那写一本人物的传记，差不多要花多少时间？

叶：我常常是同时进行很多部作品的采访，不是单打一。

高：哦，是这样。

叶：我比如在写王、张、江、姚，差不多同时进行，交叉进行，不是单独一一采访。

高：噢。

张：那你谈谈，目前你写了这么多传记之后，未来你的计划是什么？我不晓得你的年龄，“四十而不惑”之后……

叶：已过了“知天命”之年了。（笑）

张：那在你“耳顺”之时，你计划写什么？

叶：我现在“进入角色”了，路越走越宽广了。现在采访比刚开始时要方便得多。开始时比较艰难，查东西也不好查，要开这个证明，那个证明，开介绍信啦，打报告呀。现在采访，有时候连介绍信都不需要，比开始的时候好多了。

张：因为你已有了知名度。

叶：他们也愿意跟我谈。比如，就在我这次来美国之前，还采访了几位。一位是罗章龙，今年98岁，他和毛泽东很熟，他跟我谈了不少重要的事情。还有任弼时的夫人陈琮英，她今年92岁了，记忆力都很好，前几天也跟我谈。这些老人都愿意谈，而且谈得很精彩。

高：是的，是的。

叶：今天是30日，我已经在美国。我28日还在北京访问了关锋、王力。

高：好了，我和张德芬都来自台湾，希望你有机会到台湾来，作“黑色系列”“红色系列”和“名人系列”的采访，因为台湾也有许多历史老人。

（笑声）

张：好了，谢谢叶永烈先生接受我们的访问。谢谢！

（杨蕙芬根据美国联邦电视台播映录像带整理）

我和主持人刚从强烈的灯光下走出，听见导演说了声“OK”，节目就画上了句号。我看了一下手表，不过11点半而已。KSCI的采访干脆利落，高效率，而且颇为重视节目的“可看性”，以及主持人的娴熟主持技艺，都给了我极深的印象。

行魂未定，风尘仆仆，我走出了KSCI的大门。外面万里无云，强烈的阳光照得我几乎睁不开眼睛。

在美国，我成为多家传媒的采访对象。

在洛杉矶，我应邀担任嘉宾，前往电台作现场直播。那里电台的黄金时间是下午4时至7时，因为这时候大多数美国人正下班回家，一边开车，一边打开汽车里的收音机，所以收听率是最高的。他们一边听，一边在汽车里给电台打电话，跟嘉宾对话。那天，打进的电话相当多。在节目中，接入听众24个电话。这样，现场直播延续了3个多小时。

我来到旧金山，被《星岛日报》记者里戈所“追踪”。他为我写了长篇报道《历史就是历史》，连载于《星岛日报》，每天登3000字，连载了半个月。

我在美国，也进行诸多采访。我以我的眼睛看美国。我随身带着小小的采访本，不断记下见闻。晚上，如果不外出，就输入电脑。

这样，从美国回来之后，我以那些输入电脑的见闻为基础，写出我眼中的美国，写出了纪实长篇《星条旗下的中国人》。

在“9·11”发生时赶往纽约

自从1993年实现对美国的“0”的突破之后，我和妻一次次飞往美国，或住个把月，或住两个月——尽管美国移民局每一次都允许我在美国住半年，但是由于我在中国还有许多工作，无法长时间在美国居住。

1993年初赴美国，不知道如何购买联票，我是在到了洛杉矶之后，再买飞往匹兹堡的往返票。后来我在上海就买好上海—纽约机票，中停旧金山。这样的联票比买上海—旧金山、旧金山—纽约往返票要节省得多。买了这样的联票之后，我可以在旧金山住个把月，然后从美国西海岸飞往东海岸，来到纽约。这样，我走遍美国东部的华盛顿、波士顿、水牛城、费城、弗吉尼亚、新泽西州、佛罗里达州等等。我也走遍美国西部的洛杉矶、西雅图、拉斯维加斯、圣地亚哥以及夏威夷。

在我9次去美国的旅行中，印象最深的一次是2001年美国爆发了“9·11”恐怖袭击事件。我在第一时间从上海飞往纽约。当时，很多纽约人忙于逃离纽约，而且机场检查也极其严格，我却和妻不远万里赶到纽约。

我特意住在世界贸易中心大厦不远处。刚刚放下行李，稍稍洗去旅途烟尘，尽管是一夜未睡，我就直奔世界贸易中心大厦。

我特意系了一根深灰色的领带，表达我对“9·11”恐怖袭击事件死难者的深切哀悼。

从住处往南，过了几站路，就到达曼哈顿下城南端。在那里，我沿着百老

“9 · 11”事件爆发后，叶永烈在纽约世界贸易中心大厦废墟采访

汇大街向前走，见到了圣保罗教堂。这座教堂位于百老汇大街与富尔顿（FULTON）大街的交叉口。

对于历史短暂的纽约来说，建于1766年的圣保罗教堂是纽约最古老的建筑。本来，从圣保罗教堂拐弯，沿着富尔顿大街，就可以到达彻奇街（CHURCH STREET）。从彻奇街就可以进入世界贸易中心大厦。然而，当时那里不见高耸入云、直插蓝天的世界贸易中心大厦，却只见到一片废墟和残留的扭曲的世界贸易中心大厦门面骨架！那么壮丽宏伟的大厦，纽约人引为骄傲的标志性建筑，在“9 · 11”恐怖袭击中化为断垣残壁，化为数千人的葬身之所，悲绝人寰，惨不忍睹！

对于世界贸易中心大厦，我是熟悉的。

1993年叶永烈在美国纽约

1993年，我在纽约赫德森河河口的自由女神像小岛上所摄的一张照片，以曼哈顿下城南端的楼群为背景，世界贸易中心大厦姐妹楼就矗立在我的肩膀上方。这张照片放大之后，便悬挂在我的书房。我每天在用电脑写作时，抬头就能见到这帧照片，就能见到世界贸易中心大厦的雄伟身影。

在“9·11”恐怖袭击事件前9个月，我还登上了世界贸易中心大厦的楼顶。那时候，我发现纽约变得小心翼翼，不论是进入自由女神像、联合国总部，还是来到世界贸易中心大厦，都要进行安全检查。特别是在世界贸易中心大厦，那安检门的灵敏度似乎比机场安检门更高，就连我的领带上那个小小的金属领带夹，也引起安检门发出嘟嘟的叫声。

在世界贸易中心大厦经过安检之后，比别的地方还多两道手续：

一是要拍一张照片。这照片并非风景照，而是头部的正面特写。原来，拍照为的是留存档案。如果大楼里发生什么案件，就要逐张审视这些照片；

二是在我的手背用荧光染料盖了一个印章，表明我是已经安检并拍照“留念”的人。这个手背上的印章，直到走出大楼才允许洗去，因为在大楼各要道口的警卫有时候要查验一下手背上的印记……如此严格的安全检查，说得好听点，这叫“吃一堑长一智”；说得难听点，这叫“一朝被蛇咬，十年怕井绳”。

那是因为世界贸易中心大厦在1993年2月16日，曾经受到“严重警告”：恐怖分子用一辆装满炸药的汽车炸弹袭击了世界贸易中心南楼，在地下停车场制造了爆炸案，造成6人死亡，1042人受伤。这一爆炸案震惊了美国，震惊了全世界。

总算还好，“汽车炸弹”是在地下车库爆炸，只是世界贸易中心三层停车场以及大厦底层部分被炸，很快就被修复。这一案件后来被侦破。1995年，10名罪犯被判刑。这些罪犯中有苏丹人、埃及人和约旦人等。1998年这一爆炸案主犯约瑟夫，被判终身监禁另加240年监禁！

紧接着，在1994年12月21日，一辆满载圣诞节购物者的地铁列车，行驶到纽约世界贸易中心大厦附近的地铁站时发生爆炸，造成45人受伤，其中4人重伤。

这两次爆炸案的矛头，都直指世界贸易中心大厦。这表明，世界贸易中心大厦早已成了恐怖分子袭击的醒目目标，这为那里的安保敲响了警钟。

从此，这对本来可以自由进出的孪生姐妹高楼，采取了极为严格的安检措施，除了那些持有特殊磁卡的本楼工作人员可以刷卡进楼之外，进入大楼的其他人员都要进行严格的安全检查。另外，经过大楼附近的车辆，如果停车时间超过3分钟，监视器也会立即报警。

两幢长方柱形的世界贸易中心大楼，是纽约最高的摩天大楼，楼高411米，矗立于曼哈顿最繁华的地段。

世界贸易中心大厦拥有84万平方米的办公室。由于地处曼哈顿黄金地段，办公室的出租率高达百分之百。总共有代表80多个国家的1200多家公司的5万人在这里上班。其中有摩根士丹利、所罗门兄弟公司、瑞士信贷、第一波士顿、奥本海默基金等许多世界级的金融证券公司。有10多家中资公司也在这里设有办公机构。每天到这里来处理公务的有近8万人。

在大楼底层、44层、78层，设有门类齐全的商业报务网点。大楼内共有22个餐馆和咖啡馆，可以同时容纳两万人就餐。两座姐妹楼共有239部电梯，其中最快的电梯每秒钟升高8米多。

2001年1月，我来到世界贸易中心的北楼，乘高速电梯来到顶层，再从顶层乘坐卷扬电梯，登上了楼顶。

楼顶平常风大。那天，我的运气不错，只有微风吹拂，得以在楼顶慢慢走了两圈，有机会细细俯瞰纽约全貌。

在这离地面400多米的楼顶，虽说谈不上“会当凌绝顶”，但是却“一览众楼小”。曼哈顿是一个众楼林立的所在。位于曼哈顿第五大道和西三十四街的帝国大厦，102层，高度为380米，在20世纪20年代末动工，曾经被誉为世界第一高楼达40年。那时，尖顶的帝国大厦与自由女神像一样，成为纽约的标志。直至世界贸易中心取代了它。除了帝国大厦之外，附近77层的克莱斯勒大厦，76层的华尔街六十段塔，71层的曼哈顿银行，70层的RCA大厦，都成了“小弟弟”。

在世界贸易中心大厦北楼的顶架上，我见到许多天线，那是为纽约的许多电视台和广播电台发射信号。

就在离世界贸易中心大厦不远处，在高楼丛中，见到一大片难得的绿洲。那便是中央公园。中央公园看上去像条绿色的“带鱼”，南北长4公里，东西宽800米。在寸土尺金的曼哈顿，能够有这么一个巨大的公园，实在不容易。

从楼顶朝西南方向望去，是一片蔚蓝色的纽约湾。这里海阔浪静，冬日不冻，当年美国国父华盛顿视察纽约时，就预言纽约将成为美国最大的海港。如今纽约湾中巨轮穿梭，沿岸吊车林立，堆满集装箱。

在纽约湾中，有一个小岛，岛上有个小小的尖尖的东西——那就是著名的自由女神像。

从楼顶远望，屋顶积雪的楼房鳞次栉比，窄窄的马路真的成了“楼间小道”……

然而，“9·11”飞来的横祸，竟然使如此雄伟的摩天大楼整体倒塌，夷为平地!

登临过世界贸易中心大厦的我，站在那一片瓦砾的废墟前，不胜唏嘘，不由得扼腕长叹……

在圣保罗教堂四周，摆满鲜花、蜡烛、遇难者遗照、花圈、星条旗、米字旗、加拿大的枫叶旗……

我站在世界贸易中心废墟前，思绪飞到了那灾难深重的“9·11”……

就是在那个“9·11”早上，多少丈夫和妻子、多少父母和子女，从此永远天上人间，无法逾越，无法相见。

楼倒人亡，空前浩劫，人间悲剧，泪飞魂散，就在那火光冲天的刹那发生。

亲属们献出遇难者生前的爱物，在这里祭奠那些屈死的灵魂。

“向他们悼念致敬，他们不会枉然死去!”人们发出这样的心声……

特别是孩子们，献出自己心爱的绒布狗熊，献出印有红心的T恤，献上自己的圣诞小红帽，献上自己编织的花篮，献给在血与火中丧生的父母，献给数以千计的死难者。

一个小男孩画了一幅漫画：两架大飞机正在撞向世界贸易中心大厦。

他在画上写了一行稚嫩的大字：

“We will stop terror！”

意即：“我们必须制止恐怖!”

小男孩发出了纽约人共同的心声。

墙上挂着签名布，密密麻麻签着各种文字的名字和悼念之词。一位头上包着星条旗的美国小伙子在签名。我也拿起了笔，在上面签下我的名字，表达对于死难者的深切悼念。

一位头发苍白的长者，面对废墟，用风笛奏起凄凉哀婉的乐曲，牵动了现场每一个人的心。

在现场，最受尊敬的是牺牲的消防队员们。他们的遗照前，放满了鲜花。一个孩子还特地画了一幅米老鼠向消防队员献花的漫画。

我步入圣保罗教堂。牧师正在主持弥撒，向死难者致哀。

在现场，戴着黄色头盔、身穿红色防护衣的工人们正在忙于清理。铲车往来挥动巨铲，翻斗车穿梭运输着瓦砾。我见到，现场的碎石、断铁依然堆积如山。有一座楼还有七八层仍然需要拆除。

警察们驻守在现场各个角落。

我多次来到世界贸易中心大厦废墟。我在那里拍摄了许多照片。有一次前往世界贸易中心大厦废墟时，正值下起小雨，那里一片阴沉，大有唐朝诗人杜甫在《兵车行》中所描述的“天阴雨湿声啾啾”的感觉。

我在纽约的那些日子里，尚未倒坍的世界贸易中心大厦门面的骨架，瘦嶙嶙地歪在那里。那架子呈三角形，底座大而顶上尖。从架子上可以清楚看见大门和窗户。我站在这架子前拍了照。我曾经想，如果永久保留这架子，倒是一座最形象、最生动的“9·11”恐怖袭击事件纪念碑！

然而，没多久，这个架子被拆除了。因为这儿是纽约的黄金地段，不能空废，纽约市长建议在原址建造新楼。

在世界贸易中心大厦附近，我见到许多小贩捧着一个小方盒，盒子里插着世界贸易中心大厦的照片。其中的一位小贩身穿黑色皮夹克，头发染成黄褐色。我用英语问她多少钱一张，她见我是中国人，马上用普通话回答说，五美元三张。

我跟妻商量，准备买几张。我们用温州话商量，却被小贩听见了。她用温州话很热情地对我们说：“是温州人？！难得同乡在这里见面，那就三美元两张吧！”

我跟她聊了起来。她说自己来自温州郊区，如今在纽约的唐人街打工。在纽约想赚点钱，不容易。唐人街离世界贸易中心大厦不远。在“9·11”事件之后，来这里的客人都喜欢买几张世界贸易中心大厦当年的照片作纪念。于是，她就临时做起贩卖世界贸易中心大厦照片的生意。她告诉我，在这里兜售世界贸易中心大厦照片的，差不多都是温州人。

我注意到，她手臂上挂着好几条星条旗丝头巾，方盒里还有星条旗纪念章。她说，这些小商品是温州生产的。

温州人善于经商，也可见一斑。

当我请她与妻一起拍一张合影时，她连忙用世界贸易中心大厦的照片挡住了自己的脸。她说，给家乡的朋友知道了，不好意思！

世界贸易中心大厦废墟的瓦砾，据美国专家估算，总共有120万吨！

在废墟现场，我见到大型挖土机在不停地工作。这样的清理工作，还要持续半年以上，起码要到2002年6月才能把这些瓦砾运走……

我在纽约进行了诸多采访。回到上海之后，赶写了50万字的纪实长篇《受伤的美国》，由上海文艺出版社迅速推出了这部长篇。

2007年夏日，我应邀前往纽约讲座。我一到纽约，就和妻再度来到世界贸易大厦，那里刚刚打好地基，正在建造新的大楼。

浓浓的俄罗斯情结

其实，《行走俄罗斯》并不单纯是一部行走文学作品。这本书原名《红色帝国的消亡》，是一部重大政治题材的长篇纪实文学作品。诚如2001年11月1日《济南时报》刊登关于我的报道时，内中有一句："据悉，叶永烈不久前刚从俄罗斯回到上海，目前正在创作一本关于苏联共产党兴亡的长篇纪实文学作品。"

为了避免《红色帝国的消亡》这书名过于刺眼，所以最初用了《行走俄罗斯》这样平平淡淡的书名。

2002年6月6日，《辽宁日报》记者高慧斌在报道《叶永烈：从俄罗斯到美国》中写道：

> 《行走俄罗斯》是作者在俄罗斯和乌克兰的所见所闻。作者从莫斯科红场的今昔对比、克里姆林宫主人的变迁史、列宁墓的风波、斯大林的"大清洗"运动、戈尔巴乔夫的"新思维"、叶利钦的"伟大的破坏者"等方面，充分展示了俄罗斯、乌克兰的历史剧变。作者下笔比较注重当年苏联解体的历史背景，今天俄罗斯的现状。写到了俄罗斯人期待领袖的过程，人们对列宁的怀念。
>
> 以下两个细节的描述，清晰地展现了人们对斯大林的态度和十年间俄罗斯的经济状况。

叶永烈为没有拍到斯大林墓的照片而感叹。在去斯大林墓拍照时被禁止，可以看出此举触及到了敏感处，这说明当局是为了让人们忘掉他。于是叶永烈悄悄地跑到莫斯科河边一个一般游人不光顾的小的公园里，看到堆在这里的一大堆从别处拆下来的塑像，这里就有被敲掉鼻子的斯大林的塑像，还有勃列日涅夫的。而列宁和马克思的塑像却完好地排在草地上。叶永烈看到，斯大林塑像不仅被敲掉了鼻子，在其身后还做了个监狱的雕塑，这说明人们对他极其愤怒，找不到别的发泄方法。这里也有赫鲁晓夫的墓，墓碑一半是白的，一半是黑的，大致说明他功过各占一半。

作者的另一感慨是俄罗斯人不相信银行。俄罗斯人不关心利率，因为银行搞过几次不准取款，直到存款贬值，市民有钱也不存银行了。但市民却非常关心汇率。他们没有太多的钱存入银行，有钱就兑换成美元放在家里。俄罗斯没有几家证券公司，做股票交易的非常之少。

从以下这几件小事可看出俄罗斯经济的不景气。叶永烈特别写了美国领事馆的别墅，当年与俄罗斯外交部按卢布签了20年的合同。当时一年要付6万卢布，相当于现在的3美元。当美国外交部将租金上交给俄罗斯外交部时，俄外交部认为租金太少被退回，为此俄要与美打官司，这份合同2005年才到期。人们都知道俄罗斯家家户户有汽车和别墅，不少中国人会以为俄罗斯人的生活水平比我们要高得多。实际上，在俄罗斯，一辆汽车一般3000美元左右，但开不过两千公里就得维修，实际上是二手车。但也有开奔驰的，大都是留学或出国买回来的。一般的人家在郊区都有一块地，种些菜，有几间木房子，周末开车到这里来住上几天。这就是俄罗斯人的生活。

叶永烈在莫斯科赫鲁晓夫墓前

我关注俄罗斯，是因为有着浓浓的“俄罗斯情结”。

对于我们这一代中国人来说，苏联的影响超过了世界上任何一个国家。苏联的历史印记是那么的深，以至难以从记忆中抹去……

随着中苏两国的变迁，我亲历了中苏关系好好坏坏、好了又坏、坏了又好的曲折历程：

斯大林时代——中苏友好

赫鲁晓夫时代——中苏吵架

勃列日涅夫时代——中苏打仗

戈尔巴乔夫时代——重归于好

此后，又经历了苏联解体、苏联共产党解散的狂风巨浪。

在社会主义的苏联变为资本主义的俄罗斯联邦之后，尽管中俄两国意识形态天差地别，国家之间的关系倒变得十分密切，中俄首脑频频互访，两国总理定期会谈……

这半个多世纪的中苏、中俄关系，也可以这么形容：

50 年代——兄弟情谊

60 年代——论战激烈

70 年代——兵戎相见

80 年代——坚冰解冻

90 年代——再度握手

半个多世纪的风风雨雨，天翻地覆的政治变化，甜酸苦辣、五味俱全的中苏、中俄关系，反反复复的意识形态论战，构成我的浓烈的“俄罗斯情结”。哦，我“没有见过别的国家”，给我那样深刻的影响，给我留下那样难忘的印象……

英国前首相丘吉尔曾经这么形容俄罗斯：“俄罗斯是一个层层包裹着的谜团。”确实，俄罗斯在 20 世纪的变化与动荡实在太大，真的成了一团谜，一个谜一般的国家。

在那样漫长的岁月，作为一个中国人，我所接受的关于美国的概念是空洞的，仅仅是“纸老虎”“帝国主义头子”“战争贩子”“没落、腐朽的资本主义”“全世界爱好和平的人民的敌人”。然而，我所接受的关于苏联的概念却又是那么的具体，从多方面、多角度灌输到我年轻的心灵……

我平生参加的第一个协会，就是“中苏友好协会”。那时候，我还在上初中，胸前别起了“中苏友好协会”的红色会章。

我在初中时学的是英语，可是进入高中，就改学俄语，以至后来进入北京大学之后，还学了三年俄语。

上高中的时候，我所在的班级，以苏联小说《青年近卫军》中的英雄奥列格命名为“奥列格班”。我们班级与苏联的青年近卫军学校保持通信。我们开始有了一批未曾谋面的苏联朋友。

苏联小说成了我了解苏联的一扇窗口。在中学时代，我就读了高尔基的人生三部曲，契诃夫的短篇小说选，果戈理的《钦差大臣》《死魂灵》，奥斯特洛夫斯基的《钢铁是怎样炼成的》，还有《青年近卫军》《铁流》《白痴》《白夜》《源泉》《普通一兵》《真正的人》……

普希金、陀思妥耶夫斯基、托尔斯泰、西蒙诺夫、马雅可夫斯基、车尔尼雪夫斯基，这些作家、诗人的大名，如雷贯耳。

保尔·柯察金、马特洛索夫、奥列格、卓娅成了我心目中的英雄。

我也读了一系列苏联（俄罗斯）科学家传记。化学周期律的发现者门捷列夫、物质不灭定律的发现者罗蒙诺索夫、条件反射的发现者巴甫洛夫……都是我曾经崇拜的科学巨匠。

进入北京大学之后，我开始阅读一本又一本俄文原版图书，还翻译了一些俄文文章。

我看了一部又一部苏联电影。从《彼得大帝》《列宁在十月》《列宁在1918》，到关于暗杀基洛夫一案的《伟大的公民》，到《斯大林格勒大血战》，直到《莫斯科不相信眼泪》。

我学会了一首又一首苏联歌曲，从《莫斯科郊外的夜晚》到《喀秋莎》，从《伏尔加船夫曲》《三套车》到《夜莺》《红莓花开》《列宁山》。

我还学会用俄语唱许多苏联歌曲，也会用俄语唱那首中苏共同创作的《中苏友好之歌》：

苏联和中国是永久的兄弟，
斯大林和毛泽东，
在听我们，
在听我们，
莫斯科—北京，
莫斯科—北京……

随着斯大林的去世，随着苏共二十大的召开，随着赫鲁晓夫作了“秘密报告”，中苏“蜜月”结束了。

中苏两党在意识形态上的分歧，由裂痕到裂纹到分裂到鸿沟。

作为一名中国的普通大学生，当时的我并不知道毛泽东与赫鲁晓夫之间发生了严重的争执。我只是从上级要求“反复学习”“深入领会”发表在《人民日报》上的一系列重要文章，才隐隐约约明白中苏两党之间的论战。

这些文章是《论无产阶级专政的历史经验》《再论无产阶级专政的历史经验》。

分歧逐渐加大。到了后来的《列宁主义万岁》，到了后来的“九评”（即九篇评论苏共中央信件的文章），中苏两党的分歧公开化了。从最初点名批判南斯拉夫的铁托、意大利的陶里亚蒂、法国的多列士，到后来直截了当点名批判赫鲁晓夫。

1964 年 10 月 16 日这天是难忘的。我在报上同时读到两条特大新闻：一条是赫鲁晓夫下台，一条是中国第一颗原子弹爆炸成功。不言而喻，毛泽东选择了赫鲁晓夫下台之际，为他点燃了送行的“礼炮”——中国第一颗原子弹。

我和当时许多中国人一样，以为赫鲁晓夫下台之后，中苏论战大约因此而画上句号。

不料，“走了一个猴子，来了一个姓孙的”。发动政变、推翻赫鲁晓夫而上台的勃列日涅夫，比赫鲁晓夫走得更远。中苏之间，从两党意识形态上的激烈论战，进而发展到两国之间兵戎相见。珍宝岛之战，把中苏关系推到了冰点。毛泽东发动了“无产阶级文化大革命”，揪出了“中国赫鲁晓夫”。在那样的年月，在中国人的心目中，苏联从可亲可爱的“老大哥”，变成了可憎可恨的“北极熊”。

勃列日涅夫居然掌权长达 18 年之久。直到毛泽东、勃列日涅夫先后离开人世，中苏关系才逐渐回暖。

邓小平和戈尔巴乔夫打破了中苏关系的坚冰。1989年5月，邓小平握着来访的苏共中央总书记戈尔巴乔夫的手，说了一句历史性的话："结束过去，开辟未来。"[1]

从此，中苏之间的恩恩怨怨结束了；

从此，中苏之间又开始了友好往来。

风云突变，就在戈尔巴乔夫从中国回去之后不久，1991年8月19日的政变，使他从苏联总统的宝座上摔了下来。在"八·一九"事件之后，苏联解体，苏联共产党解散。巨大的冲击波，震撼了中国。

苏联真的"卫星上天、红旗落地"了！真的实行了"资本主义复辟"！

叶利钦当选俄罗斯联邦首任总统。叶利钦曾经是苏联共产党莫斯科市委书记，但是他后来在电视台当着千千万万观众的面，撕毁了自己的苏联共产党党证。叶利钦成了苏联共产党的掘墓人。在意识形态上，叶利钦与中国共产党南辕北辙，但是在国家关系上，叶利钦所代表的俄罗斯联邦与中华人民共和国成了友好邻邦。

尽管叶利钦身材高大，相貌堂堂，但是他那颗不争气的心脏使他难以负担繁重的总统工作。叶利钦几度选择接班人，一个个接班人都在俄罗斯一团糟的经济危机中沉没。最后，叶利钦选择了克格勃出身的普京。

叶利钦在世纪之交的日子——1999年12月31日，主动让位，把总统的重担交给了年轻的普京。普京上台之后，稳住了俄罗斯联邦的阵脚。

就在"八·一九"事件十周年之际，也就是苏联解体、苏联共产党解散十周年之际，我前往莫斯科，前往俄罗斯，前往乌克兰。

当年，在1917年十月革命胜利不久，二十出头的瞿秋白作为北京《晨报》的记者，前往俄罗斯。十月革命后的新气象使瞿秋白兴奋不已，他写下大量见闻报道，写下《赤都心史》一书，向中国广大读者热情介绍新生的苏维埃政权。然而，在我这回前往俄罗斯的时候，正值苏联共产党"自行解散"十周年，正值苏联解体十周年，"赤都"已经不复存在。我的所见所闻，充满历史的沧桑感，充满历史的苍凉感，也充满历史的反思感。

[1]《邓小平文选》第三卷，第291页，人民出版社1993版。

2012年我第三次去俄罗斯，对《行走俄罗斯》进行补充、修改，书名也改为《三探俄罗斯》。

与“乌克兰妹妹”喜相逢

记得刚刚上了开往克里米亚雅尔塔的汽车，妻就一再提醒我，一到雅尔塔，马上给斯维塔打电话。

斯维塔，是妻的“乌克兰妹妹”。斯维塔住在克里米亚半岛东端的刻赤市。

我们早在3个月前，就用俄文给斯维塔去信，告诉她我们要前往俄罗斯和乌克兰，我们将有机会见面。

斯维塔喜出望外，马上给我们回信，说是40多年来，就一直盼望着这一天！

我们一到莫斯科，又给她写了一封信，告诉她我们已经来到俄罗斯，等我们过些日子来到乌克兰，来到雅尔塔，就可以圆40多年的相见梦。

妻怎么会有一个“乌克兰妹妹”呢？说来话长……

往事历历，难忘，难忘！内中的甜蜜和辛酸，紧紧与历史链接。

妻和斯维塔，有着40多年的友谊。那是一次极其偶然的机缘，沟通了两颗异国姐妹的心。

1958年5月，妻正在浙江温州第一中学读书。学校里忽地收到中苏友好协会转来的一封从克里米亚寄来的信，信上用紫色墨水写着俄文。这封信最初落到妻同班的两位男同学手中。由于妻当时是班里的俄语课代表，他们就把这封信交给了她。

妻拿到信后，把它翻译成了中文：

“我是生活在苏联美丽的南方海滨之城的女学生，我从报上得知，温州是中国美丽的南方海滨之城，我希望跟那里重点中学的一位女同学通信……”

信尾写着“CBETA”（斯维塔），俄文的原意是“光明”。

两位男同学一听是女同学写来的信，都不好意思回复，说道：“还是由俄文课代表写回信吧！”

妻当然猜透了他们的意思，说道：“信是你们拿到的，还是三人都给她写封回信吧，至于她选择谁，以后就让谁跟她通信好了。”

于是他们三个人，各自给斯维塔用俄文写了信。

一个多月后，只有妻得到了斯维塔的热忱的回信——另两位同学没有收到回信的原因很简单，因为他俩都是男同学！

从此，鱼雁往返，一个梳两条乌黑大辫子的中国姑娘，跟一个满头金发的苏联姑娘，结为异国姐妹。

妻比斯维塔年长 7 岁，成了斯维塔的姐姐。从斯维塔的信中得知，她的父亲是中学校长，母亲也是教师。

随着年龄的增长，妻从俄语课代表变成了俄语教师，而斯维塔也选择了教师之路。共同的职业，共同的爱好，使她俩成为异国知音。她俩互赠自己的照片、父母的照片，倾诉着彼此的思念。

信越积越多，妻收到的斯维塔的信快要积满一个抽斗！

风云变幻，世事沧桑，从 20 世纪 60 年代初开始，中苏之间不再是斟葡萄美酒，而是代之以唇枪舌剑。友谊的温度计，急剧降到零下。

即便在那样的岁月，两位普通姑娘之间的友情依然火热，纯真的心保持着春天的温暖。紫色墨水书写的信，仍不断飞到妻手中，即便是在她从温州来到上海之后，即便是在俄语受到冷落、她不得不改教语文之后。

一盆冰水迎头泼下，使妻不得不含泪中断了跟斯维塔的通信："文化大革命"狂风骤起，我作为"文艺黑线干将"遭到抄家。记得在抄家之后，我受到"审查"，造反派拿出一张照片，要我"交代"。我一看，那是莫斯科红场上的照片，站在红场上的是我在北京大学求学时的导师——李安模先生，他是留苏归来的学者。幸亏照片背面写着导师赠我的字句，总算可以"交代"清楚，使我避掉"里通外国"的可怕罪名。接着，便是盘查斯维塔的那些信件，我说明是妻子的女友写的，如实作了"交代"。那些信经过"审查"，确实没有什么可作为"里通外国"的"罪证"的词句，才总算"高抬贵手"……

在那如履薄冰、战战兢兢的岁月，我们岂敢再跟斯维塔通信？她曾一连来过几封信，询问发生了什么意外，为什么收不到回信。妻读着她的信，手里如同捏了把火。生怕这些信惹是生非，妻含着热泪，把这些信件以及造反派们未曾全部抄完的斯维塔的信、照片，付之一炬！望着那随风飘散的纸灰，仿佛烧掉的是友谊，飘散的是希望，失去的是一颗金子般的心！

妻留下斯维塔寄赠的一双"玻璃"丝袜（尼龙丝袜），因为那袜子上没有俄文，不会成为“罪证”。这双袜子，她从未穿过——她舍不得，因为这成了斯维塔给她的唯一纪念品。每当她怀念远方的斯维塔时，她就用手轻轻抚摸着那双薄如蝉翼的袜子。

大约斯维塔也从报上得知中国正处于浩劫之中，没有再写信来。一对异国姐妹，彼此都在默念着，尽在不言中！

开放改革的浪潮，冲开了中国禁锢的国门，也冲开了我们的家门。英国的、日本的、美国的、德国的、意大利的、捷克的……一批又一批外国记者、作家，成为我们家的座上客。我们在轻松愉快的气氛中聊着，再也用不着担心那“里通外国”的可怕罪名了。

妻变得忙碌起来。一次又一次家宴招待外宾，总是由她张罗。她渐渐懂得日本人的口味、美国人的嗜好……

每一回接待外宾，妻总要念叨斯维塔：不知道现在她怎么样？在什么地方？所有的斯维塔的信件都失去了，我们已没有她的地址。我们手头，只有那双“玻璃”丝袜。

1989 年 3 月 17 日，我们家迎来了第一位苏联客人——哈萨克斯坦作家协会的博希洛夫。妻跟他说起了俄语，问起了斯维塔。可是，哈萨克斯坦的博希洛夫怎么会知道刻赤的斯维塔呢？

随着家门的开放，我们的家庭成员也迈出家门、国门：两个儿子先后到美国留学，内兄和内侄也到泰国去了。国外的信件三天两头寄来，有时一天收到几封。国际长途电话频频而来，我们家也装了电话，可以直拨世界各国……

内兄忽地从泰国来信，说是要去苏联，可以顺便去看望斯维塔，问能否告知斯维塔的地址。

那天，我和妻在家里东翻西找，我记起仿佛在一个记通讯处的小本子上，有斯维塔的地址。翻找了一个又一个旧笔记本，我终于“欢呼”起来：在一个旧本子上，果真记着斯维塔的通讯处！

可是，刚刚“欢呼”，马上又打上个大问号：时隔 20 多个春秋，难道她还会住在老地方？

试试看吧，我把找到的老地址，告诉了内兄。

大约过了两个月光景，内兄的来信中夹着一封信，一看那熟悉的俄文笔迹，竟是斯维塔写的，寄到内兄那里转来！

喜悦的热流，冲击着我们的心扉。原来，斯维塔虽然已经迁新居，但是当地邮局很是负责，经过认真查找，把内兄的信送到了她手中！

经过漫长的岁月，她已从姑娘变成两个孩子的母亲——跟我的妻一样。妻的两个孩子都是儿子，她的两个孩子也都是儿子。

岁月飞逝，热情依旧。她重新提笔给我的妻书写的第一封信，仍然流动着当年滚烫的友情：

“亲爱的朋友，这是多么美好的一天啊！

“我真想描写一下那快乐的情景。那天，我回家时，看到报纸中间夹有一封你们的信。不错，这是我以前的地址，想不到你们还会找到它。这使我沉醉于美好的回忆中。多少时间过去，又发生了多么大的变化，然而我们的感情如前，依然那么热烈。

“我们大家都深深记得杨蕙芬，记得杨蕙芬那美丽的发辫，记得杨蕙芬毕业后在学校里教俄语……”

也真巧，就在收到斯维塔来信前不久，《人民画报》第五期以两大版的篇幅，刊登我们家庭的照片和报道。《人民画报》是用17种文字出版的。我把其中的俄文版复印，夹在妻给斯维塔的信中寄去了。

斯维塔全家传阅着《人民画报》的复印件，从中得知我们家的详细情况。她给我的妻来信说，那几天，她家里天天在谈论着“叶永烈、杨蕙芬”！她也来信诉说了近况：丈夫是国际海员，长子叫叶戈，次子叫安东，父亲已过世，母亲退休了，哥哥是船舶设计所设计师……

她说及一件趣事，从《人民画报》上的文章得知我和妻结婚的日子是1963年8月25日，而她的生日恰巧是8月25日（后来，内兄访苏时得知，内侄的生日跟她长子生日同一天，都是3月15日），真有缘呢！

最出乎意料的是，这么多年，斯维塔完好地保存着我的妻给她的所有的信，所有照片，所有礼品！

妻不由得记及：在“文化大革命”中，我们的家，我的老家，妻的老家，都遭到抄家。我的岳父的照片，荡然无存。岳父杨悌早年毕业于日本中央大学法科，著述颇众，有《通鉴事纬》等数十卷。如今家乡修岳父传略，可惜无照片。妻记得，当初收到斯维塔寄来她的父亲照片时，也就寄去自己父亲的照片给她。可是，岳父照片虽不少，但都是大尺寸的，信中不便寄。她见到父亲著作首页印着他的照片，便剪下放在信中寄去。那本著作在“文化大革命”中散佚，图书馆中又找不到。于是，写信给斯维塔，请她寄回照片。不多日，我们就收到了，是一帧椭圆形、穿西装的岳父照片。我当即用照相机翻拍，冲印了许多张赠亲友，也给斯维塔寄去一张，感谢她多年保存了这一珍贵的照片……

中断了 20 多年的通信，又恢复了。鸿雁依然往往返返。连她的儿子，每天放学回家，头一件事就是看看信箱里有没有“杨蕙芬姑姑”的信。

从斯维塔的信中得知，苏联解体了，乌克兰宣布独立。地处俄罗斯和乌克兰交界处的克里米亚，本来属于俄罗斯，后来划归乌克兰。于是，她的地址也就从“苏联，克里米亚，刻赤”改成了“乌克兰，克里米亚，刻赤”。

1992 年 2 月 19 日，那是难忘的一天。

一看书桌上的绿色小钟，已是夜 11 时，打了个呵欠，倦怠的我放下了手中的笔。我站了起来，正准备睡觉。就在这时，电话铃声响了，在一片沉寂中显得格外突兀。是谁在这时候打电话来?

我拿起电话耳机，听见轻微的一声“滴”，意识到这是国际长途电话，随手摁下了电话机上的录音键——我家装的是录音电话，可以在通话时录音。

果真，电话是从遥远的乌克兰的克里米亚打来的。先是内兄熟悉的声音，他说他已经到了克里米亚刻赤市，正在斯维塔哥哥家里打电话……

一听说“斯维塔”，已经睡下的妻急速披衣起床。不一会儿，耳机里传来清脆的俄语女声，呼唤着“杨蕙芬”，我马上把耳机交给了妻子。顿时，妻大声地叫唤着“斯维塔，斯维塔，我亲爱的朋友！”……

已经许久许久，没有听见妻讲俄语了。她显得非常激动，梦绕魂牵多少日子，她终于听见了异国姐妹斯维塔柔美的声音！

她用俄语说道：“亲爱的斯维塔妹妹，听见你的声音，我实在无法形容我此刻兴奋的心情……”

这时，斯维塔的声音也变得异常激动，先用俄语说了句“亲爱的姐姐”，接着用生硬的、刚从我的内兄那里学会的汉语说：“杨蕙芬，您好，真想见到您！”

她俩热切地用俄语互致问候。接着，电话中又转来斯维塔母亲的热情洋溢的话语，说自己非常想念“中国的女儿”……

接完远方的电话，我的倦意、妻的睡意，烟消云散。我们把电话录音带装进录音机，听了一遍又一遍。那是一个温馨的子夜——克里米亚正是傍晚，友谊的春风吹进了我们的家。

半个多月后，接到内兄从泰国曼谷寄来的“特快专递”，一打开，是一大包彩色照片。那是他和内侄在克里米亚跟斯维塔一家欢聚的情景。斯维塔中等个子，一头棕黄色头发，细长的眉毛，笑口常开。她的母亲头发已经花白，戴了一条鲜红的项链。她的两个儿子一头金发，蓝眼珠里透出顽皮的目光。她的哥哥魁梧壮实，知识分子模样。她家四墙贴着花壁纸，地上铺着红地毯，玻璃柜里放着整套茶具，钢琴上放着地球仪，书架上是成排精装俄文书籍。最有趣的是书旁站着一个好兵帅克木偶，而它的大肚子却是一只夜光钟……看得出，他们的生活水平不错，只是在宴请内兄、内侄时，餐桌上似乎以水果、蔬菜居多。

最使我和妻感到亲切的是，一只大红沙发上放着雪白的按钮电话，斯维塔正在笑眯眯地通话，她的小儿子托着“香腮”在一侧谛听。照片背面的说明词写着“给杨蕙芬打电话”——原来，这正是那天通话时的情景！

内兄在信中说，他从曼谷飞抵莫斯科时，斯维塔专程从乌克兰坐了一天一夜火车赶去迎接，在机场等了一通宵！他们一起前往克里米亚，那是乌克兰南方著名的疗养地，从斯维塔家的窗口望出去，便是湛蓝湛蓝的黑海。斯维塔的妈妈，在欢迎宴会上唱起了《喀秋莎》。内兄跟他们用英语交谈。

相聚几天，临别时，大家都流泪，斯维塔的两个儿子还跟着火车跑了好长好长一段路……

“日日思君不见君。”虽说通了电话，虽说内兄去看望了她，妻与她这对40多年友情的异国姐妹盼望着把无限的思念变为“共剪西窗烛”。

斯维塔已经一再来信，邀请我和妻去那黑海之滨的明珠——刻赤。

这一愿望，终于化为现实。因为这一对异国姐妹的情谊是久经风雨的，已经超越了万里关山，已经超越了苦夏严冬，鲜花绚丽的春日也就来到了……

我们住进雅尔塔宾馆14楼，一放下行李，就迫不及待地拿起电话直拨刻赤。可是，斯维塔留给我们的只是刻赤的电话号码，却没有写区号。请教了当地朋友，这才弄明白刻赤的区号。

乌克兰的长途线路不那么畅通，打了好几次，电话才终于通了。我和妻很兴奋。我告诉对方我的名字和妻的名字，妻还对着话筒大声地用俄语喊着斯维塔。这时，从话筒里传来对方的回话，似乎也很兴奋，可是声音很轻。仔细一听才知道不是斯维塔本人，而是她的姐姐。

斯维塔的姐姐说，她知道杨蕙芬，也知道我。她说这儿是斯维塔妈妈家，斯维塔住在她自己家里，她家里还没有电话。我们请她转告斯维塔，我们已经到达雅尔塔，住在雅尔塔宾馆14楼。她问我们什么时候到刻赤，我告诉她我们没有时间去刻赤了，只在雅尔塔住三天就回莫斯科。她马上说，一定会向斯维塔转告，斯维塔会去看望你们的。

放下电话，我感到纳闷：斯维塔家中怎么连电话都没有？这小小的细节，仿佛意味着她的境遇不佳。

妻忙着整理从上海给斯维塔带来的礼物，装了整整两大袋。

第二天白天我们外出，晚上一回到宾馆，原以为斯维塔已经来了，可是问了宾馆总台的小姐，又问了我们所住14楼的服务小姐，才知道没有客人来过。

妻又急忙拨通了斯维塔母亲家的电话，这次是母亲本人接的，她高兴地对我们说：斯维塔今晚乘火车到辛菲罗波尔，然后转乘汽车前往雅尔塔看望你们，明天中午一定可以到达雅尔塔宾馆。

又过了一个等待相见的夜晚。

早上，我和妻在黑海边散步，边走，边想象着斯维塔现在的模样。妻记得斯维塔比她小7岁，该是54岁了，也快要退休了。我们说着，说着，走进餐厅。正当我们刚开始用早餐时，一位朋友告诉我们：“快去，有三位客人在宾馆大堂里等你们呢。”

我和妻连忙放下手中的早点，急急往宾馆大堂奔去。从餐厅到大堂要走五六分钟，我俩三步并作两步跑得满头大汗。到了大堂东找西找，怎么也没见到斯维塔的影子。

我们便乘电梯到14楼，向自己的房间走去，只见房门口站着一个大约10岁的小男孩，妻正用目光审视着他，小男孩笑着说：“我是安东！”妻一听马上兴奋地叫着：“安东！”小男孩连忙扑过来抱住妻，叫着：“蕙芬 Тётя ！”（蕙芬姑姑！）

他转身又过来抱住我喊着：“永烈 Дядя ！”（永烈叔叔）。

妻问他妈妈在哪里，他说妈妈和哥哥刚刚离开。

话音刚落，只听见走廊那边传来热情的喊声：“蕙芬，蕙芬！”

妻回头一看正是斯维塔。她连走带奔地扑向妻，她们紧紧地紧紧地拥抱在一起！

经历风风雨雨，与斯维妲一家团聚在克里米亚

斯维塔又回头抱住我！站在一旁的一位20来岁的小伙子也紧抱住妻和我，斯维塔介绍说，这位就是她的大儿子叶戈。

斯维塔兴奋地喊着："Какрада！ Какрада"（多么高兴！多么高兴呀！）。她又伸出四个手指头，连连地说："Сороклет！ Сороклет！"（意即40年了，40年了！）

是呀，我和妻都感慨地同声说着："Сороклет！"

40多年了，这40多年的风风雨雨，她们这对异国姐妹今天才第一次见面，怎能不高兴啊！ 40多年来，她们经历了多少离奇的故事啊！

我们很快安置斯维塔一家住在我们隔壁的房间，然后带他们去餐厅用早餐。饭后我们又一起去坐车游览雅尔塔。同车的朋友们都很热情地与斯维塔一家打招呼。妻和她坐在车上，热情地交谈着，斯维塔的小儿子安东不时地插话，而大儿子却只是在旁边微微地笑着。

斯维塔兴奋地告诉我们，她常在电视里看到中国，看到上海，时时伸出大拇指，夸奖中国伟大，了不起。

她深情地说，毛泽东和斯大林握手，中苏友好，她们才会通信。可是赫鲁晓夫和毛泽东吵架，勃列日涅夫跟中国打仗，从此她们不能通信了。邓小平与戈尔巴乔夫握手，中苏重归于好，她们又可以通信了。今天普京跟江泽民握手，我们见面了！真是太令人高兴，太令人高兴！

从谈话中得知，她仍在十年制中学里当老师，而且从五年级一直教到十年级毕业。她说她有很多很多学生，她已有32年的教龄，她很热爱自己的工作，很爱自己的学生。

当妻问起她的家庭生活时，她神色黯然。她说她的丈夫由于酗酒过度死于酒精中毒，这几年全家靠着她的工资度日。

她说，在苏联时期，她们家生活“Очень хорошо ”（很好）。当时她的父亲是中学校长，她母亲是中学教师，她是中学教师，是个“教师之家”，很受人们尊重，生活条件很好。可是苏联解体后，经济萧条，现在中学教师的工资很低，由于她是资深的教师，工资比别人稍高些，但生活状况仍然“Трудный”（很艰难），生活质量“плохо”（不好）。难怪比妻小7岁的她，脸上深沟浅槽，布满皱纹，看上去那么苍老，生活的苦难在她的脸上刻下深深的痕迹。

不过，值得安慰的是，现在她的大儿子已读大学一年级，而且在俄罗斯、乌克兰读大学是免费的。小儿子也读四年级了，据说在练中国气功，而且对汉语很有兴趣，已经能够写几个汉字。

妻问她，平时吃的东西丰富吗？她说现在比几年前稍微好些。她家周围有很多空地，她和孩子们就在空地上自己动手种黄瓜、西红柿、玉米及各种蔬菜。她的家就在黑海边上，丈夫在世的时候，他每天可以从海里钓到很多很多鱼……说着，说着，她眼里又流露出一种无奈。

我们请斯维塔一家吃中饭。饭前，妻特地从手提包中拿出从上海带来的消毒纸巾，给斯维塔的两个儿子一人一包，因为他俩在外玩了一上午，手有点脏了。令我惊讶的是，两个孩子竟然都没用过消毒纸巾！小儿子还细细闻了闻消毒纸巾，说“很香”，因为他不知道这雪白、潮湿的纸巾是干什么用的。

吃过中饭后，两个儿子急着要下海游泳。斯维塔说，由于他们住在黑海边，每天的生活都与大海紧密相连，一大早两个儿子都要跳到海里去游泳。昨天夜里乘火车，今天一早到这里，孩子们还没有下过海哩。于是我们带他们去海边，两个孩子一头扎进海里，像条鱼似的，在海涛中窜来窜去，非常快活。

斯维塔和妻却一直很兴奋地聊着，妻有时候不明白她的意思时，就拿出俄华词典。借助词典，她俩用俄语聊得很投机。说到当年中苏友好时，她特别激动，她和妻情不自禁地用俄文唱起了《中苏友好之歌》，唱起了《祖国进行曲》，唱起了《喀秋莎》。两个儿子睁大眼睛听她们唱，觉得又好奇，又兴奋。她说，现在的孩子都不会唱什么好歌，只会“蓬嚓嚓，蓬嚓嚓”。这时，她的眼睛闪着兴奋的光。

时间过得真快，转眼我们就要分手了。斯维塔的大儿子向我要“伊妹儿”（“E-mail”）地址，我写在纸头上，交给了他。我问：“你有电脑吗？”他摇头。在乌克兰，电脑的普及率远远不如中国。他们那里有电脑的家庭不多，但是他说可以通过有电脑的同学发出“E-mail”。

我跟她的两个儿子很快成了好朋友。只是她的大儿子居然抽烟，这一点我很看不惯。我劝他，赶紧把烟戎掉！

翌日清晨，我们都起得很早，我们把从上海带来的礼物交给她，她和孩子们都非常感激，紧紧地抱住我们亲个不停。当妻给她丝织外套，她马上穿在身上照镜子，连说“Красивый！ Красивый！”（很漂亮，很漂亮）。看到中国的茶叶时，又说：“Очень хорошо！”（太好了！）“Великий Китай！”（伟大的中国！”）然后我们拿出200美金给她零用。她手里拿着钱，眼里噙着泪花，一再地说：“Большое спасибо для всё！”（这一切我非常感谢！）

她送给我们许多乌克兰民间工艺品，我们非常喜欢，连声道谢。

最后，妻把在莫斯科刚买的《俄华双向词典》送给安东，要他好好学习汉语，想看到他用汉语写的信。安东又一次抱住妻，表示一定好好学汉语。

同行的朋友知道我们要和“乌克兰妹妹”分手，有的拿出从上海带来的吉祥挂件套在小儿子安东的脖子上，有的拿出糖果、话梅等往他们口袋里塞，有的甚至取下自己头上戴的太阳帽扣在小安东的头上，他们一边接受礼物，一边不停地致谢。最有趣的是安东，他听不懂我们朋友讲的中国话，朋友们便用英语跟他交谈，他倒会说几句，不过他随即用手指表示，他学的英语只是“区区”（一点点）而已。大家也学着他的样子说“区区”，笑得他合不拢嘴。

更令斯维塔感动的是，同行的电影女演员曹雷女士，临行为他们唱起俄语歌曲，那美妙的歌声，那动人的旋律，斯维塔听得睁大眼睛，张大嘴巴，目不转睛地盯着曹雷直点头，完全被歌声陶醉了！她不停地重复着：“Красива！Красива！”（多美妙！多动听哪！）

汽车徐徐地开动，我们的“乌克兰妹妹”和她的两个儿子站在雅尔塔宾馆门口，不断向我们挥手。

泪水夺眶而出，她哭了，妻也哭了！

啊，愿中俄两国、中乌两国世世代代和平友好，愿我们的友谊天长地久！

走遍台澎金马

2007 年 12 月 13 日深夜，正在旧金山的我，只听得传真机发出“咔嗒”一声响，从台北传真来我和妻的旅台证。

那是我在美国期间，接到台湾方面的邀请。这次赴台，是由台湾“陆委会”主任委员陈明通博士直接过问，所以原本要三个来月才能办好的赴台手续在短短的几天内（其中还有两天是周末）就办好了，我和妻获得了台湾方面发给的入台证。

当时，我们连飞往台北的机票都还没有买。翌日，我开始打电话订购从旧金山飞往台北的机票。我拨通奥克兰的一家机票代售站的电话，说明要订台北机票，在电话耳机里传出一阵子电脑键盘的敲击声之后，售票小姐说，有两张当天下午1时50分台湾长荣航空公司飞往台北的机票——刚刚有人退了这两张机票。我一看手表，已经是上午 11 时，离起飞只有三小时，其中包括收拾行李、到奥克兰取票、赶往机场。所幸那天次媳在家，她一口答应开车送我和妻。于是，我回答那位售票小姐，立即出票，我马上赶去付款并取票。

我和妻以极快的速度收拾行李。还好，两个准备托运的箱子前天已经打包。四个箱子放上了车，我们就直奔奥克兰市。途中，我给正在上班的小儿子打电话，告诉他这个突然的决定，请他安心上班，不必大老远赶往机场。我也给在旧金山的亲家打电话，告诉她只能“不辞而别”了。

在奥克兰拿到机票，儿媳就驾车赶往旧金山国际机场。50 分钟之后，到达机场。我让儿媳开车回家，然后与妻一起推着行李车去办理登机手续。这个航班在起飞之后几小时就进入茫茫黑夜，整个航程处在一片浓重的夜色之中。到达台北的时候，已经是夜 10 时。

下了飞机，走过“消毒地毯”，我沿着入境通道前进，便见到在机场工作的一位小姐手持“叶永烈先生”的牌子。我走了过去，她看了我和妻的旅台证复印件，便把原件给了我。

接着，我和妻来到“入出境管理局服务站”。“入出境管理局服务站”办理入境手续相当快捷。柜台前的地上用红漆画着“一米线”，而在大陆通常是黄线。凭着刚才拿到的“台湾地区旅行证”，我们很顺利地办好了入境手续。

在行李提取处提取了托运的行李之后，便上了车。我用手机给台湾接待方的康先生打电话，告诉他我已经到达台北。他很高兴告诉我，安排我和妻住在台北市中心。他事先知道我的抵达时间，已经和陈先生在宾馆等候了。

轿车从机场出发，沿高速公路从圆山交流道[1]下，沿建国北路、建国南路高架桥南行，大约花了一个小时，便到达南海路。这时，已经夜里12时。

轿车刚一停下，见到一位身材壮实的年轻人走了过来，他便是台湾的康先生，他的身后是陈先生。他们安排我和妻在台北教师会馆住下……

叶永烈说，我的家一半在台湾（摄于台北家中）

台湾，原本对于我来说是一个陌生的地方，随着两岸交流的日益密切，随着我的长子一家定居台湾，我和妻一次又一次前往台湾。

作为作家，我除了在台湾探亲和作文化交流之外，还在台湾进行了广泛的采访。

我先后10多次去台湾。其中2010年我在台湾过春节、过中秋节，分别住了一个月和20天——其实，我现在每年可以去台湾探亲2次，每次住3个月，只是我在上海还有许多工作，所以在台湾住1个月已经算是很长了。

一次次去台湾，使我有机会走遍台湾。我走遍台湾“五都”——台北市、新北市（原台北县）、台中市、台南市、高雄市，也走遍台澎金马，即台湾本岛、澎湖列岛、大小金门和马祖列岛。

---

[1] 交流道，指高速公路与其他道路的连接马路。

我也采访了台湾“陆委会”主任委员陈明通博士、中国国民党副主席蒋孝严、百万红衫军总指挥施明德以及多位台湾的“立法委员”，还列席“立法院”旁听。

在台湾的深度采访和旅游，使我对台湾有了深切的了解，我写下一本又一本关于台湾的“行走文学”作品，2011 年 2 月推出新作《第三只眼识台湾》。2014 年，我出版新著《叩开台湾名人之门》。

写出“叶永烈看世界”26 卷

在上海电脑商场，我买了一个 2000G 的移动硬盘。营业员感到很惊讶，问我买这么个大容量的移动硬盘干什么？我笑道，存数码照片呗！“你是摄影师？”在她看来，普通的顾客不可能有那么多的数码照片。

在写作之余，我有三大爱好：一是旅游，二是摄影，三是玩电脑。这三大爱好成了“铁三角”：在旅游中边游边摄，回家之后把数码照片在电脑上进行各种各样的“后加工”，然后存入移动硬盘，还刻在 DVD 光盘上保存。

摄影记录了旅途的见闻，凝固了难忘的瞬间。每逢外出旅游，我便成了“好摄之徒”，随身小包里总是放着相机。一见到值得拍摄的景物，立即掏出相机，咔嚓咔嚓，那“时刻准备着”的架势就像一位很专业的摄影记者。

充其量，我只是摄影的业余爱好者而已。我与摄影结缘，最初是由于我在北京大学学的是光谱分析专业，经常进出于暗室冲洗光谱片，使我熟悉了黑白胶片的洗印技术；后来，在电影制片厂干了 18 年编导，耳濡目染于摄影艺术的氛围之中。我最初的摄影作品，无非是两大类：一是为采访对象拍摄人物照片，作为我的文字作品的“插图”；二是拍摄“到此一游”式的旅游照，作个纪念而已。随着我的纪实文学创作的深入，渐渐地，我以纪实文学作家的目光观察社会，拍摄了一系列纪实风格的摄影作品，姑且称之为“纪实摄影”。

最初，我用的是胶卷照相机。自从用上数码相机，那些胶卷照相机就“退休”了。我跟数码相机交上朋友，是在 2001 年。作为“电脑迷”的我，平日爱逛上海的“百脑汇”。那一回，我见到了“好 E 拍”，小小的像只微型手电筒，却可以拍照。600 元一只。喜欢新奇的我当即买了一个。回家之后，把说明书

“研究”了一番，把软件装进手提电脑，很快就掌握了拍摄和输入技术。

买了“好E拍”不久，正巧我和妻去美国探亲。一下飞机，小儿子和儿媳前来接机，我拿起手里的“微型手电筒”，他们居然不知道我在给他们拍照。到了旧金山家里，我把一帧帧照片像变魔术似的从“好E拍”里输入手提电脑，显示在电脑屏幕上，他们“傻帽”了。小儿子毕竟是电脑专业人士，笑道：“哦，什么‘好E拍’，不就是‘最最傻瓜’的数码相机！”那时候，数码相机在美国还不大普及，而且没有“好E拍”这玩意儿，所以我居然能够用这“微型手电筒”把他们“镇住”。

“好E拍”拍摄的数码照片，只有30万像素，一放大就“糊”了，而且一次只能拍20多张，充其量算是个高级电子玩具罢了。小儿子、儿媳见我对数码相机情有独钟，就花500美元买了一台数码相机送我。这下子，“鸟枪换炮”了：每张照片的像素300万，在电脑上即便“全屏显示”，也很清晰。配了一张128M存储卡，一次可以拍400来张照片。这台照相机有变焦镜头，取景自如。另外，还可以拍摄录像，虽然摄像的时间只有一分多钟，毕竟多了一个重要功能。

从此，数码相机成了我的亲密伙伴。我发现，使用数码相机比传统的胶卷相机要方便多了。比如，冲印胶卷最快也得一个小时，而数码相机“拍立得”。倘若不满意，当即删去，重拍。数码相机不用胶卷，拍摄几乎无“成本”。我最感方便的是，用胶卷拍摄必须等36帧拍完才能拿去冲印，而数码相机哪怕是只拍了一帧，也可以随时输入电脑，显示出来。我用刻录机把数码照片刻在光盘上保存，一张光盘可以保存上千幅数码照片，“拷贝”也极方便，免去了厚厚的照相册、底片册。往日用胶卷拍摄，我必须用扫描仪扫描之后，才能用电子邮件发出去。其中，启动扫描仪以及扫描之后压缩照片文件，要花好几分钟。如今，我轻点鼠标，须臾之间便可以把数码照片“E”出去，让儿子、儿媳共享旅途胜景。

我不断改善我的“装备”，后来又买了更新更好的数码相机，还买了数码伴侣，每一次出国都能带回几千张数码照片。

纪实摄影与新闻摄影相近，但是不像新闻摄影那样强调新闻性。在我看来，纪实摄影的关键，在于作者敏锐的目光和特殊的视角，捕捉到“人人眼中有、个个笔下无”的镜头。

漫步在海角天边，把沉思写在白云之上，写在浮萍之上。至今我仍是不倦的“驴友”。我的双肩包里装着手提电脑和照相机，我的足迹遍及亚、欧、美、澳、非五大洲50多个国家和地区。

叶永烈在马来西亚戴上宋谷帽(2009年3月15日)

我注重从历史、文化的角度去观察每一个国家。在我看来，文化是民族的灵魂，历史是人类的脚印。正因为这样，只有以文化和历史这“双筒望远镜”观察世界，才能撩开瑰丽多彩的表象轻纱，深层次地揭示丰富深邃的内涵。我把我的所见、所闻、所记、所思凝聚笔端，写出一部又一部“行走文学”作品。

我爱好摄影，则是因为在电影制片厂做了18年编导，整天跟摄影打交道，所以很注重“画面感”。我在旅行时，边游边摄，拍摄了大量的照片。在我的电脑里，如今保存了十几万张照片。除了拍摄各种各样的景点照片之外，我也很注意拍摄“特殊”的照片。比如，我在迪拜看见封闭式的公共汽车站，立即“咔嚓”一声拍了下来，因为这是世界上绝无仅有的公共汽车站，内中安装了冷气机。这一细节，充分反映了迪拜人观念的领先以及迪拜的富有和豪华。在韩国一家餐馆的外墙，我看见把一个个泡菜坛嵌进墙里，也拍了下来，因为这充分体现了韩国人浓浓的泡菜情结。在马来西亚一家宾馆里，我看见办公室内挂着温家宝总理与汶川地震灾区的孩子在一起的大幅照片，很受感动，表明马来西亚人对中国的关注。只是已经到了下班时间，办公室的门锁上了，我只能透过玻璃窗拍摄。门卫见了，打开办公室的门，让我入内拍摄，终于拍到令人满意的照片……照片是形象的视觉艺术。一张精彩的照片所包含的信息量是很丰富的，是文字所无法替代的。

我一边行走，一边摄影，写下一本又一本“行走文学”著作。我以纪实文学作家的视角，展现社会风貌，表现百姓生活，浓缩历史风云，记录时代脚印。上海交通大学出版社以“叶永烈看世界”为总题，陆续出版我的22卷“行走文学”著作：

上海交通大学出版社出版的“叶永烈看世界”系列

美国！美国！

我在美国的生活

非常美国

三探俄罗斯

米字旗下的国度

漫步欧洲

如画北欧

徜徉西南欧（葡萄牙、西班牙）

目击澳大利亚（附录加拿大、墨西哥）

从迪拜塔到金字塔（阿联酋、埃及）

神秘的印度

这就是韩国

樱花下的日本

梦里南洋知多少（新加坡、马来西亚）

美丽中国·风从东方来

美丽中国·南国风情录

美丽中国·中西部揽胜

大陆脚游台湾·行走台北

大陆脚游台湾·宝岛各地

叩开台湾名人之门

彩虹南非

畅游加勒比海

另外还有4本由其他出版社出版——

真实的朝鲜
今天的越南
镜头看世界
第三只眼识台湾

我还在继续“行走”，继续写作“叶永烈看世界”。

《伦敦　礼帽下的风度与坚硬》风波

中国国际航空公司杂志《中国之翼》2016年第9期，忽然成为全世界媒体关注的焦点，甚至连外交部发言人华春莹也就此事答外国记者问，惹起一番颇大的风波。我也卷入此番风波。

这究竟是怎么一回事？

2016年9月11日晚上，我从安徽合肥出席黄山书会回到上海。刚到家，门卫就交给我一个快递邮包。打开一看，是中国国际航空公司（简称国航）2016年第9期《中国之翼》。这期杂志以头条地位——“封面文章”，发表了我的《伦敦 礼帽下的风度与坚硬》。

2016年9月，中国国际航空公司《中国之翼》选载“叶永烈看世界”作为封面文章

《中国之翼》是舱内配发的空中休闲月刊。几乎每一个国航客机座位上的插袋，都插有《中国之翼》。《中国之翼》提倡从文化、历史的角度了解世界，这一期重点介绍英国伦敦，所以把我的旅英散文《伦敦 礼帽下的风

伦敦 礼帽下的风度与坚硬
撰文/叶永烈 图片/钟小、英国旅游局 编辑/张艳
恋城
CITY TOUR
叶永烈
著名作家、教授，作品包括《小灵通漫游未来》《十万个为什么》（主要作者）《历史选择了毛泽东》《邓小平改变中国》《"四人帮"兴亡》等。"叶永烈看世界"22卷，由上海交通大学出版社出版
Ye Yonglie is a writer and professor. He wrote Xiao Lingtong's Journey to the Future; 100,000 Questions (main author); History Chooses Mao Zedong; Deng Xiaoping Changes China; and Up and Down of the Gang of Four. Travel the World with Ye Yonglie series (22 volumes) was published by Shanghai Jiao Tong University Press.

2016 年 9 月，中国国际航空公司《中国之翼》把叶永烈文章作为封面文章，并刊登作者照片及简介

度与坚硬》作为封面文章，还登了我的照片以及简介。

翌日，我从 9 月 9 日的美国《纽约时报》上，看到一个惊人的标题：《去伦敦小心黑人区？中国国航杂志文章惹争议》。我赶紧看下去，这篇文章是《纽约时报》北京分社社长黄安伟（Edward Wong）写的。他说，"中国国际航空公司空中杂志《中国之翼》最近一期中的一篇文章被指存在种族主义"。

最近一期的《中国之翼》，不就是我刚收到的第 9 期？！关于伦敦的文章，不就是我写的《伦敦 礼帽下的风度与坚硬》？！可是，我的文章只是谈英国人的各种各样的帽子以及英国人浓厚的"帽子情结"，并没有涉及"种族主义"。

细细一看，方知《纽约时报》所指的是《伦敦 礼帽下的风度与坚硬》一文后面所附种种对于去伦敦的游客的旅行提示，亦即小贴士，包括英国签证、电源插座、货币、汇率、刷卡，等等。这些提示不是我写的，是编辑部根据英国的情况编写的，附在文后，作为旅游参考。其中惹麻烦的是第 29 页右上方的一小段中英文对照提示：

到伦敦旅行很安全，但有些印巴聚集区和黑人聚集区相对较乱。夜晚最好不要单独出行，女士应该尽量结伴而行。

这一段话，被指责为“种族歧视”。

第一个发现这一问题的是美国有线电视卫星新闻台（CNBC）驻北京的制片人海兹·范（Haze Fan）。她与未婚夫乘坐国航航班从北京飞往伦敦，在飞机上翻阅第 9 期《中国之翼》。后来据伦敦《标准晚报》（*Evening Standard*）报道，海兹·范说，她的伦敦未婚夫看到这条小贴士感到很惊讶，于是她拍了张照片。

9 月 6 日，海兹·范在个人社交媒体 Twitter 上发布了这条小贴士的照片，还发给伦敦的市长 Sadiq Khan。于是，《中国之翼》上的那几句安全提示语，引起了英国、美国等西方媒体的广泛关注。

2016 年 9 月 6 日，海兹·范在个人社交媒体 Twitter 上发布了这条小贴士的照片

伦敦市长 Sadiq Khan 是巴基斯坦移民的后代，也是伦敦首个穆斯林市长。市长先生尚未作出公开表态，9 月 8 日，倒是英国工党议员维伦德拉·夏尔马（Virendra Sharma）为此写信给中国驻英国大使刘晓明，要求道歉，并要求中国国际航空公司收回这份杂志。他表示：“时至今日竟然还有人认为写出这样赤裸裸的

不实的种族主义的言辞是可以接受的，这让人感到震惊和愤慨。”

有着印度血统的夏尔马还说：“我已经邀请中国国际航空公司的代表来参观我所在的伊灵绍索尔选区，他们会发现一个非常多元文化的区域是安全的，对来伦敦旅游的人来说十分有价值，值得一看。”夏尔马指出：“我会等待他们的答复，如果不能很快看到合理的回应，我将不得不质疑该公司是否适合在英国开展业务。”

伦敦当地报纸《标准晚报》称中国国航的安全提示是“种族主义风暴”(racist storm)。报道说，一些英国的政治人士已经要求国航道歉，并删除相关表述。紧接着，许多英国报纸跟进报道，事态扩大了。

《中国之翼》是由中国航空传媒责任有限公司编辑出版的。面对不断扩大的风波，中国航空传媒责任有限公司于9月8日发出给中国国际航空公司的致歉函，全文如下：

中国国际航空公司：

中国航空传媒责任有限公司创办的《中国之翼》期刊在贵公司航班上配发。在今年的9月刊中，我杂志社与英国旅游局合作的封面推广文章《伦敦　礼帽下的风度与坚硬》中，因编辑工作失误，出现不恰当的文字表述，有违积极推广伦敦美丽风貌的初衷，引起部分媒体和读者的误解，也给贵公司的生产经营和品牌形象造成很大负面影响，对此，我们深表歉意！

《中国之翼》作为一本航空旅游杂志，一直努力把世界风土人情呈现在广大读者面前，也始终热衷于伴随读者发现世界之美。这次文章中所出现的不当表述，纯属编辑工作失误，并非本杂志社观点。我们将立即全部收回当期杂志，并认真吸取教训，加强管理，确保不再出现类似问题。我们也希望通过贵公司向因此产生不良感受的旅客和广大读者诚挚道歉。

中国航空传媒责任有限公司

二〇一六年九月八日

同日，《中国之翼》杂志社也向中国国际航空公司发出致歉函，内容与中国航空传媒责任有限公司的致歉信相同。

9月8日，中国国际航空公司发表如下声明：

为了满足旅客阅读需要，目前在航班上配发近百种境内外、多语种报刊，《中国之翼》是其中之一。这些报刊只作为机上休闲读物配发，各报刊刊登的文章均不代表国航的观点。

《中国之翼》9月刊在《伦敦　礼帽下的风度与坚硬》文章中的出行安全提示部分，出现了不恰当的文字表述。发现此问题后，国航立即在所有航班中撤下了该杂志，并要求《中国之翼》杂志社认真吸取教训，加强内容审核，避免类似问题再次发生。

作为航线网络遍布全球6大洲的航空公司，国航始终高度尊重世界各族人民的文化、习俗，同时在世界各地拥有大量各民族当地雇员，大家一直和睦相处，共同致力于为世界各族人民友好、平等交流搭建空中桥梁，也将一如既往地为全球旅客提供优质航空服务。

9月8日，外交部发言人华春莹在主持例行记者会上，回应了中国国航的提示涉嫌“种族歧视”的问题，表示中国政府积极鼓励中英之间的人员往来。

有记者问，英国媒体8日称，中国国际航空公司《中国之翼》杂志警告旅客在访问伦敦有些印巴聚集区和黑人聚集区时要多加小心，此事在伦敦引起轩然大波。有英国议员写信给中国驻英大使，指责有关文章是带有种族歧视的不实言论。外交部对此有何评论?

华春莹表示，中方不了解情况，但目前国航方面已经作出初步反应，希望随着调查的深入，会妥善处理有关问题，中方有关部门会和国航方面进行必要沟通，相信国航方面会尽快调查并妥善处理。中国政府一贯主张和坚持各民族一律平等，坚决反对一切形式的种族歧视。

华春莹指出，中方只对发生战乱的高危地区发布旅游警示。对于英国有什么特别的建议，目前没有任何这方面的信息。中国政府一向积极鼓励中英两国之间的人员往来，希望通过更加紧密的人员往来促进两国人民了解，增进互信。

9月9日，世界许多的媒体以头版头条报道“中国国航杂志风波”，都提到我那篇《伦敦　礼帽下的风度与坚硬》。《纽约时报》也是在这一天加以报道。

我从中国国航获悉，在决定全部回收原第9期《中国之翼》之后，新的第9期《中国之翼》在赶印。新的第9期删掉了那一条涉嫌“种族歧视”的安全提示。印好之后重新配发到中国国航的航线上。我的《伦敦　礼帽下的风度与坚硬》仍照原文刊登。

此后，“中国国航杂志风波”渐趋平静。

在这里，附录我在第9期《中国之翼》发表的《伦敦　礼帽下的风度与坚硬》：

伦敦　礼帽下的风度与坚硬

叶永烈

此次英伦之行，英国人对帽子情有独钟，给我留下了难忘的印象。就像北京王府井有老字号盛锡福帽庄一样，伦敦圣詹姆斯街上有200多年历史的詹姆斯·洛克帽店。那里精工制作的黑色圆顶硬礼帽是英国名牌，几百英镑乃至上千英镑一顶（相当于几千元至上万元人民币），英国达官富贾们却都以戴洛克帽店的圆顶礼帽为荣。

黑色圆顶硬礼帽成了英国绅士的象征。他们在进屋时，总是摘下帽子交给侍从或者佣人，挂在衣帽架上。在街头，倘若跟熟悉的女子打招呼，绅士同样要摘下帽子。记得，在中国汉代的《陌上桑》一诗中，有“行者见罗敷，下担捋髭须；少年见罗敷，脱帽著帩头”。罗敷是传说中的美女，可见“脱帽施礼”乃中英同礼。

黑色圆顶硬礼帽是在正式场合戴的。我发现，英国男子在平常也喜欢戴帽子。各种各样男式便帽，有檐的，无檐的，半截舌的帽，鸭舌帽，灰色的，黑色的，苏格兰格子式的，不一而足。世界上的警察通常戴大盖帽，而英国警察则戴黑色窄檐帽，显得轻便利索。

跟深色、式样有点保守的男帽相比，英国的女帽像春天的百花那样多姿多彩。我在观看英国威廉王子与凯特的大婚典礼的电视转播时，给我的印象仿佛是一场盛况空前的“帽子秀”！由于英国男子在室内不戴帽子，所以那天让形形色色的女帽抢尽风头，女宾们的“头上风光”引发一阵阵“品头论足”。众多女贵宾的帽子样式和帽饰，无一雷同。在众多的大檐花帽之中，英国足球明星贝克汉姆的妻子维多利亚戴了一顶小小的圆盒子一般的黑色锁扣帽，别出心裁，不同于众。

在英国，女王伊丽莎白二世在不同的场合，更换不同的帽子。伊丽莎白二世的帽子显得端庄高贵，通常都是宽檐的，但是以不遮挡脸部为度，而色彩有时很鲜艳，诸如明黄、粉红、天蓝。已故戴安娜王妃的帽子，当年领导英国时尚女帽的新潮流。她们的帽子，往往是由专门的帽子设计师为之设计。在设计时，女帽的颜色、款式要考虑到与服装相匹配，形成整体美。

英国人为何男男女女对帽子都如此偏爱？据英国朋友告诉我，这是英国特殊的气候所致。帽子具有四大功能，即“防雨、遮日光、保暖、装饰”。英国是岛国，空气中水汽充沛，雨说下就下，但往往是细雨霏霏，而且一转眼就云开雨散。像英国绅士那样手中老是持一把长柄黑伞，当然可以“防雨于未然”，然而长柄黑伞毕竟是个累赘。最便当的办法，当然是戴帽子。再说，英国一旦阳光璀璨，那紫外线相当强，戴顶宽檐帽子可以遮日光。还有，英国冬日阴冷，戴帽子是保暖的措施之一。至于帽子戴在头上，占领“居高临下”的显要地位，能够美化脸面形象，当然人人都喜欢。所以帽子的四大功能，在英国每一项都用得上，自然而然英国人自古就养成了爱帽癖。随着时代的进步，尤其是家家户户都有了轿车，帽子的前三项功能弱化了，而第四项功能即“装饰”得到强化。特别是英国女帽，成为爱美女性的必不可少的装饰品，所以女性进入无雨、无阳光、有暖气的室内，依然戴着俏丽的帽子。

在英国，帽子引发激烈的争议，倒是出人意料。不过，那不是普通的帽子。我在伦敦的王宫——白金汉宫前观赏皇家御林军换岗仪式，我的眼球被御林军头上又高又大的毛茸茸的黑色帽子所吸引。引起争议的，便是这英国军队最有标志性的黑色礼帽。这帽子高 18 英寸，重 1 磅 8 盎司（相当于 45 厘米高，重 0.68 公斤），是用加拿大黑熊皮制作而成。环保团体抗议说，英国皇家御林军的黑礼帽乃是残害野生动物的“标志”。皇家御林军一度改用人造毛皮试着制作黑色礼帽，但是卫士们反映，人造毛皮黑色礼帽戴在头上气闷，而遭遇下雨就粘在一起，不美观。看来如何解决这一难题，尚有待开发更佳的代用品。好在加拿大黑熊皮制作的黑色礼帽很耐用，英国皇家御林军再戴个十年八年没有问题。

英国皇室制帽名师崔西先生说：“帽子是最具魅力的配件，它让人们串连上优雅与美的字眼。”这句话道出了英国人爱帽的真谛。

第九章　**亲历“癌病房”**

住院生活对于我来说，是陌生而又新鲜的。因为我除了在 1990 年 12 月因视网膜手术在上海华山医院住院之外，已经 18 年没有住院。没有动手术之前，我在医院里各处走动，用好奇的目光打量周围的一切。

遐迩闻名的医院

上海肿瘤医院对于我来说，是一个既熟悉又陌生的地方。说熟悉，因为离我家不远，每当路过东安路或者零陵路，我总是在正门或者后门，见到“上海肿瘤医院”的醒目招牌。然而，“肿瘤”两字使我望而却步，我从未跨进这家医院的大门。

2008 年 10 月，一场突然袭来的癌症，使我第一次走进这家医院。我这才发现，这里人头攒动，如同过江之鲫，就连上电梯也要排很长很长的队。上海肿瘤医院名声在外，穿紫红色外衣的、光头的、坐轮椅的病人，操全国各地口音，汇聚到这里。这里每年的门诊量近 40 万人次、住院人数将近两万人次。我也成为其中的一员，在这里住院将近一个月，亲历“癌病房”……

《癌病房》，是我在进入“癌病房”之前好多年读过的一部社会心理长篇小说。作者亚历山大·索尔仁尼琴，是苏联时代的俄罗斯作家。他因尖锐地抨击斯大林，遭到 8 年流放、劳改，因罹患癌症，奄奄一息的他住进“癌病房”，经历 3 个月的激素与深度 X 光治疗，他奇迹般死里逃生。他写出了《癌病房》，透过“癌病房”这个特殊的小社会，折射出癌病房里不同社会阶层患者的不同经历，深刻地揭示了当时的社会矛盾。他的作品无法在苏联发表，1968 年《癌病房》在国外发表，引起广泛的关注。1970 年，索尔仁尼琴“因为他在追求俄罗斯文学不可或缺的传统时所具有的道义力量”，荣获诺贝尔文学奖。读《癌病房》，毕竟只是从纸上感受“癌病房”。这一回，我得以身临其境，体验“癌病房”的五味杂陈。

大约我的创作总是跟历史密切相关，所以我会对坐落在上海肿瘤医院 3 号楼 2 楼的院史室发生兴趣。那里是“热闹非凡”的医院里难得的安静的角落，因为难得有像我这样的病人会细细探究上海肿瘤医院的历史脚印。

上海肿瘤医院之所以成为中国声名远播的“癌病房”，是因为这里是中国最早、历史最悠久的肿瘤专科医院。上海肿瘤医院的前身是“中比镭锭治疗院”（Sino-Belgian Radium Institute），于“中华民国二十年”——1931 年 3 月 1 日正式挂牌。

兴办这个“中比镭锭治疗院”，最初是在 1929 年，上海圣心医院的中国医生们为了治疗癌症同胞，打算进口治疗肿瘤的设备。可资金从哪里来呢？他们找到了“中比庚子赔款教育慈善委员会”主席赫斯（Dithers）。这位比利时人表示愿意用“庚子赔款”拨款。这样，终于在比利时购买了镭锭以及深部 X 线治疗机。“中比镭锭治疗院”便诞生了。所谓“镭锭治疗”，也就是放射治疗，如今人们简称之“放疗”。“中比镭锭治疗院”附属于上海圣心医院，建在上海东北角的杨浦区宁国路上。圣心医院的院长，由上海天主教徒团体——“上海公教进行会”会长陆伯鸿担任。

从 1936 年元旦起，“中比镭锭治疗院”独立门户，由庚子赔款委员会直接领导，聘请比利时鲁文大学癌肿研究院临床主任医师、比籍希腊人范燮理（H.Vassilisdis）担任医务院长，宋悟生为总务院长。宋悟生毕业于法国里昂大学，获医学博士、哲学博士学位。从 1931 年直至 1949 年，“中比镭锭治疗院”是中国唯一的肿瘤医院。1950 年 2 月 2 日，这家医院被上海市军管会派员接管。1951 年 6 月 15 日，上海市卫生局决定将其改名为上海镭锭治疗院。后来改名为上海肿瘤医院，如今的正式名称是“复旦大学附属肿瘤医院”，然而人们仍叫惯上海肿瘤医院。医院几经搬迁，于 1960 年迁入现址。

在追溯上海肿瘤医院的历史的时候，“开天辟地”的第一任院长宋悟生博士理所当然最值得怀念。他在新中国成立后还曾担任上海肿瘤医院院长和上海第一医学院药学系教授。

另一个闪闪发亮的名字是吴桓兴。虽说他在 1946 年才加盟“中比镭锭治疗院”并担任院长，然而他对于中国肿瘤学的贡献是巨大的。他在 1912 年出生于非洲毛里求斯路易斯港一个华侨家庭，1931 年毕业于英国剑桥大学预科。由于母亲死于癌症，他立志学医，攻克这一顽固堡垒。他在比利时布鲁塞尔医学院肿瘤研究所、比利时比京医学院、英国皇家医学院肿瘤医院工作多年。1946 年归国，为“中比镭锭治疗院”挑起医学重担。他创建国内一个崭新的学科——放射生物学专业。1958 年出任中国医学科学院肿瘤研究所所长和肿瘤医院院长。1978 年，英国皇家放射学院授予他“荣誉院士”称号；1982 年，美国放射学院授予他“荣誉院士”称号；1982年，法国国立法兰西学院聘请他为该院“名誉教授”；1985年，法国总统密特朗授予他“法国国家功勋骑士勋章”。1988年3月在北京成立以他的名字命名的“桓兴肿瘤医院”。

久远的历史，深厚的底蕴，如同浓浓的氤氲芬芳，铸就上海肿瘤医院遐迩闻名的盛誉。

紧张的发条突然松弛

2008年——虽然再过两年，我就跨入“古稀”之龄，然而我的生活节奏依然如同紧绷的弦。

在2008年10月中旬，我应成都市委宣传部之邀，从上海飞往四川地震灾区采访，我甚至一口气登上800多米的山上察看地震灾情。刚从四川返回上海，紧接着，在10月下旬我又应邀飞往广州，出席羊城书市，为我的新著《邓小平改变中国》签名售书。我处于众多媒体与读者的包围之中。我从广州返回上海，在10月31日便住进了上海肿瘤医院的病房。

紧张的发条突然松弛下来，躺在上海肿瘤医院的病房，无所事事地望着天花板，我的思绪常常漫无边际。

文坛前辈陈学昭有一部长篇小说，叫《工作着是美丽的》。我把她的长篇小说的名字改了一个词，借用在这里：“写作着是美丽的”。

确实，对于我来说，愈是上了岁数，愈是感到“写作着是美丽的”。

最初，人们对我的简称是“小叶”，后来叫“老叶”“叶老师”，直至“叶老”。

我曾经对作家莫言说，在中国作家之中，你最好，因为你上了岁数，人家就叫你“莫老”，而我“叶老则落”。

我的体质是不错的，很少生病。

我只在北京大学读书时，曾经患肺结核。那时候，功课很重，而我在学习之余，又担负写作《十万个为什么》的重担，当时正处于三年自然灾害时期，连饭都吃不饱，营养极差。我在得了一场急性肺炎之后，抵抗力很差，得了肺结核，差一点休学。我开始学太极拳，学气功，总算使病情稳定，逐渐从浸润期走向钙化期。

此后，我一直没有生过大病，常以病历卡保持空白而自豪。

在我的亲属之中，病史如下：

1968 年 3 月 21 日，父亲在温州死于心肌梗死，终年 73 岁。

1993 年 9 月 11 日，母亲在上海突发脑溢血，经过抢救，得以康复。2000 年 11 月 27 日，母亲因年迈去世，终年 91 岁。

我有兄弟姐妹各一人，依次排列为兄姐弟妹。兄在 2004 年高血压中风，从此不得不坐轮椅，2011 年 1 月 7 日病逝；姐在 20 多年前高血压中风，从此行走不便；弟在 10 多年前高血压中风，后又因肠癌开刀，行动迟缓；妹因卵巢癌于 2007 年 6 月 16 日病逝。

我算是很幸运的。虽然母亲、哥哥、姐姐、弟弟四人先后因高血压而中风，我却没有高血压症，只是在 70 岁之后血压有点偏高而已。我也没有心脏病、糖尿病之类的慢性病。

第一次打击

记得在 1984 年体格普查的时候，平常与医院无缘的我，头一遭去劳保医院。倘若不是组织上规定 50 岁以上的干部一定要进行体格普查的话，我大概还不会去劳保医院。

戴上“手铐”，套上“脚镣”，我平躺在铺着白床单的小床上。大夫在为我做心电图。

“抓住了一个‘跳蚤’！”当我从床上坐起，大夫跟护士在说着。

“‘跳蚤’？”我莫名其妙。

“哦，‘跳早’！也就是‘早搏’。”大夫对我说道。

就在我被作为“跳早”当场抓住的几天之后，单位领导写来条子，要我务必再去劳保医院一趟。那势头，犹如法院发下传票似的，不能不去。我只好遵命。

到了医院，大夫给我一张“判决书”——在普查中，还发现我患肝炎！

又是第一遭听说。真是不查不知道，一查吓一跳！

大夫“审问”我，自我感觉如何？天晓得，我压根儿没想到我“跳早”，更没想到我居然患肝炎。我向来“自我感觉良好”。步入中年的我，写作任务压得喘不过气来，一年到头，没有节日，没有星期天。我自信身体不错，可是，虽说户枢不蠹，却易磨损；虽说流水不腐，却在流动中不断蒸腾。每骑一次“永久牌”自行车，便向不永久迈了一步；每用一回“长命牌”牙刷，也向不长命转化了一点。不存在着“永远健康”，不存在着“万寿无疆”。

细细一想，仿佛我生这两种病，倒是必然的：终日、终年高节奏、高效率地“爬格子”，发动机哪有不出毛病的？走南闯北，东一顿，西一顿，除了乘“波音”时空中小姐递来的密闭于塑料盒中的快餐算得上“卫生”两字，在北京用手抓着油饼，在广州吃着凉拌黄瓜，在大兴安岭原始森林里啃着冷馒头，在乌鲁木齐街头吃着剖开的哈密瓜，我时时“虚席以待”，恭候着病菌、病毒的光临。难怪，我竟无法回忆，究竟什么时间、什么地方、什么途径使我患上了肝炎！

感激体格普查，大夫给了我“黄牌警告”。

我不由得记起，母亲曾说我是吃“英雄饭”的。确实，专业作家这碗“饭”，非“英雄”莫吃。这“英雄”，倒不见得是那种盖世英雄，而是“好汉”之意。只有年富力强、精力充沛，才吃得了这碗“英雄饭”。

林黛玉那种弱不禁风的诗人，三天两头病休，到了年终，向作家协会汇报时，只说写过几首葬花诗，怎么交得了账？中年，中年，人到中年，“英雄”气概正在日渐消退，我却依然以“英雄”自居。

好在我是一个爽朗、豁达的人，没有林黛玉那样多愁多忧的“心理疾病”。在“黄牌警告”面前，我没有放下手中的笔，但是采取了一些对策：

一是让动笔与跑脚交叉。每写完一部中长篇，就安排一段外出采访，把案牍劳形与行万里路相互交替。

二是写作期间，每日坚持散步。市内外出，除太远的以外，均骑自行车。无风无雨，则打打羽毛球。

三是不开“英雄车”。过去，写作进入白热化阶段时，夜以继日，又日以继夜，非一口气呵成不罢休。现在一般到夜 11 点“煞车”。

大抵过了一年，“跳旱”不跳了，肝炎也“摘帽”了。虽然有时“好了伤疤忘了疼”，重现“英雄”本色，但毕竟受过“警告”，已没有那种保持“不败纪录”的劲头。

我仍在吃“英雄饭”，仍处于超负荷运转状态。中年是黄金时代。丰富的生活积累，“不惑”的独立思考能力，充沛的工作精力，日臻成熟的写作技巧，却是中年的优势。中年处于人生的巅峰。巅峰之后，紧接着便是下坡路了。中年有强烈的拼搏意识，中年却又潜伏着健康危机。青年人拼一下、搏一记，受得了，扛得住；老年人有自知之明，意识到自己体衰力弱。唯有中年人，不曾觉察皱纹已无声地爬上眼角眉头，不懂得年岁毕竟不饶人。

终于，在我超负荷运转的时候，受到了一次沉重的打击。

那是在 1990 年 11 月，台湾一家出版社的编辑来上海，希望在离沪时带走我关于梁实秋晚年婚恋的《倾城之恋》一书书稿。当时，我虽然已经写出这本书，但是还有许多地方需要补充，也就日夜兼程赶写。所以，在这本书的台湾版末页，署有“1990 年 11 月 15 日于上海灯下”一行字。

刚刚交出书稿，又遇上《上海滩》杂志约我赶写纪念陈望道先生的文章。我写完上万字的纪念陈望道的文章，在 11 月 21 日傍晚，骑自行车路过华亭宾馆时，每过一盏路灯，眼前都闪过一道金光。我以为镜片脏了，下车，撩起衣角，擦净镜片。当我重新上车，每经过一盏路灯，我眼前依然闪过一道金光。我不知道发生了什么事情。回家以后，眼睛看东西似乎并没有异样的感觉。

翌日清早，我出去锻炼时，抬头一看天空，吓了一跳：天空中有许多黑色的浓烟在翻滚！定睛一看，那浓烟是从我的左眼里“冒”出来的。我才明白，左眼出了什么毛病。

我吃过早饭，当即赶到附近的上海市第八医院眼科急诊。一位年轻的医生诊断，是“玻璃体混浊”。据告，这是很普通的眼病，过了 40 岁的人，都会发生这样的病。眼睛看出去有许多黑色的漂浮物，这叫“飞蚊症”，是“玻璃体混浊”引起的。医生给我开了点眼药水，就完事了。

可是，眼睛中的“飞蚊”迅速增加，使我不得不在 24 日、26 日，分别去专科医院——上海市眼耳鼻喉医院，以及我的公费医疗医院——华山医院去看门诊。在门诊看病的都是很年轻的医生，他们均诊断为“玻璃体混浊”。

由于病情不断加重，上海市第八医院眼科的一位医生介绍我去新华医院，说那里的王丽天教授是眼科专家，不妨请她诊断。

于是，在 1990 年 11 月 29 日，我不得不从上海西南角的住所出发，纵穿上海市区，到东北角杨树浦的新华医院。王丽天教授很热情，亲自给我作检查，当即诊断，查出了真正的病因：“网剥”。

我头一回听说“网剥”这陌生的名词。一问，才知是“视网膜剥离”的简称。

她说，这是急症，现在你的左眼视网膜还只破裂了一部分，必须马上住院动手术。如果晚了，会造成视网膜全部剥落，眼睛也就完全失明。你是作家，眼睛对于你的写作是非常重要的。她很热心，要我在新华医院住院。只是新华医院在控江路，太远，我无法在那里住院。王教授送我下楼，问我的车子在哪里？她得知我是挤公共汽车来的时候，大为惊讶。她说，“视网膜剥离”患者是不能受剧烈震动的，外出必须“打的”——即便是“打的”，也要关照司机注意平稳行车。

翌日，我赶往华山医院，挂专家门诊。朱复润教授给我看病。朱教授细细察看后，诊断为“视网膜剥离”。他画了裂口的形状——马蹄形，而且指出这裂口所在部位相当于时钟指针 5 点 25 分处。他要我马上住院。

当时，上海做视网膜手术最好的医院是上海第一人民医院，我又去“一院”急诊，“一院”也确诊为视网膜剥离，同意马上住院。这样，三家医院都确诊为“视网膜剥离”。那些日子里，向来跟医院疏远的我，竟频频奔走于各大医院之间。

只是由于上海第一人民医院离家太远，而且又不是公费医疗挂钩单位，所以我决定在华山医院动手术。1990 年 12 月 4 日，我住进华山医院。

十天后，施行手术。这是我平生头一回进手术室。朱复润教授亲自为我做手术，陈医师协助。手术时，进行了局部麻醉。

局部注射麻药后，我清醒地知道手术在进行，两位大夫精心在操作，不时问我感觉如何……在手术台上躺了两个小时，终于缝线，终于用冷凝器冷凝创口，结束了手术。

我舒了一口气，以为从此“太平”。不料，大夫把我的双眼用纱布严严地封了起来。大夫说，双眼互相牵连，非得一起封起来不可。

我在黑暗中度过了一星期。这时，我才明白“瞎”字的含义——“目”受“害”也；我也明白了“盲”字的含义——“目亡”也。

我坠入黑暗的深渊。那是毕生难忘的“黑色的一周”。

遵医嘱，我只能平卧于床。在那些黑暗的日子里，我的听觉忽然变得异常灵敏。我能分辨出各种手推车发出的不同的声音，知道是来打针的，或是送开水的，或是送饭的。常从走廊里传来一阵阵电话铃声，往往使我松弛的神经一下子紧张起来，以为自己正躺在家中，床头的电话机响了……那阵阵铃声，使我仿佛听到高节奏的生活的召唤，使我变得局促起来，巴不得挣脱黑暗的病床，奔向沸腾的生活。

这时，我才真正体会到“度日如年”的含义。甚至可以说是“度时如年”。我的生命列车，仿佛在漫长的隧道中穿行，黑暗连着黑暗，我巴望着窜出这暗无天日的隧道。

收音机成了我的密友。我成天戴着耳机，听新闻、听小说连播、听文学欣赏、听影片录音剪辑……平时忙得连电视也顾不上看的我，一时间成了电台最热心的听众。

终于熬过了七天七夜。拆线那天清晨，我一直在细细谛听着走廊上的脚步声、谈话声，期待着大夫早点来临。8时许，大夫终于来到我的床前，给我的创口拆线。虽然左眼仍被蒙上纱布，但右眼从此“解放”了。我从黑暗中走出来了！倦怠疲困的妻露出了笑容，她总算可以离开我的床边，回家歇一口气了。

在病房里又躺了些日子，医生终于同意我出院回家休养。临行，医生嘱咐，回家后三个月内不得看书、不得写作、不许外出、不许用力气，尤其是不得咳嗽，不得打喷嚏——同屋的一位病友正是在出院前夕打了个喷嚏，震落了视网膜，又重回手术台。还有一位病友，则是在吃饭时呛了一口，立时眼前一团红色的液体流过——眼内出血了！回到家里，成日价躺在书房里的椅子上，四周满是书、报，却不能看一眼。犹如一个口干已极的人在清潭中游泳，却不能喝一口水！我只能遵从医嘱，变成一个“不读书不看报”的“闲人”。

我常常念及那些永远处于黑暗之中的盲人。我同情他们的痛苦，我也敬佩他们在无尽的黑暗中搏风击浪的勇气和毅力。我倍感眼睛的重要，也从此深切地感到身体是拼搏的前提！

我的左眼患视网膜剥离动了手术之后，虽说我的眼睛没有瞎，能够看见东西，但遵医嘱，必须静养，不能看书，不能写字。这样我便成了“睁眼瞎”。以写作为职业的我，如今坐在书桌旁却不能握管笔耕，这种睁眼瞎，仿佛比真正的瞎子还要难受。

我生病，编辑们并不知道，他们照样来信、来电话催稿。特别是一位台湾编辑朋友，写来急信，要我写一篇文章。怎么办呢？我异想天开，忽然灵机一动，发明了一种“瞎写法”。

1990年，因左眼视网膜剥离做完手术后的叶永烈在家休养

那天夜里，我关掉了书房的灯，拿出了笔和纸，在黑暗中，我闭起了双眼，让眼睛处于休息状态，让脑子支配着手，在纸上瞎“写”。不过，这样的瞎写确实也不容易，我用的是白纸，上头没有任何方格。当我在一张又一张的白纸上写完后，我把一大堆手稿交给了妻子，妻子大吃一惊，才知道我仍旧积习难改，还是在那里写作。妻子告诉我，我的手稿写得还好，字迹还算清楚。偶尔有几行字或几个字重叠在一起，也还能够分辨。妻把我凌乱的手稿端端正正地腾在方格稿纸上，第二天就寄出去了。

我松了一口气，在患眼疾的时间里，居然也能写作。到了白天，我就用手绢把双眼蒙起来，就像儿时玩老鹰抓小鸡那样，仍然用瞎写方法，应付一些急稿。

不过，妻对这种瞎写法始终有点担心。这种写作法虽然不用眼睛，但是总是要低着头在那里写，也会影响视力的恢复。于是她给我出了个新的主意。她说：“听人说姚雪垠现在写《李自成》是用录音法，你能不能也试试？”我觉得她说得在理，于是也试着以录音机代笔进行写作。

“录音法”确实比“瞎写法”要方便得多。不论是躺在床上还是躺在椅子上，只要按一下录音机的录音键，口述自己要写的文章，很快就可以把文章凝固在磁带上，然后由妻整理成文字，这样很快就能完成一篇新作。

我发现用录音机写作是非常有趣的。在录音之前，闭着双目，静静地构思，打好腹稿，然后打开录音机聚精会神地口述文章，我讲得很慢，那速度就像广播电台广播气象记录那样缓慢。录完之后，先是自己听一遍。然后记住哪些地方要作修改，再请妻一起听一遍，再交她整理。

用录音机写作，最怕是当中受到干扰。譬如，才录到半途，忽然来了个电话，或者来个朋友，一阵笑话之后，再回到录音机前，思绪全乱了，不知道刚才口述些什么。这时，我不得不把录音带倒回去，听一遍，才明白下头该继续讲些什么。

我试着用录音机写作，发觉用这种方法写作的速度相当快。一篇4000字的文章，不到二小时就全部录制完成了。

真是“天无绝人之路”。在那“睁眼瞎”的日子里，我交替着用“瞎写法”和“录音法”，仍旧坚持创作，不断地把我的文思凝固下来，竟然也写下不少新作。

只是苦了我的妻子!

1991年2月6日，遵医嘱，我到华山医院复诊，朱教授发现：马蹄形洞没有消失！手术后，本来伤口四周应出现紫色斑晕，这是伤口要愈合的标志。经检查，这紫色斑晕没有出现。

应当说，朱教授对于这次手术是很重视、很认真的。只是由于过分的小心，所以冷凝时间不够长——他怕冷凝太长会伤害眼睛。由于冷凝时间不够，就造成了紫色斑没有出现。

他很着急，决定要补一次激光手术。他说，在伤口打激光，可以加快愈合的速度。但是，华山医院没有这方面的设备，他请眼耳鼻喉医院帮助做这一手术。

1991年2月8日，一大早，赶到华山医院，朱教授亲自陪同前往眼耳鼻喉医院。到了那里，才得知朱医师原先约定的一位主治医师没有来，值班的是一位女医生。既然来了，也就做吧，我实在不好意思要朱教授再陪一次。由于朱教授那天开设专家门诊，必须赶回华山医院。他向那位女医师作了交代之后，便匆匆离去。

由于那位女医师不了解具体病情，以为加快愈合必须加大激光量，所以激光打得太多，而且在我尚未完全坐定、适应环境时，就开始打激光，部分激光竟落在黄斑区!

这次激光手术，造成不可挽回的后果：虽然在3月5日复诊时，确定出现紫色斑晕，表明伤口愈合，但是从此视物变形，而且复视严重——这是由于激光量过大以及激光落在黄斑区造成的。从此，我的左眼视力极差，再也无法医好。

由于左眼几近失明，1992年11月24日晚在北京去新侨饭店时，店内灯光明亮，失明的左眼不慎撞在玻璃门上，眼镜碎裂致使左眉划破，鲜血直流，当即到附近同仁医院急诊，缝了三针。至今左眉留下疤痕。所以，我也应归入“残疾作家”之列，尽管在外表上一点也看不出左眼失明。

此后，我用电脑写了几百万字的新著，几乎全是依靠一只近视800度的右眼完成的。

医生曾告诫：视网膜剥离，常常会左右眼先后发病，尤其是高度近视者。我的右眼现在已经出现玻璃体混浊症状。

医生曾劝我：可否改换一种用眼不多的职业？

实际上，这是不可能的。

我最希望的是，右眼不要发病。如果右眼发生视网膜剥离，那就意味着我结束作家这一职业。所以，在生了那场大病之后，我开始注意工作负担不能太重太累，以防止疾病突然袭来。

逃脱癌症阴影

记得，我在手术后戴着眼罩，面对着上海华山医院病房的天花板，忽然有所感悟：“瞎”，不就是“目”遭到灾“害”，而“盲”，则是“目”“亡”也！

这一回，我望着上海肿瘤医院病房的天花板，也有所感悟：“癌”字，那三个“口”仿佛象征着三个肿瘤，也象征着压在身上的三座大山，何况披着“病”的外衣，显然来者不善。

对了，还有那个“CA”，一词多义，既是钙的化学符号，也是美国加利福尼亚州的缩写，而在医学上则是癌——Cancer的缩写。

我跟CA打交道，最初是“钙”，因为我念化学的时候，经常用到钙的化合物，诸如石灰石——“碳酸钙”、石膏——“硫酸钙”等等；接着，我跟“加利福尼亚州”打交道，我一次次去美国，不论是住在旧金山或者洛杉矶，都属于

“加利福尼亚州”；最后，则是 Cancer——“癌”找到我头上来了。

我第一次跟癌打交道，是在 1994 年。那时，在体检中查出我可能患有鼻咽癌。当时，我曾经写了《“大将风度”》一文，记述这一经过：

一位老作家的一篇散文，他那特殊的视角和特殊的思绪，曾给了我很深的印象。记得，他说起每回出席追悼会，所注意的是墙上那颗挂遗像的钉子。他发觉，钉子依旧，而遗像常换。他由此想及，他去世时，挂他的遗像的，大约还是这颗钉子。

我也参加过种种追悼会，可是我从未注意那颗挂遗像的钉子，更没有想到何时会挨到挂我的遗像之类问题。我曾感叹，只有垂暮之人，才会有那样特殊的视角和特殊的思绪。因为像我这样年纪的人，每天的日程表排得满满的，生命的列车正在呼啸前进，离人生的终点还远着呢！

正因为这样，一次“急刹车”，使我突然想及了那篇关于“钉子”的散文……

那是在作家协会一次例行的身体检查时，华山医院的沈大夫头戴反光镜，要我不断张开嘴巴，很仔细地查看我的咽部。查毕，她写了张化验单，要我去抽血。“不是已经抽过了吗？”我问道。她说，那是查血常规，你这一回查的项目跟别人不一样。我只得遵命去验血。

我正忙。体检毕，便去四川，早已把验血之类的事忘在脑后。就在我去四川的那些日子里，沈大夫一次次给上海作家协会打电话，告知“叶永烈验血结果有问题，应马上去医院”。虽说我知道后，明白这一回体检结果不同于往常，但是工作正忙。我从四川回来后，又去浙江。

直至从浙江回来，去上海作协，他们催我无论如何该去一趟华山医院——劳保医院。

说实在的，我已经整整两年没有去华山医院。我的体质不错。平常，有点小毛小病，就在家附近的一所医院看一下，吃点药，也就行了。由于很少吃药，所以往往吃一两粒药丸就能奏效。我忙于写作，没有马上去华山医院。妻多次催我。这样，又拖了十多天，我这才去了趟华山医院。

记得，我一走进耳鼻喉科，大夫们几乎异口同声都叫了起来：“你怎么到现在才来？”我开始意识到问题的严重，因为他们都早已知道我的体检结果，怀疑我患了“鼻咽癌”！据告，我那天第二次抽血，是作ENT化验。这是查验鼻咽癌的很重要的化验，90%的鼻咽癌患者的ENT化验呈阳性，而我恰恰呈阳性！在种种癌症之中，并非所有的癌症都具有这一特征，而鼻咽癌则有这一特征。正因为这样，沈大夫在体检时发现我的鼻咽部有可疑症状，就决定查ENT，一查就查出阳性。她不久前在另一个单位体检，也是通过查ENT，一下子“抓”住了一个鼻咽癌患者——虽说患者本人毫无感觉。

如今，癌症已经并非那么可怕，而且鼻咽癌用放射性射线治疗也是很有效的，尤其是早期发现、早期治疗，效果更好。不过，“咽喉之地”的癌症，毕竟不可小觑。虽说我这个人坦然而乐观，雷打到脚跟也不在乎，我除了仍坚持写作之外，还接受上海有线电视台的采访，笑谈“世界杯”足球赛，甚至冒着36℃的高温参加签名售书活动。但是大夫们很重视我的病，我一下子成了“重点对象”。大夫对我进行很仔细的检查。

头一步是“活检”，也就是从患部取一块“活体”，进行检验。取“活体”的滋味不好受，那天，大夫往我的咽部喷了麻醉剂，然后用钳子硬是钳下两块肉——“活体”，痛了我好多天。

“活检”的结果是阴性，与ENT相反，表明未必是鼻咽癌。我用“足球行话”笑称：“现在场上比分一比一！”

最后的“裁决”是进行MRI检查。MRI是一种新式的检查方法，据云国外在最近十来年才开始应用于临床，在上海也只有华山医院这样的大医院才有MRI设备。检查一次，收费1200元。我虽是公费，但得去上海市卫生局盖个章，才能做这样的检查。

MRI，其实就是磁共振成像术，比常见的CT成像清晰得多。做MRI检查的“清规戒律”甚多，诸如不能戴手表，不能随身带任何金属物品，连女同胞们脸上的化妆品，诸如“义眼”之类都要事先除去，甚至不许擦任何头油。

那天，我躺在MRI机器窄窄的小床上，双耳边被两个小枕头塞得紧紧的，脸上罩了个摩托头盔般的东西，头部一动也不能动。我被推进机器，光线变得幽暗，四周一片寂静。我仿佛到了另一个世界似的。没多久，耳际突然传来一阵像机关枪扫射的声音，打破了寂静。然后是大炮轰鸣的声音，接着是火车高速前进时的声音……这些声音不断地循环着，足足持续了20多分钟，我这才被“解放”出来。

翌日，三大张底片冲出来了。每一张底片上，有我的头部的19幅图像。这样57幅图像，是从不同的角度和深度对我的鼻咽部进行拍摄。怪不得那一阵阵轰鸣声，持续了20多分钟。

大夫依据MRI图片进行“终审判决”，排除了鼻咽癌的可能性。虽说她在病历卡上还写了“随访”字样，但是我毕竟走出了癌症的阴影。

那些日子里，最为紧张的是妻。她好几夜没有睡着。而我，则照睡不误，白天照样忙于工作。其实，那是因为我手头的事太多，本来就睡眠不足，当然一躺下就“着”了。她倒是给予我“高度评价”，曰：“大将风度。”

癌症阴云再袭来

自从1994年幸运走出鼻咽癌阴影，10年之后，癌症阴云又一次朝我袭来。

2004年11月6日，我前往上海第六人民医院作例行的身体检查。在作B超检查的时候，那位年轻的男医生像抓住什么嫌疑犯似的，对我说：“你的两个肾都有囊肿，其中右肾是肿瘤，一定要开刀。”这位医生在报告单上写明，右肾肿瘤的大小是3cm×3.1cm，而且怀疑是“CA（癌症）”。

我的医疗关系属于上海第六人民医院干部科（过去称“高干病房”），后来称“医疗二科”。大夫们对我很关心，尤其是护士长何老师以及商、李两位。

干部科一定要我去看专家门诊。于是，替我挂好号，请上海第六人民医院专家周永昌教授复诊。何况我当时要去美国，已经买好机票，行前作一次仔细的检查也是应当的。

满头白发的周永昌教授是中国超声诊断学术权威，上海第六人民医院超声医学科名誉主任，主任医师，终身教授，享受政府特殊津贴。他在1949年毕业于同德医学院，编著出版了我国第一部《超声诊断学》专著。曾获得美国超声学会及中国超声医学工程学会颁发的“医学超声先驱”奖，被评为上海市劳动模范、上海市十佳医师及全国百名优秀医生。

周永昌教授是名医，慕名而来的病人甚多。那天将近中午的时候，才轮到我。走进光线暗淡的超声诊断室，周永昌教授用B超仔仔细细看了10多分钟，然后出语惊人："体检的医生水平太差，怎么连肿瘤和囊肿都分不清楚？！这是一般性的囊肿，大小是3cm×3cm，没有什么关系的。"

周永昌教授否定了是"CA（癌症）"。他甚至连肿瘤都否定了。

我对于权威向来高度信任。周永昌教授是医学权威，我确信他的论断结论。

于是，我一脸轻松，走出了B超室。我庆幸，又一次走出癌症的阴影。没多久，我就飞往美国了。

2005年、2006年体检时我出差在外，没有去体检。

2007年体检时，我又在B超这一关被"卡"住。经过我说明周永昌教授的诊断结果，也就"放"我过关了。

2008年6月15日，我在上海第六人民医院体检，右肾问题再度被提起，认定有癌症的可能性。

6月18日，上海第六人民医院何老师两次打电话来，反复商议体检时肾扫描的结论。医生认为，肾有肿瘤，必须切除，以免转为恶性。我同意院方意见，即"做一次CT，再请专家论断"。

7月16日上午7时半，我空腹到达上海第六人民医院。护士何老师安排我去做CT。到了CT室，商老师已经等在那里了，很关心。做CT的时候，注射了碘普罗胺100CC，全身发热。回家后感到很倦，睡了两小时，才恢复正常。

商老师来电，约定7月25日上午10：30请超声医学科新的主任胡兵教授论断。

7月25日10时多，我来到上海第六人民医院。李老师带我去超声医学科，见到胡兵教授。胡兵教授很热情，是一位学有专长的中年医生，戴一副眼镜，人很文雅。他师从周永昌教授多年。

10时半，胡兵主任对我的右肾用超声进行仔细检查，对照CT检查结果，他还从电脑中调阅了四年前他的老师周永昌教授的诊断结果。他问我，周永昌教授是几点钟给你看病的？我说将近中午。这时，胡兵教授的助手也从电脑中查出是中午12时写的诊断。胡兵主任说，也许那时候老先生很累了。在胡兵主任看来，周永昌教授是在很累的时候没有看清楚，下了不准确的结论。我记得周永昌教授当时看了许久，绝对不会是在没有看清楚的情况下随意写下诊断结果。

我再度表现出对于权威的高度"迷信"。这种"迷信"，很多人也都有。然而这种"迷信"，往往使人们不相信，权威也有犯错误的时候。

胡兵教授显然是在找一个理由否定他的老师周永昌教授的结论。胡兵教授又要我做造影超声检查。护士给我注射造影药剂之后，胡兵主任再度细细检查。他做出结论，认为我的右肾肿瘤是恶性的，即肾癌。他说，目前尚是早期癌症，建议立即住院，切除整个右肾。

我很坦然。但是，对于手术切除，待考虑。我的理由是右肾肿瘤早在2004年体检时就已经发现，当时就怀疑是癌症。四年过去了，仍然如此。倘若是肾癌，当然越早切除越好。但是肾脏手术毕竟不是小手术，需要慎重考虑。

另外，胡兵教授认为这肿瘤已经长大到4厘米多，推测这肿瘤恐怕有10年的历史。但是，妻从CT的检查结果上看到，认为肿瘤是3cm×3.1cm，这表明与4年前一样大小。

我认为，既然与这肿瘤已经“和平共处”了10年，而且4年来并没有明显变大，何况我自我感觉并无任何异常，因此，我以为目前不必作切除手术，再“和平共处”吧，待有异动再考虑手术切除。

然而，胡兵教授明确指出，在肾肿瘤之中，95%是恶性的，即95%是癌。我不由得记起，当年怀疑我患鼻咽癌，90%的鼻咽癌患者的ENT化验呈阳性，而我最终被排除了，幸运地在那10%之内。然而，这次是癌症的可能性已经升高到95%。我的“幸运率”降低到只有5%！

胡兵教授警告我，恶性肿瘤有一段潜伏期。一旦爆发，很快就扩散、转移，到了那时候就太晚了。他再三劝我，赶快住院，做根治性手术，整个切除右肾。

胡兵教授当即给我开了住院通知书，要我马上住院，切除右肾。

对于癌症，我不光是有种种医学上的了解，更有着很多第一手的感受。

就在上海第六人民医院，我送别了患了癌症的文友王一川。他是上海华东师范大学教授。记得几个月前，我们一起去温州，他的声音还是那么的洪亮，精力是那么的充沛。但是，回到上海之后不久，查出癌症，已经是晚期！我来到上海第六人民医院病房看他，他含泪托我后事，即为他写墓志铭。10多天之后，他就离世。我赶紧为他写下墓志铭，经石匠刻在青石上，竖在他的墓前。

陆星儿（陆天明的妹妹）是我的同事，我们同为上海作家协会专业作家。她给我的印象向来是活跃，充满朝气。然而，自从得了癌症，没有多久就告别这个世界。我出席了她的追悼会，见到她遗体，满头灰白长发，形容枯槁，几乎不认识了——她住院期间，无法染发，所以临终时与平常判若两人。陆星儿2004年死于胃癌，年仅55岁。

有一天傍晚，我在街上散步，忽见一男子坐轮椅从我身边推过，面孔好熟悉。定睛一看，是过去在电影制片厂的同事潘惠根。他是摄影师，身强力壮，那时候一次次进入西藏拍摄，必定是他去。当年的壮汉，一下子变成眼前的有气无力的病夫，我愣住了。我问他得了什么病，他告诉我，癌症！没多久，我从朋友那里得知，他已经离开人世。

另外，上海人民出版社的责任编辑季永桂，编辑出版了我的《红色的起点》《历史选择了毛泽东》《毛泽东的秘书们》等一系列重要作品，与我有着多年的友情。他向来健壮如牛。忽然得到他得肺癌的消息，我赶往胸科医院看望他，原本一头乌发的他，经过多次化疗，已经变成光头。人很消瘦，与从前判若两人。一年多之后，他恢复正常，居然还到我家约稿。可是几个月之后，癌症复发，病情急转直下，离开了人世，也只50多岁。

我的表嫂、曾衍霖教授的夫人，在我赴美国前，还好好的。当我两个月后从美国回来，向曾衍霖教授问候表嫂时，他告诉我，她的追悼会刚刚开过！

我的妻子的大嫂，也是患癌症。从发现癌症到去世，前后只一个月……

忍看同辈成新鬼，我深知在癌症面前，生命是何等的脆弱！

胡兵教授告诉我，在癌症之中，肾癌具有不同于众的特点：

肾癌初期无症状。一旦出现症状，即尿血、发热、腹部摸上去有肿块，那已经进入晚期了！正因为这样，肾癌的潜在危险性很大。

治疗癌症最常用的放射疗法和化学疗法，对于肾癌几乎没有什么作用，因此肾癌的唯一治疗方法就是手术切除。

早期的肾癌，小于3cm的，可以切除肿瘤，保留部分肾脏。我的肿瘤已经超过3cm，必须全部切除整个右肾。为了防止癌的转移，还要切除肾附近的淋巴腺等。

另外，肾的肿瘤究竟是良性还是恶性的，很难区分。只有切除之后，做病理切片，才能确诊是良性还是恶性——然而，到了那时候，整个肾脏已经切除！

虽然我没有听从胡兵教授的意见，马上住院动手术，不过胡兵教授的诊断结果给我敲起警钟：也许人生的时间真的已经不多。

于是，我抓紧时间，把最值得写完的“风波三部曲”赶紧完成。我首先完成了“风波三部曲”第一部《出没风波里》的补充、修改工作，接着又完成了“风波三部曲”的第二部《现在可以说了》，然后完成了“风波三部曲”的第三部《树欲静而风不止》。后面两部，由于内容敏感，目前都无法在中国大陆出版，原本想等“上了年纪”才写。我把150万字的“风波”三部曲交给香港时代国际出版公司董事长徐跃先生，委托他来印行……

不得不四处求医

上海第六人民医院干部科很负责任。护士长何老师不断打电话催问我何时住院动手术。我一直“拖”着。我当时的打算是想“拖”到2009年的体检。如果2009年的体检时发现右肾的肿瘤明显增大，那就住院切除。不过，上海第六人民医院干部科的再三催促，使我不能再“拖”了。

我原本对上海第六人民医院有着很大的信任感。上海第六人民医院以骨科闻名全国，第一例“断手再植”就是在这里获得成功的。被誉为“断手再植之父”的陈中伟教授与我有着很好的私交。

然而，这一回，在上海第六人民医院，像周永昌教授这样的权威性教授居然对我的病做出明显的误诊，以致整整耽误了四年，我不能不对上海第六人民医院失去了信心。

我开始寻找并到别的医院就诊。

2008年9月11日，我到了上海中山医院，挂不上专家门诊，就看了普通门诊。大夫要我重做B超，但是排队的人太多，当天还不能做，要预约才行。

我离开中山医院，前往上海瑞金医院。在那里预约了下周三的专家门诊。

2008年9月17日上午，我如约前往瑞金医院。医院里看病的人很多，非常拥挤，连乘电梯都要等许久。到了14楼，特约专家门诊，请沈周俊教授诊断。他看了病史，认为：一是98%可以确认为右肾癌，二是目前尚属一期癌症，三是必须立即住院动手术切除。看手术情况，如果能够只切除右肾一部分，当然最好，也可能全部切除。他说，不要存在侥幸心理。他建议在瑞金医院作切除手术。

就在我四处求医之际，忽然从网上查到，上海第六人民医院的周永昌教授仍在看病——我原以为他已经退休，不再看病。4年前，是他否定了我的右肾癌症，今日他会怎么看呢？

上海第六人民医院干部科很快给我挂好了周永昌教授的专家门诊。2008 年 10 月 7 日，我应约前往上海第六人民医院。我在早上 6：45 出发，与妻一起打车到第六人民医院，在那里用早餐，然后等了一个多小时，上午 9 时周永昌教授给我做彩超。这一回，周永昌的结论与四年前大不相同，他说，右肾 99% 是癌症，而且肿瘤明显增大了，已经达 5 厘米。

我拿出他在四年前否定是肿瘤的诊断书，他沉默以对，没有说一句话，也没有表示半点道歉。

1990 年，由于上海华山医院的手术失败，使我的左眼近乎失明，从此我对上海华山医院失去了信任感，把医疗关系转到了上海第六人民医院。

然而这一回，上海第六人民医院权威医生的误断、误诊，又使我的右肾肿瘤的治疗整整延误了 4 年，我又一次对上海第六人民医院充满失望之感。

这一回，周永昌教授倒是告诉我，应当抓紧做右肾切除手术。由于肿瘤在右肾的中部，因此必须整个切除右肾。他认为目前已经进入二期，应该抓紧做手术。

周永昌教授是超声波科，只作诊断，而手术是由泌尿科做。接着，我到上海第六人民医院泌尿科看病，接待我的是乔勇副教授。他认为应当马上住院，实行右肾全切除。

妻笃信中医。在她的建议之下，2008 年 10 月 17 日我前往龙华中医院，看孙建立大夫的专家门诊。孙建立大夫很直率地说，肾癌唯一有效的治疗方法就是手术切除，中医无法治肾癌。倘中医能治好，只能说那并不是癌症，是良性的肿瘤。他劝我还是尽早做手术切除。

梁启超的肾癌风波

大约是同病相怜的缘故，我在四处求医的那些日子里，也开始关注起历史上曾经患肾癌的名人，其中给我印象最深的就是梁启超。

梁启超，著名的政治活动家、思想家、教育家、史学家和文学家。梁启超是戊戌变法（百日维新）领袖之一。

梁启超的身体不错，有人曾经这样记述：

他蓝袍青褂，身材魁伟，有些秃顶，却是红光满面，眼睛奕奕有神，讲演有许多手势，以助表情。引用书文时，并不看原著，便成段诵出，背不下去时，便指叩前额，当当作响，忽然又接着讲下去。那时的国人，上至总统，下至平民，觉得不听梁先生的话，肯定要犯错误。梁先生的弟子杨鸿烈先生曾撰文回忆：1921年，一个奥地利提琴大师来京演出，梁启超便在《晨报》撰文推荐，指出，如果不前去东城真光电影院聆听这位音乐家演奏西洋名曲，便是没有文化水平的野蛮人！于是北京大中学生典当衣物，都去购买售价昂贵的入场券。总统黎元洪也认为自己绝不是“野蛮人”，竟在影院包了一厢，偕同妻妾眷属，前往捧场，并向西洋音乐家赠送鲜花大提篮。

可是在1926年3月8日，53岁的梁启超终于因尿血症入住北京协和医院。此前他患此症多年，家人屡劝就医，他总嫌“费事”，一直拖在那里。

经过北京协和医院用X光透视，医生发现右肾中有一黑点，诊断为瘤。

梁启超的弟弟梁启勋在1926年5月29日北京《晨报》副刊上发表《病院笔记》一文，记述他当时陪同梁启超在协和医院检查时的见闻：

迨检查后，谓病在右肾，余问刘（引者注：即后来的主刀医生刘瑞恒）曰：“必非癌乎？”盖病人所最不放心者以此，家族亦因之而不放心，理之常也。而刘答曰：“不一定不是癌。”余又问将以何法治之？答曰：“全部割去。”

我发现，我的病况与梁启超非常相似，都是在右肾发现肿瘤。不同的是，梁启超当时用的是X光透视，而我则是用超声波扫描。

医生的论断也惊人的相似：胡兵教授告诉我，肾的肿瘤究竟是良性还是恶性的，要等切除手术之后做病理切片，才能确定是否为恶性肿瘤。正因为这样，当时刘瑞恒医师在回答梁启超的右肾是不是癌的时候，答曰“不一定不是癌”，这话在今天也是正确的。

医生的治疗方法，同样惊人的相似：刘瑞恒医师认为梁启超的患病右肾必须“全部割去”，而胡兵教授对我的忠告也是“尽快切除患病的右肾”。

我跟梁启超只是病情轻重上有所不同：梁启超已经血尿多年，如果是肾癌，已经进入晚期，而我则还没有发现血尿，病症比梁启超轻。

梁启超受过西洋教育，相信西医，同意作右肾切除手术。

梁启超的主刀医师是院长刘瑞恒，是当时最顶尖的外科医生。刘瑞恒曾留学美国哈佛大学，获医学博士学位。在为梁启超主刀时，他是北京协和医学校校长兼协和医院院长。1926 年至 1928 年，刘瑞恒还兼任中华医学会会长。后来，刘瑞恒还曾任南京政府卫生部副部长，卫生署署长，兼任南京中央医院院长。

当时除刘瑞恒主刀外，他的副手是美国人，也是资历颇深的外科医生。

北京协和医院是当时中国第一流的医院，为梁启超主刀的医生又是第一流的，照理手术应当非常成功。1926 年 3 月 16 日，刘瑞恒为梁启超切除了右肾。

然而出人意料的是，手术之后梁启超血尿症状并没有好转。到了 1926 年 8 月底，血尿甚至加重。

从 1927 年秋至 1928 春，梁启超因血压增高和血尿两次入住协和医院治疗。

1928 年 11 月 27 日，梁启超因血尿病情加重被送往协和医院抢救。1929 年 1 月 19 日，梁启超终因救治无效离世，终年仅 56 岁！

晚年梁启超患肾癌，死于错误的手术

梁启超英年早逝，举国震惊，对于协和医院及院长刘瑞恒的抨击之声不断。其实，就在梁启超手术之后不久，在 1926 年 5 月 9 日，作家陈西滢就在《现代评论》发表文章质疑协和医院：

（梁启超）腹部剖开之后，医生们在右肾上并没有发见肿物或何种毛病。你以为他们自己承认错误了吗？不然，他们相信自己的推断万不会错的，虽然事实给了他们一相反的证明。他们还是把右肾割下了！可是梁先生的尿血并没有好。他们忽然又发现毛病在牙内了，因此一连拔去了七个牙。可是尿血症仍没有好。他们又说毛病在饮食，又把病人一连饿了好几天。可是他的尿血症还是没有好！医生们于是说了，他们找不出原因来！他们又说了，这病是没有什么要紧的！为了这没什么要紧的病，割去了一个腰子，拔去了七个牙，饿得精疲力竭，肌瘦目陷，究竟是怎样一回事？并且还得花好几百块钱！

陈西滢的文章发表之后，诗人徐志摩又在1926年5月29日的北京《晨报副刊》上发表《我们病了怎么办》一文，与之呼应，表示赞同陈西滢的“西医就是拿病人当试验品”的意见。

对此，梁启超的弟弟梁仲策也称：“平实而论，余实不能认为协和医生之成功，只谓之为束手。”

出于顾全大局，出于维护当时传入中国不久的西医，梁启超以当事人的身份写了一份英文声明交给协和医院（当时协和医院所有病历用英文书写），题目是《我的病与协和医院》，至今仍保存在协和医院病案中。梁启超的声明后来被翻译成中文，发表在北京《晨报》上。

梁启超在《我的病与协和医院》中说：

> 右肾是否一定要割，这是医学上的问题，我们门外汉无从判断。据当时的诊查结果，罪在右肾，断无可疑。后来回想，或者他（它）“罪不该死”，或者“罚不当其罪”也未可知，当时是否可以“刀下留人”，除了专门家，很难知道。但右肾有毛病，大概无可疑，说是医生孟浪，我觉得冤枉。

梁启超还声称：

> 出院之后，直到今日，我还是继续吃协和的药，病虽然没有清楚，但是比未受手术之前的确好了许多。想我若是真能抛弃百事，绝对休息，三两个月后，应该完全复原。至于其他的病态，一点都没有。虽然经过很重大的手术，因为医生的技术精良，我的体质本来强壮，割治后十天，精神已经如常，现在越发健实了。

梁启超强调指出：

> 我们不能因为现代人科学智识还幼稚，便根本怀疑到科学这样东西。即如我这点小小的病，虽然诊查的结果，不如医生所预期，也许不过偶然例外。至于诊病应该用这种严密的检查，不能像中国旧时那些“阴阳五行”的瞎猜，这是毫无比较的余地的。我盼望社会上，不要借我这回病为口实，生

出一种反动的怪论，为中国医学前途进步之障碍——这是我发表这篇短文章的微意。

其实梁启超这番话，除了他忍着病痛表示支持西医是难能可贵的，关于自己“现在越发健实了”毕竟是言不由衷的。随着他的病情的加重，1926 年 9 月 14 日在天津的梁启超在给孩子们的信中，透露了实情：

伍连德（引者注：名医、公共卫生学家）到津，拿小便给他看，他说这病绝对不能不理会，他入京当向协和及克礼等详细探索实情云云。五日前在京会着他，他已探听明白了……他已证明手术是协和孟浪错误了，割掉的右肾，他已看过，并没有丝毫病态，他很责备协和粗忽人命为儿戏，协和已自认了。这病根本是内科，不是外科……据连德的诊断，也不是所谓“无理由出血”，乃是一种轻微肾炎……我屡次探协和确实消息，他们为护短起见，总说右肾是有病，部分腐化，现在连德才证明他们的谎话了。

这就是说，梁启超的“割掉的右肾”，“并没有丝毫病态”。正因为这样，在切除右肾之后，梁启超的血尿症不仅依旧，而且不断加重。

关于梁启超的切肾手术，在 1970 年爆出惊人内幕。那是梁启超的长子、建筑学家梁思成在协和医院住院时，从他的主治医师处得知父亲真正的死因。梁思成的第二任夫人林洙在其所著《梁思成》一书（河北教育出版社 2002 年版，第 37 页）中写道：

主刀医师是院长刘瑞恒，但因他的判断错误，竟将健康的肾切去，而留下坏死的肾。对这一重大医疗事故，协和医院严加保密。直到 1949 年以后才在医学教学中，讲授如何从 X 光片中辨别左右肾时例举这一病例。

关于这一内幕，还有另一版本：

手术室值班护士在用碘酒标手术位置时弄错了，本来该切除的是左肾她却标成了右肾。刘瑞恒手术前也没有仔细核对一下挂在手术台旁边的 X 光片，就将健康的右肾给切除了。手术之后，梁启超的尿血症状不但没有消除，反而加重了。与此同时，协和医院也发现了这是一起医疗事故，可是院方考虑到“协和的名声”，遂将此当作“最高机密”，缄口不提。

不过，这一传说之中“本来该切除的是左肾她却标成了右肾”，意思是说病肾是左肾而非右肾，但是梁启超之弟在 1926 年 5 月 29 日北京《晨报》副刊上发表《病院笔记》一文，是在梁启超手术之后不久写的，称“迨检查后，谓病在右肾”。由此可见，所谓“值班护士在用碘酒标手术位置时弄错了”这一传说并不可靠。

不管怎么说，梁启超被切除的毕竟是右肾，与我相似。从梁启超的经历可以看出：早在 1926 年，中国已经能够施行肾切除手术，而且当时被认为是治疗肾癌的唯一办法，直至今日还是这样。

另外，从梁启超的病史可以看出，误诊是何等的可怕！

“末代皇帝”也死于肾癌

相对于梁启超而言，“末代皇帝”溥仪患肾癌就没有那么多的曲折和风波。

爱新觉罗 · 溥仪也死于肾癌

1959 年 12 月 4 日，溥仪被特赦，成为中华人民共和国的普通公民。

1962 年，溥仪经“自由恋爱”，与李淑贤结婚。

溥仪的健康亮起红灯，是在 1962 年 5 月中旬，即与李淑贤结婚之后两个星期，发现尿中带血。

最初，请中医诊治，说是“膀胱热”，给溥仪开了几服中药。

1964 年 9 月底，溥仪主动要求去北京植物园参加劳动。原本计划劳动两天，可是只干了一天的活儿，溥仪就出现了尿血。李淑贤连忙陪他上医院，医生称他得了前列腺炎，打了止血针。

1964 年 11 月，溥仪在陪同周恩来总理接见外宾时，周恩来问起溥仪的健康状况，得知溥仪尿血，马上指示要对溥仪的身体进行全面检查。根据周恩来总理指示，溥仪住进北京协和医院——很巧，就是当年为梁启超切除右肾的那家医院。北京协和医院毕竟是第一流的医院，而且溥仪住进了高干病房，一检查，查出溥仪患膀胱癌，做了切除手术。

过了些日子，溥仪又尿血。经过北京协和医院检查，发现溥仪的左肾出现肿瘤，表明癌从膀胱可能转移到左肾，于是做了切除左肾的手术。

到了 1966 年“文化大革命”开始的时候，溥仪已经住了 4 次医院，动过 3 次大手术。溥仪的身体一天不如一天。

“文化大革命”给了溥仪莫大的政治压力。有人声称溥仪的回忆录《我的前半生》是“大毒草”。当年曾经是溥仪身边的一个小太监，声言要造溥仪的反。迫于压力，溥仪给出版社退还回忆录《我的前半生》的稿费 5000 元。由于当地派出所的保护，溥仪总算免于被红卫兵批斗和游街。

祸不单行。溥仪唯一的肾脏——右肾，也发现肿瘤。

这表明，癌细胞在溥仪体内不断转移，从膀胱到左肾，从左肾到右肾。

据统计，肾癌在发现时约有 50%尚局限于肾内，但有 30%在初次诊断时已有远处转移。在手术后出现远处转移者占 50%。

1966 年 12 月 23 日，身心交瘁的溥仪因肾癌引发的尿毒症而第 5 次住院。

1967 年 9 月的最后一个夜晚，自知将不久于人世的溥仪与妻子李淑贤进行了一次长谈，他说：“我这一生当过皇帝，也当了公民，归宿还好。现在总算是要走到尽头了，国家把我这样一个封建统治者，改造成为一个公民，是不容易的。可惜我这些年尽生病了，没能够做什么事，实在对不起国家啊，再有，就是对不住你，我不在了谁来管你呢！”

1967 年 10 月 17 日，溥仪因患肾癌病逝，终年 61 岁，而梁启超死于肾癌则只有 56 岁。

吴阶平切肾之后依然长寿

吴阶平院士

由于“同病相怜”的缘故，我不仅关注起梁启超和溥仪的肾切除经历，而且关注着吴阶平院士的肾切除经历。

吴阶平是两院院士，即既是中国科学院院士，又是中国工程院院士。

我在北京见过吴阶平院士，站如松，坐如钟，一点也看不出他是一个右肾被切除的人。虽说吴阶平不是因为肾癌切除右肾，而是由于患肾结核。

我对吴阶平院士的关注是双重的：

一是他在年轻时切除右肾，而他远比梁启超、溥仪长寿，年已九旬依然精神奕奕。他究竟是怎样用一个肾走过漫长的人生之路？

二是吴阶平院士乃中国泌尿外科奠基人，他是中国医学界首屈一指的专家。从1962年至1965年，他曾经作为中国医疗组组长先后5次被派往印度尼西亚，为苏加诺总统治疗肾病。1965年1月2日，苏加诺总统授予他“伟大的公民”二级勋章。1967年，吴阶平被周恩来总理任命为中央领导保健小组组长，并先后负责江青、谢富治、康生、王洪文等人的保健工作。1972年，周恩来被确诊为膀胱癌，吴阶平担任周恩来治疗小组组长。在毛泽东主席去世之后，吴阶平是毛泽东遗体保护小组的成员之一……

吴阶平，原名泰然，字阶平，1917年1月22日出生于江苏省常州武进县中产阶级家庭。父亲吴敬仪在沪、津两地经营纱厂，但是却希望子女能够从医。他认为，学医不仅能够济世救人，而且有一技之长足以立身。在吴敬仪的影响之下，大女婿陈舜名放弃原来的工作，考进北平协和医学院，成为外科医生。吴敬仪的长子吴瑞萍也考入协和医学院，后来成为著名的儿科专家。吴阶平和两个弟弟吴蔚然、吴安然，都走上医学之路。

1933年，吴阶平从天津汇文中学毕业之后，步姐夫、长兄的后尘，选学了医学，由汇文中学保送进入北平燕京大学医预科。1937年毕业于北平燕京大学，获理学学士学位。同年，考取北平协和医学院。

在三年级时，吴阶平因患肾结核症，切除右肾，休学了一段时间，至1942年仍以优异成绩毕业于北平协和医学院，获医学博士学位。

吴阶平在北平协和医学院学习期间，受到当时中国最顶尖的泌尿外科专家谢元甫教授的栽培与赏识，从此毕生从事泌尿外科研究。

受谢元甫教授推荐，吴阶平从1947年至1948年在美国芝加哥大学师从名教授C.哈金斯（Charles B.Huggins，1966年度诺贝尔医学奖获得者），进步甚大。哈金斯欲留吴阶平在美国工作，吴阶平仍于新中国诞生前夜回到北平。

1948年至1960年吴阶平任北京医学院副教授、教授。1960年至1970年创办北京第二医学院，并历任副院长、院长、终身名誉校长。1970年至1993年任中国医学科学院副院长、院长、名誉院长，首都医科大学校长，中国协和医科大学副校长、校长、名誉校长，中华医学会会长、名誉会长，中国科学技术协会副主席、名誉主席，第七届全国人大代表、全国人大教育科学文化卫生委员会委员，第八届、第九届全国人大常委会副委员长，九三学社中央副主席、主席、名誉主席，清华大学医学院院长。

我在细细探究吴阶平的经历时，注意到他曾经花费很多精力从事“肾切除后另一侧肾代偿性生长”这一课题的研究。在我看来，作为中国泌尿外科奠基人的他，同时又是肾切除的患者，他从自身的体会中，关注“肾切除后另一侧肾代偿性生长”这一课题，做出新的研究成果——这理所当然也是我所关心的，我也很希望知道“肾切除后另一侧肾代偿性生长”的情况。

早在20世纪60年代，吴阶平开始“肾切除后另一侧肾代偿性生长”的研究，在20世纪80年代取得重要进展。

吴阶平指出，多年来，当一侧肾发生病变被切除后，若另一侧肾情况正常，一般认为肾切除对病人日后的劳动能力和寿命不产生影响。

吴阶平通过长期临床实践，观察到多数做过一侧肾切除手术的人，其劳动能力和寿命确实都不受影响，但有少数病人例外。

吴阶平指出，问题在于留存的另一侧肾是否有充分的代偿生长。

吴阶平通过大白鼠试验证明，年轻的动物术后肾代偿性生长明显好于年老的动物；年轻的和年老的动物在术后血清中都出现促肾生长因子，但年老动物促肾生长因子的促进作用明显较弱；若用年轻动物术后的血清与年老动物的肾细胞放在一起培养，则能获得代偿性生长较好的效果。后来在用人体细胞和肾切除后的血清做实验，获得同样的结论。在实验过程中发现，代偿性生长是术后最初两周内产生的，若推迟抗癌药物的应用达两周之久，就有利于病人术后的康复。

原本对于肾癌以及肾切除一无所知的我，查阅梁启超、溥仪以及吴阶平的病史，开始了解相关情况。尤其是吴阶平在年轻时切除了右肾，依然能够工作到耄耋之年，给了我信心，给了我鼓舞。

入住上海肿瘤医院

整个右肾切除毕竟是一个大手术，必须慎重对待。

我一直拖着，是考虑到子女都不在身边，我在上海是“空巢家庭”，我一旦住院，妻一个人是否能够承受？她患高血压，而且又无子女帮助，能否支撑得了？然而，如今肾癌病症加重，住院开刀已经不可避免——那么多医院，那么多医生，都一致认为必须抓紧时间整个切除右肾。

我与妻商量，决定在近期动手术。如果再拖延，一旦癌症扩散，那就不可收拾了。

由于对上海第六人民医院失去了信心，我考虑可否到上海肿瘤医院动手术，因为上海肿瘤医院是癌症专科医院，而且从网上查到该院泌尿科主任叶定伟教授富有经验。

网上是这么介绍叶定伟教授的：

> 叶定伟，1963年出生，复旦大学附属肿瘤医院副院长，泌尿科主任，医学博士，教授，博士生导师。长期从事泌尿外科的医、教、研工作，对泌尿外科综合肿瘤具备深厚的专业擅长。曾在美国MD Anderson癌症中心进修2年3个月，系统掌握泌尿男性肿瘤手术和综合治疗方法及规范。曾获得“吴阶平泌尿外科医学奖”等多项医学奖。

2008年10月20日下午，我第一次跨进上海肿瘤医院的大门。我当时无法挂到叶定伟教授的专家门诊，就挂了普通门诊。张海梁医生很热情地给我看病，表示欢迎我到上海肿瘤医院住院治疗肾癌。

最出乎意料的是，当天晚上，张海梁医生给我来电，告知已经向叶定伟主任报告，将以最好的条件给予治疗。

这样，我决意到上海肿瘤医院动手术。但是到这家医院动手术，必须得到第六人民医院同意，并办理相关手续。

翌日——2008年10月21日，妻在上午前往上海第六人民医院干部科，提出转院申请。第六人民医院干部科非常配合，当即同意转院。下午，上海第六人民医院医务科袁医生来电，告知已经办好转院手续，并已经通知上海肿瘤医院干部病房。

此后，我和妻飞往广州出席羊城书展。在广州的时候，我接到上海肿瘤医院张海梁医生的电话，说是已经给我准备床位，问我何时住院。

我把即将住院动手术的情况告知在台湾工作的长子。长子建议我去台湾动手术，因为台湾采用先进的腹腔镜手术，出血少、痊愈快。长媳多次奔走，安排了在台湾就医的医院，并说要来上海接我去台湾。长子还专程来上海看望我，再三说所有在台湾的医疗费用都由他承担。我很感谢长子、长媳的关心。

我最后还是选择到上海肿瘤医院动手术。这是一家历史悠久的肿瘤专科医院，很早就采用先进的腹腔镜手术切除肾脏。尤其是来到这家医院求医的病人特别多，光是切除肾脏手术就做了1000多例。熟能生巧，这里的医生业务娴熟。相比之下，台湾医院就不像上海肿瘤医院能够做那么多的切除肾脏手术。我庆幸选择了上海肿瘤医院。

正是由于上海肿瘤医院的热情相邀，2008年10月27日晚，我从广州回到上海，10月31日便带着上海第六人民医院的转院介绍信，前往上海肿瘤医院办理住院手术。

该院医务部袁先生也很热情，亲自带领我去办理住院手续。当天，我就住进上海肿瘤医院3号楼17楼的干部病房18号病床。

上海肿瘤医院的1号楼是门诊部，3号楼则是住院部。地处上海市中心的上海肿瘤医院，无法横向发展，只能向高处发展。3号楼是新盖的，高达18层。

在3号楼的电梯口，我见到指示牌上密密麻麻地写着：除了1至3楼是办公室，4层是手术室，第5层至第18层都是病房。其中第5层至16层是普通病房，按病分层，如第5层是胸外科，第6层是腹外科，第7层是头颈外科，第8层是乳腺外科，第9至第10层是妇科，第11层是肿瘤内科，第12层是大肠外科，第13层是中西医结合科，第14至15层是放射治疗科，第16层是泌尿外科以及部分乳腺外科。指示牌上如此详尽的分层分科，足见这家医院是何等的专业，分科是那么的细致。

普通病房里安放着四张病床，再加上亲属、护工，一间病房里往往有十几个人，显得有点拥挤。也正因为那么多病人、家属住在同一幢高楼里，乘电梯常常要排长队。只是有两个电梯是专用电梯，病人与家属是不能乘的，一个是医务人员专用电梯，一个是手术电梯，保持通畅。

第17层是干部病房，第18层是特需病房。这两层都是每间病房两张病床，显得宽敞得多。干部病房是指一定级别的干部，而对于“特需病房”我不大明白。请教了护士，才知道所谓“特需病房”，就是价格比较高的病房，可以照顾一些经济条件比较好而又希望住得宽敞些的病人。干部病房的条件与特需病房的条件一样，但是每天每张病床的费用只收36元。

癌病房生活素描

当年读索尔仁尼琴的长篇小说《癌病房》，给我留下的印象带有恐怖感。然而，当我步入上海肿瘤医院3号楼第17层的干部病房，给我的第一印象是干净而温馨。楼面是长方形的，南北各一排房间，中间是护士总台，形成了“日”字形的走廊。朝南的18间房子全部用作病房，容纳36张病床；朝北的则是医务用房以及办公室。所以第17层在满员时，也只住36位病人。

上海肿瘤医院属于三级甲等医院。起初我不懂这“三级甲等”的含义，经过向护士请教，这才明白：一级指街道医院，二级指区、县医院，三级指市级医院。甲等则是最好的。“三级甲等”是指市级最好的医院。

我发现，病房门口往往堆放着许多花篮。那是亲友们前来探望时送来的。由于医院规定鲜花不能进入病房，所以花篮就只能堆放在病房门外。

我入住17楼的病房。办理入住手续之后，我的右手便戴上一个圆环，环上写着我的名字、编号。这个圆环直到我出院时才被取下。

病房如同星级宾馆的客房，不仅有设备完善的卫生间，而且有42英寸的液晶平板电视。不过，那天我空手去那里，住院的物品什么都没有带。翌日，又值周六休息。于是，在周日——2008年11月2日——下午2时多前往上海肿瘤医院，从此正式入住这里的干部病房——17楼第18床。

干部病房两人一屋。由于星期天的缘故，病房里很安静。同室的病友蔡先生回家了。我带来手提电脑，在医院里可以无线上网。

住院生活对于我来说，是陌生而又新鲜的。因为我除了在1990年12月因视网膜手术在上海华山医院住院之外，已经18年没有住院。没有动手术之前，我在医院里各处走动，用好奇的目光打量周围的一切。

上海肿瘤医院里人来人往，在上午8时多、下午4时多，显得非常拥挤。坐轮椅的，光头的，操各种口音的，全国各地的肿瘤病人涌到这里。电梯口常常排起长队。由此也可以看出，当今肿瘤病人何等的多。进了医院，这才格外意识到，健康是何等的幸福。然而，平时忙于写作和采访的我，几乎没有注意到这一点。

住院除了必须换上统一的病号服之外，还发了一件紫红色的棉大衣供御寒之用。我穿着紫红色的棉大衣在院子里行走时，一个陌生人突然用极其惊讶的声音叫住我："叶老师，你怎么住院？"我一问，才知道是一位读者。他看到我的紫红色的棉大衣，知道我得了癌症。我笑笑说："没有什么，很快就出院！"

由于病房朝南，阳光很早就射进病房，照耀在雪白的被单上。透过宽敞的玻璃窗，可以看见远处的黄浦江蜿蜒流过。成排的大吊车在来来回回摆动着钢铁巨擘。不远处是车水马龙的内环线高架桥。

病房里干干净净。我注意到，在清洁用具的房间里，挂了许许多多块不同编号的抹布。医院里实行"一桌一巾，一天一换"。所谓"一桌一巾"，是指擦洗不同的桌子时，用不同的抹布，以防传染。就连拖把也是严格分区使用。拖把浸泡在消毒液里，散发出一股漂白粉气味。

病房里安装中央空调，冬天并不冷。护工在打扫时，隔三差五拿一把梯子，站在梯子上擦洗、消毒中央空调。

病床安装了自动调节设备，揿动床头的开关可以抬头、抬腰、抬脚。这种自动床据说1万多元人民币一张。在手术前我对这种自动病床的优越性没有太多的体会，只是在看电视时把头部抬高一点罢了。在手术之后，成天价躺在床上，这种自动装置就给我的生活带来很大方便。特别是在吃饭的时候，把头部抬高，进食就很方便。记得当年在上海华山医院住院时，要依靠护工旋转床尾的铁把手才能调节床头的高度，又费力又不方便。

在病房里的两张病床之间，可以拉上隔帘，便于保护病人的隐私。

我开始按照医院的作息制度生活：每天清早6时起床，在护士前来测量体温之后吃早餐。三餐都是由医院供应，有菜单可供自由选择。病房之侧也有蒸汽炉，供病人亲属做蒸饭、蒸菜或者炖汤。中午午睡。晚上9时安寝。

每间病房都有一份上海《文汇报》。大约在医院里闲暇的时间多，我看报差不多从头看到尾，比平时仔细得多。

妻每天都陪在我身边，很辛苦。晚间，她还想陪在医院，我劝她回家休息，在我动了手术之后，那时候再请她住在医院里照料。

上海作家协会秘书长臧建民得知我住院，要来医院看望，我再三劝他别来。

这里拒绝红包

上海肿瘤医院非常重视我的治疗，2008年11月3日正式通知我，成立了以副院长叶定伟教授为首，包括姚旭东教授、沈益君医师在内的三人医疗小组。我非常感谢院方的关心。

在手术之前，要进行各种各样的检查。上海肿瘤医院科室众多，这个楼那个房，令新来乍到的我晕头转向。所幸护工杨小姐很细心，带我去各个科室，诸如肺X光透视、肺功能、心电图等科室。在做核磁共振时，要求拿掉衣服里所有金属物件，我躺在窄窄的担架般的凹槽里，双手举过头，被推进核磁共振仪，一动都不能动。随着口令“吸气—呼气—吸气—屏住”，然后又是“吸气—呼气—吸气—屏住”。接着又一次注射造影剂，再度随着口令动作。

最严格的检查，是肾盂造影。大夫告诉我，因为要做右肾切除，所以左肾是否健康至关重要，所以要对左肾作详细的检查，以查明这一个肾能否挑起两个肾的“重担”。

张海梁医生来，给我开了泻药，因为翌日要做肾盂造影，需要清肠。那泻药是一种像茶叶一样的中草药，闻起来有股香味。我不当一回事，像泡茶一样泡在茶杯里，喝了一杯，又喝了一杯，似乎没有什么动静。谁知到了半夜，才尝到这种泻药的厉害，不得不一次次上厕所。肾盂造影时大夫给我注射了造影剂，拍了一张又一张X光片。

经过B超检查，测定我右肾肿瘤为4.4厘米长，比原先所测的3厘米大，已经到了非切除不可的地步。

护士长荣小姐告知，验血结果出来了，发现GTB（球蛋白）偏高，正常值是60以下，我是86。按照规定必须吃相应的肝药，把GTB降下来，才能做手术。这样，我的手术日期不得不往后拖延。

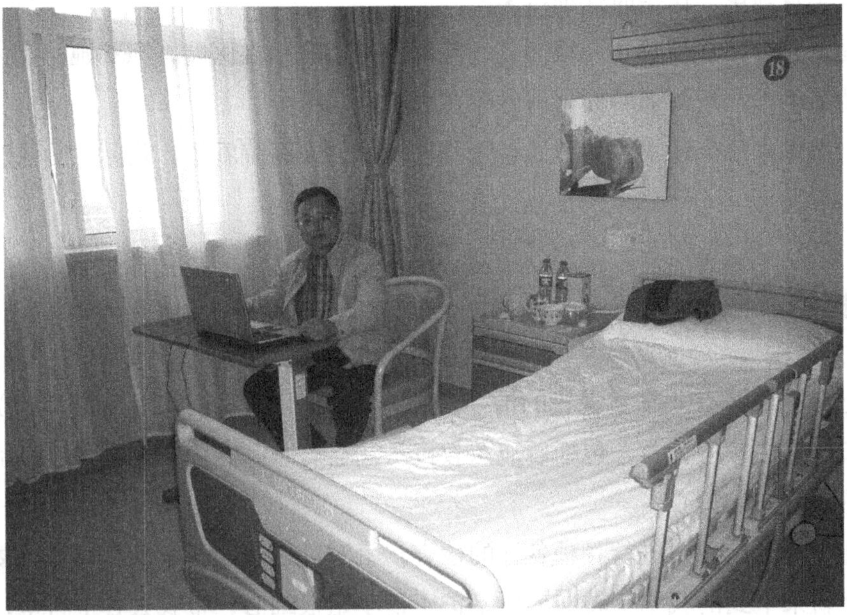

叶永烈在上海肿瘤医院癌病房（2008年11月2日）

傍晚，我的床头电话响了，是长媳从台湾打来的。她怎么会知道我在医院的电话呢？她告诉我，是从网上查到的。她详细询问了今天的检查结果，非常关心我的病情。

住院三天之后，改为17楼第26号病床。因为原本与蔡先生同住，他患肺癌，与我病情不同。改为第26号病床，与李先生同住，他患前列腺癌，与我同属泌尿科，便于院方管理。

我已经逐渐习惯医院的生活，黎明即起。在高楼上无处可活动，只能沿着

“日”字形走廊散步。在走廊上，我见到许多病友也穿着紫色大衣在散步。

这里的大夫非常亲切，都把自己的手机号码告诉患者，便于病人随时可以找到主治大夫。

在等待GTB降下来的那些天，我可以常常请假回家。我应台湾远流出版公司的约稿，为该公司出版的日本武田雅哉的《飞翔吧，大清帝国》一书写推荐文章。武田雅哉先生在上海留学时，我曾经担任他的指导老师。我为上海《新民晚报》写了散文《羊城寻旧》。另外，我知道手术的风险颇大，我用电脑写好了遗嘱，打印好3份，一一签名。只是上海交通大学出版社总编辑的电话，打得太不是时候，他约我一起吃饭，邀我写作《钱学森传》。我的生命正处于“最危险的时候”，也就借故谢绝了。美国绿箭公司广州分公司邀请我12月6日赴广州参加赠书活动，我也无法答应。

同室的病友李先生早于我动手术。我向李先生悄悄打听：要不要送红包给医生？

李先生告诉我，上海肿瘤医院是非常正气的医院，坚决拒绝红包。所以不要给医生送红包。不然，你尴尬，医生也尴尬。

在台湾，医生收红包是惯例。2008年11月5日，我在给长子、长媳的电子邮件中，这么写道：

> 关于红包，我们已经准备好了，但是听病人说，上海肿瘤医院是非常正气的医院，禁止红包。尤其是给我开刀的叶定伟教授，是上海肿瘤医院副院长，绝对不收红包。有的病人给他送去，立即退回，严词拒绝。
>
> 今天打的时看了一下里程表，从家到上海肿瘤医院只1300米，很近。

当时长子、长媳正出差美国。长媳说要从美国赶回台北，然后来上海照料我。我和妻商量之后，决定“自力更生”，因为长媳要照料两个孩子，本来就很忙。她离开台北到上海来，两个孩子在台北乏人照料，怎么行呢？妻说，这次专门请了护工小王，她与护工两人在我手术之后日夜照料，虽然会很辛苦，但支撑过去，也就可以了。

11月6日我给长媳发去电子邮件：

我的手术日子未定。上海肿瘤医院规定很严格，各项检查都必须达到标准。直到10日重新再验血，合格之后才能确定手术。如果不合格，还要等一星期。所以你不要来上海，等出院再说。因为上海肿瘤医院是全国闻名的医院，各地病人都涌到这里，白天到处是人，坐轮椅的，拄拐杖的，到处都是，连乘电梯都要排很长的队，所以会使你心情很不愉快。

生命到了“最危险的时候”

手术的日期终于定下来了：11月10日清早，叶定伟教授在查房时告诉我，从验血结果得知，GTB已经下降，达到手术指标，因此可以动手术了。

过了一会儿，姚教授、沈医生来，正式通知我，手术时间确定为明天上午——11月11日。“11·11”，是光棍节。这个日子从此烙在我的记忆之中。

叶定伟教授告知，确定用腹腔镜做手术，以减少手术受创面积。

这天，我的次子、次媳从美国旧金山打来电话。我本来不想让他们知道，因为他们在美国，太远，知道了徒添挂念，但是长子还是把我住院的情况告诉了他们。次子、次媳在电话中详细询问病情，埋怨我们为什么不告诉他们。次媳说，如果早一点知道，她会从美国来上海照料的。

由于翌日就要动手术，那天处于十分繁忙的准备之中。

护士们一次次来做手术前准备：先是抽血，鉴定血型，因为手术时可能要输血。经过测定，我的血型为B型。接着，又来做青霉素试验。打了试验针，20分钟之后看有无异常反应。

值班护士很详细地告知手术前注意事项：晚上要穿病号服，明天早上进入手术室前病号服上衣要反穿。晚上8时之后，不要喝水。护士还把我的手指甲、脚指甲一一修剪，以防指甲里的污垢藏匿病菌。

妻向医院租了一把沙发状的椅子，这把椅子拉开来就是一张小床。她把椅子放在我的病床边，夜里就睡在这椅子上，便于手术之后随时照料我。

护士交来一张入住监护病房需用物品的清单。直到这时，我和妻才得知，手术之后的当天是不回17楼病房的，而是住在3楼的监护病房，24小时进行监控。住在监护病房，需要准备相关的用品。

麻醉师送来麻醉责任书，他向我说明进行全身麻醉时可能出现的风险，需要我和妻共同签名，表示知道这些风险，授权麻醉师在手术时对我进行全身麻醉。

下午4时多，姚旭东教授、沈益君医生约我和妻到17楼的示教室，进行“术前谈话”。按照上海肿瘤医院的制度，在手术前主治大夫要找患者进行“术前谈话”。大夫让病人知道自己的病情、手术方案、手术的风险等。这样的透明化的谈话，很令我感动。这么一来患者心中有底，可以尽量配合治疗。姚旭东教授非常详细地介绍手术的情况，尤其是一一介绍手术过程中可能遭遇的风险。他很细心，富有耐心。妻作为在场的唯一直系亲属，在一张张承担风险的保证书上签名。

我还签署了文件，在右肾切除之后，同意制作成标本，并进行病理切片。

沈医生还说及，万一手术中大出血，需要动用一种快速止血刀，费用自理，6300元。

另外，手术后要启用镇痛泵，也是费用自理，360元。

生命是美丽的，生活是美丽的，写作是美丽的。天渐渐黑下来，从17楼看下去，华灯初上，万家灯火。上海是那样的繁华，黄浦江在远处静静流淌。

晚餐之后，妻决定回家，以准备入住监护室所需要的物品，例如需要两个脸盆、卷筒纸、吸管等。

由于手术之后必须卧床，我把手提电脑交妻带回家。我只能在小笔记本上用笔写日记，等能够下床走动时再输入电脑。

晚上8时多就上床休息，因为明天就要做手术。我很坦然，一夜睡得很好。

2008年11月11日——我进行右肾切除手术的日子。一早，妻就从家中赶来。长子则特地从台北赶来。

那天上午，上海肿瘤医院有18位病人进入手术室动手术。上海肿瘤医院很重视我的手术，我被安排在一号手术台，由副院长叶定伟教授亲自主刀。

这天不允许进食，甚至不允许进水。清早，护士来灌肠，清除大肠中的污物。

按照医院规定，我取下手表、手机、眼镜，交给妻。进入手术室的时候，病人是不许带这些的。

早上7点，手术车准时来到病房门口，我上了手术车。手术车很窄，上车之后，盖上两块墨绿色的棉毯子。妻送我到17楼的手术专用电梯口。护士推我进电梯，从 17 楼下降到 4 楼。手术在 4 楼进行。手术车出了电梯，沿着长长的走廊向前。没有戴眼镜的我，只见到一盏盏灯模模糊糊从眼前晃过，这时有点眩晕的感觉。

进入手术室，手术车安放在无影灯下。17 楼病房里开着暖气，而 4 楼手术室当时还未开暖气，感到有点冷。

护士安置好手术车，给我安装好定时血压测量仪，就走开了。那个定时血压测量仪装好之后，每隔一段时间，扎在我的手臂上的气囊就会自动充气，血压计自动测量血压，因为在手术中要不时监测病人的血压。

我静静地躺在那里，万籁俱寂。这是我平生第一次动大手术，第一次全身麻醉。我深知手术的风险。我的挚友童恩正教授就是在美国匹兹堡动手术，全身麻醉之后做肝移植手术，死在手术台上的。著名音乐家马思聪先生也是在美国全身麻醉之后，躺在手术台上再也没有醒过来。

大约过了一刻钟，一群年轻人进入手术室，一边换衣服，一边聊天，因为“11 月 11 日”是“光棍节”，他们嬉笑着，热烈地谈论着关于光棍的话题。也正因为这“11–11”，使我的手术日期变得很好记。

麻醉师来了。他发觉没有见到我签字的麻醉风险责任书，我告诉他，那责任书尚在 17 楼的病房里。他打电话给我的妻，叫她送到 4 楼电梯口。他拿到麻醉风险责任书，这才开始麻醉。

他让我侧卧，把右腰朝上，便于进行手术。他再三地问，切除的是不是右肾。除了问我之外，还与手术报告单进行核对，以防误切，避免当年梁启超在手术时被误切的沉痛教训。接着，麻醉师在我的背脊骨旁边开始注射麻醉药，顿时我感到又酸又麻。

这时，我开始有点昏昏沉沉。接着，他把三角形的气罩罩在我的鼻子上，我不断吸入麻醉剂。很快，我就完全失去了知觉。

手术是怎样进行的，我一概不知道。正因为这样，我在手术前对叶定伟教授说，我把生命交给了你！

后来，据叶定伟教授告诉我，手术非常顺利，做得非常成功。其中遇到的小小的麻烦是，我稍胖，腹部的脂肪层厚了一点，在取出右肾时不那么利索。不过，他告诉我，正因为右肾处于脂肪的包围之中，反而使整个右肾在外包膜包围之下，非常完整，肾内的肿瘤完整地包裹在肾内，没有扩散的迹象。

手术进行了两小时。

我在进行手术时，3 号楼的家属等待区的屏幕上不断显示我的状况，如“手术中”“手术结束”。妻原本坐在那里等待，后来护士劝她还是在 17 楼病房里等待比较清静。医院规定，手术时以及此后 24 小时，亲属必须在医院等候，以便在手术遭遇意外的时候随时可以找到病人的亲属。

上午 11 时 18 分，医生传唤妻来到 4 楼，出示我被切下来的右肾。妻说，当时在白瓷盆里，看到血淋淋的一个很大的肾脏。然后妻又重新回到 17 楼病房。

妻回忆说：

> 手术室门开了，出来两位医生，我连忙奔过去，他们因为穿手术衣，我根本认不出是谁，可他们认出我了。一位医生手里拿着从烈身上切下的肾告诉我，手术很成功，他说这就是从叶永烈身上切下的肾和周围东西，肾是包在里面的。他又指着当中拱起的圆形东西，说这就是肿瘤，已经突起来了。我看了一下，大约是 3 厘米直径，我想比彩超所看到的小一些。与吴滨教授说的差不多。医生说叶老师的手术难度比较大，因为他胖，你瞧，这表面全是一层油。我看一下确实如此，一层厚厚的黄油裹在外面。
>
> 我问是叶主任做的手术吗？他说：“是呀，我就是！你没有看出来吗？”我说：“你穿了手术衣，我认不出了。”我连忙致谢。我问：“是微创手术吗？”他说：“是的。”我说：“真不简单，这么大的东西居然是微创手术取出来的。”他还说，今天他们用了最好的麻醉师，最好的护士长，叶老师的麻醉是一针下去就见效的。

手术之后，我被移送到“催醒室”催醒。当我终于从麻醉状态清醒过来时，我意识到最大的难关已经渡过。对于我来说，这一天是人生的一大关口，一次严峻的考验。

我苏醒之后，被推到位于 3 楼的监护病房，安放在一张病床上。我的身上插着许许多多管子，只能一动不动地躺在那里。由于没有戴眼镜，我看不清周围的情况，我只模模糊糊见到监护室里有十多张病床，都是刚做完手术或者危急的病人。那里护士很多，细心地照料着病人。我没有手表，也就不知道时间。

下午 4 时至 4 时半，是监护病房规定的探视时间。妻花了 100 元作为押金，租了一套隔离服，进入监护室看望我。这是我在手术之后，她第一次看到我。每个病人的亲属只能租一套隔离服，以尽量减少进入监护病房的探视者。妻探视之后，从台北赶来的长子换上隔离服，前来探视。他刚刚与长媳从美国旧金山回到台北，在台北只住了一夜，就赶到上海看望我。他还用手机给我拍了照片。当时，有一个病人来了十几位亲属，只能一个个轮流进入监护室。

叶定伟教授来看望我。他说，手术很成功，出血很少，所以没有输血，也没有动用快速止血刀。

我的右肾被切除之前，右肾动脉血管被用金属钛夹封闭。从此，这个金属钛夹就永远留在我的腹中。医生告诫，今后不能用力屏气或者咳嗽，在做核磁共振时也应把体内有金属钛夹事先告诉大夫。

探视结束之后，我昏昏沉沉睡去。手术后是不能进食的，护士给我输葡萄糖液。另外，安装了导尿管，小便自动进入尿袋。

那一夜，我迷迷糊糊在监护病房里度过。

从这天开始，我成为“独肾”之人。由于切除了一个肾脏，整个生命机器失去了平衡。要恢复平衡，需要一段时间。由于失去右肾，所剩的唯一的左肾格外珍贵，负担的任务也就更重了。

下床行走如同“太空行走”

手术后的第二天，清早醒来，监护病房里人影晃动，护士们在病床间巡逡。

我的第一感觉就是唇焦口干，但是按照规定不能喝水。虽有输液，但是直接输入血管，无法解渴。护士用棉花签蘸水，在我的嘴唇以及舌头上抹一下，算是润湿一下。我不由得想起当年看过的电影《上甘岭》，中国人民志愿军战士在极度缺水的情况下，嘴唇开裂，如今我也进入“上甘岭”了。

床头挂着输液瓶，一瓶又一瓶葡萄糖以及药水输入我的血管。护士告知，手术之后的头几天，每天都要输入 12 瓶以上的液体。往日是通过手臂上的静脉血管输入，十几瓶药水打下去之后，手臂都会麻木。这一回有了改进。不知什么时候（后来得知是在全身麻醉之后），麻醉师在我右肩胛锁骨附近埋入长达十几厘米的输液管。各种各样的药水就是通过这一输液管输入体内。

依然没有眼镜，没有手表，四周的一切都是那么的模糊。

上午 9 时许，护士告知，我获准离开监护病房。护士们推着我的病床离开监护病房。这种从日本进口的病床相当先进，下面装有轮子，便于病人转移，不像往日那样要把病人搬上搬下，因为刚刚动了手术，病人很忌讳这样的搬动。护士把我连同病床推入电梯，从 3 楼上升到 17 楼，妻和护工小王已经等在那里。这样，我重新回到 17 楼的干部病房第 26 床。

我浑身插着许多管子，只能静静躺在病床上。这天仍然输液 12 瓶。

中午时分，长子又赶来看望，见我一切平安，放心了，匆匆赶往机场，飞往台北。

我只能终日平躺着，无法侧身。伤口隐隐作痛。

妻在夜里只能睡在病床旁的窄窄的躺椅上，一直陪伴着我，前后达 10 多天。她患有高血压，身体欠佳，又这样日夜辛苦，双眼都熬出黑眼圈，实在太累。

手术之后的第 3 天清早醒来，一片金色的阳光照射进来。我的口干加剧，嘴唇上结了痂。护工不时用棉花签蘸水，在我的嘴唇以及舌头上抹一下。我发烧，全身出汗，衣服、褥被都湿了。

叶定伟教授来查房，鼓励我尝试下床。他说，这次采用腹腔镜手术，伤口小。如果是开腹，一星期都下不了床。他说，下床走动，有利于早日康复。于是，在收起各种管子之后，我尝试下床。先是把床的上半部调高，然后妻和护工扶着我坐起来。接着，下床。虽然最初两腿软绵绵的，没有气力，毕竟我站起来了，而且迈出了手术之后的第一步。我尝试从病床走到病房的门口，然后返回。大约下床活动了 10 分钟，很累，又躺了下来。

由于伤口不是很疼，沈医生帮我关掉了镇痛泵。下午，请护士摘除了镇痛泵，这样少了一样累赘。我依然不能进食，不能喝水，输液 12 瓶。大夫告知，手术之后，必须等待大肠蠕动，放了屁，这才意味着消化功能恢复，才可以恢复进食，恢复饮水。在这时候，放屁竟成了一个非常重要的“标志”。

次子、次媳从美国来电问候。长子、长媳从台北来电，问候病情，尤其是听见小孙女的问候声音，我深感欣慰。

手术之后的第四天，除去了导尿管，身上的管子减少，感到轻松。这天由于连续放屁，于是允许进食水以及流质。终于结束了极其难受的唇焦口干，开始喝水。厚厚的卷起的唇皮开始脱落。早上喝了几口米汤，中午开始喝稀粥，晚上吃了一碗粥。虽然依旧输液，但是从12瓶减少到8瓶。

我开始下床行走，如同“太空行走”一般，步履有点不稳。慢慢地走出病房，沿着“日”字形走廊走了一圈。前后大约半小时，感觉良好。

长子从台北来电问候，告知正在办理我和妻的赴台手续，以便在出院之后前往台北休养。

叶定伟教授、姚旭东教授常来看望我，给予诸多鼓励。沈医生则经常来。三位大夫都极其负责。

在家的时候，由于写作很忙，我很少看电视剧。这几天生病，得以看电视剧《上错花娇嫁对郎》。在我看来，编剧精心安排每一个喜剧情节，尽量加以发挥，造成跌宕起伏，总体来说是不错的。

妻一直日夜陪伴，非常辛苦。

手术之后的第5天，那天是周六，医生休息，但是沈医生在上午、下午都来看望我。我开始进食很稠的粥，还吃菜粥。沈医生说，这表明只有一个左肾所形成的新系统开始正常工作。沈医生还说，明天起可以正常进食，吃米饭、馒头都可以。他建议派护工小王到附近菜场买黑鱼，明天烧黑鱼汤，以加快伤口的愈合。

我下床行走的时间加长，沿着“日”字形走廊走了两圈。可能由于上下床的次数增多，伤口隐隐作痛。

这天“第二次海峡两岸口述历史研讨会”在上海召开，原定我在上午第一个发言，但因病无法出席。台湾的武之璋先生来了，香港的胡志伟先生来了，河南人民出版社的郑雄和刘晨芳来了，我都无法接待，借口回避。

晚上，看完中央电视台的“海峡两岸”节目，忘了把床上半部降下来，睡觉时身体往下滑，没睡好。从此，每天睡觉时把床上半部角度定为10度，而看电视时则升为35度，起床时40度。全自动病床可以随意调节倾斜度，很不错。

走过风雨，前面就是阳光

手术之后的第6天，沈医生取下我的导液管。导液管插入体内达10厘米之深。取出之后，顿时感到轻松。这样，除了输液管之外，其他的管子都一一取出。我完全按照正常状态进食。中午、晚餐都喝了黑鱼汤。上海肿瘤医院附近有农贸市场，可以买到黑鱼、鸽子、泥鳅之类，在医院里用蒸汽蒸。

沈医生告知，为我做了肾功能化验。检查结果表明，一切正常。也就是说，自从左肾挑起原先两个肾的重担之后，肾功能运转正常。这是很重要的指标性的化验。

右腰仍然有疼痛的感觉，不能长久半躺在病床上。降低角度之后，右腰就不痛了。

走过风雨，前面就是阳光。

下午妻回家一趟。回来之后告知，从录音电话中听见，上海作家协会李业芳主任来电，希望告知所住医院以及病房，要来看望。我为了不麻烦别人，也就没有回复。另外，除了亲属之外，也不告知任何人。因此，在医院无人前来探望我，而其他病房则访客不断。

护士工作非常细心。每天清早 6 时，就来测量体温。下午 3 时又测一次。自从手术之后，我每天都发烧，起初是 38℃，后来降到 37.5℃、37.3℃。医生说，这是手术之后人体的必然反应。6 天之后开始退烧，保持在 37℃左右。护士还每天测量我的血压。我通常是 80 ～ 120，正常。

在手术之后的第 7 天，我能够自己起床、下床，不再需要别人搀扶。早上吃肉包子、稀饭。饭后沿 17 楼的"日"字形走廊走了好几圈。脚步稳健，已经近乎正常。手术后由于久躺，臀部酸疼，这时已能够长时间下床，坐在椅子上，推来小桌子，写日记，写病房散记，感觉良好。

姚教授来查房，告知今后饮食注意事项，即实行"三低"：一是低盐，二是低脂肪，三是低糖（低热量）。尽量不要增加肾的负担。他很细心，一一交代。

叶剑英之侄叶选基来沪，约我见面。由于正处于患病之中，我无法跟叶选基见面。中央电视台一个摄制组来沪，想采访我。由于患病，我也无法接待。

下午 3 时 30 分，护士长送来病理切片的报告。这是非常重要的报告，是根据手术切除下来的右肾进行病理切片，最终得出我的右肾肿瘤是恶性的结论。也就是说，右肾肿瘤是癌。此前，关于我的病，一直是写"右肾占位"或者是"疑是癌症"。这一次是正式下了结论。

原本我企望切片报告会是写"良性肿瘤"。然而，确认是"恶性的肿瘤"，打破了幻想。我必须从此面对冷酷的现实、凶险的前景。由于我的右肾癌已经多年，光是从2004年11月6日体检发现至今，也已经4年，何况4年前发现时这一恶性肿瘤已经有3厘米大，因此我估计时至今日，癌症已经极可能转移、扩散。虽然这次切除了右肾，仍可能在不久的将来在新的地方发现癌肿。倘若癌症扩展到全身，那将是生命的终点。

姚教授也很重视这一报告。他说，这是“定性”报告，即最终确定了你的右肾肿瘤是恶性的。

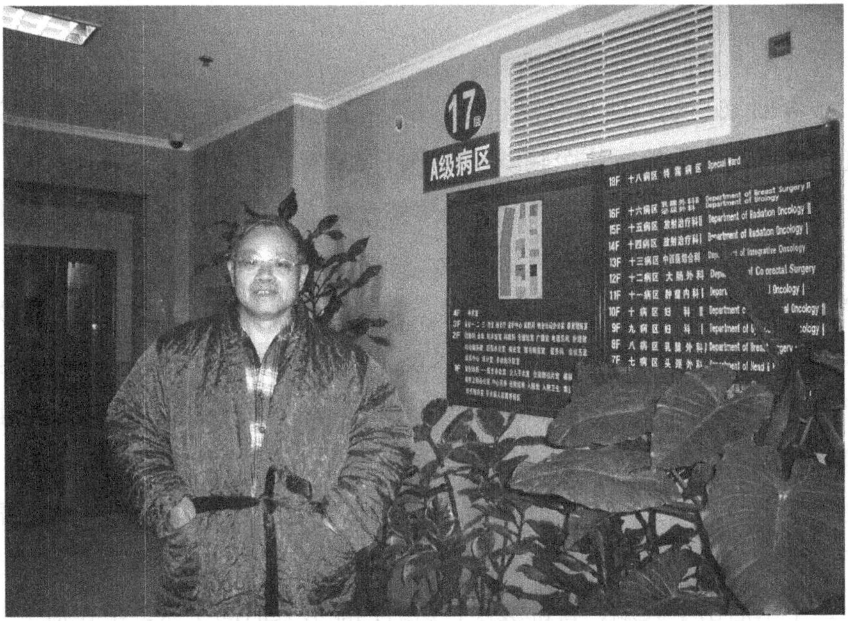

手术之后第8天，叶永烈于上海肿瘤医院

在手术后的第8天，妻从家中带来手提电脑。这样我每天可以用手提电脑收发电子邮件，并详细记述手术的经过以及医院的生活。

我一天天好起来。

手术后的第9天，沈医师检查伤口，认为愈合不错，决定撤除腰带。从此，我呼吸顺畅。因为又厚又紧的腰带，往往压迫胸口。

沈医生又嘱护士拆除埋在我的肩胛处的注射管。这样，所有管子全部拆除，好不痛快。

叶定伟教授来查房，告知近日可以考虑拆线。视拆线的情况，决定出院日期：早则周五，晚则下周一或者下周二。

我归心似箭，盼望着早日出院。

江西省政协常务副主席韩京承先生来看望我。他也患癌症，住在 17 楼。我们相识于 1987 年的厦门笔会。他还赠我一筐江西贡桔。

手术后的第 10 天，叶定伟教授在查房时决定，下午由姚教授给我拆线。叶定伟教授很谨慎，建议先拆一半，即拆四对线，另四对线改在下周一拆除。这样，出院的日期也就定在下周一。但是，周六、周日可以请假回家。

我终于一天天好起来，出院已经指日可待。我期望着早日回到书房，早日回到电脑桌前，早日重新开始工作。

这次切除右肾应当说是正确的决策。就手术而言，由于叶定伟教授的精心操作，非常成功。手术后所面临的是两个问题：

一是如何调整好失去一个肾脏之后的身体，逐步恢复体力；二是如何防止癌症的复发和转移。

为了及早发现癌的转移，按照上海肿瘤医院的规定，出院之后一年内要三个月复查一次。一年后，半年复查一次。两年后，按照常规，一年一度体检。

手术后的第 11 天，原本按照沈医生的意见，我可以出院。早餐之后，叶定伟主任前来查房，为慎重起见，他决定改为下周一出院，即延长、观察三天。但是周末可以回家休息。

下午，沈医生来，为我换药。经检查，伤口痊愈不错，他同意我今天回家，在请假条上签了字。

下午 1 时半，我与妻下了 3 号楼。我已经 10 多天没有走出病房了，这是头一回来到屋外。由于病房里开着暖气，所以一出来就感到气温骤降。在上海肿瘤医院门口等待出租车的时候，我见到马路对面在卖盗版书。过去一看，有我的新版《四人帮全传》，印着“南海出版社 2008 年 8 月出版”。当即买了一本“存念”。

终于回到家中，回到书房。

傍晚，上海作家协会秘书长臧建民来电，问候病情，很关心。我因为不愿给他们带来麻烦，所以住院期间李业芳来电，也未告知住院。臧建民告知，上海作家协会党组书记孙颙将会来看望我。我表示感谢，并希望不要给他们带来麻烦，因为他们都很忙。

收到长子的秘书魏小姐的电子邮件，告知入台证已经办好，并于今日用特快专递寄出。这样，我不久就可以与妻一起前往台北。

刚回家，又是刚动了大手术，一切都还不适应。天气变得阴冷，晚上甚至下起小雨。我向来并不畏寒，但是为了尽量避免感冒，加穿了棉毛裤和毛线背心。通常，我在上海，冬日是不穿棉毛裤的。

傍晚，临海章伟林等三人来访，并送来黄岩蜜橘。本应招待他们吃晚餐，因病只得免掉，心中很是过意不去。

伤口似乎尚可，已经无痛感，但是有时伸右臂时会有一种“牵涉”之感。毕竟伤口还有一半尚未拆线。等到周一全部拆线之后，也许会好些。

手术后的第12天，我在家中度过。傍晚，冒着细雨，与妻撑着伞从家步行到徐家汇，再从徐家汇回家。虽然比平时略感疲倦，但毕竟是手术之后第一次“长征”，表明我的体质相当不错。伤口有点发痒，表明可以拆线了。

在手术后的第13天，一早5时45分起床。吃过早饭，乘出租车到达上海肿瘤医院，还只6时25分。我重新回到1726病房。

7时多，先是姚旭东教授、沈益君医师来查房，一起拍照留念。过一会儿，叶定伟教授来查房，一起合影。他同意我当日出院。8时多，沈医师为我拆线，全部拆除。他说，伤口愈合很好。

叶永烈与治疗组姚旭东教授（中）、沈益君医师（右）合影于上海肿瘤医院病房（2008年11月24日）

复印病历，然后结算住院费：从10月31日至11月24日住院并做右肾切除手术，费用总共28391元，其中自费9330元。我与妻乘出租车回家。我整理病历，装订成一册，作为永久纪念。我还把上海肿瘤医院的手术小结发给孩子们。

也就在我出院的这一天，从人民日报出版社传来好消息，我的182万字的长卷《“四人帮”兴亡》经中共中央党史研究室审查通过，马上准备出版。

我已经恢复手术前的体力。除了中午午睡躺了一下，其余时间均忙于工作。德国《世界报》记者埃林从北京来电，说周五来采访，我答应了。至于上海电视

叶永烈与主治大夫、上海肿瘤医院副院长叶定伟教授合影于病房（2008 年 11 月 24 日）

台约我做世界博览会节目，因为要马上去该台摄影棚录制，太吃力，我谢绝了。

妻由于连日劳累，在家中不小心摔了一跤，头很痛，很晕，腰也痛，还好没有骨折。

我在手术之后面临两大问题：

一是从此只有一个肾，身体功能严重受损，不能像过去那样生活、工作；

二是肾癌的特点是极易发生远处转移，远处转移的常见部位有肺、肝、骨、胸腔、腹腔、盆腔及四肢的软组织等。一旦发生转移，那将致命。

据美国权威医学杂志统计，肾癌在术后的存活率大致是 3 年为 50%， 5 年为 40%，10 年为 20%。只有 3 %的病例未经任何治疗能存活 3 年。

看来，肾癌是沉重的一击，意味着我未来的日子已经不多了。时间显得格外宝贵。

长子安排我到台北休养一段时间。在手术之后的第 14 天，我和妻前往浦东，办理赴台的出境手续。

自从做了肾癌切除手术之后，每年春日，我必定会接到上海肿瘤医院的电话，询问：“你是叶永烈本人吗？”当我答应“是”之后，对方说声“谢谢”就挂断电话。我知道，这是上海肿瘤医院在统计术后存活率。在写这段文字时，已经是2016年6月，距离我做肾癌切除手术已经8个年头，我仍安好，仍每日写作。我很庆幸，属于美国权威医学杂志所统计的能够存活 10 年的 20% 之内。

这 8 年以来，我加倍努力地写作。很多人不解，你衣食无忧，何必如此“拼命”？我只能用《诗经 · 王风 · 黍离》中的诗句作答：

“知我者，谓我心忧；不知者，谓我何求？”

形形色色的墓志铭

生老病死，乃是人生的规律。自古以来，没有一个人能够逃脱死亡。

我的一位朋友曾经对我说，最好的死亡方式是飞机失事，自身毫无痛苦，而且亲属可以领到一笔赔偿金，“一举两得”。我却不能苟同。我认为，以癌症之类结束生命要比飞机失事好，因为有一段“缓冲期”，可以赶紧做完你认为值得做完的事情。

面对总要到来的人生的终点，我很坦然。

2006年10月10日，我应约为上海福寿园陵园文化研究所的《墓志铭选》一书作序。我写下了这样的序言，表明了我的生死观：

死去何所道，
托体同山阿。

人固有一死。东晋诗人陶渊明的诗句，道出了他面对人生终点时的豁达，希冀从此回归大自然。

赤条条地来，赤条条地去。墓，原本只是人的归宿，一抔黄土而已，即所谓“入土为安”。那里是一片静谧安宁的世界，那里是一个与世无争的地方。然而，人毕竟富有感情，寄墓园以哀思，抒怀念之情，于是文化与墓园联姻，形成了特殊的墓园文化。

我曾漫步于各种各样的墓园。在我看来，文化气息最为浓厚的是两处墓园。

一是陕西。“秦中自古帝王都”，周、秦、汉、唐等13个王朝建都陕西。众多的帝王生于斯，葬于斯。陕西境内拥有的帝王陵，达72座之多，为全国之冠。帝王讲究厚葬，封土为陵，动员几十万人花费二三十年时光为自己建造“黄土金字塔”。秦始皇以为自己“功高三皇、德兼五帝”，秦始皇陵原高120米，比埃及金字塔还要高！每一座帝王陵，都拥有丰富的随葬品，从酒器、乐器、饮食器到兵器、车马器，成为丰厚的历史、文化博物馆。仅仅是秦始皇陵的陪葬兵马俑，便获得“世界第八大奇迹”的美誉，进入联合国教科文组织的世界文化遗产名录。陕西众多的帝王陵所反映的是中国的帝王文化。

二是莫斯科。我曾访问莫斯科郊外的新圣女公墓。这是一座高档次的名人公墓。在每一座墓前，差不多都竖立着墓主的雕像，把墓主最具代表性的风姿凝固下来。芭蕾舞女演员乌兰诺娃的墓前有一座翩翩起舞的小天鹅白色大理石浮雕，而赫鲁晓夫的墓则是由黑白两色大理石相间组成，象征着他的一生功过各半。高尔基、果戈里、契诃夫、马雅可夫斯基、卓娅，每一座墓前都有富有特色的青铜像或者大理石雕像。新圣女公墓笼罩着浓重的俄罗斯文化氛围，使那里成为名闻遐迩的旅游景点，甚至进门还要买门票！

如今，在上海也有了一座文化气息浓郁的墓园——福寿园。福寿园坐落在国家级旅游区佘山、天马山和淀山湖之间，风景宜人。福寿园创建伊始，便以“建文化陵园，创陵园文化”“以名人为主体，以文化为主题”为己任，使福寿园成了艺术公园，文化公园，历史公园，名人公园。

福寿园还专门成立了陵园文化研究所，编写一系列陵园文化丛书。其中已经出版的有《生命的故事》，记述长眠于福寿园的名人精英和普通百姓生前的感人故事。这一次，他们又把目光聚焦于福寿园里的墓志铭，选编了这本墓志铭选集。

墓志铭是墓的灵魂，墓的主题，墓的“身份证”。

志，是指散文；铭，是指韵文。古时建墓，在墓中置一石碑，刻上亡者姓氏、世系、官衔、事迹、出生及卒葬年月，即墓志。也有的以韵文表达对死者的纪念，曰墓铭。后来，将两者合二为一，即在墓志之末，加上铭辞（多用四言）赞颂死者，称为墓志铭。

当然，把墓志铭放于墓中，只有开墓方能得见，未免诸多不便。于是，人们便在墓前立一石碑，曰墓表。墓表上亦刻着墓主姓名、生平。到了如今，墓中不再置放石碑，而将墓志铭刻于墓表之上。这样，站在墓前，便可从墓表上读到墓志铭，清楚了解墓主的身份。

墓志铭有他撰与自撰之分。中国古代的墓志铭，都是后人、他人为死者撰写的。他撰的墓志铭，最常见的是记述逝者生平与贡献。

中国古代帝王将相的墓志铭，往往就是一篇刻在方石之上的历史文献。

这种碑文用词遣句都极其严谨，经过反复推敲这才写定。不过，也有的帝王将相的墓志铭堆砌了连篇“谀辞”，使其文献价值相形见绌。

例外的是陕西乾陵武则天墓，只立一块无字碑而已，反而让后人对这位特立独行的女皇帝以充分的想象空间。

南京中山陵孙中山墓碑上，只有一行鎏金大字“中华民国十八年六月一日中国国民党葬总理孙先生于此”，却无一字碑文。据说这是由于很难把孙中山的丰功伟业浓缩于一块石碑之上，只得作罢。

随着时代的进步，思想的解放，自撰墓志铭者渐渐增多。

自撰的墓志铭，是人生的告别宣言。墓志铭集哲理、诗意、历史、文化于一体，言简意赅，浓缩着智慧之光。

自撰的墓志铭常常是亡者最精炼的人生体验之言，最深刻的人生思索之语。

著名爱国将领冯玉祥将军自撰墓志铭，反映生平之志：“平民生，平民活，不讲美，不讲阔。只求为民，只求为国。旧志不懈，守诚守拙。此志不移，誓死抗倭。尽心尽力，我写我说，咬紧牙关，我便是我，努力努力，一点不错。”

人如其铭，铭如其人，自撰墓志铭最生动地体现墓主的风格。

1978年，正值66岁盛年的启功先生自撰墓志铭，以幽默的风格记述一生：“中学生，副教授。博不精，专不透。名虽扬，实不够。高不成，低不就。瘫趋左，派曾右。面微圆，皮欠厚。妻已亡，并无后。丧犹新，病照旧。六十六，非不寿。八宝山，渐相凑。计平生，谥曰陋。身与名，一齐臭。”

美国著名作家海明威自撰的墓志铭，如同他本人一样风趣：“恕我不起来了！”

富兰克林既是美国著名的科学家，又是“独立宣言”的起草者。然而，他的墓志铭却是“印刷工富兰克林”。在他看来，家庭贫困迫使他在年轻时当印刷工，使他有机会从印刷品中学习知识，知识改变了他的命运，所以他永远不忘自己出身印刷工。

赫鲁晓夫的墓碑上，我只见到一行字：“尼基塔·谢尔盖耶维奇·赫鲁晓夫”，连生卒年月都没有写。大约在赫鲁晓夫看来，像他这样家喻户晓的人物，除了姓名之外，再加上任何一个字都是多余的。

自撰墓志铭，以过来人的身份把一生的心得以三言两语镌刻于小小石碑之上，闪耀着真知的光芒，成为赠与后来者的宝贵的精神财富。

在蒋介石生母王采玉墓旁的石碑上，除了有蒋介石所写的生平事迹式的《先妣王太夫人事略》，还有蒋介石充满思母之情的《哭母文》。

《哭母文》属于祭文，表达人们对亡亲故友的哀悼之情。广义而言，刻在石碑上的祭文，也是墓志铭中的一种。祭文是散文，具有强烈的文学感染力。从韩愈的《祭十二郎文》到欧阳修的《祭石曼卿文》，既是中国祭文中的名篇，也是中国古代散文中的佳作。

以诗祭奠亡灵，则是悼亡诗。把悼亡诗刻于墓碑上，从广义上讲，也属于墓志铭。西晋潘岳为悼念妻子杨氏而写了《悼亡诗三首》，开悼亡诗之先河。从此，历代悼亡诗词不绝。诗词是感情的结晶体。悼亡诗词成为怀念亡灵的深情缱绻之作。

形形色色的墓志铭，折射着万千世态，蕴含着历史文化，饱蘸着人生哲理，诉说着无尽怀念。正因为这样，墓志铭值得收集，值得保存，值得研究，值得出版。

然而，在文化领域中，对于墓志铭的研究却几乎是空白。上海福寿园陵园文化研究所把园内的墓志铭加以选编成书，不仅仅是对陵园文化的新探讨，更重要的是给广大读者以人生的启迪。

我曾经设想，当我离开可爱的人世时，媒体将会怎样报道，标题会是《小灵通之父叶永烈去世》，或是《〈十万个为什么〉主要作者叶永烈病逝》，也许是《纪实文学作家叶永烈逝世》。

值得庆幸的是，虽然大夫已经一再给我敲响癌症的警钟，我的自我感觉一直良好。

我倍加珍惜时间，因为珍惜时间就是珍惜生命。

我曾经说，写作是我的第一生命。我也曾说，作品是我凝固的时间，是我凝固的生命。我的生命是有限的，但是我的作品是永恒的，是会长久活在这世界之中，活在千千万万读者的心中。

中国古代有所谓男子三立，即“立功、立德、立言”，我选择了“立言”。回顾我的一生，从 1963 年大学毕业至 1976 年，整整 13 年，而且这 13 年是人生精力最充沛的时候，白白被浪费在“社会主义教育运动”（即所谓“四清运动”）以及十年“文化大革命”之中。所幸由于国务院副总理方毅的关心，我从1981年起就从事专业写作。正是由于13年的青春岁月被政治运动所荒废，所以我倍感时间的珍贵，因此我的时间利用率相当高，而且我无节假日、无周末周日，全力以赴从事写作。我写出3000多万字的作品，将近300本书，留在这个世界上。在中国作家之中，能够拥有3000多万字的作品的人屈指可数，“吾生无憾”矣。倘若没有那13年光阴的浪费，我会写出更多更好的作品。

我敢写敢言，敢言敢为，所以我的一生风波不断。“君看一叶舟，出没风波里”，我走风踏浪，赢得了最终的胜利。

哦，生命可贵。生命不息，写作不止。

第十章 《钱学森》幕后故事

我没有当场答应下来，是因为写钱学森，似乎不符合我挑选传主的“三原则”。我在传记文学的创作上，曾经提出我挑选传主的“三原则”：一是知名度高而透明度差；二是没有人写过；三是传主健在并愿意接受我的独家采访。

在北京举行《钱学森》首发式

2010年12月11日，是著名科学家钱学森99周年（虚龄100周年）诞辰。为了纪念钱学森，上海交通大学出版社推出我的长篇新著《钱学森》，并于12月10日在北京中国人民革命军事博物馆举行隆重的首发式。30多家媒体记者出席。

2010年12月10日，叶永烈在北京《钱学森》首发式上讲话

我从众多的报道之中，选出两则报道，分别从不同的视角介绍《钱学森》一书。

《科技日报》记者李大庆的报道称：

钱学森的一生，如同一部中国的“两弹一星”发展史。新出版的《钱学森》在主写钱学森生平的同时，也记叙了以钱学森为主的“两弹一星”群体。作家叶永烈在着力刻画钱学森形象的同时，也旁及“两弹一星”的统帅聂荣臻元帅、恳请钱学森“出山”的陈赓大将、钱学森的挚友郭永怀、钱学森手下三员“大将”——任新民、孙家栋和王永志……此外，叶永烈还特别勾画了与钱学森人生道路有着密切关联的各具特色的人物形象，包括他的父亲钱均夫、导师冯·卡门、夫人蒋英、堂弟钱学榘、慧眼识英才的叶企孙、“红色科学家”罗沛霖、“三钱”中的另一钱——钱伟长等，以及美国海军次长金贝尔、加州理工学院院长杜布里奇、钱学森好友弗兰克·马勃以及郭永怀夫人李佩。这样的众星拱月的表述方式，有助于读者对钱学森传奇人生的更深理解。

据叶永烈介绍，在2009年11月完成《走近钱学森》一书后，他又听取了多方意见，专赴北京、杭州等地补充采访了钱老生前身边的工作人员、同事、学生等30多人，获得了珍贵的独家资料，形成了65万字、300多幅照片、内容更加丰富、扎实、生动的新书《钱学森》。

中国新闻社记者应妮当天就发出电讯称：

由著名传记作家叶永烈撰写、获钱学森之子钱永刚首肯的《钱学森》10日在此间首发，这本书力图褪下围绕着钱学森的神一般的光环，尽量还原他普通人的一面。

在2009年完成《走近钱学森》后，叶永烈专赴北京、杭州等地补充采访了钱老生前身边工作人员、同事、学生等30多人，获得许多珍贵一手材料，形成了65万字、包含照片300多幅的新书《钱学森》，在传主诞辰99周年之际推出。

在该书中，叶永烈没有回避关于钱学森的种种所谓“敏感问题”。钱不是生活在真空中，他回国之后正是中国政治运动的“多产岁月”，在“大鸣大放”中钱学森不得不与秘书互贴大字报，“四清”运动中在工厂车间里坐在小马扎上接受“社会主义教育”，在“文化大革命”中写《关于空间技术名词统一问题》那样纯粹科学技术文件时也不能不写上一段“最高指示”……

叶永烈表示，在他看来钱学森是一个深邃的大海，这本书只反映了百分之一。由于钱本人很少谈及自己的身世和经历，因此留下许多想象的空间，甚至关于他的讹传亦随之流传，作者期望借这本书能够在一定程度上起到正本清源的作用。同时，这本书是写给“80后”“90后”年轻读者的，希望他们在了解老一辈航天人如何走过来的基础上，能够传承钱学森精神，未来有千万个“新钱学森”秉持科学的火炬前行。

叶透露，钱学森虽然没有写日记习惯，但他生前写过大量的工作笔记，这些资料由于涉及军事机密至今仍锁在保险箱中，一旦这些笔记能面世，他有信心能将这本传记修改得更加深入。

钱学森之子钱永刚对这本传记饱含深情，称“如同他的孩子”。在10日的首发式上，他引用了父亲常说的“Nothing is final”（没有什么认识是最后的），对这本书同样如此。对于父亲这样一位大科学家，这几笔仅仅是最初的轮廓，他将会支持叶永烈在这一基础上做进一步的完善，让史实更详尽、内容更充实。

中国新闻社记者应妮提及的钱永刚教授在首发式上的讲话，是没有讲稿的即席讲话。所幸我开着录音机，全程录音。后来根据录音，整理出钱永刚教授的讲话如下：

当我看到叶永烈先生花费四年工夫写就的《钱学森》一书时，我心情非常激动。当然，这本书无疑是叶永烈先生写的，但我却感到仿佛是我的论文，我写的书。说句不太文雅的话，我抚摸着这本书，这本书就像我的孩子。

为什么这样说呢？因为四年前，我和叶永烈先生见面，和上海交通大学出版社共同策划出版这本书，尽管我把这本书在出版过程中所遇到的困难想得不少，但是实践证明，我把这本书的出版还是看得容易了。四年以来，叶先生、上海交通大学出版社——当然不客气地说，也有我——为这本书的面世而花费太多的精力。我曾经跟这本书的责任编辑刘佩英女士说：“小刘，你高兴我就高兴，你着急我就跟着着急，你不高兴我和你一样不高兴。”从这里也可以看出，我对这本书付出的辛苦。

我们终于克服了重重困难，把这本书展现在全国人民面前。我听到很多老同志以及年轻的朋友对这本书的赞誉，我感到非常欣慰。

我昨天与叶先生共同回顾这几年来的历程，一幕一幕出现在眼前。我对叶先生说，我们写钱学森，我们的思想也受钱学森的深刻影响。钱学森有个观点，就是“Nothing is final”——没有什么认识是最后的。我想这句话也可以用于这本书的创作。我觉得，尽管我们付出了这么大的努力，但是对于一本记述我父亲的一生，一个为国家为民族做出贡献的大科学家，我们的书还仅仅是初步的轮廓。刚才叶先生说，他有意愿，在这本书的基础上，进一步完善，我也和叶先生一起，期待着一本内容更详尽、更充实的新书尽快面世。到那时，我再和朋友们在这里相逢。

钱永刚教授的简短讲话，大致勾勒了《钱学森》一书的创作历程以及他本人的“深度介入”。

钱学森不符合我的“三原则”

对于我来说，这部近70万字的《钱学森》无疑是一部重要的新著。尤其是我2008年11月11日做了大手术、从死神那里挣脱之后所写的一部长篇。

《钱学森》属于人物传记。我写的人物传记，通常是“我要写”，如写陈云、写陈伯达、写“四人帮”，都是我自己选定传主去写的；《钱学森》恰恰相反，是“要我写”，按照我的惯例，凡是“要我写”我通常不写。当然也有例外，《胡乔木》就是胡乔木夫人谷羽通过中共中央党校出版社约我写的，我接受了，原因是我写了78万字的《陈伯达传》，对于同样作为毛泽东左右手的胡乔木已经有许多了解，所以也就接受下来这一写作任务。

《钱学森》一书是怎样定下来要我写的呢？

那是2006年8月26日，上海交通大学江晓原教授给我打来电话，说是钱学森的儿子钱永刚教授来上海，约明天晚上见面。我问江晓原教授，见面谈什么事情？他说不清楚，反正你就尽量去一下吧。

翌日傍晚，上海交通大学出版社派车接江晓原和我，一起来到离上海交通大学不远的绍兴饭店。到了那里，我第一次与钱学森之子钱永刚教授见面。我从1979年起多次见过钱学森，我发现钱永刚酷似其父，甚至可以说是钱学森的“拷贝”。

那天在座的还有上海交通大学出版社总编辑张天蔚以及刚调来上海工作的韩建民博士，后来他担任上海交通大学出版社社长。我跟他们也是第一次见面。虽说1986年4月上海交通大学出版社出版过一本我主编的《党政干部科技必读》，毕竟时过境迁，人事全非了。不过，有上海交通大学出版社领导在场，我估计一定是要我写一本关于钱学森的书。

果真，席间钱永刚便提出，准备出一本图文并茂的《钱学森画传》，约我来写。上海交通大学出版社社长、总编辑则表示，上海交通大学是钱学森的母校，钱学森的著作很多是由上海交通大学出版社出版的，他们自称是“钱学森著作出版基地”。面对如此热情的约稿，我表示感谢，并希望容我仔细考虑。

后来我才知道，上海交通大学出版社社长韩建民原本是江晓原教授的博士研究生，知道江晓原教授与我熟悉，所以托他出面来邀请我。

我没有当场答应下来，是因为写钱学森，似乎不符合我挑选传主的“三原则”。我在传记文学的创作上，曾经提出我挑选传主的“三原则”：

> 一是知名度高而透明度差；
>
> 二是没有人写过；
>
> 三是传主健在并愿意接受我的独家采访。

其中最典型的是78万字的《陈伯达传》的写作。陈伯达符合我的“三原则”：

论知名度，陈伯达作为中共中央政治局常委、“中央文化大革命小组”组长、“林彪、江青反革命集团”16名主犯之一，知名度是够高的；

论透明度，陈伯达甚差，只有他作为中共中央政治局常委时的不足千字的简介而已；

陈伯达无人写过传记，而且他本人当时健在。

在公安部的帮助下，我前往北京，探访陈伯达。最初他不愿接受我的采访，理由是“列宁不相信回忆录”。经我再三说服，并采访了他的历任秘书、子女、公务员、司机等等之后，他终于同意我的采访。在陈伯达晚年，我是唯一的采访者。正因为这样，我的《陈伯达传》经中共中央党史研究室审查通过并由作家出

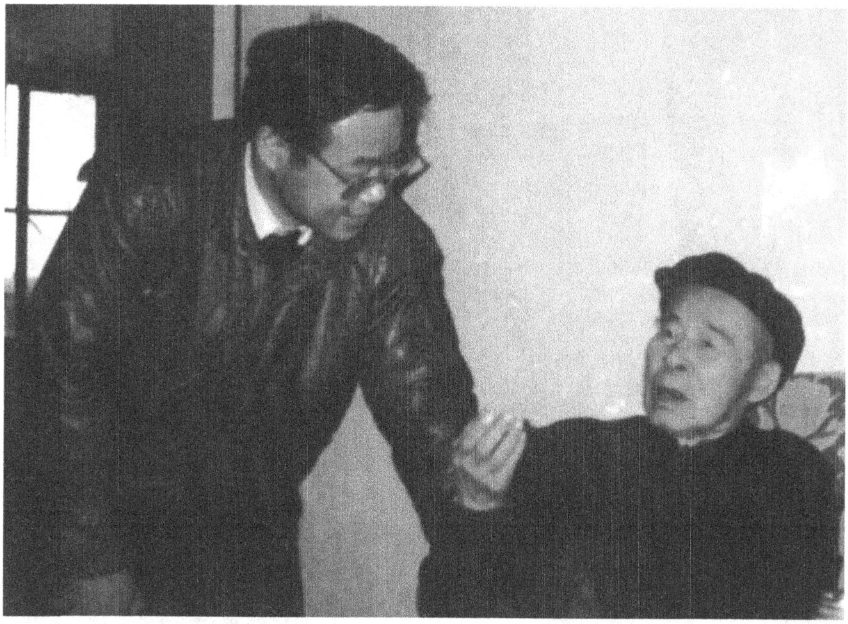

叶永烈采访陈伯达

版社出版之后，产生很大的影响，被视为关于陈伯达生平的权威之作。

陈云和胡乔木都是很低调的人，都是“知名度高而透明度差”的人。作为中共中央副主席，陈云生前只有那种千把字的简历式的介绍文字，而胡乔木在毛泽东身边担任政治秘书那么多年，能够找到的他与毛泽东的合影只有几张而已。

我写《陈云传》，虽然当时陈云已经去世，但是他的夫人于若木非常支持，我进入中南海，在陈云家中独家采访于若木。

我写《胡乔木传》，虽然当时胡乔木刚刚去世，但是胡乔木夫人谷羽不仅接受我的多次采访，而且她为我的采访一路开绿灯，使我得以采访诸多胡乔木友人……

但是钱学森则显然不符合我的“三原则”：

钱学森的知名度当然高，但是透明度并不算差；

钱学森并非无人写过。我查了一下，关于钱学森的各种各样的传记已经不下10种（诚然这些书中往往掺有许多编造的假故事，真正有分量的钱学森传记乏善可陈）；

最令我感到遗憾的是，尽管当时钱学森健在，但是他拒绝采访。钱学森反对在生前写传记，而且极少接受媒体采访。钱学森的这一态度，并不始于他成

1995 年 6 月 27 日，叶永烈在北京中南海采访陈云夫人于若木

为“两弹一星”元勋之后，而是早在 1950 年，他在美国加州理工学院就说过：“人在临终前最好不要写书（传记），免得活着时就开始后悔。”我至今仍认为钱学森这种对待传记的态度是错误的。钱学森在晚年有的是时间，如果能够接受采访，为后世留下一部信史，其实也是很有意义的工作。我曾经公开批评过活了 106 岁的宋美龄不愿写回忆录，认为她无端带走了一部中国现代史。我也认为，朱镕基在退休之后只是拉京胡、唱京戏，不写回忆录，这同样不足取。须知，历史老人们头脑中的珍贵记忆，并不是他的“私有财产”，而是属于这个世界的。

也正因为钱学森拒绝接受采访，拒绝出版传记，所以那些已经出版的形形色色的钱学森传记的作者都没有采访过他，更没有得到他的同意，所以不少作品粗制滥造，七拼八凑，讹误甚多。

钱学森除了不符合我选择传主的“三原则”之外，还有其他因素影响我接受《钱学森》写作任务：

一是写钱学森传，对于我来说带有杀“回马枪”、走回头路的味道。我只在早年写过一系列科学家传记。记得在 20 世纪 80 年代初，我担任上海市科协常委、中国科协委员，有机会接触许多中国一流的科学家，我多次采访过著名数学家华罗庚、苏步青院士（当时称学部委员），采访过中国遗传学泰斗谈家桢院士，采访过断手再植之父陈中伟院士，采访过著名化学家汪猷院士……但是后来我转向中国当代重大政治题材的长篇纪实文学写作，我所写的大都是中共高层政治人物，已经不再写科学家了。所以关于《钱学森画传》的写作，也就“拖”在那里。我想，如果他们找到更合适的写作人选，就让别人去写。

二是钱学森给我的印象是在政治上有点“左”，尤其是在1983年底的那场所谓“清除精神污染”运动的时候。他支持特异功能的研究，而我在所谓“耳朵认字”刚一开始，就持怀疑、反对的态度。在“气功热”的时候，我发表过批评“气功大师”严新的文章。在钱学森与英籍女作家韩素音就“第三次浪潮”以及科幻小说展开争论的时候，我是站在韩素音一边。钱学森尖锐抨击“韩素音们”。当时韩素音每一次来华，差不多都找我谈话，我发表过多篇韩素音与我谈话的报道……

当然，瑕不掩瑜，就总体而言，我还是非常敬佩他对发展中国“两弹一星”事业所做出的巨大、不可替代的贡献。我也十分讨厌海外以及网络上某些“知识精英”对于钱学森的种种恶意抹黑和攻击。

大病之后力不从心

由于我最初并不打算写钱学森，所以《钱学森画传》的写作计划，也就搁了下来。一搁就搁了两年多。

2008年11月7日，久无联络的上海交通大学出版社总编辑张天蔚突然来电，约我明晚一起晚餐，就《钱学森画传》的写作交换意见。我估计，很可能是钱永刚从北京来到上海。

他的电话，打的不是时候。当时我的生命“到了最危险的时候”。我已经躺在上海肿瘤医院病房里，马上要动一次切除大手术，只是因GTB指标不过关，要晚几天进手术室。连我自己都不知道能否活下来，所以那几天正忙于写遗嘱。但是我又不便直接把病况告诉张天蔚，就借故推掉了。

手术前的几个月，我处于最忙碌的时刻，我赶紧整理完我的一批著作，交给出版社，以免手术时有个三长两短，这批著作也就“烂”在我的电脑中。

我是一个从不愿意麻烦别人的人。我的病情，连小儿子都没有告知，怕他得知之后会从美国赶来，影响他的工作。我只在进手术室的前些天，才告知长子。果真长子一家要从台北赶来，我坚持只让长子在2008年11月11日我开刀那天来上海，以便在我万一遭遇不幸时能够照料我的妻子。此外，我没有告诉任何人（除了报告我的所在单位——上海作家协会）。也正因为这样，直到2010年12月10日《钱学森》一书在北京举行首发式，我也没有把病况告诉过上海交通大学出版社，也没有告诉钱学森之子钱永刚，他们一直以为我的身体“很不错”。

值得庆幸的是，由于上海肿瘤医院的重视，成立以副院长叶定伟教授为首的三人治疗小组，副院长亲自为我的手术主刀，我从外科手术台上拣回一条命。

大夫劝我务必好好静养。他告诉我，一位病情与我相似的人，出院之后要去上班，那位病友的工作很轻松，只在门卫室看看大门而已，大夫劝他绝对不可上班，只能在家静养。已经退休的我，不存在着上班问题，但是我的写作任务一个挨着一个，比上班族还忙。再说，自从动了大手术，不知何日旧病会复发，所以感到余日不多，时间格外宝贵，必须抓紧时间写作。我只在刚出院的一个来月“稍微”注意休息，此后就恢复了往日的“疯狂”，每天从早到晚工作，直至夜深。

在我的伤口刚刚拆线、橡皮膏尚未取掉的时候，2008年12月2日，上海交通大学出版社总编辑张天蔚再度来电，希望见面谈《钱学森画传》写作事宜，我又找借口推掉了。

长子、长媳为了使我和妻得到休息，请我们到台北住了些日子。长子、长媳都劝我从此“封笔”，因为我的长子、次子和我自己都事业有成，即使我不写一个字，我的晚年含饴弄孙，日子也可以过得很舒畅。我却如同母亲所言，属于“劳碌命”，我依然不停地写作，依旧是“拼命三郎”本色。

由于我再三推托写《钱学森画传》，不明原因的上海交通大学出版社似乎着急了。2009年2月23日，张天蔚又来电，希望晚上一起聚一下，地点就选在我家附近的餐馆。当晚，张天蔚、韩建民与我见面，除了约写《钱学森画传》之外，还增加了新的任务——写作《书房的故事》。我以为，《书房的故事》这一选题很好，回来之后草就《历史在这里沉思——“沉思斋”的故事》提纲，并拟出初步设想。

由于写作《历史在这里沉思——“沉思斋”的故事》不用外出采访，我决定先写这本书，所以就把《钱学森画传》再度搁在一边。

我以“疯狂”的速度，只用了半个多月的时间，就完成《历史在这里沉思——“沉思斋”的故事》，在2009年3月10日用电子邮件发给上海交通大学出版社责任编辑刘佩英。翌日，上海交通大学出版社社长韩建民来电，约晚宴。我知道肯定是要谈《钱学森画传》的写作，又一次借故推辞了。这是因为我大病初愈，而写作《钱学森画传》按照我的写作习惯必须作大量的采访，以掌握第一手资料，我已经力不从心。

决意另行独立采访

2009年4月8日，上海交通大学出版社总编辑张天蔚来电告知，说星期日（4月12日）上午与钱学森之子钱永刚到我家拜访。这下子，我无法推托。看样子，《钱学森画传》一书是非写不可了。

但是，我仍希望能够推辞。2009年4月10日，我致电上海交通大学出版社编辑刘佩英，明确提出请他们另找作者写《钱学森画传》一书。由于我并未说及我的病况，刘佩英似乎并不理解我为什么一而再、再而三推掉《钱学森画传》一书的写作任务。

2009年4月12日，还是按照原先的约定，上海交通大学总编辑张天蔚、编辑刘佩英陪同钱学森之子钱永刚来到我家，谈《钱学森画传》写作事宜。中午与钱永刚、张天蔚、刘佩英等一起在新开元酒店吃中餐。钱永刚很热情，很使我感动。他特别提到，上海交通大学要建设规模宏大的钱学森图书馆，钱学森图书馆筹备处多年来从事钱学森的研究工作，采访了100多人。钱永刚说，他可以关照钱学森图书馆筹备组，把所收集的资料全部对我开放。

正是钱永刚的这句话，打动了我。因为我从事纪实文学创作，向来是“七分跑，三分写”，而当时的我已经无法像往日那样四处奔波采访了。既然钱学森图书馆筹备处可以提供100多人的采访资料，我只需再作若干补充采访就可以了。就这样，我当场正式承诺写作《钱学森画传》。

2009年5月16日，我应约一早来到上海交通大学。在校门口遇钱学森秘书顾吉环，一起到董浩云纪念馆，在那里与钱学森之子钱永刚教授、交通大学出版社总编辑张天蔚、编辑刘佩英以及钱学森图书馆筹备处负责钱学森资料保管的某君，一起研究《钱学森画传》运作事宜。钱永刚送我一整套10卷本《钱学森书信》。然后，钱永刚陪我到包兆龙图书馆12楼、19楼参观从北京运来的钱学森资料、实物，钱永刚亲自讲解，非常认真，很使我感动。中午，在交大餐厅就餐，继续与钱永刚交谈。直到下午1点半，张天蔚开车送我回家，并运回一整箱10卷《钱学森书信》。

我这个人做事，要么不答应，而一旦答应则必定认认真真去做，即所谓“言必行，行必果”。我既然承诺写作《钱学森画传》，就开始着手准备。第一步当然就是到钱学森图书馆筹备处查阅资料。我致电钱学森图书馆筹备处负责钱学森资料保管的某君，约定2009年5月22日见面详谈。那天上午，我去上海交通大学，与某君会晤，商谈关于钱学森资料问题。

对方似乎在打太极拳，不愿提供钱学森资料。比如，作为《钱学森画传》，必须拥有大量珍贵的图片，某君仅给我钱学森图片52张，其中20张是从网上下载的几十KB的图片，其余大都是书刊上翻拍的，不仅画面模糊，而且没有什么价值。我知道，他们在采访时，用摄像机拍摄采访对象。我希望调阅这些采访录像带，对方推说他们的采访是关于科学思想的采访，对于你的写作没有多大参考价值，采访记录也只整理出几份，无法向你提供。另外，我问及采访100多人的名单，对方竟然说也尚在整理中，无法提供。总之，写作《钱学森画传》一事，只有钱学森之子钱永刚非常热情、积极，但是上海交通大学这些握有钱学森资料的人，不愿提供。彼此不欢而散。

2009年6月5日，我在发给钱永刚的电子邮件中，明确告知：

> 原本以为可以利用交通大学钱学森图书馆筹备处的一部分访问资料，实际上他们似乎提供相关资料存在困难（目前只提供两篇没有多少参考价值的整理成文字的采访稿以及只提供一点从网上下载或者从报刊上翻拍的没有多大价值的照片）。我决意另行独立采访，不再寄希望于交通大学钱学森图书馆筹备处，不使用他们的任何资料。

我那么说，就那么做。我从此再也没有与上海交通大学钱学森图书馆筹备处发生任何联系。[1]

---

[1] 后来，该馆正式对外展出，馆长几度邀请我前往参观，我也谢绝了。

开弓没有回头箭。我不能因为上海交通大学钱学森图书馆筹备处不愿意提供资料而不写《钱学森画传》。

我写钱学森的三条"准则"

我被上海交通大学钱学森图书馆筹备处个别工作人员的冷漠态度所深深激怒，决心尽快写出《钱学森画传》。我开始我的独立采访。

虽然创口仍然隐隐作痛，2009年6月13日我踏上旅途，开始前往钱学森故乡杭州去采访……

我一边采访，一边写作。很快，我进入"角色"。

之前，我曾经问上海交通大学钱学森图书馆筹备处的人，你们这么多年专门从事钱学森研究，你们见过钱学森吗？

他们的答复令我吃惊：一直没有见到过钱学森！

叶永烈在杭州钱学森故居大门口（2009年6月14日）

比起他们来，我与钱学森有过多次交往。1979年2月23日，钱学森出差来到上海，我应约到他所下榻的延安饭店。当时，我担任电影《向宇宙进军》的导演，拍摄的内容正是钱学森"管辖"的范围。钱学森一身军装，进屋之后，摘掉军帽，显出开阔光亮的前额。他微笑着与我握手，眼角皱起了鱼尾纹。一边谈话，我一边作详细的笔记。翌日，我根据他的谈话整理出8000多字的记录，并交打字员打字，向电影厂领导汇报。我一直保存着那份打字稿。

此后，在拍摄电影期间，我跟钱学森有了许多接触。《向宇宙进军》分三集，每集半小时，总共一个半小时。其中第三集是《载人航天》，经钱学森批准，我率摄制组来到当时绝密的航天员训练基地拍摄。

后来我当选中国科协委员，钱学森是中国科协副主席，在开会时跟他也有所接触。

1980年6月17日，上海科学家彭加木在新疆罗布泊考察时失踪，我奉命从上海赶往乌鲁木齐。当我要求进入罗布泊时，却因那里是核基地而未能准行。我请新疆军区致电国防科委，得到国防科委副主任钱学森的批准，我终于得以进入罗布泊……

在我写作《钱学森画传》时，脑海中不时浮现钱学森的形象。

我确立了写作《钱学森画传》的三条“准则”：

一是钱学森本人很少谈及自己的身世和经历，因此也就留下许多想象的空间，关于他的讹传随之流传，其中不少是“真名人，假故事”。我在写作《钱学森画传》时不得不担负起“考证”史实的任务，期望本书能够清除这些虚构、胡编的污垢。

二是这本书以广大年轻读者为主要阅读对象，让“70后”“80后”“90后”们了解钱学森是怎么走过来的，“两弹一星”和载人航天是怎么走过来的，我们的共和国是怎么走过来的。期望年轻人能够传承钱学森精神，在未来能有千千万万个“新钱学森”手持火炬朝着科学的顶峰迅跑。

三是虽然“两弹一星”和载人航天涉及种种艰深的科学原理，这本书却力求用明白而流畅的语言使每一个读者都能读懂钱学森。我希望能够写出一个平实可信的钱学森，坚持用事实说话。即使是对于钱学森的种种争议，也尽量用中肯、如实的文字向读者说清楚、道明白其中的来龙去脉、是非曲直，但不做“裁判”。

此外，书中没有“火箭之父”“导弹之父”之类颂扬性的称谓，钱学森本人也不喜欢对他的不实赞美。“知识就是力量”和“爱国主义是实现中华民族伟大复兴的强大动力”是贯穿全书的主旋律。

钱学森的一生，如同一部中国的“两弹一星”发展史。这本书当然主要是写钱学森的生平，但是也写以钱学森为主的“两弹一星”群体。正如钱学森本人再三强调的，“两弹一星”是许多人共同努力的成果。所以我在着力刻画钱学森的形象的同时，也旁及“两弹一星”的统帅聂荣臻元帅、恳请钱学森“出山”的陈赓大将、钱学森的挚友郭永怀、钱学森手下三员“大将”——任新民、孙家栋和王永志……此外，还注意勾画与钱学森人生道路有着密切关联的各具特色的人物形象，其中包括父亲钱均夫、导师冯·卡门、夫人蒋英、堂弟钱学榘等。我还注意勾画美国海军次长丹·金贝尔、加州理工学院院长杜布里奇、钱学森好友弗兰克·E. 马勃不同的鲜明个性。这样的众星拱月式的表述方式，以求有助于读者对于钱学森传奇人生的更深理解。

2009 年 9 月 2 日，我来到北京，钱永刚前来宾馆看我，把数百张钱学森照片从手提电脑中当场拷贝到我的 U 盘里，这样解决了《钱学森画传》的“画”的问题。

《走近钱学森》受到广泛关注

我做事快手快脚。我启动《钱学森画传》的写作，实际上是在2009年6月，以 3 个多月的时间，就完成了《钱学森画传》。我松了一口气，总算兑现了对钱永刚的承诺。2009 年 10 月 13 日，我与上海交通大学出版社签订《钱学森画传》出版合同，并把《钱学森画传》电子文本交给责任编辑刘佩英。

2009 年 10 月 23 日，我收到刘佩英的电子邮件：

叶先生：

文稿我已基本看完，非常精彩，我经常是看到晚上 11 点多还不想放下。您不仅写了钱学森个人，还把当时的社会、知识分子、科学界的事况描述了出来，引人入胜。

我准备这个周末加班，插入图片。不知叶先生是否刻好盘？我能否请快递过来取盘？今天拿到了我周末就可以工作了。

谢谢

刘佩英

2009–10–23

我当即把钱学森照片光盘用刻录机刻好，快递给刘佩英。

《钱学森画传》这书名，由于带一个“传”字，出版社认为要改一下，务必避开这个“传”字。于是，一度改为《中国首席科学家——钱学森》。钱永刚认为“首席”两字会招来别的科学家的议论，不妥。后来改为《百岁钱学森》，因为上海交通大学出版社打算在2010年4月的全国书市推出此书，而2010年正好是钱学森虚龄100岁。

2009年10月31日中午，我接到北京朋友电话，告知钱学森去世。我起初将信将疑，因为此前曾经几度传出钱学森去世的假消息，所以赶紧上网查找，看到新华社发的消息，相信了。我马上致电上海交通大学出版社刘佩英、韩社长（张天蔚的手机打不通）。他们正在厦门出席高校出版社会议，知道这一消息，表示立即抓紧出版《钱学森画传》。

当天下午，我就不断接到记者们的电话，要我谈钱学森，其中有北京、杭州、武汉、安徽等地记者。搜狐网还邀请我去北京做节目。此后几天，各电视台、报社、杂志社记者纷至沓来，要我谈钱学森。一时间，有关《钱学森画传》的报道频频见诸媒体。

上海交通大学出版社决定尽快出版《钱学森画传》。我庆幸已经完稿，这时候忙的是出版社，而不是我。倘若我没有完成《钱学森画传》，日夜加班的则是我。我赶写了《万众送别科学巨星》一节，记述钱学森之逝，补入《钱学森画传》。

关于书名，上海交通大学出版社建议改为《中国出了个钱学森》。我认为不妥，因为《东方红》家喻户晓，这是把钱学森与毛泽东类比。我决定把书名改为《走近钱学森》，因为本书的主要读者定位为年轻人，这本书是让年轻读者“走近钱学森”。

令我难忘的是，钱永刚教授在那样沉痛、忙碌的时刻，全文审阅了《走近钱学森》清样。看到清样上钱永刚端正的字迹，我深受感动。他亲自审定全文，确保这本书得以顺利出版。责任编辑刘佩英则奔走于上海与北京以及南京（排版厂在南京）之间，非常辛苦。在钱学森去世不到一个月，2009年11月30日，42万字的《走近钱学森》就印出来了。

由于钱永刚和上海交通大学出版社的高度重视和精心策划，2009年12月5日，《走近钱学森》首发式在北京隆重举行，钱永刚教授、孙家栋院士、航天英雄杨利伟、英雄航天员聂海胜、费俊龙等以及40多家媒体出席。

《走近钱学森》的出版，正好赶上钱学森去世这个关键点上，所以中央电视台在一频道的新闻联播以及四频道的中国新闻中都播出《走近钱学森》首发式的新闻，在当时造成很大的轰动效应。

不过，对于《走近钱学森》一书我并不满意。在《走近钱学森》的后记以及首发式上，我都表示将对钱学森生平进行深入采访，写出一部更有分量的钱学森传记，即《钱学森全传》。正因为这样，当时先后有中央电视台、北京电视台以及天津电视台邀请我做《走近钱学森》的专题节目，我都谢绝了。

叶永烈著《走近钱学森》（上海交通大学出版社 2009 年 11 月出版）

《走近钱学森》出版之

出席《走近钱学森》首发式。右起：航天员费俊龙、叶永烈、航天员聂海胜、钱学森之子钱永刚（2009 年 12 月 5 日）

叶永烈、杨利伟在《走近钱学森》首发式上（2009年12月5日）

后，钱永刚教授、航天档案馆原馆长刘登锐先生、中国未来研究会韦锡新先生、钱学森堂甥陈天山等给予认真指正，使我能够改正疏漏之处。我很感谢他们的关心和认真校阅。

在北京进行密集性采访

钱永刚和上海交通大学出版社一直惦记着我所说的“一部有分量的钱学森传记”的写作。

2010年3月20日，刘佩英来我家，商谈《钱学森全传》出版事宜。她告知，出版社希望在钱学森去世一周年之际出版。考虑到总装备部在组织写一部“官方版”的《钱学森传》，我这本《钱学森全传》只得改名为《钱学森传奇》。

虽然刘佩英没有明说，我猜测钱永刚最近会来上海，她是来打前站的。

果然，2010年3月25日傍晚，刘佩英驾车来接我和妻前往上海余庆路逸雅轩，钱永刚和张天蔚在那里等我。我送钱永刚及刘佩英各一册香港版《解密钱学森》。那个夜晚，谈定了《钱学森传奇》的写作计划，初步决定5月上旬我去北京采访，还细谈了钱学森的“万斤亩”问题。

2010年4月27日，我刚刚从四川成都结束全国图书博览会的活动回到上海，便收到钱永刚的电子邮件，非常详细地开列了在北京需要做补充采访的名单以及联系方式。钱永刚做事，像他父亲那样认真、细致，看了那张采访名单，我一目了然。只是我手头还有别的工作，赴京采访推迟到5月中旬。

2010年5月11日，我与妻从上海飞往北京，特意住在钱学森当年每天往返的宣武门。除了钱永刚开列的采访名单上的人物之外，我还补充采访了钱月华、柳鸣、任新民等多位与钱学森关系密切的人。

在北京，我马不停蹄，进行了密集性的采访：

2010年5月12日上午采访钱学森学术秘书刘兆世

2010年5月12日下午采访罗隆基秘书、民盟中央副主席、88岁的罗涵先

2010年5月12日下午采访钱学森母校北师大附属中学及校长刘沪

2010年5月13日上午采访毛泽东秘书、94岁的李锐

2010年5月13日中午与钱永刚、张天蔚、刘佩英会面

2010年5月13日下午采访原中国科协副主席刘恕及其丈夫田裕钊

2010年5月14日上午采访90岁的钱学森干妹妹钱月华以及她的丈夫张德洛

2010年5月14日下午采访钱学森的警卫秘书刁九勃

2010年5月15日上午在中国科学院力学研究所采访郭永怀先生91岁的夫人李佩以及谈庆明、王克仁、金和，并参观中关村14号楼钱学森故居

2010年5月15日下午采访钱学森身边工作人员段恩润

2010年5月16日上午在紫玉饭店采访内蒙古沙产业草产业协会副会长郝诚之、副秘书长张卫东

2010年5月16日下午至三里屯《中国青年报》编辑Z君家以及广渠门外大街于光远家拜访

2010年5月17日上午采访钱学森第一任秘书张可文

2010年5月17日下午采访戴汝为院士和尹红风

2010年5月18日上午采访建筑学家鲍世行

2010年5月18日下午采访钱学森保健医生赵聚春

2010年5月19日上午去中共中央党校请吴健教授回忆钱学森

2010年5月19日下午在中国航天系统工程公司采访李同力、王东亮

2010年5月20日上午在总装备部306医院新楼19楼病房采访聂荣臻元帅秘书柳鸣

2010年5月20日下午在航天科技公司2410室采访95岁的任新民院士

使我特别感动的是，90岁的钱月华、91岁的李佩、93岁的李锐、95岁的任新民等众多耄耋之年的与钱学森相关的人士，接受我的采访。

这次在北京采访，每日早出晚归，北至昌平，西至玉泉路，东至三里屯，南至广渠门。我预料到采访范围非常大，选择了地铁口宾馆，从宾馆至地铁口只有100多米。我通常是采访对象在20公里之内，乘坐出租车。远的地方诸如昌平、中央党校、中关村，则先乘地铁，出来之后乘出租车。差不多我和妻每天总是最早进入自助餐厅吃早餐，然后像上班族一样出发，踏上一天的采访之路。中午在采访地点附近找个饭店吃饭，然后继续下午的行程。

在我年轻的时候，经常在北京做这样密集性、大工作量的采访。对于已经进入“古稀”之年而且开了大刀的我来说，如此高负荷的采访则显得艰辛。我一边采访，一边笔记，用光一本厚厚的采访笔记本，又临时买了一本新的笔记本。

每天晚上，我要整理笔记，把采访录音（为了防止意外，我用两台数码录音机同时录音）输入笔记本电脑。差不多每天晚上要与钱永刚通一次电话，告知采访情况，请教相关问题。另外，要与翌日的采访对象通话，落实采访地点和时间。

2010年5月13日，张天蔚、刘佩英来京。当天中午，钱永刚、我与张天蔚、刘佩英在北京安徽会馆会面，商谈《钱学森传奇》一书相关事宜。

在北京那么多天，唯一的一次与采访无关的活动，是5月20日上午采访聂荣臻元帅秘书柳鸣之后，由于他所住的306医院离奥林匹克公园不远，就去那里一趟。我去过那里，但是妻没有去过，我们乘出租车至奥林匹克公园，然后在园内乘坐电瓶车，匆忙游览了“鸟巢”及水立方。

“拼命三郎”式的作家

我从北京采访所得的书刊、文件，放满了一个箱子。从北京回到上海之后，我忙于《叶永烈文集》的整理、修改工作，又去广州出席彭加木遇难30周年纪念活动。直到2010年6月15日，这才终于开始写作《钱学森传奇》。

我以为《钱学森传奇》这本书，出版宜早不宜晚。这是因为我在北京获悉，两本关于钱学森的书在推进，一本就是总装备部组织编写的《钱学森传》，另一本则是钱学森秘书涂元季在写《钱学森的故事》。前者是准备在2011年12月出版，而涂秘书的书则接近完稿。

我致函上海交通大学出版社，告知预计2010年7月底可以完成《钱学森传奇》，希望他们事先安排出版计划，在2010年10月31日钱学森去世一周年时出版。总编辑张天蔚一口答应。他还告知，钱永刚也同意在钱学森去世一周年时出版。

这里需要提到的是，我属于“拼命三郎”式的作家：这时候上海交通大学出版社正在忙于出版我的另外三本书，即18万字的《梦里南洋知多少》、16万字的《这就是韩国》和20万字的《从金字塔到迪拜塔》，总题为”叶永烈看世界”丛书。这三本书都是我做了那次大手术之后写的新著。遵医嘱，希望能够放松生活节奏，所以先后与妻一起去了新加坡、马来西亚、韩国、埃及、迪拜五国旅游。每次出国旅游回来，我总要写旅行散记，不料竟写成50多万字的三本新书。此外，我还写了《台湾的那些事儿》《叶永烈写给小读者》等新书，修订、补充了《毛泽东的秘书们》。

我以近乎“短、平、快”的雷厉风行的作风，写出《钱学森传奇》一书。

在《钱学森传奇》中，我不回避关于钱学森的种种所谓“敏感问题”。钱学森不是生活在真空之中，他回国之后正是中国政治运动的“多产岁月”。钱学森也不得不在“大鸣大放”中与秘书互贴大字报，在“四清”运动中在工厂车间里坐在小马扎上接受“社会主义教育”，在“文化大革命”中写《关于空间技术名词统一问题》那样纯粹科学技术文件时也不能不写上一段“最高指示”……离开了当年的政治环境，就很难理解这样的“中国特色”的细节。

我写及钱学森在1957年“反右派斗争”中的两难境地。他作为中国科学界的头面人物，一方面不能不在各种会议上对“反右派斗争”作应景式的表态，一方面又出自内心对于与他同龄、同样在美国获得博士学位的导弹专家徐璋本的悲惨遭遇表示同情，甚至多次帮助因徐璋本被捕而在经济上陷入困境的徐璋本夫人。我也写及钱学森在“文化大革命”中的迷茫。在那动乱的岁月，钱学森一方面要尽力排除“文化大革命”对他所领导的“两弹一星”事业的严重干扰，一方面对国防科委副主任安东少将、卫星专家赵九章教授、导弹专家姚桐斌教授的非正常死亡表示深切的关注，尤其是对当年力劝他回国的资深的中共党员罗沛霖居然被打成“特嫌”而被捕难以置信……

《钱学森传奇》终于如期完成。《钱学森传奇》是在《走近钱学森》的基础上补充、修改而成。这次修改了近百处，增加了许多内容，全书近70万字。《钱学森传奇》成为一本丰富、翔实的钱学森传记，我算是大体上满意了。

不过，我只能说是大体上满意，而我的不满意在于两个方面：一是明明这本书的名字应当是《钱学森传》或者《钱学森全传》，却不得不在《钱学森传》之后加上个“奇”字；二是中国大陆的出版环境虽然比过去有所进步，但是对于图书的审查、控制仍是很紧的，条条框框甚多，“禁区”甚多，我写作时不得不句斟字酌，在这样的环境之下是很难写出舒展的好书。

2010年8月4日，我致电上海交通大学出版社总编辑张天蔚，告知《钱学森传奇》已经完成。8月18日，双方正式签订了出版合同，合同上规定这本书的出版日期是2010年10月31日。

就在完成《钱学森传奇》前夕，2010年7月26日收到上海作家协会发来的短信息，女作家蒋丽萍病逝，并于7月27日下午举行追悼会。蒋丽萍是我的同事，我们同为上海作家协会专业作家。她发现癌症是在我开刀之后半年。不久，腹水严重，她不得不住院开刀。手术之后似乎相当不错。2010年春节我从台湾归来之后，上海作家协会秘书长和人事室主任来看望我，还说起“蒋丽萍好了”。没想到，死神闪电般夺去她的生命，她年仅56岁。

我前些日子跟叶辛聊天时，说起上海作家协会另一位专业作家孙树棻。孙树棻在动了手术之后，面对前去看望的叶辛，像喊口号似的振臂高呼：“我好了！”可是不久之后，孙树棻的追悼会通知书就寄到我们手中。

比起蒋丽萍、孙树棻，我算是很幸运的。我居然在“好了”之后还能写出那么多的新作，简直是奇迹。我不知狡诈而凶狠的死神将如何“算计”我。我把有限的生命溶化在不断的写作之中。对于我来说，“写作着是美丽的”。

这本书是美味的“红烧肉”

《钱学森传奇》完成之后，上海交通大学出版社就用我的电子文本打印出清样。跟《走近钱学森》一样，送交钱学森之子钱永刚教授审阅。

我给钱永刚发去电子邮件：

钱永刚教授：

《钱学森传奇》清样已经托上海交通大学出版社总编辑张天蔚先生送上，请多指正。钱家1914—1929年在北京宣武门的住址，一直未能查到，您若知道盼告知，以便补入。

叶永烈 2010-8-28

正巧，钱永刚不久来沪。2010年9月9日晚上，在上海新开元酒店我与钱永刚以及交通大学出版社总编张天蔚、编辑刘佩英、小王见面，一边晚餐，一边请钱永刚谈《钱学森传奇》意见。他对全书给予肯定，也提出若干修改意见。他带来一批新的资料给我。

张天蔚说，《钱学森传奇》仍然按照《走近钱学森》一书的送审模式，先由钱永刚校阅，再由上海交通大学出版社负责审定。

钱永刚回答了我在电子邮件中提出的问题，即1914—1929年钱家在北京的住处。他说，是三个住处：先是住在人民大会堂西南钱学敏祖父家；然后住口袋底胡同（后来叫敬胜胡同）；最后住在西绒线胡同，今日四川饭店附近，但是具体门牌号不清楚。

钱永刚告知，书中有关航天的内容，已经请专人审看。

钱永刚认为，经过这次大修改，《钱学森传奇》一书显得可读性更强，内容更丰富，是美味的“红烧肉”。

《钱学森传奇》在2010年9月13日上午改定，发给了刘佩英。

《钱学森传奇》全书的编辑、排版工作，在同时进行。上海交通大学出版社告知，此书在2010年10月31日钱学森去世一周年时推出，绝无问题。

《钱学森传奇》一书在出版时改为《钱学森》。为了方便起见，下文中的《钱学森传奇》均改用《钱学森》。关于书名的修改经过，后文亦有详细的记述。

钱永刚极其细致的审阅

钱永刚曾经对我说："从来没有一本书的校阅，让我花费了这样大的精力。"

不仅如此。从最初的策划，到采访人名单的确定，清样的校阅……直至首发式的策划，钱永刚都花费了很大的精力。

钱永刚做事认真而细致，继承了钱学森的"基因"。我看过钱学森手稿，每一个字都端端正正，钱学森所写的数学公式如同印刷品。钱永刚也是这样，他在书的清样上做修改，总是用尺画出笔直的引线，在引线的另一头写上他的意见，字同样写得工工整整。

《走近钱学森》一书，就是经钱永刚全文审阅之后付印的。当时我第一次看见钱永刚修改之后的清样，佩服他虑事细如发丝。

《走近钱学森》一书的清样是在钱学森刚刚去世的日子里交到钱永刚手中的。作为钱学森的独子，钱永刚正忙于接待川流不息的吊唁人流，正忙于处理方方面面众多的事务，有几天他只睡两三个小时。在如此忙碌的时刻，他抽空审阅了《走近钱学森》一书的清样，每一处的修改都是用尺画出笔直的引线，一丝不苟，虽说随手画一根线要省事得多，他却仍然保持他严格的"钱氏风格"。

在《走近钱学森》一书出版之后，钱永刚又给我几度发来勘误表，写明页、行、误、正，清清楚楚。

到了2010年秋日《钱学森》一书准备出版时，钱永刚已经从冗忙之中走出，他两度对书稿进行极其细心的审阅：先是在用我的《钱学森》电子文本打印出来的长条清样上从头至尾改了一遍，后来又在插入图片之后的出版清样上认认真真改了一遍。

钱永刚曾经说："这本书是我约叶先生写的，我一定负责到底，尽量在出版之前减少差错。"

可以说，《钱学森》一书能够达到现在这样的质量，钱永刚功不可没。

钱永刚之细致，我可以举几个例子：

我在书中写“航天员杨利伟、费俊龙、聂海胜”，这原本无误，而他改为“航天英雄杨利伟、英雄航天员费俊龙、聂海胜”。这“航天英雄”与“英雄航天员”不同的称谓，显得非常准确。

又如，上海交通大学是现在的名称，是从 1959 年分校（主体部分内迁至西安）之后才开始使用的。钱学森在 1929 年考入的是“国立交通大学”。可是由于说惯了上海交通大学，有时候书中会有“钱学森毕业于上海交通大学”之类的句子，钱永刚马上在旁边画一笔直的引线，把“上海交通大学”改为“交通大学”。就连钱学森所写回忆大学生活的文章中，也常写成“上海交大”，钱永刚也一一改为“交通大学”。

德国在第二次世界大战中发明的“V–1 导弹”“V–2 导弹”，许多书上都是这样写的。但是钱永刚说，当时的“V–1 导弹”“V–2 导弹”没有全程制导系统，所以只能说是“V–1 火箭”“V–2 火箭”。他把书稿中所有提及“V–1 导弹”“V–2 导弹”的地方，都逐一改成“V–1 火箭”“V–2 火箭”，前前后后多达几十处。本来，他只在清样上改动一处，再标明（下同）即可。可是钱永刚并没有那样做，他不厌其烦地把几十处都逐一标明，而每一处修改都用尺画上笔直的引线。

又如，书中提及在第二次世界大战中钱学森参加“美国国防部空军科学顾问团”，钱永刚一律改为“美国国防部科学咨询团”。钱永刚说，经过他的核对，准确的译名应当是“美国国防部科学咨询团”。

诸如这样的文字性的修改，不胜枚举。

钱永刚给予我的帮助，最重要的是在史实的查证上。

比如，钱学森的母亲何年去世，有各种各样的说法，有的说是 1935 年钱学森去美国之后，有的说是 1947 年钱学森回国结婚前夕，还有的甚至说钱学森的母亲出席了 1947 年夏在上海沙逊大厦（今和平饭店）举行的钱学森与蒋英的婚礼。

起初，钱永刚对我说，他对钱家比较了解，对于他的奶奶章家的详细情况不甚清楚。他只知道父亲 1935 年去美国留学的时候，奶奶已经过世。后来，他经过查证，告诉我他奶奶死于 1935 年夏。他的依据是查阅家中的资料，查到他奶奶在杭州的墓的照片，墓碑上刻着殁于“民国二十四年夏”，即1935年夏。

后来我读到厉声教2010年4月4日发表的《挚友后人追忆钱学森及其父钱均夫的点点滴滴》。其中提及，钱学森1934年夏来到南京报考清华大学留美公费生的时候，住在颐和路20号厉家祥家中。厉家祥是厉声教之父，乃钱学森父亲钱均夫的好友。厉声教在文章中引述他母亲（厉家祥夫人）的回忆说：“钱学森身着长衫，左臂还戴着黑纱，因其母去世不久。”不言而喻，这一回忆是不确的，因为那时候钱学森母亲仍健在。

再如，钱学森在美国是怎样寄出给陈叔通副委员长的信，钱学森是否曾经有过中国人民解放军中将军衔等一系列史实的考证，都是得到钱永刚的帮助。我在《关于钱学森的假故事》一文中，已经详细述及。

对于敏感问题的反复斟酌

我注意到，钱学森也受到种种“质疑”，其中最为突出的是“亩产万斤粮”和“人体特异功能”两个问题。事情原本并不复杂，但是经过反复“放大”和“加油添醋”之后，就变成了钱学森的两大“污点”。

我在写作人物传记时，向来主张不回避敏感问题。我又发现，钱学森从不就这两个问题做解释，这就更坚定我的想法。

就这两个问题，2009年4月12日在钱永刚来我家的时候，就一起进行了研究。当时钱永刚是主张写，不回避。他认为，先写出来，至于能否发表，什么时候发表，再议。

在《走近钱学森》中，我写了《从争议看钱学森》一章，约4万字。我预料可能被删，所以把这一章列为附录，以便被删除时不会影响正文。

就在《走近钱学森》进入排版流程时，钱学森去世，媒体纷纷报道我在写钱学森传记的新闻。2010年11月4日，我在网上看到署名木木《〈钱学森传〉很难写》一文，就我写钱学森传发表评论。我在木木的文章之后，发表留言：

木木先生：读到您颇有见地的《〈钱学森传〉很难写》，很感谢。我写了4万字的关于“万斤亩”以及人体科学的一章。这一章在审查时是否会被全文删去，不得而知。我以为，写钱学森，不应回避这两个问题。

叶永烈 2009-11-4 于上海

不出所料，上海交通大学出版社通知我，附录《从争议看钱学森》一章全文删去。

我深表遗憾。

我始终认为，还钱学森的本来面目，是一个作家义不容辞的责任。所以在《走近钱学森》面世之后，我本着实事求是、追根探源的精神，花费很多时间进行仔细探索，在《从争议看钱学森》的基础上，加强说理性，全文扩大至 7 万字，写成了《为钱学森拂去流言》。

在查对、比较了钱学森关于“亩产万斤粮”的原文基础上，又走访了关键性的当事人，终于厘清了“万斤亩”公案的来龙去脉，还原了历史的真相。尤其是查清了 1957 年 6 月 16 日《中国青年报》以钱学森名义发表的《粮食亩产量会有多少？》的内幕，以事实说明，钱学森并非“大跃进推手”，更非“造成饿死 3000 万人的元凶”。

至于“人体科学”，在我看来，那是一个争议中的科学问题。我记述了“人体科学”的争议的历史过程，尤其是列举了“反对派领袖”于光远先生的种种质疑。科学向来是在争议中发展。“人体科学”谁是谁非，尚待时间做出结论。

钱永刚仔细看了《为钱学森拂去流言》一章。2010 年 9 月 9 日，我们一起进行讨论。他认为该章中关于“亩产万斤粮”的调查和记述，经过这次修改之后，写得好，有深度。又有极其重要的第一手采访，尤其是《中国青年报》当年编辑所说的情况。钱永刚建议对该章作进一步的补充和修改，力求写得逻辑性强又富有说服力，观点更鲜明些。钱永刚说，《为钱学森拂去流言》一章，将为钱学森除掉背了 50 多年的黑锅。这是一件很有意义的工作。他又建议该章经过修改之后，不作为附录，列入正文。

钱永刚向我提供了钱学森自己当年保存的所有关于“万斤亩”的文稿，使钱学森关于“万斤亩”的文稿增加至 7 篇。

钱永刚还从家中带来非常珍贵的资料，即钱学森生前保存的关于“万斤亩”的所有文章的剪报，其中有几篇是我所没有见过的。剪报上有钱学森亲笔所写的编号以及发表年月日、报刊名称。钱永刚把复印件送给我，供我写作参考。

钱学森之子钱永刚与叶永烈就《钱学森》一书交换意见（2010年12月10日于北京）

在与钱永刚详细交换意见之后，我对《为钱学森拂去流言》一文从头至尾作了细细修改。

我在2010年9月12日夜致函刘佩英：

刘小姐：

根据钱永刚教授9月9日晚上所谈意见，我对《钱学森传奇》一书作了仔细修改与补充，附上。书稿中红色表示删除，绿色表示增加或者修改。

这次修改的重点是《为钱学森拂去流言》，删去人体科学部分，对“万斤亩”作了仔细的修改和补充。原本钱永刚教授建议把《为钱学森拂去流言》从附录转为正文。但是从全书的结构来看，还是作为附录比较顺畅，所以仍作为附录。

《为钱学森拂去流言》一章，可以配上这次钱永刚提供的钱学森当年文章的清样制作若干插图。

叶永烈 2010-9-12 夜

然而，上海交通大学出版社出于《钱学森》一书定位为正面宣传钱学森，不涉及钱学森有争议问题的考虑，与有关部门和钱永刚经过慎重研究，最终决定：《为钱学森拂去流言》一章不收入书中。

对此，我表示理解并尊重他们的决定。

在开印前才定下书名

另一反复斟酌的问题，就是书名。

原本最恰如其分的书名是《钱学森传》，不得已在后面加了个“奇”字，变成《钱学森传奇》。《钱学森传奇》如果作为一本通俗性的读物来说，倒还可以，但作为一本实际上是钱学森严肃性长篇传记的书，用这样的书名显得有点俗气。

我删去“传奇”两字，变成《钱学森》。这么一来，又产生了新的问题：中央电视台的六集电视文献纪录片叫《钱学森》，纪录片解说词出了个单行本也叫《钱学森》，电视剧叫《钱学森》，这本书还叫《钱学森》？！

钱永刚建议，多想几个书名。为此我开列了以下书名：

《科学巨匠钱学森》

《科学巨星钱学森》

《风范钱学森》

《钱学森风范》

《中国脊梁钱学森》

《强国之梁——钱学森》

《强国之魂——钱学森》

《强国精英钱学森》

《海归强国钱学森》

《钱学森撼动世界》

《钱学森感动中国》

《回眸钱学森》

《回望钱学森》

《钱学森纪实》

《钱学森全解》

《传奇钱学森》

《钱学森风雨人生》

《钱学森人生轨迹》

《解密钱学森》

《解读钱学森》

《百年钱学森》(2010 年是钱学森虚龄百年)

《钱学森百年人生》

《红色科学家——钱学森》

《高天流云——钱学森的人生》

《仰望星空——钱学森》

《钱学森全记录》

《他抵得上五个师——钱学森》

作者、出版社和钱永刚反反复复讨论着。

上海交通大学出版社觉得《钱学森纪实》不错，钱永刚认为也可以，但是我指出过去已经有一本书的书名就叫《钱学森纪实》，于是这一书名遭到否决。

我觉得《钱学森全记录》这名字，实际上就是《钱学森全传》的另一种说法，可以采用，但是钱永刚认为“全记录”给人的印象是什么都包括进去，不妥。

我经过仔细推敲，最后决定还是用《钱学森》作为书名，简洁而明确。出版社认为言之有理，向钱永刚转达我的意见。11 月 28 日钱永刚回复说，尊重作者意见。

这时，离举行首发式只有10多天了，《钱学森》一书总算定名、出片、付印。

还原钱学森普通人的一面

在《钱学森》一书首发式之后的第四天，即 2010 年 12 月 14 日，我从《科技日报》第 5 版读到张显峰的评论《还原典型人物普通人的一面》，全文如下：

著名传记作家叶永烈先生创作的《钱学森》最近首发，我还没来得及读，但他的一番话让我对这本书平添了几分好感：力图褪下围绕着钱学森的神一般的光环，尽量还原他普通人的一面。（12 月 11 日中国新闻网）

“普通人的一面”，这一直是我在读钱学森先生的故事时最为困惑的一点。几乎所有的故事，都在试图告诉人们，这个“伟大的科学家”不是普通人，他好像生来就是“天才”，一辈子心里只有国家，他的身上没有普通的故事，只有伟大的事迹。这总是不能令我信服：他也是有妻儿老小的人，他待他们如何？他们给了他怎样的影响？他从那个特殊的时代走过来，有没有犯过令他追悔的错误？

据说这本书得到了钱学森之子钱永刚的首肯，想来他是从“普通人的一面”中看到了一个相对真实的父亲，一个相对纯粹的科学家钱学森。

钱学森先生是伟大的科学家不假，但他在生活中、在政治运动中也有普通人的一面。事业上的伟大，毕竟不能洗去时代和生活烙在一个人身上的历史。既是凡界中人，又岂能超越三界之外？钱学森不是生活在真空中，回国之后正值国内政治运动的“多产岁月”，他也难以幸免为那段历史“挥毫”：在“大鸣大放”中与秘书互贴大字报，在党报上撰文论证“亩产万斤”的可能……叶永烈的书中没有回避这些所谓的“敏感问题”，这正是其可贵之处。

历史的问题，历史自有公论。作为记述者我们大可不必讳莫如深。其实我们宣传这些典型的人物，一方面是为了让人们记住他们的贡献，一方面也是为激励后人，让后人从他们身上汲取成功的力量。如果肆意涂抹“神一般的光环”，难免让人敬而远之、望而生畏，甚至看穿历史虚伪的一面。最终只能是，伟大的人物寂寞地供在神龛里，普通的人却兀自普通着。

但我们对塑造“高大全”的人物形象，似乎有着某种传统。

不久前在大庆油田采访的时候，听说一个故事。大庆油田的总工程师王启民被誉为“新时期的铁人”，媒体宣传铺天盖地，王启民的英雄事迹也是家喻户晓。但这却多少让这位铁人有点尴尬，他对报道中“高大的王启民”有些不认识了。单位组织学习“王启民精神”，王启民也参加，他只好以“我们一起学习报纸上的王启民”来掩饰尴尬。

当然，故去的人至少免却了这番尴尬，他没有了面对身边同事和亲人那种“另眼相看”的不自在，但子孙后辈总得面对吧？当我们总喜欢以“高大全”的形象来塑造一个又一个典型人物，给他们罩上“神一般的光环”，不光会让读者和观众退避三舍，更会让那些熟悉他们的人因此怀疑历史。那我们的信仰又从何塑造呢？

我猜想，张显峰先生读到《钱学森》一书，也许会为书中没有涉及钱学森如何在“在党报上撰文论证‘亩产万斤’”而遗憾，然而他当然并不了解书背后的内情。

记得在前往北京出席《钱学森》首发式时，当时我和张天蔚总编辑同行，带了100本《钱学森》样书，托运时一秤，100公斤，也就是说每册《钱学森》的重量为1公斤。面对厚重的新书《钱学森》，我感到宽慰。即使是一个健康的70岁的作者，在短短的一年多时间里完成这样的长篇，也是不容易的。何况我是大病方愈的人，我同时还写了诸多新作。

2011年8月20日，在上海书展上，举行《钱学森》一书签名售书活动。钱学森之子钱永刚专程从北京来沪，参加这一活动。

中国新闻社在当天就发出报道《两本钱学森传记上海书展签售人气旺》：

［中新社上海8月20日电］（记者邹瑞玥）中国著名传记作家叶永烈、钱学森之子钱永刚20日现身上海书展。适逢钱学森诞辰百年，又是书展迎来的第一个周末，二人的对谈及《走近钱学森》《钱学森》两本传记的签售活动吸引大批读者前来。

很多人对钱学森如何教育子女十分感兴趣，钱永刚坦言：“父母从来没有专门教育过我什么。如果说我们家有什么教育秘诀的话，那就是父母在日常生活中的言行举止。”钱永刚说，看着父母做人做事的方式，对照自己的行为检讨自己，这就是父母教育他的方法。

叶永烈回忆起自己第一次见到钱学森的情景：“那时他在野外考察，穿着一双白球鞋，戴着一顶帽子，看起来像个普通的老农。”（叶永烈注：此处记者写错。我谈的是任新民）已撰写两本钱学森传记的他，称这些书都是写给“80后”“90后”年轻读者的，希望他们在了解老一辈航天人如何走过来的基础上，能够传承钱学森精神。

叶永烈在2009年完成《走近钱学森》后，又专赴北京、杭州等地补充采访了钱老生前的同事、学生，写成65万字、包含照片300多幅的《钱学森》。

在20日活动现场，等候签名的队列从上海展览中心楼下一路延伸而上，绕着楼梯拐了几个弯。《走近钱学森》及《钱学森》两本传记在活动现场不到2个小时就售出上千本。记者发现，《走近钱学森》已重印至第四次，《钱学森》也已重印三版。

新华文轩北京出版中心·华夏盛轩图书有限公司2016年版《走近钱学森》封面

2016年，我对钱学森传记再度进行修改，由新华文轩北京出版中心·华夏盛轩图书有限公司出版。根据他们的意见，书名仍改用《走近钱学森》。

尾声　又一次华丽转身

塑造个性鲜明的人物，是长篇小说创作重要的一环。我在写《东方华尔街》时注重人物性格的刻画，力求写一个“活”一个，各自具备鲜明的个性。

推出长篇小说《东方华尔街》

叶永烈著45万字长篇小说《东方华尔街》出版

2015年7月，我完成45万字长篇小说《东方华尔街》，我在序言中这样写及：

《东方华尔街》是一部准备了多年的长篇小说。记得，1993年作家出版社在推出5卷本“叶永烈自选集”之后，《东方华尔街》便列入他们的选题计划。然而由于一直忙于长篇纪实文学创作，《东方华尔街》的写作便一拖再拖。

每一座城市，都有自己鲜明的特色。每一座城市的作家，都会以饱满的热情书写自己所生活的城市，诚如西安作家贾平凹写《废都》，北京作家陈建功写《皇城根》。作为上海作家，作为在上海生活了半个多世纪的作家，我一直想写上海的外滩风云。在中国，“两千年历史看西安，一千年历史看北京，一百年历史看上海”。上海是近代中国中西文化交融之都。

外滩——昔日的东方华尔街；隔着上海的母亲河黄浦江，外滩对岸是浦东陆家嘴——今日东方华尔街。外滩的23幢百年欧式老建筑，与陆家嘴崛起的一幢幢玻璃幕墙摩天大厦，组成了上海外滩风云交响曲。

我曾经多次读过1937年出版的《上海——冒险家的乐园》，这本书揭示了上海外滩的沧桑。那些当年的冒险家们的后代——“冒后代”们，如今重返上海，他们又演绎出怎样的传奇故事？我正是从这一视角切入，书写上海外滩风云。

2015年春日，我写完60万字的《历史的绝笔》时，终于有时间开始写作长篇小说《东方华尔街》。由于这部长篇小说酝酿多年，所以几乎是一气呵成。这部小说以来自美国的三位“冒后代”跟三位上海姑娘的异国爱情为主线，着力刻画不同人物的不同性格，透过跌宕起伏的命运折射上海外滩风云。小说除了展现上海外滩以及上海南京路、石库门小院等浓郁的上海特色之外，小说中所涉及的美国、墨西哥的城市以及加勒比海岛国，都曾经留下我的足迹，所以能够以丰富的细节展现域外风情。

考虑到这部长篇小说可能要改编为电视连续剧，所以在写作时就十分注意悬念的运用、情节的曲折、场景的多变和画面的动感。

我曾经担任电影编导多年，20世纪80年代初致力于纯文学小说创作。我的小说曾发表于《收获》《人民文学》《上海文学》《小说界》等文学杂志，并出版了中短篇小说选集《爱的选择》。此后30多年从事当代重大政治题材的纪实文学创作。这次从字字句句讲究史实准确、戴着镣铐跳舞的纪实文学，杀了个回马枪，从非虚构文学跃入虚构文学，重回小说创作，既是挑战自我，也深感小说创作的愉悦与轻松。

这部长篇小说尚在写作之中，北京华夏盛轩图书有限公司得知，就表示关切，并希望出版这部作品。

2015年7月1日，我给华夏盛轩发去《东方华尔街》的400字内容提要：

在20世纪初，上海被称为“冒险家的乐园”。如今，上海成为“东方华尔街”。本书描述当年那些冒险家们的曾孙、玄孙们，亦即“冒四代”“冒五代”们，沿着祖辈的足迹，重返上海。然而，今日上海已经没有租界，也没有领事裁判权的大纛，那些冒险家们的后代凭借着各自的神通，在五星红旗下演绎出一个又一个精彩故事。本书作者在上海生活了半个多世纪，而作者的足迹遍及世界。作者从曾经走访的美国佛罗里达州神秘的富翁岛——那棕榈树下的上海会所写起，记述了冒险家们的后代重返上海的传奇经历，反映上海这座国际大都市的沧桑、变迁与新貌。正因为这样，本书的可读性绝不亚于1937年出版的那本畅销书《上海——冒险家的乐园》。作者早年曾经在《收获》《人民文学》《上海文学》《小说界》等纯文学刊物发表小说，屡获好评，后来从事长篇纪实文学创作，这次又“华丽转身”回归纯文学小说。这部长篇在写作时便考虑改编为电视连续剧，所以在写作时很注意作品的故事性以及画面感。

我还告知，预计8月可以交稿。

华夏盛轩收到内容提要之后，正式表态要《东方华尔街》，起印数为2万册。

2015年7月19日，我收到华夏盛轩快递寄来的《东方华尔街》出版合同，已经盖好公章，我签字即可生效。我随即签发出版合同，同时快递寄去《东方华尔街》照片光盘，并发去《东方华尔街》电子文本。

责任编辑于2015年7月24日发来电子邮件，作为这本书的第一读者谈了最初的印象：

《东方华尔街》据说是您的第一部长篇小说，虽然来不及读完，但已经被内容深深吸引住了：大上海的魅力，中外文化的碰撞，引人入胜的故事，鲜明的人物性格，以及异域风情的描绘等，栩栩如生，真切感人，注定这将是您一部厚积薄发的佳作。

我的心跟上海脉搏同步跃动

对于我来说，写作《东方华尔街》可以说是在创作的道路上第三次华丽转身。我的每一次华丽转身，都有着巨大的反差，是一次新的挑战：

第一次：1963年以六年制毕业于北京大学化学系的我，刚毕业就放弃在上海的科学研究所的工作，主动要求调往电影制片厂，从事与化学毫不相干的电影编导工作；

第二次：在1983年“清除精神污染”运动之后，离开科普、科幻创作，转入毫不相干的中国当代重大政治题材纪实文学创作；

第三次：2015年春又从已经驾轻就熟的纪实文学创作，转入长篇文学小说创作。亦即从非虚构文学，转入虚构文学。

我从小就喜欢小说。我曾在发表在《小说界》杂志上的一篇文章中，说起我怎样从读小说到写小说的：

小说有一股迷人的魅力。记得，邓友梅的小说《在悬崖上》发表的时候，我在念高三。我是站在家乡温州的新华书店里，一口气读完这篇小说，久久地激动着，“蓝皮猴”的形象从此深深地印在我的脑子里。上大学时，我又特别偏爱王汶石的小说，在杂志上见到标着“王汶石”的作品，便要一口气读完……

渐渐地，我也学着写小说。我是在看小说之中学着写小说的。这时候，我读各种流派的小说。不过，我失去了初读小说那年月的激动之情，多半着眼于“看门道”。因为知道小说是虚构的，大可不必为“林妹妹”跳脚、落泪。尽管如此，当我读谌容的《人到中年》时，忘了那是“虚构”的，深深地对陆文婷寄托了同情……

过去了，那热情飞扬的青年时代。过去了，那“不惑”的中年时代。眼下，我已步入“知天命”之年。我失去了写小说的劲头，我失去了看小说的兴趣。我已经不大看小说，尤其是不看新潮小说。但是，当我读《重放的鲜花》《生死在上海》那样的小说时，那冷却了的阅读情绪一下子又热了起来。不过，我的阅读目光，更多地投向纪实文学、报告文学、人物传记。像美国记者索尔兹伯里的《长征——前所未闻的故事》，使我爱不释手。他敏锐的观察力、擅长的细节描写、生动幽默的语言及忠于史实的严谨态度，我很喜欢。我的创作，也转向纪实，注重真实、事实、史实，注重准确、正确，告别虚构，告别小说。我读小说，是为了从小说中汲取文学的滋养。小说家写景状物、刻画性格、对话语言、谋篇布局，依然是值得借鉴、学习的。因为纪实文学是文学，需要具备文学性，这与小说有同一性。偶然兴之所至，我也写一两篇小说，并未与小说“决裂”。

也有一批小说，我年轻时爱看，如今爱看，将来仍爱看，那就是《红楼梦》《水浒传》那样的古典文学名著。在我看来，那是永恒的作品，真正的精品。不论何时得暇，随手翻上几页，都有收获，都会得到新的启迪。

前已述及，《东方华尔街》早在1993年就已经列入作家出版社的选题计划，但是拖延了20多年没有动笔。

2013年7月10日，我在《新民晚报》发表散文《上海的城市记忆》，写了我眼中的上海：

虽说我并不是土生土长的上海人，但是1963年从北京大学毕业“分配”到上海工作，已经整整半个世纪。我已经完全融入上海这座城市，我的心跟上海的城市脉搏同步跃动。

在我看来，在中国众多的城市之中，上海具有自己鲜明的特色。上海自1843年开埠以来，便是中西文化的交融之城，是中国现代经济之都，是中国共产党诞生的摇篮，也是中国改革开放的前沿。

我寻找着上海的城市记忆，上海是那样的博大，又是那么的厚重。

从上海莫利爱路（香山路）29号小楼里的孙中山，到上海证券交易所里的蒋介石，从慕尔鸣路（威海路）甲秀里石库门房子里的毛泽东，到思南路花园洋房周公馆里的周恩来，到天蟾舞台附近留下的做地下工作时的邓小平脚印，从青浦练塘爱听评弹的陈云，到带有浓重浦东口音的宋庆龄、宋美龄、张闻天，还有环龙路（南昌路）渔阳里用青红砖砌成的陈独秀的《新青年》编辑部，以及张学良将军以夫人赵一荻之名命名的皋兰路那幢精致的“荻苑”，上海与中国现代的历史进程息息相关。

从上海市政府里传出的陈毅市长爽朗的笑声，到“书迷市长”汪道涵在书店里轻轻的翻书声，从钱学森在交通大学乐队里吹奏的圆号声，到钱伟长在上海大学的侃侃讲课声，从“金嗓子”周璇动听的《夜上海》《四季歌》，到王丹凤《护士日记》里家喻户晓的插曲《小燕子》，从解放上海时粟裕司令部发报机的嘟嘟声，到东海舰队司令陶勇面对海图发出的命令声，从基辛格博士在签署中美《上海公报》前反反复复的踱步声，到《上海合作组织成立宣言》六国元首签字的沙沙声，还有那上海世博会开幕时的鼓乐声、鞭炮声、焰火燃放声、掌声和笑声，声声入耳。

从上海大陆新村鲁迅书房里的毛笔，到江苏路傅雷先生书桌上的钢笔，上海向来是中国现代文化的半壁江山。从包玉珂的《上海——冒险家的乐园》、茅盾的《子夜》、巴金的《随想录》、张爱玲的《金锁记》、周而复的《上海的早晨》、柯灵的《不夜城》、沈西蒙的《霓虹灯下的哨兵》，直至程乃珊的《蓝屋》、俞天白的《大上海沉没》《大上海漂浮》，海派文化在发展，在延续。

上海，有着多少值得记忆的文化名人，有着多少已经定格的难忘的历史瞬间。然而上海又在不断变化，不断布新。上海以海纳百川的博大胸怀，接纳从天南地北、四面八方涌来的“新上海人”。

如今的上海，吴语侬音、“阿拉”之声已经不再是“一统天下”，参与“百家争鸣”的有京腔、秦腔、闽南语、粤语、客家语，还有川妹子、湘妹子的窃窃私语，具有高度“防窃听”功能的温州话，以及英语、俄语、西班牙语、韩语、日语、阿拉伯语……

在上海的餐馆里，那吱吱声既来自平底铁锅里的生煎包，也来自铁丝烤炉上的新疆羊肉串；沸水里的咕咕翻滚声，既来自荠菜大馄饨，也来自麻辣火锅里的毛肚和牛脊髓；那嗞嗞油炸声既来自油氽粢饭糕和春卷，也来自炸薯条和炸鸡腿；那蒸汽的咝咝声，既来自南翔小笼的蒸屉，也来自黄米面烤糕和白糖伦敦糕的蒸笼。

上海，成为拥有2400万人口的国际大城市。众多的“新上海人”为建设新上海做出了新贡献。

篮球巨人姚明成为上海人的新形象，不光因他那高大的身躯，而且还因他那谦和、热情、乐于助人的品格。

不论我乘坐飞机时俯瞰上海西郊的红瓦黄墙别墅群，还是我乘坐轮船时在黄浦江仰望陆家嘴的玻璃幕墙摩天大厦，不论是我在高架公路上领略上海，还是在地铁中穿越上海，日新月异的上海每时每刻都在刷新着城市记忆。

上海人文纪念研究所、上海人文纪念博物馆举办“先贤与上海城市记忆”论坛，我写下我感受的上海城市记忆。从城市的记忆中书写上海的历史，传承后人，发扬光大，是继往开来的举措，是在今天把上海的昨天与明天牢牢“焊接”，是把记忆与梦想牢牢“焊接”，值得提倡，值得赞扬。

我的上海情结

我在2014年准备动手写作《东方华尔街》，所以在2014年4月27日我在致一位编辑的信中表示："此后我将转入长篇小说写作。"2014 年 6 月 23 日我在致另外一位编辑信中写及，在结束手头的纪实文学写作之后："贾其余勇，把计划多年的几部长篇小说写出来，了此心愿。"

2014 年 8 月 4 日，上海一家出版社副总编辑来电，约我写纪实长篇《东京审判》，我在翌日明确表示婉谢，因为我要写作长篇小说，无法接受纪实长篇《东京审判》的写作任务。但是手头的纪实文学写作总是不断，《东方华尔街》的写作仍然一再拖延。

高楼林立的今日上海

使我下定决心写《东方华尔街》，是在 2015 年春节。羊年春节，我是在上海浦东陆家嘴的丽思·卡尔顿酒店度过。我和妻住在这家酒店的景观房 4828 房间。丽思·卡尔顿酒店坐拥陆家嘴中心，正对上海外滩，而那几天天气又好，外滩 23 幢百年历史老建筑历历在目。我写了散文《熟悉的地方也有风景》，发表在 2015 年 4 月 14 日《新民晚报》：

一辆又一辆旅游大巴驶过上海外滩，驶过陆家嘴，一群又一群游客踯躅踟蹰，在那里东张西望看风景，我却总是行脚匆匆，草草一瞥。熟悉的地方没有风景。对于在上海久居半个多世纪的我来说，那里的风景已经没有新鲜感。

我的一位友人经常出差上海，总是住在陆家嘴一家五星级宾馆，积累了许多“奖励点数”，可供亲友免费开房数日。羊年春节，他邀我和妻住到那里，一起过节。大堂经理很客气，特地挑选了48楼一套景观最佳的客房给我。

我步入客房，迎面就是敞亮的整墙玻璃窗。那里观景有两大优势：一是高，可以居高临下，俯瞰一切，一景一物尽收眼底；二是朝向好，黄浦江呈倒“U”形从窗前缓缓流过，两岸最具代表性的建筑，大都处在视野之中，可谓上海的钻石级客房。

天天身在上海，却没有认认真真看过上海。这一回坐在窗边的沙发上，静静地、细细地、久久地、好好地品味着上海风景。天公作美，那几日艳阳高照，晴空万里，眼前的景色变得有光有影，富有立体感，而且大气的透明度甚高，一草一木一窗一户一车一人皆一清二楚。

黄浦江是上海的母亲河，仿佛张开碧玉般的双臂，“熊抱”着我们的大楼。江面干干净净，波光粼粼，来来往往的游轮，给画面增加了动感。唐朝诗人韩愈的《送桂州严大夫》一诗云：“江作青罗带，山如碧玉篸。”倘若用来形容眼前的美景，那个“山”字要改为“塔”。东方明珠广播电视塔兀然矗立于窗前，仿佛伸手可及塔上那两颗紫红色的硕大“明珠”——上球体和下球体。

20年前，468米高的东方明珠塔落成之后，当即成为浦东的地标性建筑。如今，在东方明珠塔之侧，崛起浦东“三炷高香”：420.5米高的金茂大厦，492米高的环球金融中心，632米高的上海中心。这三幢浑身裹着银灰色玻璃幕墙的摩天大楼，三足鼎立，成为浦东的新地标。我不由得记起，1957年我考上北京大学，从温州前往北京途经上海，父亲“关照”我：“阿烈，在南京路上抬头看国际饭店时，帽子要戴紧，当心掉在地上！”这幢在1952年之前一直有着“远东第一高楼”之誉的深咖啡色22层楼房，高度只有83.8米，在高楼林立的今日上海不过是个“小弟弟”而已。

坐在窗前的沙发上放眼望去，我的目光聚焦于黄浦江对岸的外滩，观赏着那一排“年纪”比国际饭店还大的大楼。平日，乘车路过外滩，透过车窗望着一幢幢老建筑如同电影中的横移镜头，一晃而过。从浦东高楼鸟瞰浦西外滩，从苏州河上的外白渡桥至金陵东路，那23幢风格各异的欧式大楼，呈弯月形整体展现在跟前。不论是绿色尖顶的和平饭店（原沙逊大厦），还是半球形穹顶的浦东发展银行大楼（原汇丰银行大楼），一字排开，这条当年“东方华尔街”上“万国建筑博览群”的全貌历历在目。我初来上海的时候，也跟所有头一回到上海的游客一样，站在外滩拍照留念，因为这里是旧上海的地标，同时也凝固着上海的历史脚印。上海正是从这里的“冒险家的乐园”起步，迈向国际性的大都会。

在外滩的“绝版老建筑”后面，层层叠叠拥立着数不胜数的高楼大厦，看上去真是像筷子笼一般。密密麻麻的窗户后面，或是三口之家，或是四世同堂，2415万常住人口就容纳在这一幢幢大楼之中，组成了上海“好大一个家”。

城市是由“城”与“市”组成。“城”筑着城墙，用于防卫，而“市”则是进行交易的市场。在今日上海，始建于明代嘉靖年间的城墙只剩颓垣残壁，而市场则比比皆是。上海是对全国、全世界开放的大市场。从外滩的“万国建筑博览群”到浦东陆家嘴的“三炷高香”，就是上海城市发展的历史缩影。

日出日落，夜幕垂降，两岸万家灯火抖落在黄浦江面波涛之上。此时此刻，在外滩情人墙，多少对情侣倚着江堤窃窃私语。黄浦江上一艘艘流光溢彩的游船犁开江面，留下一道道白色的浪迹，而长长的车流如同游龙从黄浦江底隧道呼啸穿越而过。

我在熟悉的地方作“3D”观察，既看到上海的横向与纵深，也见到上海的历史与未来。世有万般景。用新眼光观察上海，哦，熟悉的地方也有风景。

2015年5月12日，我又在《新民晚报》发表散文《上海的声音》：

“风声雨声读书声，声声入耳”，这是明代思想家顾宪成脍炙人口的名句。近来有人从物理学的角度加以解读，声称“风声雨声读书声”乃是气体、液体、固体之声。这一新奇的诠释，引出我对于声音的兴趣。久居沪上，不由得“研究”起身边的种种上海的声音。

记得，梁实秋夫人韩菁清是“老上海”，有一回问我，现在上海弄堂里清早还有没有叫喊“马桶拎出来”？我因此说起了周璇演唱的《讨厌的早晨》，并随即哼了几句。她大为惊讶：“你怎么会唱《讨厌的早晨》？”

那是小时候，家里有留声机。我是从周璇的唱片中学会唱“上海晨曲”——《讨厌的早晨》：“粪车是我们的报晓鸡，多少声音都跟着它起。前门叫卖糖，后门叫买米，哭声震天是二房东的小弟弟，双脚乱跳是三层楼的小东西，只有卖报呼声，比较有书卷气……从那年头儿到年底，天天早晨都打不破这例。”

关于上海弄堂的声音，在我看来，最精彩的描述，莫过于克士（即周建人）所写的《白果树》一文。那是我在读陈望道先生 1934 年主编的《太白》半月刊创刊号时，见到此文，开头这样写及种种声音：“看看时候已经 11 点钟了，赶紧睡下，想望早点睡熟，以便明天起来好做事情。偏偏这边邻舍的牌声还没有停止，那边又开起留声机来了。逢年逢节还要放爆仗，这自然更其挡不住。而且常常这等声音还没有闹了，卖馄饨的又来了……本地馄饨担是敲竹筒的，发出沉重的钝声……近几天来，这等闹人睡眠的声音没有减少，却加添了卖热白果的声音了。白果担子挑来歇下，便发出镬子里炒白果的索朗朗的声音来，卖白果的人一面口中唱道：‘糯糯热白果，香又香来糯又糯，白果好像鹅蛋大，一个铜板买三颗！’”周建人笔下的上海市声，可谓传神。

如今，上海弄堂的叫卖之声渐行渐远，“马桶拎出来”“旧衣裳有哇”“修棕棚”“修洋伞”以及“鸡毛菜小白菜”“卷心菜黄芽菜”“方糕茯苓糕”“黄香糕薄荷糕”已经几近绝响。公用电话老伯的“302 电话！”呼叫声，也远去了。现在上海弄堂不停地响起的是助动车声，门铃声，送快递、送盒饭、送牛奶、送报纸。当然，内中也夹杂着时尚女子高跟鞋的橐橐声，手机族们五花八门的超酷铃声，还有他们边走边接电话的旁若无人的哇啦哇啦声。

“以鸟鸣春，以雷鸣夏，以虫鸣秋，以风鸣冬。”韩愈在《送孟东野序》中精准地勾勒了大自然的四季之声交响曲。上海亦然。夏日的炸雷、冬日的朔风依旧，但是身居高楼大厦之中，细微的鸟声以及更细微的虫声，淹没在满街的汽车声之中。不过，在上海的早晨，在春风秋雨之中，我还是能够清晰听见窗外飞鸟的啾啾声。

在上海的街头巷尾，响起的不再都是“阿拉”上海话。上海海纳百川。湘菜馆、重庆火锅、东北水饺、新疆清真饭店、苏浙汇、粤菜馆、台湾甜点、澳门豆捞坊以及各种风味的西餐馆齐聚申城。餐馆里响起五湖四海的声音。来自天南地北的“新上海人”，已经占上海的半壁江山。上海本来就是移民城市。“新上海人”给上海输入了新鲜血液。诚如“老上海”曹可凡固然被视为上海声音的代表，而“新上海人”廖昌永的歌声也同样成为上海标志性的声音。

每当漫步外滩，海关大楼的钟楼里发出来的乐曲声，声声入耳。20世纪初叶，外滩曾是英国人的天下。海关大楼楼顶安装的是英国Whitchurch公司制造的大钟，每隔一刻钟，就奏响英国古典名曲《威斯敏斯特》。上海的英国人听了，感到非常亲切，仿佛生活在伦敦一般，因为伦敦的大笨钟也是每隔一刻钟奏响《威斯敏斯特》。如今，在外滩回响的报时曲，则是陕北民歌《东方红》，清脆洪亮，节奏明快。

黄浦江的潮涨潮落声，东方明珠上上下下的电梯的开门声、关门声，码头龙门大吊车抓起、放下集装箱的声音，豪华游轮、万吨货轮起航的汽笛声，组成黄浦江的交响曲。位于浦东的上海自贸区，则向全世界发出深化改革开放之声。

这几篇关于上海的散文，写出了我浓浓的上海情结。《东方华尔街》正是在这样的上海情结下创作的。

“180度大转弯”

写了30多年纪实文学，一下子转向长篇小说，这个“180度大转弯”并不容易。

为了“转弯”，我开始看许多电影。自从1981年之后，我离开了电影厂，就没有那么多的机会看电影了。尤其是写作越来越忙，没有时间进电影院看电影，我几乎与电影“脱节”了。我也很少看电视剧，虽说有的电视剧也很不错，只是因为电视剧动辄二三十集，我实在“耗”不起。我宁可偏爱高度浓缩、精练的电影。自从家中的电视有了高清电影频道，我又有了与电影“亲密接触”的机会。傍晚散步归来，我有空就打开高清电影频道，看一两小时电影。虽说高清电影频道放映的都是“过时”的电影，但是对于我来说无所谓。不论是《诺丁山》《一生一世》讲述的温馨而动人的爱情故事，还是《中国合伙人》《决胜 21 点》深刻揭示的当代生活，以及科幻大片《终结号》的高科技，都给我以创作上的启示。令我最为难忘的，早在 1983 年我就读过彭见明的小说《那山那人那狗》，没有想到，后来被拍成的同名电影，画面是那么的美，淋漓尽致把湘西山区不同层次的绿呈现在银幕上，可以说是一部优美的散文式电影。

为了“转弯”，我关注着《收获》《上海文学》《小说界》这些文学杂志上的最新小说。虽说过去也读，但只是随便看看、随手翻翻而已。如今，我看中国文坛的最新小说，看看同行们究竟在写什么、想什么。比如，我读了 2015 年第 4 期《上海文学》发表的王蒙的中篇小说《处处奇葩处处哀》。果真不愧为王蒙，他的小说论情节很简单，无非是一个丧偶老头儿与六朵“奇葩”之恋。但是他的排比句，他的特色用语，他的幽默感，令人感到王蒙特色。王蒙几乎把人生看透了！王蒙年已八十，仍然创作不辍，值得敬佩。又如，2015 年第 1 期《收获》杂志上黑龙江女作家迟子建的长篇《群峰之巅》，确是第一流的小说新作。我不大看《萌芽》，那些“现代派”短篇我不喜欢。在我看来，《收获》的小说至今仍是国内最好的。如近期的短篇《三脚两鞋》，是一位我不熟悉的年轻作者写的，不论构思、文字、人物形象都很不错。

我还仔仔细细重读《上海——冒险家的乐园》，因为《东方华尔街》之中，多次提及这部关于上海的经典名著。在重读之后，我写下《〈上海——冒险家的乐园〉之谜》：

一提及上海的往日，人们总是称之为“冒险家的乐园”。这“冒险家的乐园”出典于一本书，即《上海——冒险家的乐园》。我很早就读过《上海——冒险家的乐园》，当时关注的是那些在 20 世纪初叶闯荡上海的冒险家们，并未关注这本书本身。最近因写长篇小说《东方华尔街》，细读了《上海——冒险家的乐园》，发觉这本书隐藏着一个谜团，那就是作者究竟是谁?

中文版《上海——冒险家的乐园》是从英文版*Shanghai, the paradise of adventurers*翻译而来。英文版与中文版均出版于1937年。英文版*Shanghai, the paradise of adventurers*扉页标明，这本书由美国Orsay publishing house inc.出版，这家奥赛出版社位于纽约35 West 32nd Street。扉页上署G. E. Miller著。令人奇怪的是，在G. E. Miller的名字之下，标明:(Pseudonym)，即(化名)。在这(化名)之下，又是一行字: Diplomat，即外交官。所以英文版的作者，给人一头雾水。

同年出版的中文版《上海——冒险家的乐园》的版权页上标明——原著者：爱狄·密勒；翻译者：阿雪；出版时间：中华民国二十六年三月(即1937年3月)；出版者为上海生活书店，列为生活丛书之一。1956年12月，《上海——冒险家的乐园》改由上海文化出版社出版，扉页上署爱狄·密勒著，包玉珂编译。

其实，上海文化出版社出版的《上海——冒险家的乐园》，就是上海生活书店的版本，只是把繁体汉字改为简体汉字，把竖排改为横排。为什么原先的"译者"，此时变成"编译"?阿雪怎么又变成包玉珂?

阿雪是包玉珂(1906.11.28—1977.12.9)的笔名。包玉珂，字珂雪。包玉珂的身世倒清清楚楚：他是著名小说家包天笑之子。1926年，20岁的包玉珂毕业于上海圣约翰大学文科。此后在上海银行界工作，英语娴熟流利。受父亲的影响，包玉珂喜欢文学，曾经翻译了许多作品。1951年，包玉珂任上海光华大学附中校长。此后，包玉珂在上海师范学院(今上海师范大学)中文系教古典文学，先是讲师，后来是副教授、副系主任。

处于云雾之中的是那个爱狄·密勒。从未见过关于爱狄·密勒身世的任何介绍。倒是《上海——冒险家的乐园》一书本身，详细介绍了爱狄·密勒其人。按照书中所写，爱狄·密勒确实是一个化名，他的本名是查礼·爱德华·史东莱(Charles Edward Stoneleigh)，外号"狗头军师"，英国孟哲斯德(今译曼彻斯特)人。据称是英国爵士。这位"冒险家"在上海听从了"蜜蜂君"的劝说，花了一笔钱，从一位专做护照生意的沙地律师那里买了一本假护照，在假护照上用了爱狄·密勒这个化名。如此说来，爱狄·密勒=查礼·爱德华·史东莱，而查礼·爱德华·史东莱是《上海——冒险家的乐园》中虚构的人物，所以爱狄·密勒也是虚构的人物。《上海——冒险家的乐园》一书是用爱狄·密勒口述形式写的，通篇用“我”这第一人称讲述，这个“我”便是爱狄·密勒，于是就“顺理成章”署“爱狄·密勒著”。也正因为这样，在英文版上的作者爱狄·密勒大名之后印上Pseudonym（化名）。

那么，《上海——冒险家的乐园》真正的作者究竟是谁？据包玉珂称，他是“1936年根据当时某国领事馆职员写的一部材料编译的”。也就是说，某国领事馆职员向他提供了一大堆素材，他一边译一边编，用小说笔法“编译”了《上海——冒险家的乐园》。如此说来，包玉珂才是这本书的真正作者。包玉珂为什么假托洋人之名原著，自己以笔名“阿雪”忝为译者？只要你读过《上海——冒险家的乐园》，就会明白，这本书深刻地揭露了那些“冒险家”们的斑斑劣迹，内中特别揭露了日本侵略者的种种丑行。出版这样的书，在当时是冒着巨大政治风险的，据称包玉珂不得不从上海躲往南京。直到1956年《上海——冒险家的乐园》中文版在上海再版，那时候雨过天晴，上海不再是“冒险家”们的“乐园”，所以“译者”改为“编译”，“阿雪”改为包玉珂。也就是说，包玉珂终于走上前台亮相了，虽说依然署原著爱狄·密勒。

一气呵成《东方华尔街》

2015年3月9日，我完成了75万字的《历史的绝笔——名人书信背后的历史侧影》一书。接着，又完成《傅雷画传》的修改工作。这时候，我终于可以腾出手来写《东方华尔街》了。

《东方华尔街》是从2015年3月18日开始用电脑写，中间两次因出差等杂事中断，至2015年7月19日完成，实际写作时间约3个月。全书45万字。长篇小说的写作是连续性很强，我是全力以赴投入写作，没有双休日，没有节假日，而且从早上写至夜深。差不多每个月写15万字，每天的进度是5000字。

我每写3万字左右，便由妻校对。妻是真正的第一读者，她每一次校对完毕，便跟我谈读后感。她很想知道后面的故事，我总是“保密”，保留“悬念”。她被这部新作深深吸引，经常问我：“可以校对了吗？”

在2002年，我写了30多万字的长篇政治幻想小说《毛泽东重返人间》，是写毛泽东忽然从“纪念堂”里走出来，来到21世纪的中国，发生许许多多有趣的故事。由于我写过150万字的纪实文学“红色三部曲”，对于毛泽东的身世、性格非常熟悉，所以那部长篇小说也是一气呵成。可是《东方华尔街》则不同，全凭作者的构思，是对作者写作功力和生活底子的一次考验。

上海，如今是拥有2400万常住人口的国际大都市。对于上海的历史定位，我在序言中引用了这样的话：在中国，“两千年历史看西安，一千年历史看北京，一百年历史看上海”。

上海是一座年轻的城市，是一座移民城市，是近代中国中西文化交融之都。所以上海的特点是8个字：“海纳百川，中西交融。”当今，上海是中国改革开放的前沿城市。

我在序言中写及，每一座城市，都有自己鲜明的特色。每一座城市的作家，都会以饱满的热情书写自己所生活的城市，诚如西安作家贾平凹写《废都》，北京作家陈建功写《皇城根》。作为上海作家，作为在上海生活了半个多世纪的作家，我当然写上海。

怎样写上海？我很同意我的同事、女作家竹林的见解：

> 无论媒体、评论家，甚至还包括许多读者，似乎都认为，只有写住在上海市区的市民阶层生活，才算是写上海——看来“写上海”的概念还停留在上世纪30年代的张爱玲时代。也因此，许多“写上海”的作品内容也近乎张爱玲时代的市井生活，比如家长里短、寻欢作乐、偷鸡摸狗、打情骂俏、尔虞我诈等一地鸡毛的市民生活，似乎这才是“正宗”的上海生活。

也许因为我多年来写纪实文学，大都是“大题材”，诸如《历史选择了毛泽东》《邓小平改变中国》《“四人帮”兴亡》，所以我写上海，也从“大题材”的角度去写“大气度”的作品，不搞小打小闹。在构思的时候，首先是作品的切入点和视角。我曾经看过很多上海题材的长篇小说，虽然都是写上海，但是切入点和视角五花八门。

关于旧上海，一个家喻户晓的称谓就是“冒险家的乐园”——来自1937年出版的著名小说《上海——冒险家的乐园》。我在1993年打算写《东方华尔街》的时候，就选择了现在所用的切入点和视角，即把当年那些冒险家的后代重返上海作为切入点，以他们的视角来看今日上海，反映上海这座国际大都市的沧桑、变迁与新貌。这一总体构思是从未有人写过的，使《东方华尔街》具备与众不同的独特性，而且是一部正能量的作品。

我以上海最具标志性的外滩与陆家嘴为背景展开故事。外滩——昔日的东方华尔街；隔着上海的母亲河黄浦江，外滩对岸是浦东陆家嘴——今日东方华尔街。这就是小说取名《东方华尔街》的缘由。《东方华尔街》书写壮阔的东方华尔街风云，展现新上海的无穷魅力。

黄浦江两岸

写《东方华尔街》，准备、酝酿的时间长，一旦动手写，胸有成竹，在2015年春夏之际一口气写下来，谋篇布局在握，脉络清晰，没有推倒重来，也没有改来改去。在写完之后，重读一遍，作些小修小改，便定稿了。

能够如此顺利写出《东方华尔街》，大约有两方面的原因：

一是构思成熟，已经到了瓜熟蒂落、水到渠成的地步。正因为这样，一路写下来，很顺畅。

二是生活熟悉，人物熟悉，书中所写的上海，是我生活了半个多世纪的城市，涉及的海外生活，我也差不多都是亲历。

写纪实文学作品时，我的电脑两侧堆满了各种各样的参考书。因为真实是纪实文学的生命线，尤其我写的是当代重大政治题材，字字句句讲究来历，每一处重要的引文都必须注明“作者、书名、第几页，什么出版社哪年出版”。可是写《东方华尔街》的时候，我的案头什么都没有，连草稿纸也没有，干干净净，全凭脑海中的构思，倾泻到电脑之中。

《东方华尔街》用纵横两条线交错，纵线是从20世纪初大批冒险家涌入上海到改革开放的今日的上海，横线是从富有上海地方特色的方方面面到上海与世界各国的广泛交流。

我很强调作品的故事性。有人说，作家是一个讲故事的人。我认为作家不仅是讲故事的人，更重要的是编故事的人。长篇小说的作者，就是一个善于编故事、善于讲故事的人。作者要善于娓娓动听地向读者讲述情节曲折的故事，从开端、发展、高潮直至结局，不仅要有头有尾，而且富有悬念，跌宕起伏，使读者一卷在手、欲罢不能。我曾经写过200多万字的科幻小说。我的科幻小说注重情节，从某种意义上讲是情节小说。当时写的科幻长篇《黑影》《暗斗》，情节、结构都很严密。有过那200多万字的科幻小说写作的历练，我善于设计情节，亦即擅长编故事。往日写长篇科幻小说，我事先画好情节框图，这一回连框图也没有。在我看来，创作长篇小说如同妇女打毛线衣，她们心中有毛线衣腹稿，起好头之后，一针一针照腹稿编下去，编出毛线衣漂亮的花样、式样，直至最后收针，织出的毛线衣如同一件精美的艺术品。

当今的读者，尤其是年轻读者，很少有耐心把一部几十万字的长篇小说从头看到底。他们成了“低头族”，习惯于从手机上碎片化阅读那些“潮”味十足的闲文趣事。长篇小说要走近广大读者，必须走影视之路。《东方华尔街》从一开始就考虑要改编为电视连续剧，所以十分注重作品的故事性、可读性。我在《东方华尔街》的《楔子：坠机》写了一架私人飞机的突然坠机，以这一悬念作为开端，逐步展开故事。这部小说总共九章，前六章《小岛奇遇》《上海风云》《结褵沪上》《扎根申城》《回放人生》《狡兔三窟》以三对异国情侣结褵展开故事，逐渐推向高潮。后三章《圣诞冰火》《狐狸露尾》《起底时刻》，进入故事的高潮。最后的《尾声：“伪死亡”真相》，把故事的结尾交代得清清楚楚，与《楔子：坠机》遥相呼应。长篇小说在章题之下，通常用“一、二、三、四”之类分节，我则不采用数字，而是用富有吸引力的小标题，便于引起读者的阅读兴趣，而且也便于报纸连载之用。《东方华尔街》通常每章十节，每节两三千字，全书由近百个小标题组成。

塑造个性鲜明的人物，是长篇小说创作重要的一环。我在写《东方华尔街》时注重人物性格的刻画，力求写一个“活”一个，各自具备鲜明的个性。这部长篇小说以来自美国的三位“冒后代”（即当年“冒险家”们的后代）跟三位上海姑娘的爱情为主线，这三对异国情侣是主要人物。在三位“冒后代”之中，詹姆斯聪明绝顶而又狡黠虚伪，劳伦斯“愣”而忠厚，小怀特正派而中规中矩；在三位上海姑娘之中，朱莉娅精明能干却势利，乔虹逆来顺受而备受折磨，刘婧稳重踏实而富有正义感。即便是作为次要人物也力求人各有貌，如管家阿拉贝拉城府甚深，他的长女芭芭拉阴险，而次女百丽儿纯真……除了性格的刻画之外，人物的肖像描写，也很注意。即便是衣着，也突出个性，如小怀特总是西装革履，乔虹很“潮”，服饰色彩艳丽，爱穿高跟鞋，而刘婧喜欢蓝、黑、灰、白，中跟鞋或球鞋。“黑狼”蒂奇小姐是一个着墨不多的人物，但是也力求在很短的篇幅中凸显其慓悍性格。

三对异国情侣的爱情历程也不尽相同。乔虹对于劳伦斯是少有的“女追男”，而詹姆斯对朱莉娅从无心邂逅到强烈追求，小怀特与刘婧则互相钦慕却又暗藏在心，直至结束爱情长跑结为伉俪。就连求爱的方式，虽然都是“单腿跪”，也各不相同。

书中先是写及化名杰弗森的詹姆斯在上海南京路和平饭店向乔虹求爱：

杰弗森把乔虹送来的所有牛仔裤连同拉杆箱都留下，给了乔虹一大笔美元现金。乔虹说：“我不要你这‘卖肉钱’！”

杰弗森却说，他是真心诚意爱她，请求乔虹嫁给她。

杰弗森的右腿跪地，手中拿着那一大叠美元，做出了向乔虹求婚的姿势。他说：“今天突然遇见你，还来不及买钻戒，就以这笔美金暂替。虽然显得俗气，仍期望乔小姐收下，并原谅我的粗鲁。”

乔虹听说杰弗森真的要娶她，心软了，收下了那笔不菲的美元。

接着写及劳伦斯向乔虹求爱：

劳伦斯说着，拿起茶几上花瓶里的一枝玫瑰花，屈下右腿，跪在乔虹面前。

劳伦斯的这一动作，完全出乎乔虹的意外。

乔虹一把抱住劳伦斯，紧紧地、久久地亲吻着那张长着络腮胡子的脸。

劳伦斯在这个时候，仍不失幽默："我献给你玫瑰花，不是求爱，而是拜师。"

乔虹惊奇道："拜师？"

劳伦斯说："请你教我中文，教我汉语，教我上海话，当我的'家庭教师'。"

书中写及小怀特向刘婧这样求爱：

客人们在用刀叉享用美味的玫瑰蛋糕，刘婧忽然发出惊讶的"唷"的一声。众人的目光都投向刘婧。原来，刘婧在用小刀切开玫瑰蛋糕时，从玫瑰蛋糕里掉出一只晶莹璀璨的钻戒！

在众人的惊奇的目光下，小怀特向刘婧走去，取出那枚钻戒，然后郑重其事地在刘婧面前单腿跪下，高高举起钻戒。人们原以为小怀特会对刘婧大声地说："刘小姐，我爱你，请嫁给我！"出人意料，小怀特竟然用上海女作家张爱玲小说中的一句话，献给刘婧："我要你知道，在这个世界上总有一个人是等着你的，不管在什么时候，不管在什么地方，反正你知道，总有这么个人。"

小怀特的这一特殊的表白，引来一片掌声。

刘婧羞涩地向小怀特伸出左手。小怀特把钻戒戴在刘婧的中指上。

这不同的"三跪"，分别手持美元、玫瑰花和钻戒，是依照不同人物的性格设计的不同情节。

在展现爱情故事时，把故事背景安排在上海最有代表性的地标，浓墨重彩写上海，诸如外滩、南京路、和平饭店、中央商场、石库门小院、新天地、锦江饭店、徐家汇衡山路酒吧街、虹桥老外街、浦东金桥老外小区以及知识分子聚居的田林小区等，也展现上海话的特色、上海饮食的特色等。作者曾经有 15 个春秋住在上海里弄之中，与草根阶层朝夕相处，而且也曾有 6 年住在两层三开间、与石库门房子极其相似的小院，所以能够充分展现乔虹、刘婧家的石库门及弄堂生活。又如“牛仔裤女皇”乔虹的父亲是南京路著名旗袍设计师，母亲为南京路老字号绸布店协大祥营业员，而她自己则在南京路中央商场开牛仔裤店。我把她的一家写成一个典型的上海特色家庭。

阴谋伴随着爱情。詹姆斯是“冒后代”中的败类，高智商的阴谋家，是以美国一位真实的阴谋家为模特塑造的人物。他巧妙利用上海的对外开放，精心组织跨国犯罪集团。费尽心机的阴谋与卿卿我我的“三角”搅在一起，使全书的情节波澜起伏。

写小说最为痛快的是可以有大段心理描写，这是报告文学、纪实文学绝对不允许的。通过心理描写展现人物丰富的内心世界，乃是小说一大长处。我喜欢在叙述故事之中，穿插心理描写，通过思忖、欲望、心计、盘算，以求更好地刻画人物。

我也很看重细节描写。长篇小说必须有着丰富的细节，而细节来自作者对于生活的敏锐观察。《东方华尔街》写及外滩 2 号英国总会的种种细节，给读者以身临其境的现场感，是因为作者在那里作了现场采访。对于外滩上海汇丰银行大楼与陆家嘴汇丰银行新楼的种种对比，是因为作者不仅采访外滩上海汇丰银行大楼，而且还曾住在陆家嘴汇丰银行新楼里的丽思·卡尔顿酒店。

值得指出的是，很多文章称上海外滩的百年欧式历史建筑为 33 幢，是因为最末一幢英国总领事馆的门牌号为外滩 33 号。作者沿外滩逐幢拍摄外滩的历史建筑，并在照片上逐一标明建筑名称，表明是 23 幢而非 33 幢。原因是外滩门牌编号不连续，中间“跳”掉 10 个号码，所以只有 23 幢。在写及这些细节时，则必须具备创作纪实文学作品那样的严谨和真实。

我用不同的油画“装点”不同的办公室和客厅：

上海汇丰银行副总经理小怀特办公室里挂的是未婚妻刘婧画的外滩汇丰银行大楼油画；

詹姆斯的上海办事处挂的是《上海——冒险家的乐园》一书中的主人公查礼·爱德华·史东莱爵士肖像油画，因为爱德华是他的高祖父；

芭芭拉作为哈同后裔在上海家中客厅里挂着哈同画像以及爱俪园（哈同花园）油画；

詹姆斯的纽约办公室里挂着“一幅巨大的森林油画，在一个树洞里，一只北美洲的银狐正伸出脑袋，睁大眼睛在窥视着”，他喜欢狐狸的狡诈；

在詹姆斯的佛罗里达龙庄园中式别墅里，则挂着陈逸飞的油画《浔阳遗韵》，烘托中国气氛……

书中写了海外四个小海岛，四岛四貌，各不相同：美国佛罗里达棕榈滩岛的深宅大院体现其“富翁岛”的特点，加勒比海波多黎各岛则以美国自由邦的“自由”以及制药基地的“药岛”两点为特色，圣基茨以“两岛一国”以及火山岛为特色，而圣马丁则是“一岛两国”、便于“大隐于市”为特色。由于我亲历这四岛的生活，所以能够写出四岛不同的风土人情细节。

在写作《东方华尔街》时，我毕业于北京大学化学系以及曾经在电影厂担任18年编导的经历，无意之中发挥了特殊的作用。

《东方华尔街》中塑造了三位化学博士的形象：詹姆斯这位毕业于美国威斯康星大学化学系的博士把化学专长用于合成冰毒，刘婧这位毕业于加州理工学院的“软化学”博士则从事化工产品进出口业务，而杨锋这位毕业于北京大学化学系的博士成为中国警方环球追捕毒枭的侦察员。三位化学博士围绕那个“C”的攻防，充分展现化学的“两面性”。由于我原本是学化学的，所以在小说中不断呈现化学是一把双刃剑这一特性。我熟悉北京大学化学系、美国威斯康星大学化学系、加州理工学院化工系的不同特点。我曾在洛杉矶住了两个多月，在旧金山生活了一年，所以也熟悉那里的加州尔湾分校、伯克利分校以及斯坦福大学。

另外，《东方华尔街》的场景多变，讲究画面感、动感，这是我的电影编导经历在创作的潜意识中起作用。电影、电视主要是视觉艺术，所以高度重视画面感，而电影、电视的特点是动，所以强调动感。另外，电影、电视也很讲究节奏，情节有张有弛。我认为，把电影、电视的特性，运用到长篇小说的创作中来，会使长篇小说更加好“看”。

长篇小说是文学的重武器，那宽大的容量可以充分抒写生活画卷。诸多作家以不同的角度，展现上海这座中西文化汇聚之城的历史风貌，是我学习的“范儿”：包玉珂的《上海——冒险家的乐园》，茅盾的《子夜》，柯灵写的《夜上海》，周而复写的《上海的早晨》，还有张爱玲的小说。王安忆、程乃珊两位女作家是我在上海作家协会的同事，她们致力于上海小说的创作，也很有成就。对于长篇小说创作，我还不是一个成熟的作者，还要很好地学习。我要多方听取行家和读者对于《东方华尔街》的批评，以求从中汲取经验与教训，以求改进下一部长篇小说的创作。

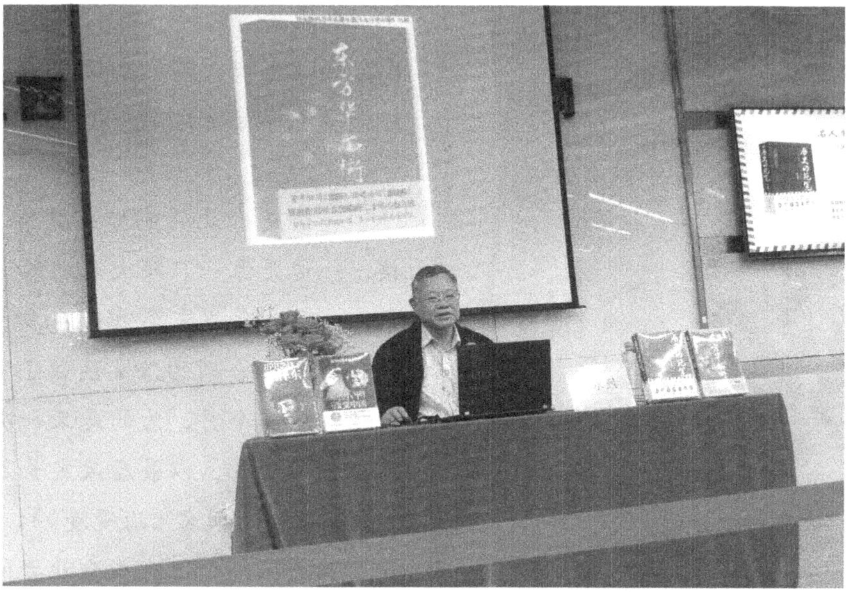

叶永烈新著《东方华尔街》出版（2016 年 4 月 23 日于南昌）

2016 年 4 月，新华文轩北京出版中心·华夏盛轩图书有限公司出版了《东方华尔街》。

又一部长篇小说《海峡柔情》

在长篇小说《东方华尔街》完成之后，我开始着手长篇小说《海峡柔情》（初名《海漫漫》）的创作准备工作，写出了全书的提纲。

2016 年 3 月 9 日经上海作家协会推荐，上报中国作家协会，《海峡柔情》被列入重点作品扶持项目。2016 年 6 月 1 日，《文艺报》刊登了《海漫漫》（即《海峡柔情》）列入中国作家协会重点作品扶持项目的消息。

2016 年，我应邀接连参加了北京、江西、江苏、安徽、上海、广州、香港、山东等地 8 个书展，忙于在各地讲座、接待媒体、签名售书，而写作长篇小说需要相对稳定的安静环境。直至 2016 年 9 月结束了这些社会活动之后，我开始“闭关”，埋头写作《海峡柔情》，同样以每天写 5000 字的进度，到 12 月底完成了这部 45 万字的长篇小说。接着，我前往台北，在那里住了一个月，改定

叶永烈在台北（2017 年 1 月 4 日）。其间，修改《海峡柔情》文稿

了《海峡柔情》。

在《海峡柔情》的序言中，我详细谈及了《海峡柔情》的创作经过：

一边是台北的地标式建筑 101 大楼，一边是像一只硕大无朋的大象的象山，2016 年岁末至 2017 年初，我在号称台北曼哈顿的信义区住了下来，一住就是一个月，为的是又一次细细踏勘相关场景，以最后改定长篇小说《海峡柔情》（初名《海漫漫》）。

来来往往于上海与台北之间，我在台北探亲、旅游、采访、写作。我写过一本书《我的家一半在台湾》，因为在我的家中，长子、长媳、孙子、孙女均是台胞，生活在台湾。长媳出生在台南，孙子、孙女出生于台北，长子因长期工作、居住在台北而入籍，也成了台胞。这样，我家拥有 4 位台胞，这在中国大陆作家群体之中是不多见的。按照台湾当局的规定，我与妻每年可以两次赴台湾探亲，每次住 3 个月。我一次次去台湾，走遍台湾 22 个县市。从 2003 年起，陆续出版了《叶永烈目击台湾》《我的台湾之旅》《大陆脚游台湾》《第三只眼看台湾》《叩开台湾名人之门》等关于台湾的游记及纪实文学作品。2007 年我应邀作为台湾大选“观选团”成员从美国飞抵台北，访问了诸多台湾政界名流，2014 年则应邀作为嘉宾从上海飞往台北，为海峡两岸书展作讲座并签名售书。当我熟悉了台湾、熟悉了台湾的历史文化和风土人情之后，很想以上海、台北双城为背景写一部长篇小说。

这部长篇小说构思多年，始终没有找到突破点。真是“踏破铁鞋无觅处，得来全不费功夫”，一次偶然的采访，点燃了导火索。那是我几年前采访一位“红二代”，他的前妻是国民党高级将领之女。他跟前妻之间的悲欢离合，与国共两党的恩恩怨怨息息相关。他的故事引起我极大的兴趣。然而写他的故事要涉及他的前妻，有诸多不便。我在作了详细的采访之后，忽然悟明，这不正是我要写的长篇小说的最好素材？

于是，就有了这部长篇小说《海峡柔情》的基本构思。当然，小说毕竟是小说，我写了上海市中心两幢门对门的石库门房子，分别住着朱家与姜家。朱家朱瑾瑜入赘上海霞飞路扬州酒家，却秘密加入中共，在上海做地下工作，成为新四军的无线电专家，成为中共情报高手。而姜家姜传贤南下广州，考取黄埔军校四期经理科，成为校长蒋介石的军中经济心腹，专门负责联络金主、上海大亨虞洽卿，又成为从上海秘密运送黄金去台湾的押运人，1949 年携妻负子去了台湾。朱、姜两家从此隔着台湾海峡，然而朱家子孙与姜家子孙之间却有着曲折复杂的爱恨情仇。尤其是姜家长子姜伯伦如同钟摆往返于海峡两岸，四度被捕，三次婚姻，几度爱恋的挫折。他的钟摆人生折射了中国当代海峡两岸错综复杂的历史。他的第一任妻子是朱瑾瑜之女朱颖。他的孙子姜雨果作为台商在上海经营咖啡连锁店，却爱上朱颖的孙女、司机李莉。

台湾早年的小学国文课本里，有这样的课文：“海峡的水静静地流，上弦月，月如钩，勾起了恨，勾起了仇……”然而随着岁月的流逝，仇恨已经淡去，取而代之的是骨肉亲情。《海峡柔情》描写了一段缠绵悱恻的海峡柔情，一群海峡两岸活生生人物的不同命运，一部凸现不同特色的上海、台北双城小说，一幅国共两党半个多世纪的历史画卷。当然，这海峡柔情不仅仅是朱、姜两家之间的爱情，也充分展现这两家在危难时所显示的人性、人情。

上海是我生活了半个多世纪的城市，而台北则是我到访十几次的城市。书中写及的台湾外岛，诸如大、小金门岛，澎湖岛，绿岛（及其监狱），我都曾逐一访问。尤其是金门岛古宁头，我曾经骑自行车细细察访当年的旧战场，抚摸墙上残留的弹痕。正因为这样，书中有着故事发生场景的真切的细节描写。由于我曾经创作 150 万字的从 1921 年中国共产党诞生至 1949 年中华人民共和国诞生的红色历程的纪实文学“红色三部曲”，特别是其中的第三部《毛泽东与蒋介石》，使我熟悉了国共两党的斗争与合作的历史，使这部《海峡柔情》有了历史的纵深感。

在中国，两千年历史看西安，一千年历史看北京，一百年历史看上海。作为上海作家，我喜爱上海这座中西交融的城市。自从 2016 年 4 月出版 45

万字的长篇小说《东方华尔街》之后，这是我第二部同样篇幅的上海题材长篇小说。《东方华尔街》与《海峡柔情》并无故事上的连续，而是从不同的角度写上海，反映上海。《海峡柔情》这部长篇小说，就结构而言，大体上是“非”字形，即以朱、姜两家的历史为经，以每一历史时期两家交错发生的故事为纬。这与《东方华尔街》的“T”结构不同，《东方华尔街》写的是今日上海这一横断面，兼及上海曾经是“冒险家的乐园”这一历史纵深线。

写作《东方华尔街》的时候，我要从纪实文学的轨道上转轨，从非虚构创作转向虚构文学，为此做了小说创作上的诸多文学准备。这一回写《海峡柔情》就没有转轨的问题，没有角色转换的问题，写起来顺手得多。

我以为长篇小说作者不仅是一个善于讲故事的人，更重要的应是编故事的高手，如何开端，怎么发展，何时进入高潮，结局如何等等，都要颇费匠心编排。创作长篇小说如同女人编织毛线衣，编者心中一定要有腹稿，起好头之后，一针一针照腹稿编下去，编出漂亮的花纹、式样，直至最后收针，织出的毛线衣如同一件精美的艺术品。此外，还要注重人物性格的刻画，力求写一个，“活”一个。要充满生动、丰富的细节，展现不同环境的生活图景。

长篇小说是文学中的航空母舰。长篇小说的创作，考验着作者的思想深度，文学功夫，人生阅历，尤其是驾驭头绪繁多的鸿篇巨制的能力。对于我来说，还有体力的考验。这是因为长篇小说创作的连续性很强，我不习惯于写写放放，而是在构思成熟之后，一气呵成四五十万字的作品。一连几个月高强度叩键写作，是一项很重的体力活。写完之后，如释重负，再慢慢打磨，修饰文字。好在我总是在腹稿呼之欲出之时坐到电脑前面，所以不论是《东方华尔街》还是《海峡柔情》，都是一泻千里，从无推倒重来，或者写到一半写不下去。

大病之后的我，已经成为医院每年统计存活率的对象，写作长篇小说无疑是一个巨大的挑战。虽说早年曾经在《收获》《人民文学》《上海文学》《小说界》发表过中短篇小说，出版过小说选集《爱的选择》，但是后来把主要精力用于创作中国当代重大政治题材的纪实文学。就纯文学长篇小说创作而言，我是“老作者，新写手”，需要学习，需要提高。即便如此，我仍把长篇小说作为今后主要创作方向，因为几十年走南闯北，采访三教九流、各色人等，为我的长篇小说创作提供了广阔的视野和非常丰富的素材。如果体力尚可，我会贾起余勇，再写几部不同样式的长篇小说。我期望每一部长篇小说的主题、内容、结构、风格各不相同，每一部都以新的面貌呈献给广大读者。我或许还会写一部极具争议题材的长篇小说。

承蒙上海市作家协会推荐，中国作家协会扶持，《海峡柔情》(初名《海漫漫》)列入中国作家协会重点扶持项目，深表感谢。

当《海峡柔情》尚在创作之中，曾经出版《东方华尔街》的华夏盛轩图书有限公司便把这部长篇小说列入出版计划。在书稿完成之后，迅速推出《海峡柔情》单行本。在此亦深表感谢。

在本书的创作中，曾经得到台湾海峡交流基金会前主任秘书万英豪将军及台湾相关部门友人给予的帮助，一并致谢。

我的第三部关于上海的长篇小说《邂逅美丽》，已经被上海作家协会列为重点扶持作品，与《东方华尔街》《海峡柔情》构成“上海三部曲”。

我爱散文 我写散文

除了转向长篇小说创作之外，我还写了许许多多散文。上海《新民晚报》差不多每个月都要发表我的一篇散文。

曾经笑话年轻人成了“低头族”的我，居然也成了“低头族”。

手机原本只是用来打打电话、发发短信之类，自从安装了微信之后，低头看手机屏幕的频率就大为提高。由于忙，我对于朋友圈转发的种种视频、消息，通常只是浏览标题，偶有几篇跟文学有关的文章则打开看看。与众不同的是，我在微信“公众号”里，订阅了上海三报的副刊，倒是天天拜读。这三报的副刊是《解放日报》的“朝花”副刊，《文汇报》的“笔会”副刊，《新民晚报》的“夜光杯”副刊。

我是用“扫一扫”扫描了三报副刊的二维码，让它们进入我的手机的“公众号”。从此三报副刊每天都把当天刊载的散文，发到我的手机里。不过，发来的并不是副刊的全部文章，而是最精彩的两三篇——这些散文在报纸副刊上发表时往往只有文字，而微信上的这些散文则充分发挥电子媒体的优势，配上多幅漂亮的彩色图片，可谓图文并茂。这样，我天天得以在掌上读到最新的散文，而这些散文恰恰是三报副刊每日的精粹之作。

掌上阅读自由度大，可以充分利用“时间零头布”，或在茶余饭后，或在候车乘车，或在树下小憩，或在排队之际，用些许时间读完一篇散文。天长日久，掌上看散文已经成了我的习惯，成为我生活的一部分。这些从手机屏幕、微信平台闯入我的视野的散文，给我以文学滋养，给我以丰富的信息，给我以“悦读”的快乐。看到佳句妙词，默记心中；读到华彩篇章，则用指尖轻点，收藏于手机的 SD 卡中，以备再欣赏。

我爱副刊，我爱散文。

记得在北京大学上学的时候，作为“理工男”的我偏爱文学，每天吃过晚饭，会从大膳厅走向不远处的报刊阅览室。那里的一个长方形的木架上，插着当天到达的全国各省市报纸。我往往信手取阅报纸，喜欢副刊。在我看来，各报的国内外重要新闻，大同小异，而地方新闻则往往局限于本省本市，但是副刊各有特色，如一丛丛盛开的鲜花，地域不同而花不同，各领风骚。那时候，我天天必看的是《人民日报》的文艺副刊（后来叫“大地”），《光明日报》的“东风”副刊，《北京晚报》的“五色土”副刊。我也爱看上海三报副刊。

后来我去美国，喜欢看《世界日报》的副刊，人称“世副”。到了台湾，则爱读《联合报》的“联副”——其实，美国的《世界日报》属于联合报系，副刊都是每日两大版，用粗黑大字标题，内容丰富，而且作者遍及海外各地，天南地北，风格各异。

副刊是文学世界，散文天地。副刊上文章短小精悍，宛如一碗碗热气腾腾的小馄饨，是精美的精神食粮。副刊散文题材五花八门，无所不包，有的回忆故友往事，有的记述异国风情，有的谈天说地，有的谈情说爱。人生百态，人情冷暖，历史风云，知识小品，皆熔于副刊之炉。我尤爱辞章秀丽的散文，读之有着唐诗宋词的意境，如清风拂面，若舒云出岫，令人神清气爽，享受文学的美感。我亦甚爱充满真情实感的散文，细腻文字，如泣如诉，令人回肠荡气，体会文学的感染力。

我爱散文，我写散文。我是许多副刊的热心的散文作者。还是大学生的时候，就以笔名叶艇给《解放日报》“朝花”副刊写稿，为《光明日报》的“东风”副刊撰文，在《安徽日报》“红雨”副刊开设专栏。此后多年，在长篇写作之余，为多家副刊写作散文。如果说长篇小说如同庞大的航空母舰，那么短小的散文如同灵活的汽艇。我为香港《大公报》副刊、美国“世副”开设的专栏，每篇字数 500 而已。写作散文，总是有感而发。每当生活的激浪触动创作的灵感，我会抓住机会一气呵成，一挥而就。然而写完之后的反复修改，却颇为费时费力，我要“熨平”一个个瑕疵，直至每一个方块汉字都安排妥帖，整篇散文看上去像一匹细柔滑软的流畅绸缎，这才一点鼠标发出去。

文无定法。每一次创作散文，都是一次新的尝试，新的收获。科技的进步，每天都给我送来副刊美文，令我日日遨游于散文之林，文学之海。我不断从掌上拜读精锐新作，学习新的视角，新的谋篇，新的用词，新的手法。探骊得珠，永不停息，探胜求宝，永无止境。

“年终大盘点”

岁月飞逝，我这个曾经的“青年作家”，也步入古稀之年。我开始“年终大盘点”，整理我的作品，对一生的创作进行回顾和总结，着手出版《叶永烈文集》。

《叶永烈文集》大体上分为四个方阵：

第一方阵是《叶永烈科普全集》；
第二方阵是《叶永烈看世界》；
第三方阵是《叶永烈纪实文集》；
第四方阵是《叶永烈小说散文文集》。

1993 年，由作家出版社出版了 6 卷本《叶永烈自选集》。

从 1999 年起，开始由人民日报出版社推出《叶永烈文集》。

前已述及，《叶永烈自选集》其实是作家出版社替我选的，而《叶永烈文集》则是我自己编选的。

我决定由自己编选《叶永烈文集》，是考虑到：

一、我的作品字数众多，整理的工作量巨大，而我的两个儿子都是“事业型”的，忙于各自的事务，不可能在日后为我整理文集。因此文集必须趁自己还能做事的时候，动手编定。

二、自从左眼手术失败，我的视力日衰。必须抓紧时间，编定文集。

三、我多年来一直“往前赶路”，也该回眸、总结一下自己的创作道路。

四、最使我感叹的是，同辈作家的接连去世，使我有一种紧迫感。

不过，最初提出出版《叶永烈文集》的，并不是我自己，也不是出版社，竟然是书商！

本来，我的书一向交给国营出版社，由新华书店发行，已是几十年“一贯制”了。

我头一回结识书商，是在1992年10月，第五届全国书市在成都举行。我应邀赴成都，在书市开幕式上签名售书。我在一个下午签售了1200本，在书市上造成了“轰动效应”。

当天晚上，当我疲惫地回到宾馆，正想休息，却有许多书商陆续前来找我。在这之前，我以为个体书商不过是在街头摆书摊而已。可是那天来的书商，却都是跟我约稿，商谈出书事宜。

最使我惊讶的是，一位来自广东的书商和一位武汉的书商，不约而同地与我洽谈出版《叶永烈文集》。

当时，连我自己都没有想过要出《叶永烈文集》——因为我当时还是“老观念”，以为出文集只有在七八十岁的时候才会加以考虑。

最令我惊讶的是，其中一位书商拿出一张单子，上面写着一连串出版社的名字，问我喜欢哪一家？我选中哪一家，他就可以用哪一家出版社的名义给我出文集。

在广东书商和武汉书商跟我谈起出版我的文集之后，我来到北京，中央级的某出版社的一位编辑小姐来看望我。很使我诧异，她也主动提出，希望出版我的文集！

其实，这位小姐也是书商。她的名片上虽然印着某某出版社编辑字样，实际上，她借着她在出版界熟门熟路，也就做起书商来。她的性子很急，限时限刻要我交出文集的书目。

她告诉我，她花了30万元在北京郊区买了套房子（当时的价格），又雇了个保姆，安置好年迈而多病的婆婆，解决了后顾之忧。她自己则和丈夫住在城里，集中精力做书商。

我不明白，为什么这三位书商都想及给我出文集这个主意呢?

后来，我才弄清楚：书商们盯住了我，无非看中我的书畅销。书商是从来只印畅销书的，因为只有畅销才可能给书商带来可观的利润。由于我的书已经出版，只有以出版文集的名义，重新加以“包装”打入市场。正因为这样，中国大陆出现出版作家文集的“倒挂”现象：七八十岁的老作家的文集，无人问津；中青年畅销书作家的文集，接二连三地出。

就在三位书商都打我的文集的主意之时，我在北京忽地接到朋友电话，说是作家出版社常务副总编秦文玉先生约我一聚。

与秦文玉见面后所产生的“成果”，在第七章中已经述及，那就是 1993 年由作家出版社出版的《叶永烈自选集》。我毕竟认为国营的出版社可靠，所以把《叶永烈自选集》交给了作家出版社。

当然，《自选集》只有六卷，终究不是《叶永烈文集》。

我最初着手编定《叶永烈科普文集》。这一想法是由广州《羊城晚报》的一篇文章引发的。那是在第三章《北大岁月》中已经提及的 1996 年 12 月 13 日，《羊城晚报》发表了詹祥林先生的《真想叶永烈重操旧业》一文。他在文章中说：

> 进入 80 年代后，叶先生鲜有科普作品发表，多见的是他写的人物传记和纪实作品。叶先生已改行了！我很遗憾，中国并不缺写家，然而极缺既具有深厚专业功底又会写作的科普作家。去年中国科协开大会时发出呼吁，要科学家们拿起笔来写科普作品，教育和影响青少年们爱科学、学科学。这是时代的呼唤呀！我真想叶先生重操旧业。

詹祥林先生的文章在《羊城晚报》发表之后，上海《解放日报》在 1997 年 1 月 4 日加以转载，北京的《中华读书报》在 1997 年 1 月 8 日转载，其他报刊也加以转载。

就在詹祥林先生的文章被许多报刊转载时，又出现了许多赞同詹先生意见的文章。1997 年 2 月 18 日，《深圳特区报》发表了张在军先生的文章，题为《叶永烈，何日再操旧业》：

叶永烈，叶永烈，不说似乎忘了，一提起就有了印象。我的童年是在连环画中度过的，伴我度过童年的连环画很多很多，但至今记得名字留有痕迹的很少很少，比如叶永烈的《小灵通漫游未来》《欲擒故纵》，尤其是“小灵通”印象最深。我们那时的孩子没有谁不知道“小灵通”，就像今天的孩子没有谁不知道超人、希曼一样。

可是进入80年代后，再也读不到叶永烈的科幻作品，他似乎销声匿迹了。不，他没有消失，又出现了，出现在热门杂志中。哦，原来他弃“科”从“史”……在这里我无意指责他从史不可取，但是他的这种历史纪实是任何一个有点文学修养的学者都可完成的（他做岂非大材小用，资源浪费？）而那种上天入地的想象力却并非人尽可“写”。中国缺少的不是“写”家，而是既有深厚专业功底又会写作的科普作家啊！

中国的科幻天地既然人去楼空，空旷的银幕和荧屏只好搬来西方人的想象了。于是国外的科幻故事片动画片纷至沓来，充斥中国人的娱乐空间：超人、时间隧道、星球大战、恐龙……

一个民族不能没有想象力！我们古有《西游记》这样的神话，但为什么拿不出科学的现代神话呢？又是什么让叶永烈从科幻阵地上撤防，隐入到历史深处呢？是我们缺乏一个容纳科学幻想，并使之感到光荣的环境，才导致了叶永烈“跳槽”？我不知道。但我知道，中国人需要幻想，更需要科学幻想。

去年中国科协开大会时发出呼吁，要科学家们拿起笔来写科普作品，教育和影响青少年们爱科学，学科学。这是时代的呼唤呀！

叶永烈，你何时再操旧业？

这一问题引起了记者们的关注。1997年3月23日，南京《金陵晚报》发表记者贾春梅就这一问题对我的采访报道《叶永烈有话直说》。1997年4月12日，《深圳晚报》也发表了采访报道《叶永烈还写科幻小说吗？》……

这一系列的文章表明，詹先生的呼吁得到许多报刊赞同。这也表明，詹先生的文章，是代表了许多读者的厚望。

我很感谢素不相识的詹祥林先生对我科普作品给予的认可和鼓励。不过，对于詹先生的文章，我并不完全赞同。在我看来，我后来离开科普创作的“轨道”，从事当代重大政治题材的纪实文学创作，也是一种很值得去做的工作。所以，我至今并无“重操旧业”的念头。

詹先生的文章，虽然不能使我“重操旧业”，但是却使我产生了整理、出版旧作的念头。于是，我重读科普旧作，整理科普旧作，编选《叶永烈科普文集》。这也算是对詹先生以及广大读者厚望的回应。

时代文艺出版社老编辑梅中泉建议把《叶永烈科普文集》改名为《叶永烈科普全集》。他说，反正你在科普方面已经封笔，而科普作品过去大都是小册子，很容易遗漏，应该把全部科普作品都收进去，编成《叶永烈科普全集》。

梅中泉是我的《“四人帮”全传》一书责任编辑，与我有着多年的友谊。我接受了梅中泉的建议，在1998年着手编辑《叶永烈科普全集》。梅中泉自告奋勇，负责联系《叶永烈科普全集》的出版工作并担任责任编辑。

妻协助我编辑《叶永烈科普全集》，把旧作复印、剪贴，编成23卷。由于科普作品是手写的，所以23卷手稿，堆满了整整一书柜。

当我编完《叶永烈科普全集》，梅中泉却来电告诉我，找了几家出版社，未能最终谈成出版事宜。主要原因是出版社考虑经济效益，怕出科普作品会亏本。

这时，另外一位朋友建议我把纪实文学也加以编选，干脆出一套《叶永烈文集》，由纪实文学“带动”科普作品的出版。

我同意了。这样，又着手纪实文学文集的编选。

纪实文学文集的编选，要轻松得多。因为纪实文学作品大都已经输入电脑——即便有的书稿当时是手写的，但是出版的时候，我向出版社要了电子文本，也就可以输入电脑。

不过在收入《叶永烈文集》的时候，我对许多纪实文学作品进行了修改、补充。比如，《陈伯达传》增加了13万字，《江青传》增加了20万字。在我看来，希望借出版《叶永烈文集》的机会，使作品的质量提高一步。

我的文友、作家曹正文曾对我说：“你的作品从数量上讲，已经够多的了。希望你像金庸那样，把自己的作品改一遍，留给后世。”

我认为，曹正文的意见很好。

由于纪实文学的修改工作量很大，我暂时停止了新作的写作，集中力量改稿。改好一部，出一部。

这次编文集，有点类似于商店的“年终大盘点”。《叶永烈文集》交人民日

《叶永烈文集》手稿（1）

报出版社出版。当时编选的《叶永烈文集》共计50卷，其中纪实文学27卷，科普作品23卷。

人民日报出版社把我的两麻袋《叶永烈科普全集》文稿以及1992年前的纪实文学作品（那时候我还没有用电脑写作），请电脑室的一群小姑娘帮我逐一输入电脑。这样，《叶永烈文集》全部都有了电子文本。这为我编辑《叶永烈文集》带来极大的方便。

这一回“大盘点”，还“盘”出100多篇序言。

《叶永烈文集》手稿（2）

写序，确是一桩“苦差使”。写一篇一二千字的短序，往往要看10万、20万字手稿，还要接待作者来访（或来信）。尤其是当我正埋头于长篇创作时，忽地半途中杀出个“程咬金”，急急地要我代序，我不得不中断了原本相当流畅的文思，去写一篇与长篇毫不相干的序言。

由于我自知写序之苦，我的书几乎不求人作序。例外的只是两本：一本是《傅雷一家》，考虑到《傅雷家书》是楼适夷先生作序，我的书也请他写序。但是我知道他年事已高，不愿过分增添他的麻烦，找出他过去已发表过的一篇关于傅雷的文章，请他稍加几句话，作为代序；另一本是我主编的《科学家诗词选》，秦牧甚有兴趣，与我闲聊时说愿写一书评，我说你的书评可用作那本书的续集的序言，为此请他写了序——他本来就想写。

据闻，如今请人写序，常有作者拟好稿子，由作序者签个名，拿去排印。这种“据闻”，我终于遇上一回：那是一本书，原请某位老先生作序，作者带着拟好的序言来到北京，不巧，那老先生病逝于北京医院。于是，他转而请我在序上签名。我是不习惯由别人代拟。我还是另起炉灶，以自己的语言为他作序。

我曾受安徽少年儿童出版社的委托，主编一套包括20种单行本的丛书，要我为每一本书写篇序。如此这般，我简直要成了“序言作家”了。

虽然写序甚“苦”，不过，倘若我的序能够为新作者的新作催生，能够把他们引荐给众多的读者，我仍乐而为之。比如，上海一位20岁刚出头的姑娘杨雪莹，写了一部近10万字的童话，送来我家。她从未出过书。我看了她的手稿，发觉她文笔细腻，颇有写作才华。她没有考上大学，在家自习英语，不仅喜欢创作，而且把自己的作品译成英文。我被她的勤奋、刻苦所感动，写了一篇长序“叙”述她和她的作品。后来，她忽地很兴奋地来到我家，说她的那本童话已经被一家出版社接受，连同我的序言一起印行。看到她神采飞扬的脸，我的心灵也得到安慰——我已经有点为序所累了！

尽管我绝不“好为人序”，但是求序者仍不断而来。我常常不得不中断长篇的写作，为青年文学爱好者写序……

出版28卷《叶永烈科普全集》

从1999年1月起，《叶永烈文集》开始由人民日报出版社出版。很遗憾，人民日报出版社在出版了13卷之后，未能继续出下去。

2000年，新疆人民出版社接了过去，把人民日报出版社尚未出完的《叶永烈文集》继续出下去，出了15卷，最后仍是半途而废，未能出下去。

这样，当时已经出版的《叶永烈文集》为28卷。

从2010年开始，湖南人民出版社提出，要出版《叶永烈文集》。他们认为，每卷文集50万字，太厚，不利于销售。他们要求，《叶永烈文集》大体上以30万字左右为一卷，所以卷数比较多，达110卷。

湖南人民出版社出版《叶永烈文集》，也是半途而废，在出版了16卷之后，便没有出下去。

我的文集卷帙浩繁，何况其中的纪实作品很多要重新报审，确实不易。

凡是有三。在1999年、2010年出版《叶永烈文集》功亏一篑之后，终于开始第三次出版。

这一次，先是着手出版《叶永烈科普全集》。

新华文轩北京出版中心·华夏盛轩图书有限公司、四川人民出版社在出版我的长篇纪实文学《邓小平改变中国》《他影响了中国——陈云全传》以及“红色三部曲”（《红色的起点》《历史选择了毛泽东》《毛泽东与蒋介石》）之后，四川人民出版社决定出版《叶永烈科普全集》。四川人民出版社社长黄立新、编辑室主任杨立在我的老朋友汤万星陪同下，于2014年4月14日来访，谈定了《叶永烈科普全集》的出版。

这一次，我认真地进行编选，每卷40万至50万字，总共28卷，约1400万字：

《叶永烈科普全集》第一、第二卷：主力舰沉没

《叶永烈科普全集》第三卷：爱之病

《叶永烈科普全集》第四集：黑影

《叶永烈科普全集》第五卷：暗斗

《叶永烈科普全集》第六卷：秘密纵队

《叶永烈科普全集》第七卷：神秘衣

《叶永烈科普全集》第八卷：小灵通漫游未来

《叶永烈科普全集》第九卷：哭鼻子大王

《叶永烈科普全集》第十卷：奇怪的病号

《叶永烈科普全集》第十一卷：生死未卜

《叶永烈科普全集》第十二、十三卷：叶永烈笔下的《十万个为什么》

《叶永烈科普全集》第十四卷：春花秋月

《叶永烈科普全集》第十五卷：人才成败纵横谈

《叶永烈科普全集》第十六卷：我的第一本书——《碳的一家》

《叶永烈科普全集》第十七卷：白衣侦探

《叶永烈科普全集》第十八卷：电影的秘密

《叶永烈科普全集》第十九卷：化学的世界

《叶永烈科普全集》第二十卷：空气的一家

《叶永烈科普全集》第二十一卷：科学家故事 100 个

《叶永烈科普全集》第二十二卷：飞天梦

《叶永烈科普全集》第二十三卷：追寻彭加木

《叶永烈科普全集》第二十四卷：科学明星

《叶永烈科普全集》第二十五卷：写给“小叶永烈”

《叶永烈科普全集》第二十六卷：每一个孩子都能写作

《叶永烈科普全集》第二十七卷：科普创作札记

《叶永烈科普全集》第二十八卷：科学文艺概论

考虑到《叶永烈科普全集》之中有许多卷科学性很强，四川人民出版社决定与四川科技出版社联合出版这套书，由四川科技出版社编辑那些科学性很强的作品。

2015 年 10 月 28 日，上海《新民晚报》曾经发表我的散文《细水长流》，记述《叶永烈科普全集》的校对、编辑工作：

“叮当！”门铃响过，快递员双手抱着一只沉甸甸的纸箱。我打开一看，整整一箱清样，多达 2000 多页。

二话没说，我放下正在用电脑写作的新著，坐到书桌前，开始一页又一页的校对。我意识到，“倾盆大雨”开始了。

平常出书，总是一本而已。这一回不一样，2015 年春日以来，两家出版社决定联合出版《叶永烈科普全集》，10 多位编辑上阵。这套全集总共

28卷，每卷都有500页上下，40多万字。每一回快递来三卷、四卷，我马上全力以赴校对，从清晨校到夜深，眼花缭乱，头昏脑涨。妻也跟着忙，她要依照我和编辑的修改之处，把电脑里的《叶永烈科普全集》电子文本逐一修改。这样的“倾盆大雨”一到，就把我们一连“折腾”好多天。

当我把整箱的清样快递给出版社，同时又用电脑写出一份很长的校对意见用“E-mail”发去，刚刚喘了一口气时，“叮当！”声又起，又是一箱沉甸甸的清样……

《叶永烈科普全集》收入的大体是我1983年前的科普作品。从那以后，我结束了作为“理科男”的写作，转轨到纪实文学创作，不再写科普，所以这套书不叫“科普文集”，而称“科普全集”。这些早期的作品当时是写在方格稿纸上，是“爬格子”的成果。后来请几位“小辫子”帮我输入电脑，才算有了电子文本。

记得，那时候只知道每天写呀写呀，不知道究竟写了多少作品。直至这次出版《叶永烈科普全集》，如同来了个“年终大盘点”，这才知道写了1400万字科普作品。当然，1983年之后数量更多的纪实文学作品，不包括在内。

其实，这一次次“倾盆大雨”，来自当年的细水长流。那时候，一页稿纸、一页稿纸地书写，今天写几页，明天写几页，全然是在不知不觉中写作。聚水成涓，聚沙成塔，聚少成多，集腋成裘，写作就是绢绢细流，一点一滴不间断，经过持之以恒的聚集，才汇成那一箱又一箱的清样，才形成那一大排厚重的书本。

云淡风轻，波澜不惊，我已经习惯了青灯黄卷的平静的书房生活。这里，只有嘀嘀嗒嗒的触键声，我把思绪源源不断通过键盘输进电脑。春花秋月，暑往寒来，岁月如流水，悄悄地流，日夜地流，永无止息。青春作赋，皓首穷经，我的一头青丝，在键盘声中渐渐双鬓花白，直至满头飞霜，却依然专工翰墨，唯务雕虫。在我看来，那些凝固在电脑屏幕上的文字，那一箱箱清样，那一部部著作，是凝固的时间，是凝固的生命。

韶光易逝，青春不再。有人选择了在战火纷飞中冲锋陷阵，有人选择了在商海波涛中叱咤风云，有人选择了在官场台阶上拾级而上，有人选择了在银幕荧屏上花枝招展。平平淡淡总是真，我选择了在书房默默耕耘。我近乎孤独地终日坐在冷板凳上，把人生的思考，铸成一篇篇文章。没有豪言壮语，未曾惊世骇俗，真水无香，而文章千古长在。

小水常流，足以穿石，即所谓滴水石穿。然而这却是恒心的考验，韧性的测试。书房里没有灯红酒绿，没有纸醉金迷，没有温柔之乡，没有巨注豪赌，日复一日，年复一年，厮守着一台电脑。所谓细水长流，一是细，二是长。写作之细，足称精雕细刻，反复斟酌每一个字，安排妥当每一个标点符号，那每一条引文的注解都必须精确写上“作者，书名，第几页，出版社，出版年份”，无一遗漏，无一差错。写作之长，就一天而言，是从早到晚，从清晨至夜深；就一年而言，是从春到冬，从酷暑到严寒；就一生而言，从11岁发表第一篇作品，直至生命的终结。写作需要你奉献毕生的精力。不可心猿意马，不可三心二意，心无旁骛，一心一意。筚路蓝缕，以启山林；锲而不舍，金石为开。“有恒为成功之本”，在文学的道路上，需要坚持，需要不懈，需要勤勉，需要努力。

“看人挑担不吃力”。在创作上拒绝平庸，拒绝无聊。只有精益求精，只有既不重复别人、也不重复自己，才能创新，才能前进。每写一部新著，每上一个台阶，都倍觉艰辛。

青山长在，细水长流，生命不止，笔耕不息。

经过四年的努力，《叶永烈科普全集》终于由四川人民出版社、四川科技出版社出版，并于2017年8月的上海书展举行首发式。

2016年12月28日，中国科普作家协会在北京举行仪式，授予我第二届王麦林科学文艺奖，授奖辞大致上概括了我在科普创作上的方方面面：

著名科普、科幻和传记文艺作家，1940年出生，浙江温州人。在科幻小说、科学童话、科学小品、科学家人物传记、科学教育电影剧本等多个领域著述达1400万字。中国科普作家协会科学文艺委员会荣誉委员。叶永烈于1957年考入北京大学化学系，在校期间即开始科学文艺创作。首部科学小品集《碳的一家》于1960年出版。与此同时，他参加了第一版《十万个为什么》的撰写，并成为该书的主要作者。叶永烈的科学小品和科学杂文简单明快，内容生动，因此被全国多个报刊所约稿或选用。他还出版过《燃烧以后》《知识之花》等多本科学小品选集。《一百个问号之后》《首先要做马》《文与理》等被收入全国统编语文教材。《科学家故事100个》被收入教育部推荐中小学生必读书目。除科学小品之外，叶永烈的科学童话也独树一帜。1976年，叶永烈发表了“文革”期间中国唯一一篇科幻小说《石油蛋白》。1978年，叶永烈以长篇科幻小说《小灵通漫游未来》给新时期科学文艺领域带去震撼，该书出版后立刻风行且总印量超过300万册，叶永烈就此成为了中国科幻小说的代言人。1979年，传记文学《高士其爷爷》出版。这一著作打开了他走向传记文学的大门。叶永烈对传记文学的兴趣一直持续至今。他的最新一部科学文艺传记是2009年出版的《走近钱学森》。作为上海科教电影制片厂的编导，叶永烈还创作过多部重要的科教电影作品。他1980年拍摄的《红绿灯下》获得第三届中国电影百花奖。叶永烈不单单从事创作，他还是中国科学文艺领域的组织推动者和理论探索者。早在20世纪80年代初期，在他担任中国科普作家协会科学文艺委员会副主任委员的时期，他就编辑过对作家创作具有重要参考作用的《科幻小说创作资料》。根据他在全国各地巡回讲学辅导青年科普作家进行创作讲演稿改写的《论科学文艺》，至今仍然是这个领域中具有重要地位的学术著作。报告文学《是是非非灰姑娘》以翔实资料记录了中国科幻文学在粉碎“四人帮”之后怎样走向繁荣又转而衰落的全部过程，是从事这一领域相关研究的重要参考读物。叶永烈的科学文艺和传记文学创作受到过多次奖励，这些奖励包括中国电影“华表奖”、中国电视“金鹰奖”、中国十佳优秀传记文学作家、中华文学艺术家“金龙奖”、最佳传记文学家奖等。鉴于叶永烈在科学文艺领域的杰出贡献，中国科协和文化部曾经共同在北京举行仪式，授予叶永烈“先进科普工作者”称号。

在获得第二届王麦林科学文艺奖两天之后——2016年12月30日，我在北京又获得中国科协授予的“中国十大科学传播人物奖”。颁奖词如下：

直至2013年出版的第六版，每一版《十万个为什么》叶永烈都参与其中，至今仍是全书写得最多的作者。叶永烈创作的科学幻想小说《小灵通漫游未来》十分畅销，同时科学童话《圆圆和方方》、科学小品《一百个问号之后》、科学杂文《首先要做马》《文与理》等作品已被收入全国统编语文课本。

这是我第二次获得此奖。2013年9月2日，我也曾经获得此奖，当时称为“科学传播人优秀科普作家奖”。

作品的四个方阵

《叶永烈科普全集》只是我的作品的四大方阵之中的一个方阵。

第二方阵《叶永烈看世界》，前已述及，这套书由上海交通大学出版社出版，22卷，约500万字。另外，还有《真实的朝鲜》《今日越南》《镜头看世界》《第三只眼看台湾》由其他出版社出版。这26卷书要收入《叶永烈文集》的话，非常方便，换上《叶永烈文集》统一的封面就可以了。

第三方阵《叶永烈纪实文集》和第四方阵《叶永烈小说散文文集》，尚在整理之中。

内中，以《叶永烈纪实文集》的卷数最多，而且还要重新报审。为此，我把重要的长篇纪实文学作品逐批交由新华文轩北京出版中心·华夏盛轩图书有限公司出版，以便将来由他们出版《叶永烈纪实文集》。

新华文轩北京出版中心·华夏盛轩图书有限公司先行推出“叶永烈纪实经典”：

《红色的起点》

《历史选择了毛泽东》

《毛泽东与蒋介石》

《邓小平改变中国》

《他影响了中国——陈云全传》

《陈伯达传》

《历史的绝笔》

《走近钱学森》

《毛泽东和他的秘书们》

即将推出的“叶永烈纪实经典”有：

《走近万里》
《出没风波里》
《用事实说话》
《历史在这里沉思》
《历史的记忆》
《华丽转身》

此外，“叶永烈纪实经典”已经定稿的还有《华国锋前传（1921—1976）》《1957纪事》《江青传》《江青画传》。

待《“四人帮”兴亡》版权期到了之后，也将收入“叶永烈纪实经典”。

湖南大学文学院教授、研究生导师、中国当代文学研究会纪实文学委员会常务副主任章罗生曾指导研究生胡智云写出专著《叶永烈及其纪实文学》一书（光明日报出版社2010年出版）。该书的内容摘要指出：

中国当代纪实文学创作发展迅猛、成就显赫，但是纪实文学的理论研究却非常落后。章罗生老师的最新力作《报告文学综论》不仅初步构建了报告文学的研究体系，而且试图通过“报告文学学”的建立来促进与推动文艺学的创新。本文即以章老师提出的“新五性”为理论基础，从主体创作的庄严性、题材选择的开拓性、文体本质的非虚构性、文本内涵的学理性和文史兼容的复合性五个方面，以“红”“黑”系列为重点来系统论述叶永烈的纪实文学创作。叶永烈是新时期以来报告文学发展过程中最具代表性的作家之一。首先，他的创作为新时代的报告文学开拓了新的题材空间。其中“红色系列”对题材的开拓表现在中国现当代史方面，“黑色系列”以沉重的历史使命感介入传记文学创作，通过那些历史地位特殊而重要的人物，反映当代历史的光辉和阴影。从此，题材的原创性、开拓性与重要性，就取代原有的“新闻性”而成为整个报告文学的审美标准之一了。其次，叶永烈的创作为报告文学树立了新的理性观，即科学理性。叶永烈创作的“庄严虔敬”，坚持“一主”“两翼”“两确”的创作原则，以及最大限度地还原历史、揭示真相等，令人沉思，给人启迪。再次，叶永烈的纪实文学作品以“可读性”和“趣味性”等，发展了报告文学的“文学性”，为史传报告文学的创作提供了新的审美规范。同时，叶永烈坚持“文”“史”结合，对诗词和俗语恰到好处的运用，也增加了其作品的“文学性”。

章罗生教授则在《纪实文学研究亟待重视和加强》一文中指出：

不仅在纪实文学而且在整个中国当代文学乃至文化史上，叶永烈都应在一流作家之列。因为，就纵向发展而言，他从 11 岁开始发表诗作，20 岁出版第一部科学小品集，其创作几乎贯穿了至今为止的整个中国当代文学史，而且目前他仍处于创作旺盛的高峰期；就横向领域而言，他在儿童文学、科普创作、影视艺术、摄影艺术尤其是在报告文学与传记文学等纪实文学领域，均取得了令人瞩目的成绩；就数量而言，他早在 1999 年就出版了 50 卷文集，其中有科普创作等 23 卷，纪实文学 27 卷，而自 21 世纪以来，他又出版了《陈云之路》《追寻彭加木》《邓小平改变中国》等长篇力作以及“行走系列”“目击系列”“自传三部曲”与“重返人间三部曲”等长篇系列；就影响与地位而言，其纪实文学创作畅销中国，他本人也先后被授予“全国先进科普工作者”等称号。

叶永烈的创作不仅题材重大、独特，而且内容广泛、全面。它不仅开辟了独具特色的“党史文学”，而且构成了中国现当代的形象历史。他的创作形式新颖、手法多样，既有以叙事为主的《历史悲歌——反“右派”始末》，也有以写人为主的《离人泪——沉重的一九五七》，还有“以人带事”、“以人述史”的《毛泽东与蒋介石》和《邓小平改变中国》；既有《红色的起点》的“T 字形结构”，又有《毛泽东与蒋介石》所运用的“比较政治学”等手法。尤为重要的是，他的史传报告文学创作，不但继承了问题报告文学所开辟的政治理性的传统，而且还确立了学术考证和以“两确”（立论正确、史料准确）、“两馆”（图书馆、档案馆）为其“非虚构性”做保证的科学理性与美学规范。同时，他的作品又以题材本身的魅力与独创以及

“可读性”“趣味性”等，解决了报告文学所谓的“文学性”问题。所有这些都对后来的创作——尤其是包括史传报告文学在内的纪实文学产生了深远影响。因此，我认为，叶永烈及其创作构成了丰富、复杂的“叶永烈现象”，是摆在当代文艺研究者面前富有挑战性的课题。而在这座亟待开采而又未被认识的富矿面前，胡智云捷足先登，率先挖出了第一桶“金”，这是可喜可贺之事。

当然，也许作者挖出的还不是“金”，他做的还只是一些前期工作，如勘察设计、资料整理与“矿”情报告等，但即使如此，我们也不能否定其重要的价值意义。因为，万丈高楼从地起，宏伟的学术大厦总是从一砖一瓦开始的。因此，该书所做的作家介绍、创作概述、作品分析与年谱整理等工作，我们不但不能轻视，而且应充分肯定其筚路蓝缕之功。[1]

1989 年我被美国传记研究所聘为顾问。1998 年获香港“中华文学艺术家金龙奖”的“最佳传记文学家奖”。台湾《传记文学》杂志在推出叶永烈传记文学作品时，编者按曾这样评价：“作者是历史家，也是传记家，也是最有成绩的作家。”

2005 年、2015 年，我成为唯一两度获得“全国十佳优秀传记文学作家”称号的作家。

在我的晚年，将主要致力于第四方阵——小说和散文创作，收入《叶永烈小说散文文集》中的作品将不断增加。

2016 年 12 月 12 日，我受上海市政府聘请，担任上海文史研究馆馆员。

天边一抹亮丽的晚霞

我曾经在一篇文章中写及：

作家“钟在寺内，名声在外”。外人看来，在许多报刊上常见到我的作品，够“风光”的了。其实，“坐”家生活是非常寂寞的。书斋如“单身牢

[1]《中国社会科学报》2010 年 8 月 31 日第 7 版。

房”。终日枯坐，笔耕不辍，只有耐得寂寞的人才能长年累月地过这种青灯黄卷生涯。

我的长篇，通常是30万至40万字，有的50万字。一旦开了头，就如同背上沉重的十字架，必须一口气扛到底，才能撂下。这是一种连续性很强的脑力劳动，无法半途到什么地方转悠一下，透口气。

刚刚甩完长篇，正想歇口气，可是在写长篇期间欠下一大堆报刊“文债”，得一一“偿还”。还未“还清”，新的长篇又要开始了。

如此周而复始，“恶性循环”，一年到头，我没有双休日，也没有节假日，连春节也往往在写作中度过。我原本喜欢交际，参与各种社会活动，如今我几乎辞去一切社会职务，以彻底排除种种对于写作的“干扰”。

在写作《东方华尔街》《海峡柔情》时，又一次再现了“背上沉重的十字架，必须一口气扛到底”的历程。

说实在的，到了我这样的年龄，生活积累日见丰富，又有着长达半个世纪、各种各样题材、体裁作品的写作经历，是到了写长篇小说的时候了。我相信这次“华丽转身”是正确的。我愿在身体尚可的情况下，真的贾其余勇，再写几部长篇小说，奉献给广大读者。

我的文友李伦新先生，曾任上海市南市区区长，后来担任上海市文联党组书记。他在步入晚年时埋头长篇小说和散文创作，有一句令我深有同感的话：

我苍老得太快，却聪明得太慢、太晚。

我走过科普创作、纪实文学创作的漫长道路，这才终于“觉醒”，选择了长篇小说创作，也真“聪明得太慢、太晚”。

我在“觉醒”之后，致力于长篇小说“上海三部曲”的创作。

即便如此，我毕竟不能完全脱离纪实文学创作。在纪实文学创作上，我还会继续创作，我也会继续在世界各国作休闲性旅行，继续写作轻松活泼的“叶永烈看世界”。

2013年6月13日，上海《新民晚报》曾发表我的《“捕捉”细节》一文，内中写及一个细节：

在采访受尽迫害、劫后余生的"胡风分子"贾植芳先生时，他告诉我，在20世纪80年代初频频出席追悼会，因为许多老友虽然在"文革"中含恨离世但是终于得到平反、恢复名誉。在追悼会上，他的目光注视着挂遗像的钉子——遗像不断更换，而钉子还是那颗钉子。他在想，这颗钉子上，什么时候会挂上他的遗像？这一细节，体现了他作为历史老人的无尽的沧桑感，而年轻人有谁会注意那颗钉子？

确实，当时我作为年轻人，很难理解贾植芳先生对于追悼会挂遗像的钉子的关注。

如今我也上了年纪，我居然也有贾植芳先生那样的感受。不过我关注的不是追悼会挂遗像的钉子，而是"忍看朋辈成新鬼"。

戴厚英年长我两岁，不幸猝亡，我得知消息后久久说不出一句话来。

挚友童恩正教授，那么爽直、健谈，我在美国匹兹堡他家，曾与他彻夜长谈。不久，却因肝病病故于异国他乡。

1998年，当作家胡万春的女儿给我来电，说胡万春因心肌梗死而突然病故，我震惊不已——不久前我们还见面，他看上去是那么壮实。

接着，负责我们专业作家工作的诗人萧岗，也一去不复返。

特别是上海华东师范大学教授王一川，既是我多年的文友，又是同乡。1997年与我一起回故乡温州，是那么精神饱满，而1998年突然发现癌症，短短半个月就去世。离世前，我去上海第六人民医院病房看他，他含泪托我后事——为他写墓志铭……

我出生于1940年，我对于同龄友人的去世，仿佛特别敏感：

庄则栋与我同龄，我曾采访过他，2013年2月10日经受不了癌症的折磨而在北京离世；

叶剑英之侄叶选基，与我同龄，我曾采访他，于2015年11月26日在广州病逝；

长春电影制片厂著名编剧、作家张笑天，与我同龄，约我写过电影剧本，于2016年2月23日因病在北京去世；

最令我难以忘怀的是，2016年2月5日下午，我前往上海龙华医院住院部14楼，看望上海电影制片厂编剧、文友斯民三。他也与我同龄，因严重肺气肿住院。

1979年电影《小字辈》曾经轰动一时，《小字辈》由“小字辈”孙雄飞、斯民三等编剧。当时我采访了他们，并发表了影评。孙雄飞、斯民三原本都是电影厂的美工，“改行”当编剧。

孙雄飞小我3岁，曾经担任电视连续剧《围城》等诸多影视编剧，也曾为我的小说画插图，前几年已经去世。

那天斯民三见我去看望，很高兴，只是跟我聊天时夹杂着咳嗽声。他跟我说起上海电影制片厂编剧、93岁的沈寂，说起我的新作《双人伞》。他还说起，上海电影制片厂的一位同事因脑中风送急诊，躺着做核磁共振时死去……临别时，他流泪说：“老叶，你来看我，很感动。”

不料，这竟是诀别。4天之后——2月9日（正月初二），他便遽然病逝！

生命脆弱，生命苦短。看着一个个友人撒手人寰，我格外珍惜时间，努力把不多的时间化为作品。

也许，我的这些作品只是天边一抹亮丽的晚霞。作为作家，活一天我就写作一天，为读者奉献一天。

后　记

多年来，我写过许多传记，以至被人称为“传记文学作家”。然而，我却从来没有、甚至没有想过为自己写一本传记。

内中的道理很简单。在我写作传记的时候，选择传主的标准之一，便是能否通过传主的经历，折射一段中国当代重要的历史。正因为这样，我选择了毛泽东、陈云、胡乔木，也选择了江青、陈伯达、张春桥、王洪文、姚文元，也选择了钱学森、马思聪、傅雷、傅聪等。

在我看来，我自己的经历很简单，不值得一写。所以，我从来没有、甚至没有想过为自己写一本传记。

促使我写下自传，是1995年上海文艺出版社的约稿。当时他们约我写长篇自传。在我看来，如果记述我的采访经历——“追寻历史真相”的采访，倒是符合我的对于传记文学的要求，即“折射历史”。尽管我当时答应下来，然而我忙于其他写作，迟迟没有动手写这本《追寻历史真相》。直到1999年人民日报出版社准备出版50卷《叶永烈文集》，我在编选《叶永烈文集》的过程中，不时“闪回”自己的创作历程。我趁50卷《叶永烈文集》全部编完之际，趁自己尚未进入“健忘”岁月，完成了82万字的《追寻历史真相》上、下卷，于2001年1月由上海文艺出版社出版。

在中国文坛，我具备“双重身份”，既是纪实文学的主将，又是科普、科幻文学的“主力舰”。我在写作《追寻历史真相》的同时，也完成了我在科普、科幻文学创作方面的曲折经历的64万字的回忆录《是是非非“灰姑娘”》，于2000年10月由福建人民出版社出版。《是是非非“灰姑娘”》以亲历、亲见、亲闻，兼具真实性、可读性、历史性、文献性于一身，受到中国科普、科幻界的广泛注意。

时光飞逝，一下子17年过去。记得在17年前，我曾经写下这样的话：“50卷《叶永烈文集》的编定和《追寻历史真相》《是是非非“灰姑娘”》的完成，使我了却一桩心事。由于视力日衰，医生劝我从此可以告别文学创作。在《叶永烈文集》50卷出齐及《追寻历史真相》《是是非非“灰姑娘”》出版之际，我正值花甲退休之年，我曾打算告别文学——当然，在视力允许的情况下，也可能贾余勇写一点自己希望写作的作品……”

然而没有想到，这17年我依然处于创作高峰期，我又创作了大批新著，又有许多新的经历。于是我在2016年修改、补充《追寻历史真相》和《是是非非“灰姑娘”》。

经过补充，《追寻历史真相》的总字数超过100万，过于庞大。我把这本书分为两本，即《华丽转身》和《出没风波里》。《华丽转身》是我的长篇自传，而《出没风波里》则记述我的纪实文学采访经历。

另外，我修改、补充了《是是非非“灰姑娘”》，改名为《主力舰沉没》，收入《叶永烈科普全集》，作为第一卷和第二卷。

记得1999年9月，我在香港会晤台湾资深报人陆铿先生，作了畅谈。他赠我他在台湾出版的长篇自传。

后来，香港《文学与传记》杂志刊登了陆老先生对我的创作上的建议。《文学与传记》杂志介绍了陆铿简况：“陆铿先生号大声（于右任先生所赐），笔名陈棘荪，云南保山人，生于1919年，是中国最早的广播记者。二次大战时任中国驻欧战地记者，抗战胜利后任《中央日报》副总编辑兼采访主任，曾先后遭国共两党下狱长达22年。出狱后仍坚持记者专业，志节不变，他采访过的名人有麦克阿瑟、马歇尔、蒋介石、胡耀邦、邓颖超、李登辉等。1978年来港，稍后与胡菊人创办《百姓》杂志，任社长。1984年移民美国，现虽年届八十，仍活跃于港、台地区及美国新闻界。主要著作：《麦帅治下的日韩》《胡耀邦访问记》《风云变幻的邓小平时代》《人间佛教的星云》《中国的脊梁——梁漱溟纪念文集》《邓小平的最后机会》《陆铿看两岸》《陆铿回忆与忏悔录》等。”

陆老先生在香港写下《对叶永烈的建议》如下：

叶永烈先生的传记，享誉中国大陆和海外，他不仅自己解放自己，还推动别人选择解放。

他的传记帮助广大读者认识中共、中共人物、中共的路线和政策。

叶的经验值得每一个献身新闻事业的人记取：以历史的使命感反映当代历史的辉光和阴影。

建议叶永烈先生写三部传记：

宋庆龄传，我知道艾勃斯坦先生写过抗日战争时期的《中国之声》，我总和艾同事，他热忱够，但笔力不够。

周恩来传，对周恩来先生，大陆已逐渐出现不同的论断，希望有一本如实反映其人的历史。

林彪传，在美国曾有一位与林彪有渊源的高干子弟找过我，表示可以提供真实的材料，可惜后来失掉了联系。我相信叶先生可以完成这一传记，为世人解谜。

由于我已经转向长篇小说创作，已经很难完成陆铿先生所期望的《宋庆龄传》《周恩来传》《林彪传》。不过，对于陆老先生的关心，我是非常感谢的。

叶永烈

2017年2月4日

于上海“沉思斋”